# 监狱学基础理论

主　　编：连春亮

副 主 编：包杨川

撰写人员：（以撰写章节先后为序）

连春亮　包杨川　顾　伟

李树英　姚　峰　王延领

欧渊华　马臣文　赵　云

李朝霞　唐贵平

法律出版社
LAW PRESS · CHINA

——北　京——

**图书在版编目(CIP)数据**

监狱学基础理论 / 连春亮主编. -- 2 版. -- 北京 :
法律出版社, 2023(2025.5 重印)
ISBN 978-7-5197-7625-1

Ⅰ. ①监… Ⅱ. ①连… Ⅲ. ①监狱-基础理论-高等
学校-教材 Ⅳ. ①D916.7

中国国家版本馆 CIP 数据核字(2023)第 035191 号

**监狱学基础理论**
**JIANYUXUE JICHU LILUN**

连春亮 主编

**责任编辑** 李 群 陈 熙
**装帧设计** 贾丹丹

**出版发行** 法律出版社
**编辑统筹** 法规出版分社
**责任校对** 张红蕊
**责任印制** 耿润瑜
**经　　销** 新华书店

**开本** 710 毫米×1000 毫米 1/16
**印张** 27.5 **字数** 509 千
**版本** 2023 年 6 月第 2 版
**印次** 2025 年 5 月第 2 次印刷
**印刷** 永清县金鑫印刷有限公司

地址:北京市丰台区莲花池西里 7 号(100073)
网址:www.lawpress.com.cn
投稿邮箱:info@lawpress.com.cn
举报盗版邮箱:jbwq@lawpress.com.cn

销售电话:010-83938349
客服电话:010-83938350
咨询电话:010-63939796

**书号**:ISBN 978-7-5197-7625-1
**定价**:49.00 元

凡购买本社图书,如有印装错误,我社负责退换。电话:010-83938349

## 连春亮简介

**连春亮**　男，汉族，河南司法警官职业学院教授、二级警监、三级调研员，刑事执行系党总支书记，1987年从事教学至今，主要从事监狱学、法制心理学和社区矫正研究。先后在河南大学学报、河南社会科学、山东警察学院学报、犯罪与改造研究、中国监狱学刊等学术刊物上发表专业论文153篇，其中，被人大报刊复印资料《刑事法学》全文转载2篇；出版专著（含合著）20部，主编、副主编著作、教材21部，参编著作、教材6部；主持或参与省部级研究课题26个，获得厅级以上奖励20项。现为河南财经政法大学刑事司法学院客座教授，中央司法警官学院社区矫正中心兼职研究员，河南省教育厅学术技术带头人，河南省优秀教师。主要社会兼职：河南省心理学会法制心理研究会副会长、河南省犯罪学会副秘书长、河南省监狱法学会常务理事、河南省社会矛盾调解法治研究会常务理事、河南省法学会社区矫正研究会常务理事。代表性著作有《罪犯矫正契约化论纲》《监狱学新视点》《罪犯矫正形态论》《罪犯矫正模式论》《人文关怀下的罪犯心理矫治》《第三代囚犯研究——现代监狱矫正教育囚犯的基本策略》《社区矫正通论》等。

# 前　言

监狱是社会文明的“晴雨表”，是现代国家刑事法律体系不可或缺的组成部分。监狱既是社会“公共部门”的物质附属物，又是一个相对独立的小社会。由此，造成了监狱知识体系的独特性和复杂性，使监狱学科的研究“蒙上了一层神秘的面纱”，让行业之外的专家学者望而却步，使之常常成为被人遗忘的“小众学科”。在新时代，我们要坚持法治国家、法治政府、法治社会一体建设，实现国家治理体系与治理能力现代化，在这样的背景下，监狱治理体系和治理能力的现代化，就成为我们必须研究的课题。监狱学基础理论就是以监狱法律制度和监狱行刑实践所涉及的基本理论问题为研究对象的一门学科。基础理论的建构对于监狱学科的研究将起到支撑作用，对于规范监狱刑罚执行、促进刑法目的实现具有重要的价值。基于此，我们组织了来自10所本、专科院校的教师，运用他们在监狱学领域多年研究所积累的丰厚知识，编写本教材。在本书编写过程中，我们特别关注以下问题。

第一，本书在撰写体系上，基本按照以下顺序：第一部分是绪论，主要介绍监狱学的基本框架结构、基本问题和研究方法；第二部分是关于监狱的基本问题，主要是以《监狱法》为核心，涉及监狱法治、监狱、监狱制度、监狱设置与建筑、监狱与社会关系、监狱文化、监狱经济、监狱价值等问题；第三部分是监狱人民警察，主要介绍监狱人民警察的定位、性质、任务、职权、义务、纪律和队伍建设；第四部分是对于服刑罪犯的管理和教育，主要以服刑罪犯为对象，介绍服刑罪犯的矫正教育、服刑罪犯的管理；第五部分是监狱行刑，涉及监狱行刑原理、行刑管理和监狱行刑模式；第六部分是延伸研究，主要是罪犯回归社会的保护和监狱治理现代化问题。

第二，在基本概念的使用上，与《监狱法》保持协调一致，使用了监狱、罪犯、服刑罪犯等概念，没有采取“服刑人员”“囚犯”“服刑人”“受刑人”

等概念。只在第十六章“回归社会人员的保护”中使用了“回归社会人员”这个中性概念，这是因为罪犯刑满释放后已成为普通公民，适用“回归社会人员”更符合法律精神。

第三，在写作方式上，本教材采用传统教材写作方式，没有吸纳现在流行的单元式教材、活页教材等编写体例，不附加诸如引言、导引、案例、小贴士、思考题等内容，以便于教师在教学中依据学生状况、专业偏好、主观能动性发挥等因素对教学活动施加更大影响，给予任课教师更大的自我发挥空间。

第四，在写作内容上，作为教材，我们特别注重在以下几个方面下功夫：一是注重基本理论观点的传承性。在写作过程中，对于有争议的问题，一般采用监狱学理论界通用的观点，同时列出其他不同观点。二是特别注重理论联系监狱发展实际，注重调查研究。我们为了全面把握新时代罪犯构成的变化，从 2012 年到 2017 年，运用罪犯基本情况统计调查方法，共调查 22, 779 名罪犯，其中，成年男性罪犯 19, 314 名，成年女性罪犯 2870 名，未成年犯 595 名。运用罪犯情况调查问卷的调查方法，共发放调查问卷 6770 份，收回问卷 6770 份，有效问卷 6766 份。其中，成年男性罪犯 4016 份，成年女性罪犯 2165 份，未成年犯 585 份。运用罪犯特定年龄段调查方法，问卷调查在押“90 后”罪犯 8331 人。同时还运用了罪犯特定犯罪类型调查方法、罪犯犯罪类型年度变化调查方法等，总结归纳出了新时代罪犯在构成状况、改造特点等方面的特质。从调查研究的监狱和罪犯的分布区域看，涵盖了我国经济发达的东部地区、经济发展一般的中部地区和经济发展相对滞后的西部地区，基本能够代表新时代罪犯的概况。三是在理论上勇于创新，把监狱学的最新理论研究成果融入教材之中。从 2003 年开始，我国以“全额保障、监企分开、收支分开、规范运行”为总体改革思路，对监狱体制进行了全面改革，使监狱工作出现了新的形态和新的格局。我们在深入调查研究的基础上，提出了一些新的理论观点：如在纵向比较研究的基础上，针对新时代罪犯的构成和所具有的特质，提出了第三代罪犯理论；对监狱经济归纳总结出了监企分离模式、分工合作模式、劳务加工模式、培训习艺模式等监狱经济的新模式；在对回归社会人员的教育上，反向提出了“社会排斥教育”观点等。

第五，教材的编写相对于其他出版物而言，要求更高，它代表的不仅是每位作者的专业水平，更是向学生传授监狱学基础理论的媒介。局限于知识把握的范围，我们不仅严格把握本教材的政治正确性，而且严格规范体系的完整性、语言的逻辑性；本教材不仅注意法律法规的修订内容和法律法规条款的变化，而且把这种新的变化及时融入进去。同时，按照文责自负的原则，要求各位作者对自己撰写的书稿负有知识产权方面的法律责任。

总的来看，全书体系新颖，安排得当，基本涵盖了监狱学基础理论的内容，反映了该学科的整体框架。不仅详细论述了监狱学基础理论中的经典理论，也结合监狱行刑实践进行了分析。本书既可以作为院校刑事执行、监所管理等专业的基础教材和监狱人民警察的培训教材，也可以供司法部门、法律工作者等在实际工作中参考和学习。

本书由连春亮担任主编，包杨川担任副主编，具体分工为：

广东司法警官职业学院警察系主任、副研究员顾伟撰写第一章；新疆生产建设兵团芳草湖监狱一级警长（原新疆政法学院警官学院副教授）李树英撰写第二章；安徽警官职业学院警察系副主任、副教授姚峰撰写第三章、第十章；河南司法警官职业学院三级调研员、副教授王延领撰写第四章；福建警察学院刑罚执行系主任、教授欧渊华撰写第五章、第十三章；江苏司法警官高等职业学校副教授、博士马臣文撰写第六章；黑龙江司法警官职业学院讲师赵云撰写第七章；河南司法警官职业学院刑事执行系党总支书记、三级调研员、教授连春亮撰写第八章、第十一章、第十五章、第十六章、第十七章；山东政法学院警官学院副院长、副教授李朝霞撰写第九章；湖南司法警官职业学院刑事执行专业带头人、矫正教育学系副主任、副教授唐贵平撰写第十二章；四川司法警官职业学院刑事司法系副主任、副教授包杨川撰写第十四章。

全书由连春亮编制编写大纲，提出具体要求，并对每位作者的书稿进行了修改并定稿。本书编写过程中，中央司法警官学院监狱学学院副院长徐为霞教授给予了大力的支持，在此表示衷心感谢。

由于我们参编的教师来自不同的院校，每个人的专业存在差别，尤其是主编的水平有限，书中难免存在疏忽和不足之处，敬请广大读者批评指正！

连春亮

# 目　录

# 第一章

# 绪　　论

本章主要介绍监狱学基础理论作为一门学科的一些共性问题，包括监狱学的产生与发展，监狱学的学科名称，监狱学的研究对象，监狱学的学科属性，监狱学的学科体系，监狱学基础理论的研究对象、指导思想和研究方法等。

## 第一节　监狱学概述

### 一、西方监狱学的产生与发展

随着生产力的发展，人类进入了阶级社会，建立了具有暴力统治性质的国家。监狱作为国家机器的重要组成部分，成为掌握国家政权的阶级进行统治的工具。在人类发展的历史长河中，虽然监狱产生的时间较早，但由于早期监狱的关押对象只是未决犯和等待执行的已决犯，所以它仅仅是人身保管和身体刑行刑的场所。因此，在相当长的时间内，关于监狱问题的研究都没有进行。

监狱学的产生要追溯到18世纪，1764年意大利刑法学家贝卡利亚的《论犯罪与刑罚》一书出版，书中批判了传统的刑罚报应和威吓的观点，提出了罪刑法定原则、罪刑相适应原则和刑罚人道化原则，对监狱的改良起到了重要的促进作用。监狱改良运动的鼻祖英国慈善家约翰·霍华德视察了英国各地的监狱，并赴法国、荷兰、比利时、俄国、瑞士、意大利、丹麦、瑞典、挪威等十几个国家进行监狱考察，寻求监狱的改良措施。他将研究结果写成了《英格兰及威尔士的监狱状况》（又名《监狱事情》）一书并于1777年出版。约翰·霍华德在书中提出了理想的监狱模式，即应当使不良少年及贫民养成劳动的习惯；除对囚犯进行监禁外还必须对其进行劳役和教诲，感化、引导其向善；可以采取缩短刑期的制度，用来奖励罪犯的改过自新。在书中他对矫正目的、矫治手段以及奖惩措施等都作出了详尽而科学的论述，同时还提出了监狱建造的环境条件等。这部著作既是监狱制度研究史上的一个重要的里程碑，同时也标志着监狱学的正式诞生。

1791 年，英国法学家边沁出版了《监狱学》一书。他在书中提出监狱行刑的目的应该是对罪犯进行教育，让罪犯从强度的劳动中自我反省，领悟刑罚的痛苦，从而促使他们悔过。此后，西方发达国家对于监狱学研究日益重视，监狱学的研究队伍不断壮大，研究内容也日新月异，研究领域涉及监狱法学、监狱社会学、监狱心理学等方面，并在矫正理念的研究中取得了成就。

## 二、我国监狱学的产生与发展

### （一）我国监狱学的产生

随着社会的进步，国际上法治改革的蓬勃发展和监狱理论研究的兴起，带来了监狱改良运动的产生与发展，同时对中国的监狱学产生了较大影响。

清朝末期由于狱制陈腐，监狱管理黑暗，西方列强国家以此为借口拒不承认我国的治外法权，不废除强加给我国的领事裁判权等丧权辱国的不平等条约。1902 年，为改良司法狱制，山西巡抚赵尔宾上奏获准，在各地建设罪犯习艺所，将被充军、流放和徒刑的犯人收到习艺所习艺。各地新建或改良的罪犯习艺所相继成立，标志着我国狱制改良的开始。为了进一步改良司法狱制，清政府组织翻译了一批监狱学资料，并派人赴欧洲及日本考察狱制。1905 年，清政府创办了具有近代意义的法律专科学校——京师法律学堂，设置了监狱专修科，聘请当时日本东京大学法科教授冈田朝太郎教授刑律，监狱学家和监狱改革家小河滋次郎讲授监狱学，两人作为顾问共同参与了清政府监狱律草案的起草。1910 年，清政府第一次派代表参加国际监狱会议（美国华盛顿召开的第八次国际监狱会议），与会代表徐谦、许世英被世界各国纷纷阐述的封建狱制的旧弊，力求建立监狱日益“先进”的风气震撼，回国后积极奏请清政府改良监狱，清政府决定在各省省会建立模范监狱，并以仿照外国模式在北平建立的京师模范监狱作为示范，同时培训了一批监狱官员和研究人员。

随着狱制改良运动的兴起，我国监狱学逐步建立和发展起来，出现了一些从事监狱学研究的专家学者。沈家本是清末狱制改革的核心人物，他积极考察了西方和日本的监狱制度及其设施，研究了中国监狱的沿革及其改良，著有《狱考》《与戴尚书论监狱书》《监狱访问录序》等著作。这些著作凝结了沈家本关于监狱学研究的精华，汇集了他革新旧监狱的主张。在他亲自主持下制定的《大清监狱律草案》，更是借鉴并反映了当时西方先进的监狱学理论与监狱制度。他还积极倡导在京师和省法政学堂增设监狱学专科，组织人员从事监狱学理论和监狱管理技能的研究。除此之外，有关监狱学方面的其他论著也相继问世。如王元增撰写的《监狱学》，严景耀撰写的《中国监狱问题》和《北平监狱的教诲与教育》，芮佳瑞的《监狱法论》及《监狱制度论》，赵琛编撰的《监狱学》，孙雄编撰的《狱务大全》和《监狱学》，以及后来台湾学者林纪东编撰的《监狱学》等，这些研究成果初步形成了监狱学的学科体系。当时在大学法科还开设了《监狱学》的必修课程。为后人从事监狱学研究提供了历史性的借鉴。

（二）我国监狱学的发展

辛亥革命之后，中国经历了南京临时政府、北洋政府和国民党政府时期，这是中国监狱立法最为集中的时期，中国监狱学的体系得到了初步确立。

新民主主义革命时期，在战争环境下的各革命根据地和解放区的监所制定了符合当时情况的监狱法规，创建了崭新的监所管理制度。以人为本，对犯人实行教育、感化，组织犯人进行生产劳动，积累了惩罚和改造罪犯的经验，为新中国成立后在全国范围内开展监狱工作创造了条件，也为新中国监狱学的研究奠定了基础。

新中国成立以后，党和国家对监狱事业高度重视，在改造日本战犯、国民党战犯、伪满势力等方面取得了显著的成效。虽然在“文化大革命”期间，监狱工作受到了严重破坏，监狱学的理论研究也处于停滞状态。但是进入20世纪80年代，尤其是党的十一届三中全会以后，在实践检验和发展真理的马克思主义思想路线指引下，我国监狱在执行刑罚与改造罪犯的工作中不断积累经验，法制建设不断健全和完善。1994年12月29日，第八届全国人民代表大会常务委员会第十一次会议审议通过了《监狱法》①，这是监狱发展史上的里程碑，标志着我国监狱工作进入了新的历史时期，为我国建立中国特色的监狱法制打下了坚实的基础，树立了依法治监的监狱治理理念，为我国打击犯罪、惩罚和改造罪犯，保障罪犯人权提供了法律保障。此后，对监狱问题的专业研究进入了有计划、有组织、广泛深入、系统的研究时期，围绕监狱理论与实务问题的国际间的交流也频繁开展。监狱法治理论、科学管理理论、社会化管理理论、管理人员结构科学构建理论、警力资源科学配置理论、监狱职能单一化理论、心理科学应用理论、狱务公开理论等相继提出，大量的监狱学专著、教材、辞书、监狱理论研究的刊物和报纸问世。大多省、自治区、直辖市还建立了培养监狱管理人才的司法警官院校，开始了正规化的培训。进入21世纪以来，监狱学理论研究发展到了新的阶段，在马克思列宁主义、毛泽东思想、邓小平理论、“三个代表”重要思想、科学发展观、习近平新时代中国特色社会主义思想的指引下，我国监狱学研究取得

① 为方便阅读，本书法律法规均使用简称。

了显著的成绩。基础性研究、前瞻性研究、发展性研究、新技术应用性研究、行刑效益研究、行刑理念研究等成为科研重点。研究方法也实现了由个体研究向集体研究、封闭式研究向开放式研究、简单研究向系统研究、单项研究向综合研究、定性研究向定性定量研究的转变。罪犯心理矫治的科学应用、监狱布局调整、监狱学学科的发展、大数据信息化监狱建设，以及以5G技术、虚拟现实技术、通用分组无线业务定位跟踪技术、人脸识别技术等为代表的智慧监狱建设等，使监狱学研究进入了新的阶段。监狱学发展至今，已经形成了自己独立的体系和学科群，并建立了与其他学科交叉、综合的专业结构和学科体系。

### 三、监狱学的学科名称

对监狱学的学科名称，称谓不尽相同。除监狱学外，还有矫正学、行刑学、狱政学、刑事执行学、监狱法学等。20世纪80年代以前，我国对监狱问题重视程度不够，相关的研究也不系统、不深入，仅仅在领导机关、刑法学界、刑事诉讼法学界范围内进行。有组织、有计划的大规模研究活动还没有形成，相关学科之间、跨学科之间的横向研究也不够融通。党的第十一届三中全会以后，随着解放思想、实事求是、一切从实际出发思想路线的确立和党对理论研究工作的重视，以劳动改造为研究对象的劳改学研究逐步发展起来。特别是在第八次全国劳改工作会议以后，在中央领导关于要加强对劳改问题的理论研究指示的推动下，全国各地纷纷建立劳改工作干部学校，一些科研机构、政法院校的专家、学者、教育工作者以及在监狱机关里从事劳改实践工作的同志开展了对劳改问题的深入研究。这个时期，根据1954年政务院颁布的《劳动改造条例》（已失效），确定了劳改科学的学科名称——劳动改造学，有的也称为劳动改造法学。但是，当时这门学科只是作为刑事法学的分支，纳入刑事法学研究领域。1994年12月29日全国人民代表大会常务委员会通过施行的《监狱法》，取代了《劳动改造条例》。随着法的名称的改变，劳改学也随之更名为监狱学。学科逐渐开始由从属地位向独立地位发展。自此以后，“监狱学”这个学科名称被大多数专家、学者以及监狱工作者所认同，一直沿用至今。

### 四、监狱学的研究对象

任何一门科学都以该学科领域内特殊的矛盾运动规律作为它的研究对象，有了自己相对独立和确定的研究对象，才能区别于其他科学，才能构成一门学科。监狱学研究的核心是作为我国刑罚执行机关的监狱如何依靠和运用国家的法律、法规和政策，建立科学的刑罚执行、狱政管理、教育改造、罪犯劳动管理等制度和措施，通过实施卓有成效的惩罚与改造，把罪犯改造成为守法的公民，即将监狱如何依法对罪犯执行刑罚、实施改造作为自己的研究对象。同时，作为一门综合性的社会科学，既要从国家政治的角度即专政工具去研究监狱，也要从国家法律的角度即刑罚执行机关去研究监狱；既要研究监狱对罪犯的惩罚，也要研究对罪犯的矫正和教育改造；既要研究现行的监狱法律法规，也要研究历史的相关制度；既要研究中国的监狱制度，也要研究外国的监狱制度；既要研究基本原理，也要研究具体方法和手段。具体来说，监狱学的研究对象主要包括以下几个方面。

（一）研究监狱惩罚与改造罪犯的基本理论

现代监狱的基本职能是惩罚和改造罪犯。研究监狱惩罚和改造罪犯的基本理论是监狱学研究的最核心的问题。监狱学要探寻在社会主义条件下，尤其是在中国特色社会主义新时代，对被判处监禁刑的罪犯实施惩罚与改造的客观发展规律，不断寻求、发展并丰富、完善我国惩罚与改造相互结合的结构、形式及内容，以达到刑罚效益的最大化。国家采用何种方法和手段对罪犯实施惩罚和改造，似乎是方法的问题，但是惩罚和改造罪犯的方针政策如何贯彻落实，内容和原则如何界定，手段和措施如何掌握、运用及发挥功效，却是重要的理论问题。比如惩罚和改造罪犯的理论渊源，既要研究人道主义政策、国际先进的刑罚思想、行刑原则，更要从中国实际情况出发，研究马克思主义的唯物史观、认识论、劳动价值观以及毛泽东思想、邓小平理论关于惩罚和改造罪犯的原理，研究习近平关于加强政法队伍建设的重要精神和深化司法体制改革的重要论述。

（二）研究监狱和监狱制度的历史演变

要了解监狱和监狱制度，就要了解监狱和监狱制度的历史、文化、人文思想和发展阶段。习近平总书记在建党100周年党史学习教育动员大会上提出，“全党同志要做到学史明理、学史增信、学史崇德、学史力行”。监狱作为人类社会发展到一定阶段的产物，随着社会文明的进步，监狱对惩罚和改造罪犯的手段也在逐步科学化。将中外监狱发展历史、监狱制度的历史沿革、行刑思想的演变等作为监狱学的研究对象，研究监狱和监狱制度几千年的历史发展，可以从先进的刑罚思想和管理理论，行之有效的管理、教育、矫正罪犯的方法和经验，改造罪犯取得良好的社会效益等丰富的史料中汲取有益经验，为当今乃至将来监狱工作和理论研究提供参考和借鉴。

（三）研究《监狱法》及监狱法律关系

法是由国家制定或认可，调整人们行为关系的社会规范。《监狱法》是调整监狱行刑活动中所发生的一定社会关系的法律规范，是确保监狱正确执行刑罚的法律依据。监狱学以《监狱法》为依托，对其在贯彻执行中的理论与实践问题进行研究，保障我国刑罚的主体部分——监禁刑，即有期徒刑、无期徒刑、死刑缓期二年执行的顺利执行。具体将《监狱法》的本质、特征、构成要素、监狱法律关系、《监狱法》的实施及保障体系等问题作为重要的研究内容，将监狱行刑的法律依据建立在更加科学的理论基础上，从而促使《监狱法》的不断发展和完善。

监狱法律关系也叫作监狱行刑法律关系，是监狱法律规范所确认的具有权利义务内容的特殊社会关系，贯穿于监狱行刑活动的全过程。调整监狱与服刑罪犯之间的刑事关系，即惩罚与被惩罚、改造与被改造、强制管理与被强制管理的关系。通过研究监狱法律关系的构成要素，即主体、客体、内容，通过研究监狱法律事实，即监狱法律关系的产生、变更、消灭等问题，不仅可以清晰认识监狱及监狱人民警察的职权、职责和义务，还可以明确罪犯的法律地位，有助于认识监狱法律关系的本质特征，为监狱依法、准确、有效地执行刑罚，提高服刑罪犯的改造质量提供保障。

（四）研究监狱行刑及改造罪犯活动

监狱是国家的刑罚执行机关，其基本职能是依法对判处有期徒刑、无期徒刑和死刑缓期二年执行的罪犯执行刑罚、实施改造。因此，监狱行刑及改造罪犯的活动是监狱学研究的重要内容之一。行刑活动的研究包括监狱行刑权、行刑理念、刑罚效益、刑罚执行程序、刑罚执行变更等。改造罪犯活动的研究包括改造罪犯的行刑思想，改造罪犯的理论依据和实践依据；改造罪犯的基本手段，改造目标、人身危险性评估、改造质量保障体系；劳动改造、教育改造、监管改造、罪犯心理矫治、“三分”管理与三大现场的规范化管理；罪犯处遇、人权保障、监所安全等问题。

我们应该认识到，虽然惩罚是监狱行刑活动的前提和基础，是监狱工作的法律起点，但是现代监狱的刑罚执行已经不再是单纯地对罪犯进行惩罚，而是通过惩罚让罪犯感受到身心痛苦，在消除其反社会性的同时，使其回归社会成为守法公民而进行的一切活动，即除惩罚之外的教育、矫治和改造活动。监狱通过管理、教诲、劳动、帮教、培训、感化、心理和行为治疗等手段和方法转变罪犯的犯罪思想，矫正其恶习，达到预防犯罪的目的。

（五）研究监狱运行机制和保障体系

怎样使监狱有效地运作并达到理想的状态，是监狱学进行应用研究的重要对象之一。监狱可以看作一个小型的社会，监狱的行刑和改造活动是一项系统而复杂的工程，它集法律性、政策性、教育性、社会性于一体，任务繁重而艰巨。为了确保监狱工作的正常运转，必须建立科学的运行机制和保障体系，包括监狱科学规划和设置、宏观布局、组织机制、管理体制；完善监狱基本设施建设，基层基础建设，监狱法治建设和监狱工作制度建设；通过明确执法规范、职责职权、职业道德、警务管理、培训晋升等加强监狱高水平、高素质的监狱人民警察队伍建设及实战型技术技能型预备警官教育建设；完善监狱行刑法律和社会监督，建立监狱行刑的财政保障和社会保障体系等。

（六）研究罪犯改造的综合治理

监狱是社会的细胞，它既具有政治属性，也具有一定的社会属性，这就决定了监狱与社会有着密切的关系。如与财政、劳动、教育、文化、医疗卫生等部门的关系，与检察院、法院等其他司法机关的关系，与社会组织、群众团体的关系，与人民群众的关系等。正因如此，为了完成将罪犯改造成为守法公民，避免刑释人员重新犯罪的任务，单靠监狱自身的工作和努力是难以完成的。除了对罪犯进行惩罚和改造的主体——监狱外，社会各个部门也要对监狱提供帮助和支持。也就是说，罪犯的改造工作是一项综合治理工作，是一项系统的社会工程。

行刑社会化，是当代监狱行刑的重要原则之一，而行刑社会化的实质就是依靠社会各方面的力量对罪犯进行矫正和改造，从而使刑事执行与社会发展保持同步，为罪犯顺利回归社会创造有利条件。罪犯改造的综合治理既包括罪犯在服刑期间的综合治理，也包括罪犯刑满出狱后的社会保护，尤其是对罪犯刑满出狱后的社会保护，是巩固改造成果、预防重新犯罪的重要措施。

## 五、监狱学的学科属性

监狱学，是研究监狱、监狱制度、监狱行刑理论以及监狱对罪犯实施惩罚和改造这一社会现象及其规律的科学；是我国监狱执行刑罚、改造罪犯司法实践经验的总结和理论概括。

对监狱学学科属性问题的认识，在我国乃至国际监狱学术理论界都不尽一致。有的人认为监狱学属于刑事法学，是关于刑罚执行的科学，与刑法学、刑事诉讼法学、刑事侦查学、犯罪学等同属刑事法学体系；有的人认为监狱学属于教育学，是对罪犯进行特殊教育和强制教育的科学，与人才教育、国民教育、素质教育等同属教育学体系；有的人认为监狱学属于管理科学，是研究如何管理罪犯的科学；有的人认为监狱学属于政治学，是研究监狱这个国家暴力机器、专政工具及手段的科学；还有人认为监狱学属于综合性的社会科学，它具有社会学、政治学、法学、管理学、教育学、经济学、心理学等各种科学研究的价值。以上各种观点从不同角度和不同层面反映了监狱的属性，都有一定的理论和实践依据。

监狱学不仅研究监狱对被判处监禁刑的罪犯如何执行刑罚以及执行刑罚的各项基本制度问题，还要研究如何在执行刑罚过程中，通过采取各种手段和措施，转变罪犯思想，矫正恶习，教育人、改造人，将罪犯改造为守法公民的问题，以及罪犯在刑满释放以后，如何给予必要的帮助，回归和适应社会，让其不再重新犯罪，从而达到预防和减少犯罪的目的。这项工作涉及犯罪学、社会学、行为学、教育学、心理学、管理学、经济学、精神医学、建筑学等多种学科的知识，已经不仅仅局限在法的范畴。因此，本书认为监狱学属于综合性的社会科学。

监狱代表国家意志对罪犯实施惩罚与改造。现代监狱作为国家的暴力机器、专政工具、刑罚执行机关，在依法对罪犯实施惩罚和改造的同时，也要兼顾预防和减少犯罪的职能。监狱不仅要运用狱政管理、教育改造、劳动改造、考核奖惩等各种方法和手段对罪犯实施矫正和改造，还要对罪犯进行文化教育和职业技能培训，帮助罪犯修复家庭关系，使罪犯顺利回归社会，自食其力，成为守法公民。这就决定了监狱学不仅要研究法的范畴，如监狱法律法规、监狱法律制度、刑罚执行的法律关系等，还要研究矫正和改造罪犯的原理及手段，研究监狱生产和罪犯劳动，研究如何运用现代化技术手段做好监狱工作等。既要从政治学、法学、社会学的角度研究监狱学，也要从管理学、教育学、心理学、行为学、信息技术的角度研究监狱学，涉及的内容多，范围广。因此，研究监狱问题必须将其作为一门综合性的社会科学，综合运用多学科的理论，建立和完善监狱学体系。

## 六、监狱学的学科体系

学科体系是指某一学科的研究范围和分科，并根据一定指导思想将多个分支学科组成一个有机联系的整体①。监狱学的学科体系是指根据监狱学理论研究的发展和需要，根据不同范围的研究对象，在总结客观实践经验的基础上，把监狱学划分为由若干分支学科组成、彼此相互联系的有机整体②。了解监狱学的学科体系有助于我们了解监狱学研究的对象和范围，监狱学与其他学科的联系与区别，监狱学的有关内容及其相互关系。随着监狱工作实践和理论的发展，监狱学这门综合性的社会科学，已经形成了独立的学科体系。从宏观上分为基础理论学科和应用理论学科两大部分。

### （一）基础理论学科

基础理论研究侧重从学理的角度研究监狱学的基本理论问题，以及对监狱工作有宏观指导意义的原则、方法、手段、措施等，分支学科主要包括：

（1）监狱学基础理论。它是监狱学最基本的分支学科，以监狱对罪犯的惩罚和改造活动中的基本原理、基本范畴、发展规律为研究对象。

（2）监狱法学。它是从法学的角度对监狱进行研究的一门分支学科，以监狱法律规范、法律制度、法律思想及其实施为研究对象。其研究范围包括《监

① 参见涂发中、郭明主编：《监狱学基础理论》，金城出版社2003年版，第7页。

② 参见兰洁主编：《监狱学》，中国政法大学出版社1999年版，第7页。

狱法》的性质、地位、作用、渊源、结构、体系以及《监狱法》的实施等理论与实践问题。

（3）监狱史学。它是从历史的角度对监狱这一社会现象纵向发展的考察研究。研究范围包括中国监狱史和外国监狱史，以中、外监狱制度的产生、历史发展及其规律为研究对象。

（4）比较监狱学。它是对近现代世界各国的监狱法律法规、监狱制度及其理论与实践进行比较研究的学科，是从横断面上对不同社会制度、不同国家、不同地区的监狱这一社会现象所进行的比较研究，具有相互启迪和取长补短的特殊功效。①

（二）应用理论学科

应用理论研究即应用方法研究，是从实践和操作的角度对监狱工作具有方向性指导意义的实务性研究。其分支学科主要包括：

（1）狱政管理学。它是以监狱行刑事务管理、罪犯处遇事务管理、生产劳动事务管理、教育事务管理等狱政管理活动及其规律为研究对象的一门分支学科。除将狱政管理的性质、功能、手段、组织机构等作为研究对象外，还系统地研究我国监狱对罪犯实施的直接管理、组织协调、处遇保障、安全防范以及奖励机制等管理活动，并揭示其运作的性质、规律和原则。

（2）罪犯教育学。它既是监狱学的重要组成部分，又是教育学的分支学科。它是以监狱对罪犯的教育改造活动及其规律为研究对象的一门分支学科。其范围包括罪犯教育改造的原理、性质、特征、功能、原则、内容、制度、形式、方法等。

（3）罪犯劳动管理学/罪犯劳动改造学。它是以罪犯的劳动改造现象及其规律为研究对象，是具有中国特色的一门监狱学的分支学科。其范围包括罪犯劳动的目的、性质、特点、原则，罪犯劳动的组织管理、过程管理与现场管理，罪犯劳动的考核、奖惩、教育、安全、保护等。

（4）狱内侦查学。它以狱内侦查活动及其规律为研究对象，是进行狱内犯罪预防、调查遗罪漏罪、揭露和证实狱内犯罪、查缉犯罪人的应用型学科。其范围包括狱内侦查的性质、任务、方法、手段、原则、程序、技术等。

（5）罪犯改造心理学/罪犯矫正心理学。它是对罪犯内心世界进行科学考察与评估，并对其提供正确的指导方案的科学，以服刑罪犯的心理现象及其发展变化规律为研究对象。罪犯改造心理学既是监狱学的分支学科，又是司法心理学的组成部分。其范围包括罪犯心理形成的原因、特点，不同类型罪犯的心理，罪犯

---

① 参见史殿国主编：《监狱学基础理论》，法律出版社 2018 年版，第 8 页。

在服刑期间不同阶段的心理，以及心理咨询、心理矫治、心理治疗的形式和方法等。

(6) 监狱经济管理学。它是以监狱经济管理活动及其规律为研究对象的一门分支学科。它既是监狱学的重要组成部分，又是经济管理学体系的分支学科。其范围包括监狱经济活动的性质、任务、地位、原则、过程、内容等。

除此之外，作为监狱学的应用理论研究学科还有罪犯行为学、狱政统计学、司法精神病学、监狱建筑学、监狱警察管理学、监狱医学、监狱应用文书、出狱人回归社会学等。任何学科体系都不是固定不变的，而是随着学科研究对象和内容的发展、学科工作者的认识水平以及其他因素而发展变化的。因此，伴随现代科学技术的发展，监狱学理论研究的不断深入，监狱学的分支学科将会越来越丰富，监狱学的学科体系将会越来越完善。

## 第二节　监狱学基础理论的研究对象与方法

### 一、研究对象

监狱学基础理论是指以“监狱对罪犯的惩罚和改造的基本原理、基本范畴和客观规律为其研究对象的一门理论学科”①，从宏观的角度研究监狱行刑的相关事务与改造罪犯的基本理论问题。具体涉及监狱工作的方针、政策和原则，监狱法律关系，罪犯的法律地位，刑罚执行，罪犯改造手段等。主要有以下几个方面。

(一) 监狱的本体

本体即事物的原样或自身，监狱是监禁刑的行刑主体，承担着对罪犯的教育、矫正、改造的职责。对监狱本体的研究主要包括：研究监狱的起源、本质、特征、类型及历史演变；研究当代中国监狱的性质、职能、任务、设置、管理体制、组织机构以及监狱在社会主义法治建设中的作用等；研究监狱人民警察的性质、任务、法律地位、管理和教育、职业道德和纪律，以及监狱人民警察的执法监督和执法保障等问题。

监狱作为国家统治的工具，其部分本体要根据国家的需要发生变化。根据不同历史时期社会的发展状况，国家对监狱会提出不同的要求。为了适应当前刑事

① 参见涂发中、郭明主编：《监狱学基础理论》，金城出版社2003年版，第9页。

政策，满足国家及社会管理的需要，监狱要进行积极的调整，适时稳妥地改变监狱的设置、类型、管理体制和组织机构等。

（二）监狱行刑的原理和思想

监狱行刑原理是监狱进行刑罚执行活动具有普遍性的、最基本的规律。监狱以刑罚为自己存在的前提和依据，一经产生就是执行剥夺人身自由的国家机器，是执行刑罚的主要机构。换句话说，没有《刑法》就没有监狱，而在惩罚的基础上还要研究“惩罚与改造相结合”“教育和劳动相结合”的基本原则。

监狱行刑思想，是对监狱行刑原理认识的反映，是实践的基础和指导。它决定了监狱行刑的模式、任务、方法以及对行刑效果的追求。我国监狱工作始终以马克思列宁主义、毛泽东思想、邓小平理论、“三个代表”重要思想、科学发展观、习近平新时代中国特色社会主义思想为指引，不断丰富和完善监狱行刑指导思想的内容：如绝大多数罪犯是可以改造的；监狱惩罚、改造罪犯的最终目标是把罪犯改造成为守法公民；劳动改造、教育改造、监管改造是改造罪犯的三大基本手段；罪犯人权保障；专业化、科学化、现代化的监狱人民警察队伍是惩罚与改造罪犯的关键等。可以说，行刑思想正确与否，直接关系监狱工作的性质及惩罚与改造任务的完成。由于人类认识事物的局限性，不同历史时期人们对监狱行刑原理和思想的认识也在不断发生变化，只有通过在实践中积极地探索研究，才可能得出尽可能准确的判断。

（三）监狱的行刑对象

虽然监狱学的其他分支学科也对行刑的对象——服刑罪犯进行研究，但是他们都是从微观层面以不同的角度和侧面去进行研究的，而监狱学基础理论则是从总体上去研究罪犯，包括罪犯的群体性研究、个体性研究、构成变化研究、心理行为特点研究、法律地位研究、影响因素研究、因素控制研究等。从而形成理论体系，为监狱学其他分支学科提供理论支持。

（1）对罪犯群体及个体的研究。就群体而言，罪犯来自社会不同的阶层，其心理及行为特点与社会自由公民存在很大差异，而不同年代、不同地域的罪犯其特点也不相同；就个体而言，不同的年龄、文化程度、犯罪性质、刑种刑期、服刑阶段、个性心理等，对外界及监禁行刑环境的感知有所不同，对刑罚的态度也不相同。要对其进行有效的控制、管理、矫正、改造，就必须研究罪犯群体和个体的特点，掌握其心理、行为变化规律，适时追踪，探寻对策。

（2）对罪犯构成的研究。罪犯构成不是一成不变的，它随着社会矛盾的运动和犯罪情势的变化而处于动态演变之中，与国家的政治、经济、教育、文化等因素直接相关。具体研究包括定罪构成、刑罚构成、自然状况构成和改造表现构成等。

(3) 对罪犯的法律地位的研究。罪犯在监狱服刑过程中与监狱及监狱人民警察形成一种刑事法律关系。在这种法律关系中，罪犯作为主体的一方，既依法享有规定的权利，又依法承担相应的义务。这种权利和义务在内容上有其独有的特点，主要表现在罪犯与监狱及监狱人民警察之间地位的不平等上，其权利由国家许可和保障实现，义务也在国家法律约束下强制履行。要将罪犯的法律地位问题导向正确的法治轨道，就必然要对其进行研究，即罪犯在服刑过程中享有哪些法定权利和必须承担哪些法定义务。

(四) 监狱与相关社会现象的关系

监狱不是孤立存在的，作为一种社会现象，其存在和发展必然同其他社会现象有着密切的联系。只有正确认识和处理监狱与其他社会现象的关系，才能更好地发挥惩罚和改造罪犯的作用。比如监狱在社会有机系统中属于一定社会的政治组织，是国家的上层建筑。它作为国家机器是为政治服务的，其所行使的刑罚执行权也是国家权利的重要内容，因此，监狱与国家政权、刑事政策、政治体制、人权状况、社会分层等政治问题都有着密切的关系；经济基础是上层建筑赖以存在的根源，上层建筑是经济基础在政治上和思想上的表现。监狱是上层建筑的重要组成部分，但它的存在取决于一定社会的物质生活条件，即要建立在一定社会经济基础之上。监狱学基础理论既要研究经济对监狱的决定作用，又要研究监狱对服务、保障、促进经济发展的反作用，同时也要研究监狱企业的一般社会生产的规律，以及遵循监狱生产的特殊规律。监狱工作必须以刑罚理论为基础，必须掌握和运用刑事法律法规处理有关刑罚执行的问题，以法律为武器惩罚和改造罪犯。从另一个角度看，监狱的刑事司法实践活动会检验、丰富和发展国家的刑事法律。由此可见，监狱与国家的法律尤其是刑事法律有着密切的关系。当今社会科技迅猛发展，一些自然科学和社会科学的新成果，为监狱工作提供了广阔的发展空间。监狱积极吸收这些人类文明的科学成果武装自己，与时代发展协同共进，与社会文明同步共享，强化了监狱工作科技手段，提高了教育改造工作的科学性，科学技术与监狱工作健康发展关系密切；监狱在运行的过程中也离不开社会的支持。作为社会中的一分子，监狱不可避免地会与公检法机关、财政、民政、人力资源与社会保障、教育、文化、医疗卫生等部门、社会组织、社会团体、人民群众等发生关系。因此，如何正确认识和处理监狱与社会现象的关系，是监狱学基础理论研究的任务之一。

## 二、研究的指导思想

中国共产党第十九次全国代表大会审议并一致通过十八届中央委员会提出的《中国共产党章程（修正案）》，把习近平新时代中国特色社会主义思想同马克思列宁主义、毛泽东思想、邓小平理论、"三个代表"重要思想、科学发展观一道确立为党的行动指南。第十三届全国人民代表大会第一次会议通过的《宪法修正案》也明确指出，"社会主义制度是中华人民共和国的根本制度。中国共产党领导是中国特色社会主义最本质的特征"。中国共产党领导全国各族人民，统揽伟大斗争、伟大工程、伟大事业、伟大梦想，推动中国特色社会主义进入了新时代。中国各族人民将继续在中国共产党领导下，在马克思列宁主义、毛泽东思想、邓小平理论、"三个代表"重要思想、科学发展观、习近平新时代中国特色社会主义思想指引下，坚持人民民主专政，坚持社会主义道路，坚持改革开放，不断完善社会主义的各项制度，发展社会主义市场经济，发展社会主义民主，健全社会主义法治，贯彻新发展理念，自力更生，艰苦奋斗，逐步实现工业、农业、国防和科学技术的现代化，推动物质文明、政治文明、精神文明、社会文明、生态文明协调发展，把我国建设成为富强民主文明和谐美丽的社会主义现代化强国，实现中华民族伟大复兴。① 监狱的性质决定了监狱学是一门政治性和阶级性很强的学科，它必须服务于人民民主专政和社会主义制度。因此，我们研究监狱学也必须以党的行动指南为指导思想。具体内容主要包括以下几个方面。

### （一）坚持人民民主专政与改造罪犯的思想

第十三届全国人民代表大会第一次会议通过的《宪法修正案》中再次强调要坚持人民民主专政。人民民主专政是建设中国特色社会主义的重要保障。监狱是人民民主专政的工具，要强化监狱惩罚和改造罪犯的职能，发挥其在新时代社会主义建设中的作用，就必须坚持人民民主专政的指导思想。

新时代，剥削阶级作为一个完整的阶级虽然已经不复存在，但是阶级斗争并没有完全消除。当前，美国主导建立全球化，中国也倡议人类命运共同体，但是，中国的国际环境仍然十分严峻。特别是中美在经贸、疫情、领事馆等问题上冲突不断，中美关系急转直下之后，来自国际上的敌对势力对我国国家政权产生威胁。随着经济的发展，国内各种新型犯罪层出不穷，监狱中被关押罪犯的数量逐年上升。因此，监狱只有强化人民民主专政的职能，才能打击敌对势力和刑事犯罪活动，才能确保社会主义现代化建设的顺利进行，才能保障人民群众过上幸福生活。

无产阶级改造社会、改造人的历史使命是改造罪犯的政治前提。马克思列宁主义、毛泽东思想关于改造罪犯的理论为建立中国特色的社会主义新型监狱学奠定了雄厚的理论和实践基础。十月革命后，列宁首先提出了"改造可以改造好的人"，并率先开创了劳动改造罪犯的实践。毛泽东同志丰富和发展了马克思主

---

① 《宪法修正案》于2018年3月11日第十三届全国人民代表大会第一次会议通过。

义关于改造罪犯理论的内容，他在总结我国劳动改造罪犯实践经验的基础上，提出了改造罪犯是无产阶级改造社会、改造人类伟大事业重要组成部分的论断，精辟地论述了在社会主义条件下绝大多数罪犯可以改造好的根本条件和具体条件，并制定了一系列改造罪犯的方针、政策和方法，创立了具有中国特色的罪犯劳动改造制度，使我国的改造罪犯工作取得了举世瞩目的成就。在马克思主义监狱学说的指导下，贯彻毛泽东关于改造罪犯的思想，以惩罚为前提，以改造为宗旨，组织罪犯参加生产劳动是具有中国特色的监狱学区别于其他监狱学的重要标志之一。

### （二）坚持辩证唯物主义和历史唯物主义的世界观和方法论

辩证唯物主义和历史唯物主义是马克思主义哲学的核心内容和根本要义，是无产阶级认识世界和改造世界的强大思想武器。辩证唯物主义和历史唯物主义的世界观和方法论是夺取中国特色社会主义事业胜利的伟大法宝。因此，无论是研究自然科学还是社会科学，都离不开运用辩证唯物主义和历史唯物主义的世界观和方法论。监狱学对监狱的起源、性质、特征、地位、作用，以及改造罪犯的意义、可行性、必然性、方针、政策、原则、组织、手段、方法等进行研究，在监狱实践检验中产生了被证明正确的理论体系。只有坚持运用辩证唯物主义和历史唯物主义的方法，才能对监狱立法和司法实践中的丰富经验进行科学总结，丰富和发展监狱学的科学内容，反过来指导和推动改造罪犯工作的发展。因此，我们在学习和研究监狱学基础理论的过程中，必须遵循和坚持辩证唯物主义和历史唯物主义的世界观和方法论。

### （三）坚持实事求是，一切从实际出发的思想

“实事求是，一切从实际出发”是中国共产党的思想路线，是党的优良传统和作风。实事求是，就是从实际出发，理论联系实际。毛泽东同志曾在《改造我们的学习》一文中提到“‘实事’就是客观存在着的一切事物，‘是’就是客观事物的内部联系，即规律性，‘求’就是我们去研究”。“实事求是是马克思列宁主义的精髓，是毛泽东思想的精髓，也是邓小平理论的精髓。”① 在监狱学的研究中，坚持实事求是，一切从实际出发的指导思想，首先，要将马克思列宁主义、毛泽东思想、邓小平理论、“三个代表”重要思想、科学发展观、习近平新时代中国特色社会主义思想与监狱工作的现实结合起来，运用其理论原理、立场、观点和方法去研究监狱工作和监狱法治建设。其次，要研究在当前形势下服刑罪犯的构成及其特点，有针性地对其实施惩罚和改造。最后，监狱学研究要与时俱进，立足当前中国国情和中国监狱工作的现实条件，把握时代变化，紧跟时

① 江泽民在中国共产党第十五次代表大会上的报告。

代步伐，站在时代前列，以创新的精神和科学的态度去认识、把握和遵循监狱发展的客观规律。

## 三、研究方法

监狱学基础理论是监狱科学体系中主要的理论学科，它有自己特殊的研究对象和范围，这就决定了它具有自己的研究方法。研究监狱学学科体系最根本的指导思想决定了研究监狱学基础理论的方法体系，即马克思主义的世界观和方法论。

### （一）理论联系实际的方法

实践决定理论，实践是理论的来源，是理论发展的根本动力，是理论的最终目的，是检验真理的唯一标准；理论对实践有能动的反作用。理论产生的最终目的是更好地指导实践；理论和实践是相辅相成，缺一不可的。监狱学产生于监狱行刑和改造罪犯的实践中，是实践经验的科学总结和理论的概括。因此，监狱学的理论研究，必须运用理论联系实际的方法，学习和掌握监狱学的基本理论，相关的法律法规和制度，以及与监狱学相关的其他学科知识；深入实际调查研究，从中国监狱和改造罪犯的实际情况出发，总结过去的经验和研究现实的情况。通过对实践经验的去粗取精，去伪存真，从不断变化的新情况、新问题、新经验中揭示监狱工作的新特点和新规律。然后采用由此及彼、以表及里的方法进行抽象概括，形成新的理论，新的观点，提出新的对策，并将经验升华为理论，从而使监狱学不断得到丰富和发展。

### （二）比较分析的方法

比较分析，是把客观事物加以比较，以达到认识事物的本质和规律并作出正确的评价。比较分析法通常是把两个相互联系的指标数据进行比较，从数据上展示和说明研究对象规模的大小，水平的高低，速度的快慢，以及各种关系是否协调，从而作出客观的评价。

通过对古今中外监狱制度的比较，可以帮助我们了解不同历史时期、不同社会、不同地域的监狱制度的本质特征；通过对不同国家改造罪犯方法和手段的比较，可以及时掌握先进的教育矫正方法，了解国外罪犯矫正制度的最新动态，发现自身的不足，从而学习和借鉴外国监狱制度中先进的方法，完善我国的监狱法治建设和监狱管理体制；通过对我国不同时期监狱发展状况的比较，还可以深刻理解我国监狱工作的特色，以及我国在惩罚和改造罪犯工作中的创造性和先进性，从而进一步发挥我们的长处，扬长避短。在不断发展与完善我国监狱制度的同时，加快具有中国特色社会主义监狱学的研究。通过比较分析，可以选择对我们有益的理论主张、管理经验、管理模式、现代化设施等，紧密结合中国实际，加以借鉴和吸收。因此，研究和学习监狱学基础理论必须采用比较分析的方法。

（三）其他相关学科知识相结合/兼容并包的方法

监狱学是一门相对独立的综合性社会科学，它的研究领域和内容非常丰富，研究对象非常广泛。研究监狱学必然要涉及与监狱学内容相关的其他社会科学或自然科学的知识。如政治学、法学、管理学、教育学、经济学、医学、统计学、心理学、行为学、社会学等。当与这些学科发生联系时，就需要运用相关学科的研究成果或理论知识。比如研究监狱的性质就要运用政治学、刑罚学理论；研究对罪犯的改造就要运用教育学、社会学、心理学、行为学、劳动管理学等学科的理论知识；研究监狱信息化就要运用计算机、网络、数学、数据结构、编程、大数据分析等学科的知识。因此，学习和研究监狱学（包括监狱学基础理论）应采取与其他相关学科知识相结合、兼容并包的方法，科学运用相关学科的理论知识，才能加深理解、全面掌握。

（四）调查研究的方法

调查研究的方法，是指通过考察了解客观情况直接获取有关材料，并对这些材料进行分析的研究方法。调查研究可以弥补定量分析和演绎推理的不足，是监狱学获得研究成果的基础和基本手段之一。具有中国特色的监狱学研究十分重视调查研究的方法。通过调查、访问、座谈等方法开展调查研究，可以帮助我们更加直观地、具体地了解、研究惩罚与改造罪犯的现象。在监狱学研究过程中，我们从范围上可以进行全面调查、专题调查、典型调查和个案调查等，从方式上可以进行抽样调查、个别访问、问卷调查、开会调查、追踪调查等。从调查对象上有针对罪犯、监狱干警、刑释人员、相关部门的调查等。通过调查可以获取大量的资料和信息，找出事物发生、发展、变化的原因和规律，以制定相应的措施和对策，并结合运用相关学科的研究成果或理论知识，从而使监狱学的理论研究建立在科学的研究手段之上。

# 第二章

## 监狱法治

“法制”一词古已有之。我国古籍《礼记·月令》中就有“命有司，修法制，缮囹圄”的记载，但古今中外对“法制”一词的用法和解释却有所不同。现代意义上的法制，通常包括三种不同的含义：第一种是静态意义上的法制，即法律和制度。第二种是动态意义上的法制，是指立法、执法、司法、守法和法律实施监督等各个环节构成的一个统一体。第三种则是指“依法办事”的原则和制度。在此所指的我国监狱法制，主要是从静态上对新中国成立以来制定、形成的有关监狱工作的法律法规和法律制度。

监狱是透视社会文明与进步程度的窗口，监狱法治状况是衡量一个国家法治水平的重要标志。一方面，监狱法治建设的发展，有赖于整个国家法治建设的发展；另一方面，监狱法治建设的发展也会促进整个社会的民主与法治进程。学习我国监狱立法的历史进程、立法原理与法律适用，旨在深入贯彻落实习近平法治思想，全面提升监狱人民警察的法律意识和法律素养，进一步培养用法治思维分析问题、解决问题的能力，有助于监狱及其人民警察全面了解我国监狱法治的基本理论与制度，认识监狱行刑主体的地位和作用，从而为监狱依法治监、依法行刑，提高监狱人民警察的综合执法水平提供理论基础和法律支持。

### 第一节　监狱法的立法进程

#### 一、《监狱法》制定的历史背景

党的十一届三中全会后，在总结“文化大革命”深刻教训的同时，邓小平一再强调要加强社会主义民主法治建设。早在 1978 年 12 月，邓小平就指示：

“应该集中力量制定刑法、民法、诉讼法和其他各种必要的法律。”此后，国家加快了法治建设进程。1979年《刑法》《刑事诉讼法》颁布后实施；1982年，第五届全国人民代表大会第五次会议通过了新中国第四部《宪法》。在这样的大背景下，全国广大监狱干警都迫切希望制定一部适应新形势的监狱法。

在《劳动改造条例》颁行后的40多年中，新中国的监狱工作取得了巨大的成绩，积累了丰富的经验，但是随着改革开放不断深入发展，国家的政治、经济形势和社会矛盾、阶级结构等情况都发生了深刻的历史性变革，中国监狱面临一系列新情况、新问题，制定一部监狱法不仅十分必要，而且条件亦已成熟。

（一）形势发展的需要

国家不断深化改革，扩大开放，坚持以经济建设为中心，由计划经济转向市场经济的一系列变革，给监狱的警种建设、改造工作和监狱生产带来了重大的影响。新的历史发展时期，国家对监狱工作提出了新的任务：必须加强对罪犯的改造工作，把罪犯改造成为守法公民，为社会主义经济建设创造良好的社会环境；要深化改革，不断创新，建立具有中国特色的行刑改造工作体制，就需要相应的法律保障。同时，随着国家经济体制和就业政策的变革，对监狱行刑提出了新的要求：在改造罪犯的同时，要对他们加强经济政策和就业政策教育、文化知识和劳动技能教育，提高他们对社会的适应性，拓展出狱后的就业范围，并对回归社会后的保护制度作出相应的法律规定。

（二）社会主义民主法治建设的需要

对罪犯执行刑罚是一项极其严肃的刑事执法活动，必须纳入国家法律统一调整的轨道。作为实体法的《刑法》和程序法的《刑事诉讼法》在1980年1月1日起施行，迫切需要有与之相应配套的刑事执行法。虽然《刑事诉讼法》设有“执行”一编，但主要是规定程序，而不是具体规定如何执行刑罚。为完善刑事法律体系，必须尽快制定一部执行监禁刑的监狱法。

（三）适应押犯构成变化的需要

改革开放后，监狱的改造工作已从过去以改造反革命犯为主转为以改造普通刑事犯为主。押犯构成的重大变化，带来了押犯的思想、心理、行为特征等方面的巨大变化。制定于20世纪50年代、以惩罚改造旧社会遗留下来的历史反革命和刑事犯罪分子为主要对象的《劳动改造条例》，显然已难以适应，制定新的监狱法律势在必行。

（四）总结新中国监狱工作实践成功经验的需要

新中国成立70多年来，中国的监狱工作实践取得了举世瞩目的成绩，为监狱立法提供了坚实的实践基础；改革开放以来监狱工作的改革成果，需要用法律形式固定下来；实践中存在的诸多矛盾和问题，诸如现行的监狱财政管理体制越来越不适应，监狱经费保障问题突出等，都需要通过法律加以调整和解决。

（五）开展国际交往的需要

改革开放后，国际司法交流合作日益扩大，中国签署了《联合国囚犯待遇最低限度标准规则》《禁止酷刑和其他残忍、不人道或有辱人格的待遇或处罚公约》等国际性规则或公约，国内法律需要与之相适应；同时，国际人权斗争把监狱工作推向前沿，需要进一步健全监狱法治建设，展示中国监狱的文明与人道。制定《监狱法》，为刑事司法的国际交流、合作和斗争提供法律依据。

进入20世纪80年代后的十几年间，监狱学、监狱法学和劳动改造的理论研究有了很大发展，取得了丰硕成果，也为监狱立法提供了科学的理论基础。总之，中国社会主义法治建设，大大加快了整个立法活动的进程，制定一部适应新形势的监狱法已成必然。

## 二、我国监狱立法的历史进程

早在新民主主义革命时期，在中国共产党领导下的革命根据地政权，就开始了监狱立法，曾先后颁布过《中华苏维埃共和国裁判部暂行组织及裁判条例》《中华苏维埃共和国劳动感化院暂行章程》等一系列监狱法律、法规。这些监狱法律、法规对监所的性质、设置、管理体制、执行原则和管理制度等都作出了相应的规定，为后来的监狱立法积累了经验和奠定了基础。中华人民共和国成立以来，随着国家政治、经济、文化各方面的发展，我国的监狱法治也逐步得到了发展，经历了从无到有、从政策调整到行政法规调整，直到由法律调整的过程，已基本形成了相对较为完备的、具有中国特色社会主义的监狱法律体系。

（一）初创阶段

中华人民共和国成立后，我国彻底废除了国民党政府有关的监狱法律、法令。在总结、继承我国抗日民主根据地和解放区监所工作经验的基础上，着手创建新型的社会主义监狱制度，与此同时，开展了社会主义监狱立法活动。主管监狱工作的中央司法机关以《中国人民政治协商会议共同纲领》为依据，陆续颁布了一系列有关监狱、看守所和劳动改造队工作的行政规章和命令，诸如1950年8月19日，司法部、公安部发布的《关于各级监狱、劳改队和看守所武装戒护的决定》；1950年11月30日，司法部、公安部发布的《关于监狱、看守所和劳动改造队移转归公安部门领导的指示》；1950年11月30日公安部发布的《关于加强监狱工作的指示》；1951年10月17日，公安部发布的《关于处理反革命罪犯中女犯、少年犯及老年犯的指示》等。这些行政规章尽管尚不够系统、完善，但对于新型监狱制度的建立和完善，起到了基础性的促进作用。随着监狱工作的发展，我国的监狱立法工作逐步展开。在全面总结改造罪犯的实践经验的基础上，1954 年 9 月 7 日中华人民共和国政务院颁布了《劳动改造条例》，明确规定了劳动改造机关的性质、任务、方针，劳动改造机关的机构设置、职权范围及罪犯的收押、监管、劳动改造和教育改造、劳动生产、生活管理、考核奖惩、取保、释放等。《劳动改造条例》是新中国历史上第一部比较完备的监狱工作法规，成为新中国劳动改造罪犯工作的主要法律依据。1954 年 9 月 20 日，第一届全国人民代表大会第一次会议通过了新中国第一部《宪法》，为新中国的劳改改造罪犯制度及监狱立法提供了宪法的依据和保障。自此以后，惩办和改造犯罪分子成为新中国的一项宪法原则，在《宪法》的历次修改中都得到体现。以此为依据，我国又制定了《劳动改造管教队工作细则（试行草案)》（1962 年由公安部颁行）等重要法规，完善了劳动改造罪犯的立法。《劳动改造条例》颁布实施后，中央行政主管部门为了保证该条例的贯彻实施，又陆续颁发了一系列相应的行政法规和规章，如《劳动改造罪犯刑满释放及安置就业暂行处理办法》《关于统一规定各劳改生产单位和监狱、看守所、少年犯管教所的名称的通知》《关于加强劳改单位卫生工作领导的联合指示》等。这些行政法规和规章进一步补充和发展了《劳动改造条例》的内容，有力地促进了监狱事业的发展。

（二）停滞阶段

从 1966 年到 1976 年的“文化大革命”十年动乱期间，国家宪法和法律遭到严重践踏和破坏，国家立法机关基本停止活动，监狱立法工作长期陷入停滞状态。许多现行监狱法规和规章制度受到错误批判，在这种情况下，出台的监狱法规极少。这一时期的监狱法规主要有：1972 年 1 月 8 日《公安部关于不得使用在押犯、劳教分子和就业人员搞机关生产和其他勤务的通知》，1973 年 6 月 28 日《公安部关于防止劳改犯和留场（厂）就业人员向海外写信泄露劳改地址等国家机密的通知》等。

（三）恢复阶段

党的十一届三中全会以后，我国监狱法治建设进入了一个新的阶段。这一阶段的立法工作侧重于恢复、调整、发展。1979 年《刑法》和《刑事诉讼法》相继颁布实施，对我国监狱法治建设起到了极大的促进作用。1981 年 8 月召开了第八次全国劳改工作会议，根据党的十一届三中全会和六中全会的精神，正确总结了我国 30 多年来的监狱工作经验教训，确定了新时期监狱工作的任务，提出了加强监狱工作的若干措施，为新时期监狱立法工作指明了方向。1982 年 2 月 18 日，公安部以《刑法》《刑事诉讼法》《劳动改造条例》为依据，并结合 30 多年来的监狱工作经验和当时我国押犯构成的新情况，制定了《监狱、劳改队管教工作细则（试行)》。该细则明确规定了我国监狱、劳改队的性质、任务和管教工作的方针、政策，并对刑罚执行、狱政管理、武装警戒、教育改造、生活卫生、考核奖惩等作了具体规定，极大地丰富了《劳动改造条例》的内容，有力地推动了我国监狱工作的法治化、规范化进程。随后，中央主管部门又制定并发布了一系列有关监狱工作的行政法规和规章。

（四）新时期发展阶段

针对监狱工作面临的许多新情况、新问题，1986 年 3 月，全国人民代表大会常务委员会授权司法部，成立监狱立法起草工作小组。经过 8 年多的调查研究和专题讨论，前后修改数十稿，1994 年 12 月 29 日第八届全国人民代表大会常务委员会第十一次会议通过《监狱法》，这是我国历史上第一部社会主义监狱法，它在充分肯定我国 40 多年监狱立法的成功经验的基础之上，借鉴了国外一些先进经验，从体系到内容都有一些重大突破：明确规定了监狱是国家的刑罚执行机关，确定了惩罚与改造相结合、教育与劳动相结合是监狱工作的基本原则，监管、教育和劳动是改造罪犯的基本手段，同时，还确定了监狱人民警察的法律地位、罪犯的权利义务及对未成年犯的改造等内容。《监狱法》的颁布实施，进一步完善了我国的刑事法律体系，标志着我国监狱工作全面进入了法治化轨道。在我国监狱法制史上具有里程碑的意义。

《监狱法》颁布实施后，为保证其贯彻执行，司法部又相继颁行了《监狱服刑人员行为规范》《监狱教育改造工作规定》等配套法规。我国《刑法》《刑事诉讼法》经过长期的实践和多年调研论证，相继进行了修改，其中有关条款对监狱行刑的某些方面作了新的规定：2011 年 2 月《刑法修正案（八）》对减刑、假释等制度进行修正；2012 年 3 月《刑事诉讼法》对暂予监外执行制度进行较大修正。2012 年 10 月全国人民代表大会常务委员会修正了《监狱法》的部分条文，共 7 条，涉及看守所执行刑罚、减刑和假释、暂予监外执行、狱内侦查等内容。它既标志着我国刑事法律体系不断健全和完善，也标志着我国监狱立法趋向成熟。

## 三、我国《监狱法》的立法特点

（一）从立法内容上看，《监狱法》是综合法

《监狱法》涉及监狱的行政系统、管理机构、监狱工作机构和工作人员的配备；监狱人民警察与罪犯的权利义务，对罪犯的收监，罪犯提出申诉、控告、检举的处理；监外执行、减刑、假释；释放和安置等刑罚的执行及刑罚执行的延伸；分押分管、警戒、戒具和武器的使用；通信、会见、生活、卫生、奖惩；对罪犯的教育等方面。因此，从立法内容上看，《监狱法》具有综合法的特点。①

---

① 参见刘春林、刘江：《浅谈〈监狱法〉的特点》，载《犯罪与改造研究》1996 年第 2 期。

1. 《监狱法》是组织法

在监狱的领导体制上，《监狱法》第10条规定："国务院司法行政部门主管全国的监狱工作。"第11条规定："监狱的设置、撤销、迁移，由国务院司法行政部门批准。"第12条规定："监狱设监狱长一人、副监狱长若干人，并根据实际需要设置必要的工作机构和配备其他监狱管理人员。监狱的管理人员是人民警察。"从这些规定看，《监狱法》是规范监狱设置、工作机构和工作人员配备的组织法。

2. 《监狱法》是行为法

《监狱法》以法律的形式规范监狱、监狱人民警察和服刑罪犯的行为，《监狱法》第58条规定罪犯具有破坏监管秩序八种情形之一的，监狱可以给予警告、记过或者禁闭。第45条规定遇有罪犯具有脱逃行为，使用暴力行为，罪犯在押解途中的，罪犯有其他危险行为需要采取防范措施的，监狱的人民警察可以使用戒具。在第45条第2款中还规定："前款所列情形消失后，应当停止使用戒具。"第46条规定，人民警察和人民武装警察部队的执勤人员遇有"（一）罪犯聚众骚乱、暴乱的；（二）罪犯脱逃或者拒捕的；（三）罪犯持有凶器或者其他危险物，正在行凶或者破坏，危及他人生命、财产安全的；（四）劫夺罪犯的；（五）罪犯抢夺武器的"，"非使用武器不能制止的，按照国家有关规定，可以使用武器"，"使用武器的人员，应当按照国家有关规定报告情况"。

3. 《监狱法》是实体法

第一，《监狱法》规定了监狱的职权，监狱人民警察和罪犯的权利义务，是规范监狱管理和刑罚执行的实体法。《监狱法》第4条规定："监狱对罪犯应当依法监管……"第5条规定："监狱的人民警察依法管理监狱、执行刑罚、对罪犯进行教育改造等活动，受法律保护。"第7条规定："罪犯的人格不受侮辱，其人身安全、合法财产和辩护、申诉、控告、检举以及其他未被依法剥夺或者限制的权利不受侵犯。罪犯必须严格遵守法律、法规和监规纪律，服从管理，接受教育，参加劳动。"第13条规定："监狱的人民警察应当严格遵守宪法和法律，忠于职守，秉公执法，严守纪律，清正廉洁。"第18条第1款规定："罪犯收监，应当严格检查其人身和所携带的物品。非生活必需品，由监狱代为保管或者征得罪犯同意退回其家属，违禁品予以没收。"第21条第1款规定："罪犯对生效的判决不服的，可以提出申诉。"第39条规定："监狱对成年男犯、女犯和未成年犯实行分开关押和管理……"第49条规定："罪犯收受物品和钱款，应当经监狱批准、检查。"第69条规定："有劳动能力的罪犯，必须参加劳动。"第71条第2款规定："罪犯有在法定节日和休息日休息的权利。"

第二，《监狱法》中对监狱的人民警察和罪犯权利义务的规定，是实体法的范畴。《监狱法》第47条规定："罪犯在服刑期间可以与他人通信，但是来往信件应当经过监狱检查。监狱发现有碍罪犯改造内容的信件，可以扣留。罪犯写给监狱的上级机关和司法机关的信件，不受检查。"第72条规定："监狱对参加劳动的罪犯，应当按照有关规定给予报酬并执行国家有关劳动保护的规定。"

第三，《监狱法》对监狱人民警察和罪犯的实体行为进行了规范。《监狱法》第14条第2款规定："监狱的人民警察有前款所列行为，构成犯罪的，依法追究刑事责任；尚未构成犯罪的，应当予以行政处分。"第58条第3款规定："罪犯在服刑期间有第一款所列行为，构成犯罪的，依法追究刑事责任。"第59条规定："罪犯在服刑期间故意犯罪的，依法从重处罚。"

4.《监狱法》(1994年)是程序法

《监狱法》(1994年)第15条规定："人民法院对被判处死刑缓期二年执行、无期徒刑、有期徒刑的罪犯，应当将执行通知书、判决书送达羁押该罪犯的公安机关，公安机关应当自收到执行通知书、判决书之日起一个月内将该罪犯送交监狱执行刑罚。罪犯在被交付执行刑罚前，剩余刑期在一年以下的，由看守所代为执行。"① 第16条规定："罪犯被交付执行刑罚时，交付执行的人民法院应当将人民检察院的起诉书副本、人民法院的判决书、执行通知书、结案登记表同时送达监狱。监狱没有收到上述文件的，不得收监；上述文件不齐全或者记载有误的，作出生效判决的人民法院应当及时补充齐全或者作出更正；对其中可能导致错误收监的，不予收监。"《监狱法》(1994年)第20条、第22条、第23条、第24条、第26条、第30条、第31条、第32条、第33条关于监狱对罪犯执行刑罚中的方式、方法、顺序、步骤、时限等的规定，都是监狱管理和执行刑罚的程序规定。

5.《监狱法》是执行法

《监狱法》第1条规定："为了正确执行刑罚，惩罚和改造罪犯，预防和减少犯罪，根据宪法，制定本法。"第2条第2款规定："依照刑法和刑事诉讼法的规定，被判处死刑缓期二年执行、无期徒刑、有期徒刑的罪犯，在监狱内执行刑罚。"以及《监狱法》第17条、第18条、第19条、第25条、第27条、第28条、第35条、第36条、第37条、第39条、第40条、第42条、第51条，凡是判处有期徒刑、无期徒刑、死缓交付监狱执行的罪犯，涉及刑罚执行的规定，都是执行法。

---

① 2012年修正为"罪犯在被交付执行刑罚前，剩余刑期在三个月以下的，由看守所代为执行"。

### （二）从立法价值上看，《监狱法》是监狱治理法治化的逻辑起点

法治最基本的前提是有法之治。《监狱法》确认了监狱法治的理念，为程序公正提供了法律上的保障，更体现了对罪犯人权的尊重与保护。《监狱法》的颁布为依法治监提供了实在法的依据，使监狱治理摆脱了无法可依的状况，是监狱法治的逻辑起点，是监狱刑罚执行经验的总结、结晶与升华，为依法治理监狱、执行刑罚和改造罪犯提供了明确而又具体的法律依据，使整个监狱的行刑工作有法可依，有章可循。由此，《监狱法》不仅仅是“管监狱的法”和“管监狱人民警察的法”，同时也是“保障监狱依法行刑的法”和“保护监狱人民警察公正执法的法”。《监狱法》成为指导与规范监狱行刑活动的基本准则，是监狱人民警察自觉地规范自己的行为的法律依据。从一定程度来说，《监狱法》成为整个监狱行刑工作最基本和最重要的法律规范，是监狱一切工作的基本纲领，在监狱行刑工作中发挥了巨大作用。《监狱法》第12条第2款规定：“监狱的管理人员是人民警察。”这是我国第一次明确规定了监狱人民警察的法律地位。《监狱法》第5条规定：“监狱的人民警察依法管理监狱、执行刑罚、对罪犯进行教育改造等活动，受法律保护。”这是对监狱人民警察在刑罚执行活动过程中的法律地位的进一步确认，肯定了监狱人民警察是监狱行刑活动的具体实施者。监狱人民警察依法行刑受到法律保护。《监狱法》第8条规定：“国家保障监狱改造罪犯所需经费。监狱的人民警察经费、罪犯改造经费、罪犯生活费、狱政设施经费及其他专项经费，列入国家预算。国家提供罪犯劳动必需的生产设施和生产经费。”第9条规定：“监狱依法使用的土地、矿产资源和其他自然资源以及监狱的财产，受法律保护，任何组织或者个人不得侵占、破坏。”这就从法律上确立了监狱的财产保护机制，明确了监狱经费源于财政而非源于监狱自身。①

### （三）从性质上看，《监狱法》明确了监狱的性质、任务与法律地位

《监狱法》中规定“监狱是国家的刑罚执行机关”“监狱要正确地执行刑罚，惩罚和改造罪犯，预防和减少犯罪”，这不仅指明了监狱机关的性质与任务，而且赋予了监狱明确的法律地位。明确宣示，我国监狱既不是一般的国家行政机关，也不是专门从事生产的企业，而是国家的刑罚执行机关。其基本任务是对被判处死刑缓期二年执行、无期徒刑、有期徒刑的罪犯执行刑罚，对他们实施惩罚和改造。在同犯罪作斗争时，监狱与行使侦查权和治安管理权的公安机关、行使法律监督权的人民检察院、行使审判权的人民法院和行使武装看押权的人民武装警察部队，分工负责，互相配合，互相制约，共同完成保护人民、打击敌人、惩

① 参见周介昆、陈柏安：《监狱法的法律地位及价值评估》，载 http：//www. doc88. com/p－3817932515419. html，最后访问时间：2023年1月12日。

罚犯罪、改造罪犯的任务。因此，在《监狱法》总则中，还对监狱和公安机关、人民法院、人民检察院、人民武装警察部队的关系以及国家对监狱的财政保障、投资保障、场所和财产安全保障等作了具体规定。这些规定进一步明确了监狱作为人民民主专政机关的性质及其在司法机关体系中的地位，为监狱正确执行刑罚，有效惩罚和改造罪犯，提供了法律保障。

（四）从刑事法律体系上看，《监狱法》完善了我国刑事法律体系

一般来说，一个国家的刑事法律体系由三大部分组成：规定犯罪与刑罚的刑事实体法即《刑法》；确保程序公正的程序法即《刑事诉讼法》；规范刑罚执行活动的刑事执行法。我国的刑事法律体系中有《刑法》《刑事诉讼法》，但没有规范刑罚执行活动完整、统一的刑事执行法，这是我国刑事法律体系的一个缺陷。但是在以自由刑为中心的刑罚时代，监狱作为自由刑的执行场所，《监狱法》的颁行在一定程度上弥补了我国刑事执行法的空白，并成为我国刑事执行活动的主要法律依据。应当说《监狱法》的颁布和实施远远超出了其本身的独立意义，直接地表现为其对刑事立法和刑事司法的重大作用。《监狱法》的颁布实施，使中国以刑事实体法、程序法和执行法为基本框架的刑事法律体系基本建立起来；这些法律的全面实施使中国的刑事司法开始进入整体或全体性的法治状态。解决了长期以来中国刑事司法领域存在的若干重大理论和实践问题，诸如监狱“刑罚执行机关”的性质和任务问题；监狱作为国家司法机关的主体地位问题；监狱生产和罪犯劳动改造的关系问题等。总之，《监狱法》的颁行把中国刑事司法活动中的刑罚执行纳入了规范化、法治化的轨道。

《监狱法》第2条第1款规定：“监狱是国家的刑罚执行机关。”这一规定从法律上宣告了监狱摆脱了在历史发展中长期处于审判机关或行政机构附庸的地位，明确了监狱的法律性质，确立了与公、检、法机关在刑事司法活动中具有一样的独立的主体地位，“这一规定确立了监狱作为国家的刑事司法活动的主体地位，也就是事实上肯定了在刑事司法活动中，公、检、法、司四主体的地位。更进一步讲，这对所谓刑事诉讼中有关机关——现被界定为公、检、法机关间的分工负责，互相配合，互相制约的原则的一种突破和发展”①。在一定程度上完善了我国刑罚权能的运作机制。②

---

① 张绍彦：《刑罚实现与行刑变革》，法律出版社1999年版，第150页。

② 参见周介昆、陈柏安：《监狱法的法律地位及价值评估》，载 http：//www.148com.com/html/501/370751.html，最后访问时间：2020年1月22日。

## 第二节 监狱法的体系结构

1994 年颁行的《监狱法》是新中国成立以来监狱法治建设中最为重要的一个立法成果，是我国第一部监狱法，也是目前我国监狱惩罚和改造罪犯工作的主要法律依据。《监狱法》以较为科学的结构体系组成了惩罚改造罪犯的具体法律内容。该法包括总则、监狱、刑罚的执行、狱政管理、对罪犯的教育改造、对未成年犯的教育改造、附则，共 7 章 78 条，在结构上分为章、节、条、款、项。总体上分三大部分。在这里，主要介绍总则和分则。

### 一、总则部分

第 1 章为总则（第 1 条至第 10 条）。明确规定了监狱机关的性质，首次将监狱的性质表述为“国家的刑罚执行机关”，其职责是执行刑罚，将罪犯改造成为守法公民。这一规定将过去以政治界定监狱性质转变为法律界定，增强了监狱的特性和专业性，符合监狱工作现代化、法治化的总体需要。总则还明确了监狱人民警察的法律地位，监狱工作的原则、手段和对监狱的监督，规定了罪犯的基本权利和义务，确立了监狱的财政、投资保障体制和领导管理体制。

从《监狱法》总则的内容来看，最大的变化或者亮点有两个：第一，明确了监狱的国家刑罚执行机关的根本属性。从表面上看好像只是换了个名称，即从人民民主专政的工具或劳动改造机关转换成国家刑罚执行机关，但实质上是从法律角度完成了和《刑法》《刑事诉讼法》的真正对接。因为，从人民民主专政的工具角度看不出监狱与公安机关、人民检察院、人民法院的职能区别，而从劳动改造机关称谓看似乎有偷换概念之嫌，劳动改造机关和刑罚执行机关的职能绝不会完全相同，更何况劳动改造机关的实质是强调了生产劳动改造而忽视了法律惩罚，恰恰在这一点上和刑罚的本质属性发生了偏离。在我国历来的监狱工作方针或原则的表述中，惩罚与改造的关系语言都是惩罚与改造相结合，惩罚在先改造在后的语序从未变换过，这也从侧面印证了把监狱定位为国家刑罚执行机关的科学性。第二，明确了监狱经费的法律保障。这一规定可以说从刑事立法角度开了先河，它不仅从法律上确立了监狱经费的制度规范，而且从根本上解决了监狱经费不能及时到位的历史顽疾，保证监狱所需经费及时足额到位，这对监狱工作稳定地良性开展具有非常重要的基础作用。

新中国成立以来，党和国家为监狱改造罪犯工作制定了一系列的方针和政策，1954年的《劳动改造条例》规定了“两个结合”的方针，即“惩罚管制与思想改造相结合，劳动生产与政治教育相结合”。1964年8月，“六劳”会议提出了“改造与生产相结合，改造第一，生产第二”的方针。这些方针和政策在改造罪犯的实践中虽然取得了很大的成功，但是，由于它们是不同时期特定历史条件下的产物，造成了提法不够统一、规范，表述上也不够严谨，认识上、实践中极易产生歧义。因此，对监狱工作的发展也造成了一些麻烦。即使是对表述比较明确的“改造第一，生产第二”这一监狱工作方针的认识，40多年间的争论一直在持续，其间主要问题是对“生产第二”的理解不够统一，有人对“生产第二”的理解是劳动改造手段第二，混淆了劳动改造和监狱生产的辩证关系。《监狱法》第3条明确规定：“监狱对罪犯实行惩罚和改造相结合、教育和劳动相结合的原则，将罪犯改造成为守法公民。”这就把党和国家一系列有关监狱工作的指示、政策上升为法律，概括为统一的“两结合”的原则，使之规范化和定型化。

我国《监狱法》在全面总结改造罪犯实践经验的基础上，将监管、劳动和教育正式确定为监狱改造罪犯工作的三个基本手段，从法律上建立了较为科学的改造罪犯的基本手段体系。监管、劳动和教育各有其独特的内容和视角，在改造罪犯工作中起着不同的作用，不能互相替代。同时，三者又互为依存，互为补充，互为促进，形成了一个有机的统一整体。当然，监狱改造罪犯基本手段的内容不是一成不变的，随着时间和情况的变化可以适时调整。

《监狱法》规定，国务院司法行政部门主管全国的监狱工作。据此，司法部下设监狱管理局，为司法部管理监狱工作的职能部门。各省（区、市）司法厅（局）主管本行政区域所辖范围内的监狱工作；省（区、市）监狱管理局在当地司法厅（局）的领导下，具体管理辖区内的监狱工作。监狱设置分两种：一是关押被人民法院判处有期徒刑、无期徒刑和死刑缓期二年执行的成年罪犯的场所。二是未成年犯管教所，关押被人民法院判处有期徒刑、无期徒刑的不满18周岁的罪犯。女犯单独设立女子监狱或分监，由女干警进行直接管理。

## 二、分则部分

分则部分包括从第2章至第6章共5章67条，涵盖了刑罚执行活动的全过程。

（一）监狱

《监狱法》第2章规定了监狱的基本架构，虽然只有四条内容，但就监狱的设置、撤销、迁移以及监狱的基本组成作出了明确的规定，尤其是关于监狱人民警察的法律定位顺应了历史发展的趋势。依照《刑法》《刑事诉讼法》的规定，被判处死刑缓期二年执行、无期徒刑、有期徒刑的罪犯，在监狱内执行刑罚。监狱对罪犯实行惩罚和改造相结合、教育和劳动相结合的原则，将罪犯改造成为守法公民。监狱对罪犯应当依法监管，根据改造罪犯的需要，组织罪犯从事生产劳动，对罪犯进行思想教育、文化教育、技术教育。监狱的设置、撤销、迁移，由国务院司法行政部门批准。监狱设监狱长一人，副监狱长若干人，并根据实际需要设置必要的工作机构和配备其他监狱管理人员，监狱的管理人员是监狱人民警察。

与许多国家的法律规定相比，我国《监狱法》对于监狱人民警察的规定是高度概括的，这与一些国家在法律当中明确规定监狱工作人员的具体职位设置、准入资格、业务培训等做法相比，相对比较宏观。比如，许多发达国家的监狱法律法规当中都对监狱长的职责和权力范围有明文规定，即监狱长负责监狱安全和管理方面的一切事务，对刑罚执行中的全部工作负责。我国的监狱长实际上也具备相同的职责和权力，但在我国的法律法规中相对简约。监狱人民警察作为一种专门化的职业，在我国目前的警察系统中，其专业化的程度几乎是最低的。其他警种的人民警察各自负有其专门的警察事务，但监狱人民警察的工作相对比较复杂，他们在履行各种警察职责之外，甚至还要承担很多非警察职责。如组织罪犯参加生产劳动，对罪犯进行职业技术教育，解决可能影响罪犯改造的来自罪犯家庭乃至社会的形形色色的问题等。这些非专业化甚至非警察事务，不仅大量耗费了监狱资源，而且直接占用了相当数量的警力，使得监狱一线警力始终处于不足的状态。这种状况不仅妨碍了监狱人民警察工作效率的提高，同时也影响了监狱的行刑效益、法治建设和监狱人民警察队伍的建设与发展。

关于监狱人民警察的法律地位，《监狱法》明确规定监狱的管理人员是人民警察。监狱人民警察是我国警察的组成部分，其基本职责是依法管理监狱、执行刑罚、对罪犯进行教育改造。监狱人民警察集执法、管理、教育改造、组织生产多种任务于一身，在监狱行刑中处于核心地位。他们的政治、业务、文化、心理、体能等方面素质如何，直接关系改造罪犯工作的成效。监狱人民警察由于自身所从事的工作需要，身份上具有多重性。监狱人民警察既是国家的公务员，又是具有武装性质的刑事司法力量；既是对罪犯实施改造的教育者，又是监狱的管理者。监狱人民警察身份的多重性，决定了监狱人民警察作用的复合性。所以，《监狱法》明确监狱人民警察的国家公务员身份，由此排除了一些争论和争议，从根本上解除了监狱人民警察的后顾之忧，有利于监狱人民警察队伍的稳定与发展。《监狱法》颁布前，全国的监狱管理人员已按《人民警察警衔条例》的规定，完成了评授警衔工作；监狱内的一切活动，由具有人民警察身份的管理人员予以完成。为了保证正确执行刑罚，明确规定了监狱人民警察应当遵守的纪律和禁止性行为。

（二）刑罚执行

《监狱法》把监狱性质定位为国家刑罚执行机关，设专章分列刑罚执行的规定。《监狱法》第3章“刑罚的执行”（第15条至第38条），对于刑罚执行中的收监、申诉、控告、检举、监外执行、减刑、假释、释放、安置进行了较为全面、细化的规定，它与《刑法》总则第3章“刑罚”的规定以及《刑事诉讼法》的相关规定遥相呼应，构成了刑罚实体内容、刑罚程序判定和刑罚实际执行的完整体系。之后，《刑法》的修正案又作了详尽的补充。

针对以往罪犯的申诉转递和减刑、假释上报后，往往得不到及时回复的情况，《监狱法》第21条、第22条、第24条对此作了明确规定，“人民检察院或者人民法院应当及时处理”，“公安机关或者人民检察院应当将处理结果通知监狱”；对判决可能有错误的，监狱“应当提请人民检察院或者人民法院处理，人民检察院或者人民法院应当自收到监狱提请处理意见书之日起六个月内将处理结果通知监狱”。《监狱法》第30条、第32条中规定，人民法院对监狱提出的减刑、假释建议书，应当在收到建议书之日起“一个月内予以审核裁定，案情复杂或者情况特殊的，可以延长一个月”。这些规定明确了监狱与审判、检察机关的配合、制约关系。

在释放和安置方面，《监狱法》明确规定，罪犯服刑期满，监狱应按期释放并发给释放证明书；公安机关凭释放说明书办理户籍登记，当地政府帮助其安置生活。对丧失劳动能力又无法定赡养人、扶养人和基本生活来源的刑满释放人员，由当地政府予以救济。刑满释放人员依法享有与其他公民平等的权利。从而为刑满释放人员的社会保护提供了法律保障。

（三）狱政管理

《监狱法》第4章是“狱政管理”（第39条至第60条）。主要规定了狱政管理的原则，分押分管的管理方式，监狱警戒的要求，对罪犯使用戒具、武器的条件和程序，罪犯服刑期间的通信、会见，对罪犯生活、卫生的管理，对罪犯考核奖惩的条件，对罪犯服刑期间犯罪的处理等内容，形成了相对完备的狱政管理制度。

1. 规定了罪犯分押分管制度

明确规定对成年男犯、女犯、未成年犯实行分开关押和管理，监狱根据罪犯的犯罪类型、刑罚种类、刑期、改造表现等情况，对罪犯实行分别关押并采取不同方式管理，并对女犯、未成年犯的分押、分管设定了特别条款。

2. 规定了警戒的要求和戒具、武器的使用制度

警戒包括武装警戒，即人民武装警察部队为了维护监狱的正常秩序和安全而

实施的警戒活动；内看守制度，指刑罚执行机关在监狱的警戒线以内对罪犯实施的警戒和管理工作。

《监狱法》分别对戒具和武器的使用作了明确规定。戒具是对有危险行为的罪犯人身所使用的防御性器具，罪犯加戴手铐、脚镣的时间，除经人民法院确定执行死刑等待执行的以外，一般为7天，最长不超过15天。关于武器的使用，规定在遇有紧急情况时可依法律规定使用武器。

3. 规定了罪犯通信、会见制度

罪犯在服刑期间，可以与他人通信。其收发的信件必须经过监狱有关部门检查，但罪犯写给监狱的上级机关和司法机关的信件不受检查。

4. 规定了保障罪犯的生活、卫生制度

成年罪犯每天的劳动时间一般为8小时。生活标准按实物量计算。监舍应当坚固、通风、透光、清洁、保暖。监狱应当按照本监狱的规模和在押罪犯的数量，分别设置医务所或者医院等医疗机构。罪犯的医疗保健列入监狱所在地区的卫生、防疫计划。

5. 规定了对罪犯考核奖惩制度

监狱应当建立罪犯的日常考核制度，考核的结果作为对罪犯奖励和处罚的依据。从法律上肯定了对罪犯的计分考核制度。对罪犯的奖惩包括表扬、记功、物质奖励、警告、记过、禁闭等。对罪犯的奖惩情况应当如实记入罪犯的服刑档案。

6. 规定了对罪犯服刑期间犯罪的处理程序

明确了罪犯服刑期间故意犯罪的处理原则，侦查权限的设定及处理的程序。

（四）教育改造

《监狱法》第5章“对罪犯的教育改造”（第61条至第73条）。本章主要规定了对罪犯进行教育改造的原则、方法、内容、种类，关于罪犯参加劳动的具体要求等内容。既坚持了“劳动改造”特色的原则性，又具有适应国内外形势变化的灵活性。这一章还将新中国成立以来在改造罪犯中积累的有效方法和措施，用法律形式固定下来。在对罪犯的诸项教育中，首次将法治教育列在首位，还将罪犯的文化、技术教育列入所在地区的教育规划。第68条明确规定：“国家机关、社会团体、部队、企业事业单位和社会各界人士以及罪犯的亲属，应当协助监狱做好对罪犯的教育改造工作。”这既是对罪犯改造工作“三个延伸”的肯定，又为监狱工作社会化提供了法律依据。

《监狱法》设专章对未成年犯进行了比较详细的规定，很多内容是比照成年犯从宽处理，反映了国家通过刑事立法对未成年犯的一种特殊保护。第6章“对未成年犯的教育改造”（第74条至第77条），主要规定对未成年犯执行刑罚的原则、执行机关、教育、劳动等方面不同于成年犯的要求。第 75 条第 1 款明确规定：“对未成年犯执行刑罚应当以教育改造为主。未成年犯的劳动，应当符合未成年人的特点，以学习文化和生产技能为主。”“两个为主”，目的在于保证未成年犯在服刑期间的身心健康。

## 三、《监狱法》的历史局限性

《监狱法》制定于 1994 年，其间虽进行了微量的因应性修订，但是，随着我国社会结构和社会形态的变化，尤其是我国已经进入习近平新时代中国特色社会主义时期，《监狱法》存在的问题日益凸显。2012 年 10 月 26 日，第十一届全国人民代表大会常务委员会第二十九次会议发布了《关于修改〈中华人民共和国监狱法〉的决定》，分别就《监狱法》第 15 条第 2 款、第 17 条、第 27 条、第 28 条、第 33 条第 2 款、第 34 条第 2 款、第 60 条等 7 个条款内容进行了修改，解决了《监狱法》与《刑事诉讼法》之间关于罪犯由看守所代为执行、罪犯收监、暂予监外执行罪犯的执行机关和收监程序、假释执行、又犯罪公诉等规定的衔接问题。本次修改完全是因应《刑事诉讼法》的衔接，并没有解决《监狱法》修改应当解决的众多问题，也没有回应《监狱法》颁布以来累积的制度需求，因此，只能算是一次小修。根据《监狱法》几十年来的实践情况，在宏观上主要存在以下几个问题。①

### （一）《监狱法》体系不完整

最为突出的是《监狱法》缺少监狱执行管辖和外籍犯特别监管的相关规定。首先，在监狱的执行管辖上，我国《刑事诉讼法》明确了公安机关、检察机关和人民法院之间横向管辖权和各系统内部的纵向管辖权，使公、检、法三家单位在刑事诉讼过程中能够相互制约、相互配合，从而为三家刑事司法机关的权力运作提供了程序性的保障条款。然而《监狱法》没有关于监狱执行管辖的规定，在实际工作中，罪犯被人民法院判决处徒刑后，不同的省（自治区、直辖市）监狱在罪犯徒刑执行的管辖方面存在不同的处理模式，这给监狱刑罚执行工作造成的问题是：第一，罪犯的遣送工作缺少法律依据。《监狱法》没有赋予监狱管理机关罪犯遣送权。实践中的遣送行为严重削弱了原判人民法院和原审人民检察院对于被遣送犯的联系和监督，涉及原监狱和原审人民法院、原审人民检察院之间以及他们与接收被遣送犯的监狱及接收地的人民法院、人民检察院之间的权力分工问题。第二，关于移押问题，即在刑罚执行实践中，在同一省市的监狱之

① 本部分内容大量引用了周介昆、陈柏安：《监狱法的法律地位及价值评估》，载 http://www.doc88.com/p-3817932515419.html，最后访问时间：2023 年 1 月 12 日。

间，对部分罪犯从一个监狱被移押至另一个监狱。这些问题，《监狱法》都没有相应的规定。

其次，在外籍犯的监管上，《监狱法》没有特别条款。所谓外籍犯也就是非中国公民的罪犯，包括具有外国国籍的犯人和无国籍的犯人，正是由于外籍犯具有母国身份上的特殊性，我国监狱关于外籍犯的监管是特别慎重的，一般都采取相对我国犯人来说比较特殊的监管方法。但是现行的《监狱法》在外籍犯的监管方面没有特殊规定，导致实践执行工作与法律的冲突。随着国际交往的增多，外籍人员犯罪问题十分突出，因此，《监狱法》应当设置特别章节或专门性条款以规范外籍犯的刑罚执行工作，主要应当解决外籍犯的劳动改造、保外就医、监外执行、假释、会见探亲等问题。因此，针对外籍犯的特殊情况，解决好外籍犯的刑罚执行，是维护法律公正、稳定监管秩序的需要，也是加强我国与国际刑事司法交流与合作，促进改革开放和对外交往的需要。

（二）《监狱法》缺少必要的实施细则

《监狱法》很多条款过于原则、笼统，使《监狱法》没有得到全部落实。例如，《监狱法》第 9 条中规定：任何组织或个人不得侵占、破坏监狱的财产及依法使用的资源，但是缺少必要的保护性措施；又如，《监狱法》第 8 条第 1 款第 1 句与第 2 款中规定："国家保障监狱改造罪犯所需经费。""国家提供罪犯劳动必需的生产设施和生产经费。"如果要贯彻落实这些规定，国家没有一个统一的标准，各省（自治区、直辖市）出台的政策规定又不一样，就会缺少可操作性，使许多监狱为了追求自身经费的需要把主要精力放到生产而非改造方面，从而在很大程度上影响刑罚目的的实现。类似的立法缺陷还有许多。因此，有必要以《监狱法》为核心，加快制定与《监狱法》相配套的实施细则和部门规章，以增强《监狱法》的可操作性和应用性，但是更为重要的是，需要对《监狱法》本身作出重大的修改。

（三）《监狱法》存在行刑一体化适应障碍

所谓行刑一体化，是刑事一体化思想在刑罚执行活动过程中的自然延伸，是指把刑罚执行当作一个整体性、系统化的制度来看待，通过刑罚执行权的合理组合和配置，使刑罚执行活动成为一个有机的整体，实现对包括监狱执行自由刑在内的、具有同一性质的刑事执行活动和行刑法律关系的法律调整的统一，建立以刑事实体法、刑事程序法和刑事执行法为支柱和框架，相互配套、衔接和协调的刑事法律体系，从而提高刑事法的整体效益。

实现行刑一体化首先必须合理优化配置行刑权，使行刑权的各个组成部分成为一个有机的整体。在当今中国刑罚执行法律体系中，行刑权分别由监狱、法院、公安机关行使，造成监狱主体地位的不完整性，也使行刑权被人为地割裂开，未能形成一个有机、统一的整体，从而影响了行刑权的效能。尽管《监狱法》在一定程度上发挥了基本的刑事执行法的作用，但是因为其刑事执行法的不完整性而无法取得与《刑法》《刑事诉讼法》相平等、衔接、统一的刑事部门法的地位，实际上不可能完全达到完整刑事执行法的作用，最终影响了刑罚目的的实现。要想通过行刑权一体化的途径实现刑罚目的，显然，对于只规范自由刑的《监狱法》来说是不可能实现的。《监狱法》的颁布虽然弥补了我国刑事执行法上的空白，确立了监狱独立的刑事司法活动主体的地位，并成为我国刑事执行活动的主要法律依据，但是关于刑罚权的合理分配，刑事法的整体构建，显然不是《监狱法》可以框定的内容。因此，有必要在《监狱法》的基础上制定一部完整的执行法或行刑法，以期与《刑法》《刑事诉讼法》相统一和配合。

（四）《监狱法》影响监狱行刑的深化改革和创新

基于刑事法律一体化、刑事执行一体化的思想被广泛认同，在当今世界刑事司法领域“非犯罪化、非刑罚化、非监禁化”的趋势已达成共识，“恢复性司法”的概念得以提出。非犯罪化和非刑罚化源于法律的世俗化发展、道德观念的不断变化和精神医学、心理学等实证科学的进步，是《刑法》谦抑性的表现。“恢复性司法”是“三非”的核心内涵，是指刑罚不仅仅源于报应，也不仅仅源于功利，而是源于恢复性的功能。国外监狱针对不同罪犯的不同特点，设置了封闭式监狱、半封闭式监狱与开放式监狱，这是行刑社会化与行刑个别化的具体表现。司法部针对国际行刑发展的趋势，也曾提出了监狱工作“法制化、科学化和社会化”的“三化”要求。目前，监狱行刑工作的社会化日益受到理论和实务界的重视。所谓行刑社会化包括两个层面：一是指监狱向社会的开放，充分调动一切社会资源与力量参与到监狱行刑工作当中来；二是指社会的开放，使罪犯不仅在监狱中接受刑罚和改造，对于罪行轻微，放在社区不致危害社会的罪犯，置于社区进行矫正教育。我国社区矫正工作的全面实行，就是行刑社会化的体现。然而，现行的《监狱法》在一定程度上已经成为我国监狱工作与国际行刑趋势相衔接、监狱行刑模式改革和创新的桎梏。《监狱法》第 2 条第 2 款明文规定：“依照刑法和刑事诉讼法的规定，被判处死刑缓期二年执行、无期徒刑、有期徒刑的罪犯，在监狱内执行刑罚。”现在我国一些监狱正在尝试探亲放假、半监禁、试工试学等新的行刑模式，有的学者提出吸取外国的先进经验，对监狱进行更为合理的设置和分类，包括设立半开放式和开放式的监狱，这是一件值得提倡的事情，也是我国社会发展的内在要求。但是，探亲放假、半监禁和试工试学等行刑模式突破了法律的界限，这种“监外执行”模式没有法律上的依据，不是《监狱法》意义上的刑罚执行场所。

因此，有必要在《监狱法》修改时，对行刑场所、行刑模式等规定采取中性的立法态度，以使法条能够有容纳新的发展趋势，有利于监狱行刑的深化改革和创新。

（五）《监狱法》与《宪法》存在法律冲突

《监狱法》与《宪法》的法律冲突，主要体现在关于释放种类和检查罪犯通信的问题。①

（1）关于释放种类的问题。《监狱法》第35条规定："罪犯服刑期满，监狱应当按期释放并发给释放证明书。"根据这一条规定，罪犯释放只有一种类型，那就是刑满释放。但是，根据1982年的《宪法》第67条第17项、第80条的规定，我国罪犯的释放还有"特赦"。特赦是指对国家特定的犯罪分子免去其刑罚的部分或全部的执行，它只赦免刑罚，不赦免罪行。特赦的对象，应当都是在监狱中服刑的罪犯。从新中国7次特赦的情况看，被特赦的罪犯都是在监狱（战犯管理所）中服刑的罪犯。作为规范监狱工作的专门法律《监狱法》，对于特赦问题没有任何规定，这不能不说是重大缺陷。

（2）关于检查罪犯通信的问题。《监狱法》第47条规定："罪犯在服刑期间可以与他人通信，但是来往信件应当经过监狱检查。监狱发现有碍罪犯改造内容的信件，可以扣留。罪犯写给监狱的上级机关和司法机关的信件，不受检查。"1982年的《宪法》第40条规定："中华人民共和国公民的通信自由和通信秘密受法律的保护。除因国家安全或者追查刑事犯罪的需要，由公安机关或者检察机关依照法律规定的程序对通信进行检查外，任何组织或者个人不得以任何理由侵犯公民的通信自由和通信秘密。"根据《宪法》这一条的规定，可以得出下列结论：第一，本条适用于中华人民共和国公民。第二，对公民的通信进行检查是出于国家安全或者追查刑事犯罪的需要。第三，出于上述需要检查公民通信的机关，只有公安机关或者检察机关。

对照两个法条，可以发现：第一，除外籍罪犯外，其余罪犯都是中国公民，而中国公民应当受到中国《宪法》的保护。第二，《监狱法》规定的检查信件的理由是"有碍改造"，而不是《宪法》规定的出于国家安全或者追查刑事犯罪的需要。以这样的理由检查罪犯信件，是不符合《宪法》规定的。第三，监狱机关不是《宪法》规定的合法检查公民通信的机关。

从监狱管理的实际需要来看，监狱检查罪犯的信件是很有必要的，而且这也是监狱的基础性、日常性工作。同时，从其他国家的情况来看，检查罪犯的邮件和通信、通讯也是很多国家采取的做法。因此，监狱机关检查罪犯通信的做法本

① 参见杨捷、韩江彬：《〈监狱法〉与相关法律制度衔接问题研究》，载《犯罪与改造研究》2015年第5期。

身，并没有什么问题。但是，《监狱法》这方面的规定，又明显与《宪法》的规定相冲突。

### （六）《监狱法》与其他法律法规存在冲突和衔接问题

《监狱法》与《刑事诉讼法》《刑法》《精神卫生法》《反恐怖主义法》等法律，以及《暂予监外执行规定》等法律法规存在相冲突或不协调的地方，也存在条款的法律逻辑问题，主要表现在以下几个方面的问题。①

1. 关于对暂予监外执行对象规定上的冲突

《监狱法》第25条规定，“对于被判处无期徒刑、有期徒刑在监内服刑的罪犯，符合刑事诉讼法规定的监外执行条件的，可以暂予监外执行”。《刑事诉讼法》第265条规定暂予监外执行的对象仅限于“被判处有期徒刑或者拘役的罪犯”。显然，两者在无期徒刑犯暂予监外执行的规定上存在矛盾。建议厘清相关逻辑，使《监狱法》内涵与《刑事诉讼法》相一致。

2. 关于减刑条件和范围规定上的冲突

《刑法》规定除了确有悔改或立功表现之外，还须具备“认真遵守监规，接受教育改造”的条件，而《监狱法》却没有这两方面条件的规定。对于减刑范围，《刑法》第50条有针对被判死缓的累犯及因部分严重暴力性犯罪被判死缓的罪犯，人民法院可决定限制减刑的规定；《刑法修正案（九）》要求对于一部分实施贪污、贿赂犯罪的犯罪分子，“被判处死刑缓期执行的，人民法院根据犯罪情节等情况可以同时决定在其死刑缓期执行二年期满依法减为无期徒刑后，终身监禁，不得减刑、假释”。然而《监狱法》都未加限制。建议将《监狱法》第29条中减刑条件、范围与《刑法》修改一致。

3. 关于死缓变更规定上的冲突

《刑法》第50条中，除了死缓两年期满减为无期和有期徒刑的规定外，还有“如果故意犯罪，情节恶劣的，报请最高人民法院核准后执行死刑；对于故意犯罪未执行死刑的，死刑缓期执行的期间重新计算，并报最高人民法院备案”的规定，而《监狱法》中并无相关规定。这两类行为的发生地点都是在监狱内，建议将《监狱法》第31条内涵与《刑法》修改一致，同时明确后两类情况提出的程序和责任主体。

4. 关于罪犯心理矫治问题

2012年10月26日通过的《精神卫生法》第18条规定：“监狱、看守所、拘留所、强制隔离戒毒所等场所，应当对服刑人员，被依法拘留、逮捕、强制隔离戒毒的人员等，开展精神卫生知识宣传，关注其心理健康状况，必要时提供心

① 参见韩鑫：《〈监狱法〉修改相关问题研究》，载《中国司法》2019年第10期。

理咨询和心理辅导。"这也与我国监狱多年来的罪犯心理矫治实践相吻合。《监狱法》作为罪犯矫正教育的专门法，对此没有详细的规定，使之与《精神卫生法》不能有效协调，因此，修法时有必要增加"罪犯心理矫治"内容，为行之有效的实践探索提供明确的法律依据。

5. 关于恐怖活动、极端主义罪犯的刑罚执行问题

2018年4月修正的《反恐怖主义法》第30条第1款规定，"对恐怖活动罪犯和极端主义罪犯被判处徒刑以上刑罚的，监狱、看守所应当在刑满释放前根据其犯罪性质、情节和社会危害程度，服刑期间的表现，释放后对所居住社区的影响等进行社会危险性评估。进行社会危险性评估，应当听取有关基层组织和原办案机关的意见。经评估具有社会危险性的，监狱、看守所应当向罪犯服刑地的中级人民法院提出安置教育建议，并将建议书副本抄送同级人民检察院"。第2款规定，"罪犯服刑地的中级人民法院对于确有社会危险性的，应当在罪犯刑满释放前作出责令其在刑满释放后接受安置教育的决定。决定书副本应当抄送同级人民检察院。被决定安置教育的人员对决定不服的，可以向上一级人民法院申请复议"。第3款规定，"安置教育由省级人民政府组织实施。安置教育机构应当每年对被安置教育人员进行评估，对于确有悔改表现，不致再危害社会的，应当及时提出解除安置教育的意见，报决定安置教育的中级人民法院作出决定。被安置教育人员有权申请解除安置教育"。第4款规定，"人民检察院对安置教育的决定和执行实行监督"。这些内容《监狱法》都没有规定，在修法时有必要增加相关内容，对在监狱中服刑的恐怖活动罪犯和极端主义罪犯的改造、释放前社会危险性评估、安置教育等予以规范。

6. 与部门规章的冲突

《监狱法》第26条第1款规定，"暂予监外执行，由监狱提出书面意见，报省、自治区、直辖市监狱管理机关批准。批准机关应当将批准的暂予监外执行决定通知公安机关和原判人民法院，并抄送人民检察院"。最高人民法院、最高人民检察院、公安部、司法部、原国家卫生计生委2014年联合印发的《暂予监外执行规定》第14条第2句规定，"批准暂予监外执行的，应当在五个工作日以内将暂予监外执行决定书送达监狱、看守所，同时抄送同级人民检察院、原判人民法院和罪犯居住地社区矫正机构"。司法部2016年印发的《监狱暂予监外执行程序规定》第24条第2款规定，"批准暂予监外执行的，应当在五个工作日内，将《暂予监外执行决定书》送达监狱，同时抄送同级人民检察院、原判人民法院和罪犯居住地县级司法行政机关社区矫正机构"。两个规定与《监狱法》关于决定书（决定）通知、送达、抄送的范围显然并不一致，有必要在修法时予以明确和规范。

7. 条款的法律逻辑问题

《监狱法》第48条规定，“罪犯在监狱服刑期间，按照规定，可以会见亲属、监护人”。其中“按照规定”似乎要参照其他规定来解决会见亲属和监护人的问题。这其实违背了立法的逻辑：罪犯会见是监狱管理中的具体问题，《监狱法》的上位法《宪法》《刑法》《刑事诉讼法》等都没有也不应该作出规定。《监狱法》应是系统内其他规范出台的依据，而不应依赖下位法规定制定自己的条款。实际上，《监狱法》中涉及“有关规定”的，还有5处之多。此外，从监狱改造实践出发，目前的会见范围也明显偏窄。有必要将第48条修改为“罪犯在监狱服刑期间，可以会见亲属、监护人、律师、志愿者及有利于罪犯改造的其他人员，具体办法另行制定”。既可以与《监狱法》地位相符合，也可为后期配套制度规范提供法律依据。另5处涉及“有关规定”的条款，可在厘清参照出处和立法逻辑的基础上，作出相应修正。

## 第三节 监狱法律关系

### 一、监狱法律关系的概念

法律关系是法律规范在确认和调整人们行为过程中所形成的特定的权利和义务关系。由于调整人们行为的法律不同，所形成的法律关系也就不同。[①] 由于行为主体不同、调整的社会关系范围的不同以及调整的法律规范内容的不同，形成了不同的法律关系。监狱法律关系是法律关系的一种，是指由特定的法律事实引起，并由监狱法律所确认和调整的、监狱与服刑罪犯之间的特殊的权利义务关系。

人们在社会生活中必然会形成各种各样的社会关系，这些社会关系受不同社会规范的调整。其中由监狱法律调整而形成的社会关系就是监狱法律关系。因此，监狱法律关系是监狱法律规范调整的社会关系在法律上的表现。和一切法律关系一样，监狱法律关系以现行法律规范的存在为前提，并以特定的主体之间的权利义务为内容。上述监狱法律关系的概念表明它包含以下内容：

#### （一）监狱法律关系是由监狱法律规范所确认和调整的一种社会关系

任何一种法律关系的产生，都是以相应的、现行的法律规定为前提的，监狱

① 史殿国主编：《监狱学基础理论》，法律出版社2018年版，第75页。

法律关系也不例外。我国监狱法律特别是《监狱法》明确规定了监狱法律关系的主体是监狱与罪犯；明确规定了监狱法律关系的内容，即监狱作为刑罚执行机关所享有的权利、负有的义务以及罪犯在服刑期间的权利与义务；明确规定了监狱法律关系中权利义务所直接指向的对象——主要是行刑与受刑、改造与被改造等行为及特定的物。

（二）监狱法律关系是监狱与罪犯之间所特有的一种社会关系

监狱法律关系，从本质上讲是国家与罪犯之间的关系，但国家是抽象的概念，国家惩罚犯罪、改造罪犯这一职能是通过特定的职能部门——监狱来完成的。因此，监狱法律关系中的主体一方是肩负着执行刑罚、改造罪犯任务的国家刑罚执行机关——监狱；另一方则是被人民法院依法定罪并判处有期徒刑、无期徒刑和死刑缓期二年执行的罪犯。

（三）监狱法律关系是以特殊的权利义务为内容的社会关系

监狱与罪犯之间的这种法律关系是以特殊的权利义务为内容的社会关系。法律关系实质上就是一种权利义务关系。监狱法律调整监狱与罪犯之间的关系，主要是通过确定监狱与罪犯之间的权利与义务来完成的。在监狱法律中，作为行刑主体的监狱和作为受刑人的罪犯，其职权、职责和权利、义务都是非常确定而清晰的，双方只要形成了监狱法律关系，各自就受监狱法律规范的约束，拥有相应的职权、权利，也负有相应的职责或义务。只不过，与其他国家机关及普通公民的职权、职责和权利义务相比，监狱和罪犯在监狱法律关系中的权利义务更具有特殊性。

## 二、监狱法律关系的特征

与其他法律关系相比，监狱法律关系具有以下特征：

（一）主体的特定性和不对等性

监狱法律关系主体的特定性。任何法律关系都必须有两个以上的主体，只有一方主体的法律关系是不存在的。如前所述，监狱法律关系中的主体只有两种：一种是监狱，另一种是依法被判刑并依法被送达监狱执行刑罚的有期徒刑、无期徒刑和死刑缓期二年执行的罪犯。在我国的监狱行刑活动中，罪犯与其他国家机关虽然也会发生种种法律关系，但由于其主要职能不是执行刑罚，因而不宜将其归入监狱法律关系的主体。同样，虽然依法被判处管制、拘役、罚金、没收财产、单处剥夺政治权利、死刑立即执行、缓刑等的罪犯也是依法被判刑的罪犯，但由于其执行场所不在监狱，因而上述罪犯也不属于监狱法律关系中的主体。监狱法律关系中这种主体的特定性使监狱法律关系区别于其他刑事法律关系。

监狱法律关系主体地位的不对等性。由于监狱法律关系调整的是监狱与罪犯之间行刑与受刑、改造与被改造的关系，因而作为监狱法律关系主体的监狱与罪犯之间其地位是不对等的。一方面，监狱是国家执行刑罚的职能部门、代表国家行使刑罚执行权。从这一角度讲，监狱的行为代表着国家的意志，监狱对监管活动具有绝对的支配权，对罪犯有充分的管理权，不管罪犯愿意与否，接受与否，监狱都将依照法律剥夺罪犯的人身自由、强制实行劳动改造。另一方面，监狱法律关系又以国家的名义强行将罪犯纳入调整范围，并用禁止性规定不容争议地规定了监狱与罪犯之间的权利义务关系，确定了罪犯被改造、被惩罚的法律地位。这种地位上的不对等性是监狱法律关系区别于民事、婚姻家庭法律关系的一个最本质的特征。

（二）时空上的确定性

首先，监狱法律关系具有时间上的确定性。监狱法律关系只存在于法律规定的时间期限内，超过法律规定的期限，监狱法律关系就将随之消失。根据我国监狱法律的规定，监狱法律关系始于罪犯被依法收监，终于罪犯被依法释放出监，它存在于监狱执行刑罚的全过程，一旦罪犯被执行完原判刑罚或减刑、假释后执行的刑罚，监狱法律关系就归于消灭。

其次，监狱法律关系具有空间上的确定性，即监狱法律关系只存在于监狱及其他受监狱机关管辖的空间范围之内。所谓“其他受监狱机关管辖的空间”，主要是指罪犯进行劳动、学习、就医等监外执行场所、押解及转送途中的车辆等运输工具和途中临时羁押的场所等，超越这一特定空间，监狱法律关系也将消灭。

（三）国家意志性和国家强制性

监狱法律关系是国家意志的体现，具有国家意志性。首先，监狱法律关系的产生、变更和消灭都需要以现行监狱法律规定为前提，即以国家意志为前提，没有现行监狱法律的具体规定，监狱法律关系既无从产生，也谈不上变更和消灭。其次，监狱法律关系的实现也必须符合国家意志，监狱在行刑、管理罪犯的过程中及罪犯在服刑改造中的一切行为都必须符合现行法律的规定，不得与相关法律法规相抵触，即监狱的集体意志和罪犯的个体意志都必须符合国家的意志，否则将产生违法的后果。

由国家意志性这一特性便派生出监狱法律关系的另一个特性——国家强制性。监狱法律关系的运行受国家强制力的保护，监狱法律关系中的任何一方主体或双方主体都不得自行、随意地去设定或者取消、变更监狱法律关系，监狱法律关系中的任何一方主体违反了监狱法律规定的权利义务，都将受到法律的制裁。

（四）性质的复杂性或多元性

监狱法律关系除了是一种刑事法律关系外，还具有一些行政法律关系的特征，表现出一种性质上的多元性、复杂性。从本质上讲，监狱法律关系属于一种刑事法律关系，它同刑法法律关系、刑事诉讼法律关系一起，共同组成了国家追究犯罪人刑事责任、实现刑罚目的的刑事法律关系体系，在打击犯罪、惩罚和改造罪犯的刑事司法活动中，共同规范着公、检、法、司各机关及其工作人员的行为，体现着侦查、起诉、审判和执行四个刑事司法阶段相互配合、相互衔接又相互制约的关系。但是，监狱法律除了规定刑罚执行、罪犯改造及罪犯权利义务外，还用相当的篇幅规定了监狱的设置、建制、组织体系，对罪犯提出的申诉、控告、检举的处理，罪犯生活卫生，罪犯的奖惩等内容，这些内容，实质上就是一种行政法律关系。形成了在“监狱法律关系中，刑事法律关系与行政法律关系交叉运行，许多刑事法律关系又多是通过行政法律关系运作和体现”的特点。①

## 三、监狱法律关系的构成

监狱法律关系和其他法律关系一样，也是由主体、客体和内容三个要素构成。

### （一）监狱法律关系的主体

监狱法律关系的主体，是指依照监狱法律规范享有权利并承担义务的监狱法律关系的参加者。可见，监狱法律对监狱法律关系的主体是有明确的范围界定的。

一方是监狱，监狱作为国家的刑罚执行机关，其职责是代表国家行使刑罚执行的权力及享有相关权利，并代表国家履行一定的职责和义务。监狱在法律规定的范围内执行刑罚，管理罪犯，改造罪犯，在整个监管改造工作中，监狱的一切行为都是服从并服务于国家意志，监狱及其监狱人民警察都不存在单独的意志。在监狱法律关系的运行过程中，监狱始终处于主导地位，对监狱行刑效益和改造罪犯的质量起着举足轻重的作用。

另一方是服刑罪犯。首先，监狱法律关系实质上就是监狱行刑法律关系，而监狱行刑的对象就是依法被判处有期徒刑、无期徒刑及死刑缓期二年执行的犯罪分子。其次，在行刑过程中，监狱不仅要严格要求罪犯履行其服刑的义务，同时也要切实保障罪犯的合法权利。这表明了在监狱法律关系中，国家并没有将罪犯作为客体，而是将其当成一个公民来对待。最后，虽然监狱法律关系的建立并不以罪犯的主观意志为转移，罪犯参与监狱法律关系是被动的、不自愿的，不管罪犯是否承认其特殊身份，他们作为监狱法律关系中的刑罚承受者的身份和法律地位都不会有所改变。但是罪犯在改造中并不总是被动的和消极的。在罪犯的思想

① 参见杜向东：《论依法治监　实现监狱工作法治化》，载《犯罪与改造研究》1999 年第 3 期。

转化过程中，罪犯有其主观能动性，对改造活动起着能动的反作用。因此，只有确认罪犯在监狱法律关系中的主体资格，才能充分调动罪犯改造的主观能动性和积极性，真正达到刑罚的目的。

（二）监狱法律关系的客体

监狱法律关系的客体是指监狱法律关系主体的权利义务所指向的对象。具体而言，就是监狱的职权、权利和职责、义务所指向的对象和罪犯的权利义务所指向的对象。监狱法律关系的客体包括行为、物、智力成果（或精神财富）三种。

（1）行为。监狱法律关系主体的行为包括作为和不作为两种。作为又称积极的行为，是指法律要求主体必须从事的行为；不作为又称消极的行为，是指法律要求主体不去实施的行为。

监狱法律关系主体的行为主要包括两方面内容：一是监狱依法执行人民法院判决、裁定中已经确定的刑期及在刑罚执行过程中变更刑罚的一切行为，包括监狱行使职权、实现权利的行为和监狱履行职责和义务的行为。二是罪犯在接受刑罚惩罚和改造过程中的行为，包括罪犯享有、实现权利的行为和履行义务的行为。上述行为既可以是刑事法律行为，也可以是行政法律行为；既可以是合法行为，也可以是违法行为；既可以表现为作为，也可以表现为不作为。譬如，监狱行使刑罚执行权，对罪犯进行思想、文化、技术教育的权利，以及罪犯行使申诉权、控告权、检举权等都必须通过作为的行为方式才能得以实现，而监狱对于符合收监条件所作出的不予收监决定，对罪犯的申诉、控告、检举材料应当及时转递而未及时转递的等行为，就是一种不作为。

（2）物。物作为监狱法律关系客体中的一种，是指监狱行刑工作所涉及的、可以作为财产权利对象的、能为人们所控制并具有一定经济价值的物品或其他物质财富。

监狱法律关系中的物包括两种：一种是监狱所有的财产，另一种是罪犯个人所有的合法财产。对于监狱所有的财产，监狱有合理使用的权利和义务，罪犯也有不得损害的义务。否则，根据《监狱法》第58条的规定，罪犯在生产劳动中有意损坏生产工具的，要受到处罚，构成犯罪的，依法追究刑事责任。对于罪犯入狱时携带的物品和钱款、罪犯在服刑期内经批准接受的物品和钱款、罪犯的劳动报酬、罪犯个人所有的生活必需品等合法财产，罪犯有所有权，监狱也有保护其不受侵犯的义务。

（3）智力成果。监狱法律关系客体中的智力成果，是指罪犯在监狱服刑期间从事智力活动和发明创造所获得的成果，又称知识产权，如专利权、发明权等。这些智力成果受国家其他法律的保护，同时也受到监狱法律规范的调整。如《监狱法》第29条规定，罪犯有发明创造或者重大技术革新的属于重大立功表现，应当减刑。监狱对罪犯的发明创造或重大技术革新应当获得减刑时，监狱必须依法向人民法院提出减刑建议。

（三）监狱法律关系的内容

监狱法律关系的内容，是指监狱法律关系主体所享有的权利和应承担的义务。所谓权利，是一定的社会规范赋予人们做或不做某种行为，或者要求他人做或不做某种行为的资格。法律权利则是指依照法律的规定，法律关系主体所具有的做或不做某种行为，或者要求他人做或不做某种行为的资格。所谓义务，是指一定的社会规范对人们必须做或不做某种行为的一种限制。法律义务则是指依照法律规定的要求法律关系主体必须做或不做某种行为的一种限制。

监狱法律关系的内容主要是指监狱法律规定的监狱和罪犯在行刑与受刑过程中所产生的权利义务，普通的法律权利和义务必须通过监狱法律的规定才能转化成监狱法律关系的内容。监狱法律关系的内容包括以下两个方面：

1. 监狱的权利与义务

监狱的权利主要有：（1）执行刑罚的权利。包括收监权、不予收监权、检查罪犯的身体及所携带的物品权、提请处理罪犯的申诉权，提请暂予监外执行权、减刑及假释的建议权、释放权等。（2）监管罪犯的权利。包括考核罪犯权、分管分押罪犯权、抓获脱逃罪犯权、设立警戒设施和隔离带权、使用戒具和武器权、通信检查权、奖励罪犯权、处罚罪犯权、狱内侦查权、起诉建议权等。（3）改造罪犯的权利。包括教育改造权、劳动改造权、监管改造权等。

监狱的义务主要有：（1）刑罚执行方面的义务。主要包括不得将不符合法定条件的人收监，收监检查时只能由女人民警察检查女性罪犯的人身，收监后及时通知罪犯家属，及时转递罪犯的申诉、控告、检举材料，提请人民检察院或者人民法院处理可能有错误的判决，提请人民法院对有重大立功表现的罪犯予以减刑，按期释放服刑期满的罪犯等义务。（2）监管罪犯方面的义务。主要包括不索要、收受、侵占罪犯及其家属的财物，不私放罪犯，不使罪犯脱逃，不体罚、虐待、殴打和纵容他人殴打罪犯，不侮辱罪犯人格，不利用罪犯提供劳务以谋取私利，不私自为罪犯传递信件或者物品，不将监管权交予他人行使，及时抓捕脱逃罪犯，不得检查罪犯写给上级机关和其他司法机关的信件，保障罪犯行使通信、会见权利，照顾少数民族罪犯的特殊生活习惯，保障罪犯在法定节日和休息日得到休息，保障参加劳动的罪犯获得劳动报酬和劳动保护等义务。（3）改造罪犯方面的义务。主要包括根据未成年犯和女犯的生理、心理特点组织改造活动，对罪犯进行思想、文化和技术教育，参照国家有关劳动工时的规定确定罪犯的劳动时间，按照未成年犯的特点组织和安排未成年罪犯劳动等义务。

2. 罪犯的权利与义务

罪犯的权利是指在监狱中服刑的罪犯依法未被剥夺和基于罪犯特殊身份而依法享有的权利。罪犯的义务是指在监狱中服刑的罪犯应当履行的义务。[①]

值得注意的是，监狱的权利义务与罪犯的权利义务相比较，有以下显著特征：（1）监狱的权利同时又是一种职权，它既不可以转让，也不可以放弃。作为公民的权利，权利主体可以享有、也可以放弃，有的还可以依法转让。监狱的权利由于是一种基于职务、职位而产生的职权，它的存在与实现总是与国家利益相关联，因此它既不可以转让，更不可以放弃。如果监狱放弃或转让权利，则可能导致监狱的失职甚至违法。（2）监狱的权利的实现往往与义务的履行同时进行。我国《监狱法》的许多规定对于监狱而言，既是权利又是义务，而且这些权利的实现过程往往也是监狱履行义务的过程，权利义务相伴相生，使得权利义务的一致性在监狱法律关系中得到了更为明显的体现。

## 第四节　监狱法律体系

### 一、法律体系

法律体系是指将一个国家在一定时期内的全部现行法律规范，按照一定的标准和原则，划分为各个法律部门而形成的内在一致的统一体。把一个国家的法律看成“法律体系”，就意味着把它视为一个统一体。一个国家的法律体系是由根本法律部门、基本法律部门、亚法律部门、子法律部门等构成的有等级多层次的体系。

#### （一）法律体系的特征

（1）法律体系是一国国内法构成的体系。

（2）法律体系是现行法构成的体系。

（3）构成法律体系的单位是法律部门，法律部门是由若干相关的法律规范构成的，因此法律规范是法律体系构成的最基本单位。

（4）法律体系不同于立法体系，立法体系构成单位是规范性文件。

#### （二）中国特色社会主义法律体系

中国特色社会主义法律体系，是指适应我国社会主义初级阶段的基本国情，

---

① 罪犯权利义务的内容，安排在“服刑罪犯”一章中，在此只是作为监狱法律关系内容的一个构成部分列举出来。

与社会主义的根本任务相一致，以《宪法》为统帅和根本依据，由部门齐全、结构严谨、内部协调、体例科学、调整有效的法律及其配套法规所构成，是保障我们国家沿着中国特色社会主义道路前进的各项法律制度的有机的统一整体。

（1）纵向体系：由法律、行政法规、地方性法规三个层次组成。

（2）横向体系：宪法及宪法相关法、民法商法、行政法、经济法、社会法、刑法、诉讼与非诉讼程序法七个法律部门组成。

## 二、监狱法律体系

监狱法律体系即指监狱法律的组成关系。它与监狱法律的渊源可以说是同一个事物的两个方面，二者从不同角度说明了监狱法律的存在与结构。监狱法律的体系结构一般包括规范体系结构和用以表达规范体系的文本体系结构两种。

根据调整监狱和服刑罪犯之间全部法律关系若干部门法律属性区分，监狱法律体系结构应包括刑事执行法律规范和行政法律规范两个内容，并以刑事执行法律规范为主。其中，刑事执行法律规范包括行刑法律规范和变更行刑法律规范两部分；行政法律规范包括行政教育法律规范、行政劳动法律规范、行政管理法律规范等内容。

与监狱法律的渊源相对应，监狱法律的文本体系结构是由不同立法规格和不同法律效力的法律形式组合而成的一个宝塔形的结构体系。监狱法律的文本体系包括《监狱法》、监狱行政法规、部门规章、地方性法规和地方规章。在这个体系中，《监狱法》居于宝塔的塔尖，处于整个监狱法律文本体系中的核心地位；国务院、司法部颁行的相关监狱行政法规、条例、决定、命令、指示等部门规章则属于监狱法律体系中的主体部分；地方法规、最高司法机关作出的司法解释以及我国缔结参加的国际公约则是指导我国监狱行刑工作、组织罪犯改造的重要依据之一。它们相互衔接和补充，共同组成了我国较为完整的监狱法律体系，有力地保障着我国刑罚执行活动与监狱管理活动的正常进行，保障着罪犯的合法权利。

### （一）国际公约

这里的“国际公约”是指两个或者两个以上的国家关于监狱设置、行刑规则、服刑罪犯教育与管理、权利保障等方面规定其相互之间权利和义务的各种协议。国际公约属于国际法的范畴，但经过法定程序批准生效的国际公约具有与国内法相同的法律约束力。从这一意义上说，它也属于国内法的范畴。所以它也是我国监狱法律的渊源之一。1955 年在日内瓦举行的第一届联合国防止犯罪和罪犯待遇大会上通过了《囚犯待遇最低限度标准规则》。我国 1986 年签署了《禁止酷刑和其他残忍、不人道或有辱人格的待遇或处罚公约》，并于 1988 年批准了该公约。除此之外，我国加入的《公民权利和政治权利国际公约》《联合国打击跨国有组织犯罪公约》《联合国反腐败公约》等国际公约中涉及服刑罪犯的内容，也是监狱法律的渊源，对规范我国监狱行刑工作、保障服刑罪犯合法权利都有极为重要的作用。

（二）《宪法》

《宪法》是由全国人民代表大会制定的规定国家的根本制度和任务的法律规范，是国家的根本大法，在国家的整个法律体系中具有最高的法律地位和法律效力。它是包括监狱法律在内的各部门法的立法依据和基准。所有部门法的产生都必须以《宪法》为依据，不得与《宪法》相抵触。从这个意义上讲，《宪法》是一切部门法的渊源，《监狱法》也不例外。《宪法》中有关国家对犯罪分子实行惩罚与改造相结合的刑事政策就是《监狱法》根本渊源之一。《宪法》第28条规定："国家维护社会秩序，镇压叛国和其他危害国家安全的犯罪活动，制裁危害社会治安、破坏社会主义经济和其他犯罪的活动，惩办和改造犯罪分子。"这一规定明确体现了我国对罪犯的基本政策就是惩办与改造相结合。它既为监狱法的建立提供了根本依据，同时这一规定本身也成为广义上的监狱法律的一个组成部分。

（三）刑事法律

刑事法律指的是《刑法》《刑事诉讼法》《社区矫正法》中有关刑罚适用和罪犯改造的条款。《刑法》、《刑事诉讼法》、《社区矫正法》和《监狱法》在立法目的和法律功能上都存在许多一致性，三者在内容上有着紧密的联系。《刑法》是定罪、量刑的实体法，《刑事诉讼法》是确保正确定罪量刑的程序法，二者的正确适用正是监狱惩罚正确执行刑罚、改造罪犯的前提和基础。因此，《刑法》《刑事诉讼法》《社区矫正法》中有关刑种、执行场所、刑罚执行变更及监外执行等有关内容的实体性、程序性规定，都是我国监狱法律的渊源之一。例如，《刑法》第46条规定："被判处有期徒刑、无期徒刑的犯罪分子，在监狱或者其他执行场所执行；凡有劳动能力的，都应当参加劳动，接受教育和改造。"此外《刑事诉讼法》第265条、第266条、第267条、第273条、第274条等条还规定了有关办理监外执行、减刑、假释等案件的权限、程序等。与此相关的刑事法律，还有《反恐怖主义法》《预防未成年人犯罪法》等。

（四）监狱法律

《监狱法》是由全国人民代表大会常务委员会通过正式立法程序制定颁布的法律，是我国监狱法律渊源中的核心和主干，它与《刑法》《刑事诉讼法》《社区矫正法》共同组成了我国的刑事法律体系，具有独立部门法的地位。它明确规定了监狱的职能和任务、监狱运作的基本原则、监狱经费保障体制等重要内容，确立了有关刑罚执行、狱政管理、教育改造等基本制度，确立了罪犯的基本权利和义务，是一部较为系统、完备的监狱法律，具有专业性和规范性强、内容系统完善的特点，是当前指导我国监狱对罪犯执行刑罚、实行教育改造活动的主要法律依据。

（五）法规规章

行政法规是指由国务院依据《宪法》制定的关于国家行政管理活动方面的规范性文件，其中有关监狱执行刑罚、罪犯权利义务的部分是监狱法律的渊源之一。其效力仅次于《宪法》和法律。目前我国关于监狱行刑和管理方面的行政法规尚不多见。行政规章是指国务院所属各部（委）为贯彻法律、法规，根据《宪法》、法律和行政法规的有关规定，在其权限范围内制定的规范性法律文件，又叫部门规章。地方性法规是指地方国家权力机关及其常设机关为保证宪法、法律和行政法规的遵守和执行，结合本行政区内的具体情况和实际需要，依照法律规定，通过和发布的规范性法律文件。这些地方性法规中有关监狱机关行刑和管理的规定也是监狱法律的渊源之一。

在我国，监狱规章是指由司法部根据《宪法》《刑法》《刑事诉讼法》《社区矫正法》《监狱法》的有关规定，为适应监狱改造罪犯工作的实际需要和要求而制定并经国家立法机关核准的规范性法律文件，它是我国监狱法律渊源的一种形式，也是数量最多的一种。它们通常以细则、规则、条例、规定、指示、通知等形式出现，对监狱基本法规起到了补充与完善的作用。监狱规章重点解决《监狱法》中不够明确或者尚无规定的有关行刑、监管、教育改造中的一些细节性的法律问题，为监狱司法活动提供更明确具体的法律标准，提高监狱法律的可操作性。此外，监狱规章还可以起到特殊监狱法的作用，比如有关未成年罪犯处遇标准的规则或条例既是对《监狱法》的细化，又是对《监狱法》的重大发展。可见，规章也是我国监狱法律的渊源之一。

（六）司法解释

司法解释是指由最高人民法院和最高人民检察院分别或者联合对有关刑罚执行、监狱设置与建制、罪犯改造、狱政管理及罪犯权利义务等内容的法律法规所进行的解释。例如，最高人民法院审判委员会于 2016 年颁布的《最高人民法院关于办理减刑、假释案件具体应用法律的规定》，对办理减刑、假释案件应用法律的问题作了较为详细的规定。司法解释是不是监狱法律的渊源，学术界意见不一。编者认为，司法解释是最高司法机关就法的具体应用所作出的解释，它对司法实践具有普遍约束力，不仅弥补了立法的不足，而且在一定程度上起着法的渊源的作用。因此，可视其为监狱法律的渊源之一。

以上几种监狱法律的渊源，以自己的方式组合成独特的监狱法律体系，把有关监狱行刑活动完全纳入法律的调整范围，把国家刑罚权的行使限定在一个比较合理的范围之内，既保证了国家刑罚权的充分实现，又确保了刑罚执行活动从实体到程序上都能公平、公正地进行。

## 三、监狱法律在法律体系中的地位

法律体系是由一国各法律部门构成的、具有内在联系的整体。如果把法律体系整体看成宏观结构，那么法律体系的宏观结构是由公法、私法、社会法三方面构成。公法、私法和社会法三方面各自又都有自己的结构，它们本身就是各个法律部门。某个部门法在法律体系中的地位是由其调整对象、调整方式等因素决定的。

### （一）监狱法律属于公法范畴

法律在古罗马时期就被分为公法与私法两大类。罗马法学家乌尔比安认为，有关罗马国家的法是公法，有关私人的法为私法。这种划分一直沿用到今天的大陆法体系。关于什么是公法，什么是私法，历来存在争议。一般来说，所谓公法主要是指关于国家或国家与个人之间权利义务关系的法律部门的总和，包括行政法、刑事法、组织法、财政法等。监狱法律从其调整对象来看，主要是代表国家的监狱与罪犯之间的权利义务关系；从调整方式来看，是以国家的强行干预为主，监狱和罪犯之间地位是不平等的，是处于支配与被支配的地位；从监狱法律的本位来看，是以国家为本位的法；从追求的价值目标来看，监狱法律在价值取向上侧重于程序与公平。从上述几点可以看出，监狱法律带有浓重的公法色彩。

### （二）监狱法律在性质上属于刑事法

监狱法律是调整国家审判机关生效刑事判决执行过程中有关社会关系的法律规范的总和，是中国刑事法律的一个组成部分。需要指出的是，有学者认为，监狱法律调整的是监狱的刑罚执行活动，监狱由司法部——司法行政机关领导，因此，监狱是行政机关，监狱法律是行政法范畴。这种观点是失之偏颇的。监狱和罪犯之间虽然是支配和被支配的关系，但是我们应该看到这种关系的产生是基于审判机关的刑事判决而产生的，刑罚执行也是国家刑事诉讼活动的一个重要环节。当然，监狱系统内部有其行政管理活动，但这是一种内部行政，一般不涉及罪犯的权利义务。所以，这种以机关性质来确定监狱法律为行政法的观点是不正确的，其在理论上和实践中都是无益的。因为刑事法和行政法在立法权限、法律后果、罪犯权利义务的保护等方面都是不同的。

### （三）监狱法律属于刑事执行法

在刑事法律体系中，监狱法律调整的是国家审判机关生效刑事判决所确定的刑罚执行过程中的社会关系。监狱法律事实上已经构成我国刑事执行法的基本内容和主要部分。可以相信，我国第一部监狱法的制定和实施，必将为我国刑事执行法律体系的日益科学、完善和刑事执行司法体系的建立，提供良好的、理论的、立法的和实践的条件和基础。

（四）监狱法律具有基本部门法律的属性和特点

它与《刑法》《刑事诉讼法》《社区矫正法》等共同构筑起我国刑事法律的基本框架。由于社会主义国家监狱的性质、任务和职能，不再是审判机关的附属，监狱的刑罚执行活动也不只作为审判活动的结果或附属而存在，因此，监狱法律的基本核心部分实质上具有与《刑法》《刑事诉讼法》《社区矫正法》同样的基本刑事部门法的地位和特点。从国家刑事司法活动，对犯罪的侦查、起诉、审判和刑罚执行四个基本环节划分的角度看，监狱法律同样具有刑事基本部门法的意义。

# 第三章

# 监　　狱

在中国历史上，不同的历史时期，监狱有不同的名称。在夏代，监狱称为“夏台”“钧台”；在商代，监狱称为“羑里”；在周代，监狱称为“囹圄”“圜土”“嘉石”“灵台”；到了秦、汉、唐、宋等朝代，大多称监狱为“狱”；在明代，则称为“监”；直到清代，才把“监”与“狱”合在一起，统称“监狱”。新中国成立后，把劳动改造队、少年犯管教所、监狱等，作为监狱的统称。1994年《监狱法》所规范的监狱是指监狱和未成年犯管教所。

## 第一节　监狱的性质、类型与任务

### 一、监狱的概念

监狱作为国家的刑罚执行机关，是阶级社会所特有的一种社会现象。监狱概念的界定与刑罚的主导思想、内容及监狱的职能是密不可分的。

在不同的历史时期，监狱关押的对象和职能不断发生相应的变化，曾是收押被判处充军、流刑的临时羁押场所，罪犯服劳役的场所，刑事人犯羁押待审待决的场所，治安违法人员的拘留场所，少年犯与失教人员的感化场所等。18世纪中期欧洲大陆掀起了监狱改良运动，随着资产阶级人权思想、人道观念的影响和深化，教育刑理论逐渐占据了统治地位，刑法开始了以自由刑为中心的时代，现代意义上的监狱由此诞生了。

根据我国《监狱法》第2条的有关规定，监狱是国家依法设置与管理的，对判处死刑缓期二年执行、无期徒刑、有期徒刑的罪犯执行刑罚、实施惩罚与改造的刑罚执行机关。它包含以下几方面的含义：

（一）监狱是国家依法设置与管理的刑罚执行机关

监狱是国家的刑罚执行机关，这是监狱的本质属性。在我国，公安机关，检察机关、人民法院负责犯罪的侦查、起诉和审判，其主要任务是解决罪与非罪和定罪量刑问题，而作为人民法院的刑事判决如果不能真正有效地全面贯彻执行，就可能变成一纸空文。监狱就是落实人民法院生效刑事判决的主要部门，它对于刑罚的实现具有十分重要的作用。

（二）监狱的职能是执行刑罚、惩罚与改造罪犯

执行刑罚是监狱首要的基本职能。由于以剥夺自由刑为核心的刑罚制度的确立和运用，监狱承担了绝大部分的刑罚执行任务，成为国家刑罚的主要执行机关。因此，监狱有责任保证国家刑罚目的的实现和刑罚执行的完成。对罪犯进行惩罚和改造，是刑罚执行活动的实质内容，监狱应当综合运用各种改造手段提高改造工作质量，最终实现惩罚与改造罪犯。

（三）监狱的关押对象仅限于被判处特定刑罚的罪犯

监狱的关押对象是被判处死刑缓期二年执行、无期徒刑、有期徒刑的罪犯。依据《刑事诉讼法》的相关规定，被判处死刑立即执行由人民法院负责执行；对被判处管制、宣告缓刑、假释或者暂予监外执行的罪犯，依法实行社区矫正，由社区矫正机构负责执行；对被判处有期徒刑的罪犯，在被交付执行刑罚前，剩余刑期在3个月以下的，由看守所代为执行；被判处拘役的罪犯，在拘役所执行刑罚。这些罪犯都不属于我国监狱关押的对象。

## 二、监狱的特征

监狱的特征是指监狱所具有的表现其性质的特性。虽然不同社会历史时期不同国家的监狱之间存在较大差别，但它们仍然具有共同的特征，具体表现在以下几方面：①

（一）法定性

监狱的法定性主要体现在：一是监狱设置的法定性。监狱的宏观布局、监狱的设置和撤销等，《监狱法》进行了明确的规定，必须按照法定的程序进行审批，由国务院批准。二是监狱功能的法定性。监狱的功能是关押罪犯与社会相隔离，惩罚罪犯实现刑罚目的，教育和改造罪犯使罪犯成为守法公民，这些在《监狱法》中都有具体的规定。三是监狱职责的法定性。《监狱法》对罪犯的收押到释放都作了严格的规定。例如，罪犯被交付执行刑罚时，交付执行的人民法

① 参见史殿国主编：《监狱学基础理论》，法律出版社2018年版，第89－98页。

院应当将人民检察院起诉书副本、人民法院的判决书、执行通知书、结案登记表同时送达罪犯即将执行刑罚的监狱，同时具备收监的法定要件，监狱才予以收监。对罪犯的申诉、控告、检举的处理，对罪犯的保外就医、监外执行、减刑、假释有犯罪和服刑期间死亡的处理以及对罪犯的释放，整个执行刑罚的过程都是严格依照国家的法律、法规进行的。使监狱行刑的过程在法律的控制下运作，是现代监狱的重要特征。

（二）阶级性

监狱，作为国家的暴力机器是统治阶级的重要专政工具，被深深打上了阶级的烙印。监狱是阶级社会特有的现象，随着阶级、国家的产生而产生，同样会随着阶级、国家的消亡而消亡。监狱总是代表一定的阶级利益，中国历史上出现过不同的阶级，也出现过不同阶级的监狱。如奴隶制社会的监狱，代表的是奴隶主阶级的意志和利益；封建制社会的监狱，代表的是地主阶级的意志和利益；资本主义社会的监狱，代表的是资产阶级的意志和利益；半殖民地半封建社会的监狱，代表的是封建买办资产阶级的意志和利益；社会主义新中国的监狱，与中国历史上以及世界上一切剥削阶级国家的监狱有本质的不同，代表的是无产阶级和广大劳动人民的意志和利益。总之，监狱是为统治阶级服务的，任何监狱都是统治阶级维护自己阶级利益和统治秩序的专政工具。

（三）惩罚性

惩罚性是指监狱作为刑罚执行机关所具有的惩戒与禁锢罪犯的能力及其表现。惩罚是刑罚所具有的天然属性，监狱作为刑罚执行的场所，必然要体现法律的惩罚性。监狱对罪犯严厉的惩罚性主要是通过剥夺罪犯的人身自由、限制罪犯公民权利的行使以及制定、实施监管制度来体现的。在早期的监狱制度下，监狱对罪犯的惩罚性主要是通过将罪犯禁锢起来，确保刑罚执行内容得以实现来体现的。

（四）防范性

防范性是指监狱所具有的预防犯罪的能力与作用。监狱的设置，其目的都是防止重新犯事，警戒与预防其他社会成员实施犯罪行为。从这个意义上说，监狱是社会的文化符号，对社会的犯罪行为起到一种警示作用。监狱的防范性是与生俱来的一种特征，它是否能够充分发挥作用，必将关系全社会的安全与稳定。同时监狱所具有的预防犯罪的特性是社会治安综合治理的重要组成部分，是社会赖以存在和发展的一种保障。

## 三、监狱的性质

监狱的性质是指法律所规定的监狱在整个司法体系中因承担特殊的职责与任务而理应具备并能与其他刑事司法机关相区别的法律属性。因此监狱的性质应从以下两个方面去把握。

（一）监狱是国家的刑罚执行机关

《监狱法》第 2 条规定："监狱是国家的刑罚执行机关。"这就明确指出了我国监狱的法律属性是国家的刑罚执行机关，是依法对被判处死刑缓期二年执行、无期徒刑、有期徒刑的罪犯执行刑罚的场所。监狱作为国家的刑罚执行机关，是国家的有机组成部分。全国的监狱都是国家所属，各省、自治区、直辖市监狱管理机关受国家委派，代行监狱管理职权。监狱的社会职能是执行刑罚，它与公安机关、检察机关、人民法院同属于刑事司法体系内不可缺少的国家司法机关。刑罚是国家对犯罪分子实行惩罚的一种最严厉的强制方法，其制定、实施与操作必须由享有刑罚权的国家机关来执掌。刑罚权包括制刑权、求刑权、量刑权和行刑权，其中，制刑权由全国人民代表大会及其常务委员会行使；求刑权由检察机关行使；量刑权由人民法院行使；行刑权由国家刑罚执行机关——监狱来行使。但是国家刑罚执行机关的外延要比《监狱法》所确定的监狱概念大。因为刑罚执行机关应包括所有的刑罚执行机构。我国《刑法》规定的主刑有管制、拘役、有期徒刑、无期徒刑、死刑；附加刑有罚金、剥夺政治权利、没收财产。目前，这些刑罚的执行由公安机关、人民法院、社区矫正机构、监狱共同承担。监狱只负责对被判处死刑缓期二年执行、无期徒刑、有期徒刑的罪犯执行刑罚，但由于这三类罪犯占绝大多数，所以监狱是国家最主要的刑罚执行机关。

（二）监狱是人民民主专政的工具

监狱法是人民民主专政的工具，这是监狱的政治属性。根据马克思主义的观点，国家是阶级社会的特有产物，是一个阶级对另一个阶级进行统治的机器。这一机器的主要成分是军队、警察、法庭、监狱等强制力量。监狱是国家暴力机器的有机组成部分。我国是工人阶级领导的，以工农联盟为基础的人民民主专政的社会主义国家，社会主义制度是我国的根本制度。国家性质决定了我国监狱人民民主专政的性质，这从根本上划清了我国监狱与历史上不同类型监狱的区别。我国监狱作为国家专政工具，与公安机关、检察机关、人民法院等一起构成了我国人民民主专政的强大国家机器，共同保卫我国社会主义现代化建设的顺利进行，共同负担着保卫人民的神圣使命。因此，监狱作为我国人民民主专政的工具，它的本质不会随着监狱的关押对象和罪犯构成的变化而改变。

## 四、监狱的分类

世界各国因不同的社会制度、法律体系、文化传统、行刑方式等差异，监狱的分类也存在很大差异。按照我国目前监狱的主要类别，依据罪犯性别、年龄、服刑流程、原判刑罚轻重、监狱关押规模、警戒度、隶属性质等，将监狱划分为

不同类型。具体如下：[①]

（一）按罪犯的性别不同分类

按罪犯的性别不同，可以分为男子监狱和女子监狱。

男子监狱，是指关押18周岁以上成年男犯的监狱。我国监狱中的绝大多数属于此类监狱。女子监狱，是指关押女性罪犯的监狱，不仅关押成年女犯，还关押未成年女犯。我国在押女犯的人数远远低于男犯，占在押犯总数的2%～4%。大多省、自治区、直辖市设置1所，部分省份设置2所或2所以上。

（二）按罪犯是否成年分类

按罪犯是否成年，可以分为未成年犯管教所和成年犯监狱。

未成年犯管教所，是指关押18周岁以下未成年罪犯和未成年罪犯在服刑过程中，年满18周岁余刑不足2年的罪犯的监狱。成年犯监狱，是指关押18周岁以上成年罪犯的监狱。在成年犯监狱中，老年犯监狱是成年犯监狱中一个特殊类型，指关押60周岁以上成年男犯的监狱。我国部分省份在21世纪初开始设置老年犯监狱。

（三）按罪犯的服刑流程不同分类

按罪犯的服刑流程不同，可以分为中转监狱、入监监狱和出监监狱。

中转监狱，是指受关押规模限制，罪犯服刑3个月左右，然后转到其他监狱服刑的监狱。我国一些省、直辖市由于受关押容量所限等因素开始设置中转监狱，如北京市天河监狱（又称“北京市外地罪犯遣送处”）、重庆市新犯转运站、贵州省白云监狱（又称“贵州省监狱管理局白云新犯收押分流中心”）等。

入监监狱，是指对离开看守所、转入监狱服刑的新入监罪犯进行集中关押和教育的功能性监狱。自21世纪初以来我国部分省份相继设置入监监狱，如上海市新收犯监狱、安徽省潜川监狱、天津市津西监狱、辽宁省沈阳新入监犯监狱、辽西新入监犯监狱、辽南新入监犯监狱、新疆维吾尔自治区新收犯监狱等。

出监监狱，是指罪犯在服刑末期，为了出狱后能更快地融入社会，也为了减少服刑末期思想的波动，提前一定的时间把要出监的罪犯集中后进行一定的文化教育与技能培训的监狱。在2010年以后，部分省份开始设置出监监狱，如福建省翔安监狱、湖南省星城监狱、四川省锦江监狱、河北省石家庄出监监狱、新疆维吾尔自治区乌鲁木齐出监监狱、甘肃省出监监狱以及浙江省乔司监狱出监分监狱等。

（四）按罪犯的原判刑罚轻重不同分类

按罪犯的原判刑罚轻重不同，可以分为重刑犯监狱和轻刑犯监狱。

---

① 参见王晓山：《我国监狱类型的分类及发展》，载《犯罪研究》2016年第1期。

重刑犯监狱，是指以关押被判处较重刑罚罪犯为主的监狱。较重刑罚一般是指被判处10年以上有期徒刑、无期徒刑和死刑缓期二年执行。这类监狱多为警戒程度较高的城市监狱，如江苏省苏州监狱、江苏省南京监狱、浙江省第一监狱等。

轻刑犯监狱，是指以关押被判处较轻刑罚罪犯为主的监狱。较轻刑罚一般是指被判处10年以下有期徒刑。这类监狱警戒程度相对较低，如广东省花都监狱、山东省昌潍监狱、山东省日照监狱、浙江省杭州市北郊监狱等。

（五）按监狱的关押规模不同分类

按监狱的关押规模不同，可以分为大型监狱、中型监狱和小型监狱。

大型监狱，是指关押罪犯人数在3001～5000人的监狱。设置大型监狱大体有两种情况：一是监狱布局调整时，监狱合并、迁建或改扩建，如甘肃省武威监狱、江苏省苏州监狱等；二是解放后创立的大型劳改农场，虽然关押点进行了收缩，但关押规模还是属于大型监狱，如江苏省常州监狱、安徽省监狱管理局白湖分局、浙江省乔司监狱等。关押罪犯人数超5000人的监狱，称“超大监狱”。我国目前大型监狱占监狱总数的1/2，超大监狱一般原为大型农场，约占全国监狱的4%。对于超大监狱，宜由若干个关押点或分监狱组成。

中型监狱，是指关押罪犯人数在2001～3000人的监狱。我国目前中型监狱约占监狱总数的1/3，如江苏省通州监狱、湖南省赤山监狱、北京市延庆监狱等。

小型监狱，是指关押罪犯人数在1000～2000人的监狱。设置小型监狱大体有四种情况：一是由于经济发展、监狱合理设置等，小型监狱一般分布在我国西部经济不发达地区，如山西省原平监狱、新疆维吾尔自治区第三监狱、乌鲁木齐市六道湾监狱、西藏自治区波密监狱等。二是关押对象相对特定，关押规模相对较小的监狱，如司法部燕城监狱、辽宁省未成年犯管教所、安徽省女子监狱、北京市女子监狱、江苏省南通女子监狱、宁夏回族自治区女子监狱、甘肃省合作监狱，以及各省专门关押病犯的监狱，如天津市康宁监狱、江西省新康监狱、甘肃省康泰监狱等。三是从原大型劳改农场剥离出来，升格为独立建制单位，如安徽省青山监狱，从原安徽省白湖监狱划出，现关押规模只有1500人左右；北京市金钟监狱，从原北京市清河监狱划出，现关押规模只有500人左右。四是劳教制度废止后，部分劳教所改造成小型监狱，如山东省将部分劳教所变为小型监狱。

（六）按监狱的戒备等级不同分类

按监狱的戒备等级不同，可以分为高度戒备监狱、中度戒备监狱和低度戒备监狱。

高度戒备监狱，是指经过科学评估后，将有危险倾向、难以控制的罪犯进行相对集中关押的监狱。目前，我国大多省、自治区、直辖市都建设了高度戒备监狱，如北京市垦华监狱、河南省许昌监狱、四川省大英监狱、天津市河西监狱、湖南省茶陵监狱、新疆维吾尔自治区库尔勒高度戒备监狱等。这些关押的罪犯大多数是被判处15年以上有期徒刑、无期徒刑或者死刑缓期二年执行，累惯犯或者其他有明显危险情节的罪犯。

中度戒备监狱，是指安全警戒程度介于高度戒备监狱与低度戒备监狱之间的监狱。我国监狱中的绝大多数为此类监狱，如黑龙江省笔架山监狱、吉林省长春净月监狱、上海市宝山监狱、海南省美兰监狱等。

低度戒备监狱，是指最低安全警戒程度的监狱设施，其建筑结构和安全防范措施与高度戒备监狱、中度戒备监狱显著不同，以低层建筑为主，允许罪犯在监区乃至监狱内有较大的活动自由。

（七）按监狱的隶属性质不同分类

按监狱的隶属性质不同，可以分为部属监狱、省属监狱和市属监狱。

部属监狱，是指直属于公安部或司法部管理的监狱。这类监狱比较少，目前全国只有2所，分别为公安部直属的秦城监狱、司法部直属的燕城监狱。

省属监狱，是指行政上隶属省、自治区、直辖市一级司法行政机关的监狱。省属监狱是我国监狱隶属类别的主要组成部分，如江苏省江宁监狱、浙江省长湖监狱、福建省莆田监狱、四川省甘孜监狱、新疆生产建设兵团农八师石河子监狱等，约占全国监狱总数的80%。

市属监狱，亦称地方监狱，是指行政上隶属地级（市、区）或副省级市司法行政管辖的监狱。如广东省深圳监狱、广东省花都监狱、黑龙江省黎明监狱等，因所在城市升格为副省级而设置。

## 五、监狱的任务

监狱的任务与监狱的性质是紧密相连的，其基本任务是对罪犯执行刑罚、惩罚和改造罪犯、预防和减少犯罪。

（一）执行刑罚

执行刑罚是监狱的最基本任务。监狱根据人民法院已经发生法律效力的判决，依照法律规定的程序，将刑罚内容付诸实施。其中，收监制度的实施表明刑罚执行的开始，释放制度的实施表明刑罚执行的终结；监外执行制度表明执行刑罚过程中执行场所的变更；减刑制度实施表明执行刑罚过程中刑种和刑期的变化；假释制度的实施表明执行刑罚过程中执行条件的变化。

（二）惩罚罪犯

惩罚是监狱根据人民法院的生效刑事判决，通过刑罚执行，依法剥夺或限制罪犯的某些权利，而使其遭受一定痛苦或损失的司法活动。监狱惩罚罪犯的任务是通过以下方式实现的：第一，剥夺罪犯的人身自由。监狱按照法定的要求，将罪犯收入监狱内，与社会隔离起来，剥夺人身自由；通过武装警戒、狱政管理等手段，对罪犯实行严格的管理，防止其逃脱。同时与罪犯人身自由紧密相关的权利被依法剥夺或限制。第二，依法严厉打击罪犯在狱内的违纪违法和犯罪活动。监狱依法严厉打击罪犯聚众哄闹监狱、扰乱正常监管改造秩序、欺压其他罪犯、拒不参加劳动、自伤自残逃避劳动、在生产中故意违反操作规程或故意破坏生产工具、辱骂或者殴打监狱人民警察等违法犯罪行为。监狱可视情节轻重给予警告、记过、禁闭处罚。罪犯在监狱内有组织越狱、盗窃、故意伤害等犯罪行为的，依法从重处罚。第三，剥夺部分罪犯的政治权利。对罪犯实施惩罚，还体现在依法剥夺部分罪犯的政治权利。政治权利是我国宪法赋予公民的一项重要的权利。虽然罪犯仍然属于公民的范畴，但和普通公民相比，他们的法律地位发生了变化。罪犯的政治权利有两种情况：一种情况是在判处主刑时附加有剥夺政治权利的刑罚。在刑罚执行期间依照《刑法》第 54 条的规定停止其享有选举权和被选举权，言论、出版、集会、结社、游行、示威自由的权利，担任国家机关职务的权利，担任国有公司、企业、事业单位和人民团体领导职务的权利。另一种情况是没有被剥夺政治权利。依照《宪法》及其他有关法律的规定，享有政治权利，但在服刑期间因人身自由被剥夺，而使其暂时处于权利停止行使的状态。

（三）改造罪犯

改造罪犯是指监狱通过行刑活动达到改变罪犯社会认知、知识结构、道德修养、行为习惯等，培养其掌握一定的职业技能，培育健康的人格，最终成为能够适应社会生活的守法公民的矫正教育活动。一般来说，监狱通过监管改造、教育改造、劳动改造三大基本手段来实现。

（四）预防和减少犯罪

《监狱法》第 1 条对监狱预防和减少犯罪作出了明确的规定。监狱主要通过以下方式来实现：第一，特殊预防的方式。通过把罪犯监禁在监狱中与社会隔离，预防罪犯对社会的再次犯罪。在监狱惩罚和改造中，通过监管改造、教育改造和劳动改造等措施和手段，消除罪犯已有的犯罪心理和犯罪行为，从根本上预防其重新犯罪。第二，一般预防的方式。监狱通过对罪犯进行严格的刑罚执行，昭示对犯罪行为报应性打击的法律后果，对社会上潜在的犯罪人起到了警戒与威慑的作用，使其避免重蹈罪犯的覆辙而悬崖勒马，打消实施犯罪的念头。第三，文化心理预防的方式。把监狱和惩罚犯罪作为文化警示符号，不仅警示社会公民犯罪的后果，而且教育和鼓励守法公民积极与犯罪行为作斗争，防范与制止犯罪行为的发生，使社会形成遵纪守法的文化氛围，养成法律意识、法治观念和崇尚法治的守法心理，从而预防和减少犯罪。

## 第二节　监狱的管理体制

监狱的管理体制，是为保证监狱工作的顺利进行，依据国家法律的规定与要求，制定并实行的关于监狱的领导、管理以及监狱机构的设置和管理权限划分的一种组织管理制度。

在我国，监狱工作长期实行的是集中统一领导与分级管理相结合的监狱管理体制。在中央和省、自治区、直辖市司法行政机关内设有专门的监狱工作管理机构，实行两级管理体制，负责对全国和各省、自治区、直辖市的监狱工作的组织、规范与领导。在基层，设有监狱机构，具体完成执行刑罚、惩罚和改造罪犯的任务。

### 一、监狱工作的领导体制

监狱工作的领导体制是监狱管理体制的核心内容，是指监狱工作隶属于哪一个政府部门，由谁来领导，也就是通常所说的监狱的归属。《监狱法》第 10 条规定：“国务院司法行政部门主管全国的监狱工作。”国务院司法行政部门，即中华人民共和国司法部。换言之，中华人民共和国司法部是主管全国监狱工作的最高领导机关。在新中国历史上，监狱工作隶属问题，经历了一个曲折变化的过程。从中华人民共和国成立伊始到 1950 年 11 月，我国的监狱工作隶属于中央人民政府司法部和地方各级人民法院领导和管理，1950 年 11 月，根据政务院的指示，将监狱、看守所和劳改队移交给公安机关领导和管理。1953 年 3 月，公安部设立劳动改造工作管理局（简称劳改局，其序列为第十一局），具体负责全国的监狱工作。直到 1983 年，党中央根据我国政法工作的需要，从有利于加强监狱工作的领导，有利于公、检、法、司几个机关之间的互相配合、互相监督、互相制约的目的出发，决定将监狱工作从公安机关移交给司法行政部门领导和管理，从 1983 年 5 月，我国监狱工作正式由司法行政部门领导。1994 年 8 月 19 日，司法部发布了《关于统一规定监狱管理机关和监狱名称的通知》，司法部内设的劳动改造工作管理局更名为监狱管理局。1994 年 12 月 29 日颁布的《监狱法》肯定了司法行政部门对于监狱工作的领导体制，并以法律的形式予以确立与保障。

从监狱理论与司法实践来看，将监狱工作移交给司法部领导和管理，具有非常重要的意义和价值，主要表现在以下几个方面：首先，有利于健全社会主义法治。因为公安机关是国家的侦查与治安保卫机关，让它既行使刑事案件侦查的权利，又行使对罪犯执行刑罚的任务，不符合现代刑事诉讼法律程序的要求。把对实施犯罪行为人惩处权力的分配改变为由公安侦查逮捕、检察机关批捕起诉、法院审判、司法执行刑罚四家分别执行有利于完善我国的刑事司法体系。其次，有利于加强对监狱工作的领导。监狱工作在新民主主义革命时期和中华人民共和国成立初期，都是隶属于司法行政部门领导，已经积累了丰富的经验。司法部在得以重建后，主要负责法治宣传教育和律师公证业务，因此有充足的行政资源领导和管理监狱工作。再次，有利于公安机关集中精力抓好社会治安和国内的安全保卫工作。由于新时期以来社会治安形势日益严峻，公安机关担负着繁重的侦查保卫任务，已没有更多的力量和精力顾及罪犯的改造工作。将监狱工作移交给司法行政部门领导，有利于公安机关集中力量，更好地完成打击犯罪和维护社会治安的任务。最后，有利于更好地纠正办案中可能产生的差错，加强公、检、法、司各个部门之间的相互监督、相互制约。

## 二、监狱管理机关

监狱管理机关，是指国家设立的专门负责领导惩罚和改造罪犯工作的政府职能机构。根据《监狱法》规定的精神和司法实践的工作现状，我国监狱工作管理机关包括中华人民共和国司法部监狱管理局和省、自治区、直辖市监狱管理局。中华人民共和国司法部监狱管理局作为国家司法部的职能机构，具体负责对全国监狱工作的管理和领导。其主要职责是：负责监督检查监狱法律法规和政策的执行工作；负责全国监狱的设置、布局和规划工作；监督管理全国监狱刑罚执行、狱政管理、生活卫生管理、教育改造、劳动改造和信息化建设工作；组织实施重要罪犯的关押改造和省际的调犯工作；指导全国监狱的财务装备和资产管理等工作；管理燕城监狱。

省、自治区、直辖市监狱管理局，在省、自治区、直辖市司法厅（局）的领导下管理和领导本地区的监狱工作。其主要职责是：贯彻执行有关监狱工作的法律法规、规章和方针、政策，研究制定本省、自治区、直辖市狱政管理和罪犯教育改造、劳动生产、生活卫生等方面的规章制度；管理指导监狱正确执行刑罚、依法治监，提高监狱管理水平，创建现代化文明监狱；制订监狱的布局规划和新建、改建、扩建方案，经批准后组织实施；负责监狱系统人民警察警用装备狱政装备的配置和管理工作；负责规划、部署监狱系统的经济工作，管理所属单位的生产财务，基建等工作；负责编制申报监狱系统的人民警察经费、罪犯改造经费及其他各项经费；按规定负责本省、自治区、直辖市监狱系统国有资产的管理；负责省、自治区、直辖市监狱人民警察的配置、教育培训奖惩工作，负责干警队伍建设；负责工勤人员的招录、评聘和工资管理及劳动保护工作；参与社会治安综合治理工作，组织开展对在押罪犯的社会帮教和刑满释放人员的接茬帮教工作；负责有关行政复议受理和行政诉讼应诉工作。在少数省、自治区、直辖市，针对监狱相对集中或监狱规模过大的情况，可以设立监狱管理分局，属省、自治区、直辖市监狱局的派出机构，行使省、自治区、直辖市监狱管理局的职权，负责领导本区域的监狱管理工作。

## 三、监狱内部的管理体制

根据《监狱法》第12条第1款的规定："监狱设监狱长一人、副监狱长若干人，并根据实际需要设置必要的工作机构和配备其他监狱管理人员。"监狱应设置刑罚执行、狱政管理、狱内侦查、教育改造、生活卫生、劳动和生产、组织人事、财务等工作机构。

我国监狱普遍实行的是党委领导下的监狱长负责制。监狱长是监狱的最高行政领导。除了监狱长外，监狱设政治委员，简称政委，是监狱中分管政治工作的最高领导，政治工作主要包括政治宣传、思想教育、组织建设、廉政建设等。

目前，我国监狱内部管理层次存在以下两种模式，监狱、监区、分监区三级管理模式与监狱、监区两级管理模式。监区是监狱内部处于中间管理层级的监管和改造罪犯的组织。根据司法部1996年10月28日印发的《司法部关于加强监狱监区、分监区和劳教所大队、中队建设的若干规定》要求，监区按照500名左右罪犯的标准建设；监区的警力按照罪犯总数的3%配备；监区设正、副监区长和正、副教导员。分监区是监狱内部最低层级的监管和改造罪犯的组织。依据司法部颁发的上述规定，分监区按照150名左右罪犯的标准建设；分监区警力的配置不低于押犯总数的8%；分监区设正、副分监区长和正、副指导员。近年来，监狱理论研究者对监狱内部的管理层级设置进行了积极的探索，提出了监狱、监区两级管理的模式，或称为"扁平化管理"模式。研究者普遍认为通过推行两级管理，不仅可以解决目前一线警力严重不足的问题，而且可以减少管理层次，提升工作效率。

## 四、我国监狱管理体制的探索与创新

### （一）"双轨运行"

1994年，针对劳改机关长期存在的双重职能、多种人员结构与单一管理模式的矛盾，从有利于执行刑罚和有利于搞活经营的双重目标出发，司法部和劳改局提出"统一领导，双轨运行"的改革思路。要求在党委的统一领导下，将执行刑罚的职能和管理经济的职能适当分离，使执行刑罚集中统一，依法办事；生产经营转换机制，放开搞活，达到既管好监狱，又办好企业的目的。“双轨运行”的具体内容主要包括五个方面：第一，在领导体制上，实行党委领导下的监狱长、支队长负责制。第二，在场所划分上，把独立的工人企业与监狱分开，在监狱内部，把工人分厂（车间）与罪犯劳作区分开。第三，在组织机构上，分别建立统一的刑罚执行机构和生产经营管理的公司机构。第四，在人员管理上，将人民警察的管理和工资分配制度与企业工作人员的管理和工资分配制度适当分开。第五，在财务制度上，将监狱财务管理与生产经营管理适当分开，监狱经费由财政保障，企业实行自我约束，自我积累，自主经营，自负盈亏。

（二）监企分开

监狱系统实行的监企分开有两种模式，即劳务输出型和产品输出型。前者为监狱单位单纯向企业输出劳务，获取劳务费，后者为监狱生产，向企业输出产品，收取产品加工费。监企分开的内容包括：

第一，体系分开。监狱行政管理实行三级管理，为监狱、监区、分监区；企业经营管理实行二级管理，为有限责任公司、分厂或分公司。对产品输出型模式的监狱生产单位，隶属监狱行政体系。

第二，职能分开。监狱依法监管教育罪犯，组织罪犯劳动生产，提高改造质量，取得社会效益；企业面向市场，参与竞争，发展经济，提高经济效益。

第三，决策分开。监狱行政决策和企业经营决策分开。监狱重大工作决策由监狱党委研究作出；企业重大决策由改制后的公司董事会研究作出。监狱的日常工作决策由监狱长办公会研究作出；企业日常经营决策由总经理办公会研究作出。

第四，部门分开。监狱监管改造职能部门和行政保障部门保留不变，同时设立劳动改造和财务部门；企业根据经营需要，本着精简效能的原则设立职能部门。

第五，人员分开。所有民警均归监狱行政编制。企业所需经营管理人员从原从事同类工作的民警中聘任。所有工人身份的职工均纳入企业管理的范围，监狱机关所需工勤人员和罪犯劳动技术辅导员等关键性岗位工人按控制比例由企业聘用并承担相应费用。

第六，待遇分开。企业从监狱聘用的民警身份的管理人员，按照“档案在监狱，管理在企业”的原则管理，民警身份保留，警衔、服装、行政工资级别调整，职务晋级，警衔晋升，仍执行监狱警察管理办法，定期考核，结果进档案。因工作需要调离企业或到法定年龄退休即恢复档案待遇。在企业工作期间的岗位职务、工资待遇按照企业实行的制度能上能下，可高可低。在企业劳动的工人取消事业单位工资制，实行岗位技能或效益工资制。由企业聘至监狱工作的工人工资及标准由监狱制定并支付。在监狱工作的民警仍实行行政级别工资制，按照职责、任务完成情况，量化考核，兑现奖惩。离退休人员待遇按有关政策规定执行。

第七，资产分开。按照财政部、国家国有资产管理局、司法部发布的《关于监狱资产划分有关规定的通知》（财农字〔1997〕15号）中规定的监狱资产和生产经营资产的范围实施资产分开并按照有关规定进行管理。

第八，财务分开。监狱和企业设独立的财务职能部门，分别按照监狱、企业财务、会计制度进行管理。

第九，社会性服务机构分开。各单位现有的医院、学校等事业单位作为监狱编制，经费由监狱和企业合理分担，包干使用。招待所、食堂、幼儿园等列为“三产”，按企业性质管理，自负盈亏。

## 第三节 监狱工作的方针、政策和原则

### 一、监狱工作方针

监狱工作方针是国家为监狱刑罚执行、惩罚与改造罪犯工作确定的指引监狱工作方向和目标的总体性要求和规定。随着社会结构、社会形态和社会经济的发展变化，我国监狱工作方针随之进行了调整。新中国成立以来，监狱工作的方针先后进行了4次调整。

#### （一）“三个为了”方针

新中国成立之初，财政经济十分困难，接管过来的旧监狱破烂不堪，容量十分有限，监狱人满为患，罪犯吃、住都成了急需解决的问题。1951年5月，根据党中央、毛泽东同志的指示，中央公安部召开了第三次全国公安会议，《第三次全国公安会议决议》明确指出，大批应判处徒刑的犯人，是一个很大的劳动力，为了改造他们，为了解决监狱的困难，为了不让判处徒刑的反革命犯坐吃闲饭，必须立即着手组织劳动改造工作，组织犯人劳动，从事大规模的水利、筑路、垦荒、开矿和造屋等生产建设事业，此事极为艰巨，又极为紧急，必须用全力迅速地加以解决。至此，“三个为了”监狱工作方针确立，为解决当时监狱工作运行问题指明了方向。

#### （二）“两个结合”方针

1952年6月，在第一次全国劳改工作会议提出的“政治改造与劳动改造相

结合、惩罚与改造相结合”的管教工作方针的基础上，为了把前段改造罪犯的实践经验更加条理化，便于指导下一步的劳动改造工作，党和国家适时调整了监狱工作方针。1954 年政务院颁布了《劳动改造条例》，第 4 条规定，“劳动改造机关对于一切反革命犯和其他刑事犯，所施行的劳动改造，应当贯彻惩罚管制与思想改造相结合，劳动生产与政治教育相结合的方针”，强调对罪犯惩罚管制、强迫劳动生产、实施政治思想教育必须密切结合，不可偏废。既剥夺罪犯的人身自由，又让他们接受劳动改造和思想教育，劳改机关同时具备惩罚和改造的功能。

（三）“改造第一，生产第二”方针

依据 1952 年 6 月《第一次全国劳改工作会议决议》的精神，新中国成立初期就专门成立了为改造罪犯服务的“中央劳改生产管理委员会”，各大行政区、省、专区也有相应的机构。1960 年 10 月，毛泽东同志在接见美国友人斯诺的谈话中，明确提出“我们的监狱不是过去的监狱。我们的监狱其实是学校，也是工厂，或者是农场”这一监狱性思想。为此，对罪犯的教育改造即以办特殊学校为载体，但那是二十多年后的举措了。1964 年 8 月，党中央在批转公安部《关于第六次全国劳改工作会议的情况报告》时明确指出，“要做好这项工作，必须坚决执行中央的既定方针，即改造与生产相结合，改造第一，生产第二的方针”，从此，“改造第一，生产第二”作为我国改造罪犯的工作方针，确定下来并沿用了很长时间。

（四）“惩罚与改造相结合，以改造人为宗旨”方针

进入 20 世纪 80 年代，随着国家改革开放的深入，党和国家为了监狱工作能够适应政治和经济形势的变化，从健全社会主义民主和法治的高度出发，在总结监狱工作历史经验的基础上，依据《宪法》《监狱法》的基本原则，遵循“改造人”根本任务，研究修改监狱工作方针。1994 年 12 月 29 日，《监狱法》颁布实施，这是继 1954 年 9 月《劳动改造条例》颁布后，时隔 40 年后我国颁布的第一部社会主义监狱法典，标志着我国监狱工作进入了法治化轨道。《监狱法》第 3 条规定：“监狱对罪犯实行惩罚和改造相结合、教育和劳动相结合的原则，将罪犯改造成为守法公民。”1995 年 2 月，国务院印发《关于进一步加强监狱管理和劳动教养工作的通知》，确定监狱工作要坚持“惩罚与改造相结合，以改造人为宗旨”的监狱工作方针，从而取代了“改造第一，生产第二”的方针。这一方针的基本精神是坚持监狱的刑罚执行职能，以对罪犯依法实施惩罚为前提，在依法严格文明科学管理的基础上，寻求有效途径，实现惩罚与改造的有机结合，加大对罪犯的改造力度。这一方针，突出罪犯改造工作，把“改造人”作为监狱工作的根本任务，对强化监狱职能，提高改造质量，起到了重大的推动作用。新

的监狱工作方针，将“以改造人为宗旨”作为监狱工作的出发点和归宿，这是一个新的重大理论发展，要求监狱必须围绕“改造人”这一首要任务和最终目标开展工作，这既是多年来中国监狱工作的经验总结，也是中国特色监狱制度的体现。2019 年 4 月，中央关于加强监狱工作意见的文件中，再次强调：监狱工作要“坚持惩罚与改造相结合，以改造人为宗旨的监狱工作方针”。为新时代的改造罪犯工作指明了发展方向，提出了明确的要求。

## 二、监狱工作政策

新中国成立以后，主导监狱工作的是党的政策，政策即法、法即政策。正如列宁所说：“法律是一种政治措施，是一种政策。”从新中国监狱创建到我国进入新时代，主导监狱工作的政策主要有：

### （一）惩办与宽大相结合的政策

新中国成立初期，针对政权不稳、社会动荡，各种反革命犯罪活动突出的特点，在打击犯罪和改造罪犯的政策上，采取了“惩办与宽大相结合”。经中央人民政府委员会批准，1951 年 2 月 20 日公布施行了《惩治反革命条例》。条例规定，凡以推翻人民民主政权，破坏人民民主事业为目的之各种反革命犯罪，皆依本条例惩处，并规定了对各种反革命罪的具体处罚原则和方法。这是新中国改造罪犯的主要政策和法律依据。其主要内容是：首恶必办，胁从不问；坦白从宽，抗拒从严；立功折罪，立大功受奖。基本精神是分清犯罪行为的轻重程度，区别犯罪分子在犯罪中的作用，依据犯罪分子在认罪态度上的好坏，运用分化瓦解的策略，针对犯罪分子的具体情况，区别对待，孤立打击少数，教育改造大多数，对罪犯实行劳动改造，化消极因素为建设社会主义的积极因素。

### （二）劳动改造与政治思想教育相结合的政策

在改造罪犯的策略上，实行了劳动改造与政治思想教育相结合的政策。1954 年《劳动改造条例》颁布实施。要求贯彻惩罚管制与思想改造相结合、劳动生产与政治教育相结合的劳动改造方针；劳动改造机关编制包括看守所、监狱、劳动改造管教队和少年犯管教所；中央和省市成立劳动改造生产管理委员会以领导和监督劳动改造生产计划的实施；不收押精神病，急性、恶性传染病和严重疾病有生命危险以及分娩 6 个月内、怀孕的犯人；劳动改造机关和警戒部队遇到紧急情况可以使用武器；犯人实际劳动时间一般规定 9 小时至 10 小时、睡眠时间一般规定为 8 小时；犯人接见家属每月不许超过 2 次，每次不许超过半小时；犯人收受信件应当经过劳动改造机关检查；根据犯人的不同表现予以不同层次的奖惩措施；监狱经费由国家预算拨款和监狱生产收入共同承担。

这一政策的实质是在改造罪犯的手段上，坚持劳动改造与政治思想教育两种手段的结合。通过劳动改造，罪犯认识到劳动对人的意义，树立劳动的意识，养成劳动习惯，学会劳动生产技能；在劳动中磨炼自己的意志，用劳动的汗水洗刷自己的罪恶，用劳动的成果分享劳动的价值，提升劳动的观念。通过政治思想教育，转化罪犯的犯罪思想，矫正犯罪恶习，树立正确的世界观、人生观，认识到自己犯罪的本质，强化自我改造的自觉性。两种手段相互作用，从而达到改造罪犯成为新人的目的。

（三）阶级斗争与革命人道主义相结合的政策

在政治思想观念上，将罪犯作为阶级敌人，特别是对反革命犯和重大刑事犯实行无产阶级专政，进行残酷无情的阶级斗争，只准他们规规矩矩、老老实实接受改造，不能乱说乱动。特别是1966年以后，“文化大革命”运动“砸烂公检法”，使社会主义法治进入历史倒退时期。监狱被划归各省革命委员会实行军事管制，成了所谓的“阶级斗争的主阵地”。对待罪犯，不仅“坦白从宽，抗拒从严”，而且“时刻不忘阶级斗争”“阶级斗争一抓就灵”。同时要把犯人当人看，不打骂体罚虐待，不搞逼供信，维护和保障犯人的合法权利，关心罪犯的生活，解决他们的实际困难。

（四）区别对待的政策

在阶级斗争和无产阶级专政的前提下，针对罪犯的不同情况，用不同的处理办法，分化瓦解罪犯，强迫罪犯接受改造。一是初步实现了在管理上对反革命罪犯的严格控制和监狱内违法违纪及重新犯罪行为的无情打击，但对一般刑事犯在管理上相对宽松和信任；二是实行了赏罚严明的奖惩制度；三是在劳动上强调劳动改造思想理念，注重罪犯劳动的经济效益，发挥罪犯的技术专长，合理安排劳动。

（五）给出路的政策

毛泽东同志指出：不给出路的政策，不是无产阶级的政策。一是在对犯罪分子的处罚方式上，除罪大恶极不杀不足以平民愤者外，都实行劳动改造，给生活出路、给重新做人的机会，不采取一棒子打死的办法；二是对确有悔改或立功表现的日本战犯、国民党战犯采取特赦政策；三是对确有悔改或立功表现的罪犯，及时给以减刑或假释；四是罪犯刑满释放后，对一部分罪犯强制安排就业或留场（厂）就业。

（六）加强政治思想和文化技术教育政策

公安部于1981年8月18日至9月9日，召开了第八次全国劳改工作会议。根据党的十一届三中全会和六中全会精神，回顾了新中国成立以来的劳改工作，肯定了成绩，初步总结了正反两方面的经验，确定了新时期劳改工作的任务，提出了加强劳改工作的措施。会议期间，习仲勋同志到会作了重要讲话，强调做好劳改工作的重要意义，进一步阐明了在新时期劳改工作的方针、政策和任务。本次会议涉及的主要问题如下：

（1）总结过去的历史经验。会议认为我国的劳改工作，在党中央、毛泽东同志制定的方针政策指引下，取得了巨大成绩。新中国成立以来，关押和改造一大批罪犯，大多数已经改恶从善，悔过自新，成为自食其力的劳动者，基本完成了对判处徒刑的历史反革命分子和旧社会渣滓的改造任务，还改造了一大批新的犯罪分子，安置了一大批刑满留场（厂）就业人员，为维护社会治安，巩固人民民主专政、保卫社会主义革命和建设做出了贡献。实践证明，我国劳动改造罪犯的工作是成功的，受到广大群众的称赞，在国际上也有很高的声誉。这是我们党和国家改造社会、改造人、化消极因素为积极因素的一贯政策的延续，是在党中央、国务院和各级党委、政府领导下，在人民群众和各部门积极支持下，广大监狱工作干警和看押部队长期艰苦奋斗的结果。会议高度肯定了30年来监狱工作所取得的成就。

（2）监狱工作面对的新的形势。进入20世纪80年代，罪犯的犯罪情况和罪犯构成发生了很大变化，工人、农民、知识分子、干部等劳动人民家庭出身的多，年纪轻的多，刑期短的多。绝大多数青少年犯，既是危害社会治安的害人者，又是特定社会时期的受害者。既有破坏性大、难管教的一面，又有可塑性强、能接受教育挽救的一面。今后的罪犯改造工作，要从这个新的情况出发，总结和创造新的经验。

（3）在新的历史时期，监狱工作的主要任务。在党中央、国务院和各地党委、人民政府领导下，继续坚持“改造第一，生产第二”的方针，改进监管工作，加强政治思想和文化技术教育，提高改造罪犯的质量，调整和发展劳改生产，加强干部队伍建设，为维护社会治安，保卫社会主义现代化建设做出新的贡献。

（七）创建现代化文明监狱政策

《监狱法》颁布实施后，为了适应国家改革开放、建设社会主义现代化的发展要求，监狱工作要求贯彻《监狱法》，提高罪犯改造质量，推动监狱工作整体水平上台阶，1994年司法部提出了建设现代化文明监狱的战略目标。[①]

1995年2月，司法部召开全国监狱工作会议，会议对全面贯彻《监狱法》，推进依法治监作出了全面部署。司法部明确提出，根据全面贯彻实施《监狱法》的要求，立足于中国的实际情况，吸收和借鉴外国监狱制度的有关做法，统一标

① 参见李豫黔：《中国共产党领导下中国监狱改造罪犯的初心和使命（下）》，载司法部官网，http：//www. moj. gov. cn/pub/sfbgw/jgsz/jgszzsdw/zsdwzgjygzxh/zgjygzxhxwdt/202106/t20210630_429492. html。

准、总体规划、统筹安排、分步实施，逐步把我国监狱建设成为坚持社会主义方向，体现人类社会文明进步成果的现代化文明监狱总体思路，并把创建现代化文明监狱作为今后一个时期监狱工作的战略目标，全面部署创建现代化文明监狱的工作任务。1995 年 9 月，司法部制定下发《司法部关于创建现代化文明监狱的标准和实施意见》，指出：现代化文明监狱，是以比较先进、完善的监狱设施和健全有效的改造制度为基础，依法对罪犯实施科学、文明管理和教育改造，具有较高改造质量的场所。创建的原则是：硬件建设与软件建设并重，更重视软件建设；注重实效；量力而行，从实际出发，分阶段实施；分层次创建。要求广泛发动，深入调研，制定规划，先行试点，逐步推广。

在司法部创建现代化文明监狱的目标指引下，全国监狱广泛开展了现代化文明监狱创建评比活动，从 1994 年到 21 世纪初期，大批监狱建设成为部级或省级现代化文明监狱。通过创建现代化文明监狱活动，全国大部分监狱步入了公正、廉洁、文明、高效的新型监狱管理模式中，大大推进了监狱工作法治化、科学化、社会化建设进程。为全面加强监狱管理，严格公正文明执法，提高罪犯改造质量，奠定了坚实的基础。

（八）监狱体制改革，调整监狱布局的政策

2001 年 8 月，司法部向国务院报送《司法部关于“十五”期间全国监狱建设与布局调整的报告》，首次提出对监狱布局调整的意见。在中央高度重视下，各部委对司法部提出的涉及监狱布局调整的意见很快达成共识。2001 年 12 月 1 日，国务院正式下发《关于研究解决监狱困难有关问题的会议纪要》，该纪要指出：监狱布局不合理，需要通过搬迁、合并、撤销及新建等手段合理调整监狱布局；监狱建设投入不足，狱（所）设施破旧，技术装备老化，亟须进行改造维修；监狱企业债务沉重，生产经营困难，《监狱法》规定由国家提供监狱生产经费的有关投资政策要进一步落实；监狱干警经费、罪犯生活经费、狱（所）设施维修经费等到位率低，缺口大；随着“严打”整治斗争的开展，押犯爆满，监舍不足；民警编制不足，一线警力严重不足，影响监管安全和罪犯改造质量；历史遗留的工人、退养人员、监狱承担社会功能的包袱沉重；驻监武警看押兵力不足，监狱安全隐患很大。为保障监狱的正常运转，充分发挥其职能和作用，抓紧研究解决监狱工作面临的这些突出困难和问题，已是当务之急。该纪要明确指出监狱布局不合理，需要通过搬迁、合并、撤销及新建等手段合理调整监狱布局，并对监狱布局调整过程中资金的筹措、方案的规划、实施过程的指导、标准的制定都作了具体规定。此纪要下发后，得到各地党委、政府的高度重视和积极响应。至此，全国监狱布局调整大幕拉开。

2002 年中央政法委书记罗干同志提出了全额保障、监企分开、收支分开、规范运行的改革思路。2003 年 1 月，朱镕基总理签发了《国务院批转司法部关于监狱体制改革试点工作的指导意见的通知》，同年 3 月国务院下发了《国务院印发关于解决监狱企业困难实施方案的通知》。两个通知充分体现了党中央、国务院对监狱体制改革的高度重视，标志着监狱体制改革工作正式启动，同年确定上海、江西、陕西、湖北、黑龙江、重庆等 6 个省、市作为第一批监狱企业体制改革的试点。2004 年 8 月又增加辽宁、吉林、湖南、广西壮族自治区、宁夏回族自治区、青海回族自治区、甘肃、海南等 8 个省、自治区为第二批监企分开改革试点。至 2006 年第一批改革试点工作基本结束，其他省、自治区、直辖市的监狱企业改革全面展开。“全额保障、监企分开、收支分开、规范运行”，从某种意义上可以说是监狱职能的回归和纯化，也是科学改造的起点。它和劳动改造论的经济属性相比，是一次监狱体制的重大变革。

## 三、监狱工作的法定原则

《监狱法》第 3 条规定：“监狱对罪犯实行惩罚和改造相结合、教育和劳动相结合的原则，将罪犯改造成为守法公民。”这一规定要求监狱工作必须遵守两条基本原则，即惩罚和改造相结合原则，教育和劳动相结合原则，充分表明了惩罚和改造、教育和劳动在我国监狱工作中的法律地位及其辩证统一关系。

### （一）惩罚和改造相结合原则

监狱是刑罚的执行机关，这就注定了监狱的功能必须是以刑罚为标准来划分。在以自由刑为核心的刑罚体系中，监狱所承担的自由刑的执行任务就成为刑罚的核心内容。因此，就更有必要对惩罚与改造进行科学的定位。

1. 改造是刑罚本质目标

我国《监狱法》第 3 条的规定，直接为我们揭示了改造罪犯的根本目标，即将罪犯改造成守法公民。这里的根本目标应当指的是监狱将通过一系列对罪犯的工作以及活动最后为达到的最终目的，而这一最终目的，显然是针对罪犯个人而言的，即从罪犯个人角度出发，监狱的任务是使在监狱内服刑的罪犯不再犯罪，成为守法公民。

2. 惩罚是基本的手段

惩罚是刑罚出现的最初的、最原始的目的。监狱作为行刑机关，必须是以执行刑罚为最基本的任务，并且刑罚一定具有惩罚性，在执行刑罚的过程中如果忽略惩罚性或者太过偏重教育和改造，都会使刑罚的最基本功能得不到实现。刑罚作为一种最严厉的制裁措施，必然具有严厉的惩罚性。从本质上说，我国一直以来实行的改造是劳动改造。该劳动如同监禁行为一样是由国家强制力保障的，即使劳动是在强迫下进行的，它既是罪犯的权利，也是罪犯必须履行的义务。因此在监狱行刑过程中，除了剥夺犯罪人自由的刑罚是惩罚以外，劳动等在狱内被强迫所为的一切皆可以作为一种惩罚，从而贯穿监狱行刑的始终，惩罚是实现成功改造的基本手段。

3. 惩罚与改造的关系

惩罚和改造相结合，监狱执行刑罚，首先是对犯罪分子实施惩罚。惩罚是刑罚的固有属性，没有惩罚，就难以使犯罪分子认罪服法，改恶从善。惩罚与改造相比，惩罚重在强制，改造重在转化。惩罚是手段，改造是目的。惩罚的目的是把犯罪分子改造成为守法公民，这也是我国刑罚的根本性质所在。监狱不是为惩罚而惩罚，而是把惩罚与改造活动紧密地结合起来，并有明确的目的性，即把罪犯改造成为守法公民。在我国监狱学范畴下的改造，主要强调消除罪犯的犯罪思想，扭转罪犯的不良行为习惯，使其树立符合社会进步要求的观念，养成良好的为人处世态度与习惯。监狱行刑过程中组织罪犯无论是教育还是劳动抑或管教，皆是具有惩罚性的改造活动。

（二）教育和劳动相结合原则

从《监狱法》所规定的监狱工作宗旨、原则和目的来看，劳动改造作为监狱执行刑罚的主要手段，其固有的惩罚、矫正、教育和经济功能，对于实现刑罚目的所发挥的作用不尽相同。劳动改造的惩罚、矫正和教育功能体现了惩罚与改造相结合的监狱工作宗旨和原则，并直接对实现罪犯再社会化、预防违法犯罪这一刑罚目的发挥着重大作用。其中，惩罚是改造罪犯得以顺利进行的必要条件之一，是矫正、教育功能得以实现的前提，而矫正、教育是实施惩罚的目的所在。由此可见，劳动改造的惩罚功能和矫正、教育功能是相互依存，相互渗透，密不可分的。劳动改造的经济功能只是监狱组织罪犯劳动改造中所产生的附加成效，并不是直接对实现刑罚的目的产生作用。从严格执行刑罚、确保刑罚目的实现这个意义上说，劳动改造的惩罚、教育和矫正功能是主要的、必须的，而经济功能则只能是辅助的，它们之间的关系相对稳定，并统一服务于刑罚目的的实现这一大目标下。

劳动不仅创造了人类本身，而且是人类最基本的实践活动。组织罪犯劳动是实现监狱宗旨的重要途径，它具有不可替代的地位，是罪犯改造工作基本内容的主要方面之一。它与监管改造和教育改造合称为“三大改造”，同时也为监管改造和教育改造提供了一个改造中介和物质保障。劳动改造是将罪犯置身于特定的生产关系下，在劳动实践中感受和体验人生价值、社会价值和法律规范等，劳动可以磨炼罪犯的意志，培养其社会化人格，可以使罪犯在劳动过程中充分体验到人生的价值。它能使罪犯根除那些好逸恶劳、不劳而获、贪图享乐的不良思想。同时罪犯可以通过劳动接受社会信息的刺激，不断更新观念，调整自己的劳动方式，保持与社会的联系和同步发展，最终提高罪犯的改造质量。《刑法》第46条规定："被判处有期徒刑、无期徒刑的犯罪分子，在监狱或者其他执行场所执行；凡有劳动能力的，都应当参加劳动，接受教育和改造。"由此可见，对罪犯进行劳动改造是强制的，并非罪犯自愿的，是一种法定的义务，具有强制性。

如何理解劳动改造与教育改造相结合原则？罪犯的改造关键是思想改造。在组织罪犯劳动改造的过程中不断用先进思想克服其落后甚至腐化思想，对罪犯在劳动过程中出现的各种思想问题，一定要及时进行教育，该批评的要批评，该启发引导的要启发引导，该帮助的要帮助，达到既能完成劳动任务，又能解决罪犯思想问题的目的，提高改造质量。监狱在组织罪犯生产劳动时，要从长远的社会效益出发，尽可能教育培养罪犯有一技之长，大力倡导和鼓励罪犯自学成材，努力为罪犯回归社会就业谋生创造条件，同时还要做到将社会用人单位的招聘引入监狱，让有能力的刑满人员及时走上工作岗位，也是对正在服刑的罪犯的一个鼓舞，提高改造质量。把劳动改造与教育改造有机结合起来，最终达到相辅相成、相互提高的效果。如果让罪犯埋头劳动而不与教育结合，就不能充分发挥劳动改造罪犯的功能。

# 第四章

## 监狱制度

监狱制度属于上层建筑，要受到由生产力与生产关系所构成的经济基础的制约，有什么样的经济基础，就会有什么样的监狱制度。监狱制度是一个动态的发展的范畴，在不同的历史阶段，有不同的社会形态，由于国家政治、经济、法律、文化等不同，致使监狱制度有不同的内涵。特别是不同历史阶段的行刑思想、刑罚制度、刑罚模式等，都决定或者影响监狱制度的内容和形式。

## 第一节　监狱制度概述

### 一、监狱制度的概念

制度即规程，它是指在一个社会组织或团体中要求其成员共同遵守并按照一定的程序办事的规程。用社会科学的角度理解，制度泛指以规则或运作模式规范个体行动的一种社会结构。在不同行业、不同部门、不同岗位都有其具体的做事准则，目的都是使各项工作按照计划要求达到预期目标。制度是人类社会发展过程中的产物，从原始社会人们狩猎和劳动过程中的物质分配，到奴隶社会、封建社会、资本主义社会和社会主义社会中阶级的划分、政权的统治、社会的治理等，无时无刻不发挥着制度应有的作用。制度是人类社会的产物，是人类文明发展到一定阶段由人类创造的，但又是创造者的制约物，它与特定时期的政治、经济、文化、社会密切相关，是特定时期、特定社会、特定人群共同遵守的规则。

监狱是人类社会发展到一定阶段的产物，是随着国家的产生而产生的，是国家机器的重要组成部分，是国家的暴力机器，发挥着巩固政权、稳定社会安全和秩序的重要作用。因此，监狱制度作为人类制度文明的重要组成部分，既具有一般制度的共性，又具有其作为特殊制度的个性，不仅与特定时期的政治、经济、文化、社会密切相关，而且与当时国家和社会的法治思想、法律制度和法律体系联系更加密切。

监狱制度和国家一样是社会发展的产物，在不同的国家、不同的时期有不同的称号，比如矫正制度、狱政制度、行刑制度等，它是指为执行剥夺自由刑而建立的规范监狱行刑活动的一系列规范规则的制度总和。监狱制度有广义和狭义之分。广义的监狱制度是指与执行剥夺自由刑有关的一切方法和制度，既包括与监狱相关联的监狱政治制度、监狱文化制度、监狱经济制度、监狱建筑制度、监狱法律制度等，也包括监狱内的监禁制度、警卫制度、教育制度、劳动制度、生活卫生制度、医疗保障制度、奖励制度、惩罚制度等；狭义的监狱制度仅指监狱为了实现刑罚而制定的“内部监管改造工作中的各种具体的行为规范与规章、规则的总和”①。本书主要介绍狭义的监狱制度。

## 二、监狱制度的特点

监狱制度作为社会制度的重要组成部分，它既有作为一般制度的共性，也具有其特定的个性特点，主要表现为以下几个方面。

### （一）监狱制度的时代性

监狱是随着人类社会阶级、国家的产生相伴而生的，监狱制度又是随着监狱的产生、发展而产生发展的，因此，它必然与社会发展状况、国家制度、政治结构、经济文化等密切相连，具有很强的时代性。从人类历史上监狱制度的发展看，无论是我国西周时期的圜土之制、嘉石之制；隋唐时期的禁囚制度、狱具制度、居作制度；宋朝的配隶制度②、编管制度③；明朝的系囚制度和分类杂居制度；清朝时期比较完备的狱具和戒护制度、提牢制度、录囚制度等，还是中世纪欧洲残酷野蛮的以生命刑和报复残害身体为主的绞刑、砍头、车裂、鞭挞等，这些以命抵命、以牙还牙的、具有“同态复仇”特征的监狱制度，以及到资本主义时期出现的独居制、沉默制、分类制、自治制、开放处遇制、假释制等，这些监狱制度都带有明显的时代印记，都是与其所处的历史时期的社会发展状况、国家制度、政治结构、经济发展水平、法律文化特征等紧密联系在一起的。

---

① 王泰：《现代监狱制度》，法律出版社2003年版，第6页。

② 配隶制度，把被判决有罪的犯人送往规定的偏远地区，剥夺自由，强迫充军役或服劳役的制度。

③ 编管制度，把罪犯本人或者服刑罪犯的亲属，强迫押解到指定地区，编入当地户籍，受官府监视管制的一种制度。

（二）监狱制度的补充性

监狱制度作为国家制度的重要组成部分，其带有一定的强制性和规范性，它是国家法律特别是刑事法律在实施过程中必不可少的组成部分，尤其是在法治体系不太完备的情况下，它是法治体系的重要补充。以新中国的监狱制度为例，在新中国成立之初，百废待兴，国家的法治体系还处在初创阶段，在中华人民共和国的宪法颁布之前，监狱法律法规几乎是一片空白，但在当时的情况下，我们不仅刚刚接收了原来国民党政府遗留下来的大量刑事罪犯，而且还有大量的在战争中被俘虏的国民党战俘、历史反革命、现行反革命以及日本战犯、伪满洲国的犯人需要关押管理和改造，这就需要先制定相关的监狱制度弥补法律的暂时空缺来完成所面临的艰巨任务。结合当时的实际情况，我们制定了新的关押制度。在监狱设置上沿用解放区的做法，分为监狱、看守所和劳动改造队三种形式，统称为监所，对不同类型的罪犯进行分类关押；在管理制度方面，遵照毛泽东同志在1951年5月《第三次全国公安会议决议》指示：大批应判徒刑的犯人，是一个很大的劳动力，为了改造他们，为了解决监狱的困难，为了不让判处徒刑的反革命分子坐吃闲饭，必须立即着手组织劳动改造工作。劳动改造制度正式确立，在这一制度的引领下，我国的监狱工作无论在罪犯的改造上还是在监狱生产上都取得了巨大成就，成功改造了大批日本战犯，国民党战犯，包括末代皇帝在内的伪满洲国犯人，以及各类普通刑事犯人，积累了丰富经验，在监狱生产上，逐步建立了一大批工业企业，大型农场，形成了一个门类比较齐全的监狱企业体系，不仅解决了犯人坐吃闲饭的问题，而且为国民经济的发展做出了贡献。到1994年12月29日《监狱法》颁布实施之前，我国的罪犯改造工作都是在一系列监狱制度的不断改革创新中前进的，先后推出的监狱制度有劳动改造制度、分管分押制度、特殊学校制度、改造工作延伸制度、改造生产双承包责任制度、计分考核制度等，弥补了这一时期监狱法律法规的不足，有力推进了我国监狱制度的发展。

（三）监狱制度的特定性

监狱制度是监狱机关为了准确地实施刑罚而制定的一系列监禁和管理方面的行为规范。这种规范带有强制性和稳定性，在制度制定、规范形式、适用范围等方面必然有特定性。第一，监狱制度的制定机关的特定性。监狱制度一般由监狱管理的最高机关或者立法机关依据一定的法律法规和行政规章的规定，按照特定的程序来制定，即主体资格远远高于社会上一般职能部门管理制度的制定者。第二，监狱制度内容和规范形式的特定性。监狱制度是刑罚执行方面的重要辅助规范，监狱制度的所有内容和规范要求，都必须与刑罚执行的目的相一致。监狱制度的一切内容和规范，都不能与刑事法律和刑罚执行目的相冲突。第三，监狱制度适用对象的特定性。监狱制度的对象只能是已经被监狱收押，进行管理和改造的罪犯。已经被判处刑罚处罚的罪犯，执行刑罚的方式和场所因其受到刑罚处罚的轻重以及一些法律规定的不同而不同，有的罪犯在监狱外执行刑罚，有些罪犯在看守所或者拘役所执行刑罚，还有些罪犯在其所在的社区执行刑罚。监狱制度的适用对象仅仅是符合法律规定的收押条件，在监狱内被监管改造的罪犯。第四，监狱制度的适用范围在时空上具有特定性。一方面监狱制度的适用空间范围一般局限于监狱内；另一方面监狱制度只能适用于罪犯在监狱服刑的时间区间。因此，监狱制度的适用在时空上是特定的。

## 三、监狱制度的分类

监狱管理是监狱一项经常性基础工作，监狱制度是监狱工作指导思想的具体体现，监狱工作的任务、措施、方法和程序，都对监狱制度的分类产生影响作用，所以监狱制度的分类有横向分类，纵向分级等多种标准。纵观整个世界监狱发展的历史，监狱制度是一定历史时期的产物，大致可以分为以下几类：

### （一）以关押方式分类

以关押方式划分，可以分为杂居制和独居制。

1. 杂居制

顾名思义，杂居制是指监狱将罪犯不加区分地拘禁于同一监管场所，日常生活和其他活动都混杂在一起的监管方式。杂居制又可以分为两类，即混同杂居制和分类杂居制。混同杂居制也叫混合杂居制，它是一种最原始、最古老的监狱制度，即无论刑事民事、已决犯未决犯、重刑犯轻刑犯、男犯人女犯人等，一律关押在一个监管场所，其主要目的是完成对罪犯的羁押。这不仅是一种最古老、最原始、最野蛮的关押方式，而且也是一种非常残酷的关押方式，这种关押制度对人的精神折磨远远大于对肉体的摧残，中外许多古代监狱都采取这种关押方式；分类杂居制是先把服刑罪犯按照一定的标准分成一定的类别，然后将同一类型的罪犯按照一定的组织形式关押在一个监狱或监区监舍，现在大多数现代化的监狱都采用这种关押方式。

2. 独居制

独居制即把服刑罪犯进行单独关押的监管方式。独居制理论认为：“罪犯的改恶从善必须在严格独居下才能成功。”① 它又分为严格独居制和缓和独居制。严格独居制是指服刑罪犯不仅单独关押，而且罪犯在服刑期间不能走出监舍，不参加集体的劳动和娱乐，罪犯之间不能交流。缓和独居制是指服刑罪犯单独关押，但可以在运动娱乐活动中与其他罪犯在一起。西方监狱学理论认为，独居制

① 涂发中、郭明主编：《监狱学基础理论》，金城出版社2003年版，第51页。

“使罪犯在独居的环境中，认识到刑罚的严厉；促使悔过改善，同时可避免相互犯罪感染”①，有利于防止罪犯之间以强凌弱；有利于安全防范。

（二）以监管方式分类

以监管方式划分，可以分为累进制、沉默制、自治制、开放处遇制等。

1. 累进制

累进制又称阶级制、渐进制，是指监狱将服刑罪犯可以享有的全部处遇内容由低到高分成多层次不同级别。服刑罪犯交付执行后，监狱根据服刑罪犯的基本情况对其进行科学评估，确定最初处遇等级并给予相应等级的待遇，然后在刑罚执行过程中，监狱以服刑罪犯的犯罪性质和恶性程度为根本依据，以服刑罪犯的改造表现和服刑时间为阶段依据，对服刑罪犯定期进行考核，重新确定处遇级别，并按照新定级别进行重新分类、组合，兑现相应处遇标准。西方监狱学理论认为：“累进制的优点是：依照罪犯的改恶向善程度，分别给予相应的处遇，罪犯因表现好而逐渐享有更多自由，鼓励罪犯积极向上。罪犯随着处遇的上升，其生活环境渐渐接近社会生活，可避免回归社会后的不适应而引发的各种问题。”②累进制遵循刑罚剥夺度的可调控理论、处遇与改造表现等价交换的理论、阶梯激励理论等基本原理。它以具体的制度将这种交换公开化、规范化。服刑罪犯可在规定的条件、标准、程序下按照自己的意愿选择和争取处遇方式，是罪犯服刑表现与处遇等价交换原则的最直接的体现。现代监狱管理中有许多国家采用这种模式，或者是结合本国的实际情况进行改良后的新模式。

2. 沉默制

沉默制要求罪犯在晚上进行单独关押，在白天混杂劳动时也要保持绝对沉默，严禁罪犯之间相互交流，避免拉帮结伙和相互争斗。这一制度的基本内容是罪犯昼间集中沉默劳动 + 夜间分房独居一室。以严厉的“沉默”制度来达到建立秩序的目的。要求罪犯在监舍内活动实行“鱼贯式”行进；罪犯在食堂就餐时，采取“背靠背”的座位方式；发现有人说话，就毫不客气地用棍棒或皮鞭殴打，借以维持沉默的局面。沉默制不仅增加监管人员的工作强度，监管人员稍有懈怠，罪犯之间就可能交流说话，而且对罪犯的改造也极为不利。

3. 自治制

所谓自治制，是在监狱管理人员的辅助、指导和监督下，让罪犯自己管理自己的日常事务，自行维持监狱秩序，充分发挥罪犯的自我能动性和相互监督与督促的功能，促使自我成长和改进的制度。“所谓自治，其基本精神是要求服刑罪

① 涂发中、郭明主编：《监狱学基础理论》，金城出版社 2003 年版，第 51 页。

② 涂发中、郭明主编：《监狱学基础理论》，金城出版社 2003 年版，第 52 页。

犯自尊、自重、自律、自强，自己管理自己。”① 其表现形式是将监狱作为一个小社会，每个罪犯都是这个社会的“公民”，依照美国三权分立模式，组成一个自治团体，该自治团体以“城市”或“共和国”的形式命名。设立“议会”“司法”“行政”机构，各机构由罪犯选举产生的人员担任领导，对监狱内的罪犯教育、卫生、劳动、纪律等内部事务进行管理。自治的目的在于培养罪犯的责任心、自制能力、自我管理能力和团体意识，以期将来回归社会后不再犯罪。自治制具有下列优点：（1）养成独立自尊的精神。使受刑人知道他们具有独立的人格，应该发挥自动的精神，而非以盲从监狱当局指导为能事。（2）养成相互辅助的精神。（3）养成团体责任的意识。（4）确立真正的行刑纪律（自动的非他动的；自制的非他制的）。（5）刺激受刑人的名誉心和自尊心，使他能够发展于正当的方向。自治制矫正制度可以培养罪犯作为良好公民的基本品质。但是“罪犯自治是有限权力自治，而不是无限权力自治。服刑罪犯可以组织一些自治机构或自治团体，但是这些自治机构或团体必须是在监狱管理当局主持下经过合法程序产生的，其领导成员、活动方式和章程都须经过监狱管理当局的批准或认可”②。自治机构或自治团体必须在监狱当局的严密控制和严密监督下，任何活动都不得违背监狱的法律法规和规章制度。“从实质上讲，罪犯自治的性质，是一定范围中的监狱对罪犯管理方式的变化，是管理手段的延长，并不是把监狱交给服刑罪犯去管理了。行刑权和监狱管理权是国家的权力，不能交给任何个人或团体，更不能交给服刑罪犯。”③

4. 开放处遇制

开放处遇制，这一制度是相对于“封闭处遇”而设置的一种罪犯处遇形式，基本要求是取消传统的高墙电网，将有形的物质的强制约束尽可能降到最低的程度，增加对服刑罪犯的信任，提高服刑罪犯在监狱内的自由度，并加强罪犯适应社会能力的训练，以便罪犯以后能够顺利回归社会。开放处遇制具有最大限度地降低物质形态对服刑罪犯的强制约束作用，强调服刑罪犯自律能力的培养的特点。但是开放处遇制适用的对象有严格的要求，主要是过失犯罪的服刑罪犯、未成年罪犯的初犯、轻刑犯等。从积极的层面看，开放处遇制有利于服刑罪犯减少监禁对其身心的损害，避免服刑罪犯出现“监狱人格”和监狱依赖，有利于服刑罪犯的再社会化。另外，开放处遇制的实施涉及两个问题：一是给服刑罪犯以多大的人身自由问题；二是服刑罪犯可以在多大程度上摆脱监狱设施的强制约束

① 王泰：《现代监狱制度》，法律出版社 2003 年版，第 89 页。

② 王泰：《现代监狱制度》，法律出版社 2003 年版，第 89 页。

③ 王泰：《现代监狱制度》，法律出版社 2003 年版，第 90 页。

问题。它对以剥夺自由为核心的自由刑形成巨大挑战。这种方法在西方一些国家有所应用，但对重刑罪犯在惩罚性方面的减弱不利于法律惩罚性的发挥。

（三）以行刑方式分类

以行刑方式划分，可以分为确定刑期制和不定刑期制。

1. 确定刑期制

所谓确定刑期制，是指罪犯所犯的罪名和刑期一旦确定便不再更改，无论罪犯在服刑期间表现如何，都不会对刑期产生变化，必须按照判决时所确定的刑期执行完毕。这种制度在较早期的奴隶制、封建制社会的监狱中曾经出现过。

2. 不定刑期制

不定刑期制即刑罚的执行期限不确定，监管机关根据罪犯在服刑期间的现实表现确定其具体执行刑期的长短。不定刑期制又分为绝对不定刑期制和相对不定刑期制；绝对不定刑期制是对罪犯只宣判其罪名而不宣告其刑期，其刑期的长短完全由监管机关根据罪犯在服刑期间的现实表现确定，何时释放由监管机关决定；相对不定刑期制是指对罪犯判决时宣判其罪名和在监狱服刑的起止时间幅度，监管机关根据罪犯在监狱服刑期间的现实表现，在所宣判的刑期的起止幅度内，决定其实际执行的刑期长短，决定何时予以释放。对于不定刑期制度，有学者进行了形象描述："以监狱为医院，以受刑人为患者，像疾病不能限期痊愈一样，不预先确定固定刑期。如果改造好，可以随时出狱为社会服务；对未改造好的不因刑期届满再入社会为患。所以，凡是监狱释放出来的人，都已改恶从善，已成社会良民，这符合国家刑法的本意。"①

不定刑期存在诸多优点："一是不定刑期是贯彻教育主义，目的在于刑罚个别化，以适合对罪犯的个别矫正的需要，能真正达到改造和改善罪犯的目的，使之能够适应社会生活。二是罪犯的彻底改造能够保卫社会，使社会不再遭受犯罪的危害。三是有效克服定刑期所存在的机械的罪刑法定主义的弊端。四是不定刑期可以体现刑罚效益，节约社会资源。由于不定刑期直接针对犯罪人的人身危险性，如果犯罪人的人身危险性消除，就可以复归社会（如果宣告的是上限刑期，则剩余的刑期不必再执行），这样可以降低行刑的成本，实现刑罚的效益。"②

不定刑期制度无论在理论上，还是在实践中，都存在诸多弊端："一是适用不定刑期的结果，使刑期的决定权归于行政机关，违反三权分立的原则，是行政权的滥用或越界。二是采用不定刑期，刑期不确定，这显然与罪刑法定主义相悖，使罪与刑失去平衡；如果执行机关可以任意的延长或者缩短罪犯刑期，使罪

① 杨世云、窦希琨：《比较监狱学》，中国人民公安大学出版社 1991 年版，第 164 页。

② 连春亮、张峰：《罪犯矫正模式论》，群众出版社 2014 年版，第 36 页。

犯的人权就无法得到保障。三是不定期刑因对罪犯的权利加以无限制的约束，罪犯又迫于害怕延长刑期的压力，不敢主张合法权益，只有自暴自弃，达不到矫正罪犯的预想目的。四是教育刑本身的理论设想就存在诸多问题，对罪犯的行刑涉及诸多问题，罪犯犯罪的原因也十分复杂，仅仅将教育作为刑罚的内容和目的，显然是理想主义的表现，也是脱离罪犯矫正实际的。五是不定期刑实施中，缺乏对罪犯改造效果的科学标准和科学界定，完全凭借主观臆断或不科学的判断标准，声称消除罪犯人身危险性的推断或结论，对社会是十分危险和不负责任的。这是因为，不定期刑的量刑基准是人身危险性，但我们至今未建立成熟的人身危险性测量技术，对犯罪人人身危险性的大小的测量及改造程度的确定并没有统一权威的标准。在监狱中对罪犯是否已经得到彻底的改造的标准难以确定。"①

（四）以监狱制度的内容分类

以监狱制度的内容划分，可分为罪犯收押方面的制度、刑罚执行方面的制度、狱政管理方面的制度等。

1. 罪犯收押方面的制度

罪犯收押方面的制度是指监狱将人民法院判处刑罚处罚符合法定条件的罪犯，依照法定的程序进行接收关押的制度。它包括法律文件核查制度、入监检查制度、入监登记制度、分类收押制度、服刑罪犯家属告知制度、入监教育制度等。

2. 刑罚执行方面的制度

刑罚执行方面的这一制度也称刑务制度，是指监管机关对已经收押在监狱的罪犯，按照刑罚目的，准确地对其执行刑罚。这方面的制度包括减刑制度、假释制度、服刑罪犯漏罪处理制度、服刑罪犯又犯罪处理制度、减刑制度、暂予监外执行制度、服刑罪犯刑满释放制度，以及罪犯的申诉、控告和检举制度等。

3. 狱政管理方面的制度

狱政管理方面的制度是指罪犯进入监狱之后，监狱机关为了对服刑罪犯实施正常的监督管理，使服刑罪犯能够顺利地进行改造而制定的一系列制度，包括分管分押制度、分级处遇制度、会见制度、通信管理制度、劳动改造制度、教育改造制度、生活卫生管理制度、计分考核制度、奖惩制度、安全管理制度等。

---

① 连春亮、张峰：《罪犯矫正模式论》，群众出版社 2014 年版，第 35 页。

## 第二节　监狱主要制度类型

### 一、罪犯收押制度

（一）罪犯分类收押制度

首先，《监狱法》第 2 条第 2 款规定："依照刑法和刑事诉讼法的规定，被判处死刑缓期二年执行、无期徒刑、有期徒刑的罪犯，在监狱内执行刑罚。"明确了监狱收押罪犯的类型。其次，依据《监狱法》第 39 条第 1 款的规定，监狱对成年男犯、女犯和未成年犯实行分开关押和管理。其明确规定了监狱收押罪犯的三大类别。据此，我们国家分别设置了成年男犯监狱、女犯监狱和未成年犯监狱，对符合关押条件的犯人分类进行关押。在此基础上，又根据成年男犯罪行的大小、刑期的长短、分别关押在监管条件不同的监狱。

（二）入监检查制度

我国监狱对罪犯的入监检查制度分为以下三个方面：

（1）法律文书的查验制度。依据《监狱法》第 16 条的规定，监狱在接收新入监的罪犯时，必须对生效的法律文书进行严格查验。因此，监狱在收押新入监的罪犯时，必须对与罪犯一起送达的法律文书进行形式上的严格审查，即法律文书与所送押的罪犯是不是相符合，法律文书是否完备。只有在法律文书完全齐备的情况下，监狱机关才能收押罪犯。

（2）罪犯身体检查制度。依据《监狱法》第 17 条的规定，监狱在收押新入监的罪犯时，必须对罪犯的身体进行检查，只有身体符合收押条件的罪犯才能收监，以确保监管和改造工作的顺利开展。因此，监狱在收押入监的罪犯时，必须认真地对罪犯的身体进行检查，对于患有严重疾病和恶性传染病，不适宜在监狱服刑改造的罪犯，不予收监，报请上级机关进行处理。这是收监工作的法定程序，任何罪犯都不能例外。

（3）罪犯随身物品检查制度。依据《监狱法》第 18 条的规定，罪犯入监时，监狱应当对罪犯随身携带的物品进行检查，凡是可能影响监管改造的物品，一律不得带进监狱。所以罪犯入监时，监狱不仅要检查其相对应的法律文书，对其身体进行检查，随身物品也要认真检查，凡是按照规定不能带进监狱的物品，监狱代为妥善保管在监狱特别设立的保管室内，罪犯释放出狱时领回，或者经过罪犯同意交给其家属。对于罪犯随身携带的违禁品，监狱有权予以没收。同时规定，对于女犯的人身和物品检查，应当由女性人民警察进行。

（三）分类管理制度

对服刑罪犯实行分类管理是分类关押的直接目的和要求之一。所谓分类管理，就是监狱机关在分类关押的基础上，对不同类型的服刑罪犯，实施不同类型、不同等级、不同方法的管理措施。

国际上现行主流的服刑罪犯分类标准一般有以下几类：一是以服刑罪犯的基础属性进行划分，即依照年龄是否成年，男女性别不同为标准，进行成年犯和未成年犯、男犯和女犯的界定。二是以犯罪恶习程度和矫治难易程度划分，划分为初、偶犯和累、惯犯。三是以服刑罪犯精神状态划分，划分为精神病罪犯和正常犯。四是以宗教信仰划分，划分为普通罪犯和信仰型罪犯，在我国监狱中，又将信仰型罪犯分为政治信仰型和宗教信仰型。

目前我国的服刑罪犯分类制度主要依据1994年颁布实施的《监狱法》，并以分押、分管、分教为服刑罪犯分类制度的总遵循。按照横向分类、纵向分级的办法进行服刑罪犯分类。现行的服刑罪犯分类标准主要从服刑罪犯的刑罚种类、刑期长短、犯罪恶性程度以及服刑罪犯的日常行为表现等方面实施服刑罪犯分类，其中主要包括两个层面的标准：① 第一层面的标准是依照服刑罪犯的性别、年龄、宗教信仰等基本属性加以分类，如男犯和女犯分别关押在男监和女监，男犯又以成年与未成年为界限实施分押，少数民族与汉族因生活习性和饮食习惯方面的差异实行分别关押。第二层面的标准则着重从犯罪类型，兼顾刑罚种类、刑期长短、恶性程度及改造表现加以分类，并交付不同类型的监区或分监区关押。主要有以下几种类型：财产犯罪型服刑罪犯，如盗窃犯，诈骗犯，走私犯等；职务犯罪型服刑罪犯，如贪污犯，受贿犯，渎职犯等；性犯罪型服刑罪犯，如强奸犯，引诱、容留、强迫妇女卖淫犯等；暴力型服刑罪犯，如故意杀人犯，故意伤害犯，抢劫犯，纵火犯，投放危险物质犯等。除此之外，还有危害国家安全类服刑罪犯，涉毒类服刑罪犯，信仰型服刑罪犯等。对于其他类型服刑罪犯或者犯罪种类比较多的服刑罪犯，可以参考所犯罪行的恶性程度以及犯罪手法，将其归入相似的类型中。

（四）入监教育制度

入监教育是指监狱对于新收押入监的服刑罪犯进行的以监狱常识、监规纪律、罪犯行为规范、服刑指导为主要内容，以熟悉适应监狱环境和改造生活为目的的过渡性专项矫正教育活动。入监教育制度就是规范对服刑罪犯入监教育的时

① 参见孙平、王泰主编：《监狱服刑人员防自杀教育与抗改造对策》，中国法制出版社2009年版，第193－195页。

间、内容、方式方法的制度。

第一，入监教育的时间。新入监服刑罪犯教育的时间按照规定不少于2个月。入监教育之后就开始转入常规的改造教育活动。

第二，入监教育的内容。服刑罪犯的入监教育内容大致有以下几个方面：一是熟悉监狱环境方面的教育。服刑罪犯刚刚从公安机关的看守所被押送到监狱，对于监狱的监管设施、监狱环境、监狱的管理方式等都不了解，监狱通过入监教育，让服刑罪犯熟悉监狱的生活、学习、劳动场所，为以后的监狱改造生活做适应性准备。二是稳定服刑罪犯情绪方面的教育。服刑罪犯被收押入监之后，绝大多数是第一次进入监狱，面对新的监狱环境，在心理上产生情景转移效应，把他们在看守所关押时所产生的印象移植到监狱生活中，进而产生恐惧和焦虑情绪，不利于服刑罪犯的生活和改造。因此，监狱对新收押的服刑罪犯，必须进行思想情感方面的心理疏导，让服刑罪犯能够正确认识监狱生活，顺利地进行服刑改造。三是行为规范和监规纪律方面的教育。服刑罪犯进入监狱之后，就开始了服刑改造生活，监狱必须要把服刑罪犯在整个服刑改造期间应该遵守的行为规范和监规纪律通过学习让他们熟悉了解，才能使服刑罪犯在监狱服刑期间正确遵守，才能使服刑罪犯准确地执行刑罚，使整个监管改造工作顺利进行。

第三，入监教育的方式方法。对服刑罪犯的入监教育一般采取集中教育的方式进行。一般的做法是，监狱成立专门的入监教育队，由具备专业知识的监狱警察，专门对新收押的服刑罪犯进行入监教育。这样既可以节约教育成本，提高对服刑罪犯的教育质量，也有利于对服刑罪犯的安全防范，保障入监教育顺利开展。

## 二、行刑制度

行刑制度，也称为刑务管理制度、行刑管理制度，主要是指服刑罪犯在服刑期间涉及刑罚执行变更、服刑罪犯漏罪和又犯罪处理、服刑罪犯死亡处理等方面的制度。这里主要介绍减刑制度、假释制度和暂予监外执行制度。

### （一）减刑制度

减刑制度，是指司法机关对于在刑罚执行期间具备了法定条件的服刑罪犯，依照法定程序减轻原判刑罚的刑罚执行变更制度。很明显，我国监狱行刑中的减刑，是根据罪犯服刑期间的善行表现，对原判刑罚的适当减轻，以鼓励其改恶向善的刑罚奖励制度。关于减刑制度的法律法规规定，除了《刑法》《刑事诉讼法》之外，一是我国《监狱法》第29条规定，被判处无期徒刑、有期徒刑的罪犯，在服刑期间确有悔改或者立功表现的，根据监狱考核的结果，可以减刑。二是按照2017年1月1日起施行的《最高人民法院关于办理减刑、假释案件具体应用法律的规定》，对“确有悔改表现”“立功表现”“重大立功表现”都作出了明确规定。三是2021年12月最高人民法院、最高人民检察院、公安部、司法部印发的《关于加强减刑、假释案件实质化审理的意见》对减刑问题进一步进行了规范。对于应当减刑或者可以减刑的罪犯，监狱机关应当按照法定程序，及时向人民法院报送有关材料，对服刑罪犯予以减刑。实践证明，减刑制度的贯彻实施，可以有效提高罪犯的改造积极性。

（二）假释制度

假释制度，是指将已经执行了一定刑期的监狱服刑罪犯附条件地提前释放的行刑制度。我们这里所研究的假释制度，“是指被判处有期徒刑和无期徒刑的罪犯在执行一定刑期之后，因其确有悔改表现、没有再犯罪的危险时附条件地将其提前释放，使其在监督之下执行完剩余刑期的制度”[①]。关于假释的法律法规规定主要有：

第一，《刑法》第81条规定：“被判处有期徒刑的犯罪分子，执行原判刑期二分之一以上，被判处无期徒刑的犯罪分子，实际执行十三年以上，如果认真遵守监规，接受教育改造，确有悔改表现，没有再犯罪的危险的，可以假释。如果有特殊情况，经最高人民法院核准，可以不受上述执行刑期的限制。对累犯以及因故意杀人、强奸、抢劫、绑架、放火、爆炸、投放危险物质或者有组织的暴力性犯罪被判处十年以上有期徒刑、无期徒刑的犯罪分子，不得假释。对犯罪分子决定假释时，应当考虑其假释后对所居住社区的影响。”

第二，《监狱法》第33条规定：“人民法院裁定假释的，监狱应当按期假释并发给假释证明书。对被假释的罪犯，依法实行社区矫正，由社区矫正机构负责执行。被假释的罪犯，在假释考验期限内有违反法律、行政法规或者国务院有关部门关于假释的监督管理规定的行为，尚未构成新的犯罪的，社区矫正机构应当向人民法院提出撤销假释的建议，人民法院应当自收到撤销假释建议书之日起一个月内予以审核裁定。人民法院裁定撤销假释的，由公安机关将罪犯送交监狱收监。”

第三，2017年1月1日起施行的《最高人民法院关于办理减刑、假释案件具体应用法律的规定》第23条规定：“被判处有期徒刑的罪犯假释时，执行原判刑期二分之一的时间，应当从判决执行之日起计算，判决执行以前先行羁押的，羁押一日折抵刑期一日。被判处无期徒刑的罪犯假释时，刑法中关于实际执行刑期不得少于十三年的时间，应当从判决生效之日起计算。判决生效以前先行羁押的时间不予折抵。被判处死刑缓期执行的罪犯减为无期徒刑或者有期徒刑

① 吴宗宪：《监狱学导论》，法律出版社2012年版，第354页。

后，实际执行十五年以上，方可假释，该实际执行时间应当从死刑缓期执行期满之日起计算。死刑缓期执行期间不包括在内，判决确定以前先行羁押的时间不予折抵。”在一般情况下，被判处有期徒刑的服刑罪犯，实际执行原判刑期超过一半以上，被判处无期徒刑的罪犯，实际执行刑期超过 13 年以上，确有悔改表现，不至于再危害社会的，监狱机关可以提请人民法院，裁定予以假释。假释制度的运用，不仅可以激励罪犯，提高罪犯的改造积极性，而且在一定程度上也可以减轻监狱的负担。

第四，2021 年 12 月最高人民法院、最高人民检察院、公安部、司法部印发的《关于加强减刑、假释案件实质化审理的意见》要求对假释案件的实体条件进行实质化审理，第 5 条规定：“严格审查罪犯服刑期间改造表现的考核材料。对于罪犯的计分考核材料，应当认真审查考核分数的来源及其合理性等，如果存在考核分数与考核期不对应、加扣分与奖惩不对应、奖惩缺少相应事实和依据等情况，应当要求刑罚执行机关在规定期限内作出说明或者补充。对于在规定期限内不能作出合理解释的考核材料，不作为认定罪犯确有悔改表现的依据。对于罪犯的认罪悔罪书、自我鉴定等自书材料，要结合罪犯的文化程度认真进行审查，对于无特殊原因非本人书写或者自书材料内容虚假的，不认定罪犯确有悔改表现。对于罪犯存在违反监规纪律行为的，应当根据行为性质、情节等具体情况，综合分析判断罪犯的改造表现。罪犯服刑期间因违反监规纪律被处以警告、记过或者禁闭处罚的，可以根据案件具体情况，认定罪犯是否确有悔改表现。”

（三）暂予监外执行制度

暂予监外执行制度，是指被判处一定监禁刑的服刑罪犯，在具有法定条件时，改变执行场所，在监狱之外执行刑罚，待法定事由消失后，再收回监狱服刑的行刑制度。关于暂予监外执行的法律法规的规定主要有：第一，《监狱法》第 25 条规定：“对于被判处无期徒刑、有期徒刑在监内服刑的罪犯，符合刑事诉讼法规定的监外执行条件的，可以暂予监外执行。”第 27 条规定：“对暂予监外执行的罪犯，依法实行社区矫正，由社区矫正机构负责执行。原关押监狱应当及时将罪犯在监内改造情况通报负责执行的社区矫正机构。”第 28 条规定：“暂予监外执行的罪犯具有刑事诉讼法规定的应当收监的情形的，社区矫正机构应当及时通知监狱收监；刑期届满的，由原关押监狱办理释放手续。罪犯在暂予监外执行期间死亡的，社区矫正机构应当及时通知原关押监狱。”第二，《最高人民法院、最高人民检察院、公安部、司法部、国家卫生计生委关于印发〈暂予监外执行规定〉的通知》（司发通〔2014〕112 号）相关规定。这些规定对暂予监外执行的服刑罪犯的类型、普通罪犯暂予监外执行的条件、特别罪犯暂予监外执行的条件、暂予监外执行的程序等作出了规定。

## 三、日常监管制度

日常监管制度是指监狱为了完成对收押服刑罪犯的惩罚和改造任务，在对罪犯实施日常监管活动中，为规范和约束服刑罪犯的行为而制定的各项制度。主要制度有：

（一）警戒制度

警戒制度是指监狱为了监管场所的安全，保障对服刑罪犯惩罚和改造工作的顺利进行而制定的行为规范。警戒制度的主要目的是监管场所的安全。警戒制度包括：

1. 监狱围墙和门卫警戒制度

监狱围墙和门卫警戒制度是指对监狱的围墙和监狱大门实施最高级别的安全警戒，任何人非经特定的许可和特定的检查程序不得通过。服刑罪犯在收押入监之后到刑满释放之前的整个服刑期间，除非出现特定情况，经过特定机关的批准，并且经过特定程序的严格检查，在监狱人民警察的陪同下才能出入。

2. 隔离制度

隔离制度是指监狱为了完成监狱与社会的隔离以及监狱内各个管理组织之间的隔离而制定的各项管理制度。这是依照《监狱法》第43条的规定监狱设立的警戒设施，在监狱周围设立警戒隔离带，未经准许任何人不得进入，使监狱与社会其他单位形成全面的物理隔离，同时，监狱围墙内部也设立警戒地带，并画有明显的标记，这是服刑罪犯在监狱内服刑期间的活动禁区，任何时候都不得进入。监狱的隔离制度还包括监狱内各个管理单位之间的隔离，即各个监区之间首先要实施物理上的隔离，每一个监区都是一个物理上相对独立的单元，而且各个监区的服刑罪犯非经准许，不得擅自相互走动。这主要是为了防范各个监区服刑罪犯之间的串联犯罪，也是为了防止服刑罪犯之间的交叉感染。

3. 安全检查制度

安全检查制度是指监狱为了确保监管场所的安全，防范服刑罪犯在服刑期间违法犯罪活动的发生，对服刑罪犯可能隐藏危险品和违禁品的场所、物品进行的定期和不定期的搜寻检查制度。包括定期安全检查制度和不定期安全检查。定期安全检查制度，即监狱在规定的日期和规定的时间，对服刑罪犯的劳动、生活、学习三大现场以及服刑罪犯的物品进行的安全检查。对于在安全检查过程中检查出来的危险品和违禁品，查清原因，分别处理。定期安全检查也叫作日常安全检查或者例行安全检查，这种检查带有规定性和日常性，检查的日期和时间对于服刑罪犯而言都是公开的。不定期安全检查又叫突击安全检查，是指在特定的情况下进行的安全检查。不定期安全检查最明显的特点就是它的突然性，一般是在监狱内出现特定情况或者出现突发事件，或者接到线索情报可能有违法犯罪行为的发生，监狱机关及时对特定的地点和特定的人，也可以是监狱内的一切地方进行的安全检查。这种检查一般带有很强的针对性和指向性，对于收集犯罪证据，防治犯罪的发生，都具有重要意义。

（二）劳动改造制度

新中国成立后，我国借鉴和模仿了苏联监狱制度，按照苏联体制设立监狱，以阶级斗争为指导思想，对服刑罪犯采取阶级分析法，将服刑罪犯看作阶级敌人，采取了无产阶级专政手段，按照苏联的模式管理监狱、教育服刑罪犯、从事生产。劳动改造成为监狱行刑和矫正教育服刑罪犯的代名词。为此，在我国监狱的现代史中，劳动改造曾和监狱行刑是同一概念，在监狱学中也就有了劳动改造的广义和狭义之分，广义的劳动改造包括了监狱的一切行刑活动，为此，在监狱学科发展过程中，曾一度叫劳动改造学或劳改学。只有狭义的劳动改造才是指劳动生产活动，并把劳动改造作为改造罪犯的三大手段之一。在这里，我们所说的劳动改造仅指作为改造罪犯的生产劳动。所谓劳动改造制度，是指监狱以生产劳动为轴线，让服刑罪犯用劳动的汗水洗刷自己的罪恶，改掉好逸恶劳的恶习，养成劳动习惯，学习劳动技能，最终转变思想意识成为守法公民的制度。

《监狱法》第69条规定："有劳动能力的罪犯，必须参加劳动。"这样，劳动既是服刑罪犯的权利，也是服刑罪犯的义务。实践证明，劳动改造有其独到的功能，传统观点认为，首先，劳动改造的功能表现为惩罚服刑罪犯，即监狱企业所组织的监狱生产是为改造服刑罪犯服务的，是服务于监狱将服刑罪犯改造成为守法公民的根本任务的，通过生产活动来实现其惩罚罪犯的功能。其次，改造服刑罪犯，监狱生产是最为有效的改造服刑罪犯手段。监狱组织服刑罪犯参加生产劳动，是为了矫正服刑罪犯犯罪恶习与不良行为，培养其谋生技能与劳动习惯，全面挖掘罪犯潜在的生产力因素，开发劳动力资源，以利于服刑罪犯重返社会。最后，创造财富，即服刑罪犯的生产劳动创造物质产品及经济效益。监狱企业创造的物质产品，与社会企业生产创造的物质产品一样，具有使用价值与价值。

（三）教育改造制度

教育改造制度是指监狱机关为了实现对服刑罪犯教育改造而制定的、服刑罪犯在教育改造过程中必须遵守的一系列行为规范的总称。包括规范教育的内容、规范教育的方法、规范教育的程序、规范教育的形式等。

教育改造的立足点就是要关注具体犯罪行为人，强调个别正义，通过影响和改造具体行为人的思想来最终实现行为人个体的自主和自律。教育改造的内涵囊括以下三个层面的内容：其一，教育改造视教育为刑罚的本质；其二，教育改造以教育作为刑罚的目的；其三，教育改造中的教育理念要贯穿和指导刑罚适用的全过程。据此，教育改造是指把教育定位于刑罚的本质与目的，并在此基础上以教育理念贯穿和指导刑罚适用（行刑）全过程的刑罚思想。“在刑事法学者眼中，教育尤其可贵之处在于，由于个人素养的提高，行为人既能提前预防潜在犯罪动机和排解外在因素的干扰，也能有意识地积极规避内在犯罪原因力的左右，通过自主消减主观恶性或强化规范意识的途径使自己的行为符合教育的内容。”① 监狱与学校在文化形态上有极大的相似性，这些内在牵连使教育与刑罚有内在的联系，教育改造同样可以取得常态教育已经取得的成果。雨果说，“多建一所学校，就少建一座监狱”。无独有偶，马克·吐温也说，“你每关闭一所学校，你就必须开设一座监狱”。这说明教育与学校的内在联系性和教育对于人类发展的重要性。

我国对服刑罪犯的矫正教育是将教育作为改造罪犯的手段，和西方国家教育刑理论支配下的教育矫正在理论基础上有质的区别。自新中国成立以来，在如何对待罪犯的问题上，就强调改造或劳动改造的思想。在这里的改造，其中就包括了教育改造，是我国改造罪犯的三大手段之一。在对服刑罪犯教育目的上，体现出多元化特征，具体包括对服刑罪犯的犯罪实施刑罚惩罚的报应目的；塑造健全人格回归社会的预防目的；修复被犯罪所破坏的社会关系的恢复目的等。

在服刑罪犯教育方式上，认为实现服刑罪犯的再社会化要经历四个层次：一是改变犯罪依存的外部环境；二是发挥刑罚的教育功能，使其认识到犯罪的危害性；三是重建服刑罪犯内心的道德感和荣誉感，恢复他作为正常社会人的价值观；四是通过教育改造，传授社会知识和职业技能，使其获取重返社会的“资本”，适应社会的发展，不至于被社会边缘化。②

（四）生活管理制度

生活管理制度，是监狱为了保障对服刑罪犯惩罚改造工作的顺利进行，对服刑罪犯在日常生活中的各项活动的内容、方式、程序制定的规则和规范的总称。它主要包括：一是服刑罪犯的一日生活制度，也就是规定罪犯在监狱内一天24小时内，每一个时间节点都要求做什么、怎么做的管理制度。二是生活卫生制度，罪犯的劳动改造必须在一定环境和生活条件下进行。服刑罪犯的生活卫生制度也就是规定服刑罪犯在什么样的标准和条件下进行生活和改造的制度。三是服刑罪犯的通信、接见制度。服刑罪犯在被收押入监狱之后，与外界处于隔离状态。他们与外界联系的正常渠道，只有与亲友的通信和与家属的接见。但是由于他们身份的特殊性，监狱必须对他们与外界交往的任何渠道进行严格的检查监

① 陈伟：《教育刑与刑罚的教育功能》，载《法学研究》2011年第6期。

② 参见范丽娜：《和谐社会中的现代教育刑》，中国政法大学2007年硕士学位论文，第16页。

督，以保障监狱的安全和秩序。

（五）考核奖惩制度

罪犯在收押入监之后，虽然都在一样的监管条件下服刑改造，但是由于多种因素的影响，服刑罪犯的改造表现会有很大的差别。为了营造良好的监管改造环境，激发服刑罪犯改造的积极性，监狱机关必须通过科学严谨的考核奖惩制度，奖励积极改造、表现良好的服刑罪犯，惩罚表现恶劣和重新违法犯罪的服刑罪犯，保障监狱机关对服刑罪犯的惩罚改造工作能够顺利进行。考核奖惩制度实质上包括以下三个层面的制度内容：一是考核制度。考核制度是指监狱依据一定的考核标准、考核方法和考核指标体系，对服刑罪犯现实表现进行考察评定的各种制度规范的总称。包括考核的方法和手段、考核的内容、考核的程序、考核的结果认定和考核的监督等。二是奖励制度。奖励制度是指监狱机关对表现良好的服刑罪犯，依据其表现状况和规定，给予其相应的奖励的管理制度。《监狱法》第57条规定："罪犯有下列情形之一的，监狱可以给予表扬、物质奖励或者记功：（一）遵守监规纪律，努力学习，积极劳动，有认罪服法表现的；（二）阻止违法犯罪活动的；（三）超额完成生产任务的；（四）节约原材料或者爱护公物，有成绩的；（五）进行技术革新或者传授生产技术，有一定成效的；（六）在防止或者消除灾害事故中作出一定贡献的；（七）对国家和社会有其他贡献的。被判处有期徒刑的罪犯有前款所列情形之一，执行原判刑期二分之一以上，在服刑期间一贯表现好，离开监狱不致再危害社会的，监狱可以根据情况准其离监探亲。"三是惩罚制度。惩罚制度是指监狱机关对表现不好、违反监狱法律法规、规章制度的服刑罪犯，依据其情节轻重，依法给予其相应惩罚的管理制度。《监狱法》第58条规定："罪犯有下列破坏监管秩序情形之一的，监狱可以给予警告、记过或者禁闭：（一）聚众哄闹监狱，扰乱正常秩序的；（二）辱骂或者殴打人民警察的；（三）欺压其他罪犯的；（四）偷窃、赌博、打架斗殴、寻衅滋事的；（五）有劳动能力拒不参加劳动或者消极怠工、经教育不改的；（六）以自伤、自残手段逃避劳动的；（七）在生产劳动中故意违反操作规程，或者有意损坏生产工具的；（八）有违反监规纪律的其他行为的。依照前款规定对罪犯实行禁闭的期限为七天至十五天。罪犯在服刑期间有第一款所列行为，构成犯罪的，依法追究刑事责任。"在对服刑罪犯进行考核奖惩的过程中，考核是前提，奖惩是手段；考核是奖惩的依据，奖惩是实施考核的保障。

## 四、服刑罪犯出狱和释放制度

服刑罪犯的刑满释放前后，监狱机关为了稳固对服刑罪犯的改造成果，使刑满释放的服刑罪犯重新回到社会之后能够迅速地融入社会，适应正常的社会生活，减少重新犯罪，保持社会安全稳定，在服刑罪犯刑满释放前后还必须做相应的工作，并且用制度确定下来，形成一种长期的制度规范。主要包括两个方面：

### （一）出监教育制度

出监教育是监狱机关对服刑罪犯教育改造的最后一道工序，是检验对服刑罪犯的改造质量，巩固改造成果，提高罪犯社会适应能力，防止重新违法犯罪的一种强化措施。它是监狱机关对即将刑满释放的服刑罪犯进行的一项带有总结性、补充性、针对性的专项教育活动。教育的时间一般是刑满释放前的3个月，教育的内容主要包括形势、政策、前途、遵纪守法、社会适应和就业指导等。其中，最主要的是社会适应，是监狱机关对服刑罪犯出监教育的最重要环节。服刑罪犯刑满释放之后能不能适应现实社会生活，迅速地融入社会，成为一个正常的合法公民，是检验监狱机关对服刑罪犯改造成果的主要指标，因此，在服刑罪犯出监教育中的社会适应性教育就显得非常必要。社会适应性教育主要是通过系统的教育，让服刑罪犯对即将迈入的新的社会环境，有一个正确的认识和评估，在刑满释放后能够迅速地适应现实的社会生活。

### （二）刑满释放制度

罪犯的刑满释放标志着罪犯服刑改造生活的结束、身份的改变和新生活的开始。做好这项工作，是监狱机关的法定义务，对于社会稳定具有重要意义。《监狱法》第35条规定："罪犯服刑期满，监狱应当按期释放并发给释放证明书。"因此，在服刑罪犯刑期届满之前，监狱机关应当提前做好相应的准备工作，把服刑罪犯释放必要的材料提前整理完毕，服刑罪犯刑满当天，办理完毕一切释放手续，发给其释放证明书。既不能提前，也不能拖后，必须是按期释放。

# 第五章

## 监狱设置与建筑

监狱作为我国建筑体系的重要分支，由于其用途与使用范围的特殊性，使监狱设置、监狱布局、监狱建筑与其他建筑类型在功能、结构等方面有较为显著的不同。2002 年原建设部、原国家计划委员会颁布《监狱建设标准》，2018 年住房和城乡建设部发布行业标准《监狱建筑设计标准》（JGJ 446－2018），为我国制定监狱布局调整规划，促进监狱设计科学化、规范化、标准化，加大各级政府对监狱设计的投资力度，发挥了重要作用。监狱设置、监狱布局、监狱建筑对监狱工作的作用和影响是全方位、深层次的。目前监狱的设置模式和布局在许多方面不同程度地影响着我国监狱工作的顺利开展，制约着我国刑事执行工作的开展。

## 第一节　监 狱 设 置

### 一、监狱的设置

监狱设置即监狱的设立。我国监狱设置始于秦统一中国后，自汉代开始，有了中央各部监狱和地方衙门监狱的分类；隋唐至明清，历代监狱设置大都有相沿成习的法律依据。中华人民共和国成立后，监狱的设置主要考虑国家政治、经济情况和罪犯结构特点，在农村和矿山设立劳动改造队，关押 10 年以下具有劳动能力的有期徒刑罪犯；在大城市设立监狱，关押 10 年以上的有期徒刑、无期徒刑、死刑缓期二年执行的罪犯。同时，对未成年的罪犯，设立少年犯管教所，专门关押 14 周岁以上，未满 18 周岁的犯罪少年；对女性罪犯，设立女子监狱，专门关押女性罪犯。

根据《监狱法》第 11 条的规定：监狱的设置、撤销、迁移，由国务院司法行政部门批准。我国监狱设置的总体原则是：（1）遵守国家相关法律规范的原则；（2）与我国刑事司法系统其他机构设置相协调的原则；（3）有利于监狱功能发挥的原则；（4）有利于刑罚执行目标实现的原则；（5）与国家经济、社会发展相适应的原则；（6）集中统一管理与分级管理相结合的原则；（7）有利于节约行刑成本的原则。

## 二、监狱设置的程序

### （一）行政审批

设置新的监狱必须经过司法部批准，即拟筹建新监狱的省、自治区、直辖市需要向司法部提交请示，请示中应当明确包括设置新监狱的目的、监狱的类型、关押罪犯类型与数量、建设所在省、自治区、直辖市的大致区域等内容，由司法部批准。

### （二）地点选择

随着社会的发展，中外监狱的地点都是在综合考虑交通便利、罪犯的移送、教育矫正（改造）计划的实施、监狱工作人员的生活、监狱建设造价以及社会公众的支持、社区资源的利用、开展帮教活动等因素的基础上确立的。根据我国《监狱建设标准》第15条的规定，新建监狱的选址应符合下列规定：（1）新建监狱应选择在邻近经济相对发达、交通便利的城市或地区，未成年犯管教所和女子监狱应选择在经济相对发达、交通便利的大、中城市。（2）新建监狱选择在地质条件较好、地势较高的地段；新建监狱严禁选在可能发生自然灾害且足以危及监狱安全的地区。（3）新建监狱应选择在给排水、供电、通信、电视接收等条件较好的地区。（4）新建监狱与各种污染源、易燃易爆危险品、高噪声、高压线走廊、无线电干扰、光缆、石油管线、水利设施的距离应符合国家的有关规定。

### （三）方案设计

监狱是国家刑罚执行机关，在获得国家批准建设以及确定建设地址之后，监狱建筑的设计就是关键性的工作，它直接关系监狱建筑的质量、功能、风格。监狱建筑设计必须符合我国现行法律法规和行业标准的有关规定，充分重视监狱承担惩罚与改造罪犯的职能需要；必须符合安全、坚固、适用、经济、庄重的要求；必须严格执行《监狱建筑设计标准》的规定。监狱设计对监狱建设关系重大，为了取得最佳的方案，监狱设计与施工等项目均需根据《招标投标法》的相关规定，通过公开招标完成。

### （四）施工建设

在完成监狱设计、施工招标任务后，需要与中标单位签订合同，在合同中明确中标建筑单位提供的服务，而后要求施工单位在确定的时间，按照既定的造价完成监狱建设。当然，监狱建设是复杂的工程，在施工中可能会遇到各种预想不到的问题，影响监狱建设的时间表、工程造价等，这种情况需要各方积极配合协商解决。

## 三、监狱建设标准

### （一）监狱规模

新中国成立后，中国的监狱经过七十多年的实践，监狱建筑从粗放、随意、简朴逐渐走向现代、规范和科学。2002 年原建设部、原国家计划委员会批准发布《监狱建设标准》，对监狱建设的总体要求、建设规模与项目构成、选址与规划布局、建筑标准、安全警戒设施、场地与配套设施作了细化规定。根据《监狱建设标准》第 9 条的规定，监狱建设规模应以关押罪犯人数在 1000～5000 人为宜，高度戒备监狱建设规模应以关押罪犯人数在 1000～3000 人为宜。不同建设规模监狱关押罪犯人数应符合下列规定：

（1）小型监狱 1000～2000 人；

（2）中型监狱 2001～3000 人；

（3）大型监狱 3001～5000 人。

### （二）监狱建筑标准

监狱的建筑标准，应根据监狱建筑规模、使用功能及城市规划的要求合理确定。

1. 监狱综合建筑面积

根据《监狱建设标准建标 139－2010》第 24 条的规定，监狱综合建筑面积（不含武警用房），应不超过表 5－1 规定的控制指标。

**表 5－1　监狱综合建筑面积控制指标**

| 用房类别 | 中度戒备监狱 | | | 高度戒备监狱 | |
|---|---|---|---|---|---|
| | 小型 | 中型 | 大型 | 小型 | 中型 |
| 罪犯用房（$m^2$/罪犯） | 21.41 | 21.16 | 20.96 | 27.09 | 26.80 |
| 警察用房（$m^2$/警察） | 36.92 | 35.71 | 34.50 | 42.57 | 41.36 |
| 其他附属用房（$m^2$/警察） | 6.33 | 5.19 | 4.31 | 6.33 | 5.19 |

2. 监狱各种用房的建筑面积

监狱房屋建筑包括：罪犯用房、警察用房、武警用房及其他附属用房。其中武警用房建设项目和标准执行其他规定。罪犯用房、警察用房和其他附属建筑用房，在《监狱建设标准》中有明确规定。具体见表5－2、表5－3和表5－4。表5－2罪犯用房面积为男监指标，女子监狱、未成年犯管教所和老病残罪犯在厕所、学习用房等方面在《监狱建设标准》规定另有特殊要求。

**表5－2　监狱罪犯用房建筑面积指标（$m^2$/罪犯）**

| 用房类别 | 用房名称 | 中度戒备监狱 | | | 高度戒备监狱 | |
|---|---|---|---|---|---|---|
| | | 小型 | 中型 | 大型 | 小型 | 中型 |
| 罪犯用房 | 监舍楼 | 4.66 | 4.66 | 4.66 | 9.47 | 9.47 |
| | 教育学习用房 | 1.17 | 1.07 | 0.96 | 1.72 | 1.59 |
| | 禁闭室 | 0.12 | 0.11 | 0.10 | 0.12 | 0.11 |
| | 家属会见室 | 0.81 | 0.81 | 0.81 | 0.59 | 0.59 |
| | 伙房和餐厅 | 1.14 | 1.08 | 1.03 | 1.14 | 1.08 |
| | 医院或医务室 | 0.65 | 0.60 | 0.60 | 1.00 | 0.94 |
| | 文体活动用房 | 1.55 | 1.55 | 1.55 | 0.90 | 0.90 |
| | 技能培训用房 | 2.30 | 2.30 | 2.30 | 2.30 | 2.30 |
| | 劳动改造用房 | 7.60 | 7.60 | 7.60 | 7.60 | 7.60 |
| | 其他服务用房 | 1.41 | 1.38 | 1.35 | 2.25 | 2.22 |
| | 男监合计 | 21.41 | 21.16 | 20.96 | 27.09 | 26.80 |

**表5－3　监狱警察用房建筑面积指标（$m^2$/警察）**

| 用房类别 | 中度戒备监狱 | | | 高度戒备监狱 | |
|---|---|---|---|---|---|
| | 小型 | 中型 | 大型 | 小型 | 中型 |
| 警察办公用房 | 5.83 | 5.83 | 5.83 | 5.83 | 5.83 |
| 公共用房 | 8.75 | 8.65 | 8.55 | 8.75 | 8.65 |
| 特殊业务用房 | 7.44 | 6.33 | 5.22 | 7.44 | 6.33 |
| 警察管理用房 | 3.61 | 3.61 | 3.61 | 7.22 | 7.22 |
| 警察备勤用房 | 7.76 | 7.76 | 7.76 | 9.80 | 9.80 |
| 学习及训练用房 | 3.53 | 3.53 | 3.53 | 3.53 | 3.53 |
| 合计 | 36.92 | 35.71 | 34.50 | 42.57 | 41.36 |

表 5-4　其他附属用房建筑面积指标（$m^2$/警察）

| 用房类别 | 中度戒备监狱 | | | 高度戒备监狱 | |
|---|---|---|---|---|---|
| | 小型 | 中型 | 大型 | 小型 | 中型 |
| 其他附属用房 | 6.33 | 5.19 | 4.31 | 6.33 | 5.19 |

3. 监狱安全警戒设施标准

监狱安全警戒设施包括：围墙、岗楼、电网、照明、大门及值班室、大门武警哨位、隔离和防护设施以及通信、监控、门禁、报警、无线信号屏蔽、目标追踪、周界防范、应急指挥等技术防范设施。《监狱建设标准》对安全警戒设施标准均有详细规定。

此外监狱建设中还需考虑相关配套设施。如消防、给排水、暖通、供配电、燃气、通信与计算机网络、有线电视、环保、节能、道路、绿化以及警察行政办公、罪犯生活、教育、医疗、劳动改造设施设备等，这些设施都必须符合国家相应的建设标准。如消防方面的《建筑设计防火规范》（GB 50016-2014）、《建筑灭火器配置设计规范》（GB 50140-2005）、《周界防范高压电网装置》（GB 25287-2010）等。

## 第二节　监狱布局

### 一、监狱布局的含义

监狱布局是指一个国家或一个地区监狱分布的基本格局。我国监狱布局即国务院司法行政部门对全国监狱的种类、数量、规模、选址等进行的总体性规划。[①]“监狱布局是一个整体的概念，既要考虑每座监狱的具体位置，又要通盘考虑所有监狱的整体分布，其中监狱的均衡发展问题、监狱的分类设置问题、监狱与社区矫正的衔接问题、看守所管理体制的错位问题均属于监狱布局问题。”[②]首先，监狱布局是一定区域内的整体规划和设置，在我国，一般是以省级行政区域为范围进行布局的。其次，监狱布局是诸多相关要素综合考量的结果，比如，监狱选址，既要考虑监狱的地势、地形、地质、风向、采光、交通、水源、规

① 参见史殿国主编：《监狱学基础理论》，法律出版社 2018 年版，第 99 页。

② 司晓旭：《我国监狱布局调整存在的问题及建议》，载《犯罪与改造研究》2020 年第 8 期。

模、通信等物质因素，还要考虑监狱所在地的文化、习俗、习惯、人口等人文因素。最后，监狱布局必须具有合理性和科学性。所以监狱布局是监狱工作的实施场所，对监狱职能的有效发挥起着至关重要的作用。监狱布局调整就是要将不适当位置上的监狱和分布不合理的监狱调整到科学、合理的位置，使其整体上满足整个国家或地区执行刑罚的需要，从而实现行刑目的。

## 二、我国监狱布局概况

我国现有600余所监狱，分布在全国各地。新中国成立后，受国家特定历史时期，特定的政治环境、经济基础、法律及文化等因素影响，监狱布局有不同样态。

### （一）中华人民共和国成立前期

中华人民共和国成立之初，受当时的政治、经济状况影响，在党和人民政府以毛泽东劳动改造罪犯思想的指导下，总结革命根据地监所的经验，借鉴苏联劳动改造的工作模式，创建了规模大小不等的劳动改造生产单位。根据统计，1949年全国押犯场所有243个，到1953年有4671个。[①] 随后受当时国际、国内形势压力和战备考虑，对劳改单位进行调整，原来处于城市边缘，交通便利场所的监狱，迁到远离城市、地理条件恶劣、交通不便、信息不通的西部地区、偏远山区。如福建省政府提出调整监狱布局的“三不”方针，即不在沿海的县市、不在交通沿线、不在国防要地办劳改单位。全省多数监狱、劳改队集中在闽西北边远的荒无人烟、条件艰苦的山区。

### （二）改革开放时期

改革开放后，犯罪形势日趋复杂严峻，1983年国内随之开展了“严打”斗争，监狱场所押犯剧增。为了应对押犯场所不足的状况，全国各地通过回收、新建、扩建场所，恢复向边疆调犯及地市创办监狱等途径，使押犯场所不足的问题得以缓解。[②] 同时，这一时期监狱在计划经济向市场经济转轨时期，遭遇前所未有的困难，监狱企业举步维艰。2001年，国务院下发了《关于研究解决监狱困难有关问题的会议纪要》（国阅〔2001〕73号），明确提出通过搬迁、合并、撤销及新建等方式，合理调整监狱布局，所需经费纳入中央和地方预算，研究制定监狱建设标准，将监狱布局调整的方式由各省自发组织实施转变为由国家统筹规划，协调推进。2002年年初，司法部正式启动监狱布局调整工作，至2010年基本完成。通过布局调整实现了偏远地区监狱开始向中心城市和交通干线附近迁

① 参见王福金：《中国劳改工作简史》，警官教育出版社1993年版，第50页。
② 参见王福金：《中国劳改工作简史》，警官教育出版社1993年版，第85页。

移，改善了交通条件，方便了社会力量帮教和罪犯家属会见犯人；监狱布局调整也吸引了高素质干警投入监狱工作，同时，监狱职能也开始转变，监狱企业逐渐放弃经济功能变为以关押监管为主，并着力于实现劳动改造罪犯这一社会效益上。

## 三、监狱布局应遵循的原则

监狱布局是在一定区域内监狱设置的地理位置和分布。监狱布局合理，应使监狱的分布基本达到均衡状态，即监狱布局在一个地区内的均衡，具体为监狱数量、大小规模和分布的均衡以及监狱类别设置的均衡。监狱布局调整要依据国情和监狱发展情况，坚持有利于监狱安全稳定、有利于改造罪犯、有利于生活保障、有利于推进监狱发展的原则，使监狱调整符合现代行刑要求，符合监狱自身发展的客观规律，符合刑事工作发展的长远方向，实现监狱布局合理、规模适度、分类科学、功能完善、投资结构合理、管理信息化。从整体上看，监狱布局要求监狱基本位于或靠近主要交通沿线，并与经济社会发展相适应；逐步按照戒备等级对监狱进行分类建设和管理，使监狱关押规模适应刑罚执行的需要；进一步发展功能性监狱，完备监狱功能形态；进一步保障民警职工生活，为完善刑罚执行制度，保障监狱布局调整顺利进行，促进我国监狱工作又好又快发展和构建和谐社会服务。① 一定区域内的监狱布局，不仅要考虑当地的人口数量、经济状况、社会发展水平、犯罪率高低等，同时也要遵循以下的原则。②

### （一）合理性原则

合理性，应当成为监狱布局调整的首选要求。监狱布局的合理性主要表现为两点，即监狱布局的合理性和监狱布点的合理性。具体应实现“三大转移”：一是实现关押重点由经济相对落后区域向经济相对发达区域转移。监狱设置应与监狱周边地区的犯罪总量相协调。一般来说，经济发达地区犯罪率较高，其犯罪人数也相对较多。但从目前监狱布局现状来看，监狱设置不少在经济不发达地区，押犯的总量与监狱的设置不配套，这样往往要增加行刑成本，影响行刑效率。二是实现关押点的相对分散向关押点的相对集中转移。三是实现远离城镇监狱向城郊或交通沿线转移，远离城镇的监狱的现实弊端是显而易见的。因此，发展城郊型监狱势在必行。

---

① 参见司晓旭：《我国监狱布局调整存在的问题及建议》，载《犯罪与改造研究》2020 年第 8 期。

② 前三个原则，参见浙江省监狱管理局课题组：《监狱布局调整的若干问题研究》，载《犯罪与改造研究》2001 年第 7 期。

（二）科学性原则

布局的科学性是监狱布局调整的核心，是监狱持续发展的前提条件。一是实施优化资源配置战略。首先是人力资源的合理配置，形成一个“金字塔”形的人才结构层次。大量引进高素质的监狱管理人才，推进监狱管理的专业化建设，并且使监狱管理人才的流向合理，监狱管理人才比例协调。同时合理配置监狱资产，通过监狱布局调整，使监狱资产重新科学配置，从而盘活监狱资产，促进监狱资产的保值、增值。二是实施优化产业结构战略。在监狱布局调整过程中，要与监狱结构产业调整一并研究，互相带动，通过监狱布局调整来带动产业结构调整。三是实施优化监狱分类战略。监狱布局的科学性还体现在监狱警戒类型上。要加快高度戒备等级监狱建设，使高度戒备等级监狱与中度、低度戒备等级监狱比例相协调。通过设置高度、中度、低度监狱警戒类型，进一步优化监狱分类，提高监狱的行刑效率。

（三）功能性原则

监狱布局调整的目的是增强监狱的功能性。一是以监狱民警住房城镇化为依托，加快监狱后勤服务社会化。目前监狱建设主要有两种模式：第一种模式是将监狱民警的住宅区建设到就近的城市，并采取物业管理的形式，将后勤服务社会化、市场化；第二种模式是将监狱行政中心作为大本营，以社区化目标进行规划建设，充分发挥有限资源的集约效应。这两种模式都有存在的必然性和合理性。二是过去农业型监狱以生产的劳务加工为依托，监企适度分离。近年来，监狱劳务加工异军突起，监狱富裕劳动力从事对外劳务加工，较好地解决了监狱办“企业”的问题。监狱组织罪犯劳务加工已成为监狱生产发展的一种基本模式，也是“监企”适度分离的一种新的模式。三是以监狱改造工作的社会化为依托，强化监狱的教育改造功能。通过监狱布局调整，加强监狱与社会的联系，尽可能地争取、利用社会力量来参与罪犯教育改造工作，以增强教育改造的有效性。

（四）本土化原则

监狱是社会有机体的重要组成部分，其建设与发展应当紧密结合当地实际，在与当地经济发展保持一致的前提下，通过社会的发展带动监狱的发展。监狱布局在调整过程中，应当充分考虑到地方的区域面积、地形地貌、常住人口、流动人口、犯罪率、监禁率、罪犯构成以及区域经济发展水平等因素，允许各地在监狱的种类、数量、规模、建设标准、内部格局、建筑风格等方面作适当调整，实现对行刑资源科学合理的配置，为社会治安综合治理服务。监狱布局应结合当地的人文环境、文化特色，并充分采用现代元素和技术手段，既庄重、威严，又不失当地文化风格。监狱整体布局应充分考虑民警办公行政区、服刑人员改造区、生活区、刑务劳作区及武警营房区等功能区的设置，通过更新、完善监管设施，提高监狱信息化应用程度及安防技术手段，进一步提升监狱整体安防水平和管理效能，使监狱真正成为文明执法的“窗口”和发展进步的“缩影”。所以监狱在布局调整中不仅应当考虑到与当地区域经济、社会发展相协调，还应当考虑到上述所提到的诸多方面，建设适应当地经济、社会发展需求，满足社会治安综合治理与改造罪犯需要的社会主义现代化文明监狱。

## 四、完善监狱布局的要求

21 世纪初期我国监狱按照布局合理、规模适度、分类科学、功能完善、投资结构合理、管理信息化的目标进行调整。经过多年努力取得了显著成效。但是仍然存在全国、各省监狱的分布疏密不均，一些监狱位置偏远、交通不便的状况，跨省直辖市交叉建设监狱，监狱分类不完善等问题，完善监狱布局是长远而艰巨的工作。

### （一）高度重视，长远规划

监狱布局调整和完善是监狱发展的宏图大业，任务艰巨，涉及面广，政策性强。国家及各省、自治区、直辖市司法行政机关应高度重视，做好顶层设计。一是监狱布局规划要具有前瞻性和长期性，超前地、科学地制定地方调整规划。二是监狱布局要具有科学性和合理性。监狱布局必须把握我国刑事政策的发展方向和需要，结合当地的社会经济发展情况和监狱工作实践情况，科学预测未来监狱关押罪犯的规模和结构变化趋势，规划监狱的布局，并注重实用性。

### （二）全盘考虑，突出重点

监狱布局需要符合现代行刑要求，符合监狱自身发展的客观规律，符合刑事工作发展的长远方向。监狱布局应根据国情和监狱发展情况，依据各省、自治区、直辖市人口基础、社会经济状况以及犯罪形势的发展，全盘考虑相应的监狱布局的数量、大小规模和监狱类别设置，同时着重解决地区监狱布点过密或布点空白的问题。持续通过新建、迁建、撤销、改造等手段，改进偏远监狱状况，解决因历史原因形成的跨省、直辖市交叉建设的监狱，整合资源，提高监狱管理和改造的效能。

### （三）规范标准，科学分类

根据监狱警戒程度、监狱的功能性建设监狱是世界各国的普遍做法。目前我国监狱建设标准只有中度和高度戒备监狱的建设标准，缺少低度戒备监狱和新犯收押监狱、老病残监狱（监区）、中间监狱等功能性监狱的建设标准。应加强调查研究，科学论证，力争早日明确低度戒备监狱和功能性监狱建筑、警戒设施、地理位置等标准，提高监狱分类的科学性。

（四）全面实施，落实政策

在监狱体制深化改革中，需要通过搬迁、合并、撤销及新建、改造等手段合理调整监狱布局，合理确定监狱建设和布局调整的项目计划，测算总体投资规模，做到目标明确、坚持标准、突出重点；要制订各级别类型监狱的建设标准、资金投入、警察编制、职工安置、信息化建设等；要妥善处理监狱布局调整力度和各方面承受能力的关系；要进一步解决监狱布局调整工作面临的困难和问题，积极争取财政、规划、国土资源和建设等有关部门对监狱布局调整的支持和合作，协同配合，狠抓落实，创新工作，积极稳妥、循序渐进地推进监狱布局调整工作，力争早日完成工作目标和任务。①

## 五、监狱布局应处理的几个关系

监狱布局的调整是一个系统工程，涉及监狱工作的方方面面，因此，需要司法部监狱管理部门和省级监狱管理机关协调好诸方面关系，尤其要处理好以下几大关系：②

（一）监狱布局调整与监狱规模的关系

监狱规模的评判标准只能看是否最有效地发挥监狱行刑效率。监狱规模不一定是越大越好，或者越小越好，而应根据区域犯罪总量和监狱管理能力来设置监狱数量和关押规模，监狱规模要适度。一般情况下，在经济比较发达且犯罪总量较高的地区，监狱的数量和押犯规模可适当大些，而犯罪率较低的地区，监狱设置的数量和规模可适当小些。对一些超大规模的监狱有必要进行科学分解，使其成为若干个规模适度的监狱；对于押犯过小的监狱也应给予一定的撤并与改造，使其达到一定的关押规模。

（二）监狱布局调整与优化队伍结构的关系

从总体要求看，监狱规模与监狱民警比例相协调，监狱民警的专业结构适应罪犯改造的需要。近年来由于押犯的剧增，经济较为发达的地区的监狱人满为患，有的监狱为了完成关押任务的需要超负荷地关押罪犯，比较突出的一个问题是押犯与监狱民警的比例严重失调。如有的监狱从事监狱管理的监狱民警与押犯比例不足10%，其中有不少监区比例不足6%，个别的监区甚至只有2%，一个关押300人至400人罪犯的监区，监狱民警仅有七八人。监狱基层警力不足是较

---

① 参见司晓旭：《我国监狱布局调整存在的问题及建议》，载《犯罪与改造研究》2020年第8期。

② 参见浙江省监狱管理局课题组：《监狱布局调整的若干问题研究》，载《犯罪与改造研究》2001年第7期。

为普遍的现象。另一个问题是监狱民警的专业结构不合理。直接从事对罪犯管理教育的人少，熟悉法律、心理学、教育学等知识的专业人才更少。因此，在监狱布局调整中，要切实解决这些突出的问题：一是要从监狱内部调整警力的配置。二是要争取政府人事部门的支持，根据押犯的变化，不断调整监狱民警的配备数量，使监狱押犯与监狱民警比例基本配置合理。三是要对政治素质好，在行刑矫治、经营管理、生产技术等方面业务能力强的民警进行专业化培训。同时，大胆引进高层次、高学历的管理和技术人才，制定特殊政策，赋予人才特殊的待遇和施展才华的“天地”。四是要建立和深化民主、公正、公平的用人机制，广开门路不拘一格选拔人才，使一大批优秀年轻干部脱颖而出，成为新世纪监狱工作的中坚力量。

（三）监狱布局调整与监狱建筑风格的关系

监狱毕竟是监狱，它不是社会一般意义上的工厂，也不是一般意义上的社会办公场所，更不是一般意义上的学校。所以我们不能单纯地从“监狱要像监狱”这一命题出发，一味张扬监狱的威慑和惩罚功能，而应从矫正教育不同类型罪犯的要求出发，营造出富有监狱文化特点的改造氛围和环境氛围。因此，必须强调对监狱建筑的研究，使监狱建筑既符合当代建筑学的要求，又赋予其民族的人文内涵。必须继承开放式的设计思路，打破监狱建筑设计的固有的、单一的风格和模式，汲取世界各国监狱建筑风格的有益养分，根据不同的警戒类型，设计出富有中国改造文化特色的监狱建筑群。在监狱布局调整中，对已有监狱的逐步改造要体现上述思想，新建监狱更应体现这一思想，以反映监狱建筑风格的丰富内涵。

（四）监狱布局调整与监狱产业结构调整的关系

监狱现有产业结构的形成，具有深厚的历史渊源。监狱产业结构单一、不合理，产品附加值低，是监狱产业结构的通病。这种产业结构的形成与原监狱大多设置在比较偏僻的区域有很大关系。因此，在监狱布局调整中，要与监狱产业结构调整结合起来，实施以项目带动布局调整，以布局调整带动产业结构调整的双向互动，加快监狱布局调整的速度。

## 第三节　监狱建筑

### 一、监狱建筑的概念和特点

（一）监狱建筑的概念

监狱建筑是监狱的物质载体，它不仅体现了一种器物形态，更重要的是它的文化标志和刑罚符号。监狱建筑功能，除了监狱建筑本身的物理功能外，在不同历史时期、不同社会背景下，还体现了刑罚文化、法律文化、教育文化、建筑文化等。在“以改造人为宗旨”的我国当代监狱，监狱建筑的教化功能日益凸显，正潜移默化地发挥“化人”作用。

监狱建筑是监狱最为重要的基础设施，是统治者用来关押、监禁和教化犯罪人的物质载体。监狱所有的行刑活动都必须依托一定的监狱建筑才能实施和完成。监狱建筑反映了一个国家或社会的文明程度，社会文明的发展促进了监狱功能由简单到复杂的转变，进而促进了监狱建筑的改变与发展。监狱建筑主要包括为了实现刑罚而设置的建筑物、特定空间、场地设施以及安全警戒设施等。

### （二）监狱建筑的特点

#### 1. 安全性

监狱既是公共建筑，也是特殊的社会机构，因此在建设时，既要迎合社会发展，达到普通建筑满足实用、坚固、美观的需求，同时也要遵循国家相关法律法规，满足改造罪犯和安全监管的需求。[①] 监狱的安全监管需要考虑安全建筑构件、安全控制与报警装置、控制中心、周界安防系统等四个方面。安全建筑构件指的是影响监狱安全性的一些基本要素，包括安全墙体、安全顶棚、安全门、安全窗和囚犯家具等。安全控制与报警装置包括锁定控制、电子/机械控制、个人警报器、入侵检测警报器、闭路电视监控系统、囚犯追踪系统等。控制中心有控制室（包括中央控制室和分区控制室）和控制站两种。周界安防系统一般包括物理屏障和监测系统。通常由单个或多个围墙、围栏构成物理屏障，而从岗楼上的监控人员直至地下的光线网络构成了立体的监测系统。达到防止罪犯逃跑、行凶、劫持或劫狱的目标以及防火、防地震和防御其他自然灾害等问题的发生。

#### 2. 适用性与标准化

人类社会自监狱出现以来，封闭、监禁是监狱最原始、最传统的表征。监狱建筑随着社会变迁和刑罚思想的演变愈加坚固。如新中国监狱建设在20世纪50年代是采取因地制宜、因陋就简的原则，建设处于低层次实用状态；20世纪80年代以后，虽有较大改观，但在具体建设标准方面各行其是，未达统一；2002年12月3日经原建设部、原国家发展计划委员会批准发布《监狱建设标准》，2003年2月1日施行，2010年12月新的《监狱建设标准建标139－2010》颁布实施，对高度戒备监狱建设、中度戒备监狱建设提出了明确标准，区别了不同监

---

① 参见张新峰、马树华、闫依兵：《浅谈监狱建筑工程的设计》，载《山西建筑》2007年第11期。

狱类型和关押对象监狱建筑的要求，在适用性和标准化方面得到规范。

3. 文化性

欧洲建筑大师谢林说过“建筑是凝固的音乐”，所有建筑都是在特定社会背景和特定地区中建立起来的，它是一定的民族心态、文化背景的反映，是一种文化凝聚。监狱建筑经过长时间的发展演变，已经形成特殊的文化风格，其典型功能构建物如围墙、岗楼、大门、监舍等已成为体现监狱建筑特征的具象符号，凸显监狱的庄重与威严，喻示着国家法律的神圣不可侵犯。与此同时，监狱建筑也同其他建筑类型一样，带有时代的印记，吸取了民族文化的特征。如山西洪洞县监狱，这是我国唯一保存完整的明代县衙古监，它独特的建筑形式充分体现封建时期重刑主义倾向和黑暗残暴的监狱制度；上海租界的提篮桥监狱、日俄时期的旅顺监狱，留下的就是被殖民被镇压的痛苦。英国哲学家边沁的“圆形监狱”将惩罚、矫正与建筑设计相结合，其“全景敞视主义”加深了对罪犯自由的严密控制。

4. 智能化

监狱建筑的演变离不开刑罚理念的完善和科技的进步。早期监狱建筑由于科技不发达，在建筑的安全性、坚固性和耐久性等方面存在诸多的局限性，随着现代科技的飞速发展使监狱的硬件和软件设备愈加完善并趋于智能化。在数字信息时代，监狱建设应充分考虑数字技术在监狱中的应用，利用信息技术把监狱的人防、物防、技防，监狱管理、办公和矫正等各个方面，实现网络的高速传输、储存、收集、分析、处理、转换、管理、追踪控制等的可视化、智能化。目前，我国智慧监狱建设，就是要实现监狱的信息技术化、智慧化和智能化。

## 二、监狱建筑的功能

“建筑的本质是让人安居下来”，这是德国著名哲学家海德格尔的看法。监狱建筑功能除了建筑本身的物理功能外，在不同的历史时期、不同社会背景还体现了行刑理念、刑罚目的，监狱建筑功能从简单朝着多元方向演变。

（一）关押、监禁功能

从皋陶造狱开始，监狱建筑就以不同的形态展现在世人面前，夏朝的圜土，商朝的羑里或者牖里，西周的灵台，战国的“徒人城”，汉朝的“虎穴”和“阴穴”，宋朝的牢城，清末监狱改良，建造的“十字形”“放射形”等形状监舍。监狱建筑从原始的“画地为牢”，置于丛棘或岩洞、槛圈等，到早先的石居室、穴居室，以及后来一个个封闭房间，其基本功能就是对罪犯执行刑罚的场所，是为罪犯提供关押、监禁居住的场所，是剥夺或限制罪犯人身自由的地方。

客观地说，有了国家，才有了犯罪；有了罪犯，才有了监狱。可以说，监狱不但是政治工具、刑罚处罚的名词，而且它直接外化为物理性建筑，或者说是可视性的、带有特殊标志的建筑群落。挪威建筑理论家诺伯格·舒尔茨认为："建筑是一种活生生的现实，自远古以来，它已使人类的存在变得富于意义，并使人类在时空之中寻找到了一个立足之点。"① 因此，"监狱建筑的存在，也表明了这样的一个现实：这里有被监禁的罪犯；这里是关押罪犯之地；这里是为犯罪人提供居住的场所。另外，监狱建筑的本质是让罪犯安定下来，即使这里是暂时栖身之地，即使环境非常恶劣，但它可以为罪犯遮蔽风雨，提供住宿，满足基本的生存需要。有了监狱这个安身之地，罪犯才能在此接受惩罚、改造和矫正"②。现代监狱对罪犯的监禁，则是有限制性的物理隔离，主要包括三点：一是指与社会隔离，防止再犯罪危害社会；二是指罪犯与罪犯之间的有限隔离，允许他们正当交往，但禁止传播犯罪手段，防止交叉感染；三是指将罪犯与亲人隔离，强化罪犯的刑罚体验，更为主要的是促其反省、悔悟。

（二）威慑、恐吓功能

监狱建筑和普通建筑有很大程度的不同，它的存在更多地表现为国家权威的象征，在社会公众的心中，监狱的形象符号就是高墙、电网、岗楼和封闭幽暗的监舍等，这些建筑设施除了让人们感到监狱的庄重、威严，还让人们从内心产生威慑感和恐惧心理；对于被监禁的罪犯，监狱建筑在物理空间上将其与社会隔离，剥夺了罪犯的人身自由，这不仅可以防止再犯罪、保护社会公众安全，而依托监狱建筑开展监狱工作，要求罪犯遵守监狱的纪律，服从监狱人民警察的管理，忍受较差的生活待遇和条件，不能与家人团聚，可强化罪犯的刑罚体验，还对服刑罪犯的心理、生理及矫正效果起到威慑和恐吓的作用。

（三）教育、矫正功能

监狱设计者和建设者历来重视监狱建筑及其环境景观对罪犯的熏陶、引导和教化。在欧洲最早的监狱之一——阿姆斯特丹女子惩治场大门上刻着：不必惧怕，此乃导善之所，非报复汝之罪行。我们相当严厉，心内爱心满溢。该女子惩治场采用的是庄严的巴洛克式的建筑风格，造型装饰极具特色，教育色彩浓郁。

监狱教育、矫正功能一方面受到监狱建筑物质层面的制约；另一方面也反映监狱建筑类型的定性，体现时代印象、监狱制度、治狱思想和矫正理念。监狱建筑教育、矫正功能可以发挥刑罚的一般预防和特殊预防作用，一般而言，监狱建筑和普通建筑有很大程度的不同，这种不同就在监狱建筑的功能发挥上，对于社会公众，它较多地展现了国家工具的权威，促使人们从内心产生威慑感和恐惧心

① 秦红岭：《建筑的伦理意蕴》，中国建筑工业出版社2006年版，第13页。

② 马岩：《监狱建筑功能的深层解读》，载《河南司法警官职业学院学报》2014年第1期。

理；对于被监禁的罪犯，除了威慑功能外，更多地展现其教化功能和行为引导，帮助罪犯学法、知法、守法。我国监狱建筑及监狱环境在充分考虑传统的建筑伦理和监狱安全的前提下，注重将狱内环境与罪犯的教育矫正结合起来，常以中华传统优秀文化和新时代社会主义核心价值观为设计主题，在监内建筑、广场、园林、教室、雕塑图像、装饰等各方面体现现代监狱的行刑理念、矫正价值和时代特色。

（四）整合功能

著名科学哲学家库恩在《必要的张力》一书中，论证了科学上的传统与变革、收敛式思维与发散式思维之间的恰当关系，以“必要的张力”为比喻①。社会人的发展与完善，同样以必要的身心自由与对这种自由的一定制约形成恰当比例——彼此互相串引的必要的张力为前提。这种“必要的张力”的形成，依赖于各种制度、符号、实体手段及其价值，其中，监狱便是一种古老而常新的工具。作为“禁止”的图腾与恐怖的象征，理想的监狱应当在捍卫自由与制约自由、维护秩序之间形成一种“必要的张力”。因此，所谓监狱的整合功能，便是协调这种“收敛”与“发散”之间的关系，形成“必要的张力”的功用效应，表现为监狱存在本身权威效应及其所派生的具体对于被害人和社会心理安抚、安定作用。② 监狱行刑的成功正在于持续而现实地昭示并“排泄”不良社会成员：犯罪意味着长期“坐牢”的痛苦；在一定程度上甚至可以说，实施犯罪的同时也就是监禁生活的开始。“坐牢”意味着被从社会之“身”上剔除，而与国家之“心”断观。从而，违法失去了诱惑力，“人人都面临抉择，都将谨慎从事”。③法的宣言效应之所以能实现，很大程度上应归功于它拥有诸如监狱这类物化手段，即监狱在惩罚犯罪的同时，还起着安抚被害人、安定社会的作用。为了发挥安抚被害人、安定社会的功能，必须让监狱在外在形象上给一般人以“痛苦可怕”的印象，只有如此被害人才会感觉到犯人是罪有应得，罪犯因为犯罪失去自由而承受痛苦，从而心里得到安慰。对于一般社会人员，就会感觉到可怕的监狱就在眼前，走在监狱外面看着明显可怕的监狱标志，那就是能剥夺自由的地方，高墙大院让人无法猜测的神秘增加了人们对它的远离心理，从而起到一般预防和安定社会的作用。从这方面考虑，我国的监狱建筑模式是有其优势的，我国的监狱除了个别未成年犯管教所外，外围一般都建有围墙、岗楼、电网等设施，

① 参见［美］托马斯·库恩：《必要的张力》，纪树生等译，福建人民出版社 1981 年版，第 222 页。

② 参见许章润：《监狱学》，中国人民公安大学出版社 1991 年版，第 62 页。

③ 参见［挪威］安德聂斯：《刑罚与预防犯罪》，钟大能译，法律出版社 1983 年版，第 93 – 94 页。

将整个监狱包围起来。这在外形上已经赋予“监狱”可怕的特征，能够起到一般预防、安定社会、安抚被害人的整合作用。①

## 三、监狱建筑的模式

世界各国的监狱建筑模式各有特点，但是所有的监狱建筑模式的设计都是为了更好地控制和改造罪犯，即监狱建筑模式应当契合监狱所具有的功能。不同时代以及不同国家和地区的监狱追求的监狱功能是不同的，其建筑模式亦应有相应的区别。现代文明的发展要求建设文明的监狱，正是社会文明的发展促进了监狱功能由简单到复杂的转变，进而促进了监狱建筑模式的改变与发展，监狱建筑模式与监狱功能在这种互动中相互促进与完善。我国监狱学研究者安文霞把当代西方监狱建筑和中国监狱建筑归纳为以下几种模式。②

### （一）当代西方监狱建筑模式

一个时代的监狱结构，往往会反映该时代的监狱功能。但是，由于受监狱设计和建设的周期性以及监狱建筑使用寿命的影响，很多现有监狱的设计和结构是落后于当下监狱所应有的功能的。同时，由于监狱设计中的继承性，一些早期出现的监狱建筑模式在今天仍然继续使用。从目前看，以美国为代表的西方国家的监狱结构，主要有五种模式。

1. 放射形模式

放射形模式是指从一个中心向周围呈放射状分布的监狱建筑模式。此种监狱设计的特点是以中心的圆形大厅向四周辐射，控制中心可以控制所有罪犯的活动。当监狱中发生骚乱时，它可以将一个或者多个轮辐式的监房隔离开来，大门入口处的一个走廊直接通到控制中心。整个监狱的外面是厚厚的围墙，这些围墙把监狱和社区隔离开来。③

2. 电线杆式模式

电线杆式模式是指监房沿着一个长长的走廊对称分布的监狱建筑模式。其特点是，监狱内的所有监房或者主要监房都沿着一个中心走廊分布，大多数情况下对称地分布在这个走廊的两边；中心走廊就像是电话线的线杆，而两边分布的监房就像是电话线杆上用来固定电话线的瓷葫芦，该种建筑设计模式体现的主要刑

---

① 参见安文霞：《我国监狱建筑模式的设置》，载《温州大学学报（自然科学版）》2012 年第 3 期。

② 参见安文霞：《我国监狱建筑模式的设置》，载《温州大学学报（自然科学版）》2012 年第 3 期。

③ 参见吴宗宪主编：《中国现代化文明监狱研究》，警官教育出版社 1996 年版，第 238 – 239 页。

罚哲学就是安全监禁。为了很安全地监禁罪犯，往往在监狱内根据罪犯的警戒等级实行分别关押。

3. 庭院式模式

庭院式模式是指相互连接的监房构成一个四合院形状的监狱建筑模式。其特点是，从外形上看，监狱就像一个四面都有建筑的四合院；监狱的这些建筑是相互连接的，这些建筑的中间是一个大的庭院，这个大庭院往往是犯人进行户外活动或者集体活动的主要场所；监狱的主要功能单元都设在这些相互连接的建筑中；从一个建筑单元到另一个建筑单元时，如果两个单元相互邻接，可以从监房内穿过走廊到达，如果是相互对望的两个单元，就可以穿过中间的庭院到达。庭院式设计主要用在一些最高警戒度监狱中，但是，从监狱建筑的实际情况看，这种设计风格已经在各种警戒度等级的监狱中使用。

4. 校园式模式

校园式模式是指不同的监房分散地分布在监狱内不同地点的监狱建筑模式。其主要特点是：监狱内的监房或者居住单元不相互连接在一起，而是分散地分布在监狱内的不同位置；监房之间用树木等有形屏障相对隔离开来，可以避免不同监房之间干扰；许多监房有不同的功能，例如，作为教室、商店、餐厅等；监狱外围是不同形式的围墙①。按照这种模式设计和建造的监狱，不仅使监狱更具有人道主义的特点，因其弱化了过去监狱的惩罚性特点，使监狱内的环境像个大学校园；而且也因为在这种监狱内，每个监房或者罪犯居住单元有更大的灵活性，监狱可以更加灵活地使用每个单元，可以根据需要在每个单元内开展不同的活动，而不受其他单元的干扰。因为从一个功能单元到另一个功能单元，都必须走户外的道路才能到达，所以罪犯有了更多进行户外活动的机会。由于人们认为这种建筑模式更为人道，防止逃脱的能力也较低，因而主要在少年矫正机构、妇女矫正机构、中等警戒度监狱以及最低警戒度监狱中采用。②

5. 模块式模式

模块式模式是指将每一个功能单元作为一个模块而组合成整个监狱的建筑模式。其特点是，监狱由一系列功能单元或者模块组成；每个功能单元关押一定数量的罪犯，或者专门用来作为别的用途；罪犯和监狱工作人员使用各自的走廊和楼梯，如果发生紧急情况，工作人员可以很快集中到发生紧急情况的区域，而不会受到罪犯的阻挠；每个功能单元就是一栋小型建筑，它们按照一定规律分布在

---

① 参见［美］大卫·E. 杜菲：《美国矫正政策与实践》，吴宗宪等译，中国人民公安大学出版社1992年版，第378页。

② 参见潘华仿主编：《外国监狱史》，社会科学文献出版社1995年版，第192－193页。

一个中央多功能区域的周围；监狱工作人员如果处在中央多功能区域，就能够观察到各个功能单元的情况。

在监狱建筑的建设方面，这类监狱吸收了“软性建筑”的成分，主要体现为使用了明亮的色彩，较少使用金属构件，不过，这也提出了一个问题，那就是这类监狱是否能够提供一种既可以保障安全，又可以减少破坏的监狱环境。在这种监狱中，罪犯居住单元或者功能单元的管理人员拥有很大的管理权限，各个功能单元内罪犯的主要活动大多数是在本单元进行的，罪犯劳动的车间建在罪犯监舍的上面。在罪犯居住单元内，很少设置围栏和门，罪犯在里面有较大的行动自由。这样的监狱管理模式被认为是更加有效的，因为它减少了管理层次，能够更有效地在不同监狱之间移送罪犯。①

（二）中国监狱建筑模式

中国监狱建筑结构总体上遵循“外紧内松”的原则，即监狱外围一般都建有围墙、岗楼、电网等设施，将整个监狱包围起来，以保障监狱的安全，防止罪犯逃脱；而在围墙内部的建筑设施与普通民用建筑没有什么不同，我国监狱建筑中监舍的结构与国外相比也比较单一。② 总体来说，中国监狱建筑结构因罪犯劳动项目的不同而有所不同。

1. 重刑犯监狱的建筑模式

重刑犯监狱的平面结构由生活区、生产区和教学区三个区域组成。以工业生产为主的监狱如果不看外面的高墙和电网，在里面看就好像是一个工厂，内部环境整洁、优美，花草、树木交相辉映。

2. 轻刑犯监狱建筑模式

轻刑犯监狱的建筑结构相对简单，一般都有生活区，有的监狱有教学区，但基本上都在监舍内。

总体来说，中国监狱的建筑结构和狱政设施相对比较简单，建筑形式也比较单一，所强调的不是物质预防，而是心理预防。

## 四、我国监狱建筑的科学规划与设计

对我国监狱可以按照分类的不同设置不同的模式。严管监狱（重刑犯监狱）可以采取放射形设计或者电线杆式设计，增加警戒度，这有利于对罪犯的看管。普管监狱可以采取全景敞视监狱模式，这既有利于对罪犯的看管，又可以使罪犯有相对宽松的生存环境，也有利于对他们的改造。宽管监狱或者监区可以采用校

---

① 参见吴宗宪：《当代西方监狱学》，法律出版社 2005 年版，第 188 - 189 页。

② 参见武延平主编：《中外监狱法比较研究》，中国政法大学出版社 1999 年版，第 22 页。

园式结构，使罪犯能有较多的活动自由，在建筑样式及管理方面实行区别对待，与其他类型的监狱或监区有较大的区别。

（一）我国监狱建筑结构的基本形态

我国监狱建筑学研究者王晓山在考察我国现有监狱建筑的基础上，认为我国监狱建筑结构基本上可分为以下四种形态：①

1. 分区式

《监狱建设标准》第3章第17条、第18条中对监狱建筑结构作了详细说明，监狱总平面布局应分为罪犯生活区、罪犯劳动习艺区、干警行政办公区、干警生活区、武警营房区等五大区域，并且对每一区域都作了要求。此种建筑结构形式是目前新建、迁建、改扩建监狱采用的主要方式，其优点是结构清晰，相对独立，各区域之间彼此相邻，有通道相连，并有相应的隔离设施。代表性监狱有：上海市青浦监狱、江苏省苏州监狱、辽宁省大连市监狱、山东省青岛监狱等。

2. 围合式

围合式是一种较为新颖的建筑结构形式，就是将几种功能用房进行优化组合，形成综合性建筑物。其优点是使服刑罪犯集中关押，节省了警力，提高了监管安全系数。

3. 分散式

所谓分散式，是相对而言的，监狱建筑单体分布较为松散，各种不同的监舍分散在不同的地点，类似于西方的校园式的监狱建筑结构。其优点是空间开阔，有相对独立的院落，互不干扰，管理相对宽松。这种建筑结构适合老病残犯监狱、低度戒备监狱、涉外监狱等。代表性监狱有：北京市延庆监狱、上海市南汇监狱等。

4. 集中式

所谓集中式，也是相对而言的，监狱建筑单体分布较为集中。其优点是服刑罪犯封闭式管理，警力可以相互支援。这种监狱主要集中在位于城市中心的高度戒备等级监狱，受土地制约等因素影响，只能在原地进行适当改造。代表性监狱有：上海市提篮桥监狱、江苏省徐州监狱等。

（二）监狱建筑的科学规划与设计

在当前的社会条件下，要充分考虑行刑的效率，根据需要，尽可能优化、整合全社会资源，力求用最小的投入实现监狱刑罚执行和教育改造功能的最大化。所以，面对现代监狱工作的新理念新要求，监狱规划与设计要充分考虑综合配套，完善服务执法改造的功能。我国监狱建筑学研究者王晓山提出了监狱建筑的

① 参见苏燕、王晓山：《浅谈监狱建筑结构》，载《犯罪研究》2013年第4期。

科学规划与设计六项要求：[1]

1. 建立一套完善的专业性监狱建筑结构

随着社会形势以及经济条件的发展变化，新类型的犯罪问题不断浮现，必须建立一套完善的与之相匹配的专业性监狱建筑结构。随着刑事法律法规的修订，监狱面临长刑期犯的压力，必须有对应的监狱建筑结构来与之适应。例如吸毒贩毒犯的增多，毒品犯共享针头引发的艾滋病对罪犯矫正教育产生新的冲击，使建立艾滋病监狱建筑成为新的课题。

2. 尽早绘制监狱建筑结构的标准图集

2002年建设部、国家计委联合颁布了《监狱建设标准》，2010年又对此标准作了修订和完善，但没有具体的图集。建议司法部监狱局能尽早出台与之配套的监狱建筑规范图集，具体绘制出各种类型监狱相应的围墙、岗楼、监舍楼、会见室、禁闭室、犯人大伙房、医院等建筑单体的平面布局图。

3. 以分散式取代集中式的监狱建筑结构

有位日本监狱学家曾说过，“为确保神圣的刑罚，监狱建筑反映最高道义标准，往昔单调乏味的牢笼结构，应转向普通家庭结构，以合乎时代的要求”，监狱建筑结构的模式应回归到家庭的基本结构，并成为发展趋势。通过各式的教育与关怀，帮助罪犯重新回到家庭的怀抱，监狱不再是单纯的监禁的场所，它应该建构成一个可以创造新希望的地方。监狱依其服刑罪犯特性可以提供不同的矫正教育计划，例如高度警戒区、一般警戒区、出监监区、医疗监区等，建筑上亦须参照各监区的特性进行相应的规划设计。这样的分散式结构模式有利于针对性开展矫正活动，有利于罪犯顺利回归社会。

4. 监狱建筑结构应以人性化设计为出发点

监狱建筑结构在符合监管安全的前提下，注重人性化，营造教化气氛，净化心灵。在监狱结构布局已确定时，监舍楼、劳动习艺车间、会见室等建筑单体，给予最小限度的监禁压力，营造出鼓励罪犯的自尊心，实践自我改造的氛围与生活空间。例如监舍楼内走廊宽度和室内净高适当提高，日照时间加长，晒衣间有太阳光照射等；劳动习艺车间增加净高，强化消防通道，增加辅助功能，如小型餐厅、饮水间、更衣间等；会见室设有残疾人坡道即无障碍人行通道，接待大厅设有监狱和驻监检察官接待室、公共卫生间、等候会见座椅、小型儿童游乐园、公共电话间、监狱信息屏等。特别是监狱庭院的布置，要成为一种新的追求，它挑战的终极目标就是创造希望，应巧妙地利用地形地貌景观，融合大自然的韵律，调整罪犯心境，发挥潜移默化的效果，重新燃起生命的希望，同时，为民警

① 参见苏燕、王晓山：《浅谈监狱建筑结构》，载《犯罪研究》2013年第4期。

职工提供宽松舒适的工作环境。

5. 监狱建筑结构应纳入地域社会邻近的相关因素

监狱建筑结构须结合当地社会资源并充分有效利用，监狱不能自绝于地域社会。信息化、社会的帮教、企业的生产、人力资源的培训、文体活动的交流、医疗卫生的支持、后勤保障等，均需要借助于当地的社会资源，才能使监狱顺利运作。特别是在当前信息化时代，监狱要充分利用当今最先进的科学技术，将所有警戒、警报、监视、监控系统完整密布于各角落，使监管区无任何死角，透过数字监控及录像系统，不但可以节省警力，日后亦可调阅任何档案数据，达到管理透明化的目标。

6. 监狱建筑结构应树立环保理念

21 世纪监狱建筑理念更要重视环保，提升环境质量。无论从环保的观点、经济的观点还是健康卫生的观点，都必须深加考究，如建筑单体的自然采光，规划时须考虑建筑的形式、方位、配置；温度湿度的控制，须考虑气流通畅，建材的选择，建筑单体的高度，四周环境等；节水措施须考虑有效的管控，水资源循环再利用；维护监狱宁静，管制噪声，须考虑区隔部分劳动习艺车间或特别处所（如锅炉房、发电机房）；废弃物加强管理，须考虑废弃物的减量与再生废污水处理；管线的铺设，除管径加大外，应采用不易腐蚀的材料，宜采取明管铺设便于维护。

## 五、我国古今代表性监狱的建筑

### （一）古代监狱建筑类型

中国的监狱建筑，形成于夏商周时期，经历了漫长的古代社会的演进，监狱建筑数量众多，形态各异，其中有史料记载的如圜土、明代“山西洪洞县衙监狱”和山西平遥县衙监狱等，对于研究中国古代监狱建筑具有“活化石”的意义。

1. 圜土

我国古代监狱何人所造？西汉史游所著《急就章》记载：“皋陶造狱法律存”，《广韵三烛》彭氏注曰：“皋陶造狱，其制为圜，象斗，墙曰圜墙，扉曰圜扉，名曰圜土。”从史料可以查证圜土是用土夯筑而成的一种圆形围墙或者挖地而成的一种圆形土坑，用以拘押囚犯。据《竹书纪年》记载：“夏帝芬三十六年，作圜土。”《周礼·秋言·司圜》郑司农也注：“圜土，谓狱城也。”圜土是夏、商、周三代普通监狱的通称，是我国早期国家监狱建筑形态。

2. 明代山西洪洞监狱

在我国，从明代起，官方文书中开始称狱为监，监狱两字尚未连称。明代已形成一套完整的系统化的监狱管理制度，它有中央监狱、地方监狱、军事监狱等。中央监狱有臭名昭著的锦衣卫狱，地方监狱按统一的规制建立。山西洪洞监狱是我国现存最早的明代监狱之一，该监狱又称苏三监狱，据传京剧《苏三起解》《玉堂春》的主角苏三曾在此监禁过，故而得名。苏三监狱在洪洞县城内旧县衙的西南侧，建于明朝洪武二年（1369 年）。监狱主要采取了当地西北民居建筑风格，外观为明代过刀青砖所砌，以木结构砖瓦房为主，整个建筑群中只有女牢和死牢是窑洞式砖砌房屋。① 牢房占地 496 平方米，监狱有两道门，两层围墙，墙垣高耸，内有东西相对的窑洞式的 12 间牢房，西部是普通牢房，东部是女牢和死牢，房檐下盖着铁丝网，挂着铜铃铛，有“天网”之称。监内还有禁子房（看守住的）、虎头牢（死囚牢）、水井、水槽等。监狱的四周是所谓的“丈八墙”，“丈八墙”是防逃的一个杰作，围墙高度为八丈，所以被称为“丈八墙”。“丈八墙”防逃的特色是它 1.7 米的墙体厚度，因为墙体全部用沙子填满，如果罪犯想逃跑，在墙体上打洞，如果打洞，墙体内的沙子就会哗哗地流下来，洞口越大，沙子的流动速度就越快，这样罪犯逃跑的概率越小。

（二）近代监狱建筑类型

1840 年，震惊中外的鸦片战争，导致中国沦为半殖民地半封建社会，为了挽救摇摇欲坠的统治，清政府不得不顺应时势，实行“新政”。作为国家机器的监狱也开始进行改良，刑罚逐步从生命刑、肉体刑、劳役刑向自由刑方向发展。致力于监狱改良的清末修订法律大臣沈家本，于光绪三十一年（1905 年），向皇帝上奏，提出“变法自强”并改良监狱：建立新式监狱，改造旧监狱，感化罪犯。之后通过派官员去国外考察，提出改良监狱首先得学习西方监狱的构造方法，由此，皇上下令各省建立模范监狱。与此同时，西方列强为显示其强国心态，在各自划定的租界修建监狱，如德国在青岛建造的欧人监狱，采用砖石钢骨混合结构，属于纯德国古堡式哥特建筑；英国在大连建造的旅顺日俄监狱，采用砖木结构。

1. 京师模范监狱

京师模范监狱就是清末代表性新式监狱之一。它位于北京右安门内南下洼姚家井镶蓝旗操场，由法律大臣沈家本主张设立，特邀日本监狱专家小河滋次郎规划设计。监狱建筑总体布局为东西向的主轴线，全部场地分为前、中、后三个区域，前部主要为监狱行政管理区，中部、后部为主监房，由大门、中央事务楼、监房、北新监、女监、病监和其他用房构成，呈现轮辐式或放射状结构。建筑材料为清水灰砖、红砖、水泥等新型建筑材料，突破了传统的土、木、砖、石等建

① 参见王晓山编著：《图说中国监狱建筑》，法律出版社 2008 年版，第 46 页。

筑材料。京师模范监狱于1911年建成，之后，改名为“京师第一监狱”“河北第一监狱”“北京第一监狱”等，中华人民共和国成立后改名为“北京监狱”。

2. 提篮桥监狱

上海提篮桥监狱位于虹口区，最早由上海公共租界工部局始建于清光绪二十七年（1901年），由英国驻新加坡工程处设计中标，当年年底动工兴建，启用于光绪二十九年（1903年5月）。后经过多次改建、扩建，至1935年形成后来的布局和规模。提篮桥监狱早期的正式名称为“上海公共租界工部局警务处监狱”，由于它位于“华德路”（后来更名为长阳路），也被称为“华德路监狱”。因地处租界，亦称为“西牢”。1949年5月始称“上海市人民法院监狱”，1951年8月更名为“上海市监狱”，1955年更名为“上海市提篮桥监狱”。监狱占地约60亩，建筑面积约7000平方米。2013年5月被国务院核定为“第七批全国重点文物保护单位”。2014年9月，被列入国务院批准的“第一批国家级抗战纪念设施”。

提篮桥监狱是一座典型的殖民时期的英国式样建筑。整个监狱是由十余幢钢筋混凝土楼房组成的建筑群，分别为9幢5层楼的监房，1幢6层楼的监房，共计3900余间囚室。监狱周围建有高5.2米的围墙。围墙四周还建有若干岗楼。拱形大门朝南，外来人员或车辆要先后经过四道大门才能进入监区。监狱每道大门的门楼上还建有一座机枪楼，堪称壁垒森严，设备精良，规模宏大，犯人收押数量多，最多达8000多人，押犯数在当时大于印度的孟买监狱和日本的巢鸭监狱，20世纪30年代号称“远东第一监狱”。①

3. 老虎桥监狱

老虎桥监狱兴建于光绪三十一年（1905年），最初称为“江宁罪犯习艺所”，晚清时期又改称“江南模范监狱”“江宁地方监狱”，民国北洋政府时期称为“江苏第一监狱”，日军侵华占领期间曾作为“中国战区日本官兵总联络部拘禁所”“日本刑务所”。日本投降后，1945年10月，国民政府司法行政部将原“江苏第一监狱”更名为“首都监狱”。因监狱位于进香河东侧，河上建有老虎桥，且监狱门牌号为老虎桥32号，故人们称之为“老虎桥监狱”。

老虎桥监狱建筑采用当时英国监狱的放射型结构，即作为中央控制区的岗楼在中间，各座监房或工场从中央控制区呈放射状向四周延伸。这种建筑结构，能够严格控制罪犯进出监狱，安全性较好。中央控制区的值班人员可以直接监视各栋监房的活动，但是无法直接监视不同监舍内罪犯的活动，监舍内罪犯的活动还得通过监控设备或工作人员在走廊中来回走动监视。监狱四周围墙有4米高，并架设电网，围墙外有宽达5米的壕沟。监狱建有办公楼、接见室、提调室、教诲

① 参见王晓山编著：《图说中国监狱建筑》，法律出版社2008年版，第80页。

堂、医务所、中央岗亭、杂居间、独居监、工场、瞭望台及炊事房等设施。监内设置为东监、西监、南监及女监、病监五处。整个监房主要采用砖木结构，层数都是一层，地面为木地板，所有监房门都是木门，门的中上部设有观察孔。监房中间为走廊，走廊屋顶设有透气的天窗。老虎桥监狱是一座颇具规模、设施较为完备、戒备森严的监狱，是国民党政府的中央监狱。南京解放后，监狱先后变更为“南京人民法院监狱”“江苏省第一监狱”“南京监狱”等名称。1999 年南京监狱被整体拆迁。

（三）现代监狱建筑类型

随着现代社会的发展，监狱建筑从以惩罚和安全为主，建造放射形和串联式监狱，到强调行刑人道化，罪犯回归社会理念，监狱建筑出现了庭院式和校园式等新的布局模式。20 世纪 80 年代单元组合式模式成为国外新建监狱的普遍模式。新中国成立后，国家一穷二白，百业待兴，监狱建设重点主要是生产性基建项目，罪犯用房因陋就简，谈不上正规的建设，而且大部分监狱分布在偏僻地区，自然条件恶劣、交通不便、经济落后。监狱建筑更多从“经济”“实用”出发，监区分散、功能不全、布局不合理。1994 年《监狱法》颁布实施后，监狱工作迈向法治化、科学化、社会化进程。2001 年国务院下发文件，2002 年开始的全国监狱布局调整，解决了新中国成立后长期积累下的矛盾和问题，按照“布局合理、规模适度、分类科学、功能完善、投资结构合理、管理信息化”要求进行的布局调整，在监狱建筑方面取得重大进展。

1. 司法部直属监狱——燕城监狱

燕城监狱坐落在北京市以东的河北省三河市燕郊开发区，监狱总用地面积 43.8 万平方米（658 亩），2000 年 11 月开工建设，2002 年正式挂牌成立并押犯运行，由司法部直接管辖。

燕城监狱的建筑风格融合了现代气息和中国园林风格，总平面采用花园式总体规划布局，大的功能区采用并列式布局，监区内设置一圆形中心绿地和硬地广场，围绕圆形中心绿地广场分为普通监区、特殊监区、办公区和武警区几个部分。为了使各栋建筑与圆形中心绿地广场形成良好契合关系，大多数建筑扭转 45 度进行组合。建筑造型以圆为母题进行造型，圆形的厅、圆形的柱廊、圆形的楼梯间等，造型新颖、独特。监狱外装修，一层的窗台以下做蘑菇石勒脚，墙身做浅暖色喷涂，坡屋面为红色，整个色调温暖、亲切，减少传统监狱的压抑和恐惧，有利于罪犯心理健康。燕城监狱是目前国内监狱管理的示范基地，具有较为完备的基础设施、医疗条件和生活环境。①

① 参见王晓山编著：《图说中国监狱建筑》，法律出版社 2008 年版，第 179－181 页。

2. 青浦监狱

青浦监狱始建于1991年12月，占地面积16.18万平方米，位于上海市西南郊境内，坐落于青浦区外青松公路7405号。青浦监狱是一所高度警戒的监狱，监狱的建筑设计理念超前，布局合理，区域划分、隔栏设置科学合理，易于管理控制。监狱划分为行政办公区、罪犯监舍区、监管后勤保障区和罪犯劳动（习艺）区等四个区域，还有1个足球场和7个篮球场。罪犯监舍区由11栋监舍楼组成，总建筑面积22，508平方米，以四层为主，框架结构，监舍楼平面布置呈Y形，在交叉结合点处设民警值班室，可以监视走廊情况。监狱绿化精致、细腻，规划大气，显示人与自然的和谐。监狱信息化水平领先于全国监狱系统，实现了信息资源数字化、信息传输网络化、信息管理智能化、信息技术普及化，是我国监狱管理科学文明管理教育罪犯，对外开放的窗口。①

① 参见王晓山编著：《图说中国监狱建筑》，法律出版社2008年版，第182－183页。

# 第六章

## 监狱与社会关系

监狱不仅是社会的物质附属物和社会的文化符号，而且和警察、法庭、军队等一起组成社会治理的暴力工具。从历史发展的整个过程看，在不同的社会阶段，存在不同的监狱形态。在一定的社会时期内，社会制度、社会结构、社会文化、社会经济、社会法律、社会政策等要素，直接影响监狱制度的建构和监狱的价值追求。

## 第一节　监狱与经济

### 一、监狱的经济属性

经济活动是人类社会存在与发展的基本现象与决定性力量。它具有丰富的内涵，人们经常从不同的意义和角度使用这一概念。它有时用以指称生产方式，包括生产力和生产关系两个方面；有时特指一定社会阶段中生产关系的总和，即经济基础或社会经济制度。一些经济学家使用的“经济”概念，是指如何在自然和社会条件制约下作出代价最小而收益最大的资源配置选择。政治经济学领域一般认为“经济”是指社会生产关系的总和，指人们在物质资料生产过程中结成的，与一定的社会生产力相适应的生产关系的总和或社会经济制度，是政治、法律、哲学、宗教、文学、艺术等上层建筑赖以建立的基础。社会科学研究中使用的最为广泛的“经济”主要是指物质资料生产、分配、交换和消费活动的总称。本书主要在“经济基础”和“物质资料生产与再生产”意义上使用经济的概念。在这个意义上，监狱的经济属性主要体现在监狱物质资料生产和国家物质财富运行环节两个方面。

首先，监狱在国家物质资料生产中承担着一定的角色和功能，具有经济生产属性。虽然监狱生产功能因国家性质和体制的不同有所不同，但近代以来的监狱一般都承担着经济生产的功能。通过让罪犯在监狱服刑中承担一定的劳动，从事一定的生产活动，既可以矫正罪犯的不良行为、培养罪犯的纪律观念和团体意识，也可以实实在在为社会提供财富。监狱正是基于劳动改造的理念，建立监狱企业，作为罪犯参加生产劳动的载体，在监狱组织下开展生产劳动，创造适合监狱或者社会需要的物质财富，由此监狱就具有了经济属性。虽然监狱为社会提供物质财富的数量和种类有限，但如果引导适当，也可以发挥协调经济运行的功能。比如由监狱生产政府采购的公共物品，一方面可以为监狱生产提供稳定的订单渠道，另一方面也不会因参与市场行为而影响监狱改造的主要职能。

其次，监狱的经济属性还体现在监狱是国家物质财富“消费者”的角色方面。监狱的建设和运行离不开人、财、物的支撑，监狱事业是需要消耗国家财富的领域。监狱的刑罚执行职责、改造罪犯使命以及对公共秩序和法律正义的维护，不仅需要经济投入，而且需要国家公共财政予以充分保障。从宏观经济运行的角度看，国家在公共财政项目设定和国家财富支出方面，必须基于监狱的重要作用和不可替代的功能而为监狱事业分配能够满足监狱功能发挥的、与经济社会发展水平相适应的经费、物质资料，同时进行一定规模的财政扶持和专项补贴。

## 二、监狱与经济的关系

作为国家机器重要组成部分的监狱，其产生、发展和存在形态都与经济有着密不可分的关系。

### （一）经济决定并制约监狱

1. 经济决定监狱的产生、发展和消亡

经济活动是人类社会存在和发展的决定性力量，它决定了国家和监狱的产生和发展。正是随着社会生产力发展引起的三次社会大分工，社会结构发生了深刻变动，家庭、私有制和国家因此产生。作为国家维护阶级统治和调整社会关系重要后盾的监狱，也在这一过程中与国家和法律同步产生。不仅如此，人类的经济活动还决定了监狱由低级向高级的发展。在《政治经济学批判》1859 年序言中，马克思指出：“社会的物质生产力发展到一定阶段，便同它们一直在其中活动的现存生产关系或财产关系（这只是生产关系的法律用语）发生矛盾。于是这些关系便由生产力的发展形式变成生产力的桎梏。那时，社会革命的时代就到来了。随着经济基础的变更，全部庞大的上层建筑也或快或慢地发生变革。”① 换

① 《马克思恩格斯文集》（第 2 卷），人民出版社 2009 年版，第 591 - 592 页。

句话说，生产力的发展推动了生产、分配、交换和消费方式的变化，这种变化也决定了作为上层建筑的监狱的演变和发展。另外，在经济发展的共产主义时期，即社会物质财富极大丰富的文明时代，伴随阶级、私有制和国家的消亡，监狱也会随之消亡。

2. 经济基础决定监狱的性质和形态

马克思主义认为，经济基础与上层建筑矛盾运动的规律，是人类社会发展的一个基本规律。经济基础决定上层建筑，上层建筑对经济基础具有反作用。监狱是国家机器的重要组成部分，构成了国家上层建筑的重要内容，其性质和形态始终受经济基础所制约。主要表现在以下方面：

第一，经济基础性质对于监狱性质有决定性影响，有什么性质的经济基础，就有什么性质的监狱。按照监狱赖以产生的生产关系的类型和其体现的阶级意志的不同，历史上存在的监狱包括奴隶制监狱、封建制监狱、资本主义监狱和社会主义监狱。

第二，经济和经济基础的状态决定了监狱的形态和构造状况。监狱的物理形态和构造主要来自国家财力支持。国家的经济状况直接决定了监狱物理形态的面貌和状况。一般而言，经济发达和财力富足的国家，其监狱设施和监狱构造的质量、形貌相对较好，贫穷落后国家的监狱面貌和设施则相对简陋粗糙。

第三，经济对于监狱的支撑程度决定了监狱职能履行的状况。不同时代不同类型的监狱承担着不同的职责使命，但作为国家机器的监狱，从其最基本的监禁罪犯、执行国家刑罚的功能到有效教育和矫正罪犯的现代使命，都与经济对监狱运行和监狱发展的支撑程度有关。

需要说明的是，经济对于监狱的决定和制约主要是通过国家为媒介的。国家在经济体制和经济投入上对监狱的政策直接决定了监狱的面貌和质量。经济的发达程度在最根本意义上制约和决定着监狱和监狱发展，但是这并不意味着经济状况好的国家其监狱建设和监狱发展程度一定处于领先地位。在经济状况既定的前提下，国家对于监狱建设、运行和发展所需经费的顶层设计很大程度上决定着监狱的经济支持状况和财务保障程度。

（二）监狱服务并保障经济

作为上层建筑重要组成部分的监狱，对于经济基础同样具有反作用。从理论上讲，监狱对与之冲突的旧的经济基础可以加以改造或摧毁，对其赖以存在的经济基础则可以提供引导、促进和保障。监狱服务并保障经济，具体体现在以下两方面：

1. 监狱行刑职能的履行保障经济活动的平稳有序

作为刑罚执行机关，监狱在现代国家履行着兑现法定刑、实现刑罚的基本职能。监狱是实现刑事法治和司法正义的最后一个环节，也是维护社会秩序的重要强制因素。监狱行刑职能的充分履行，彰显了国家的权威力量和法律的秩序价值，警示着社会公众，发挥着不可替代的一般预防作用。在这个意义上，监狱为经济活动的平稳运行提供了必要的环境保障和秩序支持。

2. 监狱再生产合格的公民，为经济活动注入适格的主体因素

现代监狱是监禁与改造罪犯的场所，承担着将罪犯改造为正常社会个体的重要职能。以物质资料生产和再生产为主要内容的经济活动，离不开千千万万个体的有效参与。经济活动的主体由适格的个体和组织构成，这些参与经济活动、创造物质财富的个体和组织符合经济规则的一个前提条件，就是具备遵守法律和社会道德底线的意识和能力。监狱一方面通过直接将罪犯改造为合格公民，为社会输送符合条件的经济主体；另一方面则通过这种惩处罪犯的威慑效果，间接为社会个体提供示范，确保其在经济活动中始终坚持理性行为。

## 三、正确处理我国监狱与经济的关系

监狱与经济的一般关系同样适用于我国，但是在我国逐步建立和不断完善社会主义市场经济体制的过程中，正确处理监狱与经济的关系具有不可忽视的现实意义。其中，完善经费保障问题以及优化监狱企业管理体制问题是正确处理我国监狱与经济关系问题的关键所在。

### （一）完善监狱经费全额保障体制，解决监狱的经济支持问题

1. 完善监狱经费全额保障体制

在巩固监狱体制改革成果的基础上，我国应逐步建立真正意义上的监狱经费全额保障体制。在预算支出科目上，做到监狱经费的全覆盖。在开支标准上，须充分考虑地区差异，不能全国统一标准。监狱经费全额保障应上升到法律层面，以法的形式固定下来，实现经费保障的法律化和制度化。

2. 建立多层次的监狱经费保障体制

我国监狱的经费保障体制不仅要全额保障，还须建立多层次的保障体制。对照财政部发布的《监狱基本支出经费标准》，对于监狱正常运转必备的经费由中央财政直接拨付下达各省，而对于其余的改善性的支出，如监狱布局调整、监管设施达标等专项经费，以及民警工资外津贴、福利等由省级财政支出。对中西部欠发达地区和困难地区的监狱经费，省级保障有困难的，中央财政通过转移支付予以必要的补助。

3. 建立监狱经费保障的稳定增长机制

监狱经费保障范围和标准要随着客观形势和实际需要的变化而稳定增长，也就是说监狱经费开支项目不能规定得过于死板和僵硬，要符合监狱规划的发展方

向，为其留出合理的处理空间。同时监狱经费拨付总量要按照国民经济的增幅比例每年递增。

4. 继续扶持监狱生产发展的优惠政策

国家对监狱生产技改项目、设施提供、资本金注入、政策性贷款贴息、税收减免、返还等政策要延续，以弥补经费保障不足的部分，也能确保为罪犯提供充足的劳动岗位。

（二）优化监狱企业管理体制，确保监企分开的运行机制

1. 正确认识监狱企业的性质

监狱企业因对罪犯的劳动改造而派生，是监狱行刑的必要支撑，担负着为矫正罪犯提供劳动岗位的职能。监狱企业服务于劳动改造罪犯的现实需要，因此即使是国家能够全额保障监狱经费，监狱企业仍然有存在的必要。监企改革的动因不在于监狱企业是否应该存在，而主要是监狱企业的管理体制对于罪犯改造工作产生了负面影响，使罪犯矫正的科学性得不到相应的制度支持。监企分开的深入推进，既要尊重监狱改造罪犯的基本职能，也必须看到监狱企业是特殊企业，必须建构独立的运行机制。监狱企业要讲求经济效益，但不以追求经济效益为目的，获得经济效益的前提是完成罪犯的矫正任务，而不是一味追求经济效益。进一步深化监企分开的改革成果，必须坚持监狱企业劳动改造罪犯的功能，劳动矫正罪犯和获取经济效益是监狱企业的双重任务。

2. 坚持从实际出发，因地制宜确定监狱企业发展方向

规范监狱企业运行，应在坚持监企分开总体原则的前提下，分类指导，区别对待。应参照有关法律法规，用好国家优惠政策，确立符合社会主义市场经济要求和矫正罪犯需要的监狱企业发展方向，做到适应市场，扬长避短，有进有退。监狱企业原则上向优势产业发展，与优势企业合作，加强政府采购。

3. 规范监企关系，构建合理的监狱和监狱企业之间的工作机制

监狱国有独资公司及其子公司不同于以营利为目的的社会企业，是为矫正罪犯提供劳动岗位和生产手段的特殊企业。分开运行后的监狱和监狱企业是分别隶属于省级监狱局和省级国有独资公司的相互独立的法人实体，应围绕矫正罪犯的共同目标，出台相关制度，规范监狱局与集团公司的行为，明确各自的权利义务，按各自的规律运行。监狱局应加强对集团公司的组织领导，通过对集团公司下达计划形式使集团履行为罪犯提供矫正服务的职责，实现国有资产保值增值。集团公司应充分借助法律、行政和经济手段，规范监狱与子公司的关系，将监狱的刑罚执行和企业管理活动合理结合起来。为避免各自为政，监狱企业与监狱可以通过签订协议的形式，明确职责，规范各自活动范围和具体行为。同时按照权责利结合的原则，根据矫正罪犯和经济管理需要，制定监狱民警和监狱企业管理

人员考核办法。监狱企业应按照“产权清晰、权责明确、政企分开、管理科学”的现代企业管理要求，逐步解决监狱与监狱企业内部交叉任职的状况，形成较为合理的法人治理结构。

## 第二节　监狱与政治

### 一、监狱的政治属性

“政治”一词的含义很广，不仅包括政治关系、政治组织、政治制度，而且也包括政治立场、政治方向、政治观点等内容。政治研究更是涉及国家权力、民主、政党、政策、民族关系等丰富的内容。中外思想家、政治家对于政治的内涵特征有各种各样的观点。马克思主义主要从阶级观点以及经济与政治的关系来看待政治。一方面，从阶级观点看，马克思主义认为政治是阶级之间的力量对比关系和斗争活动，阶级斗争是政治活动的主要形式。由于各政治派别之间斗争的焦点是夺取国家政权，因此，政治的核心问题是政权问题，即各阶级、政党之间为取得政权，维护已掌握的政权或如何利用政权实现有效统治等问题。另一方面，从经济观点看，马克思主义认为政治是一定社会经济基础决定的重要上层建筑形式，政治是经济的集中体现，它归根结底由经济决定并对经济有反作用。

由上可见，政治与国家权力和政权密切相关。作为国家机关的监狱既是国家权力的重要构成部分，又是维护国家政权的重要工具，其具有鲜明的政治属性。政治属性是监狱天然的传承基因。“讲政治”是贯穿监狱工作的核心思想。一方面，监狱行使的国家权力具有剥夺公民自由和惩罚个体的属性，即使在近现代监狱成为专属的自由刑行刑机关之前，监狱权力也与国家权力密切相关，具有明显的政治属性。另一方面，任何时代和任何国家中的监狱都是维护现行政权的重要暴力手段和强制工具，其对于统治阶级地位的维护和政权稳定具有不可替代的重要作用。

### 二、监狱与政治的关系

监狱与政治都属于一国上层建筑的重要组成部分，由共同的经济基础决定，因此其在性质、形态和属性方面具有一致性。从历史发展上看，监狱与政治具有一定的同步性，都是随国家产生而产生的。从内容范围上看，国家政治涉及的范围较为广泛，涵盖面较宽，对于国家和社会具有较为直接的影响；而监狱领域涉及的内容相对单一，主要与刑罚执行和改造罪犯有关，与社会公众的距离较远，具有一定的封闭性。监狱与政治的关系是监狱外部社会关系的重要维度，从监狱与政治的相互作用和影响中可以较好把握监狱的基本定位和内在特性。

（一）监狱以政治为基础，政治对监狱有决定和制约的作用

1. 政治为监狱提供权力基础

监狱是国家暴力机器，任何时代的监狱运行都必须有国家权力予以支撑。没有国家权力，监狱无法产生，也无法运作。监狱诸多属性的深层次根源虽然来自经济基础和时代背景，但其直接因素是国家意志以及体现国家意志的国家权力。政治与国家和国家权力具有天然的共生性，政治是国家权力产生和活动的基本场域。正是通过政治活动和政治行为，监狱所依赖的权力的属性、位阶、形式和保障才得以成形和运作。

2. 政治为监狱提供组织基础

在某种意义上，国家是政治的构造物，监狱作为国家的重要组成部分，其自身的框架构成、人员配置模式、职责分类、岗位属性以及各级监狱之间的关系和运作模式等组织基础也源于政治制度的设定和政治活动的结果。政治在为国家统治提供合法性的基础上，通过以政党为主的政治组织的活动，以法律和制度的形式确立了权力分工的基本面貌，进而为每种性质的权力配置了对应的组织架构、运行机制、人员构成和人员分工。一国的监狱隶属于何种权力分支，其在国家组织体系中的地位，与其他司法机关的关系以及中央监狱和地方监狱的关系，基本上都取决于该国的政治制度和政治决策。监狱领导和领导部门的产生和赋权在现代国家也大都来自政治任命，是政治运作的结果。监狱工作人员的属性、地位、权限以及权利保障，不仅与现实的政治决策和政治框架有关，更受到一国政治文化和政治传统的影响。

3. 政治为监狱提供政策基础

政策，即政治策略，是指“一定政党或其他政治组织为达到一定时期的政治目标，处理国家事务、社会公共事务而提出并贯彻的路线方针、规范和措施的总称”。[①] 政策是国家治国理政的重要依据和指导准则，监狱职能的履行需要在各种国家和社会政策的指导和约束下进行。刑事政策对于监狱更是有着直接的影响和导向作用。以惩罚犯罪和预防犯罪为目的的刑事政策，其对于犯罪态势的判断以及当时当地罪犯处理态度的严格与否，直接影响了罪犯行刑过程的处遇措施、矫正强度和法律奖惩的频率与数量。比如，在严厉刑事政策背景下，监狱对于罪犯减刑、假释和暂予监外执行的控制比较严格，对于罪犯矫正措施和矫正手

① 朱景文主编：《法理学》（第3版），中国人民大学出版社2015年版，第143－144页。

段的运用态度也不够积极，在罪犯的限制性措施方面和纪律管制方面则会采取较多的干预性手段。

（二）政治以监狱为载体，监狱对政治有维护和保障的作用

1. 监狱体现政治意志，监狱文明程度和法治化水平与政治密切相关

政治是统治阶级统治国家的行为和活动，其中蕴含着执政党的路线、方针和政策，此种政治意志辐射于国家的各个组成部分，影响着国家的各类活动。监狱受到政治意志的直接影响，其职能活动既是政治意志经过法律程序的作用结果，也是政治集团控制国家机器的暴力工具载体。因此，政治发展的状况和程度与监狱的文明程度和法治化水平密切相关。民主、开明的政治体制和政治环境才能确保监狱的公正、文明、人道和法治。

2. 监狱维护政治秩序，行刑秩序和行刑效果直接影响政治秩序和社会秩序

监狱作为自由刑执行机关，承担着关押罪犯和执行刑罚的基本职责。监狱依法对服刑罪犯进行管理和改造，首先要确保的是监狱行刑秩序的正常稳定。稳定的行刑秩序意味着国家刑事司法机制的正常运转，意味着国家惩罚犯罪和制裁严重危害社会行为的有效性，从而也维护了基本的政治秩序和社会秩序。行刑秩序虽然只是整个国家秩序和社会秩序的一小部分，但从这个角度看，其政治意义和实际影响不容忽视。另外，监狱行刑效果则在更高层次保证了政治秩序和社会秩序的平稳和安宁。因为只有监狱能够通过有效的教育、管理、矫正，将服刑罪犯转化为守法公民和正常个体，使最终可能干扰政治秩序和社会秩序运行的不利因素得到最为彻底的消除。监狱行刑效果较好之时，往往也能大幅度提升民众对于国家政治的认可度和信赖感。

## 三、正确处理我国监狱与政治的关系

（一）服务监狱工作的总体目标，履行监狱工作的政治使命

新时代监狱工作的总体目标是：进一步提高政治站位，坚守安全底线，践行改造宗旨，严格刑罚执行，深化监狱改革，推动科技应用，打造过硬队伍，确保监狱持续安全稳定，切实把罪犯改造成为守法公民，健全与实现国家治理体系和治理能力现代化，建设与社会主义法治国家相适应的中国特色社会主义监狱制度。

监狱工作必须紧紧围绕总体目标，强化政治担当，充分履行监狱职能。监狱是人民民主专政的工具，也是社会治理体系和治理能力现代化的重要组成部分，监狱安全不安全、刑释人员回归后还犯不犯罪是人民群众对监狱工作最基本的评判标准。监狱机关必须树立底线思维，坚持总体国家安全观，以人民安全为宗旨，以政治安全为根本，构建完善的监狱工作领域风险防范化解工作机制，坚决

捍卫党的执政地位和中国特色社会主义制度，全力维护监狱内部持续安全稳定，最大限度地降低罪犯刑释后重新犯罪率，促进社会大局稳定。在执法方面，监狱应严格规范执法。监狱机关作为国家刑事一体化体系中制刑、求刑、量刑、行刑四个环节中的最末一环，是司法维护社会公平正义的最后一道防线。近年来，人民群众对监狱在押罪犯减刑、假释、暂予监外执行工作十分关注，减刑、假释中发生的司法腐败问题引起社会强烈反响。监狱必须增强坚守法治的定力和厉行法治的意志，提高运用法治思维、法治方式的能力，深化依法治监，严格执行减刑、假释、暂予监外执行的各项规章制度，努力让人民群众在一个个案件办理中都感受到公平正义，切实提升监狱执法公信力。同时，监狱应提升管理水平，确立更高的执法标准，不断深化规范文明、公开透明管理，有效消除执法瑕疵，充分保障罪犯合法权益，积极搭建监狱与社会的沟通桥梁，切实让人民群众体会到“可感受的文明”。

（二）强化政治担当，提升监狱工作服务大局的能力

监狱是国家的重要机器，更是社会治理的重要一环，必须站位大局、服务大局、保障大局，把监狱工作融入社会治理大局中来谋划推进，努力为实现国家治理体系和治理能力现代化发挥积极作用。监狱应积极构建平安联创新局面。当前，外部的安全风险持续向狱内输入，监狱的安全职责又逐步向外部延伸。新的安全形势需要我们以总体国家安全观为指导，统筹整合各方资源力量，主动嵌入问题联治、工作联动、平安联创的平安建设社会链条，积极推动监狱安全协同作战、共同治理，全面筑牢安全屏障，提高平安建设质效。监狱执法工作的水平高低、质量好坏，直接影响人民群众对公平正义的期待和信心。监狱工作应贯彻习近平总书记全面依法治国新理念、新思想、新论述，全力当好良法善治的实践者、推动者，把依法治理作为推进工作的基本方式，严格公正文明执法，大力开展执法教育和执法监督，深化狱务公开，强化文明管理，切实将监狱工作纳入法治化轨道。改造罪犯是监狱的根本宗旨，把罪犯改造成为守法公民，使其不再危害社会，是监狱的重要职责和神圣使命。刑罚执行一体化工作是深化司法体制改革的一项重要内容，有利于监禁刑与非监禁刑优势互补，监狱机关应不断深化刑罚执行一体化改革探索。这一改革的关键是要打通节点、形成合力，这就要求监狱工作必须摒弃“大墙思维”、封闭观念，牢固树立刑罚执行一体化、“一盘棋”思想，在继续深化互帮共建、落实刑释人员安置帮教工作机制的基础上，努力在拓宽信息共享平台、输送优秀教育管理人才、联合处置风险问题等方面积极主动作为，争取实现刑罚执行政治效果、法律效果和社会效果的最大化。

（三）深化政治建警，打造政治素养过硬的监狱人民警察队伍

习近平总书记指出，要加快推进政法队伍革命化、正规化、专业化、职业化

建设，努力打造一支党中央放心、人民群众满意的高素质政法队伍。监狱机关要坚定不移沿着习近平总书记指引的“四化”方向，牢牢抓住“人”这个根本要素，全面建设高素质监狱民警队伍，为做好新时代监狱工作提供根本保障。在专业能力建设上要突出实战实用实效，按照习近平总书记提出的“专业化建设要突出实战、实用、实效导向”的要求，扎实开展执法培训、岗位练兵和技能比武，全面提升民警的能力素质。尤其是在纪律作风建设上要突出忠诚、干净、担当。面对新形势、新任务，监狱系统要按照忠诚、干净、担当的高素质干部队伍建设要求，贯彻落实司法部关于进一步加强队伍纪律作风建设的意见，坚持把目标考评作为检验作风的重要载体，建立健全各级领导与分管部门、挂钩单位之间的捆绑考核、双向评议、同奖同罚机制，营造创新、创优、创一流的工作氛围。

加强监狱人民警察队伍建设，坚持把思想政治建设放在首位，狠抓队伍的思想政治建设、业务能力建设、组织建设、作风建设和纪律建设，坚持加强领导班子建设和监狱基层基础建设，着力提高监狱人民警察的监管能力、执法能力、改造能力和应急处置能力，坚持从严治警、从优待警、科技强警，切实提高队伍建设水平，不断提高队伍的凝聚力、战斗力，打造一支信念过硬、政治过硬、责任过硬、能力过硬、作风过硬、敢于担当、奋发有为的监狱人民警察队伍，为监狱工作有效、正确履行职能和改革发展提供强有力的组织保障和动力支持。同时，认真贯彻中央纪委国家监委关于加强监狱系统纪检监察工作的有关通知精神，严格执行防止干预司法“三个规定”，加强廉政风险防控体系建设，坚决整治“四风”问题，用好“四种形态”，确保监狱人民警察队伍安全稳定。

## 第三节　监狱与法律

### 一、监狱的法律属性

监狱与法律都属于上层建筑的重要组成部分，二者在产生机理、阶级属性、服务对象上具有一定的相似性。不过，法律是近现代国家形成和运作的基本方式，其覆盖范围和作用领域远远广于监狱。近现代监狱存在的主要依据即在于其对于国家刑事法律的执行和实现。

法律是监狱制度体系中居于主导地位和核心地位的具体制度形式。监狱的制度体系是监狱活动的基本框架，也是监狱行为规范化的重要依据。法律本身的规范性和抽象性，决定了监狱法律制度在监狱领域中必然具有十分重要的作用。由享有不同层级立法权的国家机关所制定并实施的监狱法律法规和行政规章，是对于监狱领域各项行为最为规范化的约束和指导。监狱法律为监狱活动的进行确定了基本的原则和机制，也提出了基本的要求和价值导向。所有正式监狱制度的具体内容都必须符合监狱法律法规和行政规章的要求，而不得与监狱法律法规和行政规章相抵触。这既是监狱运作内部协调一致的要求，更是现代监狱法治和国家管理的基本要求。当然，由于监狱制度是一个包括了各个层次的、规范化程度各不相同的制度系统，与监狱法律不相符的制度形式也会发挥一定的作用，例如监狱习俗、监狱个体的习惯、监狱群体规则等，但监狱法律制度始终是监狱领域行为、价值和认知层面规范化的主要形式，是监狱现实运作所依赖的基本架构和影响其他监狱活动的主要因素。

从另一个角度看，监狱是实现国家职能的重要机构，国家法律必然对监狱各个层面的活动进行规制，并提出具体的权利、义务和职责要求，从而确保监狱秩序的稳定和监狱发展的有序。所以在监狱活动中，不管是享有行刑权和管理权的监狱，还是被剥夺了人身自由、仍具有基本权利的罪犯，都必须首先使其行为符合法律设定的要求。实际上，法律此种功能发挥的后果必然是保证了监狱运行和监狱活动的规范化和秩序化，正是强制性的法律塑造了监狱领域基本的制度化框架。同时，法律必须将监狱领域的所有事项都纳入自身的辐射范围，这样才能确保行刑的公平正义、管理的科学合理和运行的有序安全。

## 二、监狱与法律的关系

监狱与法律都是国家维护社会安全与秩序的重要依托，其职能完成对于统治阶级意志实现具有不可替代的作用。在法律意识层面，监狱与法律都构成了人们对于国家强制力的直接表征，是国家实力和权威的重要来源。监狱与法律之间相互支撑，相互影响，共同发挥着维护社会安定和实现公平正义的价值使命。

### （一）法律对于监狱的影响

1. 法律在监狱制度构成中占据主导地位

在维系监狱运行的制度体系中，监狱法律制度具有支撑的、主导的作用。监狱法律是整个监狱制度的重要组成部分，也是监狱制度体系得以形成的基本条件，监狱法律制度为监狱运行规定了基本的行为框架和运行规则。虽然各种类型的监狱制度可以为不同层面的监狱活动确立行为框架，但监狱法律制度以其自身的明晰性和有效性，保证了监狱活动的稳定性和持久性。这种明晰性源于监狱法律制度特有的技术特征，即法律本身的权利义务机制对于行刑关系调整的有效性。因而，法律在监狱制度体系中处于主导地位，其他各种制度都是围绕监狱法律制度所设定的基本条件、界限和要求而形成的。法律在监狱制度构成中的主导性实质上体现了国家意志的唯一性和专断性。国家意志集中地体现于监狱法律制度中，从而成为指导监狱运行的基本行为规则。监狱法律制度的主导性与国家意志的不可动摇性具有直接的关系。因而，监狱制度的其他形式必须紧紧围绕监狱法律制度形成各自的调整方式，而不可能偏离监狱法律制度的价值指导独自发挥作用。

2. 法律的强制性对于监狱正常运行具有支撑作用

法律的强制性是监狱正常运行的重要支撑。法律的产生、适用和运行由国家强制力予以保障，监狱法律制度规定的事项和程序具有优位性。监狱法律制度因其自身的法律属性而具有更为严格的形式要求和程序限制，其是围绕监狱法律体系所形成的规范框架，该框架所包括领域内的行为准则皆由国家明文规定。一旦出现需要适用的条件，这些规则、规定必须予以适用。监狱不得以任何理由排斥这些规则的适用。在监狱纪律、生产守则等监狱制度形式中，一些规定和要求可以根据实际情况予以适当变通，但是监狱法律从形式和内容上讲，都具有不可轻易变动和不可任意更改的强制性。监狱法律所设定的程序、原理和工作要求，也是日常监狱活动所必须遵守的基本要求。这就是监狱法律的优位性，即监狱法律制度所规定的内容以及其本身具有高于其他监狱制度的效力位阶。在监狱工作中，监狱法律是所有行为的底线要求，尤其是监狱刑事活动和监狱行政活动的重要限制因素。法律强制性对监狱秩序的维护集中体现在对于违反制度要求和制度条件的对象，可以直接适用法定强制措施。任何一种规范体系都不可能得到完全的遵守，对于违反规范或规则的行为施以何种性质和何种类型的处罚就直接决定了该规范体系的性质。监狱法律是一个严整的、具备法效的规范结构，对于违反相关行为规则的个体，直接依程序予以制裁。这种制裁因素的法定性、及时性和普适性，决定了监狱法律在监狱制度体系中的决定性地位，其强制措施和制裁因素直接确保了监狱秩序的稳定，也全面形塑了监狱作为罪犯威慑地的国家形象。

3. 法律的规范性确保了监狱活动的明确性和有序性

监狱运行是一个以行刑为主、包括了其他多种监狱活动的过程。作为承担刑罚执行职能的监狱，国家通过监狱法律为监狱活动规定了基本的行动方式和行为准则。国家意志集中地体现在构成监狱法律的各种法律规范中。这些具有强制力的行为规范和职责规范保证了监狱存在的基本制度条件，确保了行刑关系的顺畅和行刑秩序的稳定。

监狱法律作为行刑活动的行为框架，具有明确的权利义务结构和明晰的行为约束制度安排，从而能够对行刑关系进行有效的调整和规制。监狱法律的实现借助的是其特殊的逻辑结构，监狱法律的结构科学地实现了规范的价值承载和行为指导功能，因而能够最大限度确保监狱行为的有序和明晰。任何一个监狱法律规范中都包括了假定、行为模式和法律后果三个内容。假定规定了法律规范可以适用的情况。法律运行有其特定的范围，只有在一定的情况具备时，监狱法律规范才能对特定的罪犯产生约束力。行为模式就是对这些情况的法律限定。行为模式规定了"可以做什么"、"禁止做什么"和"必须做什么"。"可以做什么"就是授权规范，即罪犯具有根据授权为一定行为的权利。比如罪犯可以使用规定限额内的货币在指定购物点购买物品。"禁止做什么"就是设定罪犯不得为一定行为的义务。比如监狱一般都禁止罪犯携带贵重物品。要求"必须做什么"，就是设定罪犯必须为一定行为的义务。行刑的制度化过程就是将这几种行为模式在行刑活动中实施的过程。法律后果则规定了对遵守规范或违反规范的肯定或者否定后果。肯定后果是确认行为以及由此产生的利益和状态具有合法性和有效性，予以保护。比如罪犯行为符合假释条件，即可获得积极的法律后果。否定后果是否认行为以及由此产生的利益和状态具有合法性和有效性，不予保护甚至对行为人予以制裁。比如违反监规的罪犯，可能被依法禁闭。监狱法律规范作为构成监狱法律制度的基本元素，通过这样的逻辑结构不仅合理确定了特定行刑活动的范围和行为界限，而且全面实现了监狱法律的规制作用和评价作用。

### （二）监狱对于法律的影响

#### 1. 监狱对于法律实施具有不可替代的作用

"法律实施，是使法律规范的要求在社会生活中获得实现的活动。法的实施是一个动态的过程，即将法律规范的要求转化为社会主体的行为，将法律规范中的国家意志转化为现实关系，使法律规范的抽象规定具体化、由可能性转变为现实性的过程。"① 监狱作为刑罚执行机关，在制刑、求刑、量刑、行刑等刑事法律实施环节中具有重要作用。没有行刑过程对于刑罚的实现和现实化过程，刑事法流程前三个环节作用的发挥必然受到抑制和阻断，刑罚功能的实现难免成为"纸上谈兵"。如果监狱执行监禁刑的职能得到充分发挥，罪犯在监狱服刑过程受到该当的处罚和应有的处遇，刑事法律惩罚犯罪和教育公民的直接目的在刑事法实施过程中就得到了实效性的支撑，国家的刑法机能在制度设计层面就获得了圆满实现。

#### 2. 监狱对于法律价值的实现具有显著的促进作用

一般认为，法律价值是法律因其自身属性而对于人和社会具有的积极意义和有用性。法律价值因主体需要的多样性和变化性，呈现为一个复杂多样的价值体系，但秩序、自由、正义等则被公认是各个时代和不同地域人们所共同追求的法律价值。监狱通过将罪犯关押于固定场所和封闭区域，不仅宣示了国家打击违法

---

① 朱景文主编：《法理学》（第3版），中国人民大学出版社2015年版，第270页。

和惩处犯罪的有效性，而且彰显了国家维护秩序和捍卫正义的权威力量。通过监狱，已经被犯罪行为破坏的秩序在个别预防和一般预防层面才真正得到了有效回应。同时，只有经过监狱对刑罚的执行，法律报应才最终完成，正义才最终得以实现。另外，监狱虽然剥夺了罪犯的自由，但尊重罪犯自由意志和主体人格正是惩罚罪犯的逻辑前提。罪犯失去自由是对其滥用自由的惩罚，是让其承担自我责任的法律处置，而且也正是通过监狱的存在和功能的发挥，一般民众才能更好地认识到自由的价值和自由的界限。

## 三、正确处理我国监狱与法律的关系

当前，在全面依法治国的新格局下，监狱行刑和改造罪犯将更为社会和公众所关注，提高监狱的法治化程度，将成为监狱工作的核心内容和关键要求。这一切都依赖于符合现代发展要求的完备的监狱法律法规体系，使监狱的所有工作纳入法治化轨道。正确处理我国监狱与法律的关系，集中体现为围绕现行《监狱法》的适用和修改，在监狱依法运行和行刑法治方面有所突破。

### （一）提升《监狱法》的立法位阶，实现刑事法律的平衡协调

刑法、刑事诉讼法、刑事执行法是三个独立的刑事法律部门，它们在同犯罪作斗争中处于同等重要的地位，只有适用的先后，没有地位的高低。但是从我国现行监狱法的制定到实施的实际情况来看，作为在刑事执行法中处于重要地位的《监狱法》因为没有取得和《刑法》《刑事诉讼法》同等的地位，《监狱法》也仅仅成了“监狱的法”和“管监狱的法”，《监狱法》的实际效力受到较大的影响，进而使国家的刑罚权的实现受到不利影响，从而大大影响了刑罚效益的实现。《刑法》、《刑事诉讼法》和以《监狱法》为主体的刑事执行法三者相互衔接，相互配套，构成有机联系的统一体，具有同等地位无可置疑，已被广泛认同。我们知道，刑事执行法应当是有关刑事执行的全部法律规范的总和，但一部刑事执行法典也并不一定能包括全部刑事执行法律规范，只要涵盖了刑事执行的主要部分即可具有该法的性质。就目前而言，自由刑的执行大部分由监狱来执行，尽管随着我国司法体制的改革，非监禁式的矫正比例会逐步加大，但监狱作为刑事执行的主体在短期内不会改变，而且根据国际惯例，看守所作为未决犯的关押场所，也应归入监狱系统，监狱法在刑事执行法中的主体地位也不会变。况且监狱在其运行过程中，必然涉及与各级政府、国家有关机关的关系；作为行刑对象的罪犯由于本身部分权利未被剥夺而必然产生与其有关的民事法律关系、行政法律关系等。作为调整这诸多关系的《监狱法》要达到调整的目的，必须提高《监狱法》的立法规格，使其具有基本法的地位，才能保证监狱法的法律效力。

### （二）重构《监狱法》的内容，夯实监狱法治建设基础

监狱法作为监狱工作的基本法，导引着监狱工作的方向，规范着监狱工作的内涵，决定着监狱工作的效能。在完善监狱法律法规体系中，修订《监狱法》就显得更为重要和关键，其他法规都必须以此为依据。

从我国现行的《监狱法》看，主要是法律调整的内容过于简单、原则和笼统，使许多监狱行刑和改造罪犯的行为于法无据，影响了《监狱法》的效力。在修订与完善《监狱法》时，要按照行刑和改造罪犯的实际需要，补充《监狱法》的内容。在内容的规定上，要做到翔实、完整，能够对实际工作进行有效的规范，在内容的增加上，要根据《监狱法》集实体、程序与组织为一体的综合性法的特征，分别在不同的章节中予以规定，同时，现代法治的一个基本要求是重视对权利的保护，在《监狱法》的修订中也应体现出对罪犯这一弱势群体的权利的保护，以调动罪犯改造的主动性和积极性。在立法的技术、语言等方面，按照法律内涵的要求，尽量避免政治性和空乏性语言，使《监狱法》在自身的体例上和与其他法律的关系上能够协调、配套。

第一，必须明确国家、地方各级人民政府及相关机关、团体在监狱工作中的职责。一是要明确各级人民政府在其行政区域内采取有效措施保障监狱运行的外部环境，包括安全保障、资金保障、土地保障、刑满释放人员权利保障等；二是要明确各政法机关在监狱工作中的职责，确立公检法司机关分工负责、相互配合、相互监督的原则；三是明确武装警戒在监狱工作中的职责，并要协调好与监狱的关系；四是要处理好监狱罪犯劳动与地方有关部门的配合与指导关系，要取得地方工商、教育、劳动等部门的支持；五是要明确相关社会团体在监狱工作中的职责，比如妇联、共青团等团体对监狱工作的支持等。

第二，要明确监狱机关的监督体制。目前我们已经明确了人民检察院对监狱执法的监督，但这还远远不够。结合我国实际情况，应建立内外结合、纵横交叉的监督机制和监督网络，要成立由人大、政协、政府和社会团体等共同组成的非监狱管理系统的监狱视察委员会，赋予监狱视察委员会不受监狱左右的可独立督察监狱的权力，定期或不定期地视察监狱，一方面监督监狱的执法情况，了解罪犯的改造情况，发现问题及时提出意见或建议；另一方面监督检查社会各有关部门贯彻执行《监狱法》的情况，及时解决监狱所面临的困难与问题。

第三，必须强化对罪犯的权利保护。罪犯是一类特殊的权利主体，其依法享有的公民权利并不因为犯罪服刑而丧失，国家要依法保障，尽管现行《监狱法》对此有了一些规定，但由于地位不突出而影响对罪犯权利的保护。比如，由于监狱教育改造经费短缺而造成罪犯受教育权被忽视，由于监舍不足造成罪犯住房条件拥挤，由于大部分监狱地处偏远致使罪犯获得社会和家人关心的权利受损，由

于监狱人民警察执法水平差异进而可能会造成对罪犯权利的侵害等。因此，为了进一步体现法律的人道性和鼓励罪犯积极改造，有必要对罪犯的权利和义务在新《监狱法》中单列一章，以强化对罪犯的权利保障。

第四，还要明确规定刑满释放人员的权利保护。罪犯在刑满回归社会后如何生存是很重要的问题。特别是当前一个时期，我国就业压力较大，社会保障体系尚不完善，大多数刑释人员文化程度较低、缺乏专业技术，谋生能力较弱，加上社会对他们存在一定程度的偏见和歧视，刑释人员在就业和社会保障等方面面临较大的困难，这使他们中的一些人重新走上违法犯罪的道路，因此做好这部分人的帮教和安置是一个涉及国家长治久安的重要问题，也是巩固监狱改造成果的重要渠道。

## 第四节　监狱与社会

### 一、监狱的社会属性

“社会”一词，按照社会科学类词典的解释，是指“由一定的经济基础和上层建筑构成的整体”①。这是广义上的社会的概念。马克思主义认为，社会是“人们交互活动的产物”，而物质资料是社会生产和社会存在的基本条件，也是社会同动物群体的根本区别。社会由经济基础和上层建筑构成。人们在生产活动中形成的与一定的生产力发展水平相适应的生产关系的总和，是社会的经济基础。由经济基础产生并与经济基础相适应的政治、法律、文化等社会制度、社会关系以及道德、文化、艺术、宗教等社会意识形态，是社会的上层建筑。所以，也可以将经济、政治、文化等从广义的社会中抽出去后，形成狭义上的社会的概念，即以人们在经济、政治、文化等之外其他领域的相互交往和相互联系为基础所形成的人类生活共同体。本书所指的主要是狭义的社会。

在社会学的视野里，“人们获得人格、学习社会和群体方式的社会互动过程，从出生就开始了，并持续一个人的整整一生。人类相对较长的生活依赖期使得社会化成为可能，而我们在本能方面的缺陷使得延长社会学习的时间至关重要”②。这就是社会学上的“再社会化”。再社会化分为个人适应新环境、新角色

① 中国社会科学院语言研究所词典编辑室编：《现代汉语词典》（第 7 版），商务印书馆 2016 年版，第 1154 页。

② ［美］戴维·波普诺：《社会学》，李强等译，中国人民大学出版社 1999 年版，第 169 页。

的主动再社会化和个人社会化失败后的被动再社会化。监狱是强制对罪犯再社会化的专门机关。监狱对罪犯强制再社会化的依据在于，罪犯的犯罪行为严重破坏了正常的社会秩序，此种越轨行为的产生意味着个体的社会化过程没有顺利完成，甚至行为本身就是社会化缺陷的结果。这就需要监狱等类型的法定机构承担起改变个体认知、生活方式和行为习惯的再社会化任务，通过强制下的教育、行为养成和约束，让个体弥补社会化的不足和缺陷，并最大限度确保其产生与以前的价值和行为不同的新价值观和行为的社会化形式。

## 二、监狱与社会的关系

罪犯既是社会中的特殊群体，也是弱势群体，其人身自由和权利受到极大的限制，但罪犯也是社会的一分子，最终要回到社会。因此，如何让罪犯再社会化并成为一名社会正常成员是监狱刑罚执行的重要任务。然而，监狱作为刑罚执行机构，在开展罪犯矫正时其封闭性、高控制性的特征有其自身的局限，这样的特殊环境在为罪犯创造有利条件的同时，也产生了人格监狱化的弊端。减缓或者消除人格监禁化的有效办法只能是尽可能地重现或者创造适合个人活动的社会环境和社会场域。罪犯源于社会，说明罪犯本身已经是一个被社会化的人，只不过其社会化程度还没有达到一个社会所要求的标准，存在人生价值、道德理念和法律观念等方面的错位。要矫正罪犯这些错位的链条，必须依靠社会。

### （一）社会对于监狱的积极意义

#### 1. 优化监狱矫正资源

监狱是社会的一部分，对罪犯的惩罚和改造是我国社会运行机制的重要环节。监狱离不开社会，监狱的进步和发展更赖于社会各方面的支持。通过引入社会资源，能够使社会各方面充分了解监狱和支持监狱工作。同时，还能在社会上树立监狱机关的良好形象，为监狱工作发展创造良好的外部环境。当罪犯在经过一段时间的监禁改造、刑满释放后，重返社会时面对纷繁多变的大千世界，必将产生强烈的心理反差、冲突和矛盾。假如没有适当的环境来接纳和帮助他们，没有相应的监督和约束机制，很可能使他们重蹈覆辙，重新犯罪。发挥社会力量对于罪犯矫正的作用，可以打破监狱管理封闭式的思维模式，充分运用社会新理念和新方法，实现狱内罪犯矫正与社会接轨。在相应的规章制度、监规纪律以及社会监督机制的约束下，为罪犯提供再社会化的环境，使罪犯不脱离社会，并逐渐适应已经陌生的社会。

在教育模式方面，监狱像学校，但不是学校，其本身所固有的属性决定了监狱教育改造的封闭性使它无法按照社会办学标准来调节和配置教育资源。监狱教育改造无论是在教育对象、教育内容还是在教育管理体系方面都存在一定的局限性。这种局限性决定了监狱机关只有依托和吸取社会力量，吸收社会环境中先进的管理技术和教育经验，不断引进人力、智力、财力、技术等，才能提高监狱再社会化的质量，更好地完成改造罪犯的重任。

2. 缓解监狱经济压力

监禁刑的高额成本一直是各国财政的沉重负担。目前各个监狱都感觉到经费紧张，一方面，由于国家对监狱的投入有限，罪犯的物质生活待遇、受教育权、劳动权等各项权利不能完全得到保障。另一方面，由于监狱对社会力量的排斥，监狱工作与社会脱节，罪犯刑满释放后难以融入社会。社会力量被排斥在监狱管理工作之外，无法发挥作用。实际上，从国外的经验看，社会、民间力量可以在监狱的教育、劳动、就业、医疗、心理矫治等多方面提供资助，缓解监狱经济压力，帮助提高罪犯改造质量。

3. 增强罪犯改造意愿和改造效果

罪犯最渴望的是回到家庭和社会的怀抱。社会和亲友对服刑罪犯的态度如何，对罪犯的改造积极性起着至关重要的影响。构建良好的社会支持系统，开展有效的社会帮教活动，不仅能向罪犯宣传党和国家的方针、政策，而且能使他们充分体悟到国家和社会的温暖，鼓励他们在希望中改造，增强改造信心和决心。同时，罪犯实施的犯罪过程是在社会上完成的，所带来社会危害都在狱外，如果仅靠监狱干警对罪犯进行认罪服法教育的宣讲，显然是不够的。通过社会帮教对罪犯进行认罪服法教育，可以促进罪犯深刻反省、责己思悔，增强认罪服法意识。

总之，社会对于监狱的支持具有内容丰富、形式多样的特点，监狱可以通过组织不同形式的帮教活动，使罪犯及时感受到时代信息，开阔眼界，调节狱内服刑的单一生活节奏。罪犯置身于高墙电网，在封闭的监狱内改造了几年、甚至几十年，与监外日新月异的社会发展严重脱轨，刑满释放后就可能因缺少或者没有生活技能而重新犯罪。在开展社会帮教过程中，随着罪犯对社会的了解和与亲友的沟通，能够促进罪犯思想转化，消除不良的社会心理，可以让罪犯最大限度学习今后能够谋生的本领，切实帮助他们在社会上找到自己的立足之地。

（二）监狱对社会的积极作用

1. 对社会起到警示教育作用

监狱刑罚执行的一个重要作用就是具有惩罚性和威慑力，能够发挥阻止狱外他人犯罪的作用。监狱通过与社会的互动，如组织狱内参观、警示教育活动等，让社会人员到监狱内来倾听罪犯的犯罪之路，通过现身说法的教育方式，使这些社会人员能够真切地自省自律，从而降低狱外犯罪率。

同时，监狱主动承担社会责任有助于改变社会对罪犯的态度。人们的传统思想认为惩治犯罪、改造罪犯是司法部门的事情，对罪犯改造的情况一无所知，也漠不关心，不懂得如何与罪犯沟通，不知道如何帮助罪犯在出狱后克服困难，甚至对改造好的罪犯存有不必要的恐惧，从而导致了社会对很多刑满释放人员的冷漠和歧视。监狱在行刑社会化和罪犯矫正社会系统构建过程中，不仅获得了有利于罪犯矫正的资源，同时也让社会认识到了什么是现代化的监狱，认识到了矫正罪犯是全社会的责任，让普通社会成员有更多的机会关注和帮助罪犯，进而改变对罪犯的看法。

2. 有利于社会文明进步

刑罚是国家对罪犯的惩罚，是保护其他公民权利的必要措施，但罪犯也是公民，国家有责任保护其合法权益。由于刑罚的本质是给罪犯一定的生活痛苦，所以刑罚的人道性就成为一条不可逾越的红线。矫正社会化有利于提高整个社会的文明水平，促进国家的长治久安。行刑文明是整个国家社会文明的一个重要体现，其直接目的是通过社会化的教育，使罪犯适应并顺利回归社会；间接目的是增强社区公民的法律意识和社会责任感。罪犯矫正社会化是构建预防和减少犯罪工作体系的重要组成部分，是从源头上探索加强对特殊人群的管理、教育、服务的重要举措。因此，政府部门、社会组织和社会工作者优势互补，改善社会控制力，最大限度地化消极因素为积极因素。它对于加强社会主义的法治文明和政治文明建设，有效地执行刑罚，预防和减少犯罪具有十分重大而深远的意义。

## 三、正确处理我国监狱与社会的关系

### （一）构建监狱社会支持的人力资源体系

第一，建立健全政策措施和激励保障机制，充分调动社会帮教工作者的积极性。采取有效措施，积极探索政府、社会、用人单位和个人多元投入机制，建立社会工作经费保障机制。制定出台社会帮教工作者薪酬指导政策，完善奖励政策。依法规范社会帮教工作者队伍建设，提高社会帮教工作者地位和待遇，为社会工作人才职业发展创造条件。

第二，建设社会帮教工作者人才队伍。对监狱服刑罪犯进行帮教的社会帮教工作者，必须具有一定的帮教能力，不仅能用正确的思想引导罪犯，还能运用相关的法律知识帮助罪犯认识问题，并具有一定的文化修养。这就要求社会帮教工作者必须具有较高的思想、法律、文化水平。社会帮教工作者也是专业技术人才的重要组成部分，是经济社会发展的重要资源和构建和谐社会的宝贵财富。各级政府要把社会帮教工作者列入人才队伍建设的总体规划，加强社会帮教组织管理，逐步建立一支以社会帮教工作者为主的专业化、高素质的社会帮教队伍。

第三，构建和谐的家庭支持系统。家庭力量在罪犯矫正的社会支持中占有举足轻重的分量。家庭环境的好坏直接影响罪犯矫正工作的质量。一个良好的家庭环境，和谐的家庭氛围是罪犯顺利回归社会最有力的保障，来自家庭的支持与鼓励无疑是罪犯前进的最大动力。因此，社会要对罪犯家庭予以理解和支持，保证罪犯家庭其他成员正常生存发展，同时，积极引导鼓励家庭成员参与到罪犯矫正中来，让罪犯从心里感受到来自亲人的安慰、鼓励、温暖，从而配合罪犯矫正工作，实现“再社会化”。

（二）构建全面有效的行刑社会化工作机制

第一，扩大社会支持层面，积极探索社会支持帮教形式。罪犯是失去人身自由的人，从某种意义上说，是社会弱势群体，他们所面临的问题很多，因此，需要帮教的问题也很多，有婚姻的、财产的、心理情感的、刑释就业的等。这就需要多层面的家庭亲情帮教、社会名人帮教、社会志愿者帮教、部门企业安置帮教、专业人员法律帮教、心理健康帮教等。只有建立多种形式并存的、全方位多层次的、齐抓共管的社会帮教工作机制，才能最大限度地扩大社会支持。

第二，创新行刑社会化形式。一方面，监狱要明确指导思想，转变工作观念，重点实施“三个转变”，即使社会帮教由分散零散型向规范系统型转变；由单一的思想教育“看望型”向给罪犯送知识、送技术和思想教育并重型转变；由单一的社会团体帮教型向社会各阶层、各部门多方参与帮教型转变。另一方面，针对以往社会帮教限于“请进来”（请社会帮教人员到监狱内对罪犯进行各种帮教活动）的单一模式，尝试“走出去”的帮教新思路，比如组织一些罪犯到社会企业、单位、公共场所参观，现身说法，警示教育，演讲演出，狱外走访受害者，离监探监等，还可以在社会上建立若干个帮教基地，给罪犯广泛搭建展示自我的平台，把“请进来”与“走出去”两者相结合，探索行刑社会化新形式。

第三，重视合作项目的科学规范。监狱在运用社会资源为监狱各项工作服务的过程中，要不断提高监狱对社会支持的利用率，防止和克服随意性、主观性以及形式主义。监狱与社会有关部门还要保持经营联系，不断拓展社会力量支持的力度，从而建立长效的、多元化的社会力量支持构架。与社会部门建立起一种社会支持后，就与对方进行沟通、协商，明确双方的职责和任务，并以备忘录或协议的形式加以固定，规范双方的权利和义务，使这种支持具有约束力和长期性。

# 第七章

# 监狱文化

监狱文化作为一种文化现象，是矫正教育服刑罪犯的重要因素，对服刑罪犯的改造具有潜移默化的作用。因此，认识和积极发挥监狱文化的正向育人作用，加强监狱文化建设，营造良好的育人环境，为服刑罪犯提供优美宜人、健康舒心的工作、学习场所，不仅是建设现代文明监狱的重要内容，而且也是提高对罪犯的矫正教育水平，提高罪犯的道德素养，塑造其健康人格的必然要求。①

## 第一节　监狱文化概述

### 一、监狱文化的内涵

#### （一）文化的概念

“文化”一词最早出于《易经》。《易经》贲卦彖传：“刚柔交错，天文也；文明以止，人文也。观乎天文，以察时变，观乎人文，以化成天下。”可见，“文化”最初指对人施以文治教化。纵观历史发展可以看出，文化是一种社会现象，它是由人类长期创造形成的产物，同时又是一种历史现象，是人类社会与历史的积淀物。

《现代汉语词典》关于文化的概念有广义和狭义之分。广义上，文化是指人类所创造的物质财富和精神财富的总和。狭义上，主要指精神财富，如文学、艺术、教育、科学等。可见，文化是一个群体（可以是国家，也可以是民族、企

① 参见连春亮：《论监狱文化的育人功能及其培育》，载《安徽警官职业学院学报》2008 年第 1 期。

业、家庭）在一定时期内形成的思想、理念、行为、风俗、习惯、代表人物，及由这个群体整体意识所辐射出来的一切活动。

（二）监狱文化的概念

监狱与文化有着密切的关联，关押罪犯的监狱是一个特殊的文化空间，罪犯基于犯罪被依法予以监禁，在监狱内又会形成新的文化群体。关于监狱文化的概念，目前有着不同的观点：

第一种观点认为："监狱文化是在监狱特定环境条件下，在矫正教育罪犯和监狱行刑制度不断完善的实践中形成的具有监狱特征的物质财富和精神财富的总和。"①

第二种观点认为：监狱文化是监狱民警、职工及其服刑罪犯共同认同遵循并具有监狱特色的价值观念、行为方式、监狱精神、道德规范、发展目标和思想意识等，具有导向性、继承性、稳定性和特色性的特征。

第三种观点认为：监狱文化是监狱在发展过程中逐步形成与发展的、带有监狱独有特征的价值观念和思维方式以及其外化的监狱行为规范的有机统一。

第四种观点认为："监狱文化是指监狱在罪犯教育、狱政管理及整个罪犯改造过程中逐渐形成的特定文化氛围和文化传统以及通过监狱载体来反映和传播的各种文化现象。它是特定环境中的一种群体文化。"②

第五种观点认为：监狱文化是由监狱物质文化、监狱精神文化、监狱制度文化、监狱行为文化构成的。

第六种观点认为："监狱文化是监狱在长期发展中逐步形成，为监狱干警、职工及其服刑罪犯共同认同遵循并带有监狱特色的价值观念、行为方式、监狱精神、监狱风气、道德规范、发展目标和思想意识等因素的综合，即综合说。"③

本教材认为：监狱文化是中国特色社会主义文化的重要组成部分，是指在中国特色社会主义监狱工作长期发展实践过程中形成的全部物质文化和精神文化的总和。

## 二、监狱文化的特征

监狱文化是社会文化的重要组成部分，除具有同社会文化相类似的特征外，还具有鲜明的独特性。具体体现为：

① 连春亮：《论监狱文化的育人功能及其培育》，载《安徽警官职业学院学报》2008 年第 1 期。

② 连春亮：《论监狱文化的育人功能及其培育》，载《安徽警官职业学院学报》2008 年第 1 期。

③ 连春亮：《论监狱文化的育人功能及其培育》，载《安徽警官职业学院学报》2008 年第 1 期。

（一）阶级性

监狱是阶级社会的产物，不同社会形态，监狱所代表的阶级利益不同，而监狱文化是阶级社会特有的一种文化现象，主要反映统治阶级的意志，不同阶级社会有着不同的监狱文化。当代主流的中国监狱文化理应代表最广大人民的利益，服务于社会主义改造人的事业，符合监狱发展和建设的实际需求。

（二）法律性

监狱是国家的刑罚执行机关，承担着法律所赋予的惩罚和改造罪犯的重要职能，在监狱中进行的刑罚执行活动具有鲜明的法定特征。监狱文化是在刑罚执行活动中产生的，是建立在法律文化基础上形成发展而来的，深刻体现着法律的特性，法律文化也成了监狱文化存在的基础。

（三）社会性

文化始终处于不断发展和变化中，每个时代有每个时代的文化符号象征，集中反映这一时代的政治、经济和社会现象。监狱是社会的有机组成部分，监狱文化也自然是一种根植于时代发展中的社会文化，并随着社会文化的发展而不断发展变化，监狱虽有一道有形的“高墙”，但却阻隔不了社会开放文化对监狱的影响。社会文化包容监狱文化，承载着监狱文化的独有特质，监狱文化又反映着社会文化，蕴含着与社会同频发展的时代特点。

（四）客观性

监狱文化是监狱长期发展、积淀、凝练形成的，是一种客观存在的文化氛围，其主要成分具有相对稳定性，是不会经常发生改变的，并且监狱文化具有极强的教化和育人功能。我们强调监狱文化的独特性和社会文化或其他文化的不同之处，就在于监狱自身的客观环境和监狱文化的客观性。

（五）时代性

监狱文化是不断发展的，它既存在于社会文化氛围之中，又必然随着社会的发展而不断发展变化，和时代的发展具有同步性，因此，监狱文化是时代精神的反映。这样既有传统的积淀，又有时代的新意，监狱文化才有生命力，才能健康发展。监狱文化属于上层建筑的范畴，它必然要受到同时代经济基础的制约和支配，经济基础的性质决定着监狱文化，时代精神感染着监狱文化，而监狱文化也反映着时代的风貌。

## 三、监狱文化的分类

（一）以监狱文化的形态分类

以监狱文化的形态分类，可以分为监狱物质文化和监狱精神文化。

1. 监狱物质文化

监狱物质文化是监狱文化的基础和外在表现形式，有形的物质文化构成了监狱文化的硬环境。监狱的物质文化一般是指监狱的主体类物质设施及附属类配套设施。主要包括：监狱的布局与色彩、监狱的建筑风貌、监舍的空间布置、场所的美化设计，以及监狱的各种物质文化设施和文化附属物，如监狱的狱史馆、展览馆、博物馆、纪念碑、雕塑、文化墙、狱刊狱报、墙报板报、标语口号、文体活动场所等。监狱物质文化的存在具有鲜明的监狱特征。

2. 监狱精神文化

监狱精神文化是监狱文化的核心，无形的精神文化构成了监狱的文化软环境。监狱的精神文化一般是指监狱的规章制度、价值观念、精神特质、职业道德、文化氛围等。主要包括：监狱法律法规及制度建设、监狱人民警察队伍建设、监区改造氛围的烘托以及其他反映监狱狱风狱貌的精神特质。监狱精神文化是最深层次的、内化于心的价值观念，一经形成具有相对的稳定性和感染力。

（二）以监狱文化的主体分类

以监狱文化的主体分类，可以分为监狱人民警察文化和服刑罪犯文化。

1. 监狱人民警察文化

监狱人民警察文化，是以监狱机关规范的行为准则、符号系统和器物装备为标志，以规范的警务管理为内容，以监狱人民警察的价值观为核心而构筑起来的一种文化体系。① 一般可分为：显型文化和隐型文化。

（1）显型文化。包括警察物质文化和警察行为文化。警察物质文化主要是指警察标志物，如警徽、警服、警歌、警用装备等；警察办公、生活的场所，如办公楼、生活区、公共文化娱乐场所等所显示的文化形态。警察行为文化主要是指警察在警察管理、狱政管理、执法活动中所显示的文化形态，如：规范化管理、组织调控行为等。

（2）隐型文化。包括警察制度文化和警察精神文化。警察制度文化是指在长期的监管改造工作中形成的，符合监狱工作基本规律和要求全体警察共同遵守的，具有强制性的法律规范、政策措施、管理制度、实施方案、流程细则等文化形态；② 警察精神文化是警察在长期警务活动中所形成的一种精神品质的文化形态，如：思想境界、价值理念、工作作风、精神面貌等。

2. 服刑罪犯文化

服刑罪犯文化包含两个层面的含义：一是指监狱人民警察在监管改造过程中

---

① 参见孙温平：《监狱人民警察文化建设研究》，载《犯罪与改造研究》2017 年第 12 期。

② 参见胡应良：《试论建设中国特色社会主义监狱文化》，载《中国司法》2006 年第 12 期。

设计制定的与罪犯相关的文化符号和形态，如囚服、狱歌、监规纪律等；二是指罪犯在监狱服刑过程中自发形成的文化形态，如罪犯之间的暗语、罪犯群体潜规则等，大多属于监狱亚文化的形态。

（三）以监狱文化的本质分类

以监狱文化的本质分类，可以分为监狱主流文化和监狱亚文化。

1. 监狱主流文化

监狱主流文化是由法律、监狱机关推动或认可并作为标准文化在狱内推行的文化。包括：良好的行为规范和监狱风气、正确的思维方式和价值观念、健康的人格和人际关系、优良的改造传统和鲜明的改造风格、丰富的文化宣传阵地等。监狱主流文化不论是在监狱人民警察中还是在罪犯中都起主导作用，它与其他文化的积极向上成分是相融的，与罪犯的亚文化是相悖的。

2. 监狱亚文化

监狱亚文化是在监狱中的罪犯等自觉或不自觉形成的与监狱主流文化相悖的文化。具有低层次性、隐秘性、多元性等特点。无论哪一种监狱亚文化的表现形态，它们的存在都会给监狱带来一定的影响。

## 四、监狱文化的表现形式

监狱文化是一个抽象概念，它的存在和发展需要一定形式予以体现。中国特色社会主义监狱文化的表现形式体现在：先进的刑罚思想、科学的工作理念、高尚的职业精神、系统的制度规范和丰富的载体形式等方面。

（一）先进的刑罚思想

新中国成立后，在创建人民民主专政的国家机器的过程中，我国监狱工作，包括监狱制度、监狱模式、改造服刑罪犯理论等方面基本上是一片空白。以毛泽东同志为代表的老一辈无产阶级革命家，用马克思列宁主义的基本原理，紧密结合中国的国情、社情和民情，创造性地提出了毛泽东改造罪犯思想。随着形势的发展，20世纪60年代初提出了“改造第一，生产第二”的劳改工作方针，20世纪90年代初又提出了“惩罚与改造相结合，以改造人为宗旨”的监狱工作方针，并在《监狱法》第3条中开宗明义地提出，“监狱对罪犯实行惩罚和改造相结合、教育和劳动相结合的原则，将罪犯改造成为守法公民”。几十年来，我国刑罚思想一脉相承，贯彻了我们党全心全意为人民服务的宗旨，体现了执法为民的人本思想和执政为民的执政理念，深刻揭示了社会主义监狱的本质。

（二）科学的工作理念

在先进的行刑思想指导下，经过监狱工作者长期的研究和探索，我国监狱工作的执法理念在实践中不断丰富和发展，形成了一系列科学、先进的工作理念。

如：监管改造、教育改造、劳动改造罪犯的理念，实行人道主义让罪犯在希望中改造的理念，安全稳定首位意识的理念，以提高改造质量为中心的理念，依法、严格、科学、文明管理的理念等。这些科学的工作理念充分体现了党的监狱工作宗旨，体现了我国社会主义执行刑罚方法手段的科学性和先进性，体现了社会主义监狱工作的时代要求。

（三）高尚的职业精神

新中国的监狱史是一部监狱人民警察的创业史。新中国政权建立之初，面对杀人不眨眼的日本战犯和国民党战犯、极端仇视新中国政权的反革命分子和形形色色危害新社会的刑事犯，老一辈监狱干警以对共产主义的坚定信念，对党的绝对服从和无限忠诚，对党的事业的无比热爱，按照毛泽东改造罪犯理论，以改造人为宗旨，在实践中摸索改造罪犯的路子。成功地改造了溥仪这位封建末代皇帝、日本战犯、国民党战犯、大量反革命分子、剥削阶级的残余和其他刑事犯罪分子，充分体现了新中国的监狱文化以及文化人的潜在力量。随着监狱工作的开展，特别是改革开放以来，广大民警继承和发扬了老一辈的光荣传统，以“改革创新、团结拼搏、艰苦奋斗、无私奉献、率先垂范”的精神境界，“高起点、高标准、高速度、高质量、高效益、高水平”的价值追求和“工作踏实、学习扎实、制度落实、生活朴实、为人诚实、身体结实”的自我要求，造就了推动监狱工作快速发展的宝贵精神财富。

（四）系统的制度规范

监狱制度的建立、创新和发展，是监狱事业发展的核心问题。从某种程度上说，监狱制度逐步确立和完善的过程，就是监狱文化理念不断丰富和进步的过程。经过我国监狱工作者在实践中的不断探索和创新，中国特色的监狱制度规范日臻完善，从监狱管理体制、工作机制，到监狱建设、狱政管理、教育改造、刑罚执行、生活卫生、劳动改造、民警队伍建设，以及监狱生产、监狱财务管理等方面逐步形成了相互配套、行之有效的制度规范体系。我国监狱制度建设正朝着建设中国特色社会主义的监狱制度目标迈进。随着监狱发展科学理念的创新，这些制度将会更加完善，更具生命力。

（五）丰富的载体形式

丰富多彩的监狱文化，可以通过一定的载体呈现出来，如：宣传栏、广播站、监狱小报、新生艺术团、微信公众号、抖音等自媒体平台。这些多样化的形式是监狱对罪犯开展思想教育的重要舆论阵地，是监狱文化建设的有效载体，对营造积极向上的改造氛围，有效地推动罪犯自律意识的提高，促进监管改造秩序的稳定具有重要作用。

# 第二节　监狱文化的功能、作用和传承

## 一、监狱文化的功能

监狱文化贯穿于监狱监管改造和罪犯服刑过程的始终，对于社会文明进步、监狱事业发展、监狱人民警察队伍建设和罪犯改造都具有十分重要的功能和价值。监狱文化主要具有激励、凝聚、约束、同化、衡量和辐射的功能。

### （一）激励功能

监狱文化渗透在监狱管理、教育改造的各个环节，无论是在监狱工作的监狱人民警察，还是正处在服刑中的罪犯，监狱文化无不时刻发挥着自身的功能。一所监狱要想具有良好的社会形象，需要监狱人民警察和罪犯共同努力，创造一种积极的、正向的、具有特色的文化环境，监狱的成员们都会为这种文化环境而自豪，长此以往，这不仅可以激励监狱人民警察奋发进取地工作，同时也可以鼓励服刑中的罪犯不断地自强不息、改过自新。

### （二）凝聚功能

凝聚力是文化的精华，是文化最本质、最深刻的体现。监狱文化可以使监狱各种群体形成共同的思想观念和价值观念，构建共同的愿望，增强人们的归属感、认同感，不断增强文化的吸引力、感召力和凝聚力，把各种力量凝聚到共同的目标追求上来，为监狱工作的开展提供强大的精神动力。凝聚力是衡量一所监狱的重要指标，良好的监狱环境和优良的警察队伍风貌本身就是一种巨大的无形的力量，凡是加入这个集体的每一个成员都会受到潜移默化的熏陶和影响，这种向上的、进取的力量也会在无形之中感染入监服刑的每一名罪犯，从而促使在警察和罪犯两大群体中形成强大的凝聚力和向心力。

### （三）约束功能

群体文化的存在会对群体中的个体形成一定的约束力。监狱文化形成后，会促使监狱中的每一个成员自觉或不自觉地按照规则行事，这是一种无声的、潜意识的教育。如果有人违反和破坏这个文化场，就会受到群体中其他成员的鄙视和反对，所以，监狱文化场所有着一种使每一个成员都自觉地接受约束的功能和效力。监狱文化的约束，既有制度式的硬约束，也有团队意识、舆论、习俗等精神文化方面的软约束，其有意无意的情感、言语、氛围的浸润濡染会使个体产生一种遵守文化规范的从众心理，进而达到认识的自我调整、观念的自我修正、行为的自我控制。

(四) 同化功能

监狱文化是全体监狱成员共同创造的结晶，寄托着全体成员的理想、希望和追求，关系着每一个人的荣誉、尊严和利益，一旦被普遍认同，就会产生巨大的向心力，使每个人都甘于、乐于奉献自己的聪明才智，为监狱做出自己的贡献。监狱文化能以其独立的品格、鲜明的特色和优良的传统作风，对每一名新成员进行有效的同化与改造，这种同化和改造是在潜移默化中、不知不觉中进行的，监狱文化能引起罪犯的精神观念、心理行为、生活方式、价值观念发生变化，因而有着随风潜入、润物无声的效果。

(五) 衡量功能

建设独具特色的监狱文化，形成与之相应的狱风、警风，会让人感觉到这所监狱无形中散发出来的积极向上、心境愉悦、生机勃勃、奋发有为的气息，而这种气息正是监狱环境氛围、警察精神面貌和罪犯改造水平的综合反映，是社会评价一所监狱水平的重要衡量标准。

(六) 辐射功能

虽然监狱基于功能和任务的特殊性，造就了“与世隔绝”的景象，但它仍然是社会的组成部分，监狱人民警察和罪犯也是社会中的成员，与社会息息相通、紧密相连。所以，监狱与社会互相影响、互相促进。监狱文化可以突破监狱围墙圈定的范围，辐射到监狱高墙以外的社会，对社会造成一定的影响。监狱文化自身所具有的传播功能，对社会文化将会起到一定的促进作用，因而具有一定的社会辐射功能。

## 二、监狱文化的作用

(一) 规范约束作用

监狱通常是以监规纪律的形式对罪犯的行为进行规范和约束，体现出一定的强制性和服从性。“监狱文化中所具有的一些非正式的、约定俗成的罪犯群体规范和行为准则，虽然不像法律法规或规章制度那样具有强制执行的性质，但是有时比正式规范更能影响罪犯的心理和行为取向，更能对服刑罪犯个体的价值观、行为方式甚至是信念体系起到引导或改变作用，对服刑罪犯的思想言行具有一种内在的规范力量。”① 先进的监狱文化可以为监狱民警和罪犯提供正确的价值取向、行为规范和规则，对人们的思维和行为具有潜移默化的规范和约束作用。

---

① 连春亮：《论监狱文化的育人功能及其培育》，载《安徽警官职业学院学报》2008 年第 1 期。

（二）教育改造作用

教育改造作为改造罪犯的手段之一，时刻渗透在监狱文化中，也成为我国监狱监管改造文化中最为重要的特色。教育改造不同于刑罚执行、违规处罚等外力的强加，而是通过思想教育、文明感化达到幡然醒悟、痛改前非的目的。无论是知识灌输、思想疏导还是开展文体活动，这都是一种文化的渗透和精神的感化，这种渗透和感化逐步唤起了罪犯的良知，净化了他们的心灵，引发了灵魂深处的革命，无形的文化产生了有形的突变，使罪犯成了讲文明守法规的公民。这种变化是从罪犯内心自发生成的，是在潜移默化中实现的，一旦形成就具有相对的稳定性和持久性。

（三）调节释放作用

文化的魅力就在于它能使人们长期在轻松愉快的氛围中，不知不觉地敞开心扉，吸取营养，接受教育。监狱本身固有的封闭性使这一空间形成了天然的压抑感和压迫感，长期处在这一特殊环境里的监狱人民警察和罪犯是一对对立统一的矛盾体，作为矛盾主要方面的监狱人民警察，要尽量变对立为统一，尽量消除罪犯的对立抵触情绪，调动其改造积极性，通过广泛开展各种有益的监狱文化活动，增强监狱人民警察和罪犯之间的亲和力，消除双方的对立情绪，使罪犯更容易接受监狱人民警察的教育，使矫正教育收到更好的效果，从而起到调节彼此关系的作用。另外，良好的监狱文化环境，如：优美整洁的环境、良好的工作作风、正能量的改造风气等，既可以缓解监狱人民警察因紧张、繁重工作带来的心理压力和身体疲劳，又可以使罪犯在服刑中形成的不良情绪得以释放和舒缓。

（四）舆论宣传作用

随着全媒体时代的到来和监狱狱务公开的要求，新时期的监狱工作不再是以往被封闭在高墙之内的工作，而是要适应在新闻舆论与社会公众的监督下开展刑罚执行和监管改造工作，在此过程中，长期打造和形成的监狱文化作为展现监狱工作的有效载体，对外可以起到正向的舆论宣传作用，树立良好的监狱形象，弘扬监狱人民警察队伍的职业精神，这是时代和社会赋予监狱工作的一份责任，监狱机关要通过严格、公正、文明的执法和严整的警容风纪体现出来，其内在动力就是倡导监狱人民警察文化，它可以使民警队伍树立良好形象，给予监狱工作一个明确的导向。开展多种形式的警察文化活动，对于有效地拓宽宣传工作途径，展示监狱人民警察良好的精神状态和风貌，树立良好形象可以起到积极的作用。

## 三、监狱文化的传承与保护

监狱文化在监狱的发展建设中发挥着重要的功能，做好监狱文化的传承与保护，是时代和社会赋予监狱的一项重要使命。对于新中国成立以来形成的具有中国特色社会主义特征的监狱文化的保护，既是发展监狱文化之所需，也是探寻监狱民警精神之所至。如不加以保护，就会使优秀的监狱文化慢慢流失。新中国监狱所创造的优秀的监狱文化，内涵和展现的是监狱民警的英雄本色。中国特色社会主义监狱文化得以传承和保护主要体现在对监狱物质文化和监狱人民警察精神文化、行为文化、技能文化的保护和传承上。

（一）监狱物质文化的保护

监狱建筑是监狱存在的物质形态，通过高墙、电网、监门、院落、楼体等外在形式表现在世人眼中。新中国成立初期，国家财政困难，百废待兴，出于国家基本经济建设、监狱企业生产、资源分布等因素的考虑，大量监狱和劳改场所建在偏远地区，随着社会的发展和时代的变迁，偏远地区监狱逐渐回迁到城市周边，实施“靠城”战略，老旧监狱拆迁重建成现代化文明监狱，这虽然是监狱体制改革的必然要求所在，但在此过程中，具有时代价值特征的监狱物质文化形态也在悄然消失，而老监狱的存在又是最能反映出老一辈监狱民警艰苦奋斗、默默奉献精神的物质文化符号。所以，在不是非必要拆掉的情况下，可以考虑将老旧废弃监狱进行安全性翻修，改造和开发成适应时代和社会发展的新的文化符号，如旅游景区、廉政教育基地、文创园区、主题酒店、学校实训基地等，既能做到对监狱文化的保护，又能发挥出自身更加宝贵的价值。

（二）监狱人民警察精神文化的保护

监狱人民警察的精神文化是监狱文化里最宝贵的财富。新中国成立初期的监狱人民警察（当时称劳改工作干部）大都是从抗日战争、解放战争和抗美援朝战争中转业或复员而来的军人，他们具有坚定的政治立场、大无畏的革命精神、艰苦的创业精神、无私奉献精神，对国家的监狱事业“献了青春献终生，献了终生献子孙”，至今都在深深地影响着新一代的监狱人民警察。这些监狱文化是任何时代的监狱都需要发扬光大的，也是新时期监狱人民警察社会主义核心价值的生动体现，与新时代监狱的价值取向是完全相同的。因此，我们应该收集、整理和提炼，吸纳为新时代监狱人民警察的精神财富。

（三）监狱人民警察行为文化的保护

老一辈的监狱人民警察“离枕头，站田头，晒日头，数光头”“带领罪犯开荒开矿，修桥筑路，参与国家基础经济建设”“两眼一睁，直到熄灯；两眼一闭，提高警惕”，这无不是老一辈监狱人民警察默默无闻干出来的事业。他们身上流淌着军人的气质，体现着执行命令的坚决性、执行纪律的自觉性和执行要求的严格性，在中国监狱历史上留下了宝贵的精神和行为财富。

（四）监狱人民警察技能文化的保护

在监狱文化中，老一代监狱人民警察通过几十年奋斗积累起来的丰富的监管改造工作经验，如“怎样开导罪犯，怎样排摸犯情，怎样化解矛盾，怎样防患未然”，“如何个别教育，如何集中讲评，如何亲情感化……”这都是需要极力保护的民警技能文化，也是监狱文化里的宝贵财富，如果“失传”，将是监狱工作发展过程中无法弥补的损失。

监狱文化的保护是一个大概念，是一项重要的系统工程，重视监狱历史传承、价值发掘、功能发挥，做好监狱史料的收集整理、遗存发掘保护、资源开发利用，对于增强新中国监狱“改造人灵魂工程师”的文化自信具有重大政治意义、历史意义和时代意义。

## 第三节　监狱文化建设

### 一、加强监狱文化建设的意义

#### （一）加强监狱文化建设是贯彻落实党关于文化建设重要理论思想的体现

习近平总书记曾经指出，文化是一个国家、一个民族的灵魂。文化兴国运兴，文化强民族强。监狱文化是国家文化体系中的重要组成部分，也是衡量一个国家法治文明的重要标尺。监狱文明反映了社会文明的发展程度，而监狱文化又是体现监狱文明的窗口。《中共中央关于深化文化体制改革　推动社会主义文化大发展大繁荣若干重大问题的决定》指出，文化建设不可能一蹴而就，要靠我们一代又一代为之努力。作为人民民主专政的重要工具和国家机器的重要组成部分的监狱，在打击和惩罚犯罪、执行刑罚的过程中，要担负起思想教育和文化建设的社会责任，为我国社会主义精神文明和文化建设的发展和进步作出应有的贡献。新时期加强监狱文化建设正是对党关于文化建设重要理论的深入贯彻和落实。

#### （二）加强监狱文化建设是提升罪犯改造质量的重要途径

要实现“以改造人为中心，全面提高罪犯的改造质量”这一目标，加强监狱文化建设是一条重要途径。首先，良好的监狱文化有助于罪犯认罪悔过，促进其自我改造。罪犯之所以走上违法犯罪的道路，正是由于其道德缺失，因此，要让罪犯真正认罪服法，必先要修复其道德观与价值观，而良好的监狱文化能够为罪犯指明正确的道德观和价值追求方向，使其真正从内心认识到自己对社会、对他人的危害，树立认罪服法的决心与争取新生的信心。其次，良好的监狱文化会增强罪犯的归属感。一些罪犯由于各种原因造成心理扭曲，不能与他人相互沟通与相处，即便刑满释放，也难以在社会中立足，为当前的和谐社会建设留下了隐患。良好的监狱文化能引导罪犯，使其希望归属于群体，从中获得帮助和温暖，这样的归属感既保证了监狱内部的安全稳定，又保证了监狱改造工作的有序进行。最后，良好的监狱文化丰富了罪犯的精神生活。监狱通过开展文化活动，来安抚罪犯的情绪，引导罪犯在活动中学习、发现、分析和思考问题，感悟和体会人生的内在的精神价值，鼓励并加强其改造的决心，从而促进其外在行为的转变。①

（三）加强监狱文化建设有利于树立监狱机关和监狱民警良好的社会形象

随着社会的发展，文化在社会活动中的作用日趋重要，文化力成为社会发展的一种强大驱动力，监狱文化建设是提高监狱民警综合素质的根本要求，是提高监狱文明形象的客观需要。加强监狱主旋律文化建设，有利于促进监狱民警潜能和积极性的充分发挥，有利于树立监狱机关和监狱民警良好的社会形象，有利于监狱机关物质文明建设和精神文明建设的协调发展，实现监狱的可持续发展。

（四）加强监狱文化建设是提升监狱人民警察队伍素质的必然要求

加强监狱文化建设，是增强监狱民警队伍素质的重要途径。监狱文化是长期形成的，是无形的，可以说是无时无处不体现在监狱民警的工作、言行中。因此，必须把提高监狱民警的文化修养和自身素质放在首位，只有锻造出一流的监狱民警队伍，才能创造出一流的工作业绩。当前，监狱机关研究制定了对民警工作科学的、严谨的管理目标和规章制度，但往往忽视人文管理，仅仅把民警看作一个被动的执行者，降低了管理效率，而文化的作用可弥补其不足，促进监狱民警队伍管理的现代化。

## 二、监狱文化建设的原则

（一）坚持正确的导向原则

一是要坚持正确的政治方向。中国特色社会主义监狱文化建设必须坚持中国共产党的领导，弘扬社会主义核心价值观，为维护社会安全稳定服务。二是要坚持正确的思想导向。监狱文化建设必须牢牢把握先进文化的发展方向，始终坚持马克思主义的指导地位，用中国特色社会主义思想统领监狱文化建设。三是要坚持正确的工作导向。加强监狱主流文化建设，通过文化建设内容的先进性，营造良好的文化氛围，消融亚文化的不良影响。②

---

① 参见黄山：《加强监狱文化建设，提高罪犯改造质量——沙洋汉津监狱文化建设状况调查报告》，载《法制与社会》2010 年第 3 期。

② 参见蒋海东：《关于推进监狱文化建设的思考》，载《中国司法》2014 年第 9 期。

（二）坚持服务于罪犯改造的原则

监狱文化建设不同于学校、企业等行业，在具有共性的同时，还具有政治性、法律性、行业性等特殊属性。监狱文化建设首先要确立“文化为什么人服务”这一重大立场和方向问题。监狱文化从提出之初就有着明确的价值取向，担负着参与改造罪犯的历史使命，① 培养人和改造人是监狱文化建设的根本任务。监狱文化既是监狱工作实践活动的结晶，又为实践提供了强大的思想保证、精神动力和舆论支持；既是思想政治工作的监狱文化建设的特性的延伸，又是教育改造罪犯的组成部分。监狱文化建设是为“化人”，必须围绕监狱工作中心，服务于罪犯教育改造。

（三）坚持社会主义法治原则

监狱是国家的刑罚执行机关，各项工作都应牢固树立法治理念，法治文化是监狱文化的基础。在全面依法治国的当下，以文治监、以文矫囚，不断加强文化建设，都应在依法治监和依法治囚的基础上进行，要把法治理念和法治文化渗透到各个层面、各个环节。通过工作制度、工作流程、文化活动、标语标识等方式，在监狱警察中宣扬严格、规范、文明执法的文化理念。在罪犯中大力宣扬严格遵守法律法规的文化理念，使法治文化成为监狱文化的基础，促进监狱工作向前发展。在监狱文化建设过程中，要培养监狱警察法治思维、法治意识，办事遵循公开、公平、公正的原则，注重将依法治监的理念融会贯通到监狱管理的方方面面。要增强在押罪犯的法治意识，加强普法宣传和法治教育，提高罪犯自觉遵纪守法的觉悟。

（四）坚持整体性规划原则

一是监狱文化建设应与本地区社会文化建设相适应，构成一个完整的整体。从某种意义上说，监狱文化是本地区社会文化的一部分，是该地区的综合文化现象的反应，所以，监狱文化必须和当地社会文化相适应，不脱离区域的整体性。二是监狱文化的建设要从宏观上协调一致，构成一个和谐的整体。整个监狱犹如一个人体，建筑楼群为人体的骨架，应结构合理；监狱门口为人体的头部，应头正方圆；道路为人体脉络，应顺畅有序；花草树木、风景小区为人体的服饰，应美观大方；操场为人的脸面，应规范周正。要考虑监狱建设内部个体与群体之间、各要素各区域之间的和谐，给人以生动、协调的美感。三是监狱文化建设与监狱传统文化要协调一致，构成一个统一的整体。目前，随着监狱体制改革和监狱布局的调整，许多监狱是在原来建设的基础上翻新改造和新建而成的。因此，

① 参见王雪峰：《监狱文化：一个概念三种理解》，载《中国司法》2011年第4期。

新项目的建设一定要与传统建设相协调，既发扬传统文化，又注重发展创新。在空间位置上做到错落有致，在结构造型上做到相互对应，特别是监狱内景点的增设，绿化美化的设计，力求与传统文化协调一致，既要继承传统监狱文化，又要开发出新的监狱文化特色。四是监狱文化建设中各监区建设结构要协调一致，形成一个多功能、立体化的最佳整体。实践证明，整体性原则既能考虑到空间的立体性，又能考虑到时间的连续性；既能考虑到布局的合理性，又能考虑到结构的完整性，从而构建出一个整体完美的最佳监狱文化结构。①

（五）坚持开放创新的原则

"高墙文化"是社会文化、国家文化、民族文化和法律文化中的一部分，不应被独立和割裂，要坚持"多元文化"的理念，用开放的眼光和观念来开发和构建监狱文化，既要吸收现代文化的多样性、丰富性和创新性，又要保持监狱独有的特色，形成监狱文化百花齐放的效果。既要通过各种渠道对外开放，争取社会各界的支持、帮助，又要充分利用各种资源促进社会主义核心价值观在监狱文化建设中的持续开展，同时，也要借鉴其他国家监狱文化建设方面的先进经验，辩证消化、吸收为我所用。

## 三、监狱文化建设的内容

根据我国有关监狱法律法规和政策的相关规定，结合我国监狱文化建设的实践，监狱文化建设主要体现在以下四个方面：

（一）监狱文化硬件建设

监狱文化硬件建设主要是指监狱或监狱管理机关根据国家有关监狱文化建设的要求和改造罪犯的需要而从事的一些监狱文化基础设施建设。如：监狱环境的美化、监狱的建筑设计、雕塑、图书馆、阅览室、展览馆、音乐厅、体育运动场馆等。监狱通过加强监狱文化硬件设施建设，并以一定的监狱文化载体为表现，开展丰富多彩的监狱文化活动，充分发挥监狱文化建设在矫正罪犯中的作用。

（二）监狱文化载体建设

大力完善文化宣传途径，构筑多渠道、多层面、立体式的宣传载体，处处营造浓厚的文化氛围。例如，设计监狱宣传牌匾、路标路牌，及时更新宣传用语，把文化建设工作蕴含于日常生活之中；创办监狱期刊、专题网站、微信公众号、短视频平台，为广大警察职工提供展现自我的平台；拓宽文化宣传渠道，成立新闻中心，开通多媒体视频网络，在局域网上开辟多种栏目；办好监狱综合报栏和

① 参见连春亮：《监狱文化建设：误区、要素与原则》，载《河南司法警官职业学院学报》2008 年第 2 期。

电子宣传屏，加强专题报道和动态宣传。

（三）监狱文化活动建设

丰富多彩的监狱主题文化活动是表现监狱文化的重要形式，如：创新“三课”教育、歌咏比赛、文艺节目表演、故事会、读书活动、创作活动、演讲比赛、各种游艺活动、体育活动、体育竞赛和劳动竞赛等。秉承教育塑人、艺术感人、文化育人的教育改造理念，通过开展丰富多彩的文化活动，使每一名罪犯在潜移默化中接受文化和艺术的熏陶，强化罪犯的悔罪意识、改造意识和义务意识，增强罪犯的赎罪观念，提高罪犯的改造自觉性和主动性，坚定其弃恶从善的决心，从而营造一个健康、文明、和谐的改造氛围，推进先进的监狱文化建设。

（四）监狱警察文化建设

警察文化具有许多独特的功能，如导向功能、凝聚功能、激励功能、控制功能、协调功能和传播功能，因而监狱警察文化在监狱中是主体文化。监狱警察文化建设的核心就是培育和塑造忠诚、担当、献身监狱事业的核心价值理念和精神、行为方式、警察作风、道德规范、发展目标和思想意识因素等的总和。新时期的监狱人民警察文化构建应包含：提炼监狱精神、构建价值核心、打造良好团队、弘扬队伍正气、营造和谐氛围等。

## 四、监狱文化建设的路径

（一）融合式发展

从文化对象上看，监狱文化体系包括监狱警察文化、监区文化、监狱企业文化。由于监狱工作的特殊属性，和其他行业文化相较而言，监狱文化有其自身独特的主体、内容和表现形式，是一个由监狱警察文化、监区文化和监狱企业文化三种形态构成的一个复杂的共同体。监狱警察文化是以监狱民警为主体，在长期的刑罚执行工作及其他社会实践中所创造的具有监狱民警特色的文化。监区文化是以监狱民警为主导组织者、实施者，罪犯为主体参与受众，以先进文化矫正落后文化的一种特殊的教育改造文化。监狱企业文化是以监狱企业职工为主体，服务劳动改造罪犯、兼顾社会经济效益、反映企业特色的特殊企业文化。这三种形态的监狱文化，都必须以监狱民警为主导，都应服从于监狱刑罚执行机关的本质属性，服务于教育改造罪犯的中心工作。

从文化形态上看，监狱文化体系包括物质文化、行为文化、制度文化和精神文化四个层面。物质文化系统是基础层面，是一切可感知的物化的监狱文化实物的组合，包括监狱名称、建筑、设施、装备、环境、标识等。行为文化系统是外化层面，是监狱各种行为活动产生的文化现象的组合，包括执法、管理、教育、劳动改造以及各类文化活动等。制度文化系统是中间层面，是监狱工作实践形成的各种行为规范的组合，包括监狱有关法律、法规、规章制度和各种管理规范等。精神文化系统是核心层面，是监狱遵循的工作宗旨和倡导的价值观念、职业道德、行为模式和思维方式等主观因素的组合。物质文化、行为文化、制度文化和精神文化，这四个不同层面的子系统由浅及深、由外及内，共同构成了监狱文化的结构体系。

从文化路径上看，监狱文化包括监狱文化研究、监狱文化建设、监狱文化传播等。作为基层监狱的任务是监狱文化建设，部局、省局的主要任务是做好监狱文化研究和监狱文化传播工作。文化价值的多元化，其实是人类文明进步的一种表现，只有多元化，才能够很好地促进文化的进步与发展，如同物种的多样化是一个道理。尽管文化体系是一个非常复杂的包含很多子系统的综合体，但各子系统间有着密不可分的关联，需要推进融合式发展。应着力加强监狱法治文化、监狱安全文化、监狱建筑文化、监狱廉政文化和监狱文学创作等，形成具有行业元素、多种文化互补、相融性强的监狱文化体系。应着力倡导、宣扬和造就信念文化、敬业文化、团队文化、廉洁文化等文化形态，提高民警的政治、业务、文化素质和培育优良的工作作风。应全面把握监狱文化建设的内在规律，缜密考虑文化建设的层次性、结构性和系统性，逐步把文化建设的片段思维、局部亮点、具体任务有机联系和丰富完善，形成完整的协调的整体布局。这不仅包括监狱文化诸多内容，而且包括具体实施办法、评价标准等措施，形成符合监狱管理需要和特征的文化建设体系。

### （二）层次性推进

#### 1. 组织推动

全国监狱系统需要做好顶层设计，设立专门的组织机构来统筹监狱文化建设。2014 年 9 月，中国监狱工作协会监狱文化专业委员会在安徽合肥成立，出版《监狱文化》会刊，把会刊办成专委会理论研究成果的展示平台、监狱文化艺术交流的舞台、监狱文艺人才成长的平台。开展文化监狱建设标准研究，激发广大民警的创作热情，为之提供成长路径，搭建才艺展示舞台。专委会设立创作基金，统筹解决经费问题，每年出版发行 3～5 部作品，持续推进监狱文化的发展繁荣。

#### 2. 载体搭桥

监狱文化建设必须有实实在在、切合监狱工作实际的形式和载体，才能不断增强文化建设的实效性、感召力和吸引力。比如，开办“文化沙龙”，以文艺作品创作座谈会、研讨会等多种形式，营造浓厚的文化氛围，搭建交流学习的桥梁和纽带，构筑多渠道、多层面、立体式的监狱文化建设阵地。举办全国监狱系统“文艺调演”，掀起全国性的监狱文艺创作热潮。开展好监狱文化示范点建设与评选活动，展示地域特色。各省（区、市）可推选1所文化建设特色鲜明，具有一定代表性、先进性的监狱（所）作为典型案例，采取书面评议和现场观摩相结合的形式，由专委会选出10所监狱（所）予以表彰并形成案例集，促进理论成果的实际转化。探索文化成果产业化道路，尝试对有投资价值的作品进行市场化、产业化运作。联合影视传媒公司拍摄监狱题材的电影或电视剧，出版专著文集，举办专业性展览演出等，将监狱文化成果向全社会推介。成立“全省监狱系统民警文化联谊会”，整合全系统文化资源，下设专业协会组织和民警或罪犯艺术团，开展系列文化建设活动。

3. 考核问效

考核与评估监狱文化建设成果是对监狱文化建设的过程分析、成果鉴定和工作流程的检验体系，是监狱文化建设系统的策略和方法，是推进落实监狱文化建设的立足点和落脚点，因此需因地制宜，有的放矢地规划与实施监狱文化建设。运用工程建设中项目管理的方式，制定并落实“文化建设实施意见”和“文化品牌创建管理办法”，使文化建设被列为监狱教育改造工作考核和监狱工作目标责任制考核的重要内容，从建章立制的高度保证整体推进的规范性。比如，省监狱局可在年初制定全省监狱工作目标中明确监狱文化建设年度任务，年中召开一次监狱文化建设现场会进行推动，年终结合教育改造工作考核和监狱工作目标责任制考核，对监狱文化建设一并纳入工作考核范畴。

（三）系统性保障

1. 完善建设机制

在实践中，人们往往把监狱文化建设分解成为若干单元，却没有从研究整个监狱文化建设工作的运行机制着手。比如说，研究教育改造文化，仅从教育改造理论着手找不足和差距，然后借来“他山之石”。从表面上看，一些监狱文化建设的运行机制还在正常地运行，但运行机制中的很多环节发生了变化，而由于在“借来”时，并没有从整个监狱文化建设运行机制来考量，虽然经过改进，却难以从根本上提高监狱文化建设工作的效率。为此，要将监狱文化建设纳入监狱工作整体部署，立足自身的监狱文化建设现状，着眼于监狱工作的可持续发展，精心谋划监狱文化的发展目标，确定具体思路，制定长远规划和具体实施方案，形成规划、领导、管理、协调、指导和评价机制，确保监狱文化建设始终沿着正确的方向健康发展。

2. 遵循发展规律

“无形”的文化需要“有形”的支撑，离开了“有形”的基础，监狱文化建设就会沦为玄谈。这里的“有形”就是经济保障，对于监狱文化的投入，要像信息化建设那样“舍得”。加强监狱文化建设，既要加大活动场地、文化设施设备、文化刊物等基础设施的投入，还要优化美化环境，丰富文化标志标识，营造浓厚的监狱文化环境。这绝不是“形象工程”，要使监狱的每一块石头、每一座建筑，都承载起文化的价值，打上人文的烙印，体现艺术性和独有的风格，使其成为“凝固的音乐”。可以说，监狱文化无论是常态性开展，还是创意性开展，都需要“有形”的保障。常态性开展，较多地涉及场地、设施、民警的警务保障。创意性开展，主要体现为监狱履行职能所需的管理与教育行为，是监狱更为自觉的文化行为，这种保障更多地体现为监狱自身对监狱文化投资的计划性、规划性和统筹性，以充足的经济保障来支撑与实现监狱文化的可持续发展。

3. 共享社会资源

社会文化与监狱文化之间是总体和部分的关系，是影响和被影响的关系。一个文化子系统的生存与发展取决于这个文化的受众规模。也就是说，如果一个文化的受众规模很小，那么它在整个文化体系中的地位就会处于比较边缘的地位。显然，关注监狱文化的人，以及受到监狱文化影响的人，放在全国人口中占比很小。因而不能“画地为牢”，应以开放的胸襟，整合监狱内外资源，随时把社会新思想、新观念、先进文化引进来，充分调动和利用社会资源来建设监狱文化，让监狱文化跟上时代的进步和发展，让社会上更多的人了解监狱、认识监狱，关心支持监狱文化的建设和发展，与地方文艺单位、高等院校开展文化共建活动；邀请社会志愿者走进监狱，开展法律、科技、文化进大墙志愿服务活动；邀请罪犯亲属开展社会帮教。还可以在保证安全的前提下，组织罪犯走出监狱大墙，参观社会文明成果、开展警示教育、演讲活动。这样不仅能发挥监狱文化作为社会文化资源的组成部分对社会发展的促进作用，还可通过监狱文化与社会文化的交流，邀请地方文化部门、知名学者联袂给予智力支持，吸收外系统的优秀文化因子，为监狱文化寻找新的源头活水。①

## 第四节　监狱亚文化

### 一、监狱亚文化的概念

#### （一）主流文化与亚文化

社会文化有主流文化和亚文化之分，彼此具有不同的含义。

① 参见朱阳宇：《现代监狱文化建设研究》，载《犯罪与改造研究》2017 年第 4 期。

1. 主流文化的含义

主流文化是社会的正面文化，具有官方认可、推动民众承认的特点。这种文化属于社会形态的上层，占文化形态的主要部分。其他的文化，特别是亚文化都处于从属地位。主流文化具有三层含义：一是以政权为基础条件的主导性文化，是一种意识形态的统治文化；二是以社会经济、政治、文化形态的长期发展而形成的主体性文化；三是反映社会公认的道德体系和生活风俗的主流性文化。①

2. 亚文化的含义

亚文化英文是“Subculture”，又称副文化、次文化，是指与主文化相对应的那些非主流的、局部的文化现象，是在主文化或综合文化的背景下，属于某一区域或某个集体所特有的观念和生活方式。一种亚文化不仅包含着与主文化相通的价值与观念，也有属于自己的独特的价值与观念。

（二）监狱亚文化的概念

关于监狱亚文化，不同学者有着不同的认识。目前，对监狱亚文化的概念，主要有以下几种观点：

（1）监狱亚文化是监狱文化的组成部分。此观点认为：监狱亚文化是与监狱主流文化相对的次文化、副文化，或者认为是一种消极文化。这一观点对监狱亚文化的界定相对比较模糊，只是提出了亚文化的概念，没有进一步的探讨。

（2）监狱亚文化是由服刑罪犯创造的与监狱主流文化相悖的文化。有学者认为，监狱亚文化是与监狱主流文化相伴而生的，它是由监狱中服刑罪犯这一亚文化群所形成的文化。“所谓监狱亚文化，是指罪犯亚群体在监禁生涯中逐渐形成自觉或不自觉地信奉和遵行，与社会文化偏离或对立的价值标准、行为方式和现象的综合体。”②“监狱亚文化是具有较强生命力的犯人自己的文化，它是与监狱主流文化相对立的文化形态。具有低层次性、隐秘性、对抗性、传播的独特性、持续性特点。”③

（3）监狱亚文化是由监狱和监狱工作者共同创造的文化。有学者认为，“罪犯群体在监禁生涯中逐渐形成、自觉或不自觉地信奉和遵行、与监狱主文化偏离或对立的价值标准、行为方式的现象又称之为监狱罪犯亚文化。这种亚文化的受体包括服刑人员和监狱民警两个群体”④。这一观点认为监狱亚文化是由“服刑人员和监狱民警两个群体”创造的，没有涵盖其他参与者。

① 参见孙平：《监狱亚文化》，社会科学文献出版社 2013 年版，第 6 页。

② 许章润：《监狱学》，中国人民公安大学出版社 1991 年版，第 74 页。

③ 孙平：《监狱亚文化研究》，载《法律科学（西北政法学院学报）》1991 年第 4 期。

④ 于海涛：《论监狱亚文化对罪犯矫正之负面影响》，载百度文库网 2022 年 6 月 12 日，https://wenku.baidu.com/view/7d6454f37c1cfad6195fa797.html。

（4）将监狱亚文化和监狱文化混同。西方监狱学研究者的“犯罪人群体行为模式说”认为：“社会文化是人们行为模式的体现，作为一种亚文化，监狱文化是社会文化在监狱内的扭曲发展，通过犯罪人行为模式体现出来。”“监狱文化是一种亚文化，虽然受到了监狱管理方谴责或压制，但在犯人中却作为一种潜规则而大行其道。”① 西方学者是将犯罪和罪犯的行刑放在一体化研究的角度，将监狱亚文化和社会文化作为一对概念来考察，因此才出现了混同现象。

本教材采用的是连春亮教授的观点，他认为，监狱亚文化从外延大小来分析，应有广义、中义和狭义之分。

广义的监狱亚文化应是与监狱主流文化相悖的所有文化现象。包括罪犯所创造的亚文化、监狱警察所创造的亚文化以及监狱其他工作者所创造的亚文化，甚至包括历史传承下来的社会关于监狱的亚文化。这样，监狱亚文化就涵盖了所有与其相关的亚文化现象。中义的监狱亚文化，是指由罪犯所创造的与监狱主流文化相悖的文化。在这里，监狱亚文化是具有“监狱性质”的监禁机构所创造的亚文化现象。狭义的监狱亚文化仅指监狱法所规范的监禁机构，即监狱和未成年犯管教所创造的亚文化现象。②

## 二、监狱亚文化的性质

关于监狱亚文化的性质界定，学界有着不同的观点。监狱亚文化的性质包括如下几个方面：③

### （一）监狱亚文化是与监狱主流文化相对应的文化形态

孙平教授认为：“监狱亚文化是犯人自己的具有较强生命力的文化，它是与监狱主流文化相对应的文化形态。”④ 监狱亚文化是犯人自己的价值观念和行为方式的总和，它的价值观与行为方式与监狱主流文化存在一定的对抗性，往往不为主流文化所认可。监狱是各种亚文化的汇合之地，许多亚文化的积淀、适应、整合、传承都在这里顽强地进行着。

### （二）监狱亚文化是和监狱、罪犯相伴而生的文化，是一种存在于罪犯之间的隐性文化现象

罪犯自己的文化形态总的来看处在一种低层次性、对抗性和隐秘性的状态，

① 参见高庸：《西方监狱文化管窥》，载《净月学刊》2014 年第 2 期。

② 参见连春亮：《监狱亚文化：概念、性质和范畴——以孙平教授的〈监狱亚文化〉为基点》，载《安徽警官职业学院学报》2015 年第 3 期。

③ 以下内容见连春亮：《监狱亚文化：概念、性质和范畴——以孙平教授的〈监狱亚文化〉为基点》，载《安徽警官职业学院学报》2015 年第 3 期。

④ 孙平：《文化监狱的构建》，中国政法大学出版社 2007 年版，第 101 页。

这种文化是监狱中犯人所独有的或在监狱中的犯人身上比较集中体现的文化。监狱亚文化在狱内犯人中间是很有市场的，它扎根于犯人的内心深处，约束并影响着犯人的行为和价值观念。[①] 监狱亚文化的独特之处就在于产生的空间、时间和创造者是异于社会其他文化的，也就是说，只有监狱空间，服刑罪犯的主体在服刑时间内才能创造这一文化样态。

（三）监狱亚文化是以低层次性为主体的庸俗文化

"监狱亚文化的低层次性的表现是犯人在思维方式、审美观念、人生态度、行为方式的局限、简单、粗陋、野蛮、怪异的形态，许多犯人往往不分真善美、假恶丑，总是以一种低级的、简单的思路指导自己的行为。监狱亚文化常常以反主流文化的面目而出现，使得犯人反叛现有的道德、法律、规章制度，与人们的普遍认识保持相当的距离。监狱亚文化的对抗性使得官方对这种文化非常反感，总是想方设法对这种文化形态进行攻击和谴责。监狱亚文化从其产生到发展壮大，从具体的形式到内容的表达都以'隐秘'方式为特征。"[②] 对于监狱亚文化的价值界定，不能一概认定其是无价值的文化现象。首先，从亚文化总体上看，相当一部分监狱亚文化虽不被官方认可，但并不属于无价值的范畴，反之还有一定的积极意义。其次，从监狱亚文化的层次上看，可以分为负性监狱亚文化、中性监狱亚文化和正性监狱亚文化，即使某些消极意义的负性监狱亚文化也可以反观社会存在的弊端，抑或我们监狱管理中存在的问题，是我们自我改进的"镜子"。但我们需要达成共识的是"监狱亚文化是以低层次性为主体的庸俗文化"，这是客观存在的事实。

（四）监狱亚文化是服刑罪犯适应监狱生活环境的生存文化

在罪犯服刑过程中，监狱亚文化成为一种被罪犯公认的集体文化，罪犯们也都在受着它的影响。"在集体生活中，监狱亚文化成为一种公认的集体文化，每个犯人都在接受着它的影响，每个犯人都成为这种集体文化的塑造物。接受这种集体文化并适应这个文化体系的人就获得了在监狱中立足的权利。如果不接受这种文化，不适应这种文化，不掌握这种文化就要成为这种文化体系的对立面，必然就会被这种集体文化所孤立，就会失去这个文化体系的某种权利，成为集体文化的对立面。"监狱亚文化是罪犯生活的环境文化，也是潜在的罪犯生存的共同规则，不管罪犯喜欢不喜欢、承认不承认，罪犯都必须在服刑中适应它，否则将产生不利的后果。罪犯为了适应监狱生活，融入罪犯群体，接受监狱亚文化往往是主动的、积极的、自愿的，因此亚文化对罪犯的影响会比主流文化深刻而生动。

① 孙平：《监狱亚文化》，社会科学文献出版社 2013 年版，第 388 页。

② 孙平：《监狱亚文化》，社会科学文献出版社 2013 年版，第 389 页。

### （五）监狱亚文化是罪犯自我的“合理”文化

著名哲学家萨特说过：“存在就是合理。”监狱亚文化在监狱的客观存在和传播必然有其合理成分。孙平教授认为：“人创造了文化，文化也塑造了人。处在监狱亚文化之中的犯人以亚文化的形态为生活的内容，没有了这种犯人自己的文化，他们的生活意义是不大的，所以对监狱亚文化的‘合理’成分要有清晰的认识，不能因为它的某些表现与主流文化不同就一概抹煞它的意义。”① 监狱亚文化对罪犯来说是监狱生存环境下的自我文化，在这些文化中并非都是消极的、落后的、低级的，有一部分文化在一定程度上具有积极意义，是有价值的，存在“合理性”，有自身“存在的意义”。站在罪犯的角度来看待这种文化的实质，有其自身的合理性，甚至对于罪犯而言是服刑生活所必需的。

## 三、监狱亚文化的范畴

监狱亚文化的存在，从不同视角可以划分为不同的范畴，国内学者对此内容的界定也各有不同的观点：②

有学者认为，监狱中罪犯的亚文化样态可以拓展到罪犯生活的更宽领域。罪犯亚文化包括了罪犯的反社会意识、亚群体及其结构形态、非语言符号、监禁反应、监狱依赖、监狱人格、监狱经验，以及由日记、思想汇报、自传、手抄本、家信、小制作等一系列与罪犯活动有关的产品。”③ 很显然，这里的监狱亚文化并非都是与监狱主流文化相对立的，而是由服刑罪犯所创造的、官方或非官方所倡导的文化。

有学者认为，“监狱中罪犯亚文化就是罪犯自己的文化，包括罪犯犯罪前社会不良文化在监狱内的迁移和变形，以及罪犯在长期的监禁生活中形成的与监狱主文化异质的服刑人员文化。罪犯的亚审美文化、亚道德文化、罪犯暗语、某些禁忌和仪式等不良文化……”④ 并将其进行了归类表述，归纳为黑社会性质的帮派（团伙）文化、黑话（暗语）文化、罪犯犯罪经验“交流进修”文化、罪犯功利改造文化、罪犯的性文化、罪犯囚诗囚歌文化、罪犯绰号文化、吸食毒品药品文化、酗酒文化、赌博文化、“碰瓷儿”文化、“颠憨”文化、炫耀文化、文身文化、打架文化、迷信文化、禁忌文化等；同时，将监狱警察所创造的监狱亚文化

---

① 孙平：《监狱亚文化》，社会科学文献出版社 2013 年版，第 393 页。

② 参见连春亮：《监狱亚文化：概念、性质和范畴——以孙平教授的〈监狱亚文化〉为基点》，载《安徽警官职业学院学报》2015 年第 3 期。

③ 参见连春亮、李玉成、殷尧：《罪犯矫正形态论》，群众出版社 2014 年版，第 81－82 页。

④ 于海涛：《论监狱亚文化对罪犯矫正之负面影响》，载道客巴巴网，https：//www. doc88. com/p－9197171337568. html，最后访问时间：2023 年 2 月 1 日。

归纳为妥协执法文化、无可奈何文化、望洋兴叹文化、看似强势的弱势群体文化、黑白称兄道弟文化等五类。① 显然这一研究范畴也是局限于监狱内的，对监狱亚文化的这样归类未免有些牵强，但是，从总体上反映了监狱亚文化的复杂性。

也有学者认为，监狱亚文化范畴主要包括：罪犯规则、罪犯暗语、罪犯的反社会意识化、罪犯亚群体、腐朽观念，亚审美文化，亚道德文化，特定的服刑心态，隐语，脏话，文身，同性恋等。②

还有学者从罪犯的角度考察，将监狱亚文化的范畴归纳为五大现象：一是“功利化服刑”——狱内人际关系的异化现象；二是“人情化改造”——“关系犯”与“事务犯”现象；三是帮派团伙——狱内非正式群体的困扰问题；四是性压抑和性变态现象；五是罪犯“交叉感染”现象。③ 且不说这种归类的合理性，仅是这种分类本身就是一种值得肯定的新尝试。

许章润教授从监狱亚文化的具体表现形态上，将其归结为：反社会意识；罪犯亚群体；罪犯的非语言符号；文身；罪犯精神活动产品；监禁反应；罪犯特征；监狱适应；监狱经验；监狱人格；监狱烙印等。④ 应该说是相对比较全面的表述。

孙平教授认为，监狱亚文化是个整体概念，以对象来说它包括监狱犯人亚文化和监狱管理人员亚文化两个部分。同时，监狱亚文化是监狱与社会以罪犯为媒介信息交流的文化，因此，在研究监狱亚文化的范畴时，将其限定为“监狱中的犯人与主文化相异的生活形态，即研究监狱中犯人独特的价值观念、行为准则和生活方式”。⑤ 据此把监狱亚文化分为价值观念类、行为类和语言类。这三类监狱亚文化并不是孤立存在于监狱中的，也不是只有监狱罪犯才是创造者，而是监狱与社会通过信息交流和沟通共同创造的，只是主要流行、传承于监狱这个特定的环境。“每一个犯人都是亚文化的输入者，特别是一些暴力犯罪者形成的价值观与行为模式，对今后监狱生活的影响很大。不断有新人进入监狱，就不断将社会亚文化的形态输入到监狱之中。但是与此同时，监狱已经存在的亚文化形态也在起着作用，两种亚文化的碰撞使得监狱亚文化的形态也在不断地发生着变化。经过整合后的监狱亚文化其内容更加丰富，价值观念更加清晰。随着犯人的释放，监狱亚文化又被带入到社会之中，与社会亚文化进行着整合。监狱亚文化总是处在文化的整合之中，但其基本的价值观和行为方式很少改变，特别是一些

---

① 参见于海涛：《论监狱亚文化对罪犯矫正之负面影响》，载监狱文化网，http：//www. jywho. com/jylt/201102/18 – 290. html。

② 参见李蜜：《浅析罪犯亚文化与罪犯再社会化》，载《大众科技》2013 年第 6 期。

③ 邵磊：《略论监狱亚文化——从考察罪犯群体的角度》，载《河北法学》2009 年第 4 期。

④ 参见孙平：《监狱亚文化理论的产生与发展》，载《学术研究》2006 年第 8 期。

⑤ 参见孙平：《监狱亚文化理论的产生与发展》，载《学术研究》2006 年第 8 期。

固有的文化现象已经成为监狱习俗或传统，很难从实质上进行改变。"[①] 监狱只是监狱文化的发源地、传播地和扩散地。由此，仅在监狱范围内而言，监狱亚文化广泛地存在于监狱之中，呈现不同的样态。因此，研究范畴"主要有：自杀、伪病、造作伤（自伤与自残）、牢头狱霸、文身、同性恋、妄想、监禁反应、地下经济、赌博、隐语（黑话）、顺口溜、谎言、假名、打架斗殴、非正式群体（违法团伙）、逃跑、袭警、脏话、手抄本、囚歌、囚诗创作等表现形式"[②]。

## 四、监狱亚文化的控制

监狱亚文化属于社会文化的一个特殊种类，更多的时候被视为一种不良文化，虽然在改造实践当中会出现趋向改造的积极文化，但它在本质上还是属于一种与主流文化相背离的文化，对于负性的、危害监狱安全的监狱亚文化要采取相应措施予以防范，抑制其发展。

### （一）以社会主流文化引导罪犯自觉改造

罪犯之所以犯罪，从根本上说是因为他们的主导精神文化思想是不符合社会主流文化的腐朽没落的各种亚文化。监狱必须大力推行开放式教育，加强精神文明建设，努力以社会主流文化为主导，影响改变服刑罪犯的各种亚文化精神思想。弘扬社会主义主流文化，用马克思主义的世界观、人生观和价值观去占领服刑罪犯的思想阵地，用中国特色社会主义思想丰富武装头脑，清除罪犯存在的消极、腐朽、反动的思想观念，引导罪犯树立正确的世界观、人生观和价值观，使罪犯走上自觉改造的道路，加速改造的步伐。

加强社会主义精神文明建设，最重要的是要把握政治大方向，并在此前提下，采取符合罪犯实际的、灵活多样的方式方法，向罪犯灌输社会主义法治、道德等教育内容。从人的精神世界看，文化与信仰占据着十分重要的地位，如果社会主义的主流文化占领不了罪犯的思想阵地，监狱亚文化的泛滥也就会成为必然，因此，这是一个此消彼长的过程与规律。

### （二）以引导与强制相结合的方法予以控制

监狱亚文化是一种畸形的文化现象，属于思想意识范畴，因此，需要利用引导与说理的方法。但同时，由于它可能直接引发恶的东西，如犯罪，所以，又必须采取必要的强制措施，避免其发展蔓延以至于危及社会。由此可见，说理引导和防范控制是消除监狱亚文化现象的两个方面，两者相辅相成，缺一不可。在监狱控制与防范措施中，加强狱政管理是十分重要的一环。

---

① 孙平：《监狱亚文化》，社会科学文献出版社 2013 年版，第 399 页。

② 孙平：《监狱亚文化》，社会科学文献出版社 2013 年版，第 397 页。

# 第八章

# 监狱经济

我国的监狱经济体制是监狱和监狱企业合而为一的体制，监狱企业和作为执法机关的监狱形成了密不可分的现实联系，在主次关系上，监狱企业是监狱的附属物，这决定了监狱经济只能是国有经济，而且是一种特殊的政府经济。因此，监狱经济是通过监狱企业的罪犯生产劳动获取物质资料的一种客观活动。

## 第一节　监狱经济的基本问题

### 一、监狱与监狱职能

监狱是国家的刑罚执行机关，是国家机器的重要组成部分，是上层建筑的附属物，是维持阶级统治的暴力工具的主要部分。

马克思主义认为，国家是阶级矛盾不可调和的产物，是统治阶级的权力机器，而军队、警察、法庭、监狱是构成这种权力机器的主要部分。监狱作为国家的权力机构之一，是国家机器的物质附属物。国家的性质决定监狱的性质。监狱总是由一定的监狱思想通过监狱制度表现出来。规定监狱的建立和运作的监狱思想和监狱制度，是统治阶级的国家意志，它规定着监狱的性质和发展方向。监狱的性质和制度是国家意志的具体体现。不同社会制度下的监狱，是统治阶级运用意志力量和物质力量进行阶级斗争和处理犯罪问题的强制性机构。

近代监狱是执行自由刑即关押已决犯的场所，是独立的刑罚执行机关。我国的监狱，不仅是阶级专政的工具，而且是改造罪犯的特殊教育机构。社会主义监狱的职能与其他社会形态的监狱职能相比，在内涵上存在本质的不同。社会主义监狱的职能包括两个方面：基本职能与派生职能。《监狱法》明确指出了我国监狱的基本职能：依法对罪犯实施惩罚和改造。

我国的监狱制度建立之后，不但要惩罚罪犯，而且要改造罪犯，这一性质要求我国的监狱除完成其基本职能外，还要在一定程度上承担起派生职能，即能动参与和影响社会的实践活动，因此监狱的派生职能主要包括：组织监狱生产、创造一定经济效益的职能；培育罪犯人力资源的职能等。

## 二、监狱经济与监狱企业

监狱经济是和监狱行刑活动紧密相关的共存于监狱这一共同体之中的一种经济现象。监狱经济是指“与监狱行刑活动相伴而生，以罪犯为主要劳动力并在其过程中完成对罪犯劳动改造的生产、分配、交换和消费活动的总和。监狱经济的核心是监狱生产，监狱经济的组织主体是监狱企业”①。由此，监狱行刑、监狱企业、监狱生产、罪犯劳动等共同构成了监狱经济网络体系和监狱经济的基本范畴。

根据《监狱法》的规定，监狱是国家的刑罚执行机关。《国务院转司法部关于监狱体制改革试点工作的指导意见》中指出：监狱企业主要任务是为监狱改造罪犯提供劳动岗位，为改造罪犯服务，不同于以营利为目的的社会企业，但也要讲究经济效益。因此，监狱企业是为监狱生产提供生产设施和生产设备的组织，是为罪犯改造提供的场所，是监狱改造罪犯提供劳动手段和提供经费补充的、由国家全额出资组建的、产权属于监狱的国有特种企业。监狱企业主要讲究社会效益，同时也要兼顾经济效益，主要是向社会输出“合格”的人的产品，附带输出劳动活动产生的合格的物的产品。自新中国成立以来，监狱统一行使监狱企业生产和监狱劳动改造罪犯管理权，进而形成了监狱企业与监狱在管理上的统一，监狱与监狱企业实质上是“一个单位、两个牌子”。监狱企业承担着为国家（出资人）创造利润和资产增值的使命，因此，是经济属性和政治属性的结合，是一种经济实体与政治实体并存、生产职能与刑罚职能并存、生产者与被改造者并存、经济效益与政治效益并存的特殊组织形式，即国家办监狱，监狱办企业，监狱企业以服从和服务于惩罚和改造罪犯为宗旨。

马克思指出：生产劳动同智育和体育相结合，它不仅是提高社会生产的一种方法，而且是造就全面发展的人的唯一方法。劳动改造罪犯，是马克思主义关于无产阶级专政学说与中国国情相结合的行刑方式，是中国监狱工作的基本特色。这种行刑制度需要有一定的载体来完成，这就产生了罪犯劳动生产和监狱企业。新中国成立初期，国家专门制定了“三个为了”劳改方针，即“为了改造他们，

① 高寒：《监狱经济体制改革研究》，中国市场出版社2005年版，第2页。

为了不让罪犯坐吃闲饭，为了减轻国家负担”。这一方针，从某种意义上是“为了不让罪犯坐吃闲饭，为了减轻国家负担”的无奈之举，是新中国成立初期国家政治经济状况的反应。后来又制定了“改造第一，生产第二”的劳改方针。1983 年公安部将劳改部门移交给司法部，制定了“惩罚与改造相结合，以改造人为目的”的监狱工作宗旨。

## 三、罪犯劳动与监狱生产

罪犯劳动是指监狱组织罪犯参加各种劳动的总称。[①] 罪犯劳动有其本身价值理性。首先，对罪犯的刑罚惩罚手段之一是通过罪犯强制劳动这一媒介而实现的，是罪犯借以感受刑罚的载体。其次，罪犯复归社会的现实需要。罪犯在监狱中习得的劳动技能、科技知识以及其他相关知识为罪犯出狱后的适应社会生活奠定了客观的物质基础。因此，各国的监狱制度都十分重视罪犯劳动。我国监狱对罪犯执行刑罚目的是改造罪犯。“惩罚与改造相结合，以改造人为宗旨”是我国监狱工作的方针。在我国改造罪犯的劳动改造、监管改造、教育改造三大基本手段中，劳动改造占有重要地位。具有其他手段不可替代的作用。我国法律规定，凡有劳动能力的服刑罪犯必须参加劳动。在改造罪犯工作实践中，生产劳动是罪犯服刑生活的主要内容之一。

监狱生产作为罪犯劳动的载体，是指在监狱的组织下，罪犯使用劳动工具去改变劳动对象，创造出适合监狱或社会需要的物质资料的过程。[②] 截至目前，我国监狱生产的组织形式即监狱生产单位仍主要是“监狱企业”。一般认为，“监狱企业”是指由国家出资、监狱经营的特殊生产单位。是依照国家法律为罪犯提供劳动场所、劳动手段和劳动对象，对罪犯进行劳动改造的具体组织形式。[③]

## 四、监狱企业的职能

监狱企业的职能是指监狱机关在组织罪犯参加劳动生产这一活动过程中，所具有的功能与作用。

### （一）惩罚罪犯

监狱的根本任务是将罪犯改造成守法公民。监狱生产，作为监狱根本任务与目的的基本手段之一，通过严格的纪律约束来实现其惩罚罪犯的职能。在监狱，每个有劳动能力的罪犯必须参加劳动，按时、按质、按量完成监狱下达的考核任

① 参见王戌生主编：《罪犯劳动概论》，法律出版社 2001 年版，第 164 页。
② 参见王戌生主编：《罪犯劳动概论》，法律出版社 2001 年版，第 165 页。
③ 参见王戌生主编：《罪犯劳动概论》，法律出版社 2001 年版，第 194 页。

务。罪犯参加劳动生产必须无条件服从安排与指挥。劳动现场都在监狱警察的监督、控制之下，罪犯的人身自由受到严格限制，违反纪律的罪犯，都将受到监规、监纪的惩处。

（二）改造罪犯

监狱生产有效实现了改造罪犯成为守法公民这一艰巨任务。监狱组织罪犯参加生产劳动，矫正了罪犯犯罪恶习与不良行为，培养其谋生技能与劳动习惯，全面挖掘了罪犯群体潜在的生产力因素，开发劳动力资源，通过长时间的劳动教育，帮助罪犯认罪服法，早日获得新生，重返社会。

（三）创造物质产品和提高经济效益

作为监狱企业获取物质资料的一种客观活动，监狱企业表现出一种创造职能，其创造的物质产品，与社会企业生产创造的物质产品一样，具有价值与使用价值，当社会对监狱企业创造的物质产品需求量加大时，可以有效地刺激监狱企业扩大规模，促使监狱企业实现良性循环。

## 五、监狱企业运行目标

监狱企业的运行目标既有一般社会企业的经济目标，同时又有监狱企业的特定目标。有学者将监狱企业的运行目标归纳为以下几个方面：①

（一）经济利益目标

监狱企业是一种特殊的企业，有着特殊的运行目标。但是，依据马克思主义哲学的基本原理，特殊性中包含普遍性，因而，监狱企业必须追求经济利益这一生产活动的共同目标。

作为企业，不管其生产活动的主题有多么特殊，只要其产品是用来满足人们的生产或生活需要，进入市场完成交换，那么，企业都要求获取一定的经济收益，以补偿生产中消耗的要素，保持生产活动正常的新陈代谢。不管生产活动受益的获得者如何特殊，生产要素补偿方式如何不同，生产活动的这一内在要求是不会改变的。

监狱生产活动的主体虽然是罪犯，与一般生产活动的主体不同，但这并不能改变生产活动本身固有的属性和内在要求。生产活动的主体要遵守生产活动本身的规律和原则，而不是让生产活动去适应其主体的性质和状况，监狱生产活动同样如此。监狱是把罪犯组织起来投入监狱企业的生产活动中去，按生产活动的规律办事，在生产活动的正常运行中，实现对罪犯的改造，而绝不是相反的，把生

① 参见高寒：《监狱经济体制改革研究》，中国市场出版社2005年版，第104－114页。

产活动植入刑罚执行领域，让其服从刑罚执行和对罪犯改造的要求，否则，监狱生产活动就无法正常运行。因此，监狱企业组织监狱生产活动，必须充分尊重经济规律，监狱企业必须追求利润目标，这是监狱企业资产所有权的内在要求在现实中的具体表现，否则，所有权将失去其存在的经济意义。监狱企业不仅要追求利润目标，而且要追求利润最大化目标。但是，由于监狱企业兼有经济和政治双重属性，因此，监狱企业的利润最大化目标，与一般企业单纯的利润最大化目标不同，它必须是在罪犯自愿参加生产活动，又有利于罪犯改造的前提下，对各种生产要素的最佳利用所能达到的利润最大化目标。

（二）罪犯改造目标

监狱企业的性质，决定了监狱生产在我国刑罚执行的过程中发挥着重要的作用。新中国的监狱及监狱制度建立之后，监狱企业就一直存在，几十年来，我国的监狱成功地改造了大批的罪犯，改造质量高，重新犯罪率低，取得了世人瞩目的成就。这一成就在很大程度上是在组织罪犯进行生产劳动过程中取得的，劳动改造罪犯的制度也因此而成为我国监狱制度的一大特色。没有监狱企业的生产活动，就难以实现对罪犯的改造，改造罪犯是监狱企业的目的之一。要实现这一目的，监狱企业就必须有明确的目标即有效改造罪犯。目标不能实现，目的就会落空，目标错误或不明确，目的同样不能达到。

（三）长期发展目标

追求利润是一般企业的天然职责，而追求利润最大化，则是企业的最高目标，这已被西方古典经济学理论所证实。因为只有追求利润最大化目标，才能使企业各种生产要素得到最佳配置，发挥最佳效率，并使企业的竞争力得到最充分的展现，企业才能在竞争中不给对手留下任何可乘之机和“薄弱环节”。否则，企业将面临被收购的危险。但是，随着市场竞争的日趋激烈，企业规模的增大，竞争的目的、手段和内容也发生了相应的变化，企业在实践中难以实现利润最大化这一理论目标，也难以做到依靠打垮竞争对手来实现自己的生存。对企业来说，内在地谋求自我生存，比外在地谋求打垮竞争对手，更具有生存的战略意义。

监狱企业要生存，就不能仅考虑眼前的利润最大化目标。利润最大化目标的实现，只能解决目前或短期内的生存问题，而对监狱企业来说，长期生存、长期发展，才是其要解决的根本问题。监狱企业若把利润最大化作为最高目标，那么，相对于长期发展目标来说，监狱企业目前的行为必然具有短期化倾向，只有增强监狱企业未来竞争力，未来才能取得较好经济效益的投资开发、职工培训等行为，必然会被追求目前利润目标的行为所代替，这样监狱企业必将失去未来的生存空间，监狱企业的命运也必将是短暂的。特别需要说明的是，监狱企业不是典型意义上的企业，虽然具有企业的一般属性，但也存在生存期限问题。一般企业不能只考虑目前的利润目标，而对监狱企业来说，谋求监狱生产的长期发展和自身的长期存在，显得尤为重要。监狱要通过监狱企业组织罪犯进行生产劳动，来完成惩罚和改造罪犯的任务，同时又要通过监狱企业创造经济效益，以弥补监狱经费的不足。从目前和未来来看，我国的监狱生产将是长期的，甚至是永恒的，只要有罪犯和监狱存在，监狱生产和监狱企业就必然存在。一般企业在竞争中可能求得生存，也可能被淘汰，而监狱企业并非市场竞争的产物，其存在也不能单纯以经济效益原则而论，罪犯劳动可以在经济上被竞争对手替代，但在法律上却不存在替代问题，因为没有人愿意成为罪犯，以罪犯的身份从事监狱生产劳动。所以，监狱企业必须长期存在，监狱企业必须谋求长期发展。

（四）“员工”收益目标

任何生产活动都是在一定的生产关系下进行的，生产活动及其组织所追求的目标，必然由生产关系来决定。但是由于企业创立的主体、经营管理主体及普通员工的身份不同，在同一企业中，各自所追求的目标也必然不同。企业所追求的目标必须和其员工的目标具有一致性，否则两者的目标都很难实现。

监狱企业是由国家创立的，其运行目标不是单一的改造罪犯的政治目标，也不是单纯的经济目标，而是两者的结合。监狱生产的各要素能够结合在一起，并组成监狱企业，不是这些主体相互之间自由意志表达的结果，而是法律强制的结果。这样，监狱企业所追求的目标和监狱企业各主体所追求的目标就必然存在差别。个人利益和目标是集体利益和目标的前提和基础，为了实现监狱企业的目标，监狱生产活动各主体的目标必须予以考虑。在满足各主体利益目标的同时，又要使其与集体目标相一致。监狱企业的管理者有着自己特殊的个人目标。目前，监狱企业的管理人员是警察身份，他们既要协助监狱执行刑罚，又要经营和管理监狱企业，因而，他们的个人目标是多元的。政治上追求行政职位的升迁，经济上追求个人收益的不断增加，同时还追求个人荣誉、个人价值实现等目标。监狱企业要想正常存在和发展，就必须适度满足监狱企业管理人员的上述目标要求，否则，不仅刑罚得不到有效执行，罪犯得不到有效改造，监狱企业也无法取得好的经济效益。

罪犯是监狱企业生产活动的另一个特殊主体，他们最初虽是被强制参加生产劳动，但经过一段时间之后，参加生产劳动就会逐步变为他们的一种自愿行为，尽管这种生产劳动仍然具有形式上的外部强制性。在监狱企业的生产劳动过程中，罪犯也有自己追求的个人目标，这些目标在很大程度上取决于罪犯的身份。首先，罪犯是被剥夺了自由，正在接受法律惩罚的特殊公民，对他们来说，早日摆脱监禁生活、重获自由、回归社会是首要目标。监狱企业在组织罪犯进行生产劳动的过程中，必须充分考虑罪犯的这一目标要求，把罪犯的劳动态度、劳动纪律、协作精神、劳动成果及发明创造，与罪犯的减刑、假释等紧密联系，使在生产劳动中有重大贡献或立功行为的罪犯，在政治上得到一定的收益，从而增强其改造的自觉性和主动性。其次，罪犯作为有生命的自然人，他们也要依靠消耗各种物质资料，才能生存。然而在任何社会条件下，物质资料都要依靠生产劳动来创造，罪犯要获取物质资料，也必须参加劳动；同时，罪犯也是社会人，他们承担着养家糊口等社会责任，而这些责任并不因他们的罪犯身份而被免除。因此罪犯在生产劳动过程中，必然要追求个人经济收入这一目标，在维持个人生存的同时，履行相应的社会责任。为此，监狱企业就必须把“员工”个人的收益目标确立为监狱企业的运行目标，这就要求将罪犯的劳动成果与他们个人的经济收益挂钩，多劳多得，使罪犯的这一目标得以实现，进而使罪犯在积极履行社会责任和义务的过程中，意识到自己的社会存在和价值，加速改造，积极劳动。

（五）培养罪犯职业能力目标

监狱企业组织罪犯进行生产劳动，不仅要改造罪犯，满足罪犯在政治和经济上的利益要求，同时还要培养罪犯的职业能力，这是由监狱的性质和任务所决定的。

作为监狱的生产活动的要素之一，罪犯必须具备一定的文化知识，掌握一定的操作技能，才能适应监狱企业生产的需要，但是，罪犯和监狱企业的关系，并非一般劳动合同关系，两者之间并不存在双向选择问题。两者的结合纯粹是法律所强制的结果。监狱按照国家法律规定，依据人民法院的判决，将罪犯收监，然后再通过监狱企业将罪犯组织起来开展生产活动，对罪犯实施劳动改造。罪犯入监前，大多数从事一定的职业，具备一定的劳动技能和经验，但他们各自所掌握的劳动技能并非都能适应监狱生产的需要，为了让监狱生产活动顺利进行，并提高监狱企业的生产效率，监狱企业就必须对罪犯进行教育和培训，使罪犯掌握基本的操作技能，并尽快适应监狱的生产需要，从而适应监狱的生产发展要求。

随着经济体制改革的进行，监狱企业的独立性、自主性在不断增强，监狱企业原来所承担的一些本不该承担的社会职能，逐渐归还政府或社会，政府不能再对监狱企业进行直接干预，监狱企业自主经营，独立决策。这样，对监狱和监狱企业来说，如果把眼光仅仅放在把罪犯改造成为遵纪守法的公民这一传统目标上，显然适应不了社会的要求。罪犯顺利的回归社会，只是改造工作的基本要求，这也只能部分地反映罪犯的改造质量。罪犯回归社会之后，能够尽快适应社会，在竞争中求得生存，不再违法犯罪，这才是监狱工作追求的最高目标，这样才能较为全面、准确地反映监狱对罪犯的改造质量，虽然这不完全是监狱所为的结果，但监狱对此却起着基础性甚至决定性的作用。因此，在罪犯服刑的过程中，监狱及监狱企业就必须对罪犯进行必要的文化知识的教育和职业技能的培养，使其具备在未来的社会中以竞争求生存的能力，缩短罪犯回归社会之后对社会重新适应所需的时间。这样，既能提高罪犯改造质量，降低重新犯罪率，又能提高监狱企业的经济效益。因而，监狱及监狱企业应把对罪犯职业能力的培养作为其运行目标之一。

## 六、监狱企业与社会企业

在我国，监狱企业隶属国有特殊企业。它起源于劳动改造罪犯的需要，终结于解放和发展罪犯生产力，以此创造财富，服务监狱。因此，监狱企业不同于一般的国有企业，既带有经济属性，更带有政治属性，是一种经济实体与政治实体并存、生产职能与刑罚职能并存、生产者与被改造者并存、经济效益与政治效益并存的特殊组织形式，具有自身的特性。监狱企业与一般社会企业的不同点表现在以下方面：[①]

### （一）任务和目标不同

一般社会企业的任务是生产和经营，为国家创造财富；目标是追求利润最大化和成本最小化。监狱企业除了不同程度地具有上述任务外，还有服务和保证刑罚执行的政治任务，使监狱企业在生产经营中除了着眼于经济因素外，还要着眼于政治因素，必须完成对罪犯改造思想、培养技能、重塑人格的任务，这是两者的根本不同。

### （二）服务的对象不同

一般社会企业服务的对象是消费者，即向消费者提供物质产品，满足消费者的消费需求，监狱企业在具备这一属性之外，还兼具服务罪犯改造、为罪犯提供改造场所和手段、为改造工作提供可靠的物质保证等，并通过劳动将罪犯改造成有益于社会的、自食其力的劳动者，向社会提供符合社会规范的社会成员。

### （三）内部管理和劳动力素质不同

一般社会企业中，领导与职工是根本利益一致基础上的干群合作关系，实行的往往是比较先进的管理方法和运行机制。监狱企业截然不同，全体劳动力是罪犯，监狱警察与罪犯之间是一种惩罚与被惩罚、改造与被改造的关系，具有明显的强制色彩，只能是通过法律对刑期的调控和通过管理对其自由度的调节，更多地靠法律和行政手段来激发罪犯的劳动积极性。监狱企业不能像社会企业那样“择优录用”“优化组合”，而且罪犯劳动力素质偏低，劳动自觉性和技能水平较差，难免出现残次品。

---

① 参见梁劲松：《试论监狱企业体制改革》，郑州大学2005年硕士学位论文，第4－5页。

（四）社会效益不同

监狱企业同样具备向社会提供物质产品，进行商品交换，取得经济效益的属性，并且具有直接性和即时性。同时，监狱企业还给社会带来一定的政治效益，即改造罪犯，维护社会稳定，向社会输送合格的守法公民，具有间接性和滞后性。从总体上看，监狱企业运行的质量和效益一般只相当于同类社会企业的40%～60%。①

（五）劳动者的地位不同

一般社会企业的广大职工是企业的主人，他们以主人翁的地位进行劳动，并参加生产的民主管理。监狱企业的基本劳动力，主要是被依法判刑的罪犯，并且实行强制性的劳动改造。由于罪犯劳动的强制性、矫正性和法定性，决定了罪犯是被动地、消极地、非自愿性地参加监狱生产，而且罪犯劳动年限的长短，取决于刑罚执行年限，随着刑期的变化而变化，新老罪犯交替流动性大，劳动熟练程度和技术水平远低于一般社会生产单位。据统计，监狱企业的劳动生产率只相当于社会劳动的35%。②

（六）管理方式和管理体制不同

在社会主义市场经济条件下，随着国家经济改革的逐步深化，一般社会企业将取消主管部门，即变为“无上级”单位。监狱企业是监狱办企业，监狱企业为监狱工作服务的特殊管理体制。在领导体制上仍需实行由司法部和各省、自治区、直辖市监狱管理局或所属的监狱国有资产运营公司集中统一管理的体制，在生产经营业务上则同时受地方有关部门的指导。这种管理体制有利于统一贯彻执行劳动改造罪犯的政策和法律。但是，由于监狱企业是监狱的重要组成部分，是劳动改造罪犯的具体场所。因此，监狱企业的这种性质和特点决定了监狱企业的局限性和发展上的制约性。

监狱生产的劳动力主体是罪犯，素质差，流动性大，难以掌握生产技术。一般情况下，监狱企业的一些关键技术和关键岗位不可能像社会企业那样由劳动力主体来掌握，而只能由工人或监狱警察来掌握，致使监狱生产有很大局限性。同时，大墙内生产带有封闭性，这种性质的生产和市场经济开放性的要求是背道而驰的。因此，从总体上看，监狱企业运行的质量和效益一般只相当于同类社会企业的1/3至1/2。由于客观条件的限制，监狱企业运行质量低、效益差是监狱经济与国民经济其他部门经济不同的一大特点。

---

① 参见本刊编辑部、李芙、吴捷：《监狱学家与经济学家对话——关于监狱生产管理体制改革》，载《犯罪与改造研究》2003年第2期。

② 参见本刊编辑部、李芙、吴捷：《监狱学家与经济学家对话——关于监狱生产管理体制改革》，载《犯罪与改造研究》2003年第2期。

# 第二节 监狱经济体制改革

## 一、监狱经济体制的历史沿革

我国监狱经济体制依附监狱制度而存在，因此，也必然是随着监狱制度的变化而变化。就监狱制度而言，监狱体制改革是各种显性或隐含的制度不均衡产生变迁的内在动力，自适应地向均衡制度变化。新的制度需求随着制度环境的改变不断产生，制度供给能力逐渐增强，制度需求与制度供给越来越一致，制度变迁的速度、强度、广度都会有所深化。意识形态是监狱体制变迁的根本因素，政治制度、社会制度、经济制度、技术进步、罪犯人数、罪犯构成、财政压力、监狱行为主体等也是监狱体制变迁的重要因素。就目前情况来看，监狱体制变迁的法律制度、社会制度、政治制度等制度环境正在发生转变。国家法治逐渐完善，法治水平日益提高，以及《监狱法》的深入贯彻实施，将会进一步纯化监狱刑罚基本职能，弱化监狱经济职能。市场经济和私有产权的确立，为私营企业介入监狱生产提供了可能。公民社会的萌芽发展促使罪犯教育主体转变。监狱行刑制度、教育制度、劳动制度、管理制度等监狱次级制度安排，在各自的演进路径上并行演化。行刑社会化是整个监狱体制变迁的核心，行刑主体社会化、行刑内容社会化、行刑目的社会化、行刑手段社会化、行刑评价社会化等支撑了行刑社会化的主要内容。

监狱企业是伴随我国劳动改造罪犯的实践活动而产生的一种特殊经济现象。与其他经济部门相比，监狱企业既具有一般社会经济的共性，又具有服从、服务于改造罪犯的个性特征。监狱企业的发展在很大程度上受到国家政治体制和刑罚执行制度变化的影响。劳动改造罪犯的需要促进了监狱企业的形成和发展，新中国成立以来我国监狱企业的发展大致经历了以下几个阶段。

### （一）监狱计划经济阶段

这一阶段从1949年新中国成立到1978年开始改革开放，在意识形态上，是以阶级斗争为行刑主导思想的政治改造阶段。这一阶段的监狱企业主要是为政治服务，其职能表现在：一是作为报应性惩罚罪犯的手段；二是追求经济效益支持国家经济建设。监狱统一行使监狱企业生产和监狱劳动改造罪犯管理权，进而形成了监狱企业与监狱在管理上的统一。一般来说，每个监狱都有两个以上的名称，其中，一个是以监狱或劳改队来命名，另一个则是以企业性质的工厂或农场来命名。

新中国成立初期，国家基于当时的财政状况，专门制定了“三个为了”劳动改造方针，即“大批应判处徒刑的犯人，是一个很大的劳动力，为了改造他们，为了解决监狱的困难，为了不让判处徒刑的反革命分子坐吃闲饭，必须立即着手组织劳动改造的工作”。这一改造方针的“经济目的”十分明显，从某种意义上是“为了不让罪犯坐吃闲饭，为了减轻国家负担”的无奈之举，也是新中国成立初期国家政治经济状况的反映。根据中央的指示，由公安部集中统一领导，各地本着“因地制宜，因陋就简，就地取材，自力更生”的原则，开始了大规模地组织劳动改造工作，劳改生产也随之全面铺开，相继建成了一批工厂、农场、矿山，并在短时间内形成了较大的生产能力。不仅解决了关押场所紧张和罪犯坐吃闲饭的问题，而且为以后监狱企业大规模的发展奠定了一定的物质基础。

1954 年政务院颁布实施的《劳动改造条例》第 32 条、第 33 条规定：中央和省、市应当成立劳动改造生产管理委员会，领导和监督劳动改造生产计划的实施。劳动改造生产的发展方向是：由省、市集中经营，大力推行农业生产；进行有发展前途的工、矿、窑业生产；组织水利、筑路等建设工程的生产。《劳动改造条例》第 4 条规定：“劳动改造机关对于一切反革命犯和其他刑事犯，所施行的劳动改造，应当贯彻惩罚管制与思想改造相结合、劳动生产与政治教育相结合的方针。”（“两个结合”的劳动改造方针）在党和国家的高度重视下，监狱生产全面展开，生产场所不断扩大，并形成了发展大生产的物质技术条件，经济效益明显提高。到 1956 年，监狱企业已形成了农业、工业、矿山、建筑、商业、运输等门类比较齐全的经济格局，而且其生产、流通、分配、消费等环节已与国民经济相衔接，从而得到飞速发展。但是，在极“左”思想支配下，片面追求生产劳动的经济效益，导致出现了罪犯在劳动中的死亡现象，这既是极“左”思想在罪犯劳动生产中的反映，也是片面追求经济效益的必然结果。为了克服这种现象，明确监狱生产的辅助地位，在总结教训的基础上，1964 年 8 月 11 日《中共中央批转公安部党组关于第六次全国劳改工作会议情况报告》时，明确指出：“要做这项工作，必须坚决执行中央的既定方针，即改造与生产相结合，改造第一，生产第二的方针。”同时，党和国家加强了对监狱企业的组织领导，中央成立了劳改生产管理委员会，劳改生产划归地方国营管理后，地方财委从财力、技术等方面给予了积极扶持，劳改机关大胆使用在押罪犯中的科技人才，排除极“左”思潮的影响，从而使监狱企业得到了较大发展。突出表现是：农业方面由单纯粮食生产发展为粮、棉、油、畜牧、加工等综合经营，粮食产量增加，经济效益提高；工业方面，由手工业、加工业、小作坊向钢铁、化工、电子、冶金、矿山、纺织、机械等重工业、制造业、能源基础工业发展，相继建设了一批生产好、物质条件好和设备好的工业企业，并生产出了一批高、精、尖产品和国家急需产品。到1965年，全国劳改生产工业总产值达17.6亿元，粮食总产量达18.4亿斤，物质基础大大增强。

1966年至1976年是监狱企业在困难中发展阶段。十年“文化大革命”期间，我国国民经济遭到严重破坏，劳改工作也遭到了摧残，全国劳改单位被砍掉了一半，不少劳改单位一度处于瘫痪和半瘫痪状态，生产、基建和物资供应全部纳入地方非生产部门，致使基建资金和管理经费无人负责解决，给监狱企业造成了严重困难。

（二）监狱经济体制转型阶段

这一时期是从1978年改革开放到2003年监狱体制改革，监狱企业以追求经济效益为标志的劳动改造阶段。

从1978年开始，我国劳改工作认真贯彻党的十一届三中全会精神，根据中央提出的“调整、改革、整顿、提高”的方针，采取积极措施，恢复和整顿劳改经济。工业方面，调整生产格局，改善经营管理，向多行业、多门类、多品种、低消耗、高技术含量发展；农业方面，进一步优化产业结构，向优质、高产、高效农业发展，多种经营取得良好效益。这一时期是监狱企业发展较快的一个时期。1984年中共中央作出了《关于经济体制改革的决定》，此后随着国家经济体制改革的推行，商品经济、市场经济取代了计划经济，在新旧体制转换过程中，监狱企业坚持改革开放，从抓内部机制的转换入手，积极推行承包责任制，扩大企业生产经营自主权，加强横向经济联合，开拓多元化市场，在市场竞争中取得了积极进展。在20世纪80年代后期，监狱企业的名称大多改为有限责任公司。实质上，监狱与监狱企业是一个单位、两个牌子。监狱企业承担着为国家创造利润和资产增值的使命，因此，是经济属性和政治属性的结合，是一种经济实体与政治实体并存、生产职能与刑罚职能并存、生产者与被改造者并存、经济效益与政治效益并存的特殊组织形式，即国家办监狱，监狱办企业，监狱企业服从和服务于惩罚和改造罪犯的宗旨。因此，在我国监狱的性质上就出现了突出监狱企业地位的比较复杂的界定，比如，“三位一体说”“性质层次说”等。①

① “三位一体说”认为，监狱既是人民民主专政的工具，又是特殊企业、特殊学校。“三位一体说”源于1960年10月22日毛泽东同志接见斯诺的谈话，毛泽东同志当时指出：我们的监狱不是过去的监狱，我们的监狱其实是学校，也是工厂，或者农场。后来就有学者根据毛泽东同志的这个谈话提出了“三位一体说”。“性质层次说”认为，我们在考虑监狱性质的时候，必须遵循马克思主义对监狱问题的基本立场和观点，紧密结合中国社会主义初级阶段的实际情况。对性质问题的具体研究和表述，应当坚持整体性和层次性的统一。在“专政工具”的实体中，存在三个既有联系又有区别三个实体。在这三个实体中，刑事司法实体是基本的方面，没有刑罚就没有监狱。特殊教育实体是针对罪犯改造的特点和改造目标而产生的，它源于改造罪犯的手段——教育改造。特殊经济实体，是一个存在于人民民主专政工具中的实体。

从 1992 年开始，监狱企业进入市场经济艰难发展阶段。尤其是中央关于建立社会主义市场经济体制的决定发布后，监狱企业的内外部环境发生了很大变化，计划经济体制下建立起来的监狱经济体系在市场经济体制下受到了严重挑战。这一时期随着改革开放和社会转型，监狱体制已不能适应市场经济的要求，而新的监狱管理体制和监狱行刑理念尚未形成，监狱传统的经济体制是“自收自支”，依靠监狱企业维持生存。但是在市场经济体制下监狱失去了依赖计划经济生存的条件，又不具备市场经济生存的能力，致使监狱经济陷入了极其困难的时期，处在极为尴尬的境地。为了生存，监狱不得不在“夹缝”中苟延残喘，在这种情况下，功利主义、现实主义和生存主义占据了主导地位，为了生存，监狱不得不面对严酷的现实，唯有让罪犯通过劳动产生更多的经济效益，因而产生了劳动至上论，以劳动改造一切，劳动改造思想，改造第一名义；实质上假借劳动名义创造效益至上，生产第一，打着劳动改造罪犯思想的旗号，滥用管理权利，致使罪犯劳动超时间、超体力、超定额的现象时有发生。

长期以来，劳动改造所遗留下来的内伤——“监企合一”形态下的监狱职能多元化，致使中国监狱企业的特性更是赋予了时代的特征，与“阶级斗争为纲”时代的监狱企业有了不同的内涵和表现形式，劳动改造不仅成了刑罚执行的代名词，也是改造罪犯思想的主要手段，而且劳动改造中所掺杂的经济成分和经济意识越发凸显，在某种意义上表现出更多的偏离于劳动改造本质特征的经济属性，对罪犯的刑罚执行，是为了弥补国家“生产设施和生产经费”的缺口，是为了改善和保障监狱职工的福利，提高监狱警察的待遇。随着我国社会主义市场经济体制的建立，国家在计划、金融、财政、投资、税收等宏观政策方面都进行了重大改革，尤其是加入世贸组织后，中国企业实施了全方位转型。作为国有企业组成部分的监狱企业，其特有的“监企合一”体制所存在的矛盾和问题日益暴露，“监企分开”的体制改革势在必行①。

在这里，有个基本观点需要阐明，就是在这一时期的非理性主义认识论背景下的监狱企业和第一个时期所述阶级改造论的监狱企业有其本质区别。非理性主义认识论背景下的监狱企业是作为罪犯改造的主导认识论，是监狱工作的基础依据；而后者只是阶级改造为主体的辅助手段，虽然劳动改造在新中国成立之初就已作为我们改造罪犯的三大手段之一，但并不是当时的主流意识形态。劳动改造是伴随阶级改造而产生的。由于当时特定的历史条件所限，在“三个为了方针”的指导下，不与民争利，同时也是为了阶级改造（改造罪犯的阶级意识、改造罪犯的腐朽思想、促进罪犯的自食其力），监狱在对罪犯进行严密而又高压的态

---

① 参见张苏军主编：《中国监狱发展战略研究》，法律出版社 2000 年版，第 176 页。

势下，对罪犯实行了以劳动改造为主体方式的阶级改造。在当时“阶级斗争为纲”的背景下，阶级改造是目的，劳动改造是手段，劳动改造是融合于阶级改造之中的，阶级改造是通过劳动改造来体现的，是随着阶级改造的进程而发展的。当然“阶级斗争为纲”时期培育起来的具有中国监狱特色的监狱企业，由于具有极强的“本土化”的特性，当阶级改造已从中国监狱的特征中淡化或隐形的时候，随着中国社会的转型，劳动改造就应运而生了，监狱企业成为中国监狱的最鲜明的特征。

（三）监狱经济体制改革阶段

这一时期从2003年监狱体制改革至2012年监狱体制改革基本完成，是以监狱体制改革为标志的生产劳动为罪犯改造服务的阶段。根据《监狱法》的规定，监狱是国家的刑罚执行机关，而监狱企业是为监狱改造罪犯提供的场所，是罪犯习艺的场所，是为改造罪犯提供经费补充的、由国家全额出资组建的、产权属于监狱的国有特种企业。2000年发生了湖南邵东监狱案件和辽宁大连监狱案件，惊动了党中央、国务院，引燃了中国监狱体制改革的导火索。2002年中央政法委书记罗干同志提出了“全额保障、监企分开、收支分开、规范运行”的改革思路。2003年1月，国务院批转《司法部关于监狱体制改革试点工作的指导意见的通知》，同年3月国务院下发了《国务院印发关于解决监狱企业困难实施方案的通知》。两个通知充分体现了党中央、国务院对监狱工作的高度重视和关心，标志着监狱体制改革工作正式启动，同年确定上海、江西、陕西、湖北、黑龙江、重庆等6个省、直辖市作为第一批监狱企业体制改革的试点。2004年8月又增加辽宁、吉林、湖南、广西、宁夏、青海、甘肃、海南等8个省、自治区作为第二批监狱企业体制改革试点。至2006年第一批改革试点工作基本结束，其他省、自治区、直辖市的监狱企业改革也全面启动。截至2012年，监狱企业体制改革已初步完成，全部实现了监狱与监狱企业的分离。但是，从改革的整体情况看，仍然存在体制上的缺陷。监狱企业从监狱中分离后，二者却在实践中存在难以协调的矛盾。关于监狱企业的前途和发展仍然存在许多问题。为此，监狱企业体制深化改革问题摆在了我们面前，需要以科学的理论来指导监狱企业体制深化改革的实践。

（四）新时代监狱企业建立阶段

这一时期大致从2013年至今。党的十八大以后，中国社会形态已经初步进入中国特色社会主义新时代，在监狱体制改革已经初步完成的情况下，改革后的监狱企业基本退出了诸如煤矿、矿山、农场等行业，大都进入以对外加工为主体的企业形态。在新时代的背景下，监狱和监狱企业也必然紧跟新时代的步伐，建构适应于新时代的监狱企业。2014年10月《中共中央关于全面推进依法治国若干重大问题的决定》提出强力助推依法治国体系，要求“实现经济发展、政治清明、文化昌盛、社会公正、生态良好，实现我国和平发展的战略目标，必须更好发挥法治的引领和规范作用”“坚持依法治国、依法执政、依法行政共同推进，坚持法治国家、法治政府、法治社会一体建设，实现科学立法、严格执法、公正司法、全民守法，促进国家治理体系和治理能力现代化”。2015 年 10 月《中国共产党第十八届中央委员会第五次全体会议公报》又提出了“运用法治思维和法治方式推动发展，全面提高党依据宪法法律治国理政、依据党内法规管党治党的能力和水平。加强和创新社会治理，推进社会治理精细化，构建全民共建共享的社会治理格局”。由此，我国依法治国的基本方略不仅成为全党全国的重要任务，而且“全面依法治国”成为“四个全面”战略布局之一。监狱和监狱企业作为刑罚执行制度的重要组成部分，也正在走向现代化、法治化和规范化。

## 二、监狱经济体制改革的基本目标

监狱经济体制改革要对现存管理体制、组织结构、监狱所办的企业，以及附着于旧体制上的“办社会”的部分进行重新设计和建构。在领导体制上强化监狱在国家刑事机制中的职能地位，理顺管理体制，为行刑多元化格局的形成和“行刑一体化”的推进创造条件。在基层监狱内部实行两个分开，一是使监狱刑罚执行管理和企业的生产经营管理分开；二是执法经费支出和企业的生产收入分开。实行“全额保障、监企分开、收支分开、规范运行”的管理模式，建立公正、廉洁、文明、高效的新型监狱经济体制。

监狱经济体制改革的切入点是建立两个“双轨运行”机制。一是执法经费支出与监狱生产收入“双轨运行”，实行监狱“收支两条线”。将监狱执法和管理罪犯所需经费由国家财政全额纳入预算予以保障，监狱经费支出与监狱生产收入脱钩，摆脱其长期依赖生产经营收入补充监狱经费不足的状况。监狱生产收入单独核算，在扣除用于支付罪犯劳动报酬及劳动保护、劳动技能培训等必须的费用开支后，用于监狱企业生产发展基金。二是监狱刑罚执行管理与生产经营管理“双轨运行”。把监狱企业的生产经营行为从监狱中剥离出来，成立专门的机构管理，监狱不再承担生产经营管理职能。监狱和监狱企业实现职能、机构、人员“三独立”，监狱与监狱生产、监狱经费与企业经营收入、监狱警察的经济待遇与生产经济效益“三脱钩”。

在两个“双轨运行”机制的基础上，建立统一规范、管理严密的刑罚执行制度体系。监狱必须切实依法履行好惩罚与改造职能，即刑罚执行、教育改造、组织罪犯生产劳动、考核罪犯表现、确保监狱安全。建立健全监管改造工作的制度体系和运行机制，努力提高监狱警察的法律水平、增强执法意识。

监狱企业在分离出来以后，要建立产权明晰的现代企业制度。监狱企业以《监狱法》《公司法》为指导，改革和完善产权制度、管理制度，积极稳妥地调整结构，加强管理，提高效益，建立产权明晰、责权分明、管理科学的现代企业制度。在监狱体制改革的同时，推进监狱布局调整，在布局调整中分离其“办社会”的职能。

## 三、监狱经济体制改革的措施

我国的监狱工作有自己的特色，监狱改革在坚持以马列主义、毛泽东思想、邓小平理论、“三个代表”重要思想和科学发展观为指导的基础上，坚持有利于贯彻监狱工作指导思想，有利于监狱安全稳定，有利于监狱企业发展和环境适应的原则，坚持“监企分开、收支分开、监社分开、规范运行”的方向，区别对待，因地制宜，循序渐进，逐步规范。特别是2005年9月，司法部召开了监狱煤矿安全生产工作会议，对监狱企业提出了“关、停、退、转”的工作思路，要从源头上消除各类安全隐患。“关”即坚决关闭所有不符合国家安全生产要求的生产项目；“停”即坚决对存在重大安全隐患的单位进行停产整顿；“退”即具备条件的地区和单位要坚决退出高危行业；“转”即各地区和单位要有组织、按计划、分步骤地将生产项目转移到安全风险低的行业上来。

### （一）监狱企业体制改革的总体框架

第一，改革总体思路。国务院2003年批转《司法部关于监狱体制改革试点工作指导意见》（国函〔2003〕15号）明确提出了“采取监狱刑罚执行管理和生产经营管理、执法经费支出和监狱生产收入分开的运行机制，逐步实现‘全额保障、监企分开、收支分开、规范运行’的监狱企业体制改革目标”。

第二，组织结构改革。各省监狱管理局将负责生产经营管理工作的内设机构分离出来，组建为监狱管理局领导下的监狱国有独资公司。各监狱将负责监狱生产经营管理工作的机构分离出来，组建为监狱国有独资公司子公司或分公司。

第三，管理体制改革。省监狱管理局对监狱和监狱国有独资公司及其子公司或分公司实行统一领导，规范权责，加强协调。监狱在监狱管理局的领导下，依法行使职权，履行职责；监狱国有独资公司在监狱管理局的领导下，由公司董事会全权管理公司的事务，对监狱管理局负责，子公司或者分公司受监狱国有独资公司领导并对其负责；监狱与子公司或分公司的关系，通过建立联席会议制度予以协调，签订合同或协议，明确各自权责，确保“监企分开”后，监狱和企业的工作有序运行。

### （二）全额保障

“全额保障”主要是建立监狱财政拨款体制，明确监狱是国家全额财政保障的执法行政单位。《监狱法》第8条第1款规定："国家保障监狱改造罪犯所需经费。监狱的人民警察经费、罪犯改造经费、罪犯生活费、狱政设施经费及其他专项经费，列入国家预算。"《监狱法》颁布实施后，国家对监狱系统的财政拨款逐年增加，逐步实现了监狱五项经费的足额保障。在我国法治环境逐步健全的情况下，监狱体制改革把"全额保障"列为首要目标，同时它也是改革的首要条件，没有监狱经费的全额保障，改革的其他措施和目标就难以实现。实现监狱经费全额保障，有利于减轻监狱经济负担，有利于监狱集中精力做好罪犯教育改造工作，能够提高民警工作积极性，为"监企分开、收支分开、规范运行"奠定物质基础。

（三）监企分开

传统监狱经济管理模式的最根本问题，就是监狱和企业不分，监狱不像监狱，企业不像企业。要从根本上解决这一问题，就必须实行监企分开，建立相对独立、规范的监狱和监狱企业管理体制。根据监狱与企业不同的性质、特点与规律，将企业的职能、机构、人员、资产、财务从监狱分离出来，组建新的监狱生产管理机构，既与监狱相对独立，又有机联系、密切配合。监企分开主要包括：（1）职能分开；（2）机构分开；（3）人员分开；（4）资产分开；（5）财务分开等方面。

（四）收支分开

传统管理模式下，由于监狱财政拨款不到位，监狱经费不足部分由企业直接承担，造成企业负担过重，难以与社会企业竞争，建立新的管理体制，必须在确保监狱经费足额按时到位的前提下，实行"两个脱钩"，即监狱经费支出与监狱的生产收入、监狱人民警察工资收入与生产收入实行脱钩。监狱所需各项经费支出纳入财政预算，监狱企业不再承担监狱的经费支出。不再将监狱经费支出与监狱的生产收入挂钩，不再搞"以收定支""以收抵支"。监狱经费支出按照财政部基本支出、项目支出预算管理的要求，明确经费支出的项目与范围，核定经费支出标准。监狱的生产收入纳入地方财政专户管理，原则上由省监狱管理局统一收取并在扣除应付罪犯的劳动报酬、劳动保险、劳动保护等费用后上缴国家财政。省级监狱国有独资公司及其子公司、分公司的收入在扣除必要的各项成本费用后，部分用于建立监狱企业生产发展基金，部分上缴财政。监狱国有独资公司及其子公司、分公司的财务收支活动由省级监狱国有独资公司统一负责，需要支付监狱的劳务费、产品加工费等，由省级监狱国有独资公司与监狱管理局结算。建立健全监狱和监狱国有独资公司的财务管理制度，可以实行财政统一支付制度或主要财务、会计人员财政委派制。

（五）监社分开

传统体制下，监狱和监狱企业大多承担了“办社会”的职能，这些职能给监狱和监狱企业造成了沉重负担。监狱是国家刑罚执行机关，监狱企业是为监狱劳动改造罪犯服务的特殊企业，两者不应承担“办社会”的职能，现有“办社会”的职能应与监狱及监狱企业分离。

监狱所办的派出所、法庭整建制移交并作为地方有关部门的派驻机构进行管理，地方编制部门负责核定各派驻机构的编制，财政部门核拨经费。监狱所办的医院、学校、幼儿园等公益性机构以及后勤服务等福利性机构，移交当地政府。有条件的地方应加快改革，整建制移交要一步到位；边远地区暂时无法移交的，也要与监狱脱钩，并由专门机构进行单独管理，所需经费纳入地方财政预算，由地方政府负担。各后勤服务等福利型机构要与监狱脱钩，但要分类管理。为监狱人民警察和职工提供工作必需用品及为罪犯提供大宗生活必需品的服务项目，应由监狱国有独资公司设专门机构、人员并通过招标投标形式统一购置、统一配送、统一服务。其他各类后勤服务机构要由福利型转为经营型，由无偿服务转为有偿服务，由单纯为监狱服务转为面向社会服务，逐步改造成为独立核算、自主经营、自负盈亏的经济实体。监狱所办的包括安置警察家属、子女就业的纯工人企业，应与监狱脱钩，并按照产权关系进行移交或改造。国有企业或国有持股企业移交当地政府有关部门管理；集体企业应按职工意愿进行股份制改造，改制期间监狱国有独资公司应予以指导。

（六）规范运行

“规范运行”是整个改革的落脚点，也是改革能否取得实效的重要保证。只有规范运作，才能保证改革不流于形式，政策不变形，执行不走样。当然，规范运作必须以政策理性为前提，如果政策本身不理性，规范运作就难以做到，而且也失去其意义。

## 第三节　中国监狱企业运行模式

作为一种不同于一般社会企业的监狱企业，虽然以监狱人民警察和罪犯为主体，并受到监狱刑罚执行活动的影响，但监狱企业本身的经济规律不会改变，它仍然会按自身的内在规定性和市场机制去运行，即监狱企业的基本问题主要是依据经济利益的激励和市场、法律等客观条件的约束性来决定的。利润率高、市场需求量大的产品，监狱企业自然愿意生产，罪犯因为可以取得一定的经济利益，自然也愿意参加该项生产劳动。经济利益激励机制使监狱企业随着市场的变化而变化，监狱企业运行的外部因素即市场和法律法规的变化，对其形成一种约束，使监狱企业在合法、高效的条件下运行。

罪犯参加生产劳动的目的，虽然不单纯是经济利益，甚至是以政治利益为主，而政治利益也能激发罪犯的劳动积极性，促进监狱企业的发展。但是，由于监狱企业的生存与发展，主要取决于其经济利益目标的实现与否，且政治利益是建立在经济利益基础之上的，所以，政治利益的动力不能独立存在，从政治利益上激发罪犯劳动积极性的刑罚执行机制，同样不能决定监狱企业的发展变化，更不能决定监狱企业的存亡。《监狱法》通过政治利益来激励和约束罪犯，而监狱企业存在与否，在很大程度上由经济利益来决定。组织监狱生产以及生产什么产品，取决于经济利益的预期，而不是取决于罪犯的政治利益要求，监狱生产中断或停止，也不主要是因为罪犯没有获得他想得到的政治利益。由此，监狱企业的运行激励、约束机制，定位于经济运行机制，而不是刑罚执行机制。

## 一、传统监狱企业的运行模式

监狱企业从新中国成立以来历经几十年的发展，在不同的历史阶段，监狱企业顺应时代的要求有不同的模式选择。监狱企业的传统运行模式是指 1949 年新中国成立到 1978 年我国实行改革开放，这一时期监狱企业所产生的模式。这些模式曾对监狱企业的发展起到过积极的促进作用，但是，在新的历史条件下，这些运行模式无一例外地被历史所淘汰。

### （一）传统的计划经济运作模式

这一模式是建立在高度计划经济体制下而产生的，认为监狱生产既作为改造罪犯的手段，又弥补了监狱经费的不足。监狱生产经过几代人几十年努力才打下了较好的基础。在计划经济体制下监狱的生产任务由国家计划下达，生产所需要的原材料由国家保障供应，监狱产品由国家包销。传统的计划经济运作模式是和我国当时的计划经济体制密不可分的，曾为新中国的经济建设做出过突出的贡献。

### （二）“监企合一”模式

“监企合一”模式在监狱企业中比较普遍。这种模式简单地说就是监狱和监狱企业“一个机构、一套人马、两块牌子”，对外称企业对内称监狱，在党委的领导下，监狱长既是监狱的最高行政长官，又是企业的法定代表人；各职能部门既是监狱的内设机构，又是监狱企业的职能部门。“监企合一”模式在新中国成立以来的几十年中，一直是我国监狱的主导运行模式，是我国监狱行刑制度的一大特点，具有鲜明的中国特色。这种模式在计划经济时期适合中国国情，为我国监狱事业的发展做出了巨大的历史贡献。但是，随着社会主义市场经济体制的逐步建立和完善，这种模式所具有的机制不活、管理粗放、发展后劲不足等弊端逐一显现，严重制约监狱经济的发展。

（三）监狱生产计划模式

这种模式提出监狱生产的产品具有价值和使用价值，可以进入市场满足需要，罪犯劳动的经济效益，也可以作为微观刑罚效益的一部分，因此，监狱可以成立一定的经济主体与外界进行经济交往。监狱经济是国家特种经济，由国家计划加以调控，国家对监狱企业的产业选择与转向、投资结构与生产计划予以必要的指令，同时对监狱企业的产品采取政府采购或者其他各种包销的方式。但是，国家不能违背经济规律，以政治方式和手段来推动监狱企业的运行。罪犯劳动的政治、经济要求是同时产生的，其经济属性是与生俱来的，不是由政治属性派生而来的。完全将监狱生产、监狱经济置于单纯的政治角度加以分析，有悖于客观事实。

（四）监狱产品政府采购模式

监狱企业是“监狱系统企业”，即在监狱系统中存在的企业。这类企业与具体监狱相分离，符合现代企业特点，按现代企业规律运行，经营活动不受具体监狱的制约，它在宏观上受监狱行政机构的管理。为了保障监狱生产的稳定性，政府建立监狱产品的“政府采购制”，即监狱生产的产品不进入自由市场，而是全部由政府部门购买和使用。但是，国家只收购监狱系统企业的产品，有悖于市场经济法则，对一般社会企业有失公平。另外，我国监狱企业数量多，规模庞大，产品种类繁多，由政府收购其产品，政府也难以消化，必将出现供大于求的严重产品过剩局面。

（五）监狱生产政府主导模式

在我国，组织监狱生产的实质是执行法律规定，体现国家意志的一种政府行为，而不是单纯的企业行为。监狱生产是政府的一种经济行为，是政府以法律的形式，命令监狱组织罪犯进行生产劳动的一种经济行为，也可以说是政府强制下的企业行为，不受企业的自由意志支配，不是单纯的企业行为。因此，政府给予监狱企业有力的支持，监狱企业不一味地追求利润最大化，以实现其社会效益为核心。有条件的监狱企业大力发展监狱生产，对不具备条件、无法走向市场的监狱企业由国家安排生产，政府采购产品。

## 二、社会转型时期的监狱企业模式

社会转型时期，是指我国 1978 年改革开放之后，社会形态由计划经济体制逐步转为社会主义市场经济体制的过程，在这一过程中，监狱企业的运行模式没有统一的规范，各监狱之间有较大差别，但也有相似的地方，监狱企业对自己究竟应该适用什么样的模式进行了探索。

（一）“监企合一”修正模式

这种模式在实际运作上，监狱是一个大整体，监狱企业是一个重要组成部分，监狱和企业一起按照《监狱法》的相关规定实现对罪犯的监管改造。通过组织罪犯生产劳动，矫正罪犯恶习，创造了社会物质财富，在国家财政保障不到位，监狱经费严重不足的情况下，监狱企业为监狱提供经费补充。从这个意义上说，监狱生产对社会的贡献是一般社会企业无法比拟的。在社会转型时期，由于这种模式的定式作用，虽有弊端，但一直没有被摒弃。同时在不断修正原有模式的基础上，仍然作为监狱企业的主要模式之一，它是对原有“监企合一”模式的继承，而又不同于原有模式的新模式。

（二）监狱办企业模式

这种模式是随着历史的发展，在“监企合一”模式基础上派生出来的一种监狱企业运行模式。这种模式的特点是一个监狱办多个企业，监狱长统管监狱的总体工作，不再担任企业的法定代表人，企业的法定代表人由监狱委派，对监狱负责，享有相对独立的经营自主权。大多监狱管理局由省政府授权，监管监狱企业国有资产，监狱受省监狱局委托，拥有资产所有权。监狱企业资产和监狱资产相对分开，根据监狱企业资产的不同类型，成立不同类型的企业。每个企业对外是一个相对独立的经营单位，对内则是监狱的一个或几个监区。在对罪犯的改造上，服从监狱的统一领导，为监狱提供罪犯劳动改造手段。在经济上，与监狱签订经济目标责任书，相对独立地自主经营，产生的经济效益上交监狱，用于弥补监狱经费的不足。这种模式与“监企合一”模式相比，最主要的是把监狱长从经济活动中解放出来，可以集中精力统筹考虑监狱的整体工作，尤其是有精力重点考虑监狱的罪犯改造工作，有利于正确履行监狱职能，提高罪犯改造质量。但这种模式没有从根本上解决“监企合一”模式存在的种种弊端，只能是监狱体制转型期的一种过渡模式。

（三）监、企适度分离模式

这种模式分为两种形式：一种是将“监企合一”模式中的监狱和企业适度分离，形成一个监狱、一个企业；另一种是多个监狱企业组成一个企业集团，形成一个企业、多个监狱。第一种形式的突出特点是监狱和企业在资产、财务、运行方式上相对分开，各自按自身规律运行。企业为监狱提供罪犯改造手段，向监狱支付罪犯劳务费，监狱向企业提供劳动力，但这种分离只是相对的，尤其是人员、决策等没有分开，因此并未从根本上解决问题，仍然存在诸如体制僵化、机制不活等较多弊端。第二种形式的突出特点是从事相同行业的监狱企业在与各自监狱相对分离后，以企业资产为纽带，以产业链为主线，联合多个监狱企业，组建成企业集团，形成一个企业内多个监狱并存。这种形式主要是那些具有较强经济实力的监狱企业，在规模扩张、自体发展的基础上，按照区域相近、产业相连、资产属性相一致的原则，建立以母子公司体制为组织形式的集团公司。集团公司在资本运营、技术创新、产业规模、市场开拓等方面形成结构优化、规模经营、管理科学的优势，从而具有较强的市场竞争能力和自我发展能力。企业内的多个监狱在履行监狱职能方面服从省监狱局领导，依法行政。在经济上享受财政保障并向企业提供劳动力、收取劳务费。这种模式为监狱企业探索了一条新途径。

（四）纯工人企业模式

在监狱系统存在一大批纯工人企业，这种企业虽然隶属于监狱系统，但在本质上与其国有企业的地位、作用以及在经济活动中的权利和义务并无太大的区别。监狱系统的纯工人企业是在特定的历史条件下形成的。一是由于历史原因，监狱安排一定数量的回归社会人员留厂就业；二是监狱多处在偏远地区，警察子女的就业问题需要监狱解决；三是财政保障中只有警察经费，没有工人经费；四是纯工人企业队伍相对稳定，易形成技术优势，可对监狱企业进行补充。几十年来，纯工人企业也是监狱工作的一支重要力量，为监狱事业的发展做出过重要贡献。但大多数纯工人企业依赖于以罪犯为劳动主体的监狱企业，和监狱企业资产混在一起，存在靠监狱企业生存的现象，自我生存能力较差，已经成为监狱经济的负担。

## 三、现代监狱企业运行模式

从宏观格局上看，我国监狱体制改革目标中明确规定了监狱企业的组织形式，即是按照现代企业制度成立国有独资公司和子公司，逐步建立产权清晰、权责明确、政企分开、科学管理、企业法人的治理结构。在各省、自治区、直辖市建立国有独资的监狱企业集团公司，所属监狱企业为子公司，各子公司受集团公司的领导和管理。

众所周知，中国的经济发展从东部到西部极不均衡，基本形成了东、中、西三个层次，由此，与此相适应的是监狱企业模式也依据所处区域的政治经济发展状况、市场发育和人力资源等情况，从而选择适合自身发展的最优方案，特别是经过监狱体制改革，监狱企业运行出现了“大同小异”的模式类型，使之形成了多种模式并存的局面。

（一）监、企分离模式

按照监狱体制改革“全额保障、监企分开、收支分开、规范运行”的总体思路，将监狱与所办企业分开，劳动生产是改造罪犯的重要手段。企业（或者其他组织形式）保证罪犯有工可做，学到技能，提供技术和劳动保护等。罪犯劳动产品要逐步退出市场竞争激烈的行业，转向政府采购和以加工业为主的社会服务业以及第三产业。罪犯劳动生产的目的逐步实现单一性，即稳定罪犯思想和狱内秩序，培养罪犯的劳动技能，有利于回归社会后就业谋生，减少重新犯罪，维护社会秩序的长期稳定。建立收支分开的财政保障体制，监狱企业的收入接受监督，上缴财政，不与监狱警察个人的收入分配挂钩，不与监狱建设联系使用，不与罪犯的改造、生活各项费用挂钩，监狱的所有支出实行财政保障。监狱生产放在监狱执行刑罚和改造罪犯的基本职能范围以内，立足我国目前的社会结构状态，面对市场经济大环境，积极改革当前束缚监狱生产的政府职能和政府行为，大胆地进行企业体制改革和机制创新，使监狱经济步入良性循环的轨道。

（二）分工合作模式

在实行“监企分开”“收支分开”，监狱警察经费、罪犯改造费用等国家财政全供，保持监狱全面独立履行其职能的前提下，即监狱（或国有资产出资人）保障对监狱企业的原有投资规模、形式、方法不变，监狱企业（或其他组织形式）的融资方式、经营手段可以灵活运行，对罪犯的劳动产品提供产、供、销市场，向罪犯提供必须的劳动保护、环境保护等服务。监狱必须保证监狱企业所需的劳动力资源。实现监狱与监狱企业在职能、职责、责任和运行手段等方面的分离与协作，建立既相对独立运行，又密切关联，使监狱与监狱企业都能按照各自的特点和规律运行。对监狱企业实行监狱局代表国家出任独资公司的出资人，成立董事会、监事会，从事生产经营的机构可以比照社会企业的标准和方法实行灵活的政策和策略。

（三）劳务加工模式

在监狱企业体制改革过程中，按照司法部提出的“扶持优势产业，发展加工产业，淘汰落后产业，退出高危产业”的工作思路，大力推进了以劳务加工为主导的加工产业。监狱体制改革基本完成后，劳务加工模式成为监狱企业的主要经营形式，即监狱依托所处的地域、资源优势，及时进行产业结构调整，瞄准劳务市场，使监狱不再从事具体的产品研发和生产经营工作，而是为社会企业提供劳务加工，即监狱企业按照社会企业或贸易中间商的要求完成定做的产品，社会企业或贸易中间商就完成的产品而支付报酬。这样，监狱罪犯的劳动形式由室外转入室内，监狱企业不再承担产品生产经营的市场风险，收益相对稳定。但是，在我国东部沿海发达地区，加工业市场广阔，可以通过监狱布局调整逐步向劳务加工方向发展，而西部欠发达地区经济条件较差，劳务需求不足，开拓劳务加工市场相对比较困难。

（四）培训习艺劳动模式

这种模式是把监狱企业作为为罪犯提供改造手段所进行的一种劳动矫正和生产经营活动，是指监狱为提高教育挽救质量，依法组织罪犯从事生产劳动，使其转变思想、矫正恶习、培养劳动习惯、提高适应社会能力的过程。这样，罪犯的劳动成为监狱工作的重要组成部分，也是监狱企业运用劳动手段教育挽救罪犯的特殊载体，监狱生产具有劳动矫正和生产经营两种职能。其中，劳动矫正职能要实现功能化，突出矫正性，增强习艺性；生产经营职能要提供劳动岗位和改造手段，适应习艺性，兼顾经济效益。

习艺劳动模式体现了对罪犯职业技术培训的目的。作为习艺劳动场地的车间，具有现代企业宽敞明亮、完善的防火设施、生产安全设施、功能齐全的劳动保护设施等特征。在生产劳动属性上，不以创造经济效益为主导，在监狱警察的指导下，让罪犯选择对自己针对性强的习艺项目，生产劳动过程具有习艺性、自我服务性的特点，同时，对罪犯的劳动成果给予适度的报酬。监狱企业在生产项目选择上，也以体现职业技术培训为目的，让罪犯能实实在在地学到一技之长，学到回归社会后明显增强就业机会的技术本领。

# 第九章

## 监狱价值

监狱行刑与其他社会实践活动一样，都是在一定的价值取向支配下展开的，监狱行刑的价值取向就是整个监狱工作目的性的表现。监狱行刑目的是监狱矫正教育工作的起点和归宿，具有一定的理想性，从理论上看，监狱的一切工作都应该围绕监狱行刑的目的而进行。

## 第一节　监狱价值的基本理论

### 一、价值理论的产生及演变

#### （一）经济学中的价值理论

在现代语言体系中，价值（value）具有较丰富的含义，如经济价值、思想价值、文化价值、道德价值、人生价值、社会价值等。价值最初产生于商事交往活动，马克思认为："'价值'这个普遍概念是从人们对待满足他们需要的外界物的关系中产生的。"① 换言之，价值这一语言符号产生于人类的经济交往活动，并反映了人类的一定的经济关系。在马克思之前，英国古典政治经济学的奠基人亚当·斯密（AdamSmiith，1723～1790）就创立了"劳动价值论"的思想，他认为："劳动是衡量一切商品交换价值的尺度。"② 亚当·斯密的价值论指的是"商品价值"。马克思则进一步区分产品和商品，区分价值和价格，按照马克思政治经济学的观点，"价值"就是凝结在商品中的一般的、无差别的人类劳动，

① 《马克思恩格斯全集》（第19卷），人民出版社1963年版，第406页。

② ［英］亚当·斯密：《国富论》（修订本），谢祖均译，中华书局2018年版，第15页。

即产品价值。[①] 直到近代，价值还主要是一个经济学上的概念。

（二）思想家们对价值的研究

人类早期就开始用价值理论来思考自己生活中的多种现象，思想家关于价值问题的探讨在人类历史进程中一直没有中断过。对于价值问题的思考曾辐射多个领域，如人生价值、宗教价值、思想价值、文化价值等，人们对价值的追问像一只“无形之手”操纵着人类的行为和文明走向。可以说，人和人类社会的一切行为——大到治国平天下，小到修身齐家，无一不受价值观念的支配。为什么价值问题对人类具有如此大的吸引力？正如杰出日本哲学家牧口常三郎所言：“无须说，人们生活的目的在于追索价值。”[②]

16 世纪文艺复兴时期，西方启蒙思想家主张尊重人权，提出“天赋人权”的理念，在理论上倡导自由、平等、私人财产神圣不可侵犯，否定封建人身依附关系。这一时期对人的重视、对人性的解放、对人的价值的研究奠定了近现代西方法治、民主、文明的基石。

直到现在，思想家对价值的研究更深入也更广泛，并延伸到社会生活的各个领域、多种现象，诸如文学价值分析、道德价值评判、法律价值探讨、科学价值研究，甚至深入具体的学科体系。价值越来越成为人们关注的焦点和热点，成为人们谈论问题的中心，并从理性思维的角度来对事物的价值进行深刻而系统的解释。

（三）价值的哲学研究

“价值”作为一个哲学概念出现，是晚近 19 世纪末 20 世纪初，康德首先把它作为一个哲学概念来加以使用，其次，洛采、尼采更加频繁地把“价值”作为哲学概念。法国哲学家保尔·拉皮埃（PaulLapie，1869 ~ 1927）和德国哲学家尼古拉·哈特曼（Niclai Hartmann，1882 ~ 1950）则系统提出价值哲学的理论。[③]

价值哲学的理论虽然已经形成，但是关于价值的定义，学者们远没有达成一致，截至目前，国内外关于价值的定义有十几种之多。最具代表性的有：

1. “关系说”

文德尔班（Windelband，1848 ~ 1915）把价值当作一种联系和关系，并认为是诸事物之间的联系和关系，而不是专指人类与客观世界的联系和关系，即任何有联系的事物之间都可能存在价值。这样，价值就成了联系和关系的代名词，从

① 参见［德］马克思：《资本论》，载中央马克思恩格斯列宁斯大林著作编译局编译：《马克思恩格斯选集》第 2 卷，人民出版社 2012 年版。

② ［日］牧口常三郎：《价值哲学》，马俊峰、江畅译，中国人民大学出版社 1989 年版，第 8 页。

③ 参见孙云、孙镁耀主编：《新编哲学大辞典》，哈尔滨出版社 1991 年版，第 344 页。

而混淆了主体与客体的本质区别。

2. “意义说”或“需要说”

这种观点认为，价值是一种关系范畴，表示客体对主体的意义，客体满足主体需要的关系。日本学者牧口常三郎明确地把价值定义为：“主体与客体之间的关系。”① 我国学者李顺德则认为：“‘价值’这一哲学概念的内容，主要是表达人类生活中一种普遍的关系，就是客体的存在、属性、变化对于主体的意义。”② 百度百科中关于价值哲学的定义是：价值是揭示外部客观世界对于满足人的需要的意义关系的范畴，是指具有特定属性的客体对于主体需要的意义。

3. “属性说”或“效用说”

这种观点认为，价值是指客观事物的一种有用属性，以物品满足人的欲望的能力或人对物品效用的主观心理评价解释价值及其形成过程。英国早期经济学家N. 巴本（1640～1698）是最早明确表述效用价值观点的思想家之一。他认为，一切物品的价值都来自它们的效用；无用之物，便无价值；物品效用在于满足人的欲望和需求；一切物品能满足人类天生的肉体和精神欲望，才成为有用的东西，从而才有价值。这种观点把价值等同于事物的功能属性，忽略了主体特性和客体特性对于价值的决定性作用。

本书对价值本质的理解持第二种观点，价值论提出和回答的问题是：“客体的存在、属性及变化对于主体的意义”该定义揭示了价值的本质规律，并以此为理论，运用哲学价值分析的方法去研究社会现象和存在。

## 二、价值的本体属性

### （一）价值的概念

在哲学上，价值首先是一个关系范畴，其所表达的是一种人与物之间的需要与满足的对应关系，这种对应关系即是主客体关系。在这种对应关系中，人是价值的主体，那么事物或者现象就是价值的客体。根据马克思主义哲学价值论的理解，价值在本质上是一个关系范畴，是一种关系质或者关系态。价值是客体的存在、属性和运动变化与主体需要的一致性，是客体满足主体需要的关系，或客体存在对主体的意义。价值作为事物的一种属性，当被人类所认识的时候，就反映出主、客体之间的一种关系，这种关系就是价值关系，它也反映出了主、客体之间存在的一种客体可以满足主体需要的关系。它的形成既依赖于客体对主体产生

① ［日］牧口常三郎：《价值哲学》，马俊峰、江畅译，中国人民大学出版社1989年版，第2页。

② 李德顺：《价值论》，中国人民大学出版社2007年版，第8页。

的作用，又离不开主体对该作用的认识、判断和评价，是一个主、客体相互作用的过程。没有了客体的作用，就没有了进行价值判断的内容，也就失去了价值的基础；没有了主体的认可，就失去了价值的意义，也就没有了价值的标准。

（二）价值的主体

研究主体与客体的意义不在于描述和反映人与世界的一般存在或属性，而在于表述价值的研究对象以及它们在价值体系中的具体地位。价值这一概念也正反映出人的主体地位。我们在任何情况下谈到价值，都是人以自己的尺度去评量世界。

第一，人是价值的赋予者。客体作为客观存在，是不依赖于主体“为我”的目的而存在的，有其自身的结构和规律性，其功能或效用并不一定被人类所认识和利用。客体价值化的过程，就是人类发现和利用的过程，是人类通过实践能动的认识世界，发现和认识事物价值的过程。

第二，人类是价值的创造者。人类在实践中总是处处把内在的尺度运用到对象上去，造就新的、同主体尺度相一致的客观实在，创造客体的价值，满足自身的需要。价值关系的产生不仅只表现在主体对客体的认识，还表现在主体通过想象、创造、构建等方式将自己的观念性质的东西赋予到客体上去，建构出客体的属性，不仅构成了主体与对象的实践关系和认识关系，同时也构成了主体与对象的价值关系。①

第三，人类是价值的评价者。对价值的评判，是人类根据一定的价值标准对客体有无价值、价值大小的评估与认识，是主体对客体价值的一种观念性把握。在具体的价值评价中，人类总是以客体的属性对主体需要及效用为标准来评价客体有无价值以及价值大小。由于社会生活中的主体普遍地存在彼此间的差异和个性，所以在不同主体之间总会存在价值关系上的差异甚至是矛盾。

价值发生变化亦是源于主体的需要。关于某种事物的价值特性并不是一成不变的，在不同的历史时期，不同的社会形态，其价值都可能根据主体的需要发生变化。所以在考察和评判任何价值时，都应当立足于现实存在的社会关系。一方面，明确价值选择的主体及其历史背景，是主体根据社会存在和社会意识进行考察和比较，所作出的判断和选择。另一方面，价值主体也要对自己所作的一切价值选择、判断承担责任，并不断地自我检验、自我完善和自我超越。

（三）价值的客体

价值的客体，即价值所指向的对象，指主体实践或认识的对象，它应当是客观存在的具体事物。价值的客体可以是具体的物，这个物，可以是自然物，也可

① 参见喻文德：《论本体价值的建构》，载《求索》2007 年第 6 期。

以是人造物，人类根据自身的需要创造、设计或者生产出来满足人的需要的产品。价值的客体在某些时候也可以是人类本身，在某些状态下人也可以是价值的客体。除此之外，还可以是精神、思想、心理等存在或产生于人的主观意识中的客观现象。无论作为什么样的客体存在，都是由于主体的需要才使它成为价值评价的对象。

（四）价值关系

客观存在的事物并不都是价值的客体，但只有和人发生关系，成为人类选择的对象时，才成为价值的客体。客观存在的事物有着多重的功能，并不是每一项功能都能被人类所开发和利用，只有被人类认识到的功能才能成为价值评判的对象。被人类认识的客体的价值并不都是对人类的生存和发展起正作用的价值，也可能存在起负作用的价值。主体根据自身需要驾驭和改变客体，使之为主体服务。

在哲学史上，主观唯心主义价值观认为，事物的价值完全依赖于主体，是主体赋予的；客观唯心主义价值观则认为，价值是某种潜在的、隐蔽的意义。前者撇开了客体，使价值成为纯粹主观的东西；后者撇开了主体及其社会实践，使价值成为超验的"宇宙尺度"。[①] 二者都偏离了价值的本质属性去谈论价值。单纯从主体或客体的角度都难以界定事物的价值，只有从主体与客体的特定关系中，从人积极的、能动的实践活动中，才能界定事物的价值。反映主客体之间的价值关系，实际上是一种实践关系，是主体在认识、评价、利用客体过程中所形成的实践关系。

## 三、监狱价值论

监狱价值论的提出是针对监狱现象的存在及发展研究现代监狱存在的意义。监狱是人类主体与社会客体之间的需要与满足关系的表达，现代监狱之所以继续存在，是因为它满足了以人为主体的社会需要。本书研究监狱的价值就是站在当今社会的角度看待监狱存在，即监狱为什么依然存在？监狱在当今社会存在的意义是什么？当今的监狱能否满足社会的需要？现代的社会需要什么样的监狱等诸多问题。

（一）监狱是国家的产物

监狱历来都是统治阶级关押罪犯的场所，监狱并非自然存在物，它是人造物，是作为主体的人在某种思想引导下，为了某种目的而设立的，是理性的产物。修建监狱的主体是人，但它不是具体的某个人，而是由人的整体所构成的整

① 参见谢鹏程：《基本法律价值》，山东人民出版社2000年版，第5页。

个统治阶级，即国家。马克思主义的国家学说认为，军队、法庭、警察、监狱是国家机器的重要组成部分。自古至今，世界上还没有哪个国家没有监狱，监狱是国家中的统治阶级为了维护其统治需要而修建的，是国家强制力的表现，因此监狱是国家的产物。

（二）监狱属于上层建筑

监狱的存在注定具有一定的社会工具性或功用性，能满足社会的某种需要，表现一定的作用。从人们对监狱的常识来看，监狱的结构具有封闭性，其功能是把人监禁起来与社会隔离开，其价值在于满足统治阶级维护统治秩序的需要。监狱的本质规定性不在于是封闭的建筑，而在于能满足统治阶级统治的需要，镇压敌对阶级，惩罚犯罪者，是国家暴力机器。但是监狱存在的意义并不是一成不变的，监狱始终与社会相联系、相统一。监狱是人类社会发展到一定历史阶段的产物，是为适应一定的经济基础而建立的上层建筑的重要组成部分。

上层建筑属于思想体系，思想体系亦称为观念上层建筑，监狱属于观念上层建筑的物化形式，二者都属于意识形态。监狱属于创造物，创造一种客观实际存在，对人类社会的生存发展具有意义并发挥作用。

（三）监狱价值的时效性

上层建筑离不开经济基础的支持和制约，经济基础发生变化，必然会引起上层建筑的变革。所以监狱的价值并不是一成不变的，也不是唯一的，监狱的价值具有时效性，不同时代的监狱存在的意义不同。价值的时效性表达了对同一主体来说，同一客体在不同的时间会有不同的价值。

在中国古代监狱史上，监狱曾用过不称为“监狱”的名称，如囹圄、圜土、嘉石、狴犴等；到了近代，受西方思想的影响，更有了习艺所、监狱、劳动改造队；现代西方国家更是称它们为矫正机构。它们虽然统称为“监狱”这一概念，但其表达的具体含义有所差别，它们表达了在不同历史条件下，不同文化类型下的监狱的不同模式，也代表了不同时代监狱不同的价值。

（四）监狱价值的多元性

价值的多元化是在人类社会内部存在多样化生存条件、多样化利益差别和多样化的角色分工的情况下，一种不可避免的基本现象。价值的多元性源于价值主体的多元性，是指在一定范围的社会生活中，现实主体的存在是多元的，而每一个主体都有一套自己的价值坐标体系，不同主体之间在价值关系上不可能彼此等同、重合或代替。监狱的多重价值源于人们对监狱存在的不同的需要。研究监狱的价值本体中的人不是以个人为主体，而是研究作为“类”意义上的人，这种“类”意义上的人指的是整个社会中的某一类人，即统治阶级而不是指单独、具体的某个个体。

价值主体多元化的社会，人的思想观念尤其是价值观念意识不可能统一到一元上来，对于国家、社会、犯罪人和受害人等不同的主体而言，监狱的存在就有着不同的意义。对于国家而言，监狱是维护国家安全，防御国内外敌对势力对国家的颠覆；根据统治者的需要，监狱是维护统治的工具；根据社会的需要，监狱是预防犯罪机构，维护社会的安全稳定；根据犯罪人的需要，监狱是改造罪犯的机构，是罪犯再社会化的学校；根据被害人的需要，监狱是彰显公平正义的惩罚之地；根据国家法律的需要，监狱是刑罚执行机构，是刑法保障之地。

## 第二节　影响现代监狱价值的基本要素

### 一、社会经济文明

马克思曾经指出："每种生产形式都产生它特有的法权关系、统治形式。"马克思第一次揭示了国家与法对经济的依赖关系，指出了法的本质是经济基础。这是因为，（1）法是上层建筑的一部分，无论是法律观念、法律规范、还是法律制度、法律关系，都根源于一定的经济基础，都是经济基础的反映。我们平常所讲的法的客观性就在于此。（2）法不是从来就有的，更不是哪一个人任意杜撰出来的，而是根据一定的经济基础运行规律的要求，按照统治阶级的意志，由国家机关制定或认可的。（3）一定的法必须与一定的经济基础相适应。也就是说一定的经济基础既是一定法的出发点，也是法的归宿。因为法本身不是目的，归根结底是服务于一定的经济基础。当然，这并不是说一定的经济基础会自发地产生法，而是要通过人们的主观努力，按照统治阶级的意志而制定法律、法规。正是从这个意义上讲，法律是主客观的统一。

监狱同法一样，都属于上层建筑的范畴，是国家上层建筑的一部分，在国家统治中分别起着不同的作用。监狱作为国家的上层建筑，不可避免地同经济基础关系密切，它离不开经济基础的决定作用。监狱形态产生于国家产生之后，为统治阶级的生产关系服务。同样，监狱形态和制度的发展也是随着经济基础的变化而发生变化，监狱的形态从来都不是固定不变的，不同的社会，不同的社会制度，都会有不同形态和内容的监狱样式，也就产生不同形式的监狱制度。

产生于16世纪、17世纪的西方国家的近代自由刑，改变了监狱只能用作关押不能用作刑罚的戒律，同时也改变了监狱的样态，监狱不再是狭小、阴暗、潮湿的关押场所，同时还是劳动场所、行刑场所。根据我国学者李贵方博士的研究，自由刑的产生与一定的社会生产水平相联系。我国监狱的发展也取决于经济基础的决定作用，可以说有什么样的经济基础，就有什么样的监狱。新中国成立初期，我国实行社会主义计划经济，经济基础薄弱，所以中国领导人创立了“劳动改造”这一新型的监狱形态。我国现在实行社会主义市场经济，建设有中国特色的社会主义，需要民主政治和法治的保障，因此，建设现代化文明监狱就成为经济文明社会下的成果。

## 二、社会政治文明

政治是个复杂的社会现象，人们往往从不同角度和层面去认识它：有的从形式上把政治单纯理解为国家管理活动；有的把政治局限为阶级斗争；有的认为政治是一种统治的工具。这些看法固然有一定的道理，但没有从整体上去把握，具有一定的片面性。其实政治是个社会范畴，是阶级社会里特有的现象，其核心问题是政权。总体来讲，人类社会有两种政治：一是民主政治，二是专制政治。[①]一个国家不能没有政治，但专制的政治和民主的政治所保障的阶级利益不同，也体现出一个国家不同的政治文明程度。

从监狱的起源和本质上看，监狱和政治有着天然的联系。一个人将另一个人或者一群人将另一群人加以监禁，必须凭借某种力量。监狱产生之初是政治的产物，监狱存在的价值是基于统治阶级政治的需要，为统治阶级的政治服务。民主政治是最大限度地保障人类自由的政治，人类自由需要法律来保障，所以民主政治总是与法治相联系。在政治思想史上，马克思首次提出政治文明这一概念。1844 年，在《关于现代国家的著作计划草稿》中，马克思不仅把政治文明看作与集权制相对立的范畴，而且把现代国家与政治文明直接联系起来。政治文明大致经历了两个发展阶段：第一个阶段是政治文明的初级形态。存在于资产阶级共和国，即资产阶级民主政治，资产阶级的民主政治起源于发达的商品经济，商品经济需要自由、公平、民主的市场环境，而引发了西方资产阶级思想启蒙运动，同时催生了资产阶级的民主革命，引导了政治文明的第一次高潮。第二个阶段是社会主义民主政治，是政治文明发展的高级阶段，这个阶段的民主政治也离不开市场经济的促进作用。政治文明离不开法治理性的支撑，现阶段，我国建设社会主义法治国家，依法治国是国家政治文明的重要标志，也是推进社会主义政治文明的有力保障。从法治的角度看政治文明，可以发现，政治的法治化状况也同政治的文明程度成正比。没有法治的政治不可能是民主政治、文明政治。我党早就提出建设社会主义政治文明的战略任务，其实就是将法治推向政治领域，以法治

① 参见张文显主编：《法理学》，高等教育出版社 2007 年版，第 443 页。

的政治代替政策的政治，以法治的政治代替人治的政治，因此全面落实依法治国的基本方略，是建设政治文明的基本要求，也是社会主义政治文明的重大举措。监狱是国家专门的刑罚执行机关，成为社会主义法治的重要组成部分。正确执行刑罚，依法治监，法律至上，法治更充分的体现和贯彻了政治文明的要求。

### 三、监狱行刑思想

我国行刑思想的演变，深受西方行刑思想的影响。在世界各国，行刑思想与刑罚思想常常不谋而合，西方学者的刑罚思想，常常用来指导监狱实践，刑罚思想的演变推动着监狱行刑的改革。刑罚思想与行刑思想二者虽然紧密联系，但不是同一概念。刑罚思想自刑罚诞生以来就存在，指引着刑罚制度的改革方向；行刑思想则是监狱成为自由刑执行机关以后才产生的，用来指导监狱行刑实践，当然这里的行刑指的是狭义的监狱行刑，而不包含其他形式的刑罚执行。

我们不否认刑罚思想对监狱行刑思想的影响，特别是自由刑诞生以来，监狱成为自由刑执行机关，刑罚思想与行刑思想更加统一。18 世纪末 19 世纪初，刑事古典学派主张报应刑思想，强调监狱对罪犯的惩罚，在这一时期的监狱行刑主要是对罪犯进行严格的隔离和控制，刑罚执行中没有对罪犯进行改造的内涵，这一时期的监狱行刑更接近刑罚的本质。19 世纪末 20 世纪初，刑事近代学派主张预防刑思想，他们提出目的刑理论，认为刑罚的目的在于预防犯罪。李斯特在预防论的基础上提出了教育刑思想。认为刑罚的目的，一方面在于防止有人身危险性的人重新危害社会；另一方面是改造和教育罪犯，刑罚执行过程就是罪犯人身危险性消除的过程。美国曾一度推崇教育刑。20 世纪 50 年代初至 70 年代中期是教育刑迅速发展的时期。教育刑论开辟了刑罚思想理论的新时期，但是，由于它把教育作为刑罚唯一的目的，甚至于把教育看成刑罚的本质，暴露出自身片面性的严重缺陷，更是混淆了刑罚的本质和目的关系，因而最后只能以失败而告终。教育刑论最终被综合理论所代替，刑罚才又回归了其惩罚的本质。

### 四、刑事政策

刑事政策是行刑思想的具体体现，是决定监狱价值的基础要素，对监狱工作起直接的指导作用。新中国成立初期，我国制定了“惩办与宽大相结合”的刑事政策。对于罪行严重、社会危害性较大、主观恶性较深的少数犯罪分子，必须坚决予以严惩；对于罪行较轻、社会危害性较小、主观恶性较小的犯罪分子，该从宽的应当从宽处罚，以争取、教育、改造为主。既要加强人民民主专政，又要防止阶级斗争扩大化倾向。惩办与宽大相结合的刑事政策也指导着监狱工作实践，所谓“坦白从宽，抗拒从严”“立功折罪，立大功受奖”等，都对争取、教育、挽救多数，孤立打击少数，分化瓦解敌对分子有着重要意义。到20世纪80年代，中央制定了“严打”的刑事政策。“严打”是依法从重从快严厉打击严重刑事犯罪，其行动方式是集中打击，把维护社会安全，保持监狱稳定，教育改造罪犯看作监狱的核心任务。

现阶段，我国提出了宽严相济的刑事政策，是基于构建和谐社会的需要。过去的刑事政策强调刑法侧重惩罚打击的一面，这样不能化解矛盾，只能将矛盾暂时掩盖起来。当前，建设习近平新时代中国特色社会主义是我国长期的一个政治目标，法律不再是专政的工具，而是各种社会关系的“调节器”、“减压阀”。在这种情况下，刑罚的轻缓化就是大势所趋。宽严相济的刑事政策虽然强调轻与重相结合，但就其根本而言，更关注的还是刑罚的轻缓化。同时也是为了反思和纠正一些人对“严打”方针的片面理解，其实，“严打”所针对的只是严重危害社会的几类犯罪，并不是什么罪都要“严打”。即使对待“严打”范围内的严重刑事犯罪，也应区分不同情况，依法分别处理，即该严则严，当宽则宽，严中有宽，宽中有严，做到实事求是，司法公正。

宽严相济的刑事政策，运用到监狱工作中，就是实行罪犯分类制度。1989年司法部提出监狱的“三分”工作：分类关押、分级管理、分级处遇。司法部要求在全国范围内要逐步试行分押、分管、分教工作，各地要按照横向分类、纵向分级、分类施教、分级管理的总体构思，采取规划定点、新收分流、先进后出、由杂而纯、逐步定型的步骤开展工作。这有利于对不同性质的罪犯实现科学管理，做到宽严有序，管理有度，将宽严相济的刑事政策落到实处。

## 五、传统监狱文化

中国有着近四千年的监狱文化历史，自公元前21世纪，中国第一个奴隶制国家夏王朝产生，中国就掀开了监狱文化源远流长的历史。在四千多年的监狱发展过程中，形成了独具特色的中国监狱传统文化。如果我们从宏观的视野去看中国的监狱文化，大体可以分为以下三个阶段：

第一阶段，是中华人民共和国成立之前的社会阶段。这一阶段，无论是奴隶社会、封建社会还是半殖民地半封建时代，剥削阶级掌握政权，压迫广大劳动人民，监狱就是镇压的工具。且不论秦朝的严刑峻法，囹圄成市，赭衣塞路，天下愁怨；单就清末，就连反对修律的保守派大臣张之洞也指出：监狱狭隘污秽，凌虐多端，瘟疫传染，多致瘐毙，仁人不忍睹闻，等之于地狱，外人尤为痛诋，比之以番蛮。[①] 所以旧中国的监狱文化表现在以下三个方面：（1）监狱是刑罚的附

① 龚春英：《张之洞的监狱改良思想与实践探微》，载《湖北职业技术学院学报》2013年第4期。

加，在“有罪推定”的前提下，对犯罪人进行刑讯是合法的，监狱是刑讯场所，形成了监狱的恐怖文化；（2）监狱仅是用来关押罪犯的场所，没有形成文明化的监狱管理制度，所以给了狱吏以敲诈勒索、贪污受贿之机，形成监狱的腐败文化；（3）在报应主义刑罚思想指导下，监狱对罪犯的惩罚是天经地义的，惩罚无限度、无范围，表现在生活待遇方面，罪犯在监狱的待遇相当低劣，衣不蔽体，饥不饱食，监狱阴暗潮湿，瘟疫流行，犯人经常瘐死狱中，从而形成监狱的“黑暗文化”。这些文化观念影响近现代人对监狱的认识，一提监狱就是这样的文化思想充斥着人们的大脑。

第二阶段，是中华人民共和国成立到1981年“八劳会议”召开。监狱是广大劳动人民手中的专政工具，监狱的性质较之旧中国发生了根本性的变化。这一阶段的监狱文化，是以政治化为核心的阶级专政文化，对罪犯实行的是阶级改造。监狱里的标语通常是“坦白从宽，抗拒从严”“你是什么人！这是什么地方！你到这里来干什么！”在这一时期，人们视监狱为“危地”，凡是进了监狱，就意味着背叛了人民，断送了前途。

第三阶段，是1981年“八劳会议”以后的监狱法治文化和矫正文化。“八劳会议”是中国改革开放后关于监狱行刑思想解放的一次重要会议，会议的贡献不仅仅在于首次明确提出“把劳改场所办成改造罪犯的学校”，更是“对于押犯对象的新变化，作出了全新的判断”①。从20世纪80年代开始，我国劳动改造对象的构成已经有了根本性的变化，大多数在押罪犯是由于受当时各种错误思潮的影响，受西方腐朽思想和生活方式的侵蚀而走上犯罪道路的年轻人。因此，必须根据改造对象的这种新情况，总结经验，争取把大多数罪犯改造成为拥护社会主义的守法公民和对社会主义建设的有用之材。1994年《监狱法》颁布，确立了“监狱是国家的刑罚执行机关”“惩罚和改造相结合、教育和劳动相结合”的行刑理念，用法律的形式把监狱的性质和宗旨确立下来。

当下的监狱与以往的监狱有本质上的区别，监狱在确保社会稳定和构建习近平新时代中国特色社会主义中担当着重要角色，监狱越来越倾向于承担一种特殊的教育职能。由于监狱的封闭性，现代监狱是什么样子，有许多人并不太了解，而是往往会受传统的监狱文化的影响，对监狱作出价值评判，对监狱存在错误认识，监狱被社会文化“灰色化”的现象经常存在，这也在一定程度上影响现代监狱的价值认同，使监狱的价值不能更好地发挥作用。

① 张晶：《从政治哲学到矫正哲学——改革开放30年来监狱学研究回望》，载《中国司法》2008年第6期。

# 第三节　现代监狱的价值定位

## 一、彰显法治

我们党历经近半个世纪的探索，提出实行依法治国，建设社会主义法治国家的方略。1999 年《宪法修正案》首次将“依法治国”写进宪法，奠定了“依法治国”至高无上的法律地位。2002 年党的十六大又提出全面落实依法治国，着眼于社会主义政治文明建设。2017 年党的十九大习近平总书记在新时代中国特色社会主义思想中提出全面依法治国总目标是建设中国特色社会主义法治体系、建设社会主义法治国家。

法治成为治国方略，对于我国社会发展来说具有里程碑式的意义。法治之光应覆盖包括监狱在内的所有地方，在建设社会主义法治国家的理念下，监狱更应成为法治重地，监狱法治的价值对于整个社会的法治更具有昭示意义。从某种意义上讲，监狱对于法治的价值追求、监狱法治的实现程度标志着一个国家的法治文明。从法治的基本要求出发，监狱行刑的法治理念主要包含以下内容：

### （一）法律权威

所谓法治，是指用法律来治理国家。法治与人治相对立，监狱法治就是用法律来治理监狱。法律至上，回答的是法律在治理国家的策略当中法律应具有最高的权威，实现法的统治。在凡有权力高于法的地方，法都是随执掌权力人的意志被随意塑造的，这种社会里即使有法，这种法也是呈人格化的，其特点一是没有理性，二是多变。如果法要对社会产生作用，其作用的出发点首先是为了通过法律强化权力的权威。生效的法律一旦不利于权威的稳固，其命运就是十分悲惨的。在这样的社会里，法律是极不牢靠的，人们既无法信仰法律也无法依赖法律，依附权力比依赖法律要牢靠得多。监狱亦是如此，树立法律至上的地位，不仅有利于罪犯认罪服法，还有利于罪犯遵法守法，有利于树立法律的权威，使罪犯回归社会后成为守法的好公民。

### （二）正确执行刑罚

监狱是国家的刑罚执行机关，根据《监狱法》的规定，监狱的根本任务之一是正确执行刑罚。所谓正确执行刑罚，就是严格按照法律的要求，正确执行法律。应严格遵守《公务员法》《人民警察法》的有关规定，依照《监狱法》《刑事诉讼法》《社区矫正法》的规定，完成刑罚执行任务，完成对罪犯的惩罚和改造，正确执行刑罚体现行刑公正的需要。行刑公正的理念主要体现在以下几个方面：第一，行刑的正当性。行刑的正当性，主要来自审判的正当性和刑罚裁量客观公正，这是罪犯认罪服法的前提和保证。第二，规范执法。按照法律规定的程序正确执行刑罚。第三，贯彻“惩罚与改造相结合，以改造人为宗旨”的原则科学行刑。行刑科学就是指行刑符合社会发展的客观规律，我们按照监禁的严厉程度进行分类，根据罪犯的犯罪严厉程度和人身危险性，把监狱分为完全监禁监狱、限制自由监狱、开放式监狱等，实现罪犯分别关押、分类教育。

## 二、保障安全

### （一）保障社会安全

监狱作为国家的暴力工具，当然具有保障社会安全的职能。该项职能有狭义和广义两个方面：狭义的安全保障职能是监狱通过将服刑罪犯与外界社会隔离开，使具有外在或潜在危险性的服刑罪犯无法与社会接触，通过物理上的分离达到防止犯罪分子再次犯罪，保障社会安全的目的。该项职能能否发挥其最大效用，关键在于分离度的把握。在行刑社会化不断发展和普遍化的今天，应当在何种程度上分离服刑罪犯和外界社会，是监狱必须思考和通过实践解决的问题。一方面要保证监狱的安全保障职能得以实施，另一方面要保证服刑罪犯在一定程度上与社会接触，使其保持一定社会性。如果监狱系统太过封闭，就无法很好地达到改造服刑罪犯的目的；如果太过开放，过度与社会接触，又会出现许多安全隐患。广义的安全保障是指监狱通过执行安全保障职能，比如对罪犯的改造、对社会的警示等，通过消除社会危险因素、抑制新的犯罪可能性，间接保障社会安全。一方面，通过刑罚执行，使有犯罪可能性的一般人消除犯意，或正在预备犯罪的人因害怕受到刑罚惩罚而中止犯罪，使得社会更加稳定；另一方面，通过对服刑罪犯的惩罚和教育改造，使服刑罪犯意识到自己的社会危害性和人身危险性，在监狱中改过自新。监狱的此种职能不履行或未能履行也会给社会安全带来威胁，十分明显的一个例证就是，有些服刑罪犯出狱后重新犯罪。对于这些服刑罪犯的改造就是不成功的，这种失败就会给社会安全带来威胁和损害。

### （二）保障狱内安全

“监狱内部安全”与“监狱的安全保障职能”既有联系又有区别。监狱的安全保障职能并不仅仅指对社会安全的保障。如果做一个简单的二元划分，可以把监狱内的服刑罪犯和监狱外的一般人分为两个群体。监狱一方面通过对服刑罪犯的惩罚、监管和改造，达到消除社会危害因素，保护社会安全的目的之外，也要保证自身的安全与稳定。从二元划分的角度来看，监狱内部和外部社会是完全平等的两个部分，监狱需要兼顾两方的安全保障任务。监狱对于自身的安全保障和社会安全稳定都有着极其重要的作用。从这个角度来看，监狱内部安全的重要性就在于保障监狱所有职能的顺利实施，通过使自身正常运行来保障国家机器正常运转，维护社会安全。很明显，如果监狱内部安全和稳定无法得到保障，牢头狱霸现象丛生，监狱人民警察无法有效控制和管理罪犯，卫生饮食条件差，狱内暴动和逃狱现象时有发生，监狱就无法达到维持秩序、改造服刑罪犯、消除社会危险因素的目的，甚至连对外的威慑力也会丧失。因此，监狱内部安全的维持是监狱执行其职能最重要的要求，只有保障了监狱内部安全，监狱才能正常运行，才能完成其维持社会安全与稳定的根本任务。

### 三、维护公平正义

监狱是以维持正义的秩序为使命的，这种正义的秩序可以视为法所追求的最高价值。正义的实现不是一纸刑事判决书就能完成的，还需要程序正义的支持。程序上的正义是“看得见的正义”，通过程序正义才能真正维护实体正义。监狱在维护社会秩序中发挥着重要的作用，完成惩罚犯罪实现社会正义的任务，是实现社会公平正义的最后的载体和保障。

公平正义在监狱中的体现首先是行刑的公平性。公平作为管理的道德评价标准，是法治的具体体现。一是要公平地对待罪犯，杜绝人情犯、关系犯在生活上享受特殊优遇，劳动上享受特殊照顾。二是在服刑罪犯权利受到侵害后，能够平等地、及时地予以救济，平等的对待每一个罪犯。

行刑的平等性主要体现在以下三个方面：一是罪犯在受刑过程中所享有的待遇平等，无论是在受教育上、生活条件上、劳动条件上待遇一律平等；二是获得奖惩的平等，同样的罪应受同等的处罚，同样的行为应受同等的处罚，对服刑罪犯适用减刑或假释时，条件应是等同的；三是机会平等，即服刑罪犯在累进处遇、减刑、假释等关系切身利益的奖赏时，机会均等，不受金钱、权力、私情的影响。

当代以剥夺自由为主的监狱监禁刑是实现正义向着刑罚理性化发展的具体体现。意大利著名学者维柯通过对古罗马社会的历史考察，指出理性说有三种：神的理性、国家政权的理性、自然理性。神的理性已不复存在，国家政权的理性是一种服从的理性，这种理性存在于贵族与平民相对立，平民服从于贵族的社会之中。自然理性是一种平民的理性。① 尽管维柯三种理性说源于对古罗马社会的考察，但自然理性是超越神的理性与国家政权的理性的一种具有普适性的理性。自然理性正是古典自然法所倡导与追求的，被认为是合理社会的基础。自然理性者

---

① 参见［意大利］维柯：《新科学》（下册），朱光潜译，商务印书馆1997年版，第506页。

认为：正义意味着一种对等的回报，在刑罚理论中，突出地表现在报复主义刑罚思想中，中国古代有“以其人之道，还治其人之身”。西方也有“以眼还眼”“以牙还牙”的正义理念，这都是自然理性在刑罚思想中的体现。

随着西方恢复性司法的发展，以及刑罚的非犯罪化、非刑罚化、非监禁化的趋势，正义实现的手段越来越多样化。但是只要有犯罪，就会有刑罚。犯罪不仅是违反法律，危害国家和人民利益的行为，而且也是违反正义观念的邪恶行为，出于正义的要求，对于恶行要给予否定性评价，并使之受到刑罚惩罚。监狱体现的正义的价值在于，通过剥夺自由来表达正义观念、平复受害人的心理，恢复社会心理秩序。监狱是刑罚的实现机关，通过刑罚执行完成对正义的表达。

## 四、稳定社会秩序

对社会秩序的维护，是监狱的重要价值体现，这也是一般预防论者刑罚目的论的首要观点。一般预防论者认为：刑罚的目的在于预防，预防一般人犯罪，而预防只不过是保护社会秩序的代名词。在功利主义的刑罚理论体系中，对秩序的保护始终处于首要地位。首先，意大利著名的刑罚学家贝卡利亚，主张刑罚以预防犯罪为目的，而预防犯罪只是实现对社会秩序的保护手段。因为犯罪构成对社会秩序的侵犯，预防犯罪意味着阻止危害社会秩序的行为的发生，自然意味着对社会秩序的维护。其次，边沁（Hugo Adam Bedau）的功利主义理论体系是以“最大多数人的最大幸福”为归宿的理论体系。“最大多数人的最大幸福”，也就是社会的幸福，边沁虽未明确提出社会秩序的概念，但是作为其终极目的状态的“最大多数人的最大幸福”，只有通过对社会秩序的维护才能实现。边沁说，如果必须作出一种选择，我们之所以必须选择惩罚是因为相反的选择会纵容罪犯并因而产生与增加社会秩序的不完善。因此，作为边沁的刑罚体系的核心命题的“最大多数人的最大幸福”，在很大程度上只不过是社会秩序的别称，在这一概念中蕴含对将秩序作为刑罚乃至监狱价值的首选。① 哈格（EmestvandenHaag）认为，秩序与正义之间不可避免地存在冲突，秩序对于正义是必不可少的，因为正义只有通过一种社会法律秩序才能够实现。但是秩序和正义至少可能在两方面存在冲突，一种是秩序可能因为正义而受到损害，另一种是正义可能为了秩序而受到损害。而解决这种冲突的唯一途径是让秩序优先于正义，政府通过给秩序以

① 邱兴隆：《刑罚一般预防论——刑罚理性辩论之二》，载陈兴良主编：《刑事法评论》第7卷，中国政法大学出版社2000年版。

高于正义的优先，大体上这便是秩序优先的正当根据。① 正是在秩序优先的考虑中，监狱剥夺罪犯自由对罪犯造成的伤害，要让位于维护社会秩序的需要。

监狱行刑一方面意味着通过刑罚执行，即监禁剥夺其人身自由，使其不能再危害社会，实现刑罚的特殊预防；另一方面也警示社会上的其他人不敢犯罪，实现一般预防。尽管监狱剥夺罪犯自由具有消极作用，但是，这是维护社会秩序的无奈选择，更是维护统治和维护国家安全的需要。

## 五、保障罪犯人权

保障罪犯人权是监狱价值的重要体现，监狱有着保障罪犯人权的特殊使命。根据马克思主义的人权观，人权是指人的生存权、人身自由权和其他法定权利。这是一种法律权利、现实权利，人权具有普遍性和特殊性。当代监狱的价值已经不再局限于单纯的惩罚罪犯，剥夺罪犯自由，还在于保障罪犯人权。罪犯身份的特殊性，决定了罪犯人权保护的特殊性，罪犯是人权保护的特殊主体。在监狱刑罚执行过程中，监狱不但要保障罪犯未被剥夺的权利，还要保障罪犯在服刑中的权利，因为在封闭的监狱环境中，罪犯应享有的权利是最容易受到侵害或者被剥夺的。

### （一）保障罪犯作为“人”的权利

为了保障罪犯作为“人”的权利，联合国制定了《囚犯待遇最低限度标准规则》《禁止酷刑和其他残忍、不人道或有辱人格的待遇或处罚公约》等，要求各签署国重视罪犯的人权保障。世界各国纷纷进行监狱制度改革，改进监狱状况，提高罪犯待遇，保障罪犯的基本权利。我国《监狱法》第 14 条规定：禁止刑讯逼供，体罚虐待罪犯，侮辱罪犯的人格，殴打或者纵容他人殴打罪犯，如有违反，可根据《人民警察法》和有关规章给予警告、记过、记大过、降级、撤职、开除等行政处分，同时可以降衔、取消警衔。情节严重，构成犯罪的，应根据《刑法》的有关规定给予刑事制裁。

罪犯作为人，其人格不受侮辱，其所具有的自尊心和自爱心不受伤害，个人价值不遭贬低，任何组织和个人均不得对罪犯进行有损人格尊严的行为。

### （二）保障罪犯作为“公民”的公民权利

我国在 1954 年《宪法》中明确规定了公民的权利和义务。1956 年 5 月在公安部劳改局召开的全国管教工作座谈会上，首次提出：“犯人还是一个公民，法律并没有剥夺他作为一个公民所享有的宪法上规定的其他权利。”会后还草拟了罪犯权利的规定。特别是改革开放以来，罪犯也是我国的公民，罪犯不仅享有公

---

① 邱兴隆：《刑罚一般预防论——刑罚理性辩论之二》，载陈兴良主编：《刑事法评论》第 7 卷，中国政法大学出版社 2000 年版。

民的政治权利和人身权利，而且还应有广泛的经济、文化与婚姻家庭等方面的权利。凡是罪犯没有被剥夺的各种公民权利，应该得到和其他公民同样的保护。1982年《宪法》第33条第1款规定：“凡具有中华人民共和国国籍的人都是中华人民共和国公民。”并对公民权利作了规定，由此明确了罪犯的公民身份，成为罪犯人权保障的依据。1994年出台的《监狱法》第7条第1款规定：“罪犯的人格不受侮辱，其人身安全、合法财产和辩护、申诉、控告、检举以及其他未被依法剥夺或者限制的权利不受侵犯。”将罪犯的“公民权利”法律化，使罪犯人权保障走上了法治化的轨道。

（三）保障罪犯的特殊权利

罪犯是人权的特殊主体，必须加以特殊保护。罪犯身份的特殊性，决定了罪犯人权的特殊性，罪犯享有的人权与普通公民的人权不同，保障罪犯人权是监狱价值的重要体现，监狱有着保障罪犯人权的特殊使命。罪犯作为刑罚执行的主体，《监狱法》规定罪犯有依法获得减刑、假释的权利，申请暂予监外执行的权利，服刑期满有按期释放的权利，未成年犯和女犯特殊的生理、心理有得到照顾的权利，少数民族的罪犯的特殊生活习惯有得到照顾的权利。这些权利是作为罪犯而衍生出来的，这些权利是区别于普通人权和公民权的特殊权利，为罪犯所享有，也是罪犯特别重视的权利，监狱应认真对待，做到依法保障。

## 六、矫正教育罪犯

在教育刑模式下，主张变监狱为学校，变刑期为学期，行刑过程彻底变成教育过程。教育刑理论开辟了刑罚理论现代科学的新时期，给现代监狱制度以很大的积极的影响，有力地推动了现代监狱对罪犯的矫正教育。我国监狱对罪犯实施矫正教育的主要途径有：

（一）制定矫正教育方针和政策

自新中国成立以来，我国沿袭苏联的模式，称监狱刑罚执行为“劳动改造”，其含义主要是指通过生产劳动，对罪犯的思想进行改造。思想改造的理论依据是马克思关于人类不但能够认识世界，而且还能够改造世界，人类能够改造世界当然也包括改造人类自身。新中国成立之初，毛泽东同志最先提出“罪犯是可以改造的”论断，其主要内容就是通过劳动改造罪犯的思想。只有彻底转化罪犯的犯罪思想，消除犯罪根源，才能使其从思想上认罪服法，改恶从善，重新做人。《监狱法》颁布后，思想改造不再是衡量罪犯改造质量的首要标准，而是用行为矫正和罪犯教育来代替，罪犯教育离不开思想教育，但不完全依赖于思想教育。罪犯教育是一个系统工程，对罪犯的教育改造既属于国民教育的范畴，也是社会综合治理的重要内容；既是监狱内部监狱人民警察的责任，也是社会的共同使命。《监狱法》第68条规定："国家机关、社会团体、部队、企业事业单位和社会各界人士以及罪犯的亲属，应当协助监狱做好对罪犯的教育改造工作。""只要我们承认，人的品德和行为并非完全由先天决定或先天遗传，后天的环境尤其是家庭教育或学校等社会教育有助于改善人们的品行和行为的话，那么，就应该承认受刑人能够改造，行刑可以改造犯人，成为问题的只是改造的方法而已。"[①]《监狱法》确定的教育改造罪犯的方针政策就是要达到矫正教育罪犯的目的。

（二）在监狱建立特殊学校

1985年6月，司法部对监狱办特殊学校工作作出进一步部署，提出了"改造思想、造就人才、面向社会、服务四化"的指导思想，明确了以思想教育为核心，以文化教育为基础，以职业教育为重点的"三课"教育模式，并明确要求在三五年内把全国大多数监狱基本办成特殊学校。根据司法部的部署，各地监狱加快了办学步伐，开展了办学升级活动，实现了毛泽东同志提出的"我们的监狱其实是学校"的设想，开创了世界监狱史上大规模办学的先河。[②]

（三）建设监狱文化

监狱是一个特殊的文化教育场所。现代监狱对罪犯的矫正教育，是一个综合的工程，具体体现在环境育人、文化育人与罪犯素质养成教育方面。所谓环境育人，就是使监狱体现出丰富的人文精神，打造与社会现状相适应的监狱文化，让文化的魅力渗透到监狱的各个角落。通过精心设计布置墙面文化、走廊文化、橱窗文化、墙报文化、社团文化、监区文化、监室文化、班组文化、道路文化、草坪文化、景点文化等，让监狱的每个墙面、每条走廊、每块绿地，以至每个角落都成为知识的载体、文明的代言。[③] 让监狱的每个空间，都充满人文关怀和文化品位，以适应罪犯对文化多元化的需要，在这样的文化环境中认识美、创造美，做到修身养性，提升自己，每天、每时、每刻在潜移默化中加强罪犯的素质养成，引领罪犯对文化的领悟力，提高教育效果。

（四）引入社会力量，拓展矫正教育渠道

实质上，监狱的矫正教育与社会教育是相辅相成的。国家对职业教育的优惠政策，同样适用于监狱，社会力量在监狱办学或者监狱与社会联合办学，利用社会资源对罪犯的职业教育和培训创造机会，实现对罪犯矫正教育的目的。

---

① 王云海：《监狱行刑的法理》，中国人民大学出版社2010年版，第70页。

② 参见王本群主编：《山东监狱教育改造工作发展战略研究报告》，法律出版社2012年版，第22页。

③ 参见王本群主编：《山东监狱教育改造工作发展战略研究报告》，法律出版社2012年版，第62页。

# 第十章

# 监狱人民警察

人民警察是指具有武装性质的国家治安行政力量。我国依据从事专业活动的特点、国家赋予的使命与职能，科学地区分人民警察警种类型，《人民警察法》第2条第2款明确规定监狱人民警察是人民警察的组成部分。以法律的形式规定了人民警察的类型与范围，有利于分工、协调，发挥各种警种的战斗力，有利于人民警察队伍的正规化建设。

## 第一节　监狱人民警察概述

### 一、监狱人民警察的概念和定位

《监狱法》第12条第2款规定："监狱的管理人员是人民警察。"这是关于监狱人民警察的法律规定。结合监狱法的有关内容，此规定有以下含义：第一，只有监狱的管理人员才是监狱人民警察。监狱是国家的刑罚执行机关，只有具有公务员身份的监狱管理人员才是监狱人民警察，并非所有在监狱工作的人员都是监狱人民警察。第二，监狱人民警察是社会分工中的一种职业，是执行刑罚、矫正教育罪犯的一类特殊的职业群体。第三，监狱人民警察是国家人民警察体系中的一个警种，监狱人民警察应依照《人民警察法》和《监狱法》的规定享有自己的权利和承担自己的义务。因此，监狱人民警察是指依据宪法和法律设置的，以维护国家安全和社会秩序为使命，从事管理监狱、执行刑罚、惩罚与改造罪犯的国家公职人员，是国家刑罚执行机关的组织实体和主体力量，是具有武装性质、配备武器装备的刑事司法力量，是国家行政力量的重要部分。

监狱人民警察的性质是指监狱人民警察所具有的本质特征。监狱人民警察的性质是确定监狱人民警察任务、职权、义务的依据。我国监狱人民警察既承担刑事司法工作，又承担监狱的行政管理工作，是警察职业中一种特殊的警察种类，正是这种工作的特殊性，使监狱人民警察的性质呈现多元性特征，既具有阶级属性，又具有法律属性和武装属性。

（一）监狱人民警察是人民民主专政的工具

监狱人民警察具有鲜明的阶级性。警察是国家机器的组成部分，是阶级统治的工具，是为统治阶级服务的。从历史发展进程看，不同的社会阶段和不同的国家中，警察的本质是体现统治阶级的意志，代表统治阶级的利益的。监狱人民警察作为警察的一个警种，同样是代表我国人民民主政权利益，维护社会秩序和安全，是人民民主专政的重要工具和暴力机器。因此，阶级性是监狱人民警察的根本属性，是监狱人民警察的阶级本质、核心内容和本质特征。监狱人民警察必须坚持对人民实行民主，保护人民的利益；对极少数危害国家安全、危害人民利益的敌对势力、犯罪分子实行专政，担负着打击犯罪、保护人民的重要职责。所以，监狱人民警察必须维护人民利益，全心全意为人民服务。

（二）监狱人民警察是宪法和法律的忠实执行者

我国是人民民主专政的国家，宪法和法律代表着人民的意志。首先，监狱人民警察的权利来自宪法和法律的规定或授权，“法无授权不可为”，监狱人民警察的职权是法定权利。其次，监狱人民警察作为人民民主专政的暴力工具，必然是人民民主专政政权的捍卫者和宪法法律的忠实执行者，必须履行打击敌人的职责，打击违法犯罪活动，在行动上必须听从指挥，服从命令，忠实地捍卫宪法和法律的尊严。

（三）监狱人民警察是国家安全和社会秩序的维护者

首先，国家安全是社会主义建设的保证，犯罪是破坏国家安全的行为。监狱人民警察维护国家安全和社会秩序是政治使命，也是法定的职责。从政治意义上看，监狱人民警察是国家安全、社会秩序和人民合法权益的保卫者、维护者。其次，从法律意义上看，监狱是国家法定的刑罚执行机关，依照我国《刑法》《刑事诉讼法》《监狱法》的规定，依法对入监罪犯监管看押，在规定刑期内剥夺罪犯的人身自由。监狱人民警察的刑罚执行活动是刑事诉讼活动的最后一个环节，是依法对生效刑事裁判所确定的刑罚付诸实施的刑事司法活动，行使的是国家的行刑权。行刑权的运作涉及刑事法律规定、司法制度、犯罪态势、社会环境及刑事政策等诸多因素，无时无刻地不对行刑环节形成制约和影响。它既包括关于刑罚执行、改造犯罪人以及预防重新犯罪的一整套刑事法律执行理论，还涵盖以相关法律、法规等规则体系为依托而建构的行刑制度；它既关注周而复始发生在现实生活和司法实践中的行刑活动与过程，又重视从理论的深度对行刑活动进行观察、反思、实证与规划；它既要求从宏观的角度研究行刑与其他刑事司法活动的关系、行刑的价值、行刑的原则、行刑的目的、行刑的改革等错综复杂的大问题，也要求从微观的角度探讨行刑机构的完善、行刑场所的改良、各种犯罪人处遇措施的人性化及科学化等具体问题。因此，只有正确地执行刑罚，才能够维护社会的公平正义；只有将罪犯改造成守法公民，才能够真正体现个别正义，刑罚的目的才能够实现。这种特殊的执法权是其他警察种类所不具有的。

（四）监狱人民警察是监狱管理者

监狱人民警察对监狱的管理主要是指狱政管理。狱政管理是指监狱人民警察对监狱关押的罪犯所实施的各项具体的行政管理活动，包括罪犯的饮食、住宿、卫生等都需要得到统一有序的管理。监狱人民警察依法对监狱和罪犯进行管理，保障监狱正常、稳定、安全地运行，维护良好的监狱秩序。监狱人民警察对监狱的管理活动涉及监狱工作的各个方面，只有依法履行管理职能，才能保证罪犯教育改造、生产劳动、学习生活的有序进行，保障罪犯生命权、健康权、人身安全等不受侵犯，保障罪犯的基本生活需要，打击狱内犯罪活动，制止违规违纪事件的发生等。

（五）监狱人民警察是服刑罪犯的矫正教育者

我国《监狱法》规定，对服刑罪犯不仅要依法执行刑罚，而且要惩罚、教育、劳动紧密结合，改造罪犯成为守法公民是监狱人民警察的重要任务。监狱既是执行刑罚的场所，也是矫正教育罪犯的“特殊学校”，监狱的本质任务之一就是教育改造罪犯，把罪犯教育改造成守法公民。教育改造罪犯主要由监狱人民警察负责执行，他们会在日常工作中对罪犯进行思想政治教育、文化知识传授等活动，关注罪犯未来回归社会后的生存和发展能力。将监狱对罪犯的刑罚执行过程作为对罪犯的再社会化的教育过程，实现刑罚执行和罪犯教育改造的有机统一。所以，监狱人民警察被社会称为“特殊园丁”，在监狱中扮演罪犯教育者的角色。

（六）监狱人民警察是罪犯劳动改造的组织者

劳动改造是我国改造罪犯的手段之一。罪犯劳动改造的重要作用首先在于通过劳动能够有效地改造罪犯的思想，使其获得正确的认知，树立起正确的人生观、价值观和道德观。这是我国监狱组织罪犯从事生产劳动所要实现的主要目的，也是我国罪犯劳动改造的一个重要特色。监狱人民警察在组织罪犯参加生产劳动的过程中，通过科学文明的劳动管理，可以矫正罪犯的不良思想和行为恶习，使罪犯适应现代企业管理的要求，不断提高自己的素质，为刑满释放后劳动就业创造条件，从而达到预防或减少犯罪的目的。

## 二、监狱人民警察的性质

监狱人民警察的性质包括阶级属性、法律属性和武装属性。从阶级属性来看，监狱人民警察是国家机器的重要组成部分，是我国人民民主专政的工具和暴力机器。从法律属性来看，监狱人民警察的法律性质，是由法律规定的监狱人民警察在执行刑罚过程中管理监狱、教育改造罪犯。从武装属性来看，监狱人民警察武装性质，是指监狱人民警察在执行职务过程中，依照法律的规定，可以使用的强制手段，可以使用的警械具和武器。监狱人民警察是我国警察序列的一个警种，按照法律规定配备武器和警械具，统一着警察制式服装，实行军事化或准军事化管理的刑事司法武装力量。

## 三、监狱人民警察的任务

监狱人民警察的任务包括两大部分：一是按照人民警察的性质和职能所确定的人民警察的法定职责和必须达到的目标要求；二是作为监狱人民警察，按照《监狱法》规定的职责和职能，必须完成的工作内容和必须达到的目标要求。

### （一）人民警察的任务

世界各国的警察对警察的职能和任务都在法律里面作出了明确的规定，内容大同小异。我国《人民警察法》第2条第1款对我国人民警察的基本任务作出了明确规定："人民警察的任务是维护国家安全，维护社会治安秩序，保护公民的人身安全、人身自由和合法财产，保护公共财产，预防、制止和惩治违法犯罪活动。"明确人民警察的任务，是做好监狱人民警察的前提条件。具体任务包括以下几种：①

1. 维护国家安全

维护国家安全包括两个方面：一是指对外要维护国家主权和领土不受侵犯和分裂；二是对内要维护国家政权、国家基本制度、国家法律不受破坏，维护依法产生的政权不受非法颠覆。国家安全是一个国家的根本问题。维护国家安全的任务除军队承担外，我国还将其作为人民警察的基本任务之一。在我国改革开放和建立、发展社会主义市场经济时期，国家安全工作非常复杂和艰巨，国际上的敌对势力采取"和平演变"的战略对我国进行渗透、破坏和颠覆，国内一些不满人民政权的犯罪分子也与境外敌对势力勾结，妄图推翻我国的社会主义制度。因此，与国内外的敌对势力作坚决的斗争，是人民警察义不容辞的责任。

在维护国家安全的具体工作上，主要包括三个方面：一是积极防范危害国家

① 参见万洪云、李永清主编：《警察法学》，法律出版社2015年版，第4－6页。

安全的违法犯罪行为的产生；二是及时发现和制止危害国家安全的违法犯罪行为，将其遏制在萌芽状态，以避免造成危害国家安全的严重后果；三是坚决打击和惩治危害国家安全的违法犯罪分子，使他们得到应有的惩罚，以警戒其他不法分子。

2. 维护社会治安秩序

良好的社会秩序、稳定的社会局面是进一步深化改革、扩大开放、加快社会主义现代化建设，构建社会主义和谐社会的前提和保证。因此，维护社会治安秩序是人民警察的重要任务。维护社会治安秩序的工作主要包括三个方面的内容：一是积极防范和制止危害社会治安秩序的违法犯罪行为。对维护社会秩序的职能部门来说，要充分发挥人民警察机关的职能作用，调动社会各方面的力量，运用各种手段，进行社会治安综合管理，增强社会防范机制。对于已经发生的危害社会治安秩序的违法犯罪行为，人民警察应当行使法律赋予的职权，坚决予以制止。二是坚决惩治危害社会治安秩序的违法犯罪分子。人民警察应当运用《刑法》《刑事诉讼法》《治安管理处罚法》等法律武器，严厉打击、制裁那些扰乱和破坏社会秩序、生产秩序、工作秩序、教学科研秩序和人民群众生活秩序的违法犯罪分子。三是依法进行维护社会治安秩序的行政管理，构建良好、和谐的社会环境。

3. 保护公民的人身安全、人身自由

保护公民的人身安全，就是保护公民的生命权、健康权不受侵犯。按照《宪法》的规定，保护公民的人身自由，就是保护公民的人身自由、人格尊严、住宅、通信自由和通信秘密不受侵犯。

人民警察保护公民的人身安全、人身自由主要包括两方面的工作：一是依法惩治故意杀人、伤害、抢劫、绑架、强奸、强迫妇女卖淫和拐卖人口等侵犯公民人身权利的违法犯罪活动，坚决打击和制止侵害公民人身自由的违法犯罪行为。二是当出现其他危及公民人身安全的活动时，如自然灾害、社会危机，人民警察应当挺身而出，全力保护公民的人身安全和自由。

4. 保护公共财产和公民的合法财产

所谓公共财产，是指国家和集体的财产，包括公共设施、国有企业、国家机关和事业单位的财产、集体所有的财产。所谓公民的合法财产，是指公民依法取得、占有受法律保护的财产，包括公民的合法收入、储蓄、房屋和其他合法财产。人民警察保护公共财产和公民的合法财产，包括以下两方面的工作：一是依据《刑法》《刑事诉讼法》《治安管理处罚法》等法律，打击各种经济犯罪活动，预防、制止非法侵害、毁损公共财产和公民合法财产的不法行为。二是当发生自然灾害，公共财产和公民合法财产面临危险时，人民警察应当积极参加抢险救灾工作，保护公共财产和公民合法财产的安全。

5. 预防、制止和惩治违法犯罪活动

所谓预防违法犯罪活动，是指人民警察和有关机关、团体、企事业单位以及人民群众密切配合进行综合治理，铲除违法犯罪的因素和根源，杜绝违法犯罪活动的发生。对于人民警察来说，预防违法犯罪，就是依法追究违法犯罪人员的法律责任，预防其再违法犯罪，并教育和警戒社会上那些可能进行违法犯罪活动的人员，使其不敢以身试法，从而达到预防犯罪的目的。所谓制止违法犯罪活动，是指人民警察对现行的违法犯罪人员，依法采取强制措施，制止其继续实施违法犯罪活动的行为。所谓惩治违法犯罪活动，是指人民警察对事实清楚、证据充分的违法犯罪人员依照法定程序追究法律责任的行为。

预防、制止和惩治违法犯罪活动，是人民警察一项经常性的基本任务。在具体实施过程中，要做好以下三个方面的工作：一是要大力进行法治宣传教育，落实各项治安防范措施，尽力防止或减少各种违法犯罪活动的发生；二是要有灵敏的信息沟通渠道，具备快速反应能力，有较强的实战能力，果断制止正在发生的违法犯罪活动；三是通过依法查证违法犯罪的事实和人员，严肃执行刑事处罚和行政处罚，依法教育改造违法犯罪人员。

（二）监狱人民警察的具体任务

《监狱法》规定了监狱机关执行刑罚、惩罚和改造罪犯的职能，同时规定了监狱人民警察管理监狱、执行刑罚、教育改造罪犯等职责。监狱的职能活动，需要而且必须通过监狱人民警察组织实施。因此，监狱职能制约着监狱人民警察工作任务的内容和范围。监狱人民警察的任务是监狱职能的具体体现。

1. 管理监狱

监狱管理活动是监狱人民警察的主要工作任务之一，是指监狱管理机关和监狱人民警察依据法律规定，对监狱的正常运作进行的管理活动。主要有：一是对服刑罪犯的刑务管理，包括减刑、假释、暂予监外执行、罪犯再犯罪的加刑等；二是对服刑罪犯的狱政管理，包括罪犯的日常生活管理、卫生管理、学习教育管理、生产劳动的组织管理等；三是对监狱运行的物质资源和配套设备的管理，包括警用物资装备、生活物资、监狱生活卫生、学习教育、生产劳动的物资设备等；四是对监狱运营的资金管理；五是对参与监狱工作的直接人员和相关人员的管理等，包括监狱工作人员的管理、监狱生产外来协作人员的管理、罪犯亲属通信接见的管理等。管理监狱规范有序的运行，是监狱人民警察的重要任务。通过监狱的管理维护监狱的监管安全，实现刑罚目的。

2. 执行惩罚

执行刑罚是指具有行刑权的监狱机关将人民法院生效的刑事判决所确定的刑

罚付诸实施的过程。行刑权是国家法律赋予监狱人民警察依法代表国家对罪犯实施惩罚的职权。其主要内容包括：一是收监，按照法律规定的条件、对象和程序，依法对罪犯予以收监监禁、实行严格的军事管制，武装警戒；二是对符合条件的罪犯，提请减刑、假释等；三是对符合条件的罪犯予以暂予监外执行；四是对在监狱内有犯罪行为的罪犯，依法实施侦查，并提出刑罚惩罚建议，依法严厉打击狱内犯罪现象；五是对符合收监条件的假释犯、暂予监外执行犯予以收监；六是依法依规处理罪犯提出的申诉、控告和检举；七是对刑期届满或特赦的罪犯，依法予以释放或特赦。

3. 改造罪犯

改造罪犯是指监狱机关和监狱人民警察依法对罪犯实施的有目的、有计划、有组织的系统改造教育，以促使罪犯个体的再社会化，使之成为守法公民的活动。我国的监狱工作坚持惩罚与改造相结合，以改造人为宗旨的方针。监狱人民警察对罪犯的改造主要通过三大手段，即教育改造、劳动改造、狱政管理。这三大手段各有侧重，相辅相成，为改造罪犯提供了有效途径。其中，教育改造主要是依据法律对罪犯进行法治、道德形势政策前途等内容的思想教育；根据不同情况对罪犯进行扫盲教育、初等教育和初级中等教育等不同程度的文化教育；根据监狱生产和释放后就业的需要，对罪犯进行职业技术教育，组织罪犯开展适当的体育活动和文化娱乐活动。劳动改造是指监狱组织有劳动能力的罪犯从事生产活动，使他们在劳动中改造自己，同时通过劳动学习一定的生产技能，以满足回归社会的需求。狱政管理是指监狱人民警察依据法律对罪犯的日常生活的组织、安排，对罪犯在监狱活动的组织、指挥以及监狱安全保障等。

4. 组织罪犯生产劳动

监狱人民警察是监狱中罪犯参加生产劳动的组织者和管理者。监狱组织罪犯参加生产劳动，是为了矫正罪犯犯罪恶习与不良行为，培养其谋生技能与劳动习惯，全面挖掘罪犯潜在的生产力因素，开发劳动力资源，以利于罪犯重返社会。同时，生产劳动具有惩罚罪犯和改造罪犯功能，即监狱组织罪犯参加生产劳动是为改造罪犯服务的，是服务于监狱将罪犯改造成为守法公民的根本任务，它是最有效的改造罪犯手段。这一手段的实现过程必须规范在监狱人民警察的组织和管理下。

5. 保护罪犯合法权利

监狱人民警察既是刑罚执行者，同时又是罪犯合法权利的保护者。权利一般是指法律赋予人实现其利益的一种力量。在家庭、社会、国家、国际关系中隐含或明示的最广泛、最实际的一个内容。从通常的角度看，权利是法律赋予权利主体作为或不作为的许可、认定及保障。

关于罪犯的权利保护问题，第一，我国《宪法》《刑事诉讼法》《监狱法》等法律法规，以及国际规则都有明确的规定。同时，联合国一直关心被监禁者的人道待遇，制定和通过了一系列保护、保障人权和基本自由的国际法律文书。以此为依据，联合国监狱规则规定了监狱罪犯方面的规范，主要有关于罪犯人权、罪犯应保留的权利、罪犯的生活保健、罪犯与外界的接触几个方面。第二，罪犯处于服刑之中，但仍然享有法定的权利。这些权利可分为三个层次：一是完全享有的权利，主要是人身权利和财产权利：人格权、生命权、健康权、财产权、名誉权、隐私权、肖像权等；二是部分享有的权利，主要是选举权、言论权、宗教信仰权、身份权（婚姻权、监护权、赡养权）；三是限制享有的权利，主要是被选举权、集会结社游行示威自由权。第三，现代法治要求必须保护罪犯的权利。保障罪犯的权利，就是保障每个人的权利。罪犯的权利，就是公民的权利，罪犯权利保障是文明社会和法治社会的标志。第四，保障罪犯的权利是监狱人民警察的职责。罪犯是特殊的权利主体，在服刑期间，依法享有的权利不因服刑而丧失，监狱人民警察在法律规定的范围内有责任依法保障罪犯权利的实现。

## 第二节　监狱人民警察的职权、义务和纪律

### 一、监狱人民警察的职权

职权是指法律赋予国家机关或国家公职人员依法执行公务时所具有的特殊权利。监狱人民警察的职权是指国家以法律的形式规定监狱人民警察在执行职务时所具有的权力。根据我国《监狱法》《人民警察法》的规定，监狱人民警察主要有刑罚执行权、管理监狱权、教育改造权等职权。

#### （一）刑罚执行权

执行刑罚是监狱的一项重要职能，是对罪犯实施改造的前提条件。刑罚执行权是监狱人民警察职权中最根本的、核心的权力，是实现监狱行刑目的、完成监管改造任务的基本权力。主要内容包括：

（1）收监权。收监权是监狱人民警察独有的权力，是监狱人民警察对人民法院交付执行的、符合法定条件和手续，并按一定的程序对罪犯收监的权力。

（2）对罪犯身体的检查权。监狱人民警察有对交付执行刑罚的罪犯检查身体，确认其是否具备收监条件，验证是否符合法定收监身体状况的权力。

（3）物品检查权和违禁物品没收权。罪犯收监时，监狱人民警察有权检查

罪犯所携带的物品，并按法律规定作相应处理的权力。如对于罪犯的非生活必需品，必须由监狱代为保管或者征得罪犯的明确同意之后，退回其家属；对于违禁品一律依法予以没收。

（4）罪犯申诉、控告、检举的处理权。监狱人民警察对罪犯的申诉、控告、检举材料有及时转递的处理权；罪犯可通过意见箱、口头方式或信件方式，行使申诉、控告和检举的权利，监狱人民警察应该保障和维护其权利的实现，按照有关法律的规定及时正确地处理。

（5）罪犯暂予监外执行的批准权。对于被判处有期徒刑的正在监内服刑的罪犯，符合《刑事诉讼法》第268条和《监狱法》第25条规定的暂予监外执行条件的，即有严重疾病需要保外就医的，怀孕或者正在哺乳自己婴儿的妇女，生活不能自理，适用暂予监外执行不致危害社会的，监狱人民警察有权批准暂予监外执行。

（6）罪犯减刑、假释的建议权。监狱人民警察有对符合法定条件的被判处无期徒刑、有期徒刑的罪犯，根据考核结果依照法定程序向人民法院提出减刑建议的权力。《刑法》第78条规定，罪犯在服刑期间，认真遵守监规，接受教育改造，确有悔改或者立功表现的，可根据监狱考核的结果建议减刑；有法定重大立功表现的应当减刑。

（7）罪犯的释放权。释放权既是监狱人民警察的一项职权，也是其应尽的职责。对于符合法定释放或特赦条件的罪犯，监狱人民警察在其具备释放或特赦事由的情况下，应按照法律规定的程序，依法恢复罪犯自由，恢复其公民权利。

（二）管理监狱权

依法管理监狱是维护监狱监管改造秩序，正确执行刑罚，有效改造罪犯的基本前提，也是监狱工作中一项日常的基础性工作。监狱人民警察的管理监狱权主要包括：

（1）罪犯分押分管权。监狱人民警察按性别、年龄对成年男犯、成年女犯和未成年犯实行分开关押，并有权在此基础上，根据罪犯的犯罪类型、刑罚种类、刑期和改造表现等情况，对罪犯实行分别关押，采取不同方式管理。

（2）警戒隔离带设置权。监狱人民警察根据监管需要，有权设立警戒设施和警戒隔离带。

（3）脱逃罪犯的抓捕权。监狱人民警察发现在押罪犯脱逃，有权即时将其抓获，不能即时抓获的，应当立即通知公安机关负责追捕，监狱人民警察要密切配合。

（4）罪犯来往信件的检查权和扣留权。监狱人民警察对罪犯在服刑期间与他人的来往信件有权实施检查。如果发现有碍罪犯改造内容的信件，监狱人民警察有权扣留。但是罪犯写给监狱的上级机关和司法机关的信件，监狱人民警察未经授权不得检查和扣留。

（5）罪犯接受财物批准、检查权。监狱人民警察对罪犯收受的物品和钱款，有批准、检查的权力。对于符合法律规定、有利于罪犯生活和改造的物品和钱款，监狱人民警察应当批准罪犯收受。这项职权既适用于罪犯会见亲属、监护人时接受的探视物品和钱款，也适用于罪犯通过邮电等部门接受物品和钱款的情况。

（6）对罪犯的考核权。监狱人民警察有权依照法定的标准和程序，对服刑罪犯一定时期内的服刑表现进行综合考察与评价。对罪犯的考核结果可以作为对罪犯奖励和处罚的依据，也可以作为对服刑罪犯实行分级处遇的依据，还可以作为罪犯提请减刑或假释的法定依据。

（7）对罪犯的行政奖惩权。监狱人民警察有权根据罪犯的改造表现对在押罪犯实施一定的行政奖惩。

（8）狱内侦查权。监狱人民警察有权对罪犯在监狱内犯罪的案件进行侦查。侦查终结后，写出起诉意见书或者免予起诉意见书，连同案卷材料、证据一并移送人民检察院。

（9）对狱政设施的管理、使用、维护权。监狱人民警察负责监狱的监门、围墙电网、监舍、水电气暖、电教设施、周界报警装置、监视监控设备、监狱内外围安全设施等设施设备的日常管理、使用、维护。

（10）对罪犯劳动改造过程的管理权。监狱人民警察对罪犯劳动改造过程中的安全生产、消防、环保、劳动保护、职业卫生防护等具有检查、督导等管理权。

（11）对罪犯生活卫生的管理权。监狱人民警察对罪犯狱内服刑期间日常的衣、食、住、医、卫生防疫等具有安排、落实、管理权。

（12）对监狱所属国有资产的管理权。监狱人民警察负责对土地、矿山、房产等监狱所属国有资产、生产资料、生产活动等进行管理的权力。

（13）警械具和武器使用权。《人民警察使用警械和武器条例》第 8 条第 1 款规定，人民警察依法执行下列任务，遇有违法犯罪分子可能脱逃、行凶、自杀、自伤或者有其他危险行为的，可以使用手铐、脚镣、警绳等约束性警械：抓获违法犯罪分子或者犯罪重大嫌疑人的；执行逮捕、拘留、看押、押解、审讯、拘传、强制传唤的；法律、行政法规规定可以使用警械的其他情形。《监狱法》第 45 条第 1 款规定，监狱遇有下列情形之一的，可以使用戒具：罪犯有脱逃行为的；罪犯有使用暴力行为的；罪犯正在押解途中的；罪犯有其他危险行为需要采取防范措施的。在监狱内，一律不得使用警绳。《监狱法》第 46 条第 1 款规定：人民警察和人民武装警察部队的执勤人员遇有下列情形之一，非使用武器不能制止的，按照国家有关规定，可以使用武器：罪犯聚众骚乱、暴乱的；罪犯脱逃或者拒捕的；罪犯持有凶器或者其他危险物，正在行凶或者破坏，危及他人生命、财产安全的；劫夺罪犯的；罪犯抢夺武器的。监狱人民警察在履行职责、执行任务的活动中依法有权使用武器和警械具，这是监狱人民警察的一项特殊职权。

（三）教育改造权

教育改造权是监狱人民警察从改造人、造就人的目的出发，根据行刑目的、行刑制度和罪犯的实际情况，结合生产劳动，对罪犯依法实施的转变思想、矫正恶习、传授文化知识和劳动技能的各项权力的总称。监狱人民警察对罪犯的教育改造权主要包括以下内容：

（1）对罪犯的思想教育权。监狱人民警察有权按照法律规定，根据罪犯的思想转化规律，有组织、有计划地对罪犯进行政治常识教育，法治与认罪服法教育，道德、人生观教育，形势、政策、理想信念、前途教育等内容的思想教育。

（2）对罪犯的文化教育权。监狱人民警察有权根据不同情况，有组织、有计划、有目的地对罪犯进行扫盲教育、初等教育和初级中等教育等文化教育。

（3）对罪犯的职业技术教育权。监狱人民警察有权根据监狱生产和罪犯释放后就业的需要，对罪犯进行各种职业技术教育。

（4）对罪犯的劳动改造权。监狱人民警察有权根据罪犯的个人情况和改造的需要，组织罪犯参加生产劳动。

（5）对未成年犯的教育改造权。监狱人民警察根据未成年人的特点，以教育改造为主，以学习文化和生产技能为主，采取相应的手段和方式对未成年犯进行教育改造。

## 二、监狱人民警察的义务

监狱人民警察的义务，是指由国家法律所规定的监狱人民警察在行使职权、执行职务活动中必须履行的法律责任。监狱人民警察义务属于法律层面上的义务，即法律义务。《人民警察法》第20条规定：“人民警察必须做到：（一）秉公执法，办事公道；（二）模范遵守社会公德；（三）礼貌待人，文明执勤；（四）尊重人民群众的风俗习惯。”《监狱法》第13条规定：“监狱的人民警察应当严格遵守宪法和法律，忠于职守，秉公执法，严守纪律，清正廉洁。”以上规定以概括的形式明确规定监狱人民警察的义务。

（一）严格遵守宪法和法律

宪法是国家的根本大法，具有最高法律效力，是一切法律制定的根据。监狱人民警察作为司法机关的工作人员，作为国家刑罚执行者，其各项活动都是为了体现国家的意志。模范地遵守宪法，维护宪法的权威与尊严，保证宪法的实施，是监狱人民警察的天职。法律是国家权力机关制定的反映全国人民意志的规范性文件。它仅次于宪法，具有普遍约束力，要求人们普遍地遵守，作为监狱人民警察理应自觉地遵守法律。遵守宪法和法律是每一位公民应尽的义务，但作为监狱人民警察，其守法义务与普通公民的守法义务是有所不同的。监狱人民警察的守法义务，主要是要求监狱人民警察在执行职务过程中，在从事监狱管理以及执行刑罚、教育改造罪犯的活动时，必须严格依照宪法与法律的规定进行，最为关键的是严格执法，依法行刑。

（二）忠于职守

忠于职守就是指忠诚地对待自己的工作，尽职尽责地完成自己的任务。监狱机关承担着正确执行刑罚、惩罚和改造罪犯、预防和减少犯罪的任务，而这一重任具体是要依靠每一位监狱人民警察去完成的。因此，要求监狱人民警察忠于职守，就是要求他们必须忠于对罪犯的惩罚、改造和矫正事业，尽职尽责地管理好监狱的各项事务，准确有效地执行刑罚。监狱人民警察在执行职务过程中，一是要具有对国家和人民负责的精神，具有强烈的事业心和责任感，热爱自己的工作，有忘我的工作精神，鞠躬尽瘁，做到兢兢业业、尽职尽责。二是要坚守自己的岗位，严格履行国家赋予自己的职责，努力完成本职工作，以高度的责任感和认真负责的态度行使职权。三是要严格遵守规章制度，认真执行，要自觉地用组织纪律、工作纪律、廉洁纪律、群众纪律、经济纪律、生活纪律和岗位要求约束自己，争做遵章守纪的模范。四是要有开拓创新精神，面对罪犯重刑犯增多，危安犯增多，重大刑事犯增多，暴力犯增多，职务犯增多，二次以上判刑的罪犯增多，女性罪犯增多，外国籍罪犯增多，老弱病残犯增多，艾滋病犯、精神病犯增多的构成变化，要不断提高业务素质，改进工作方法。

（三）秉公执法

“秉公执法”就是在执法过程中，按照公认的道理或公平的标准执法。监狱人民警察秉公执法，就是要求他们在执行刑罚过程中，一切以国家和人民的利益为重，坚持以事实为根据，以法律为准绳，刚正不阿，铁面无私，要公平、公正、严格按照法定内容和程序进行。具体地讲，就是要求监狱人民警察对待服刑罪犯要一视同仁，不偏袒任何人，坚持在法律面前人人平等的原则。在处理问题时，始终坚持“以事实为根据，以法律为准绳”的原则，实事求是，一切从实际出发，重调查研究，在任何情况下，都要从“公心”出发，努力做到不徇私情、不畏权贵、不偏不倚、不枉不纵，自觉地维护法律的严肃性。特别在服刑罪犯减刑、假释、暂予监外执行、奖惩等问题上，更应该根据事实情况和法律规定进行公平、公正的处理。凡是符合法定的减刑、假释、暂予监外执行、奖励条件的，都应该依法提请减刑、假释、暂予监外执行或者给予奖励；凡是不具备法定条件的，不管有什么关系，也不管谁“打招呼”和说情，都应该坚决予以拒绝。监狱人民警察在执法中唯一的标准就是事实与法律。在我国，绝不允许任何人以国家职权作为谋取私利的手段，绝不允许有凌驾于法律之上、超越法律之外的特权。秉公执法既是国家法治尊严的基本要求，也是维护监狱人民警察执法权威的基本要求，同时还是监狱人民警察的法律责任和职业责任。

（四）严守纪律

监狱人民警察是带有武装性质的组织，其组织管理和职务行为，体现出一定程度的军事化并具有明显的强制性，而且还面临着各种复杂的不确定的突发情况。所以，严明纪律、严守纪律，对于监狱人民警察来说尤其重要，这是履行特定职责的必然要求。把严守纪律规定为监狱人民警察的一项义务，这不仅是建设一支素质高、战斗力强的监狱人民警察队伍的需要，也是提高工作效率，实现监狱行刑目的，做好监狱各项工作的重要保障。因此，要做一名称职、合格的监狱人民警察，必须要严守纪律。

（五）清正廉洁

清正廉洁，是指监狱人民警察行使职权过程中要做到个人利益服从国家利益，要按原则办事，公道办事，处理事情公平、公正，一身正气，两袖清风。监狱人民警察是国家的执法者和监狱管理者，监狱人民警察队伍是否清正廉洁，直接关系到党和政府的声誉和形象。

（六）保障服刑罪犯的法定权利

保障罪犯的权利是监狱人民警察的法定职责，也是法定义务。罪犯是人，是公民，因而具有法定的权利与义务。罪犯有权受到人权保护，无论是道德的权利，法律的权利，还是应然的权利，实然的权利，都是神圣的，表达的是对罪犯的关爱、尊重，体现的是社会的文明、进步，张扬的是人性的真、善、美，是现代社会追求的至高目标。

## 三、监狱人民警察的纪律

《监狱法》用禁止性规范规定了监狱人民警察的纪律，即严禁监狱人民警察作出一定的行为，其目的是通过抑制某些行为来防止监狱人民警察滥用权力。因此，监狱人民警察的纪律，其实就是法定的禁止性行为规范，是具有法定义务性质的“禁止作为”的行为规范。由《监狱法》第14条第1款规定，《公务员法》《人民警察法》《监狱人民警察六条禁令》（以下简称《六条禁令》），以及监狱人民警察职业行为规范的规定可知，监狱人民警察的纪律主要包括以下方面：

（一）不得索要、收受、侵占罪犯及其亲属的财物

索要、收受、侵占罪犯及其亲属的财物，是指利用职务或执行公务之便，伸手向罪犯及其亲属索要财物，接受罪犯及其亲属的馈赠或贿赂，以及强行将罪犯及其亲属的财物据为己有的不正当行为。监狱人民警察拥有法律赋予的特殊权力，正确行使职权，保持清正廉洁，不得利用手中的职权收受罪犯及其亲属的馈赠和贿赂，特别是在罪犯减刑、假释、暂予监外执行和行政奖励活动上，更要清正廉洁。索要、收受、侵占罪犯及其亲属的财物，既是违法犯罪行为，也必然会造成执法不公。

（二）不得私放罪犯或者玩忽职守造成罪犯脱逃

私放罪犯，是指司法工作人员利用职务上的便利，私放在押的犯罪嫌疑人、被告人或罪犯，使其逃离监管的行为。该行为属于滥用职权的性质。玩忽职守，是指有关工作人员严重不负责任，不履行或者不正确履行职责，致使公共财产、国家和人民利益遭受损失的行为，通常表现为放弃、懈怠职责，或者在工作中马虎草率、敷衍塞责，不认真、正确地履行职责。监狱人民警察的职责就是要依法对罪犯实施时间和空间上的特殊监管，教育改造其成为守法公民。要求监狱人民警察必须本着对国家负责、对人民负责的精神，忠于职守，认真履行职责，依法监控、管理和教育改造罪犯，严格执行监管制度，防止罪犯脱逃事故的发生。在职务活动中，如果玩忽职守，麻痹大意，造成罪犯脱逃，都是犯罪行为，将会受到法律的严厉制裁。

（三）不得刑讯逼供或者体罚、虐待罪犯

刑讯逼供，是指监狱人民警察审讯罪犯时，使用肉刑或变相肉刑逼取口供的行为。所谓肉刑，是指对罪犯的肉体实施暴力，进行肉体上的摧残或精神上的折磨，如捆绑、悬吊、殴打、非法使用刑具等。所谓变相肉刑，是指采用非暴力的方式对罪犯进行摧残和折磨，如罚跪、冻饿、火烤、雨淋、不准睡眠、超体力劳动等。体罚、虐待罪犯，是指监狱人民警察违反《监狱法》和其他有关监管规定，对罪犯进行肉体摧残和精神折磨。刑讯逼供或者体罚、虐待罪犯，是封建法西斯的野蛮做法，是摧残人性、严重侵犯人权的行为，也是监狱人民警察行使职权活动中容易出现的违法现象，其危害性十分严重。实践证明，实施刑讯逼供，只会把事实搞得更混乱，容易造成冤假错案，从而妨害司法机关的正常活动。搞体罚、虐待，不仅不利于教育改造罪犯，反而会妨害监管机关的正常活动，损害监狱机关的形象。严禁刑讯逼供或体罚、虐待罪犯，不仅是长期以来我国法律规定的一项执法原则和监狱人民警察必须遵守的职业纪律，也是一项国际刑事司法准则。因此，监狱人民警察在职务活动中应当严守职业纪律，坚持实事求是，重证据，重调查研究，不轻信口供，不能重口供、轻证据，严禁刑讯逼供，实行文

明管理，对罪犯实行人道主义，给他们必要的生活待遇和劳动条件，保障其合法权利，严禁对罪犯进行体罚和虐待。

（四）不得侮辱罪犯的人格

所谓侮辱罪犯人格，是指监狱人民警察使用暴力或者其他方法，公然贬低、损害罪犯作为法定权利、义务主体的资格，破坏罪犯名誉，侵害其合法权利的行为。服刑罪犯虽然被剥夺了人身自由，但并没有因此失去做人的资格，他们仍然是人，同样有人格和尊严。用暴力、言语或者文字等形式公然侮辱他们，在任何时候任何场合，都是对他们作为人的权利的侵犯，都是违法甚至犯罪行为。《监狱法》第7条第1款明确规定："罪犯的人格不受侮辱，其人身安全、合法财产和辩护、申诉、控告、检举以及其他未被依法剥夺或者限制的权利不受侵犯。"因此，尊重罪犯的人格是文明行刑的要求，是有效改造罪犯的基本前提。

（五）不得殴打或者纵容他人殴打罪犯

不得殴打或者纵容他人殴打罪犯是指监狱人民警察自己不能殴打罪犯，也不能指使、纵容他人（主要指其他罪犯）殴打罪犯。《监狱法》将此规定为监狱人民警察的纪律，是规范监狱人民警察行为，树立监狱人民警察威信和文明形象的重要措施。监狱人民警察在管理罪犯活动中，必须尊重人权、文明管理，只能依照法律法规的规定，采取合法手段对罪犯进行监控、管理和教育改造。监狱人民警察殴打或者纵容他人殴打罪犯，不论是基于什么样的理由，都是一种非法行为，甚至是犯罪行为。监狱人民警察殴打或者纵容他人殴打罪犯，造成一定危害的，除给予党纪、政纪处分外，监狱机关还要向被殴打人赔偿损失，并赔礼道歉，构成犯罪的，要依法追究刑事责任。

（六）不得为谋取私利，利用罪犯提供劳务

组织罪犯从事生产劳动，是培养罪犯劳动技能，改造罪犯思想，矫正罪犯恶习的一种方式，其根本目的是改造罪犯。禁止监狱人民警察利用监管罪犯的职权，利用罪犯提供劳务，指使罪犯替自己干私活，以谋取私利。对于借职权之便、管理之便，利用罪犯为自己提供劳务，谋取个人私利的行为，必然要受到行政处分或依法追究其法律责任。

（七）不得违反规定，私自为罪犯传递信件或者物品

这里的"规定"，主要是指《监狱法》和其他监管法规、规章中有关罪犯的通信、收受物品（包括钱款）的内容。私自为罪犯传递信件或者物品，是指没有经过合法手续和程序，背着组织或者有关的人，秘密地为罪犯传递信件或物品。《监狱法》第47条规定："罪犯在服刑期间可以与他人通信，但是来往信件应当经过监狱检查。监狱发现有碍罪犯改造内容的信件，可以扣留。罪犯写给监狱的上级机关和司法机关的信件，不受检查。"《监狱法》第49条规定："罪犯

收受物品和钱款，应当经监狱批准、检查。”《监狱法》赋予了监狱机关必要的检查权，由监狱机关指定的监狱人民警察具体管理此项事务，未经监狱机关授权的监狱人民警察不得越权代办。私自为罪犯传递信件或物品，尤其是违禁品，或者有碍于监狱安全的物品，情节严重的，除给以纪律处分和调离警察岗位外，还要追究其刑事责任。

（八）不得非法将监管罪犯的职权交予他人行使

监管罪犯的职权是国家依法授予监狱人民警察的专属权，没有国家法律的授权，没有监狱人民警察的合法地位和身份，其他任何人均无权行使监管罪犯的职权。监狱人民警察不得非法将监管罪犯的职权交予他人行使，既包括不得将监管罪犯的职权交予无监管权的他人行使，也包括不得违反法律程序交予有监管权的他人行使。按照法律、法规的有关规定，监管权可以交予有监管权的他人行使，但必须办理合法手续或经主管领导批准。否则，便是非法交予他人行使，就是严重的失职，就是违法乱纪，就要受到党纪、政纪处理，构成犯罪的，要依法追究其刑事责任。

（九）不得有其他违法行为

其他违法行为，是指除《监狱法》第 14 条第 1 款规定的 8 种纪律之外的，其他有关法律、法规、规章所规定的严禁监狱人民警察实施的行为，包括《公务员法》《人民警察法》《六条禁令》等关于纪律的规定。

1.《公务员法》《人民警察法》和其他有关法律、法规、规章中规定的监狱人民警察的纪律

根据《公务员法》和《人民警察法》等法律法规的规定，监狱人民警察不得有其他违法行为，主要包括：（1）不得散布有损国家声誉的言论，组织或者参加旨在反对国家的集会、游行、示威等活动；（2）不得组织或者参加非法组织，组织或者参加罢工；（3）不得泄露国家秘密、监狱工作秘密；（4）不得徇私舞弊，对不符合减刑、假释条件的罪犯，提出减刑、假释建议，对不符合暂予监外执行条件的罪犯，予以暂予监外执行；（5）不得克扣罪犯的伙食费，挪用罪犯的财物；（6）不得从事或者参与营利性活动，在企业或者其他营利性组织中兼任职务；（7）不得擅自接待外来人员参观访问罪犯的劳动、生活、学习场所；（8）不得违反人民警察的着装规定和要求；（9）不得违反规定使用戒具、警械和武器；等等。

2.《六条禁令》的规定

司法部 2006 年 2 月 14 日颁布了《六条禁令》。《六条禁令》具有很强的针对性，主要是针对监狱系统内部最容易发生问题的方面而采取的具体措施，它与监狱人民警察纪律的要求是一致的，是对监狱人民警察行为规范中纪律规定内容

的具体化，更加方便执行。其具体要求是：（1）严禁殴打、体罚或者指使他人殴打、体罚服刑人员；（2）严禁违规使用枪支、警械、警车；（3）严禁索要、收受服刑人员及其亲属的财物；（4）严禁为服刑人员传递、提供违禁物品；（5）严禁工作期间饮酒；（6）严禁参与赌博。违反上述禁令者，视其情节轻重予以相应纪律处分或者辞退，构成犯罪的，依法追究刑事责任。

3.《监狱劳教人民警察职业行为规范》规定的纪律

司法部《监狱劳教人民警察职业道德准则》和《监狱劳教人民警察职业行为规范》等规定，对监狱人民警察提出的禁止性规定是刚性的纪律要求，是基本的行为规范。主要内容包括严守政治纪律、严守组织纪律、严守群众工作纪律、严守工作纪律、严守廉政纪律、严守保密纪律、严格执行监狱人民警察“六条禁令”等，为监狱人民警察的行为提供了更加清晰、更加明确的规范和指引。这既是一种纪律约束，更是一种关心爱护。

## 第三节　监狱人民警察队伍建设

监狱人民警察队伍建设，是实现监狱工作科学、文明、健康发展的基础条件和必然之路，也是实现监狱最大限度地提高罪犯改造质量，降低刑释人员重新犯罪率的终极目标的重要措施。

### 一、监狱人民警察队伍建设的指导思想

高举中国特色社会主义伟大旗帜，全面贯彻党的二十大精神，以马克思列宁主义、毛泽东思想、邓小平理论、“三个代表”重要思想、科学发展观和习近平新时代中国特色社会主义思想为指导，适应中国特色社会主义进入新时代对监狱工作提出的新要求，紧紧围绕维护国家政治安全、确保社会大局稳定、促进社会公平正义、保障人民安居乐业的主要任务，牢牢把握政治过硬、业务过硬、责任过硬、纪律过硬、作风过硬的总要求，坚持中国特色社会主义政法队伍正规化、专业化、职业化方向，深入推进监狱人民警察队伍思想政治建设、业务能力建设、纪律作风建设，大力推进监狱人民警察队伍教育管理创新，努力建设一支信念坚定、执法为民、敢于担当、清正廉洁的监狱人民警察队伍。

### 二、监狱人民警察队伍建设的主要任务

坚持党的绝对领导，把思想政治建设摆在第一位，确保监狱人民警察忠诚可

靠，坚决维护以习近平同志为核心的党中央权威；坚持把履职能力建设作为重要任务，深入推进专业化建设，提高广大干警素质和本领，确保更好地履行职责任务；坚持人民群众满意标准，始终践行执法执业为民宗旨，着力解决人民群众反映强烈的问题，确保清正廉洁；坚持改革创新，着力破解制约监狱人民警察队伍建设的体制性、机制性、保障性难题，促进监狱人民警察队伍长远发展；坚持尊重干警主体地位，把促进监狱人民警察全面发展作为队伍建设的出发点和落脚点，激发监狱人民警察的积极性、主动性和创造性，增强队伍生机与活力。

（一）思想政治建设

大力加强理论武装，抓好中国特色社会主义理论体系特别是习近平新时代中国特色社会主义思想的学习，深化社会主义法治理念教育，加强党史国史、革命传统和形势政策教育，教育引导广大监狱人民警察进一步坚定道路自信、理论自信、制度自信、文化自信。坚决维护以习近平同志为核心的党中央权威，严明党的政治纪律和政治规矩，牢固树立政治意识、大局意识、核心意识、看齐意识，铸就绝对忠诚的政治品格。强化思想政治工作，创新思路、改进方法，赋予思想政治工作新的生命力。

（二）领导班子建设

选好配强领导班子特别是“把手”，努力把监狱领导班子建设成为忠诚可靠、知法懂法、业务精通、敢于担当、结构合理、团结和谐的坚强领导集体。严格和规范党内政治生活，严格执行党的纪律和规矩，严格落实民主集中制，坚持党的群众路线，认真落实民主生活会和组织生活会制度，自觉按照党内政治生活准则和党的各项规定办事。加大领导干部轮岗交流力度，完善重点岗位定期轮岗制度。

（三）反腐倡廉建设

深入开展廉政教育，树立廉洁从警价值理念。严格落实廉洁从警制度，健全完善符合监狱各个岗位特点的廉政风险防范制度，形成有效预防腐败的长效机制。强化监督管理，健全完善监狱领导干部监督机制，着重加强对重点岗位、关键要害部门和重点执法环节的监督。加大案件查处力度，以“零容忍”的态度严肃查处违纪违法案件。

（四）正规化规范化建设

深入推进执法规范化建设，加强执法检查和督察，健全完善重点执法岗位和关键环节工作制度，深化狱务公开，充分运用现代信息技术加强执法管理，进一步规范执法行为，提高执法水平。规范编制管理和警力资源配置，改进警察值班备勤模式，推行扁平化管理。扎实推进纪律作风建设，抓“双六条禁令”“六个一律”“六个绝不允许”等铁规、禁令的贯彻执行，持之以恒贯彻中央八项规定精神，健全完善纪律作风建设长效机制，实现纪律作风建设的常态化、长效化、制度化。

（五）专业化建设

加大教育培训力度，创新教育培训方式，分类分级开展培训，突出精细化管理、教育改造、心理矫治、信息化实战应用等专业技能培训，切实提高履职能力。强化岗位练兵和实践锻炼，优化“战训合一、轮训轮值”岗位练兵模式，大力开展业务竞赛、实战观摩、技能比武等，切实提高单警实战能力和队伍应急处突能力。加大人才工作力度，拓宽专业人才引进渠道，健全从司法警官院校毕业生中招录人才的规范便捷机制，加强高层次人才库建设，为优秀人才施展才华创造良好条件。

（六）职业化建设

健全完善职业管理制度和机制，积极推进建立具有监狱人民警察职业特点的职务序列，健全完善警察分类管理制度。培育监狱人民警察职业精神，完善职业道德准则和职业行为规范，建立职业道德评价和惩戒机制，建立健全的监狱人民警察宣誓制度和职业荣誉制度，切实提高职业荣誉感。完善职业保障制度，积极争取支持，不断加强财政经费保障。坚持从优待警，认真落实从优待警各项制度，关心警察身心健康，帮助警察解决工作、生活中的实际困难。

## 三、监狱人民警察应具备的素质

素质是指从事某种职业的人在思想政治方面、知识结构方面、工作能力方面所具有的水平和条件。一般来说，素质分为三类八个方面。三类是指自然素质、心理素质和社会素质。八个方面包括政治素质、思想素质、道德素质、业务素质、审美素质、劳技素质、身体素质、心理素质。监狱人民警察是党领导下的武装性质的刑事司法力量，是一支执法、着装、带枪的正规化队伍，承担着维护安全稳定、维护社会公平正义、提高罪犯改造质量、保障人民安居乐业的重大任务，队伍的素质、作风、能力直接决定着惩罚改造职能的正确履行。监狱人民警察的素质是指为完成惩罚与改造罪犯工作的任务，监狱人民警察自身应具备的条件。监狱人民警察集执法、管理、改造等多种任务于一身与罪犯朝夕相处，处于腐蚀与反腐蚀、改造与反改造阵地的前沿，因此要求监狱人民警察具有较高的素质，才能承担改造罪犯的重任。根据监狱工作的需要，监狱人民警察要具备以下几个方面的素质：①

① 参见史殿国主编：《监狱学基础理论》，法律出版社2018年版，第103－108页。

（一）政治素质

大力加强监狱人民警察队伍建设，需要坚持把思想政治建设放在首位，狠抓队伍的思想政治建设、业务能力建设、组织建设、作风建设和纪律建设，着力提高监狱人民警察的监管能力、执法能力、改造能力和应急处置能力，打造一支信念过硬、政治过硬、责任过硬、能力过硬、作风过硬、敢于担当、奋发有为的监狱人民警察队伍，为监狱工作有效、正确履行职能和改革发展提供强有力的组织保障和动力支持。政治素质包括政治立场、政治品质、思想作风和职业道德等。要求监狱人民警察应当具备：

第一，坚定的政治立场。监狱人民警察是支具有武装性质的刑事司法力量，代表国家依法对罪犯执行刑罚。因此，他们必须用马克思列宁主义、毛泽东思想邓小平理论、“三个代表”重要思想、科学发展观、习近平新时代中国特色社会主义思想来武装头脑，坚持四项基本原则，坚持贯彻党的监狱工作方针政策，坚决维护国家的安全和人民的利益，同一切破坏社会主义法治、破坏人民民主专政行为和一切违法犯罪活动作斗争。

第二，强烈的事业心。监狱人民警察肩负国家和人民所赋予的把罪犯改造成守法公民的重任，必须具有强烈的事业心，历史使命感和责任感，要忠诚和热爱党的监狱工作事业，在监狱这个特殊工作岗位上全心全意为人民服务，艰苦奋斗，无私奉献。

第三，良好的职业道德。监狱人民警察有特殊的职业特点，他们既是执法工作者，又是教育工作者，这就要求他们忠于职守，执法如山，消除罪犯和监狱人民警察之间存在的抵触心理，对罪犯进行文明管理，为人典范，廉洁奉公，成为罪犯重新做人的榜样。

（二）知识素质

知识素质是指监狱人民警察根据工作的需要所必须掌握的相关的学科知识：第一，基础知识。监狱人民警察一般应具备高中以上文化水平，要掌握哲学和法治思维方法；法学基础理论、宪法学、伦理学、形式逻辑、普通心理学等学科知识。第二，专业知识。要掌握监狱学基础理论、刑法、刑事诉讼法、狱政管理学、罪犯心理矫正、教育学、管理学等学科知识。第三，相关知识。要掌握中国监狱史、犯罪学、外国监狱制度、计算机、口才与写作等学科的知识。

（三）能力素质

监狱人民警察的能力素质是指监狱人民警察单独开展工作、独立处理问题依照法律、法规的要求，科学、有计划地组织罪犯开展各项改造活动所具备的能力。监狱人民警察的能力素质包括组织能力、管理能力、表达能力、应变能力、监管控制技术能力。

(四) 心理素质

心理素质是指人在心理过程(认识、情感、意志)和个性心理特征(能力、气质、性格)方面的情况。监狱既是一个特殊的环境,又是以特殊的人(罪犯)为工作对象的环境,因此监狱人民警察应该有一个健康的心理素质。一是要有成熟的自我意识。包括自我评价、自我控制、自我调节等。成熟的自我意识能够使人保持心理平衡,保持心境的最佳状态。二是要有丰富积极的情感和顽强的意志。丰富积极的情感有助于提高工作效率和质量,使人积极地投入工作,做出优良的成绩。监狱人民警察所从事的职业既光荣又艰巨复杂,因此,要有顽强的意志,要有坚持不懈的精神。

(五) 身体素质

身体素质是指监狱人民警察应该具有强健的体魄和合理的年龄结构。强健的体魄是监狱工作的重要条件。因为监狱工作危险性大,随时会遇到各种紧急突发情况,必须迅速投入战斗。监狱工作又是非常艰苦的工作,条件艰苦,工作繁重。如果没有强健的体魄,很难适应工作所需要的充沛精力的要求。如果身体病弱无力,不仅难以胜任本职工作,而且可能因为无力应付突发事件、制服罪犯而危及自身,或给自己或给国家带来不应有的损失。所以,监狱人民警察队伍还应保持合理的年龄结构,使整个队伍永远保持朝气蓬勃,充满战斗力。

监狱人民警察的政治素质是主导素质,知识、能力、心理、身体等素质是必需素质。只有多种因素有机结合,才能造就合理的素质结构。

## 四、监狱人民警察的组织管理

监狱人民警察的组织管理是指按照国家公务员人事管理及人民警察组织管理的要求,对监狱人民警察在选拔配置、培训、考核监督、晋职、晋衔、奖惩、保障等方面的组织管理活动。它是实现党的路线和监狱工作方针和政策的重要保障,是调动监狱人民警察积极性和创造性的一个重要环节。

(一) 监狱人民警察的组织机构

《人民警察法》第24条规定:“国家根据人民警察的工作性质、任务和特点,规定组织机构设置和职务序列。”监狱人民警察组织机构是监狱人民警察机关行使职能的组织基础,它是根据特定的原则,为实现管理职能,适应监狱人民警察管理监狱、执行刑罚和教育改造罪犯的任务而建立起来的完整而严密的体系。

监狱管理局,是管理监狱的行政执法机关,在我国设有两级:国家级和省级。根据《监狱法》和国务院的有关规定,我国监狱人民警察的最高管理机构是司法部,司法部主管全国的监狱机关。国家在司法部设立部属的监狱管理局,是司法部具体负责全国监狱工作的职能机构，监督和指导全国监狱执行刑罚、改造罪犯的工作。各省、自治区、直辖市设省级监狱管理局，一般由省级政府的司法厅（局）实行部门管理，负责管理各省的监狱工作。此外，在新疆生产建设兵团也设立有监狱管理局。各省（自治区、直辖市）的监狱管理局在业务上又受司法部监狱管理局领导。基层监狱是执行刑罚与改造罪犯的主要组织机构，是整个监狱工作的组织基础。为了完成监狱的刑罚执行任务，行使教育改造罪犯的职能，以及有效地组织服刑罪犯习艺劳动，基层监狱人民警察机关按其工作性质和职能，设置了一系列的职能机构。

监狱人民警察的职务和职级序列。人民警察的职务序列是指人民警察职务体系，主要包括人民警察职务名称、级别、数量等内容。监狱人民警察由于其所从事的工作不同，担任的职务不同，承担的责任、义务不同，因而应当合理规范监狱人民警察的职务名称、职务责任、权力范围和各级职务隶属关系，从而对不同级别的监狱人民警察适用不同的管理标准进行管理。设置职务序列，实行分级管理，有利于明确隶属关系、上下级关系、正副职关系，便于统一指挥，协调一致；有利于实现组织人事管理的规范化、科学化，明确各级监狱人民警察的管理范围，分清责任界限，做到各司其职、各行其权。

监狱人民警察实行职务与职级并行制度，领导职务是指在人民警察机关中具有组织、决策、管理、指挥职能的职务。现行的监狱人民警察领导职务有局长、副局长，处长、副处长，科长、副科长。副职在正职领导下，协助正职负责某方面的工作。职级设置有：一级警务专员、二级警务专员，一级高级警长、二级高级警长、三级高级警长、四级高级警长，一级警长、二级警长、三级警长、四级警长，一级警员、二级警员、三级警员。

#### （二）监狱人民警察组织管理的主要内容

监狱人民警察组织管理的主要内容包括：一是监狱人民警察在选拔录用上，要严格按照《人民警察法》规定的基本条件、程序和原则进行；二是监狱机关按照法律法规和任职条件的要求，在任免和调配的权限范围内，通过法定的程序，任免或调配监狱人民警察职务；三是依照法律法规的规定，对监狱人民警察的辞职、辞退工作实施管理；四是监狱机关对担任监狱人民警察职务的人员在思想品德、工作态度、工作能力及工作成绩等方面的考察与评价，并根据考核结果对监狱人民警察进行奖惩；五是对监狱人民警察的警衔设置、晋升和取消进行管理。

### 五、监狱人民警察的培训

监狱人民警察的培训是指监狱管理机关通过各种形式，有组织、有目的、有计划地对监狱人民警察所实施的政治理论、专业知识、业务技能等方面的教育、培养和训练。

监狱人民警察培训包括上岗前培训、岗位培训、晋升职务培训和晋升警衔培训。监狱人民警察的培训是培养监狱工作人才的一项战略措施。由于该项工作具有很大的挑战性，同时也需要具有复合型的人才，因此需要不断提高监狱人民警察素质，监狱人民警察队伍才能基本适应监狱工作的要求。监狱人民警察教育培训的途径有：一是以各省、自治区、直辖市的司法警官院校为骨干，以警衔晋升培训为契机，构建一个监狱人民警察的继续教育机制。二是组织监狱人民警察继续参加自学考试、法律硕士、公共管理硕士等的学历提升教育。三是选送有一定文化基础和级别的监狱人民警察参加专门性的党政或者业务提升培训。除了教育培训，还有在工作岗位上组织的选拔和培育，对年轻干部职业生涯的规划，以及未来在专门化的监狱人民警察职业分类上开展一些工作。

# 第十一章

# 服刑罪犯

罪犯是因实施了危害社会的犯罪行为受到刑罚处罚的犯罪人。在中国历史上，不同的时代，对罪犯有不同的称呼。罪犯曾被称为“囚徒”“丹徒”“犯人”“人犯”“囚犯”“犯罪人”“劳改犯”“服刑人员”等。本书依据《监狱法》的规定，使用“服刑罪犯”的概念。

## 第一节 服刑罪犯的概念与构成变化

### 一、服刑罪犯的概念

《刑法》第13条规定：“一切危害国家主权、领土完整和安全，分裂国家、颠覆人民民主专政的政权和推翻社会主义制度，破坏社会秩序和经济秩序，侵犯国有财产或者劳动群众集体所有的财产，侵犯公民私人所有的财产，侵犯公民的人身权利、民主权利和其他权利，以及其他危害社会的行为，依照法律应当受刑罚处罚的，都是犯罪，但是情节显著轻微危害不大的，不认为是犯罪。”因此，罪犯是犯罪并受到刑罚惩罚的人。从服刑的空间特征和管理机构看，主要包括以下几种情况：一是触犯了我国刑法，被人民法院判处一定刑罚的犯罪分子，在监狱服刑并接受教育改造的罪犯。二是触犯了我国刑法，被人民法院判处一定刑罚的犯罪分子，在社区由社区矫正机构管理并接受教育改造的罪犯。这部分罪犯主要是指暂予监外执行的罪犯、被判处缓刑的罪犯、被判处管制的罪犯、被裁定假释的罪犯等。三是被人民法院判处拘役的罪犯，在拘役所服刑改造。四是被人民法院判处一定刑罚的犯罪分子，判决生效以后，余刑在三个月以下，依照《监狱法》的规定，由看守所代为执行的罪犯。五是被人民法院附加判处或者单处剥夺政治权利的犯罪分子，《刑法》规定附加剥夺政治权利的，从徒刑、拘役执行完毕或者假释之日起执行附加剥夺政治权利，对于被单独判处剥夺政治权利的罪犯，由公安机关执行。六是被人民法院判处罚金、没收财产的犯罪分子，由人民法院负责执行。

本书所说的服刑罪犯主要是指触犯了我国《刑法》，被人民法院判处一定刑罚的犯罪分子。在监狱服刑并接受教育改造的罪犯，包括被判处死刑中缓期二年执行的罪犯、被判处无期徒刑的罪犯、被判处有期徒刑的罪犯。从法律意义上来说，被法院依法判处一定刑罚的罪犯，服刑的方式、地点和主管机关是不同的，并不一定是在监狱服刑。

## 二、服刑罪犯的认知

服刑罪犯是刑罚执行的对象。监狱服刑罪犯也是人，有权受到人权的保护。树立什么样的人权观、犯罪观、罪犯观和矫正观，直接决定着对服刑罪犯的认知态度。吴宗宪教授认为，科学的罪犯观包括罪犯是人、罪犯是公民、罪犯是犯了罪的公民、罪犯是被判刑的公民、罪犯是可改造的公民、罪犯是要回归的公民六个方面的基本内容。[①] 为此，本书对服刑罪犯的认知包括以下几个方面：

### （一）服刑罪犯是实施了一定犯罪行为，并应受到刑罚惩罚的自然人

服刑罪犯实施了一定的犯罪行为，构成了犯罪，并受到了刑罚惩罚。但是，服刑罪犯首先是作为法律上的一个自然人而出现，因此，按照《宪法》和相关法律法规的规定，尊重服刑罪犯的人格，满足服刑罪犯的基本需要，保障服刑罪犯的合法权益，是对服刑罪犯实施惩罚和改造的前提条件和基本保障。

### （二）服刑罪犯是被法院判处一定刑罚的人

服刑罪犯是“受刑之人”，这是服刑罪犯的法律属性。从服刑罪犯的构成类型来看，要么是犯罪性质恶劣、犯罪情节严重、人身危险性极大的重刑犯；要么是犯罪情节较轻的轻刑犯。从服刑罪犯的犯罪性质来看，包括了暴力型罪犯、情感型罪犯、财产型罪犯、性犯罪罪犯、信仰型罪犯、危害国家安全犯罪的罪犯等类型。但是，不论是哪种类型，都是被法院判处一定刑罚的人，即在法律意义上的身份是罪犯。这是认知服刑罪犯的法律前提。

### （三）服刑罪犯是在监狱被刑罚惩罚和矫正教育的人

从服刑空间上看，服刑罪犯是在封闭的监狱内，依法被剥夺了人身自由；从价值取向上来看，以惩罚犯罪行为为核心，以矫正教育服刑罪犯为辅助。服刑罪

① 参见吴宗宪：《监狱学导论》，法律出版社 2012 年版，第 273－278 页。

犯是可以被改造的，服刑罪犯具有矫正教育的可能性，但对服刑罪犯矫正教育是有条件的。这一观点要求监狱在行刑过程中，不仅要坚持对服刑罪犯的惩罚，而且更强调对服刑罪犯的改造和矫正教育，把将服刑罪犯改造为守法公民作为监狱工作的宗旨。为了实现这一宗旨，监狱运用狱政管理、矫正教育、生产劳动等改造服刑罪犯的基本手段，对服刑罪犯的改造坚持以思想改造为核心，同时进行文化知识、职业技术教育等改造措施。新中国成立以来，我国的罪犯改造工作一直坚持这一原理，其主要理论依据就是列宁主义和毛泽东改造罪犯的思想。

（四）服刑罪犯是权利保障适用特别原则的人

现代自由刑的突出特征，是将罪犯关押在监狱内服刑，以剥夺服刑罪犯的人身自由，使服刑罪犯承受剥夺自由之苦，达到刑罚的报应之目的。在服刑罪犯权利保障方面强调：对服刑罪犯权利的保障适用特别原则。监狱的环境条件、服刑罪犯法律地位的限定、社会公众对罪犯仇恨的迁移，注定了其权利必受侵犯。科学的服刑罪犯权利观强调对服刑罪犯权益的保护，认为服刑罪犯是人，是公民，因而具有法定的权利与义务。服刑罪犯有权受到人权保护：无论是道德的权利，法律的权利；还是应然的权利，实然的权利，都是神圣的。这表达的是对服刑罪犯的关爱、尊重，体现的是社会的文明、进步，张扬的是人性的真、善、美，是现代社会追求的至高目标。因此，按照法治的一般原则，对服刑罪犯权利应当扩大解释，对服刑罪犯的权利实行“权利推定”，即凡是法律没有明确剥夺和限制的，在理论上应按照有利于服刑罪犯的原则来解释和把握。同时，服刑罪犯的权利是发展的权利，是和社会同步发展的。不同的社会背景和社会条件，服刑罪犯享有的权利广度和实质内容是不一样的。服刑罪犯权利“发展”的原因是：社会文明、法治进程的推进；公众人权意识的进一步强化；监狱职能的回归；矫正工作的现代化；法律的宽容等。

## 三、服刑罪犯构成的变化

服刑罪犯的构成是“规定并反映特定时期各种罪犯类型及其数量之间的静态或动态的比例关系”①。依据不同的标准，对服刑罪犯构成的研究有不同的研究方法。比如，依据服刑罪犯的人口统计学特征，可以统计出服刑罪犯在一个国家的总人口中所占的比例；依据服刑罪犯的自然构成状况、犯罪性质、刑期长短、年龄结构等因素，可以归纳总结出服刑罪犯人口内部的比例关系；依照一定历史时期服刑罪犯的特征，可以归纳出不同“代”的服刑罪犯的特质。

本书依据德国曼海姆的代的社会学理论分析框架，以人的生物学生命周期为

① 涂发中、郭明主编：《监狱学基础理论》，金城出版社 2003 年版，第 79 页。

基础，以社会形态、重大社会历史性事件、社会位置、社会经验和思维模式等决定服刑罪犯代的形成的标志性因素为标准，运用历史考察的方法，对服刑罪犯的构成进行纵向划分，认为从新中国成立到进入中国特色社会主义新时代，我国所关押改造的服刑罪犯应划分为三代：以 1978 年党的十一届三中全会和 1978 年改革开放作为第一、二代服刑罪犯代际划分的时间节点；以 2012 年的监狱体制改革和中国社会转型基本完成作为第二、三代服刑罪犯代际划分的时间节点。将新中国成立以来所关押改造的服刑罪犯分为三代，即“三代划分法”。运用代际理论作为基点来研究服刑罪犯的“代”“代沟”“代差”和认知服刑罪犯的特征，主要是基于以下三方面的理论假设：（1）服刑罪犯成长过程存在关键期，即青春期和成年早期。重大社会历史事件对服刑罪犯成长关键期有着重大的影响。（2）不同代的服刑罪犯在不同的社会历史条件下的社会经验和思维模式，会反映在服刑罪犯的监狱生态环境中。（3）将代际划分标准、时间段的社会变迁依据、对服刑罪犯成长关键期产生影响的重大社会历史事件、服刑罪犯构成特征、改造理论依据、改造手段、改造模式、顶层制度设计、改造的价值取向、监狱工作特点等具有代表意义的认知要素，作为认知服刑罪犯代际差异的“坐标”。很明显，“基于社会学的代群划分则将社会变迁对不同年龄群体的个性特征与价值观所产生的差异性影响作为考察的基点”①。

（一）第一代服刑罪犯

以社会变迁为依据，第一代服刑罪犯在时间跨度上，从 1949 年新中国成立起，到 1978 年党的十一届三中全会召开止。这代服刑罪犯的突出特点是成长于战争动乱时期，服刑于“政治改造型”时期。

从服刑罪犯所经历的重大历史性事件来看，第一代服刑罪犯绝大多数出生在 20 世纪 40 年代以前，在青春期和成年早期等人生关键成长时期经历了抗日战争、解放战争等战争和社会动荡的重大社会历史事件，服刑罪犯自身的社会认知、价值体系、社会规范、知识和经验、思维模式、行为习惯等大都带有战乱年代“阵线”归属的痕迹，战争的创伤或者阶级立场的差异决定他们所具有的价值取向，同时其服刑阶段正是我国政治动乱频发的社会时期。

从社会变迁、社会位置和社会地位认同来看，第一代服刑罪犯的代际划分标准是以无产阶级专政理论为依据的阶级划分法。我国第一代服刑罪犯以历史反革命犯为主体，在阶级成分论和阶级斗争的社会政治形态下，服刑罪犯的社会位置被归为阶级敌人阵营，他们是“阶级敌人”，“只能老老实实地改造，不能乱说

① 陈玉明、崔勋：《代际差异理论与代际价值观差异的研究评述》，载《中国人力资源开发》2014 年第 13 期。

乱动”；在服刑罪犯的社会地位认同上，第一代服刑罪犯是“阶级敌人”“害人者”，其社会特质是具有反动思想的“政治人格”，服刑罪犯个体所呈现的是与新生政权相敌对的“反革命”特质。“他们的品格只能理解是被‘政治’异化的政治野兽品格。”① 在服刑罪犯改造时期的监狱行刑是以政治主导一切为特征的，政治教化成为改造服刑罪犯的必然选择。

从服刑罪犯构成特征来看，以旧社会遗留的反革命分子和刑事惯犯为主的“老反革命”占了95%。据统计，在旧中国遗留下来的300多万名服刑罪犯中，国民党在逃跑时遗留和潜伏下来的政治土匪200多万人，反动党团骨干分子约60万人，各种特务分子约60万人，日本战犯1109人，国民党战犯926人。② 非常明显，“反革命分子”是这一时期服刑罪犯构成的绝对主导力量。也就是说，尽管第一代服刑罪犯成分复杂，但始终是以反革命犯为主体的。正如有学者所言：“他们当中，有作为反动阶级残余的反革命犯，也有旧社会遗留下来的流氓、惯窃等社会渣滓，还有劳动人民家庭出身的普通刑事犯。但反革命犯在第一代罪犯的总体构成中占有绝对多数的比例。所以他们是中国第一代罪犯的主体。”③

从年龄特征来看，这一时期的服刑罪犯以成年犯为主，绝大多数出生在20世纪40年代以前，对服刑罪犯成长关键期产生影响的重大社会历史事件是民国早期的军阀混战和社会动乱，以及后来的抗日战争和解放战争。战争和社会动乱是影响这一代服刑罪犯价值体系、社会经验和思维模式形成的主要因素。

（二）第二代服刑罪犯

以社会变迁为依据，第二代服刑罪犯在时间跨度上，从1978年党的十一届三中全会召开起，至2012年监狱体制改革和中国社会转型基本完成止。④ 这代服刑罪犯的突出特点是成长于“政治改造型”时期，服刑于改革开放时期。

从服刑罪犯所经历的重大历史性事件来看，第二代服刑罪犯大多出生于20世纪50年代前后，新中国成立以后，在社会经济形态上，采取“大一统”的计划经济模式；在国家政治上，倡导政治主导一切，“以阶级斗争为纲”，因此，在其成长的关键时期，有诸多政治运动，其中“文化大革命”是典型的影响这

① 黄兴瑞、郭明：《当代中国罪犯》，中国政法大学出版社1991年版，第61页。

② 参见连春亮、张峰：《罪犯矫正模式论》，群众出版社2014年版，第64页。

③ 黄兴瑞、郭明：《当代中国罪犯》，中国政法大学出版社1991年版，第40页。

④ 本书是按照社会变迁形态对罪犯进行代的划分的，特别是以重大社会历史事件对罪犯的影响为依据，时间上没有严格的限制。按照代的实证主义理论，大多数人认为一代的持续时间是30年。如果按照这一标准，第二代服刑罪犯的时间段应为1978年至2008年。整体上看，由于中国社会处于社会转型期，5年的时间差对罪犯的代际差异影响不大。

一代服刑罪犯的重大社会历史事件，服刑罪犯在成长过程中所形成的社会认知、价值体系、社会规范、知识和经验、思维模式、行为习惯等大都带有政治运动年代“阶级斗争”的烙印。同时由于“犯罪分子”也被划分到了“阶级敌人”的阵营，这就使出身无产阶级家庭的“正统标签”与“阶级敌人”的现实身份产生了冲突。第二代服刑罪犯改造阶段是居于中国改革开放的背景下，处在社会转型期，社会经济形态由计划经济向市场经济过渡，社会政治形态由“以阶级斗争为纲”向法治社会过渡，服刑罪犯的社会位置也由“阶级敌人”转为法律规范下的法律位置，即犯罪分子。

从社会位置和社会地位认同来看，第二代服刑罪犯的代际划分标准是“三因素”划分法，即以阶级、年龄、犯罪性质来对服刑罪犯进行划分。在社会地位认同上，第二代服刑罪犯是“生在新社会，长在红旗下”的刑事犯罪分子，他们“既是害人者，也是受害者”，他们大多存在价值迷失、心理缺陷和行为恶习。这一阶段，财产型犯罪占据主导地位，所以，第二代服刑罪犯具有超越法律之上追求享乐的“反社会”的特质。犯罪分子在服刑改造中必须明白：“我是什么人？这是什么地方？我到这里是来干什么的?”

从社会定位来看，将服刑罪犯的社会位置归为“犯人”或“犯罪分子”范畴。其主要法律依据：一是1954年9月政务院（已变更）发布的《劳动改造条例》和相关的法律法规，对服刑罪犯使用了“犯人”一词，亦即“犯了罪的人”。[①] 二是1979年的《刑法》《刑事诉讼法》等法律法规，大多以“犯罪分子”来代指服刑罪犯，其所体现的服刑罪犯的社会特质是“法律人格”。在服刑罪犯改造时期的监狱行刑是以法治化和监狱现代化建设为主导的。

从服刑罪犯的构成来看，对服刑罪犯社会认知的变化始于20世纪80年代初期，1981年8月18日至9月9日，公安部召开了第八次全国劳改工作会议，在1981年9月9日的《第八次全国劳改工作会议纪要》中，认为“我国已经进入了一个新的历史时期。当前，劳改对象的情况和过去比较发生了很大变化，工人、农民、知识分子、干部等劳动人民家庭出身的多，年纪轻的多，刑期短的多。绝大多数青少年犯，既是危害社会治安的害人者，又是林彪、‘四人帮’流毒的受害者。既有破坏性大、难管教的一面，又有可塑性强、能接受教育挽救的一面。今后的劳改工作，要从这个新的情况出发，总结和创造新的经验”。其

---

① 依照1989年四川辞书出版社出版的，由杨显光主编的《劳改法学词典》第47页对“犯人”词条的解释：“在我国是指触犯刑律，依法判处徒刑和死缓，正在劳改机关接受惩罚和改造的犯罪分子。”由此，在当时的意义上，“犯人”和“犯罪分子”具有一定的共同之处。需要说明的是，《劳动改造条例》一直是罪犯改造的主要法律依据，直到1994年12月《监狱法》颁布实施。所以，“犯人”的称谓在1994年以前是法定的概念。

中，对服刑罪犯有了“三多”的认知：“工人、农民、知识分子、干部等劳动人民家庭出身的多，年纪轻的多，刑期短的多。”随着时间的推移，监狱所关押服刑罪犯在犯罪性质上的差异愈加明显，反革命犯的数量急剧下降，普通刑事犯的数量迅速上升。“某省1951年年底反革命犯占押犯总数的80.5%，普通刑事犯占押犯总数的19.5%；1966年年底反革命犯占押犯总数的46.1%，普通刑事犯占押犯总数的53.9%；到1989年年底，反革命犯仅占押犯总数的0.6%，而普通刑事犯占押犯总数的99.4%。”① 同时，在犯罪的年龄特征上呈现低龄化现象，青少年罪犯成为犯罪的主体。“我国25岁以下的青少年犯罪人数占作案人员总数的70%以上。……据公安部有关部门统计：1984年全国查获25岁以下的青少年案犯25.6万人，占案犯总数的63.2%；1985年查获青少年案犯33.5万人，占案犯总数的71.2%；1986年查获青少年案犯35.4万人，占案犯总数的72%；1987年查获青少年案犯39.4万人，占案犯总数的74.3%。”② 与此相应，监狱服刑罪犯的年龄也呈现低龄化现象。“浙江省1989年年底罪犯年龄构成如下：14~17岁的罪犯，占全省罪犯总数的1.9%；18~25岁的罪犯，占全省罪犯总数的41.9%；26~35岁的罪犯，占全省罪犯总数的35.1%；36~50岁的罪犯，占全省罪犯总数的15.0%；51~60岁的罪犯，占全省罪犯总数的4.4%；61岁以上的罪犯，占全省罪犯总数的1.8%。”③

据此，专家学者在研究的基础上，对第二代服刑罪犯的典型特征先后表述为：首先，20世纪80年代初期表述为“三多三少”，也有人表述为“三个增多”“三个减少”，即“一是普通刑事罪犯多，危害国家安全的反革命服刑罪犯减少；二是出身于劳动人民家庭的多，出身于剥削阶级家庭的少；三是青少年罪犯多，中老年犯少”④。“青少年犯占据主要地位，占70%~80%；劳动人民家庭出身的子女占据主要地位，约占95%。”⑤ 也有学者将其归纳为“五多”，即“青少年犯多，劳动人民家庭出身子弟居多，普通刑事犯多，短刑犯多，文化程度低的多”。依据1981年在9个省、市、自治区对17个劳改单位29,698名服刑罪犯的调查统计：“在城市犯罪成员中青少年犯占70%~80%”，“劳动人民家庭出身的占91.66%”，普通刑事犯“占押犯的95.7%”，“5年以下者占40%”，初中文化程度以下者“占90.9%”。⑥

---

① 黄兴瑞、郭明：《当代中国罪犯》，中国政法大学出版社1991年版，第82页。
② 黄兴瑞、郭明：《当代中国罪犯》，中国政法大学出版社1991年版，第83页。
③ 黄兴瑞、郭明：《当代中国罪犯》，中国政法大学出版社1991年版，第84页。
④ 夏宗素主编：《监狱学基础理论》，法律出版社1998年版，第141页。
⑤ 编写组：《劳动改造学基础理论》，社会科学文献出版社1990年版，第62-67页。
⑥ 参见夏宗素主编：《监狱学基础理论》，法律出版社1998年版，第270页。

其次，20 世纪 80 年代末期表述为“一少五多”和“三类服刑罪犯增多，四种现象突出”。“一少五多”，即“危害国家安全犯罪的罪犯继续减少，侵财犯罪罪犯、暴力犯罪罪犯、流窜犯罪罪犯、重大刑事犯罪罪犯和累犯增多”。[①]“三类服刑罪犯增多，四种现象突出”中，三类服刑罪犯增多是指“新犯总量增多，初（偶）犯增多，文化程度提高的罪犯增多”。四种现象突出是指“(1) 短刑犯减少，重刑犯增多。(2) 累犯率有所下降，而重犯率较高。(3) 犯罪指向以非法侵占财产为主，作案手段的攻击性加强。(4) 犯罪主体以青少年为主，农村籍罪犯的比例上升”。[②]

最后，20 世纪 90 年代中期以后表述为“两个减少、两个增多、三个从无到有”。“从犯罪类型上看，危害国家安全犯罪的罪犯继续减少，流氓犯罪的罪犯减少，暴力型犯罪的罪犯继续增多，侵财犯罪的罪犯（如盗窃犯、贪污犯、贿赂犯罪的罪犯等）继续增多。”从无到有的服刑罪犯是“计算机犯罪的罪犯、黑社会性质犯罪的罪犯、跨国犯罪的罪犯”[③]。也有学者将其归纳为“四个增多、三个减少、三个从无到有”。“四个增多”是指中青年犯增多、暴力型犯增多、侵财型犯增多、城镇犯增多；“三个减少”是指老年犯持续减少、危害国家安全犯持续减少、流氓犯持续减少；“三个从无到有”是指计算机、伪造有价证券之类的智能型罪犯，黑社会性质组织犯罪的罪犯和跨国犯罪的罪犯的从无到有。[④]这些特征标识出服刑罪犯不同的“代”。其中，“三多三少”的表述为大家所公认，被作为监狱学基础理论的一个词组收入词典，即“我国七八十年代以来，在押罪犯构成出现的新情况、新特点，即在犯罪性质上，一般刑事犯罪的多，反革命犯罪少；在罪犯家庭出身上，劳动人民家庭出身的多，剥削阶级家庭出身的少；在罪犯年龄上，青少年犯罪的多，中年以上犯罪的少”。[⑤]

20 世纪 70 年代末至 90 年代，服刑罪犯群体所出现的这些差异，只是代表了服刑罪犯同代之间的群体差异，而不是代际差异。因此，应将其归为同代服刑罪犯比较合适。这是因为，从年龄特征上看，这一时期的服刑罪犯大多出生于 20 世纪 50 年代之后。“罪犯中的大多数是社会主义计划经济体制条件下产生的普通刑事犯罪罪犯。”[⑥] 政治运动是影响这一代服刑罪犯价值体系、社会经验和思维模式形成的主要因素。

---

① 夏宗素主编：《监狱学基础理论》，法律出版社 1998 年版，第 141 页。

② 叶旦声：《犯罪态势的新特点及其治理对策刍议》，载《江西社会科学》1991 年第 5 期。

③ 夏宗素主编：《监狱学基础理论》，法律出版社 1998 年版，第 142 页。

④ 参见金鉴主编《监狱学总论》，法律出版社 1997 年版，第 418 页。

⑤ 杨显光主编：《劳改法学词典》，四川辞书出版社 1989 年版，第 54 – 55 页。

⑥ 夏宗素主编：《监狱学基础理论》，法律出版社 1998 年版，第 140 – 141 页。

（三）第三代服刑罪犯

从2012年开始我们把监狱关押的服刑罪犯称为第三代服刑罪犯。对服刑罪犯划分的依据包括几个方面：一是张晶先生运用社会分层划分法，即“社会成员、社会群体因社会资源占有不同而产生的层化或差异现象，尤其是指建立在法律、法规基础上的制度化的社会差异体系”①，对服刑罪犯所进行的研究。二是2012年我国所进行的大规模的监狱体制改革已经基本完成，我国监狱的建设真正进入了一个新的时代，基本具备了现代监狱的形态。三是对服刑罪犯在成长中产生重大影响的社会事件、社会位置、社会经验、社会结构、思维模式等发生了变化，使服刑罪犯的整体结构出现了明显不同于第二代服刑罪犯的特征。四是我国从2012年进入了习近平新时代中国特色社会主义阶段，形成了新的社会形态。2021年7月1日，习近平同志《在庆祝中国共产党成立100周年大会上的讲话》中指出：“党的十八大以来，中国特色社会主义进入新时代。”党的十九大提出了“中国特色社会主义进入新时代，我国社会主要矛盾已经转化为人民日益增长的美好生活需要和不平衡不充分的发展之间的矛盾”。2021年11月11日党的十九届六中全会审议通过的《中共中央关于党的百年奋斗重大成就和历史经验的决议》，明确提出党的十八大以来“中国特色社会主义进入新时代”，因此，2012年党的十八大是重要的时间节点，我国社会结构发生了重大变化，这代服刑罪犯的突出特点是成长于改革开放时期，服刑于法治建设时期。

从服刑罪犯经历的重大社会历史事件来看，这一时期的服刑罪犯大都出生于20世纪70年代以后，对第三代服刑罪犯产生影响的是改革开放之后的社会变革和社会转型，经济利益、物质追求等在其价值体系中占有主导地位。服刑罪犯自身的社会认知、价值体系、社会规范、知识和经验、思维模式、行为习惯等大都带有社会转型和社会变迁的烙印。从社会位置来看，第三代服刑罪犯处在社会转型的后期，社会形态由法制化建设向法治化建设过渡，服刑罪犯的社会位置由犯罪分子转换成为法律意义上的社会公民，即违法犯罪的公民。从社会地位认同来看，第三代服刑罪犯具有以利益为主导的“功利性”特质，其具有典型的“公民化人格”。为此，第三代服刑罪犯作为社会公民，坚守“法无禁止即自由”，追求自己所享有的法定权利。

---

① 李强：《社会分层十讲》（第2版），社会科学文献出版社2011年版，第1页。

## 第二节　新时代服刑罪犯的构成状况

党的十九大报告提出中国特色社会主义进入了新时代，我国社会主要矛盾已经转化为人民日益增长的美好生活需要和不平衡不充分的发展之间的矛盾。在新时代社会条件下，社会犯罪现象将出现新的特征，同样监狱服刑罪犯的构成也出现了新的变化。本书将新时代社会条件下的罪犯称为第三代服刑罪犯。

### 一、新时代服刑罪犯的构成特征

服刑罪犯构成是认知服刑罪犯的基本要素。与我国社会结构多元化相适应，第三代服刑罪犯的特征也呈现多元化样态。

#### （一）犯罪性质的特征

犯罪性质的特征主要表现为犯罪形态多元化，以财产型犯罪为主体；新型犯罪的罪犯增多等。

对于这一变化，一方面是因为随着我国《刑法》对经济领域犯罪的打击力度加大和刑法罪名的增多，暴力型、财产型犯罪增多。如在2012年对H省36所监狱的8231名“90后”罪犯的调查结果显示，“暴力型犯罪占60.4%，财产型犯罪占20%”。多名研究者的调查结果都有相同的结论：陈卓生等人2005年对1012名罪犯的统计结果表明，第一次入狱的888名罪犯中，暴力型罪犯552名，占62.1%；因重复犯罪入狱的111名罪犯，暴力型罪犯76名，占68.5%。[①] 王大丽等人2010年对渭南监狱新入狱的154名男性罪犯统计表明，暴力犯罪（故意伤害、杀人、抢劫、强奸等）的罪犯有104名。[②] 李玉洁在2011年对200名罪犯的抽样调查中，发现“80后罪犯就占到了63人，占押犯总数的31.5%”；并且在犯罪类型上，“暴力型犯罪47人，财产型犯罪16人”。[③] 另一方面是随着我国社会的发展，刑法打击各种犯罪的范围不断扩大，一些新型犯罪进入人们的视野，这是新型犯罪罪犯增多的原因之一。

---

① 参见陈卓生、张喆、韩布新：《重复犯罪罪犯人格特征分析》，载《中国心理卫生杂志》2005年第3期。

② 参见王大丽、王广新、贺小芸：《新入狱罪犯的个性特征与心理健康状况研究》，载《中国健康心理学杂志》2010年第4期。

③ 参见李玉洁：《“80后”罪犯犯罪成因及改造特点调查分析》，载《法制与社会》2012年第25期。

（二）知识结构特征

知识结构特征主要表现为罪犯的文化知识水平普遍提高，高学历罪犯数量大幅度提升等。

服刑罪犯的学历以初中、小学为主，但和第二代服刑罪犯相比，学历普遍提高，高学历罪犯数量大幅度提升。① 如2012年对H省8231名“90后”服刑罪犯的调查结果显示：“初中文化者居多，占63.7%。其次是小学文化占26.8%，文盲占1.15%，高中（中专）占7.8%，大专以上占0.4%。”其他研究者的报告显示：王大丽等人对2010年渭南监狱入狱时间在6个月以内的154名男性服刑罪犯的调查表明：“小学及以下文化程度47名，初中学历的81名，高中及其以上者24名。”② 李瑞通过对275名青少年服刑罪犯的人口学资料和犯罪情况进行统计分析，发现青少年罪犯“94.9%是小学或初中文化程度”③。李玉洁对63名“80后”服刑罪犯统计的资料显示，“初中以下文化程度者21人，初中文化程度者34人，高中以上文化程度者8人”④。从押犯总数来看，在服刑罪犯中，本科生、硕士研究生和博士研究生学历的数量和第二代服刑罪犯相比大幅提高。

（三）身份结构特征

身份结构特征主要表现为职务罪犯增多、农民工罪犯占有较大比重等。

2012年对H省8231名“90后”服刑罪犯的调查结果显示：“农村的占75.1%”，“捕前在校学生占6.3%，从业人员占25.4%，无业人员占67.2%”。其他研究者的报告显示：路琦等人对1144名未成年犯的研究结果是未成年犯的居住地区主要在农村，“乡村占比为48.8%，城乡接合部占比为18.2%”，“未成年人犯罪时的身份主要是无业、农民、学生、工人。无业占57.1%，学生占22.4%”。⑤ 王大丽等人对2010年渭南监狱入狱时间在6个月以内的154名男性服刑罪犯的调查表明：“捕前职业以农民或者无业者居多，有93名。”⑥ 李瑞对

---

① 在这里需要说明的是，20世纪90年代作者曾经参与了司法部对女犯和盗窃犯等的调研课题，在对1143名女犯的随机抽样调查中，高中文化程度的68名，约占5.95%；中专以上文化程度的17名，约占1.49%。

② 王大丽、王广新、贺小芸：《新入狱罪犯的个性特征与心理健康状况研究》，载《中国健康心理学杂志》2010年第4期。

③ 李瑞：《青少年罪犯人格特征与犯罪相关因素分析》，中南大学2010年硕士学位论文，第13页。

④ 李玉洁：《“80后”罪犯犯罪成因及改造特点调查分析》，载《法制与社会》2012年第25期。

⑤ 参见路琦、董泽史、姚东、胡发清：《2013年我国未成年犯抽样调查分析报告》（上），载《青少年犯罪问题》2014年第3期。

⑥ 王大丽、王广新、贺小芸：《新入狱罪犯的个性特征与心理健康状况研究》，载《中国健康心理学杂志》2010年第4期。

275名青少年服刑罪犯的统计发现，青少年服刑罪犯“62.2%来自农村……入所前的身份多是流浪、待业，仅17.8%为在校读书的学生”[①]。至于职务罪犯增多问题，主要是针对20世纪90年代前后的服刑罪犯构成状况而言的。众所周知，随着我国反腐力度的不断加大，不仅职务罪犯增多，而且服刑罪犯中原有职务属于高官的人数也急剧增加。

（四）犯罪类型特征

犯罪类型特征主要表现为流动人口犯罪、青少年犯罪、邪教犯罪、重大刑事犯罪、暴力犯罪、重刑犯罪，判刑两次以上的罪犯均呈上升趋势等。

首先，流动人口犯罪是和我国经济发展紧密相关的犯罪现象。我国的经济发展由东部沿海至西部内陆形成了三大经济区域，东部沿海经济区域是中国经济较为发达的地区，中部地区是次发达地区，而广大的西部地区则是欠发达地区。在改革开放初期，东部沿海的经济发展吸引了大量的劳动力和优秀人才，出现了中部和西部地区大量人员向东部地区流动的现象，极大地刺激了东部地区的经济。与此同时，在中西部地区的经济发展中，出现了以城市为中心的发展模式，致使大量的农民工涌入城市，但是由于中国的户籍管理制度是城乡二元体制，一代又一代的农民工虽然出生在城市，成长在城市，工作在城市，却获得不了象征城市人的户口，因而融入不了城市，成为中国城市的流动人口。这些人员的后代逐步被城市和农村边缘化，呈现“生活在城市而不是城市居民，从没在农村生活而是农民”的现象，他们游走于各个城市之间，生活在社会的底层。由此，这些人员的犯罪增多是必然现象，他们是缺失“公平”的社会管理制度的产物，也对自身生活环境有所不满。其次，青少年犯罪率持续上升，与我们目前的社会形态、家庭结构、教育制度存在的问题密切相关。近年来越来越引起社会关注的青少年留守问题，是青少年犯罪的主要原因之一。对未成年人犯罪现状的调查表明：“2000年至2008年全国法院判处的未成年罪犯人数呈递增趋势，从2000年的41,709人上升到2008年的88,891人，平均每年递增9.9%。”[②] 在1225名未成年犯中，“未成年人罪犯以14岁至16岁为主，16岁以下接近80%。抽样调查发现，未成年人罪犯呈现低龄化，其中16岁占35.44%，15岁占27.65%，14岁占14.36%，17岁以上占22.55%”[③]。在陈卓生等人对1012名罪犯的调查中，

---

① 李瑞：《青少年罪犯人格特征与犯罪相关因素分析》，中南大学2010年硕士学位论文，第13页。

② 操学诚、路琦、牛凯、王星：《2010年我国未成年犯抽样调查分析报告》，载《青少年犯罪问题》2011年第6期。

③ 操学诚、路琦、牛凯、王星：《2010年我国未成年犯抽样调查分析报告》，载《青少年犯罪问题》2011年第6期。

第一次入狱的888名罪犯，平均年龄为29岁；重复犯罪入狱的111名罪犯，平均年龄为30岁。[①] 而在吴红顺等人对446名罪犯的随机抽样调查中，“年龄18到25岁的罪犯有159人，26到35岁的罪犯有211人”[②]，两者相加，青少年罪犯占近83%。朱海燕等人对617名初入狱男性罪犯的统计结果显示，“青年初期（25岁以下）罪犯有273人，青年后期（25～35岁）罪犯有221人”[③]，两者相加494人，按照现在的年龄划分标准，这些罪犯都属于青少年罪犯，占比超过80%。最后，邪教犯、重大刑事犯、重刑犯、判刑两次以上的罪犯均呈上升趋势。邪教罪犯人数上升是改革开放之后邪教组织的沉渣泛起，是古老邪教犯罪和新兴邪教犯罪的承继和创新。重大刑事犯、重刑犯的增多，除了由于重大刑事犯罪给社会带来重大危害被判重刑之外，还由于2011年我国《刑法修正案（八）》的实施，确立了“减少死刑，加长生刑”的刑罚制度，使死刑的适用减少，原来应判死刑的罪犯被判更长的刑期，致使重刑犯增多。在陈卓生等人对1012名罪犯的调查中，第一次入狱的888名罪犯中，重刑犯（10年以上）有461名，约占51.9%；重复犯罪入狱的111名罪犯中，重刑犯（10年以上）有53名，约占47.7%。[④] 而在吴红顺等人对446名罪犯的随机抽样调查中，“长刑期罪犯有157人”[⑤]，约占35.2%。而判刑两次以上的罪犯呈上升趋势，一方面说明了犯罪控制和犯罪社会治理的绩效与社会期望值还有相当大的距离；另一方面证明我国长期以来以“严打”为标志的重刑主义刑事政策的失败。2012年对H省8231名“90后”服刑罪犯的调查结果显示：“曾被二次以上判刑的罪犯占8.35%”。在陈卓生等人对1012名罪犯的调查中，重复犯罪入狱的罪犯有111名，占11.0%。[⑥] 这个比例也是值得引起我们关注的。

（五）犯罪的现代性特征

犯罪的现代性特征主要表现为高科技智能型犯罪、涉毒犯罪、黑社会性质组

---

① 陈卓生、张喆、韩布新：《重复犯罪罪犯人格特征分析》，载《中国心理卫生杂志》2005年第3期。

② 吴红顺、连榕、陈育鑫：《福州市某监狱不同刑期罪犯个性特征和心理健康状况研究》，载《医学与社会》2012年第12期。

③ 朱海燕、宋志一、宋星：《初入狱青年男性罪犯的人格特征研究》，载《中国临床心理学杂志》2007年第6期。

④ 参见陈卓生、张喆、韩布新：《重复犯罪罪犯人格特征分析》，载《中国心理卫生杂志》2005年第3期。

⑤ 吴红顺、连榕、陈育鑫：《福州市某监狱不同刑期罪犯个性特征和心理健康状况研究》，载《医学与社会》2012年第12期。

⑥ 参见陈卓生、张喆、韩布新：《重复犯罪罪犯人格特征分析》，载《中国心理卫生杂志》2005年第3期。

织犯罪、网络犯罪、有组织犯罪、特大团伙犯罪和跨国犯罪持续增长等，这是随着社会的发展所产生的新兴犯罪形态。这几种犯罪形态有时是独立存在一种犯罪形态，有时又是两种或多种犯罪形态的结合，这也是我国犯罪复杂化的典型特征。2012 年对 H 省 8231 名“90 后”服刑罪犯的调查结果显示：“团伙作案占 64%。”而早在 2010 年，我国就有学者对北京、天津、黑龙江、河南、山东、浙江、江苏、陕西、湖南、云南等 10 个省、直辖市的未成年犯管教所、女子监狱的未成年罪犯的犯罪情况进行了抽样调查，发现黑社会性质组织犯罪、有组织犯罪、特大团伙犯罪占比较大。在调查的 1209 名未成年犯中，“84.2% 的未成年犯属于‘共同犯罪’”；“在对‘是否加入犯罪组织或者黑社会性质组织’的调查中，近 20% 的未成年犯选择‘参与或者加入过黑社会或者犯罪组织’，近 18% 的未成年犯选择有过‘加入犯罪组织或者黑社会性质组织的念头’”。[①] 路琦等人对 1144 名未成年犯的统计数据表明，“未成年人犯罪中共同犯罪居多，占 83.6%”[②]。由此可以看出，这些新型犯罪形态在今后相当长的时间内，仍然是犯罪控制的重点。

在监狱学视域里，监狱押犯结构的变化直接关系到监狱改造矫正体制机制的变化，也关系到当下强势推进的社会管理创新和社会政策的调整与完善。

## 二、第三代服刑罪犯改造中的特点

服刑罪犯构成的变化必然使服刑罪犯在改造中的外显形态和内隐机制发生改变。据调查，第三代服刑罪犯在改造中所表现出来的特点和第一、二代服刑罪犯相比，具有明显的差异，主要体现在以下方面。

### （一）注重运用法律知识维护自身权利，权利（维权）意识增强

从 20 世纪 90 年代开始，我国监狱先后大规模开展了监狱的法治化建设、现代化文明监狱建设和监狱体制改革，到 2012 年我国监狱体制改革基本完成，我国监狱已具备了现代监狱的样态，现代监狱的法治、文明、人权、人道、秩序、自由、公正、效率、安全等元素贯穿监狱工作，尤其是党的十八届四中全会提出了要全面推进依法治国，在这样的背景之下，构建法治化监狱已成为监狱体制深化改革的必然选择。在法治化监狱框架内，依法行刑、罪犯的权利保护、以人为本、人性化管理等成为我国监狱工作的主旋律，服刑罪犯不再是被单一惩罚的对

① 操学诚、路琦、牛凯、王星：《2010 年我国未成年犯抽样调查分析报告》，载《青少年犯罪问题》2011 年第 6 期。

② 路琦、董泽史、姚东、胡发清：《2013 年我国未成年犯抽样调查分析报告》（上），载《青少年犯罪问题》2014 年第 3 期。

象，也是现代行刑体现公平正义的权利的保护对象，服刑罪犯在矫正教育中由被动地接受改造转变为居于矫正教育的主体地位，是矫正教育的主导者，权利意识也逐步得到强化，在离婚、子女抚养、家庭财产分配、债权债务、邻里纠纷、服刑中的应得利益等方面，注重应用法律手段来维护自身合法权益。在合法权益受到侵害，或者受到不公平的对待时，敢于拿起法律的武器，来维护自身的利益。

（二）服刑改造的功利思想严重，对监狱的严格管理有抵触情绪

这是第三代服刑罪犯在价值取向和思想观念上的变化。这种变化主要表现在服刑改造功利化，参加劳动、学习、大型活动等纯粹为了积分减刑，或者降低自己的监管级别，提高自己的处遇水平，使自己在这些活动中获得的利益最大化，否则，就拒绝参加，如果被动参加，则消极应对。同时，总希望监狱管理宽松一点，给予罪犯的自由多一点，对于监狱的严格管理具有敌视、抵触和不满情绪。

（三）以自我为中心，贪图享受，好逸恶劳思想严重，家庭意识不强

在20世纪八九十年代的调查中，服刑罪犯大多是以“家”为中心，服刑罪犯关注的重心是“家”，家庭好，服刑罪犯就感到满足，就能安心改造。而第三代服刑罪犯则是以“我”为中心，家庭成员应该围着“我”转，满足“我”在监狱中的物质需求，认为家里有什么困难都可以被解决。2012年对H省8231名“90后”服刑罪犯的调查结果显示：在“现在你每个月的费用主要消费在哪些方面”的回答结果中，选择吃喝的占65.0%，选择抽烟的占55.9%。这反映了他们以自我为中心的贪图享受、好逸恶劳的一面。在“你现在希望家里每月给你多少钱”的回答结果中，选择不希望家里给钱的仅占13.9%，其余全部希望家里给钱，表明服刑罪犯在家庭生活中以“我”为中心，家庭意识不强。在“当国家利益、集体利益和个人利益发生冲突时，你的态度”的调查问卷中，选择“照顾自身的利益，与自己无关的国家、集体利益不管它”和“个人利益在先，然后考虑国家和集体利益”的共占到50%。

从罪犯需求结构看，表现为在基本需求已得到满足的情况下，需求向高级化发展；需求方式更加现实和理性，突出个性特征；基本需求的标准在逐步提高，物质需求、权利需求等需求突出；罪犯群体身份之间和代际之间需求差异较大；需求结构多样化、差别化；安全需求凸显。

（四）刑罚恐惧感大为降低，罪犯身份意识弱化，缺乏羞耻感

当罪犯被捕后也曾感到害怕，但是，被判刑入狱后，看到监狱现代化的、完备的生活设施条件，人性化的管理方式，畏惧感逐步消失，随之而生的是追求享受所谓“维权意识”，作为服刑罪犯的身份意识淡化，对自己犯罪给社会、他人带来的危害缺乏羞耻感。比如有服刑罪犯给家中写信炫耀监狱优越的生活条件，认为自己年轻、有活力、聪明，在监狱服刑是敢想、敢做、有主见。2012年对

H省8231名“90后”服刑罪犯的调查结果显示：在“你认为“90后”的优点是什么”的回答结果中，年轻、有活力占26.3%，聪明占22.6%，适应性强占17.7%，敢想、敢做、有主见等内容占32.9%。这说明服刑罪犯的身份意识弱化，自我意识和自信心强。

（五）犯罪意识淡化，逆向性后悔明显，缺乏罪恶感

这一点主要表现在：一是第三代服刑罪犯在对待自己的犯罪行为上，往往强调客观的外在因素，即把犯罪原因归为外在，而不愿从主观的内在因素寻求原因。二是服刑罪犯对自己的犯罪都有逆向性后悔。2012年对H省8231名“90后”服刑罪犯悔改程度的调查问卷显示，95%以上的服刑罪犯表示后悔。但是，经过和服刑罪犯进一步深入交谈得知，服刑罪犯的后悔包括两个方面：一方面是不该遇事冲动而犯罪，事后感到后悔不划算；另一方面是后悔自己逃避侦查的能力太差，使自己犯罪后被抓获并受到法律的惩罚。这是服刑罪犯对犯罪与否、犯罪受到惩罚与获得利益的得失权衡后得出的结论，即逆向性后悔，而不是对自我罪行的忏悔。

## 三、第三代服刑罪犯心理和行为存在的冲突

（一）思想多元化与外在认知盲目性的冲突

第三代服刑罪犯的成长经历和社会的发展形态紧密相关，我国社会的转型塑造了文化的多元化，同时也使受到不同文化影响的服刑罪犯思想多元化。在第三代服刑罪犯的外在认知上存在盲目性，片面地强调了外部因素对自己的影响和决定作用。我们曾对许昌监狱的“90后”服刑罪犯以“你认为下面哪些因素对你的成长最重要”进行问卷调查，回答结果显示，选择家庭财富的占9.5%，选择出身背景及家庭社会关系的占27.9%，选择学校好坏或父母老师影响的占44.7%，选择自身努力的占23.5%，选择社会大环境的占27.9%，选择其他的占1.1%。对同一问题，于2017年1月对3747名服刑罪犯进行的问卷调查中，选择家庭财富的有182名，约占问卷调查总数的4.86%；选择出身背景及家庭社会关系的有678名，约占问卷调查总数的18.09%；选择学校好坏的有117名，约占问卷调查总数的3.12%；选择自身努力的有877名，约占问卷调查总数的23.41%；选择父母老师影响的有454名，约占问卷调查总数的12.12%；选择社会大环境的有988名，约占问卷调查总数的26.37%；选择其他的有199名，约占问卷调查总数的5.31%；还有252名服刑罪犯选择了两个以上的选项。其中把“出身背景及家庭社会关系”“学校好坏”“父母老师影响”“社会大环境”作为成长最重要的因素，而选择“自身努力”的约占23.5%。

### （二）盲目自信与社会责任感缺失的冲突

第三代服刑罪犯在自我认知上倾向于盲目自信。在“你认为你的性格是怎样的”问卷调查中，2012年豫中监狱“90后”服刑罪犯的“你认为你的性格是怎样的”问卷调查显示，认为自己性格内向的占37.58%，外向的占14.09%，而不知道自己性格类型的占48.33%。2017年1月在对3983名服刑罪犯的相同主题的问卷调查中，认为自己性格内向的有1397名，占问卷调查总数的35.07%；外向的有802名，约占问卷调查总数的20.14%；而不知道自己性格类型的有1784名，约占问卷调查总数的44.79%。在“你认为‘90后’的优点是什么”的问卷调查中，2012年对H省8231名“90后”服刑罪犯的调查结果显示，年轻、有活力的约占26.3%，聪明的约占22.6%，适应性强的约占17.7%，敢想、敢做、有主见等内容的约占32.9%。2017年1月在对3781名服刑罪犯的问卷调查中，回答结果是年轻、有活力的有1794名，约占问卷调查总数的47.45%；聪明的有763名，约占问卷调查总数的20.18%；适应性强的有612名，约占问卷调查总数的16.19%。认为自己年轻、有活力、聪明，监狱服刑是敢想、敢做、有主见，显示了他们张扬自信的个性和活跃的思想，以及其自我意识和自信心强。但是，这和第三代服刑罪犯在性格认知上以“内向型”和“不知道自己性格类型”为主相矛盾。性格是个体对现实具有社会评价意义的稳定态度和习惯了的行为方式，“适应性强”“聪明”“年轻、有活力”“敢想、敢做、有主见”是性格外向型人的特征。

第三代服刑罪犯自私唯我，缺乏社会责任感。2012年对H省8231名“90后”服刑罪犯关于“当国家利益、集体利益和个人利益发生冲突时，你的态度”的调查问卷显示，选择“照顾自身的利益，与自己无关的国家、集体利益不管它”和“个人利益在先，然后考虑国家和集体利益”的占到50%。2017年1月在对4064名服刑罪犯的问卷调查中，选择“照顾自身的具体利益，与自己无关的国家和集体利益不管它”的有430名，选择“个人利益在先，然后考虑国家和集体的利益”的有449名，这两个答案都选择的有60名，三者相加共939名，占问卷调查总数的23.11%。同时，2017年1月在对3869名服刑罪犯关于“对面临生活困境而采取不道德的行为获取钱财的做法，你的看法是”的问卷调查中，选择“赞成，我也会这样做”的有422名，选择“我不赞成，但有人这样做，我可以理解”的共1379名，选择“与我无关，无所谓”的有304名，选择其中两个以上答案的有46名，前者相加共2151名，占问卷调查总数的55.60%。由此可见，第三代服刑罪犯既有盲目自信的一面，又有以自我为中心、自私、缺乏社会责任感的一面。

（三）对家庭的现实依赖与亲情不足的冲突

服刑罪犯被判刑入狱服刑之后，不仅被剥夺了人身自由，而且在经济上的自主权和支配权也极其有限。一般说来，服刑罪犯入狱后原先所具有的财产由服刑罪犯委托家属实行代管，服刑罪犯自身所能支配的财产除了必备的生活用品之外主要是金钱，但是，服刑罪犯拥有的金钱数量不仅要受监狱管理规定的限制，而且是由监狱统一管理和控制，服刑罪犯的消费强制限定在监狱许可的范围内。在这种情况下，服刑罪犯的经济消费就受到家庭成员的限制。在大多数情况下，服刑罪犯自身并没有多少财产，服刑中的经济来源大多是靠家庭成员接济。因此，服刑罪犯对家庭成员就形成了严重的依赖关系，特别是经济上的依赖关系。但是，对大多数服刑罪犯而言，在其犯罪过程中，大多对家庭造成了极大伤害，有些犯罪侵害的对象还是自己的家人，服刑罪犯的入狱服刑不仅给家庭带来了名誉上的伤害，而且在经济上带来了负担，由此带来亲情上的疏远、淡漠。在这种情况下，服刑罪犯原有的家庭结构和家庭形态成为维系彼此关系的重要因素。

（四）期望改变自我与内在动力不足的冲突

对大多数服刑罪犯而言，在服刑改造中的心理是一种“复合”的矛盾心理。这种心理突出表现在认罪与不认罪、渴望自由与剥夺自由、好逸恶劳与强迫劳动、改变自我与留恋旧我等诸多矛盾之中。应该说，期望改变自我是罪犯服刑过程中普遍存在的心理现象。但是，改变自我需要付出代价，需要与旧有的已经形成定式的思维方式、行为习惯等决裂，按照监狱所要求的改造标准和条件重塑自我，这对服刑罪犯来说是痛苦的。因此，不可避免地就出现了期望改变自我与内在动力不足的冲突。

## 第三节　服刑罪犯的法律地位

服刑罪犯的法律地位，是指服刑罪犯在服刑改造过程中，作为监狱行刑法律关系的主体一方所依法享有的权利以及履行其义务的资格。明确服刑罪犯法律地位的目的，在于强调服刑罪犯享有宪法和法律赋予的权利的同时，必须履行应尽的法律义务。

### 一、服刑罪犯法律地位的特点

服刑罪犯的法律地位，是指服刑罪犯在国家确立的特定法律关系中所处的位置，具体讲是指其在监狱服刑期间是否享有权利、承担义务，以及其权利和义务的范围和程度。① 也就是说，服刑罪犯的法律地位决定了其具有的法律确认的监狱法律关系主体的资格。不同的国家，基于不同的法律理念，赋予服刑罪犯的法律地位是有很大差别的。我国宪法和法律所确认的服刑罪犯的权利包括了服刑罪犯作为一般公民所享有的基本权利，作为服刑罪犯所享有的特殊的法律权利，还包括了享有受到一定限制和调节的权利。服刑罪犯的权利义务和一般公民相比较具有以下特点。

（一）权利的不完整性

按照宪法和法律的规定，服刑罪犯虽然享有广泛的公民权利，但是，这些权利是应然权利，而不是实然的权利，由于服刑罪犯受到法律的惩罚，处在服刑期间，因此，其所享受的公民权利处于缺损状态。有些权利被依法剥夺，比如被剥夺政治权利的服刑罪犯在服刑期间就不能享有选举权、被选举权等宪法规定的各项政治权利。有些权利由于服刑被限制或者被禁止，在一定时间内不得行使，如迁徙、外出、娱乐的权利，结婚的权利等。所以说，服刑罪犯所享有的实际权利是不充分的，具有不完整性。

（二）权利义务的不对等性

权利义务的不对等性主要指服刑罪犯所享有的权利和应尽的义务的不对等。在监狱服刑期间，服刑罪犯要按照法律规范的规定，履行特定的义务，比如有劳动能力的服刑罪犯有参加劳动的义务，服刑罪犯有接受思想、文化和技术教育的义务等，这些义务和享受权利之间具有不对等性。

（三）权利行使的局限性

服刑罪犯是被剥夺自由的，因此，在行使权利时，无论是在行使权利的范围上，还是在行使权利的方式上，都具有极大的局限性。比如，服刑罪犯作为一般公民有会客、迁徙、外出、娱乐等权利，但是在行使会客权利时，必须遵守会客的规定，对特定客人不经监狱同意不得会见；因服刑改造不再享有迁徙、外出、娱乐等人身自由权利；服刑罪犯必须接受分级管理等。

（四）义务履行的强制性

对服刑罪犯来说，在服刑期间所要履行的特定义务是法律法规强制附加的，是必须无条件履行的，一旦不履行法定义务，则要承担相应的法律责任，会带来对服刑罪犯不利的法律后果。比如，服刑罪犯在服刑期间不履行法律义务可能构成犯罪，对不履行义务的服刑罪犯可以采取行政处罚措施，可以使用戒具和武器等。

① 参见吴宗宪主编：《社区矫正导论》，中国人民大学出版社 2011 年版，第 129 页。

## 二、服刑罪犯的权利

我国《宪法》第33条规定："凡具有中华人民共和国国籍的人都是中华人民共和国公民。中华人民共和国公民在法律面前一律平等。国家尊重和保障人权。任何公民享有宪法和法律规定的权利，同时必须履行宪法和法律规定的义务。"服刑罪犯作为中华人民共和国的公民，凡是未被法律依法剥夺的权利，都是其依法享有的权利，同样其也应履行相应的法定义务。服刑罪犯的权利是指法律对服刑罪犯能够作出或者不作出一定行为，以及其要求他人相应作出或者不作出一定行为的许可与保障。[①] 在研究服刑罪犯权利之前，我们必须设定以下逻辑关系："其一，罪犯权利存在于一定的监狱社会之中；其二，罪犯权利是以一定的服刑利益为内容的；其三，罪犯权利是罪犯的一种主体资格；其四，罪犯权利总是以一定的刑事社会规范为基础的；其五，罪犯权利总是和一定的服刑义务相对应的。"[②] 在这样的逻辑预设下，服刑罪犯享有的法定权利可以分为宪法和法律赋予公民的应然权利和服刑罪犯在服刑期间所享有的实然权利。

### （一）服刑罪犯的应然权利

服刑罪犯的应然权利是服刑罪犯虽然在监狱服刑，被剥夺了人身自由，但在理论上作为公民所应享有的法定权利，包括以下权利：

（1）生命健康权。这是服刑罪犯最基本的生存权。我国法律和有关国际刑事司法准则对这一权利都有明确的规定。

（2）人格权。我国《宪法》第38条规定："中华人民共和国公民的人格尊严不受侵犯。禁止用任何方法对公民进行侮辱、诽谤和诬告陷害。"服刑罪犯的人格权包括人格尊严、姓名、肖像、名誉、荣誉、隐私等方面的权利。

（3）通信权。我国《宪法》第40条规定："中华人民共和国公民的通信自由和通信秘密受法律的保护。除因国家安全或者追查刑事犯罪的需要，由公安机关或者检察机关依照法律规定的程序对通信进行检查外，任何组织或者个人不得以任何理由侵犯公民的通信自由和通信秘密。"服刑罪犯的通信权包括有限制的通信自由权和通信秘密的权利。

（4）婚姻家庭权。我国《宪法》第49条第1款规定："婚姻、家庭、母亲和儿童受国家的保护。"服刑罪犯的婚姻家庭权包括婚姻权和家庭权。这一权利因入狱服刑而自然丧失。

（5）财产权和继承权。我国《宪法》第13条第1款及第2款规定："公民

---

① 参见吴宗宪主编：《社区矫正导论》，中国人民大学出版社2011年版，第132页。

② 郭明主编：《监狱学基础理论》（第2版），中国政法大学出版社2015年版，第78页。

的合法的私有财产不受侵犯。国家依照法律规定保护公民的私有财产权和继承权。”服刑罪犯的财产权和继承权是指其合法财产和继承权受到法律的平等保护，禁止任何组织和个人非法侵犯。

（6）知识产权。服刑罪犯同社会中的普通公民一样，依法享有智力成果的知识产权，但是，如果服刑罪犯被剥夺了政治权利，则其著作权受到一定的限制，所以，被剥夺了政治权利的服刑罪犯的知识产权是不完整的权利。

（7）政治权利。我国《宪法》第 34 条规定：“中华人民共和国年满十八周岁的公民，不分民族、种族、性别、职业、家庭出身、宗教信仰、教育程度、财产状况、居住期限，都有选举权和被选举权；但是依照法律被剥夺政治权利的人除外。”我国《宪法》第 35 条规定：“中华人民共和国公民有言论、出版、集会、结社、游行、示威的自由。”服刑罪犯的政治权利包括选举权和被选举权，言论、出版、集会、结社、游行、示威的自由的权利。但是，如果服刑罪犯被剥夺了政治权利，则不享有该项权利。

（8）宗教信仰自由。我国《宪法》第 36 条第 1 款及第 2 款规定：“中华人民共和国公民有宗教信仰自由。任何国家机关、社会团体和个人不得强制公民信仰宗教或者不信仰宗教，不得歧视信仰宗教的公民和不信仰宗教的公民。”服刑罪犯的宗教信仰自由是指既有信仰宗教的自由，也有不信仰宗教的自由；有信仰这种宗教的自由，也有信仰那种宗教的自由；有过去不信教而现在信教的自由，也有过去信教现在不信教的自由。但是，服刑罪犯在监狱的宗教信仰自由必须受到监狱管理规定的限制。

（9）批评、建议、申诉、控告、检举的权利。我国《宪法》第 41 条第 1 款规定：“中华人民共和国公民对于任何国家机关和国家工作人员，有提出批评和建议的权利；对于任何国家机关和国家工作人员的违法失职行为，有向有关国家机关提出申诉、控告或者检举的权利，但是不得捏造或者歪曲事实进行诬告陷害。”服刑罪犯的批评、建议、申诉、控告、检举的权利包括批评建议权、申诉权、控告权和检举权，每项权利针对的行为和人员、事件性质、违法犯罪的程度等是不一样的。

（10）获得国家赔偿权。我国《宪法》第 41 条第 3 款规定：“由于国家机关和国家工作人员侵犯公民权利而受到损失的人，有依照法律规定取得赔偿的权利。”服刑罪犯的合法权益因国家机关及其工作人员违法行使权利遭受损害的，有权获得国家赔偿。

（11）获得物质帮助权。我国《宪法》第 45 条第 1 款规定：“中华人民共和国公民在年老、疾病或者丧失劳动能力的情况下，有从国家和社会获得物质帮助的权利。国家发展为公民享受这些权利所需要的社会保险、社会救济和医疗卫生事业。”服刑罪犯和普通社会公民一样享有这一项权利。

除此之外，服刑罪犯依照宪法和法律还享有劳动的权利、各种诉讼的权利等。

（二）服刑罪犯的实然权利

服刑罪犯的实然权利，是指服刑罪犯在服刑过程中实际享有的权利。根据《监狱法》等法律法规的规定，服刑罪犯的实然权利包括下列方面：“（1）人格不受侮辱权（《监狱法》第7条）；（2）人身安全不受侵犯权（《监狱法》第7条）；（3）合法财产的获得和处置权（《监狱法》第7条）；（4）辩护权（《监狱法》第7条）；（5）申诉权（《监狱法》第7条、第21条）；（6）控告、检举权（《监狱法》第7条、第23条）；（7）携带生活必需品入监权利（《监狱法》第18条）；（8）女犯入监时有要求女性人民警察检查其人身的权利（《监狱法》第18条）；（9）通信权（《监狱法》第47条）；（10）会见权（《监狱法》第48条）；（11）接受合法钱款和物品权（《监狱法》第49条）；（12）获得必要的生活保障的权利（《监狱法》第8条、第50条、第52条、第53条、第54条）；（13）受教育权（《监狱法》第62条、第63条、第64条、第65条、第66条、第75条）；（14）从事适当的体育和文化娱乐活动的权利（《监狱法》第67条）；（15）休息权（《监狱法》第71条）；（16）参加劳动的罪犯获得劳动报酬和劳动保护的权利（《监狱法》第72条）；（17）在劳动中致伤、致残或者死亡的罪犯，依照国家劳动保险的有关规定获得补偿金、抚恤金的权利（《监狱法》第73条）；（18）有重大立功表现的罪犯获得减刑的权利（《监狱法》第29条）；（19）被裁定假释的罪犯按期获得假释及释放证明书的权利（《监狱法》第33条）；（20）服刑期满的罪犯按期获得释放及释放证明书的权利（《监狱法》第35条）；（21）未成年犯、女犯和少数民族罪犯在服刑期间获得特别对待的权利（《监狱法》第39条、第40条、第52条、第74条、第75条）。”① 需要说明的是，服刑罪犯权利行使的主观形态和监狱环境的客观现实常常存在相互脱节的现象。权利是依附服刑罪犯人身自由这一法律前提的，服刑罪犯人身自由被剥夺的法律事实，必然导致服刑罪犯权利实现的缺损，即服刑罪犯权利实现的不完整性。

## 三、服刑罪犯的义务

服刑罪犯的义务，是指“罪犯在监狱服刑期间依法必须进行一定行为或不

① 吴宗宪：《监狱学导论》，法律出版社2012年版，第270－271页。

得进行一定行为的约束，大体上可以分为两类，即基本义务和特殊义务”①。

（一）服刑罪犯的基本义务

服刑罪犯的基本义务是指按照宪法和法律规定，服刑罪犯作为公民应当履行的法定义务。这些义务包括：“（1）维护国家统一和全国各民族团结的义务；（2）遵守宪法和法律的义务，在这类基本义务中，除了遵守宪法和法律的义务之外，还包括保守国家秘密、爱护公共财产、遵守劳动纪律、遵守公共秩序、遵守社会公德的义务；（3）维护祖国安全、荣誉和利益的义务；（4）保卫国家的义务，具体包括保卫国家、抵抗侵略、服兵役和参加民兵组织的义务；（5）依法纳税的义务；（6）其他义务，包括参加劳动的义务、受教育的义务、夫妻双方实行计划生育的义务、父母抚养未成年子女的义务和成年子女赡养扶助父母的义务。”②

（二）服刑罪犯的特殊义务

服刑罪犯的特殊义务是指服刑罪犯在监狱服刑中作为法定罪犯身份应当履行的义务。依据《监狱法》等法律法规的规定，服刑罪犯的特殊义务包括：“（1）被判处剥夺自由刑罚的罪犯在监狱中服刑的义务（《监狱法》第2条）；（2）入监时接受人身检查和物品检查的义务（《监狱法》第17条、第18条）；（3）不得携带子女在监狱中服刑的义务（《监狱法》第19条）；（4）遵守法律、法规和监规纪律义务（《监狱法》第7条）；（5）服从管理的义务（《监狱法》第7条）；（6）接受教育的义务（《监狱法》第7条、第62条、第63条）；（7）参加劳动的义务（《监狱法》第7条、第69条）；（8）劳动中遵守操作规程，爱护生产工具的义务（《监狱法》第58条）；（9）维护监狱正常秩序的义务（《监狱法》第58条）；（10）尊重监狱人民警察的义务（《监狱法》第58条）；（11）尊重其他罪犯的义务（《监狱法》第58条）。”③ 基于服刑罪犯的法定身份，在监狱执行刑罚过程中，导致服刑罪犯履行法定义务具有国家强制性，服刑罪犯只能主动履行法定义务，或者在强制之下履行法定义务，不能拒绝和规避，否则会受到相应的惩罚。

① 吴宗宪：《监狱学导论》，法律出版社2012年版，第271页。
② 吴宗宪：《监狱学导论》，法律出版社2012年版，第272页。
③ 吴宗宪：《监狱学导论》，法律出版社2012年版，第272页。

# 第十二章

# 服刑罪犯矫正教育

服刑罪犯矫正教育的前提是树立科学的服刑罪犯矫正观，这就需要我们客观地、科学地认识我们面对的服刑罪犯，客观地、科学地对待服刑罪犯的矫正教育问题，清醒地认识矫正教育服刑罪犯的能力，正确定位服刑罪犯矫正教育的作用。

## 第一节　服刑罪犯矫正教育原理

### 一、服刑罪犯矫正教育的产生与发展

服刑罪犯矫正教育，是指监狱在刑罚执行过程中，通过形势政策教育、文化知识教育、道德法制教育、职业技能教育、行为矫正等手段，使服刑罪犯转化思想、矫正恶习、增长知识、掌握劳动技能，成为守法公民的活动。

早在西周时期我国就产生了服刑罪犯矫正教育思想的萌芽，《周礼·秋官》载：“司圜，掌教罢民，凡害人者，弗使冠饰，而加明刑焉，任之以事，而收教之，能改者，上罪三年而舍，中罪二年而舍，下罪一年而舍，其不能改而出圜土者杀，虽出，三年不齿。”监禁行刑重视罪犯教化，促使罪犯悔改。在西方，近代监狱的产生与发展受基督教悔罪思想的影响，试图通过宗教的教化，使罪犯得以转变。但是，基督教的悔罪思想不同于现代的罪犯矫正教育思想。现代罪犯矫正教育思想及制度的出现和教育刑的产生密切相关。19 世纪末，西方社会的犯罪率和重新犯罪率持续上升，刑事社会学派的代表、意大利犯罪学家恩里科·菲利，明确提出矫正的概念。他经常将犯罪与疾病相比，把预防犯罪看作公共卫生。德国刑法学家弗朗斯·冯·李斯特则认为刑罚的本质是教育，刑罚的目的应

当是教育罪犯。因此，国家要“矫正可以矫正的罪犯，不能矫正的罪犯不使之为害”。

受刑事社会学派思想的影响，特别是教育刑思想的广泛传播，罪犯矫正教育思想及制度迅速发展起来，其突出表现是累进制的出现、不定期刑的产生和假释制度的建立。1839年英国在澳大利亚的诺福克岛监狱的监狱长亚历山大·马克诺奇提出并试行累进制和不定期刑制，从而废除了定期刑制。1854年，爱尔兰的刑罚改革家瓦尔特·克列夫顿对爱尔兰的监狱制度进行改良，他将不定期刑的概念引入监狱制度。此后，美、法、德、日等国先后从爱尔兰引进累进制，使累进制成为一项刑罚基本制度。

1876年，在纽约设立的爱尔米拉教养院是美国第一所矫正教育性质的矫正机构，该机构实行了记分评定制、假释制和不定期刑制，注重对罪犯的教育、职业训练和纪律培养。由于可操作性被大大提高，教育感化模式和假释制度被美国各州逐步接受，并向其他国家传播。但是，在实践中，不定期刑也暴露出自身所存在的弊端，其在1900年于布鲁塞尔召开的国际监狱会议上引起争议，反对者认为其违反罪刑法定原则。争议的结果是支持者和反对者达成妥协，认为不定期刑只适用于少年犯、酒精中毒犯、精神病犯。直到1910年，在华盛顿召开的国际监狱会议上，不定期刑才被确定为刑罚执行制度。

进入20世纪中期，罪犯矫正教育工作又有了新的发展，向个别化、科学化迈进，监狱行刑逐渐采用罪犯分类制度、对罪犯实施开放性处遇，对假释制度也有了新的认识。罪犯分类制度是为实现刑罚个别化而采取的制度。刑罚个别化首倡者是恩里科·菲利，他认为，刑罚适用及刑罚执行应以罪犯的人格特征为依据，这样才能对症下药，矫正罪犯，然而他并没有提出实施刑罚个别化的具体方案。随着罪犯分类制度的发展和分类技术水平的提高，恩里科·菲利的主张才得以实现。现在，罪犯分类制度已成为世界各国监狱的重要制度。1955年在日内瓦召开的第一届联合国预防犯罪和罪犯处遇大会通过的《联合国囚犯待遇最低限度标准规则》还专门规定了罪犯分类制度。

对罪犯实施开放性处遇的监狱模式始于19世纪末。开放性处遇的特点是，不设围墙、铁栅等，在管理上运用教育刑思想，注重罪犯品格和技术方面的培训，其目的是激发罪犯自尊心。“二战”后，对罪犯实施开放性处遇成为多数西方国家的做法，且呈一定的发展态势。

1950年海牙国际刑法及监狱会议对假释制度进行了详细的讨论，认为假释不是对表现好的罪犯予以提前释放的例外优待制度，而是刑罚执行的一部分，使行刑不定期化。

新中国成立后，我国监狱工作在探索中逐步确立了具有中国特色的罪犯矫正教育制度。经过几十年的发展，已经形成了自己的理论体系，主要包括实行惩罚与改造相结合的制度，以改造人为宗旨；注重服刑罪犯的思想教育；把劳动作为矫正服刑罪犯的基本手段；将劳改场所办成教育改造服刑罪犯的特殊学校；发挥狱政管理的矫正功能，实行人道主义，将严格管理与教育、感化、挽救结合起来；创建现代化文明监狱，提高服刑罪犯改造质量；使矫正教育工作社会化；坚持从严治警，重视监狱警察教育；重视刑满释放人员的安置，维护他们的合法权益等。

## 二、服刑罪犯矫正教育的依据

人类认识世界的目的在于改造世界，犯罪是人类社会发展到一定阶段而出现的一种特殊社会现象，如何认识犯罪现象、矫正服刑罪犯、预防犯罪，是现代各个国家面临的共同问题。很多学者从哲学、犯罪学、刑罚学、社会学、生理学和心理学等各种角度来探讨实证服刑罪犯是可以被矫正的，为服刑罪犯的矫正教育提供理论依据。本书主要从行为学、生理学和心理学三个方面来进行探讨。

### （一）服刑罪犯可以被矫正教育的行为学依据

行为学是美国学者斯金纳首创，其理论基础是华生的行为主义。斯金纳认为，人的行为分两类：一类是由某个特定刺激引发的单一的反射行为，另一类是由环境引发的复杂的操作行为。人的大多数行为属于操作行为，而操作行为是由环境中的各种刺激引发的，由于刺激源较多，我们难以确定究竟是哪些刺激引发了行为。但是，我们可以看出不同的环境会产生不同的行为，环境的改变会引起行为的改变。人的行为不仅受环境的影响，而且受强化作用的影响。斯金纳认为，人的现行行为，大部分都是先前行为的后果，而这种后果对先前行为来说，恰恰起到激励作用，这就是强化的作用。后果不同，强化的性质也不同。强化主要有以下三种：

第一，正强化，即某一行为如果会带来使行为者感到愉快和满足的东西，如拥有金钱、获得赞誉等，行为者就会倾向于重复该行为。

第二，负强化，即某一行为如果会消除使人不快或厌恶的东西，行为人就会继续重复该行为。

第三，惩罚，即某一行为如果会带来令行为者不快的东西，行为者就会终止或避免该行为。由于人的行为取决于环境和强化，因此，我们完全可以通过改变环境和运用强化手段控制和改造人的行为。

服刑罪犯被判刑投入监狱以后，即处在一种新的环境中。在这个新环境中，服刑罪犯将接受一种有计划、有目的、持久的惩罚和矫正信息的刺激强化。服刑罪犯需参加劳动，接受思想教育、文化教育和职业技术教育。在监狱，服刑罪犯要接受规范化管理，养成良性的符合社会要求的行为习惯。当遵守劳动、学习、生活、文明礼貌规范时，服刑罪犯会受到监狱民警的肯定，其行为就会得到强化；当违反这些规范时，服刑罪犯就会受到一定的惩罚，然后会弱化、减少或者消除这些行为。这种有计划、有目的、有系统的刺激会负强化服刑罪犯原有的危害社会的行为，并使之形成新的符合社会规范和法律规范的行为。

（二）服刑罪犯可以被矫正教育的生理学依据

巴甫洛夫指出，人与外界的联系形式是反射，反射分为无条件反射和条件反射两种。无条件反射是有机体生而具有，受遗传影响的反射；条件反射是有机体在个体生活中获得的，是在具体条件影响下获得的反射。无条件反射是种经常的、相当固定的联系，条件反射是暂时的神经联系。但是，大脑中的暂时神经联系具有可塑性，动力定型具有可变性。条件反射本质是一种暂时性的反射，它可以随外界环境、刺激的变化而变化。巴甫洛夫说："运用我们的方法研究高级神经活动所得到的最主要的、最强烈的永久保持不变的印象就是这一活动的极度的可塑性及这一活动的巨大可能性：没有什么东西是不可动摇的、固执不变的，只要适当的条件具备，一切都是可以达到的，并且向好的方向转变。"

对服刑罪犯而言，在其思想及恶习形成过程中，建立在先天遗传基础上的无条件反射有一定的影响，但是条件反射却起着决定性作用。那些有害社会的犯罪思想及恶习，即暂时的神经联系，是服刑罪犯在后天的生活中形成的，可以随着外界环境和刺激的变化而变化。当然，由于服刑罪犯原有的犯罪思想、行为恶习，是在不良的环境条件下不断强化形成的，已形成相当稳固的动力定型，有的甚至达到顽固的程度，要削弱、改变这种思想和恶习很难，但由于暂时神经联系是可塑的，动力定型是可变的，只要我们为服刑罪犯创造有利于矫正的条件，长期坚持正确使用矫正教育服刑罪犯的手段，即劳动、教育、监管等，给服刑罪犯以稳定持久的新刺激，服刑罪犯原有的犯罪思想和恶习就会逐步受到破坏，最后瓦解，而新的符合社会规范的思想和行为习惯不断受到强化，最后定型。当服刑罪犯的高级神经系统和大脑形成符合社会规范的暂时神经联系和动力定型，就会被矫正教育为守法公民。

（三）服刑罪犯可以被矫正教育的心理学依据

第一，人的心理是发展变化的。人的心理是人对客观世界的反映。由于客观世界是不断发展变化的，作为对客观世界反映的人的心理也会不断发生变化。当然，我们说人的心理不断变化，但并不否认心理的相对稳定性。心理变化是绝对的，稳定是相对的。既然心理是变化的，符合社会规范的心理能向不良心理甚至犯罪心理转变，那么，不良心理、犯罪心理也可以向符合社会规范的心理转化。

第二，服刑罪犯的犯罪心理在适当环境中可以改变。人的心理具有物质属性，即一定心理总是一定客观环境的产物。犯罪心理并非与生俱来，而是外界不良刺激反复作用的结果。既然服刑罪犯的犯罪心理是不良社会环境的产物，那么，如果我们能改变服刑罪犯所处的旧的不良社会环境及其受到的条件刺激，而代之以全新的社会环境和良好的刺激，服刑罪犯的心理必然会发生相应变化，即存在的改变会引起相应的心理变化，直至形成反映新的现实存在的新心理。不过监狱方面必须提供不同于服刑罪犯过往的生存环境和良好的刺激，而且要在适当的条件下才能使服刑罪犯形成良好的符合社会规范的心理。比如监狱依法、科学、文明的管理，体现人道主义的人性化管理，可以促进服刑罪犯心理的转化。换言之，监狱工作围绕矫正的目标，综合运用劳动、教育、监管三大手段，创建现代化文明监狱，改善监狱矫正环境，完善相关行刑法律法规，可以最大限度地对服刑罪犯心理施加影响，促使服刑罪犯逐步形成良好的心理状态。

第三，多数服刑罪犯具有接受矫正教育的内在因素。首先，多数服刑罪犯接受过一定的教育，具有一定的文化程度，能够辨别美丑善恶，有是非观念。犯罪行为只表明服刑罪犯在某些方面具有社会化缺陷，违反了社会规范，而在其他方面，服刑罪犯仍存在健全的社会化状态。其次，许多服刑罪犯有正当的兴趣、爱好和能力，只要善于利用和引导，即可以发展成为有利于社会的因素。最后，多数服刑罪犯在内心深处潜藏着不同程度的改恶向善心理，有重返社会的美好愿望，因此，监狱工作人员应当善于发现并及时给予鼓励，激发他们从被动接受矫正变成主动地向善发展，形成良好的心理状态。

基于此，我们认为大多数的服刑罪犯在适当的环境中，具备相应的条件时，是可以通过矫正教育转化为遵纪守法的公民的。

### 三、服刑罪犯矫正教育的再社会化机理

社会化是用来解释个人与社会关系的重要概念，指的是在特定的社会与文化环境中，个体学习知识、技能和社会规范，获得个性，使自己成为合格的社会成员的过程。社会化具有双重意义：其一，社会成员通过社会化方式获得参与社会的资本；其二，社会通过社会化获得合格的社会成员来实现自身的延续。社会成员通常是在不断被“奖励”“惩罚”的过程中掌握和内化社会规范的。所谓再社会化，是指社会和个人进行新的或特殊形式的社会化，使个体舍弃过去接受的社会规范、价值标准和行为方式，重新学习社会所要求的社会规范、价值标准和行为方式，亦称“重新社会化”。

服刑罪犯的再社会化，是一种带有法律惩罚性质的社会化过程，是强制进行的再社会化，是监狱改造服刑罪犯的主要内容。对服刑罪犯再社会化的基本内容应包括以下几个方面。

（一）政治再社会化

因为就大多数服刑罪犯来说，他们都具有政治上的反动性和行为上的反社会性，这是政治社会化不完全的突出表现，因此，在对服刑罪犯的改造过程中，必须对其在政治上实行再社会化，其目的是培养、训练并促使服刑罪犯把人民民主专政下的政治规范内化，使其成为合格的公民，并且在现实的政治生活中发挥积极的正向作用。要达到彻底转化服刑罪犯的目的，就必须消除他们政治上的反动性和行为上的反社会性，从一定意义上来说，对服刑罪犯的政治再社会化成功与否、程度如何，是衡量服刑罪犯改造成功与否的标志。所以，我们对服刑罪犯的政治教育，表面看来是务虚的，缺乏硬性指标，而实质上，它决定着服刑罪犯自身选择什么样的道路，对现实生活持什么样的态度，对其他教育内容起着制约作用。

（二）道德再社会化

道德是社会用来调节人与人之间关系的行为规范和准则。任何阶级要维护自己的统治，巩固社会制度，都要采取德威兼施、刚柔相济的手段，从本阶级的利益出发，制定出一系列的道德规范和行为准则，并通过各种措施把这些规范、准则内化为社会成员自身的信念。服刑罪犯犯罪的初始原因，大多源于道德社会化的不完全。服刑罪犯开始时践踏违背道德规范，然后触犯法律，成为服刑罪犯。因此，在对服刑罪犯的再社会化过程中，运用中华民族的传统道德规范对服刑罪犯进行教化，并使之内化为服刑罪犯自身为人处世的内在要求是十分必要的。这不仅有利于服刑罪犯的改造，并且对于维护社会的安定团结，搞好社会治安的综合治理，强化以德治国，提高全社会成员的精神素质，提高全民族的文明程度，无疑也有着重要意义。我们对服刑罪犯再社会化的根本目的，就是把社会道德规范和行为准则内化为服刑罪犯的品格，并对服刑罪犯的行为起到约束作用。

（三）基本生活技能和文化知识的再社会化

基本生活技能是对服刑罪犯再社会化的基本内容，也是服刑罪犯刑满出狱后的基本生活手段。通过学习和掌握基本生活技能，服刑罪犯可以养成良好的劳动习惯，认识到劳动的价值和意义。我们对服刑罪犯所进行的劳动改造及职业技术教育，除了具有通过劳动锻炼其意志和品质，转化其思想，纠正其恶习的意义外，另外一层意义在于使服刑罪犯掌握基本的生活技能。对服刑罪犯的文化知识的再社会化，也是基于服刑罪犯文化知识水平远远低于社会平均文化知识水平的实际情况，而有必要进行的再社会化内容，这不仅关系到提高服刑罪犯的文化知识水平问题，而且是提高整体国民素质的重要组成部分。

（四）社会角色的再社会化

服刑罪犯学习、培养、认知适合自身的社会角色，认识自身在社会中的地位、作用和价值，学会处理人们之间的相互关系，行使一定的权利，履行自己的义务和职责，学会正确对待个人与社会的各个方面的矛盾，使自己成为合格的社会成员。

## 四、服刑罪犯态度转变的机制

### （一）态度变化过程的理论

1961年凯尔曼提出了态度变化过程阶段理论，认为态度发生改变要经过服从、同化和内化三阶段。第一阶段是服从阶段，这是从表面上转变自己的观点和态度的时期，这一阶段人们会表现出一些被迫、被动的顺从的行为。第二阶段是同化阶段，这一阶段表现为不是被迫而是自愿接受他人的观点、信念、态度与行为，并使自己的态度与他人的态度相接近。第三阶段是内化阶段，真正从内心深处相信并接受他人的观点，从而彻底地转变了自己的态度。这一阶段真正使一个人相信了新的观点和新的思想，从而把这些新的思想和观点纳入了自己的价值体系之内，成为自己态度体系中的一个有机组成部分。

### （二）强制性是矫正教育的法律规定性

监狱的环境条件，决定了服刑罪犯和监狱工作者之间必然有矛盾关系，基于服刑罪犯的自身特性，其不可能自愿地接受矫正教育。在这种情况下，如果没有法律规制和监狱机构的强制力作为后盾，矫正教育就无法开展下去。依照《监狱法》的规定，服刑罪犯接受矫正教育是服刑罪犯在监狱服刑期间必须履行的法定义务。

### （三）由强制矫正教育到自我教育的内在机制

矫正教育是改造人、转化人的活动，从人的态度转化的过程看，服刑罪犯态度的改变是矫正教育能否取得实效的关键。社会心理学认为，一个人态度的形成与转变，需要经历服从、同化和内化三个阶段。所谓服从，“是指在他人命令或要求下所实现的、自己本来不愿做的行为，亦即按他人旨意而行事”。“运用奖惩导致服从，这是人们最熟悉、最常用的方法。在一定限度内，奖励得越多，惩罚得越重，导致的服从行为越多。”① 由此可知，服从是基于外部压力被迫接受某种观点和态度。所谓同化，“是指人们的态度及行为与他们所参照的团体或他人的标准逐渐接近的过程。同化不是个体对社会压力的屈服，而是对自己的特定社会情境的一种自愿调适”。“社会心理学对态度的研究表明，同化是内化的前提，是形成与转变个体的信念、态度的重要环节。”② 同化是在自愿的基础上，

① 朱智贤主编：《心理学大词典》，北京师范大学出版社1989年版，第200页。

② 林传鼎等主编：《心理学词典》，江西科学技术出版社1986年版，第144页。

与所在团体的观点、态度逐步协调一致，认同团体的观点和态度。所谓内化，“是指社会意识向个体意识的转化，亦即意识形态的诸要素移植于个体意识之内”。“内化过程是通过群体对个体行为的赞许与鼓励（符合社会期望时）或批评与制裁（不符合社会期望时）实现的。”① “从社会心理学角度是将一定的精神文化经社会学习而转化为稳定的心理因素的过程，内化是在个体的活动中经过语言的中介而实现的，意味着个体心理世界与一定文化因素之间的协调统整。它不仅使人类的许多知识与经验被吸收、转化为不同个体的知识与经验，而且使一定的社会规范与价值体系被吸收、转化为不同个体的信念、价值与态度。对所参照的人格规模及价值体系的内化，还决定着个体的理想自我的形成，因此可以说，个体的社会化，实际上就是个体将周围的精神文化有选择地逐步内化的过程。”② 也就是说，内化是完全接受他人或团体的观点和态度，并把他人的观点和态度完全融化和吸收，成为自己价值观念的一部分。

（四）服刑罪犯由强制矫正教育到自我教育的基本路径

强制矫正教育是监狱工作的法定职责，也是实现服刑罪犯自我教育的必经阶段。对服刑罪犯而言，只有经过强制性的矫正教育，才能逐步走向同化的过程，才能最终使社会所倡导的价值规范、观点和态度转化、吸收为服刑罪犯内在的支配力量。所以说，服刑罪犯的自我教育才是监狱工作的目的，也是矫正教育的价值追求。由此可以看出，服刑罪犯社会态度的转变，基本路径是从服从社会观点和态度阶段到社会观点和态度的同化阶段再到社会观点和态度内化为自我价值观念阶段。

## 五、服刑罪犯矫正教育的需要规律

规律是事物发展、运动过程中本质的、必然的、稳定的联系。服刑罪犯矫正教育的规律，即服刑罪犯矫正教育这种特殊的社会现象与外界事物的内在的联系和发展的必然性。我们揭示和认识服刑罪犯矫正教育这种社会现象发展、运动的规律，目的在于掌握、运用它指导矫正教育服刑罪犯的工作。在这里，我们以服刑罪犯需要结构的内在机制作为矫正教育的立足点，研究服刑罪犯需要结构的改变和建构规律。

需要是“个体和社会的客观需求在人脑中的反应，是个人的心理活动与行为的基本动力”③。需要是服刑罪犯参与矫正教育活动的基本动力。

---

① 朱智贤主编：《心理学大词典》，北京师范大学出版社 1989 年版，第 451 页。
② 林传鼎等主编：《心理学词典》，江西科学技术出版社 1986 年版，第 38 页。
③ 朱智贤主编：《心理学大词典》，北京师范大学出版社 1989 年版，第 786 页。

### （一）马斯洛的需要理论揭示了服刑罪犯的内在需要结构

美国心理学家马斯洛经过多年的研究，于1944年所著的《人的动机理论》一书中，首先提出了需要层次理论。他把人的需要归纳为五大类：第一，生理需要。生理需要是人类本能的最基本的需要，位于多层次需要构成的“金字塔”图式的底部。这种需要包括衣、食、住、行及延续种族的需要等。第二，安全需要。安全需要实质上是生理需要的保障，包括生命安全、财产安全、职业安全、劳动安全、环境安全和心理安全等。第三，社交的需要，也可称为归属和爱的需要。社交的需要包括社会交往，从属于某一组织和某一团体，并在其中发挥作用，得到承认；希望同伴之间保持友谊和融洽的关系；希望得到亲友的爱等。第四，尊重的需要。这种需要即自尊、自重或要求被他人所尊重，包括自尊心，信心，希望有地位、有威望、受到别人的尊重、信赖以及高度评价等。第五，自我实现的需要。这是人生追求的最高目标，位于“金字塔”图式的顶端，包括能充分发挥自己的潜力，表现自己的才能，成为有成就的人物。马斯洛说：“音乐家必须演奏音乐，画家必须绘画，诗人必须写诗，这样才会使他们感到最大的快乐。是什么样的角色就应该干什么样的事。我们把这种需要叫作自我实现。”①

国内外对马斯洛的需要层次理论各有评说，我们认为，基于一定历史条件和社会环境的限制，该理论存在一定的缺陷是正常的，但是，它对监狱的矫正教育工作具有启发作用。

第一，马斯洛从研究人的需要来研究人的行为，这是抓住了问题的关键。人们为了满足最基本的需要而积极行动，进而发展生产，变革社会，不断改善人类的物质生活和精神生活，推动社会的发展。这提示我们在服刑罪犯的矫正教育中，应该重视研究服刑罪犯合理的基本需要，并尽力给予一定程度的帮助，就可以调动服刑罪犯矫正教育的积极性。如果我们连服刑罪犯最基本的需要都满足不了，那么开展其他矫正教育活动就失去了动力基础。

第二，马斯洛把人的需要从低级到高级分成不同的层次，当低层次的需要得到满足之后，就发展到较高层次的需要，这种观点揭示了人类有多种需要的特征，在一定程度上反映了人类需要发展的一般规律性和本性。这提示我们既要注重服刑罪犯的基本需要，又要研究不同层次服刑罪犯的不同需要，把握其需要结构的规律性，充分利用服刑罪犯需要层次的差异，制订具有针对性的矫正方案，增强矫正教育的科学性，提高矫正教育的效率。

第三，马斯洛需要层次理论的精华，在于重视人的需要，强调以人为核心，

① ［美］马斯洛等：《人的潜能和价值：人本主义心理学译文集》，华夏出版社1987年版，第808页。

尊重人、关心人。这对于我们了解和关心服刑罪犯的需要，并根据不同情况采取不同措施，合理地满足服刑罪犯的需要，以调动服刑罪犯的积极性，有启发意义。

第四，马斯洛指出人在某一时期，只有一种需要占主导地位，其他需要则处于从属地位。这启示我们，要使对服刑罪犯的矫正教育工作收到成效，不仅要了解服刑罪犯一般的需要，而且要特别注意了解和掌握服刑罪犯在某一时期的主导需要。只有了解了服刑罪犯的主导需要，才能有针对性地进行工作。

（二）矫正教育活动的根基在于改变服刑罪犯的需要结构

需求论犯罪观认为，“犯罪与人的需求有关。如低层次需要中的性欲及高层次需要中的地位、名誉、财产等欲望，都与犯罪相关。希利等人认为，正常的欲求并不构成违法犯罪行为，但谋求不正当的代偿性满足的行为就成为犯罪行为，在谋取优越于他人的需要（个人的名誉、地位、财产）而构成对他人或社会的侵害时，也会造成犯罪”①。服刑罪犯的需要结构，按其需要形态分类，主要包括常态需要结构、违法犯罪的需要结构、违背社会规范的需要结构、变态行为的需要结构等。按照服刑罪犯实施犯罪行为的需要和动机分类，大致可以将服刑罪犯分为物欲型服刑罪犯、性欲型服刑罪犯、情感型服刑罪犯、信仰型服刑罪犯、集合型服刑罪犯、过失型服刑罪犯等类型。从每种类型的特点来看，物欲型服刑罪犯的特征是物质欲望强烈，具有强烈的占有欲；性欲型服刑罪犯的特征是性观念错位，性行为越轨；情感型服刑罪犯的特征是消极情感高度积累，情感需要强烈，情感缺乏自制力，挫折情绪明显，反社会情感突出等；信仰型服刑罪犯的特征是盲目崇拜，对封建迷信执迷不悟，精神迷乱，性格偏执等；集合型服刑罪犯的特征是几种或多种需要的集合；过失型服刑罪犯的特征是自我悔恨、自我辩解、宿命论思想严重、情感压抑等。不同类型的服刑罪犯具有符合自身特质的需要结构，既包含着常态需要结构，也包含着违法犯罪的需要结构、违背社会规范的需要结构、变态行为的需要结构等，对服刑罪犯的矫正教育就是要对常态需要结构进一步巩固，使之保留下来，把违法犯罪的需要结构、违背社会规范的需要结构、变态行为的需要结构等进行改变、消除和转化。

（三）矫正教育的目的是建构服刑罪犯新的常态需要结构

服刑罪犯的需要结构是在长期的社会生活中逐步形成的，具有相对稳定性。需要结构内部各要素之间在一定时期内保持相对平衡状态。对服刑罪犯的矫正教育活动，首先要打破这种平衡，把服刑罪犯需要结构中违法犯罪的需要要素、违背社会规范的需要要素、变态行为的需要要素、越轨行为的需要要素等进行改造

① 朱智贤主编：《心理学大词典》，北京师范大学出版社 1989 年版，第 808 页。

和改变，这就必然要打破服刑罪犯需要结构的原有平衡性，使服刑罪犯需要结构处于不稳定状态。因此，矫正教育活动是服刑罪犯需要结构的破旧立新的过程，在改造和改变服刑罪犯原有需要结构的同时，建构新的需要结构体系和新的需要结构平衡机制。

## 第二节　服刑罪犯教育

### 一、服刑罪犯教育的特点和内容

服刑罪犯教育，又称监狱教育、教育改造，具有教育的本质属性，但又不同于一般社会教育和学校教育。它是指我国监狱以判处徒刑的服刑罪犯和死刑中缓期二年执行的服刑罪犯为对象，从矫正教育的目标出发，结合生产劳动，有组织、有计划强制实施的转变世界观，消除犯罪意识，灌输文化科学知识和培养生产技能的活动。对服刑罪犯的教育是我国教育改造服刑罪犯的一个重要手段。

#### （一）服刑罪犯教育的特点

服刑罪犯教育是依照国家法律规定，在特殊领域创设的教育活动，与普通教育相比较有很大的区别，其教育活动具有与普通教育不同的特性。

1. 教育的主体不同

普通教育的主体是各类学校和文化教育机关，服刑罪犯教育的主体是监狱、未成年犯管教所等刑罚执行机构，具体实施的主体主要是监狱人民警察。除此之外，依照行刑社会化的要求，社会团体、社会组织、企事业单位、社会志愿者等社会有关机构或个人，在监狱的许可和组织下，也可以作为服刑罪犯教育的主体参与服刑罪犯教育活动。

2. 教育的对象不同

普通教育的受教育者是广大青少年学生和其他民众；而服刑罪犯教育的对象仅限于在监狱、未成年犯管教所等监禁场所正在服刑的服刑罪犯。

3. 教育的目的和侧重点不同

一般学校教育是为了培养德、智、体全面发展的人才，侧重于传授知识和培养技能。服刑罪犯教育是监狱、未成年犯管教所按照法律法规的要求，以改造人为宗旨，对服刑罪犯的犯罪心理、行为恶习以及其他消极因素进行的教育，侧重于服刑罪犯思想的转化、品行的矫正和健全人格的建构，使服刑罪犯树立正确的世界观、人生观、道德观、价值观和法纪观。

4. 教育的形式不同

普通教育是在受教育者自觉自愿的状况下进行的；而服刑罪犯教育则是在刑罚执行条件下对服刑罪犯实施的一种强制性教育，是刑罚执行的重要内容之一，接受教育是服刑罪犯应履行的法定义务。对服刑罪犯的教育主要采取集体教育与个别教育相结合，正规教育与辅助教育相结合，监内教育与社会教育相结合，教育与劳动管理相结合，思想教育与感化教育、心理矫治相结合等方法；教育形式多样，既有一般教育，又有对不同类型服刑罪犯的分类教育。

（二）服刑罪犯教育的内容

对服刑罪犯的教育主要包括三个方面的内容：思想教育、文化教育、职业技能教育。思想教育主要包括法治教育，道德教育，形势、政策和前途教育。监狱根据分析服刑罪犯的不同情况进行扫盲教育、初等教育和初级中等教育，鼓励服刑罪犯自学，考试合格，则颁发相应的证书。根据监狱法的规定和监狱的实际情况，结合服刑罪犯释放后就业的需要，确定职业技能教育内容和形式，培养服刑罪犯掌握一定的生产劳动技能。

## 二、服刑罪犯教育的功能

服刑罪犯教育作为我国监狱工作的重要组成部分，在转变服刑罪犯思想方面发挥着重大作用。

（一）个别预防功能

服刑罪犯教育的个别预防功能是通过惩罚功能、改造功能、感化功能、教育功能、威慑功能、安抚功能、鼓励功能、保障功能、预防犯罪功能、赎罪功能、补偿功能等综合作用而实现的，最主要的是对服刑罪犯在思想、行为和情感三个方面的教育改造上发挥作用。

对服刑罪犯的思想教育改造，主要是指通过教育矫正完成的，使服刑罪犯在法律知识、道德规范、政治思想和守法意识等方面接受教育，从而使服刑罪犯认识到自己的罪责，认识到自己所犯之罪对自己、他人和社会的危害，进而消除犯罪心理和犯因性心理问题，最终预防犯罪人再次犯罪。“犯罪者的反社会意识和犯罪心理也可以在外界因素的影响下得到改变，刑罚在执行的过程中，国家对犯罪人以强制关押等为后盾，对其予以教育、感化与强制劳动。”“这些强制刺激手段，可以起到改变犯罪人既已形成的反社会心理结构的作用。”①

对服刑罪犯的行为矫正，是指通过服刑罪犯教育的监督管理活动，使服刑罪

① 邱兴隆：《刑罚的哲理与法理》，法律出版社2003年版，第172页。

犯的不良行为和越轨行为得到矫正和规制。人的行为不仅受到其思想的支配，而且受到其行为习惯的支配。通过对服刑罪犯行为的管理和控制，强行改变服刑罪犯的行为恶习，防止他们再次犯罪，并养成良好的为社会规范所认可的行为习惯。

对服刑罪犯的情感培育，是指通过教育矫正中的教育感化和适应性帮扶，在预防服刑罪犯再犯方面产生的感化功能。感化功能是指在适用教育矫正时因对服刑罪犯的宽大处理和人道待遇而可能产生的心理效应。这正是教育矫正宽容性、奖赏性、人道性的体现。这三种特性对服刑罪犯产生了攻心作用，可以感化服刑罪犯，消除其对刑罚、对社会的抵触情绪，认罪服法，自觉改造，不再犯罪，同时培育其感恩社会的情感。

（二）传授功能

传授功能是指我国监狱及其工作人员根据行刑目的，将要求服刑罪犯形成正确的思想、健康的心理结构和优良的行为习惯的有关指令信息，传递给服刑罪犯。“传递”的形式主要通过服刑罪犯教育内容的灌输和监狱人民警察的言传身教来实现。

传授功能是服刑罪犯教育矫正的一项基础性功能。实践证明，服刑罪犯通过学习政治、文化和技术知识，可以提高自身接受教育矫正的能力。教育手段具有将有关政治、文化和技术知识渗透到服刑罪犯个体意识之中的特殊功能，这是其他手段所不能代替的。学习知识，使服刑罪犯原有恶习得以淡化，健康心理结构得以建立，不良行为得以矫正，并使他们在回归社会后具有做守法公民的基本保证和适应社会的实际本领。

（三）转化功能

转化功能是指监狱及其工作人员通过对服刑罪犯实施强大的系统性的正面教育，使服刑罪犯的思想行为向着有利于教育矫正的方向发展。它包括消除旧的、错误的思想观念和树立新的、健康的思想观念两个方面。

转化功能是服刑罪犯教育矫正的一项关键性功能，它处于服刑罪犯教育矫正的攻关阶段。整个服刑罪犯教育矫正过程就是转化服刑罪犯思想，矫正服刑罪犯行为恶习的过程，是正反两方面的思想相互斗争的过程。服刑罪犯的思想也和其他事物一样具有可变性，对任何服刑罪犯而言，都存在思想转化的可能性和必然性。当然，这种转化过程存在两种可能性：一是良性转化，二是恶性发展。由于服刑罪犯教育矫正带有极强的针对性和强制性，而且是在严格管理的前提下采取灵活多样的方法进行的，所以恶性发展的可能性在服刑罪犯思想转化过程中所占的比例不大。

（四）塑造功能

塑造功能是指我国监狱及其工作人员通过对罪犯进行深入细致的思想、文化和技术教育，使服刑罪犯在心理和技能方面具备成为合格社会成员的条件。

塑造功能是教育改造功能的最高层次和形态，它以传授功能、转化功能为基础，以转化功能的实现为条件，三者相辅相成、相互促进、构成统一的整体。

服刑罪犯教育矫正的塑造功能在具体实践过程中，主要表现在三方面：首先，以正确、健康的思想取代错误的观念和不良的品质。其次，健全服刑罪犯的技能体系，包括提高服刑罪犯的文化素质和培养其劳动的技能。最后，服刑罪犯良好行为习惯的形成，即在实现转化功能的基础上，使服刑罪犯养成良好的行为习惯。塑造功能的实现，就意味着矫正人、造就人目的的达成。

## 三、服刑罪犯矫正教育的实施

（一）服刑罪犯教育的领导机构、组织形式

服刑罪犯教育是监狱工作的一个重要方面，需要协调内部各部门和社会有关部门的关系，并搞好服刑罪犯教育矫正本身的领导、规划、组织、指挥、协调和实施工作，因此，要搞好服刑罪犯教育，必须加强教育组织机构的建设。

我国的服刑罪犯教育机构一般分三级，即部、省（自治区、直辖市）、监狱。司法部监狱管理局、省（自治区、直辖市）监狱管理局设教育处，各监狱设教育科，负责组织实施对服刑罪犯的教育矫正工作。

监狱教育科作为服刑罪犯教育矫正的职能部门，具体组织实施教育矫正工作，其主要职能包括选任教员、制订教育计划、实施教育计划、具体组织对服刑罪犯的教学和考试等。

（二）服刑罪犯教育的师资、教材

具有一支事业心强、能胜任教学工作的师资队伍，是监狱特殊学校必备的要件。目前，我国监狱的教师队伍基本上由从事管教工作的监狱人民警察和少量改造表现好的，具有一定文化、技术知识和表达能力的服刑罪犯组成。在监狱师资队伍建设与服刑罪犯文化、技术教育方面，应当积极落实《监狱法》第66条的规定，将监狱中服刑罪犯的文化、技术教育和师资队伍建设纳入所在地区的教育规划，在教育经费、师资配备与考核、教学设施更新等方面，得到当地教育部门的支持。从国际社会目前的发展趋势来看，发达国家都把服刑罪犯的文化、技术教育纳入所在地区的教育体系（特别是成人教育体系），监狱往往负责初等教育；服刑罪犯的中等、高等教育的教学工作由当地的教育部门和高等院校负责。现在我国绝大多数监狱对服刑罪犯进行职业教育、文化教育和技术教育，要按照国家教育部门与人力资源和社会保障部门的有关规定与要求选定教材或自编教材。对文化、技术教育教材的建设，要求内容的思想性与知识性、科学性的完美统一，以确保教材质量。

（三）服刑罪犯教育设施与设备

服刑罪犯教育设施建设，是由服刑罪犯教育的任务决定的。我国监狱在服刑罪犯教育矫正的过程中，不仅重视教育矫正的软件建设，也十分重视教育矫正的硬件建设，服刑罪犯教育的设施有了较大的发展。教育矫正的设施、设备主要包括：教室、课桌、图书馆、多媒体、教学资源等。随着国家的经济发展，科学技术不断进步，服刑罪犯教育的物资不断得到改善。

（四）服刑罪犯教育管理制度

建立、健全并执行服刑罪犯教育管理制度，可以使教育工作者明确任务，增强责任心，提高教育矫正工作的效率和质量。从实践中看，监狱教育矫正管理制度的主要内容包括：一是对教育工作者的管理制度，包括落实教育工作者的岗位责任制，做到分工明确，责任清楚，赏罚分明。二是对服刑罪犯的教育矫正管理制度，主要指考勤、考试、考核、学籍管理制度，以确保服刑罪犯接受教育，并如实反映其学习成果。

## 第三节　服刑罪犯行为矫正

服刑罪犯是因其行为触犯法律而受到法律处罚的。这种违法行为不是天生的，而是后天习得产生的，是服刑罪犯个体与社会环境、社会文化交互作用产生的。对服刑罪犯的犯罪行为进行矫正是矫正教育的重要内容。此外，一些服刑罪犯在犯罪行为的形成过程中，还具有一些行为恶习，这也属于矫正教育的对象范围。在矫正教育过程中，服刑罪犯还需要养成文明的行为习惯。因此，行为矫正在矫正教育活动中具有重要的作用。

### 一、行为矫正的概念及特点

服刑罪犯行为矫正是指监狱依法对服刑罪犯的犯罪行为及一些行为恶习进行规范，使其养成文明的行为习惯的活动。对服刑罪犯的行为矫正是矫正教育的重要组成部分，其具有以下几方面的特点。

（一）被动性

在矫正教育过程中，监狱依法矫正服刑罪犯的违法行为、犯罪行为以及一些行为恶习，规范其行为习惯，使其养成文明的行为习惯，这一过程是依法强制进行的。服刑罪犯的行为受到约束，在法律的强制下不得不接受行为矫正。因此，服刑罪犯在行为矫正过程中表现出来的行为是一种被动性活动，具有被动性的特点。一旦无人监督，可能会故态复萌。只有在养成文明的行为习惯后，这种被动性才能逐渐消失。

（二）长期性

服刑罪犯的违法行为、犯罪行为及行为恶习是在个体因素与社会环境交互作用下，经过长期演变逐渐形成的。对其违法行为、犯罪行为及行为恶习进行矫正需要较长的时间，尤其是一些以犯罪为职业的服刑罪犯（如累犯、惯犯等）的行为矫正所需要的时间更长。此外，对服刑罪犯进行行为矫正还要使其养成文明的行为习惯，这就更加需要时间来使服刑罪犯学习、巩固文明的行为习惯。

（三）双面性

服刑罪犯思想认识的转化是一个长期的过程，而其行为表现由于监狱的严格管理可以在短期内发生变化。服刑罪犯表现出的遵守法律和纪律的行为并不意味着其思想认识的转化，也不意味着其文明的行为习惯已经养成。由于服刑罪犯的思想认识与行为表现存在不一致的特点，需要矫正教育工作者在行为矫正工作中注意研究服刑罪犯在行为表现上的双面性，进而提高行为矫正的成效。

（四）规范性

规范性是指行为矫正的标准、规则、原则等对服刑罪犯的生活和行为所具有的某种主导意义。以人为本，尊重服刑罪犯的人格是行为矫正的基本理念，只有在此前提下才能开展行为矫正活动。这就要求在行为矫正活动中，尤其是应用心理学的基本理论和技术，对服刑罪犯开展的行为矫正，必须遵守心理测验、心理咨询、心理矫正等的技术规范、行为规范和规则。

## 二、行为矫正的原理

### （一）基于条件作用理论的原理

1. 习得与消退的原理

在经典条件作用中，条件刺激必须与起强化作用的无条件刺激同时或几乎同时呈现，有机体才能习得条件反射。如果条件刺激重复出现多次，但无条件刺激没有随之出现，那么原先已经形成的条件反射将逐渐趋弱并最终消失。

在操作条件作用中，操作反射之后要及时提供强化物刺激，有机体才有可能习得操作反射。在该过程中，提供怎样的强化以及如何提供这样的强化，对行为的习得（条件作用的形成）起着重要的作用。在操作条件作用中，操作反射之后，如果不及时提供强化物的刺激，那么原先已经形成的条件反射将逐渐消失。

在服刑罪犯的行为矫正过程中，监狱用规范和监管纪律约束服刑罪犯行为，让服刑罪犯在严格的监管中修正自己的犯罪心理、行为恶习，促使服刑罪犯逐步形成良性的积极心理状态，建立适合现代社会的健全人格和良好的行为习惯。

2. 泛化与分化的原理

在经典条件作用中，条件反射一旦形成，其他类似于最初条件刺激的刺激也会引起条件反射。条件作用泛化的程度与刺激物之间的相似度有关，研究表明，泛化的条件反射强度与类似于形成条件作用的刺激的相似程度显著相关，即存在刺激泛化梯度现象，相似度越高则泛化程度越强，相似度越低则泛化程度越弱。在经典条件作用中，有机体能够只对与无条件刺激匹配的刺激作出反应，对其他近似刺激则能够在区分后不作出反应。

在条件操作作用中，有机体操作反射因获得强化而形成后会对其他类似的刺激也作出反应。面对环境中的众多信息，有机体能辨别其中有线索作用的、对自己有意义的信息作出反应，获得强化刺激，而无视其他信息。可见，分化是一种与泛化相对应的条件作用。有机体完成分化学习是有过程的。在这个过程中，有机体面对环境中大量的信息，要能够把有关信息与无关信息加以区别，无视无关信息而只对有关信息作出相应的行为反应，同时需要对符合要求的反应与不符合要求的反应实施辨别性强化程序。

需要指出的是，条件作用的刺激泛化和刺激分化，都是个体适应环境和适应生活所必需的能力，两者缺一不可。在行为矫正中，许多具体的矫正技术方法均有赖于个体具有一定的刺激泛化或刺激分化的能力，同时，也有不少技术方法以形成和发展个体刺激泛化和刺激分化的能力为目标。

因此，在监狱矫正服刑罪犯行为过程中，应当采取针对性的矫正措施，提供良好服刑环境，严格的管理制度，以提高服刑罪犯对监狱管理要求的认可度与社会规范遵从度，提高服刑罪犯明辨是非的能力。

3. 强化与惩罚的原理

在条件作用的形成过程中，强化被认为起着阶段性作用。强化决定了有机体的行为是否会发生变化；强化也决定着行为发生或变化的难易；强化还决定着行为发生或变化后能保持多久。

在经典条件作用中，无条件刺激与条件刺激反复结合，在促成条件的形成过程中起着强化的作用。能提高行为发生率的强化物一般是能满足个体生理、心理需要的各种物品或事件。需要指出的是，在各种强化物中社会性强化物具有特殊功效，个体对这样的强化物一般更会作出积极、持久的反应。

根据斯金纳的操作条件作用理论，任何行为必有相应的后果，作为行为的后果被称为行为的偶联事件，一定的事件之前必有特定的行为为其前因，行为与事件之间是偶联关系。强化中，如果使用偶联事件或者偶联事件增多，那么行为反应也随之相应增强或增加；如果不使用偶联事件或者偶联事件减少，那么行为反应也随之相应减弱或减少。

与强化相对，惩罚是使用刺激物来使特定行为反应发生的可能性降低甚至不发生的过程。如果使用的刺激物具有令人厌恶的性质，则行为必然在次数上和强度上下降。不使用或者减少使用偶联事件，行为反应也会随之相应减少。

在矫正服刑罪犯行为的过程中，对服刑罪犯良好、文明、遵守法律法规的行为给予相应的鼓励或表扬，让其将这种行为得以持续。而对于服刑罪犯的不良的、粗鄙的、违反法律法规的行为则给予严厉的批评教育或处罚，使其不再重犯。

（二）基于社会学习理论的原理

美国心理学家班杜拉是社会学习理论的代表人物。班杜拉的社会学习理论以个体（内部因素）、行为（个体的外部表现）和环境的三元交互决定论来阐明人的行为的因果关系及其改变。该理论认为，人们的学习除了以直接经验为基础之外，还以间接经验为基础，即通过观察周围人的行为来学习，这种观察学习是许多学习，尤其是各种技能和规范学习的基础。

替代性学习、间接学习、模仿学习、示范学习、榜样学习等，是经常与观察学习同时提到的一些概念，它们在语义上有区别，应结合具体情况来使用，但在心理学观察学习的范畴中它们的本质含义是相似的。

观察学习由注意、保持、复现和动机四个过程组成，分属两个阶段，注意、保持过程属于获得阶段，复现、动机过程属于操作阶段。观察学习有三项功能：习得新行为、行为抑制和去抑制、促进行为。

思维表征具有两项能力，即表征行为未来结果的能力和确立行为目标的能力。思维表征对人的行为的影响表现在三个方面：一是凭借思维表征活动概括过去经验，并影响一个人未来的行为活动；二是利用思维表征活动明确当前的行为目标，并影响一个人的具体行动；三是运用思维表征活动树立理想行为，并支配一个人以后的行为活动。

自我管理能成为行为动因与三种心理机制有关：行为过程的自我参与；行为过程的自主认知加工；对行为发生及其结果的内归因。自我管理对个体行为的影响主要体现在以下三个方面：一是自我管理过程有助于培养人的某些特定行为；二是自我管理过程会更有利于改变人的行为习惯；三是自我管理过程能增强行为的内部动机，进而影响人的行为。

行为矫正的原理为各种具体的服刑罪犯行为矫正方法提供了坚实的理论依据。这些原理来自条件作用理论和社会学习理论的有关观点。

## 三、行为矫正的作用

文明的行为习惯、文雅的言谈举止是一个人综合素质的外在表现之一。矫正教育中的行为矫正，对服刑罪犯具有以下几方面的作用。

### （一）矫正不良行为习惯

服刑罪犯在社会生活中形成的不良行为习惯对其违法行为或犯罪行为的实施起着促进作用。这些不良行为习惯需要在矫正教育过程中进行消除。监狱机关通过严格的管理、科学的措施逐渐消除服刑罪犯的不良行为习惯。这种不良行为习惯的消除也促进服刑罪犯思想转化的发展进程。监狱机关通过发挥矫正教育环境的作用，严格执行服刑罪犯行为规范制度，使服刑罪犯的不良行为习惯失去了存在的条件，对服刑罪犯的不良行为习惯进行控制，进而逐步消除这些不良行为习惯。

### （二）养成文明行为习惯

对服刑罪犯的行为矫正不仅要消除其不良行为习惯，而且要使其养成文明的行为习惯。养成文明的行为习惯既包括养成符合社会规范要求的行为习惯，又包括养成符合社会主义精神文明建设要求的生活方式。我国监狱已经制定出一些对服刑罪犯行为进行规范的制度，如自 2004 年 5 月 1 日起施行的，以司法部令第 88 号发布的《监狱服刑人员行为规范》等规章对服刑罪犯的纪律性、日常生活、生产劳动活动、学习活动、文明礼貌等方面都规定了明确、具体的要求。严格执行这些行为矫正规章，使服刑罪犯养成文明的行为习惯，开始新的生活方式。

### （三）促进建立良好的矫正教育工作秩序

任何一项工作的顺利进行，都需要一种良好稳定的秩序，矫正教育工作也是如此。通过行为矫正，服刑罪犯严格遵守监狱的各项纪律要求，严格按照行为规范的要求进行各项活动，形成一种良好、稳定的秩序，为矫正教育各项活动的顺利进行提供了前提条件。这种良好、稳定的秩序不仅为矫正教育工作的顺利进行所必需，也为巩固行为矫正以及矫正教育各项活动的成效所需。

## 四、行为矫正的内容

对服刑罪犯的行为矫正主要包括以下几方面的内容。

### （一）矫正粗野的言语、野蛮的行为，养成文明言谈举止的行为习惯

一些服刑罪犯在其违法犯罪行为形成过程中，逐渐养成一些行为恶习，表现之一就是言语粗野、行为野蛮。对其言语和行为的矫正教育就是通过持久的行为规范，使其逐渐养成在言谈中习惯使用“请”“谢谢”“对不起”等文明用语，在举止上习惯礼让他人、尊重他人，以文明礼貌为荣。

（二）矫正损人利己的行为，养成助人为乐的行为习惯

一些服刑罪犯在极端个人主义思想的支配下，逐渐形成了一些损人利己的行为习惯。这些损人利己的行为习惯既是其违法犯罪思想的外在表现，也是其违法犯罪行为的组成部分。对服刑罪犯的损人利己行为进行矫正，使其逐渐养成帮助他人解决困难、助人为乐的行为习惯是行为矫正的内容之一。

（三）矫正破坏公物的行为，养成爱护公物的行为习惯

不遵守社会公德，破坏公物是一些服刑罪犯具有的行为恶习之一。对服刑罪犯进行社会公德教育，使其认识到保护社会公有财产是每个公民的义务之一，并逐渐养成爱护公物的行为习惯，自觉履行爱护公物的义务。

（四）矫正不遵纪守法的行为，养成遵守法律、自觉维护公共秩序的行为习惯

服刑罪犯行为的违法性是犯罪的本质特征之一。服刑罪犯的不遵纪守法行为是行为矫正的主要对象之一，对服刑罪犯的日常行为进行规范，使其逐渐形成自觉遵守法律、自觉维护公共秩序的行为习惯。矫正不遵纪守法的行为，养成遵守法律、自觉维护公共秩序的行为习惯对每个服刑罪犯都具有极其重要的意义。

## 五、行为矫正的要求

为了提高行为矫正的成效，使行为矫正在矫正教育工作中发挥更大的作用，行为矫正活动应符合以下几点要求。

（一）行为矫正必须与矫正教育的其他内容结合进行

行为矫正作为矫正教育的内容之一，它的作用只有与矫正教育的其他内容相结合才能显现出来。如果不对服刑罪犯进行系统的法律和道德教育、文化知识教育，服刑罪犯不可能养成文明的行为习惯。如果不对服刑罪犯进行职业培训教育，那么服刑罪犯回归社会后将难以生存，很可能故态复萌，已取得的行为矫正成效便丧失殆尽。如果不对服刑罪犯进行心理矫治，那么一些不良行为习惯难以被克服。因此，行为矫正必须与矫正教育的其他内容结合进行。

（二）行为矫正必须规范进行

对服刑罪犯的行为矫正是一项系统性活动，其中包括行为规范教育、行为规范管理行为表现考核、行为表现奖罚等。上述这些活动必须按照相关的规定进行。我国在服刑罪犯的行为矫正上已经制定出一些规范性制度，如《监狱服刑人员行为规范》。这些规章制度是在对服刑罪犯进行行为矫正的长期实践基础上产生的，是对服刑罪犯进行行为矫正的科学总结和概括，对服刑罪犯的行为矫正必须严格按照这些规章制度进行。

### （三）行为矫正必须全方位进行

服刑罪犯的行为涉及许多方面，如遵守纪律行为、生活行为、学习行为、劳动行为、人际交往行为和言行举止行为等。对服刑罪犯的行为矫正不只是要求其服从管理，而且要求其在上述各个方面的行为都符合法律和社会道德规范的要求。因此，对服刑罪犯的行为矫正必须全方位地进行。在行为矫正的过程中，无论对行为矫正的哪一方面重视不够都会给行为矫正工作带来整体性影响，降低行为矫正的成效。

# 第十三章

## 服刑罪犯的管理

服刑罪犯的管理是指监狱各级人民警察依法按照刑罚执行目的，通过实施计划、组织、人员配备、指导与领导、控制等方式来管理罪犯，促使罪犯成为守法公民的活动。本章介绍狱政管理、劳动管理、生活管理和学习管理等四个方面。

### 第一节 狱 政 管 理

狱政管理是我国监狱工作的重要组成部分，是对服刑罪犯执行刑罚、实施劳动改造和教育改造的前提和基础。从罪犯入监服刑开始到刑满释放，狱政管理贯穿罪犯刑罚执行的全过程。

#### 一、狱政管理的概念

对于狱政管理的概念有很多不同的提法，概括起来主要有广义和狭义两种。对于广义的狱政管理，代表性的观点有：邓立强在其主编的《监狱学概论》中提出，狱政管理是指监狱管理机关对其所主管的监狱及监狱工作进行的全部管理活动，它不仅包括对罪犯的管理，也包括对监狱机关内部管理人员的管理，以及对监狱全部执法事务和非执法事务的管理；金鉴在其主编的《监狱学总论》中认为，狱政管理包括监狱的管理体制、组织机构、人员组成、职责权限、活动方式、管理目标等。

对于狭义的狱政管理，代表性的观点有：周瑞提出的狱政管理专指监狱管理机关在刑罚执行过程中为完成依法对罪犯实施惩罚和改造的任务，而对监狱在押罪犯直接进行的各项管理活动；孙平主编的《狱政管理》和王志亮主编的《狱政管理学》提出，狱政管理是指监狱管理机关在对服刑罪犯实施惩罚和改造的过程中，实施的有关狱内行政事务等方面的计划、组织、协调、指挥、监督与控制等一系列职能活动。

本书认为，狱政管理是指我国监狱机关为实现刑罚目的，依法对服刑罪犯实施的行刑行政管理活动。根据2012年修正的《监狱法》的规定，狱政管理的内容包括分押分管、警戒、戒具和武器的使用、通信和会见、奖惩以及对罪犯服刑期间犯罪的处理等。

罪犯是法律秩序的危害者，他们秩序观念差，没有法律秩序的约束，罪犯的行为就会没有章法，监狱的管理就会混乱不堪。监狱要形成理性的秩序，离不开法律。新中国成立以来，监狱一直按照自己的发展道路前进，虽然有波折和坎坷，但是监狱的法治建设没有放松。从1954年9月原政务院颁布的《劳动改造条例》到1994年12月29日通过的《监狱法》，新中国监狱管理的实践经验上升到法律高度，为狱政管理工作的法治化和规范化提供了有力保障。1990年11月，司法部令第11、12号发布的《监管改造环境规范》《罪犯改造行为规范》，推动了监狱管理改革，为监管改造环境和罪犯改造行为的规范化管理提供了实施标准和操作规范。

## 二、狱政管理的性质

监狱的狱政管理行为的法律性质为司法性质，还是行政性质？目前，对于这一具有争议性的问题集中存在以下三种观点：第一种观点认为狱政管理行为具有刑事司法性，不存在行政管理的属性；第二种观点认为狱政管理行为具有行政管理性；第三种观点认为目前监狱的狱政管理行为的法律性质具有刑事司法和行政管理的双重性质。本书赞同第三种观点，原因有以下几方面。

### （一）狱政管理是一种具有刑事司法性质的管理活动

根据我国《刑法》《刑事诉讼法》《监狱法》的规定，我国刑事司法活动的侦查、检察、审判、执行的权力是由公安机关、检察院、法院和监狱机关分别享有的。刑罚是犯罪的必然结果，刑罚执行是整个刑罚过程中的重要环节。监狱仅执行了一部分的惩罚，但这部分惩罚的刑事司法属性是不可改变的，完整的刑罚执行才是国家刑事司法活动的完结。对监狱刑事事务的管理是狱政管理的首要内容。刑事法律制度本身就包含收监、减刑、假释、监外执行、释放等。狱政管理活动是具有刑事司法性质的管理活动，这是由我国相关法律赋予监狱的职权所决定的，狱政管理行为的司法性质是由监狱的司法行刑权决定的。

### （二）狱政管理是一种特殊的具有行政管理性质的活动

行政管理是指国家机关对国家各个方面的社会事务进行管理的活动。监狱的狱政管理行为具有行政管理性质的这一观点承认监狱的刑罚执行职能，但同时更认为从监狱工作的本质出发，狱政管理承担了大量的行政性工作，主要是对罪犯的日常生活、行为规范、学习及劳动等事务进行管理。比如罪犯的饮食管理和刑事事务的关联不是很紧密，虽然服刑罪犯是因为触犯了法律才进行改造的，但是国家也须保证其合理饮食需要。食物种类、营养程度、节假日的休息以及患病罪犯的饮食安排等都不是刑事事务，但这都属于狱政管理的一部分。监狱机关实施的这些管理行为体现了行政权的运用，尤其是狱政管理行为更是具有行政性质的行为，是一种特殊的行政管理活动。

（三）狱政管理具有行政事务管理与刑事事务管理的交叉双重性

就狱政管理行为本身的任务而言，其刑事司法属性主要体现在保证对服刑罪犯所处刑罚的准确执行和维护监内正常监管秩序两方面。首先，准确执行审判机关所裁判的刑罚，是国家赋予监狱的特定权力，也是监狱必须履行的特定职责。虽然狱政管理工作较为庞杂，但是一切行为均是围绕准确执行刑罚这一任务而展开的。其次，监狱是服刑罪犯改造的场所，一个良好的、稳定的监管秩序是需要通过各项狱政管理行为来营造的，如收监、考核奖惩、制定规范等，这些都是为了改造服刑罪犯这一基本任务的顺利开展。除此之外，狱政管理还有一个普通而又贯穿始终的任务，即搞好监狱内的生活卫生管理。服刑罪犯入狱后，其一切活动均在监狱内部进行，在服刑期间基本处于隔离状态，因此保证监狱内的生活卫生尤为重要。生活卫生管理主要包括服刑罪犯的日常穿衣、饮食、居住环境、医疗卫生等方面，这些不仅直接涉及服刑罪犯的切身利益，也是社会主义人道原则的体现。虽然这些任务与刑事方面的任务联系并不紧密，但却都是必不可少的日常行政事务，这就表明在刑事法律大背景下，狱政管理行为包含具体的行政行为。由此看来，在对服刑罪犯的狱政管理过程中，同样存在行政管理行为和刑事司法行为。因此，监狱的狱政管理行为具有双重性质。

综上所述，监狱的狱政管理是一项综合的、全面的管理性活动。从权力来源和具体实施的行为来看，狱政管理行为一部分属于刑事司法行为，另一部分属于行政管理行为，因此，狱政管理具有刑事司法性和行政管理性双重属性。

## 三、狱政管理的原则

狱政管理原则是指监狱依法对服刑罪犯实施的行刑行政管理活动过程中所必须遵循的基本准则。自20世纪80年代开始，我国就明确提出依法管理、严格管理、文明管理、科学管理和干警直接管理的监狱管理要求。

（一）依法管理原则

依法管理是做好狱政管理工作的前提，监狱各项工作必须严格依照国家法律和监管法规的规定办事。依法管理是我国建设现代化文明监狱的根本要求，是依法治国方略在监狱工作中的具体体现。依法管理原则是指监狱人民警察在狱政管理活动过程中，依照国家法律法规对服刑罪犯实施管理，依法规范管理行为并切实保障罪犯合法权益的基本准则。对服刑罪犯管理要做到公平公正，要从服刑罪犯管理的各个环节入手，坚持法律面前人人平等的法治精神，对罪犯要坚持一视同仁；增强执法的透明度和公信力；要不断完善相应立法，贯彻落实现有法律法规，严格规范管理程序和内容，监督制约管理行为。

（二）严格管理原则

严格管理是狱政管理的基础，严格管理原则是指监狱依照国家有关法律法规，通过建立健全严格的监管规章制度、严密的防范措施、严明的监规纪律和严肃的考核奖惩制度，使服刑罪犯的一切活动都置于监狱人民警察的控制和监督之下的基本准则。没有严格的管理，就不能维护监狱的安全和秩序，导致服刑罪犯轻视法律，出现服刑罪犯违法违纪、打架斗殴、哄监闹监、脱逃等监管事故。因此，实施严格公正、赏罚分明的管理措施，有利于监管秩序的安全稳定，促进罪犯改恶从善。

（三）文明管理原则

文明是人类在认识世界和改造世界的过程中所逐步形成的思想观念以及不断进化的人类本性的具体体现。文明是人类所创造的物质财富和精神财富的总和。监狱工作是社会文明进步的一个重要窗口。创建现代化文明监狱，是我国监狱建设和发展的总体奋斗目标。文明管理原则是指监狱在狱政管理过程中，在严格执行法律法规，依法规范罪犯行为的基础上，要摒弃粗暴野蛮的管教方式，以文明的方式和措施管理罪犯，尊重罪犯的人格，关注罪犯的基本需要，保障罪犯的合法权益，实现管理文明化的基本准则。文明管理罪犯是现代中国社会文明进步的重要组成部分，代表的是国家和社会的文明形象。

（四）科学管理原则

科学管理是现代监狱管理的基本特征，管理服刑罪犯需要在探究监管规律的基础上，既要通过惩罚和改造服刑罪犯，预防和减少犯罪，维护社会公平正义和人民的利益，又要关注罪犯的生存和发展，使罪犯的切身利益得到保护。科学管理原则是指监狱运用科学的理论作指导，遵循罪犯管理的客观规律，采用先进的管理方式和先进的科技手段，对服刑罪犯实施管理的基本准则。贯彻科学管理原则，要求对服刑罪犯的管理要立足于教育矫治罪犯，确立科学的出发点，要及时引入现代科学管理理论，改变传统的封闭型、粗放型、经验型管理模式，适时引入和发展精细化管理等现代企业管理模式，充分运用现代管理方法、技术和手段，实现罪犯管理工作可持续发展。

监狱人民警察要解放思想、实事求是，主动应对新时期狱政管理工作面临的新情况和新问题，主动吸收借鉴世界各国监狱管理的先进经验，守正创新，形成具有中国特色的社会主义监狱管理制度。

（五）干警直接管理原则

“直接”是指不经过中间事物，也不通过第三者的意思。直接管理原则是指监狱人民警察在对罪犯实施狱政管理过程中，通过实施计划、组织和协调等方式，亲自行使监管权力，直接监管和控制罪犯的行为，以保证实现改造效果的基本准则。《监狱法》第5条规定：“监狱的人民警察依法管理监狱、执行刑罚、对罪犯进行教育改造等活动，受法律保护。”第14条中规定，监狱人民警察不得非法将监管罪犯的职权交予他人行使。由此可见，监狱人民警察是监狱管理的主体，法律要求其对罪犯实施直接管理活动，监狱人民警察将行使管理罪犯的职权交予他人行使的行为是违法行为；非监狱人民警察如果行使管理罪犯的职权是非法和无效的，是不受法律保护的。

## 四、狱政管理的功能

（一）惩戒、威慑、规范功能

英格兰的监狱改革家约翰·霍华德，通过考察英国和欧洲的监狱和劳动监所，写出了他的代表作《英格兰及威尔士的监狱状况》（1777年）一书，提出了监狱改良的六项建议，并留下了一句有名的座右铭：“单纯的刑罚难以控制罪犯，严格的纪律才能训导他们。”在监狱工作中，通过狱政管理所造成的特殊监禁条件和环境，对罪犯的心理产生巨大的威慑作用，使服刑罪犯感受到法律的威严和失去自由的痛苦。当然，物理关押、限制罪犯活动范围、限制或剥夺权利的行使、隔绝与社会信息的流通，并不是单纯地制造痛苦，而是通过惩戒，产生正确、深刻的刑罚体验，通过规范化管理，让服刑罪犯对照标准、要求，进行检查，努力达标，这有利于让服刑罪犯守规遵纪，培养其规范意识和自我约束习惯。

（二）组织、调控、保障功能

狱政管理是监狱的基础性工作，我国监狱采取两级或三级管理体制，狱政管理人员是监狱人民警察，狱政管理对象是监狱内服刑罪犯，管理人员直接置身于罪犯正式组织中，担任这些组织的行政领导，实现对服刑罪犯的直接管控。由于监狱行刑过程有很多构成要素，把众多要素整合成一个有机整体，需要狱政管理的调控，为监管改造提供必要的条件，保障监内安全稳定，保护罪犯人身安全、管理人员的人身安全以及国家和公民的财产安全。

### （三）养成、激励、矫正功能

依据司法部发布的《监狱服刑人员行为规范》的规定，罪犯的生活、言行、交往、作风、内务等方面都要求按照规定的模式去完成和实行。同时，结合科学的管理理念，建立一套科学的考核评估体系，使罪犯明确服刑过程中什么可为，什么不可为。如此会产生良性循环，营造积极向善向上的改造氛围，推进罪犯的行为从他律转变为自律，激励罪犯摒弃不良的行为习惯，养成新的良好的行为习惯。狱政管理并不是简单机械地要求罪犯服从，而是在每一项管理活动中都渗透着教育矫正，在日积月累的精细化管理中，发挥教育矫正的作用，促进服刑罪犯成为守法公民。

## 五、狱政管理的内容

### （一）分押分管

对罪犯进行分类监管是自古就有的，我国在唐朝时期就提出“囚徒贵贱，男女异狱”。清朝沈家本参照西方国家的狱制，提出了分类监管的思想，在他的主持下，日本小河滋次郎起草了旧中国第一部监狱法典——《大清监狱律草案》。该草案注重从罪犯的性别、年龄、罪质以及个人特点入手，不仅将监狱分为男监、女监，依自由的种类设立徒刑监、拘留场、留置所，实行分房制，而且建立“特设监狱”，拘禁18周岁以下，刑期2个月以上的少年犯。

对罪犯实行分类关押管理，是现代监狱行刑的重要制度。该制度即按一定标准将罪犯分成若干类型进行监管改造的刑罚执行制度，是提高改造质量的一项重要措施。新中国成立之后，原政务院颁布的《劳动改造条例》，就要求按照犯罪性质和罪行轻重，分设监狱、劳动改造管教队和少年犯管教所等，对不同的罪犯采取不同的监管措施。20世纪80年代，面对监管改造工作面临的新情况和新问题，1989年召开的全国监管改造工作会议提出全面推广分押、分管和分教工作；1991年10月司法部劳改局修订的《对罪犯实施分押、分管、分教的试行意见》，对罪犯分押、分管、分教工作进行了规范。1994年《监狱法》对罪犯的分类管理作出了明确规定，其第39条规定：“监狱对成年男犯、女犯和未成年犯实行分开关押和管理，对未成年犯和女犯的改造，应当照顾其生理、心理特点。监狱根据罪犯的犯罪类型、刑罚种类、刑期、改造表现等情况，对罪犯实行分别关押、采取不同方式管理。”第40条规定：“女犯由女性人民警察直接管理。”另外，《监狱教育改造工作规定》第20条规定，根据罪犯的犯罪类型，结合罪犯的恶性程度、危险程度、接受能力，监狱应该将罪犯进行分类，实施分类教育。目前，我国主要把罪犯分为财产型罪犯、暴力型罪犯、性欲型罪犯、信仰型罪犯、职务型罪犯、情感型罪犯等。

（二）警戒

为控制服刑罪犯的行动和保障监狱安全，监狱机关按关押对象警戒度等级的不同，确定相应的警戒度等级，再根据警戒度等级的不同，设计、建造不同的监狱环境和配备不同的监狱设施，并配置相应的监狱人民警察。

监管设施包括监狱外围的警戒设施与监狱内部的管理设施。监狱外围的警戒设施是指监狱外围设置的监管与控制罪犯的物理警戒设施。在我国，监狱外围的警戒设施主要由围墙、岗楼、电网、照明设施、警戒隔离带、监狱大门与门卫值班室组成。其中围墙是最基本的安全保障，有严格的建设标准。监狱内部的管理设施主要包括监区建筑、门禁、报警、安检、监控等监管设施。在门禁系统方面，国内外监狱基本都采取 A、B 门设计，在安检设施方面，基本使用的是安检门、金属探测器、磁场探测器等设备。

根据《监狱法》第 41 条的规定，监狱的武装警戒由人民武装警察部队负责。《人民武装警察法》将监狱的外围警戒列入人民武装警察部队的安全保卫任务。驻监武警部队担负监管区域外围警戒、协助参与专项任务（如押解、追捕、搜查和搜身等）、参加处置突发事件和执行其他安保任务等，切实保障监狱的安全，维护社会秩序。

（三）戒具和武器的使用

监狱机关依据《人民警察使用警械和武器条例》给监狱人民警察配置的手铐、脚镣、警棍、警绳、特种防暴枪、催泪弹、高压水枪等警用器械，统称为警具。它们是监狱人民警察在执行管理罪犯等各类公务时，为预防和制止罪犯再次实施违法犯罪行为而依法使用的警械防暴专用器具。根据不同的标准，可以将我国的警械器具划分为不同的类型。

第一，按照警械的功能，分为制服性警械、约束性警械、防御性警械和告知性警械。

第二，按照制造材质的不同，可以分为金属类警械、橡胶类警械和其他材质警械。

第三，按照功能实现是否需要借助其他物质，可以分为有源类警械和无源类警械。如警棍、电击枪、警灯、警笛等均属于有源类警械，手铐、脚镣、防暴脚叉等则属于无源类警械。

我国根据监狱职能部门不同的需求，配置相应的警械。司法部在 2008 年《监狱人民警察警用装备配备标准（试行）》中明确规定，监狱人民警察警用装备配备项目根据基本工作需要和实际工作情况分为“必配”和“选配”两种类型。如在狱内日常执勤中，应当随身佩带以下警用装备：警棍、警哨、多功能腰带、便携式无线报警器、自卫喷雾器、手持对讲机或内部小灵通。监狱人民警察在狱内夜间值勤时，应当携带强光手电。我国《监狱法》第45条规定："监狱遇有下列情形之一的，可以使用戒具：（一）罪犯有脱逃行为的；（二）罪犯有使用暴力行为的；（三）罪犯正在押解途中的；（四）罪犯有其他危险行为需要采取防范措施的。前款所列情形消失后，应当停止使用戒具。"《监狱法》第46条规定："人民警察和人民武装警察部队的执勤人员遇有下列情形之一，非使用武器不能制止的，按照国家有关规定，可以使用武器：（一）罪犯聚众骚乱、暴乱的；（二）罪犯脱逃或者拒捕的；（三）罪犯持有凶器或者其他危险物，正在行凶或者破坏，危及他人生命、财产安全的；（四）劫夺罪犯的；（五）罪犯抢夺武器的。使用武器的人员，应当按照国家有关规定报告情况。"司法部在2008年《监狱人民警察警用装备配备标准（试行）》中规定，武器包括：手枪、冲锋枪、自动步枪、狙击步枪、班用机枪、子弹等。

（四）通信、会见

服刑罪犯具有会见权和通讯权。《联合国囚犯待遇最低限度标准规则》规定，应允许服刑罪犯在必要监视之下，以通信或接见方式，同亲属和有信誉的朋友联络。罪犯在监狱中可以与哪些人进行或保持通讯联系，各国监狱系统都有明确的规定，这些规定中有许多相同之处。我国《监狱法》第47条规定："罪犯在服刑期间可以与他人通信，但是来往信件应当经过监狱检查。监狱发现有碍罪犯改造内容的信件，可以扣留。罪犯写给监狱的上级机关和司法机关的信件，不受检查。"罪犯在服刑期间可以与他人通信，对罪犯的来往信件进行检查是监狱工作的实际需要，有助于了解和掌握罪犯的思想动态，维护监狱秩序和保证监管安全。当前，电话通信已经成为罪犯与外界进行信息沟通、亲情交流的一条重要途径。

会见是狱政管理的一项日常工作，《监狱法》第48条规定："罪犯在监狱服刑期间，按照规定，可以会见亲属、监护人。"在监狱工作实务中，可以会见的罪犯亲属，一般是指罪犯的近亲属，包括配偶、父母（含养父母）、子女（含养子女和形成抚养、赡养关系的继子女）、兄弟姐妹、祖父母、外祖父母、孙子女、外孙子女等，其他亲属也可以按规定探视罪犯。监护人是指对未成年犯、患有精神疾病的在押罪犯负有监护义务的亲友。罪犯会见一般每月一次，会见人员一般不超过三人，确需增加会见次数、人数的，应当报监狱长批准。罪犯会见的方式有探视和远程视频等。

（五）奖惩

监狱依照法律法规和行政规章的规定，对罪犯的思想改造和劳动改造实行指标分解、逐项定分，按照奖优罚劣、奖勤罚懒的原则建立罪犯的日常考核制度。考核的结果作为对罪犯奖励和处罚的依据。监狱以计分考核罪犯的方式来评价罪犯日常表现，以日常计分为基础、等级评定为结果来衡量罪犯改造质量。司法部根据《监狱法》等有关规定，结合实际，制定《监狱计分考核罪犯工作规定》，对考核奖惩工作进行了具体化的规定。

1. 服刑罪犯奖励的情形

服刑罪犯的奖励分为行政奖励与刑事奖励，监狱根据罪犯改造表现，根据计分考核规定，给予相应的行政奖励或提请刑事奖励。服刑罪犯的行政奖励分为表扬、物质奖励、记功、离监探亲；刑事奖励则分为减刑和假释。《监狱计分考核罪犯工作规定》第5条规定："监狱应当根据计分考核结果给予罪犯表扬、物质奖励或者不予奖励，并将计分考核结果作为对罪犯实施分级处遇、依法提请减刑假释的重要依据。"

在服刑改造过程中，监狱对遵守监规纪律，努力学习，积极劳动，有认罪服法表现的；阻止违法犯罪活动的；超额完成生产任务的；节约原材料或者爱护公物，有成绩的；进行技术革新或者传授生产技术，有一定成效的；在防止或者消除灾害事故中做出一定贡献的；对国家和社会有其他贡献的罪犯，可以给予表扬、物质奖励或者记功。被判处有期徒刑的罪犯有以上所列情形之一，执行原判刑期1/2以上，在服刑期间一贯表现好，离开监狱不致再危害社会的，监狱可以根据情况准其离监探亲。

关于记功奖励，《监狱法》第29条规定："被判处无期徒刑、有期徒刑的罪犯，在服刑期间确有悔改或者立功表现的，根据监狱考核的结果，可以减刑。有下列重大立功表现之一的，应当减刑：（一）阻止他人重大犯罪活动的；（二）检举监狱内外重大犯罪活动，经查证属实的；（三）有发明创造或者重大技术革新的；（四）在日常生产、生活中舍己救人的；（五）在抗御自然灾害或者排除重大事故中，有突出表现的；（六）对国家和社会有其他重大贡献的。"

2. 服刑罪犯惩罚的情形

在服刑改造的过程中，对有聚众哄闹监狱，扰乱正常秩序；辱骂或者殴打人民警察；欺压其他罪犯；偷窃、赌博、打架斗殴、寻衅滋事；有劳动能力拒不参加劳动或者消极怠工，经教育不改；以自伤、自残手段逃避劳动；在生产劳动中故意违反操作规程，或者有意损坏生产工具；有违反监规纪律的其他行为等情形之一的罪犯，监狱可以根据其破坏监管秩序的具体情形，给予罪犯警告、记过或者禁闭，构成犯罪的，依法追究刑事责任。对罪犯实行禁闭的期限为7天至15天。

### （六）对罪犯服刑期间犯罪的处理

罪犯在服刑期间犯罪，即被判处刑罚的服刑罪犯在服刑期间实施了违反我国刑事法律并依法应受刑罚惩罚的行为。监狱内的犯罪主要涉及的罪名有脱逃罪、破坏监管秩序罪、组织越狱罪、暴动越狱罪、故意杀人罪、故意伤害罪、故意破坏财物罪等。根据《刑事诉讼法》的规定，罪犯在服刑期间又犯罪的，应当由监狱有关部门进行侦查，侦查终结后，由监狱出具起诉意见书，连同案卷有关材料、证据一起送到人民检察院处理。在罪犯服刑期间，发现了判决时没有发现的罪行，即发现罪犯还有漏罪，应当由执行机关移送人民检察院处理。罪犯服刑期间常见的犯罪类型主要有脱逃、破坏监管秩序、暴力袭警、故意杀人和伤害等罪行。

## 第二节　劳动管理

我国罪犯劳动制度是随着新中国的成立，为适应当时社会的经济、政治、文化和押犯的特点而逐渐建立起来的。对服刑罪犯进行劳动改造，是贯彻落实“惩罚与改造相结合，以改造人为宗旨”的监狱工作方针的重要内容，是监狱的基本改造手段之一，具有鲜明的中国特色。这一制度在对罪犯进行教育和改造的伟大事业中发挥了重要作用，取得了令人瞩目的成就。

### 一、劳动管理的概念

马克思主义认为，劳动是人类区别于其他动物的第一特征。人类依靠劳动改变了世界，劳动也是人类进化的根本动力。我国监狱机关为实现劳动改造目标，由监狱和监狱人民警察依法对有劳动能力的服刑罪犯在监狱内的生产劳动进行计划、组织、领导和控制等管理活动。

监狱对于罪犯的劳动管理不同于社会的企业管理，有其自身的特殊性。一方面，对我国罪犯的劳动管理以国家强制力为保障，具有强制性和法定性。这与西方国家监狱行刑实践中贯彻的“有限强制”原则有所不同，部分欧洲国家甚至实行了在自愿基础上的囚犯劳动制度。例如，在瑞典，根据《机构内矫正治疗法》第10条的规定：“应当为囚犯提供适宜劳动，以便帮助囚犯在释放后有机会过上劳动生活。”[①] 另一方面，我国监狱罪犯劳动管理的目的是教育矫治罪犯。1992年8月，国务院新闻办公室发布的《中国改造罪犯的状况》白皮书中明确指出：“中国政府反对将劳动作为惩罚罪犯的手段，反对用繁重的劳动折磨、虐待罪犯。”“将劳动作为改造罪犯的手段而不是作为惩罚罪犯的手段，在中国改

① 吴宗宪：《当代西方监狱学》，法律出版社2005年版，第764页。

造罪犯的实践中得到贯彻执行。”我国《监狱法》也承袭了这一思想，《监狱法》第3条规定：“监狱对罪犯实行惩罚和改造相结合、教育和劳动相结合的原则，将罪犯改造成为守法公民。”第4条规定：“监狱对罪犯应当依法监管，根据改造罪犯的需要，组织罪犯从事生产劳动，对罪犯进行思想教育、文化教育、技术教育。”

## 二、组织服刑罪犯劳动的功能

美国学者菲利普·赖克尔将监狱劳动分为惩罚性劳动、营利性劳动和改造性劳动。[①] 按照这一监狱劳动分类，组织服刑罪犯劳动的功能可分为以下三个方面。

### （一）惩罚

在世界范围内，自报应刑罚理念产生起，劳动就作为刑罚的一部分，让服刑罪犯在劳动中感受到痛苦，要求罪犯不停地劳动，使其在持续不断的劳动中切身体验刑罚的威吓性。劳动被当作惩罚和奴役服刑罪犯的手段，大量服刑罪犯被迫从事反复踩转轮圈、推转磨盘、滚动石块等纯粹折磨性的无效劳动。随着教育刑的兴起，罪犯劳动才成为改造罪犯的手段。在我国，强制有劳动能力的罪犯参加劳动是希望通过劳动帮助罪犯改正恶习，不再危害社会。惩罚是法律目的，让罪犯劳动是自由刑的补充，是行刑内容的重要组成部分，其应当具有惩罚性，且这种惩罚性并非针对劳动本身，而是指向罪犯接受改造的义务。从根本上来说，让罪犯劳动也是为矫治并且降低重复犯罪率而服务的。

### （二）获利

服刑罪犯的劳动是刑罚执行活动，是一种国家行为和执法行为。罪犯参加劳动生产而产生的利益，是罪犯劳动的副产品和必然产物，是一种经济行为和辅助行为。服刑罪犯从事的是社会化大生产，是一种有效劳动，是社会整体劳动生产的特殊组成部分。因此，服刑罪犯的劳动必然会产生追求经济效益和经济价值的问题，正当的、合理的、与劳动教育矫治相促进的经济追求是促使罪犯劳动目标得以实现的根本保证。没有经济效益的罪犯劳动难以矫治和改造罪犯，只能起到惩罚的作用，且易造成罪犯内心的抵触情绪，不会使罪犯在心理、观念、知识、能力等方面产生积极的反应，管理的目标也无法实现。

### （三）改造

劳动是人的本质。服刑罪犯作为人，作为公民，应当享有劳动权。服刑罪犯

① 参见吴宗宪：《当代西方监狱学》，法律出版社2005年版，第756页。

享有劳动权，但其享有的劳动权与普通劳动者享有的劳动权存在差异。服刑罪犯因实施犯罪行为而受到刑罚惩罚，具有接受教育和改造的义务。《监狱法》第69条、第70条规定：有劳动能力的罪犯，必须参加劳动；监狱根据罪犯的个人情况，合理组织劳动，使其矫正恶习，养成劳动习惯，学会生产技能，并为释放后就业创造条件。由此可见，在我国组织罪犯劳动不是单纯的惩罚，也不是单纯要求产生经济效益，而是将劳动作为改造罪犯的一种手段和载体，通过科学的组织，根据改造罪犯的实际需要，将罪犯劳动与教育学习结合起来，促使罪犯在劳动中养成良好的劳动习惯，掌握劳动技能，朝着守法公民的方向前进。

## 三、劳动管理的内容

### （一）劳动项目的选择

服刑罪犯属于特殊劳动力，具有文化素质、技术水平参差不齐，流动性大等客观特点，加之其受到刑罚处罚，人身自由被剥夺，无法自由选择劳动场所，工种的选择也会受到监狱条件的制约。一般来说，监狱根据罪犯的刑期、犯罪类型、文化构成、年龄等因素引进或建立合适的劳动项目，根据罪犯的特点和改造需要分配适宜的劳动岗位，以及根据罪犯不同的服刑阶段的特点，对劳动项目和劳动岗位进行动态调整，发挥劳动对罪犯的改造作用。

### （二）劳动现场的管理

在我国，传统的罪犯劳动和组织管理集中表现为经验型、集约型、粗放型等类型，管理制度不完善、不规范，监督落实有不少死角。我国建立社会主义市场经济体制以后，罪犯劳动和组织管理把市场经济中的成熟经验和罪犯劳动的特殊情况有机结合，逐渐探索出了一套适应罪犯劳动特点的组织管理模式，如把室外劳动向室内劳动转移；把农业生产、规模企业生产等向劳动密集型、加工型企业转移；实施分类劳动，追求罪犯劳动的针对性和有效性；加强劳动岗位管理、劳动定额管理、技能培训管理；劳动考核越来越精细化和科学化，营造了一种公开、公平、公正的环境和氛围；外役劳动得到有效控制，降低了外役劳动的风险和不规范性等。司法部发布的《监狱服刑人员行为规范》第16条规定："在野外劳动现场需要向警官反映情况时，在三米以外报告。"该条明确规定了劳动中的报告规范。第26条规定："积极参加劳动。因故不参加劳动，须经警官批准。"第31条规定："不将劳动工具和危险品、违禁品带进监舍。"按照统一标准，做好整理、整顿、清扫、清洁、安全和节约工作，规范劳动现场管理。严格贯彻ISO9001质量体系认证标准，实施全面质量管理，使对服刑罪犯的劳动和组织管理达到规范化水平。

（三）劳动保护和安全生产

服刑罪犯的劳动保护问题一直受国际社会的高度关注，尽管服刑罪犯因实施了犯罪行为而受到刑罚惩罚，导致自由被剥夺，但刑罚惩罚的内容并不包括罪犯的生命健康权。国家有义务加强对服刑罪犯劳动安全的保护，所以，在罪犯劳动管理中，应当坚持每日进行安全检查，定期养护生产设备，保证劳动场所环境，以及保护用具的发放要达到社会同类行业同类工种标准；对噪声、粉尘等可能危害服刑罪犯健康的因素，监狱应当采取有针对性的防护手段，有效保护服刑罪犯劳动安全，减少劳动伤亡事故和职业病的产生。在安排工种时应充分考虑劳动强度与劳动难易程度，安排与服刑罪犯生产能力相适应的工作岗位。同时，监狱应当重视劳动安全培训，提高服刑罪犯安全保护意识，使其熟练掌握劳动安全规章制度和生产操作流程。在劳动安全培训中，可以通过讲解劳动事故的案例，帮助服刑罪犯了解劳动中的危险因素以引起警惕。监狱还可组织消防、急救等演习以增强服刑罪犯面临突发事件的自救能力。《监狱法》第 73 条规定：“罪犯在劳动中致伤、致残或者死亡的，由监狱参照国家劳动保险的有关规定处理。”因此，监狱还应完善服刑罪犯的工伤补偿机制。

（四）劳动时间

1994 年，联合国调查发现，世界各国罪犯的劳动时间通常为 5 小时到 8 小时。我国监狱实行“8511”模式，即每天成年罪犯劳动 8 小时，每周劳动 5 天，1 天学习，1 天休息。关于罪犯劳动时间，司法部监狱管理局 2005 年 9 月 26 日发布的《关于解决服刑人员超时劳动问题的规定》除了重申严格遵守《关于罪犯劳动工时的规定》之外，第 4 条还专门对加班问题作了硬性规定：“监狱生产单位经批准后安排服刑人员加班，每次不得超过 3 小时，每周平均不得超过 6 小时，连续加班不得超过 3 天。”在服刑罪犯劳动时间的管理上，监狱要减少劳动时间，防止劳动强度过高，采用科学方式设计、优化劳动方案。

（五）罪犯劳动报酬

我国《监狱法》第 72 条明确规定：“监狱对参加劳动的罪犯，应当按照有关规定给予报酬并执行国家有关劳动保护的规定。”因此，对罪犯实施公平、合理的劳动报酬是《监狱法》赋予罪犯的一项法定权利。《监狱法》颁布之前，我国监狱机关一直实行的是罪犯劳动“假定工资制”和低报酬制，罪犯的劳动收入直接当作罪犯在狱内的伙食费、被服费、零用钱、杂支费、医药费、教育费等，罪犯往往是以实物形式得到了报酬，这虽然是与国家的计划经济形势相适应的，但给人的感觉往往是罪犯劳动是无偿或低酬的。《监狱法》颁布后，我国逐步实行了科学合理的罪犯劳动报酬制。在这里，有两个学界争议的问题需要说明。①

1. 何为罪犯的劳动报酬?

对于这一概念，学界定义颇多。通说认为，罪犯劳动报酬是“监狱根据罪犯劳动价值，参照社会分配原则，在监狱企业成本费用中列支的，应当给予参加劳动罪犯的，由监狱引导使用的实物和货币”。如果将此作为罪犯劳动报酬的定义，那么就彰显出罪犯劳动报酬具有权利实现、价值关系、改造机制的本质，具有公平原则变异性、报酬关系非契约性、劳动价格非谈判性、报酬获取非机会性、经济效益淡化性和非自由支配性的特征。

罪犯劳动报酬因为劳动主体的特殊性、劳动场所的特殊性、劳动目的的特殊性导致其内涵不同于一般意义上劳动报酬。其本质是在市场经济条件下对罪犯劳动改造表现和结果的评价手段，是基于罪犯积极劳动或超额完成生产任务或技术革新、传授生产技术等情形给予货币化物质奖励的一种形式。

2. 为什么要给罪犯劳动报酬?

给予罪犯劳动报酬，既是我国社会发展和文明进步的必然，也是监狱改造罪犯的战略考虑。首先，我国自新中国建立到1994年《监狱法》颁布前，对于罪犯劳动问题一直没有相关的法律予以规制，都是将强制罪犯劳动作为刑罚执行的内容、惩罚罪犯犯罪行为的方法、改造罪犯行为的手段，罪犯劳动一直被定位为服刑期间应尽的义务。《监狱法》明确将罪犯劳动规定为罪犯服刑期间的权利，监狱对参加劳动的罪犯，应当按照有关规定给予报酬。因此，给参加劳动的罪犯支付劳动报酬是国家法定的义务，是监狱必须履行的法定义务。其次，新中国成立后，除法治不健全之外，经济上一穷二白，无力支付罪犯的劳动报酬。《监狱法》颁布后，由于监狱的经费不能全额保障，监狱一直没有贯彻《监狱法》关于给予罪犯劳动报酬的规定。进入21世纪以来，我国加大了监狱经济体制改革的力度，监狱资金得以保障，具备了为罪犯劳动发放劳动报酬的经济基础。再次，现代监狱企业化运作方式更加需要对“监狱企业”的劳动者即罪犯给予劳动报酬进行激励。最后，支付罪犯劳动报酬也是巩固改造成果，预防罪犯回归社会后重新犯罪的需要。实践表明，罪犯回归社会后，稳定的生活保障是预防其重新犯罪的一个重要原因，特别是罪犯出狱后的第一年为重新犯罪的高发期。如果能有一笔资金作为再次创业和生活保障的基础，多数罪犯能度过这一高危期，罪犯劳动报酬很大一部分由监狱代罪犯存入银行，待罪犯刑满释放时发还本人。这既促进罪犯的教育改造，又能帮助罪犯储蓄一定的生活费用以度过刑满出狱初期这一重新犯罪的高危期。

---

① 参见连春亮、张峰:《罪犯矫正模式论》，群众出版社2014年版，第108－109页。

# 第三节　生 活 管 理

丘吉尔说过：社会民众对于犯罪与犯罪人处遇之态度，乃为对任何国度文明最佳之试金石。服刑罪犯虽然因为实施犯罪行为而被判处刑罚，被依法剥夺和限制人身自由，但仍是国家公民，其未被剥夺的权利仍然应当得到保障，其生存权和健康权不可被剥夺，应受到宪法和法律的保护。

## 一、生活管理的概念

罪犯生活管理是监狱管理矫正的重要内容。服刑罪犯的生活管理是指监狱对服刑罪犯的衣、食、住、用和医疗卫生等方面所实施的管理活动。罪犯生活管理工作是监狱工作的重要组成部分，是保证改造和生产顺利进行的物质基础，它关系党的监狱工作方针、政策是否贯彻执行，关系社会主义人道主义的正确体现，也关系国际人权斗争，是一项政策性很强的工作。它的每一项具体工作，即衣、食、住、用、医疗都是人生存所必需的基本条件，又都与经济有关，都离不开市场。在现代社会，服刑罪犯的生活管理就是保障罪犯生活的最低待遇和身体健康，规范罪犯服刑生活卫生秩序，实现感化罪犯、矫正罪犯的目的。

## 二、服刑罪犯衣、食、住、用的管理

### （一）罪犯被服管理

服刑罪犯按规定着囚服，对于维护监狱这一特定场所的秩序与稳定具有重要的意义。世界上大多国家的监狱系统都规定，罪犯必须按规定着囚服。如美国马里兰州矫正局《罪犯手册》规定，罪犯必须遵守矫正机构有关衣着的规定。我国《监狱法》第51条规定："罪犯的被服由监狱统一配发。"监狱应当严格按照在押罪犯被服实物量标准配发罪犯被服，实行新收罪犯入监被服"零带入"。罪犯被服和囚鞋应按司法部规定的统一样式配发，罪犯内衣裤等其他未经司法部统一样式的被服由省（区、市）监狱管理局规定制式并统一配发。监狱应当统一安排罪犯清洗、晾晒被服。监狱可根据实际，配备大型被服的洗涤、烘干设备，并安排专人负责清洗、消毒、晾晒和收纳整理等工作。

### （二）罪犯饮食管理

在饮食方面，监狱应当保障罪犯吃饱、吃熟、吃热、吃卫生。《监狱法》第50条规定："罪犯的生活标准按实物量计算，由国家规定。"第52条规定："对少数民族罪犯的特殊生活习惯，应当予以照顾。”监狱应当照顾少数民族罪犯的特殊生活习惯，对有特殊饮食禁忌的，单独设置少数民族灶。根据医嘱为病犯提供病号餐。罪犯就餐地点应当以监区（分监区）为单位分散设置，避免过于集中。未实行罪犯单人专用餐具的监狱，应配置消毒柜，对罪犯餐具统一消毒。

为保障监狱的饮食安全和体现公平性原则，监狱对罪犯的饮食作了一些禁止性规定：严禁向罪犯收费为其单独开设小灶；禁止罪犯家属会见时为罪犯捎带食品；严禁监狱人民警察、外协人员和其他人员私自为罪犯捎带食品、药品等。

罪犯食堂刀具应由监狱人民警察直接管理，并做好刀具的保管、登记、分发和回收工作。罪犯食堂应使用安全、经济、清洁的能源。这些管理制度在监狱普遍得到比较好的落实。要做到科学配膳，合理调剂，精细管理，杜绝浪费。

（三）罪犯居所管理

监狱罪犯的居所是指罪犯居住的监舍和居住区域内设置的配套设施。《监狱法》第53条规定：“罪犯居住的监舍应当坚固、通风、透光、清洁、保暖。”监狱在建设过程中，要根据《监狱建设标准》建设罪犯监舍、浴室、晾衣房、储藏间、厕所等。监狱应当对罪犯监舍实行单人单铺管理，统一配置监舍内设施、器具和物品，并实行定置管理。根据监狱关押对象的不同确定监舍楼每间寝室的关押人数。如中度戒备监狱，每间寝室关押男性罪犯不应超过20人；关押女性罪犯和未成年罪犯不超过12人；关押老病残罪犯不应超过8人，床位宜为单层。监舍应当防火、防潮，保证供水、供电，北方地区监舍应当保证供暖，夏季高温地区监舍应当配置防暑降温设施。监舍应当做到整洁、卫生、透光、通风、无异味。尚未禁烟的监狱应当设置专门吸烟区。在监房管理中服刑罪犯必须遵守司法部发布的《监狱服刑人员行为规范》的要求，实现规范管理、安全管理和卫生管理。

## 三、罪犯疾病防治

监狱应当设置专门机构负责监狱的疾病预防与控制工作，开展疾病预防、控制知识和卫生保健知识宣传教育，定期安排罪犯进行体检、洗浴和晾晒被褥等，并按规定将罪犯的疾病防控工作纳入监狱所在地区的疾病防控计划。在当地疾病防控部门的指导下，按照有关规定做好肺结核、艾滋病、病毒性肝炎等传染病的筛查、监测和防控工作，做好精神疾病的防治工作，并建立信息报告制度，健全疾病防控预警机制。监狱应提供保健服务，维护罪犯的身心健康。在我国，保健团队由专业民警和社会上的专业医生共同组成，社会医生的工作方式包括入狱访问和视频诊断两种形式。联合国《囚犯待遇最低限度标准规则》要求：保健服务部门与一般公共卫生管理部门保持密切联系，或纳入一般公共卫生管理。从目前来看，我国监狱卫生已经基本纳入一般公共卫生管理，疫情防控都已纳入公共卫生疫情防控系统，与精神病院等医院建立了良好的合作关系。

### 四、药品管理

监狱医疗机构应当按照《药品管理法》进行药品采购、保管和使用。每个监区配备统一的药品橱柜，药品由监狱干警统一保管，并定期检查药品储存使用及台账登记情况。经监狱审查批准，患有心脏病类疾病的罪犯可随身带有必要抢救量的急救药品。患病罪犯需要服药的，由医务人员或监区干警严格按照医嘱发放服用，及时登记，做到送药到手、看药入口、咽下再走。严禁罪犯私藏药品。

### 五、罪犯医疗管理

《监狱法》第 54 条规定：“监狱应当设立医疗机构和生活、卫生设施，建立罪犯生活、卫生制度。罪犯的医疗保健列入监狱所在地区的卫生、防疫计划。”监狱医疗机构应当依法申领医疗机构执业许可证，依法执业。省（区、市）监狱管理局中心医院（区域性中心医院）应当至少按照二级综合医院基本标准设置。监狱医院、卫生所（医务室）应当按照《监狱医疗机构设置和基本标准》设置。监狱对患病罪犯应当及时诊治。监狱医疗机构根据罪犯身体健康情况，实行罪犯疾病分级管理。做好常见病、多发病的诊治、急诊抢救和转诊工作，建立巡诊制度，主动开展医疗活动。罪犯患病应首先在监狱医疗机构诊治，监狱医疗机构难以诊治的，可请社会医院专家入监会诊或送往省（区、市）监狱管理局中心医院、社会医院诊治。在医疗过程中，常常涉及罪犯死亡问题，依据《监狱法》的规定，如果罪犯在劳动中致伤、致残或者死亡的，由监狱参照国家劳动保险的有关规定处理。另外，罪犯在服刑期间死亡的，无论是因何种原因死亡，监狱必须立即通知罪犯家属和人民检察院、人民法院。罪犯因病死亡的，由监狱作出医疗鉴定。人民检察院对监狱的医疗鉴定有疑义的，可以重新对死亡原因作出鉴定。罪犯家属有疑义的，可以向人民检察院提出。罪犯非正常死亡的，人民检察院应当立即检验，对死亡原因作出鉴定。

## 第四节　学习管理

罪犯之所以犯罪，是因为其在社会化过程中，受社会不良因素影响，产生了消极的不良认知和犯罪心理，存在社会化缺陷，最终实施了犯罪行为。文化程度低下、认知消极扭曲是其走向犯罪的直接原因。长期的教育矫正实践证明，有目的、有计划地加强服刑罪犯的教育矫正，有助于消除他们不良的思想，提高认知，掌握生活技能，促进服刑罪犯顺利回归社会，成为守法公民。

## 一、学习管理的概念

学习管理是指监狱机关和监狱人民警察利用管理学的原理和方法，坚持以改造人为宗旨，对罪犯进行形势政策教育、法制道德教育、文化技术教育等活动的计划、组织和控制的行为。组织服刑罪犯接受学习，是教育矫正的基本手段之一，在我国监狱实践中被称为教育改造。教育改造是监狱改造工作的本职内容，也是监狱管理工作的中心任务。

《联合国囚犯待遇最低限度标准规则》规定，文盲囚犯及青少年囚犯应接受强制教育。[①] 法国、意大利直接规定了罪犯教育是一种义务。[②]《俄罗斯联邦刑事执行法典》第112条第1款（被判处剥夺自由刑人员的普通教育）规定，未满30周岁的被剥夺自由刑囚犯应当在劳动改造机构内组织强制接受普通教育。日本和韩国的法律规定，对于没有完成基础教育的罪犯，应当对其进行适当教育。还有一些国家不采取强制性规定，鼓励罪犯自愿参加，同时，监狱提供这方面的服务。比如，加拿大以及澳大利亚的某些州就采取这种做法。《联合国保护被剥夺自由少年规则》则采取了鼓励和自愿相结合的原则。《欧洲监狱规则》将教育视为一种权利，并且优先考虑缺乏基础教育和职业教育的罪犯。对于高等教育，国外一般不会强制罪犯参加，但是，意大利、加拿大等国家鼓励罪犯参加高等教育。从教育规律来看，监狱鼓励罪犯参加基础教育，而罪犯能够自愿地、主动地参加教育往往会取得更好的效果。

## 二、罪犯学习管理的内容

### （一）制订教育计划

为巩固提升教育改造质量和增强罪犯回归社会后适应社会的能力，不同的服刑阶段学习教育内容的侧重点不同。制订教育计划有助于服刑罪犯实现预期的学习目的。服刑罪犯的教育计划应明确罪犯教育的目标、内容和步骤等，在制订教育计划的过程中，应尽量让服刑罪犯充分参与其中，鼓励罪犯发挥主观能动性，这有利于教育计划的执行。为了掌握和跟进罪犯教育的具体情况，从入监到出监的整个过程中的重要节点都应当对罪犯的教育计划进行监控、评估和更新。

---

① 《纳尔逊·曼德拉规则》之规则104。

② 《意大利监狱法》第60条规定，没有完成义务教育的未成年被监禁人员必须参加教育活动。由此来看，义务教育对未成年犯来说是强制教育。

（二）确定课程内容

我国有关罪犯教育学习的规定集中体现在我国《监狱法》、《监狱教育改造工作规定》和《教育改造罪犯纲要》中，罪犯接受教育的内容包括文化、职业、法治、道德、形势政策等。思想教育主要包括认罪悔罪教育、法律常识教育、公民道德教育、劳动常识教育、时事政治教育等。服刑罪犯没有完成国家规定的九年义务教育且年龄不满45周岁的，能够接受正常学习的罪犯，必须接受义务教育。已经完成义务教育或年龄在45周岁以上的罪犯，监狱鼓励其参加文化学习。为了使罪犯刑满释放后回归社会能有一技之长，监狱根据服刑罪犯在监狱内劳动岗位技能要求和刑满释放后就业需要，对服刑罪犯进行适当的岗位技术培训和职业技能教育，经考核合格的，由劳动部门发给相应的技术等级证书。

（三）安排授课地点和时间

《教育改造罪犯纲要》规定：监狱应当依照规定设立教室、谈话室、文体活动室、图书室、阅览室、电化教育室、心理咨询室等教育改造场所，同时配备相应的设施。随着现代科学技术的发展，监狱要加大对现代信息技术的利用，建设智慧教室，进行云上学习。关于罪犯的教学时间要求，成年罪犯的教学时间每年不少于500课时。对新入监的罪犯，应当建立服刑改造专档，集中进行两个月的入监教育，对入监教育后考核不合格的，应当延长入监教育时间，时限为一个月。对即将出监的罪犯集中进行三个月的出监教育。此外，对于未成年服刑罪犯进行思想、文化、技术教育的教学时间，每年不少于1000课时。未成年犯的劳动，以学习、掌握技能为主；劳动时间，每天不超过4小时，每周不超过20小时。16周岁以下的未成年犯不参加生产劳动。

（四）不同组织部门或机构之间的任务分工与合作

国外罪犯教育的组织主要有三种模式：一是由教育部门主导；二是教育部门与司法部门平等合作；三是由监狱主导，外部教育机构予以支持。

我国《监狱法》第5章“对罪犯的教育改造”规定，在罪犯学习教育内容方面，要求文化和职业技术教育应当列入所在地区教育规划。服刑罪犯学习管理的原则应当根据监狱生产和罪犯释放后就业的需要，对罪犯进行职业技术教育，经考核合格的，由劳动部门发给相应的技术等级证书。从《监狱法》的规定来看，罪犯教育的组织是监狱的责任，公共教育部门在罪犯教育中的责任除颁发学业证书之外，没有更多更明确的规定。2019年4月中办和国办联合印发的《关于加强和改进监狱工作的意见》的精神表明，在全面深化教育改造过程中，需要大力创新罪犯改造的方式方法，促使罪犯文化教育纳入当地规划，建立财政部门出资、教育部门培训并监管发证、司法行政部门管理的运行机制。

## 三、服刑罪犯学习管理的原则

### （一）分类管理原则

分类管理，就是根据服刑罪犯的性别、年龄、经历、犯罪性质、罪行轻重、刑期长短、矫正表现等不同情况，将服刑罪犯分为不同类型，针对不同特点，采取不同的管理方法进行管理。分类管理是行刑个别化原则的一种体现。遵循分类管理原则，关键是要按照不同标准进行科学分类，实现分押分管，认真研究各类服刑罪犯的特点和矫正规律。

服刑罪犯的分类学习管理，是指在分类管理、分类处遇、分类矫治的基础上，针对不同类型服刑罪犯开展的行之有效的学习管理方法和措施，重在关注服刑罪犯的特殊性问题。在服刑罪犯管理过程中，分类管理与分类教育具有内在关联性，是一个不可分割的整体，分类管理是保障，分类教育是目的和归宿，只有把分类管理做到位，才能保证分类教育的效果。分类教育追求的目标是实现最好的教育和矫正效果，这种目标的实现与服刑罪犯的知识结构、学历水平、人格状况、价值观念等因素关系密切。我国监狱的服刑罪犯学习管理工作应当在综合性教育的基础上分别制订不同的服刑罪犯管理方案，对不同类型的服刑罪犯实施不同方案的学习管理。

### （二）以理服人原则

以理服人是指在服刑罪犯学习管理中，通过说理的方式，引导人的自由意志，产生说服人的学习管理效果。学习管理要坚持摆事实、讲道理，耐心细致，循循善诱，使服刑罪犯分清是非，提高认知水平。贯彻以理服人原则的基本要求：

第一，坚持摆事实，讲道理。“摆事实是讲道理的基础，讲道理是摆事实的深化，二者必须有机结合。”[①] 事实是指被实践检验过的客观存在，是和服刑罪犯密切相关的、具有典型性的事实，这种事实能够让服刑罪犯信服。讲道理是通过事实分析其中内涵的道理，从而辨明是非曲直。

第二，坚持疏通引导。服刑罪犯学习管理工作，就是教育改造和转化服刑罪犯的思想，不断提高认识和改造世界的能力，充分发挥服刑罪犯的积极性和创造性，为达到此目的，在学习管理工作中要坚持疏通引导的方针，这不仅符合服刑罪犯的思想发展规律，也有利于化解矛盾，解决问题。疏通是指利用各种言论渠道，让服刑罪犯集思广益、畅所欲言，把自己的需求与建议真实地表达出来。引导就是采用循循善诱、说服教育的方法，让服刑罪犯能实事求是地分析和认识自

① 贾洛川主编：《罪犯教育学》（第2版），北京大学出版社2016年版，第84页。

己的犯因性问题，指导服刑罪犯解决问题。

第三，坚持耐心说服。在学习管理中要做耐心细致的思想工作，使服刑罪犯心服口服，使其通过挖掘自身潜存的犯因性因素，转化自己的错误思想观念，树立正确的思想观念。

第四，以情感人，情理结合。人的全部心理活动都离不开情感，情感犹如强大的驱动力，主导着人们的行为。服刑罪犯学习管理是教育人、转化人、改造人的工作，其本身就是一个交流情感、转化思想的过程。情感就成为沟通管理工作者与服刑罪犯之间信任的桥梁与纽带，是打开服刑罪犯心灵之门的钥匙，是解决服刑罪犯犯因性问题的催化剂。因此，贯彻以理服人原则，必须深入研究服刑罪犯的思想活动的新情况、新特点，讲究学习管理方法和艺术，少点说教气，多些"人情味"，这是增强学习管理效果的重要一环。

（三）循序渐进原则

在服刑罪犯学习管理过程中，应根据罪犯的认知发展和罪犯的思想转化规律，制订工作计划，分阶段、有步骤地实施管理活动。要了解、掌握人在不同阶段心理和行为发展的特点，要明确服刑罪犯思想转化的规律，从实际出发，持之以恒，推进服刑罪犯的良性转化。

（四）注重实效原则

我国监狱坚持惩罚与改造相结合，以改造人为宗旨，要实现改造人这一目的，在学习管理过程中就要综合运用各种手段，教育矫正服刑罪犯的思想和行为，使其成为守法公民。应充分了解和掌握罪犯的思想动态，充分考虑罪犯的自身情况，着眼于罪犯顺利回归社会，不断改进创新学习的内容和形式，使服刑罪犯能够主动学习，享受自主学习的过程。要把规范罪犯行为与矫正罪犯犯罪意识有机结合起来，增强各种改造手段和措施的实际效果。

# 第十四章

# 监狱行刑

监狱以执行刑罚为使命，惩罚性是监狱最鲜明的符号特征，这是不同社会、不同国家监狱的共性。监狱是我国刑罚执行活动最基本的载体，监狱活动最能真实地体现我国刑罚执行的样态。但是，由于刑罚执行和实施惩罚的目的不同，其手段也不尽相同。古代监狱对罪犯行刑的手段紧紧围绕着对罪犯的肉体摧残、精神的折磨，对其实行残酷虐待，使罪犯处于极度痛苦之中。现代社会监狱则从防卫社会的目的出发，为使罪犯出狱后能适应社会生活，在行刑手段上逐步文明和进步，着眼于矫正或改造，以利于罪犯回归社会。

## 第一节　监狱行刑原理

### 一、监狱行刑的特征

监狱行刑可称为狭义的刑罚执行，是指将被判处死刑缓期两年执行的罪犯、无期徒刑的罪犯、有期徒刑的罪犯置于监狱中，剥夺人身自由并进行改造的过程。监狱行刑实质上是将抽象的刑法规定加以具体运用的动态过程。

在我国，监狱行刑作为刑罚执行的一种措施和过程，泛指经过人民法院判决，应在监狱服刑的罪犯适用的刑罚。执行刑罚就是使抽象的刑罚以一定形式的刑事法律制裁措施或某种具体处理结果付诸实施。监狱行刑就是具体实施的方式，它具有以下几方面特征。

#### （一）监狱行刑权力的法定性

监狱行刑的权力是由国家赋予的。刑罚执行的权力，也就是通常所说的行刑权，是刑罚权的内容之一。而刑罚权则是国家权力的外在表现形式之一，是国家基于独立主权对犯罪者实行刑事制裁的权力。刑罚执行的权利只能属于国家所有，刑罚执行只能由国家授权的特定国家机构进行。根据我国《刑事诉讼法》的有关规定，刑罚由人民法院、公安机关和监狱负责执行。监狱行刑权由法律规定的专门监狱机关的监狱人民警察来实施，在刑罚执行过程中，监狱人民警察对罪犯依法进行监督和管理，罪犯必须服从，否则就要受到相应的处罚。

（二）监狱行刑的政治性

国家的政治上层建筑主要由国家政权机构、政治制度、法律制度、警察、法庭、监狱等政治组织形态和设施组成，国家政权、政治制度、法律制度需要通过警察、法庭、监狱、政府等设施的运行来实现。其中，核心问题是国家政权问题。监狱是社会政治结构的基本组成部分，也是维护政权归属的强权机关。在新民主主义革命时期，监狱是人民专政的工具，用以镇压敌人、惩罚犯罪、维护革命秩序；1949 年新中国成立初期，监狱以镇压反革命、巩固新政权为职责，明确了惩罚管制与思想改造相结合、劳动生产与政治教育相结合的工作方针；1981 年第八次全国劳改工作会议后，我国逐步加快监狱法治进程，以刑罚实施来维护国家社会治理秩序，巩固和保障国家政权。监狱的依法运行，进一步强化了其镇压职能和维护社会治理秩序的权威性。因而，政治性是其本质，是其存在的第一属性。①

（三）监狱行刑对象的特定性

监狱行刑的对象，即行刑客体是特定的，必须具有可执行性，必须是经法院判决认定犯罪并科处某种刑罚的犯罪人，这是执行刑罚的前提。首先，从法律意义上来说，罪犯必须有罪。其次，刑罚执行的对象还必须满足经法院判决科处一定的刑罚这一要件。“经法院判决认定有罪”和“被判处一定的刑罚”是构成行刑客体的两个根本要件，二者必须同时具备，缺一不可。监狱行刑的对象是被判处死刑缓期两年执行的罪犯、无期徒刑的罪犯、有期徒刑的罪犯。

（四）监狱行刑过程的合法性

所谓监狱行刑过程的合法性，是指监狱机关必须依据法院刑事判决和裁定所确定的刑罚内容，严格遵循法律规定的程序，正确地执行刑罚。由于监狱刑罚执行的结果关系对罪犯的一定权益的剥夺，关系刑事诉讼任务的实现，所以监狱执行刑罚过程必须严格依法进行，以保证判决和裁定所确定的刑罚内容得以实施。

（五）监狱行刑措施的惩罚性

刑罚的目的，无论是在一般民众的自然感情中，还是在学院教师的一般理解

① 参见陶新胜：《监狱行刑的基本任务与基本手段选择——现代监狱刑罚执行基础问题研究（三）》，载《安徽警官职业学院学报》2018 年第 5 期。

和教学中，“报应刑无可争辩地占有统治地位”①，“而刑罚的唯一的法根据应当是他的符合目的性”②。从监狱的历史来看，任何监狱都是国家政权镇压敌对阶级和敌对势力反抗与破坏，惩罚社会反抗者、违法者，维护阶级利益和统治秩序的专政工具之一。它以刑罚执行为载体，通过监狱剥夺、限制罪犯的人身自由，实施罪罚相当的惩戒，具有严厉的惩罚性。因此，惩罚性是刑罚的固有属性，也是监狱存在的天然属性。给予罪犯严厉惩罚，以实现刑罚的目的。惩罚性是国家意志通过刑罚来实现的，因而，监狱的惩罚性也即监狱的法律性（刑罚性）的主要反映，它是国家意志维护阶级利益和刑罚维护统治秩序的本能性的体现。失去惩罚的监狱不是监狱。

（六）监狱行刑时空的相对稳定性

所谓行刑时空的稳定性，是指已经发生法律效力的判决和裁定所确定的刑罚，除因发生法定事由并经法定程序进行变更、调整外，任何机关和个人均不得变更或撤销，这是法律的严肃性所决定的。这种稳定性是相对的，在执行刑罚的过程中，如果发生法律规定的刑罚执行变更的事由，则应依照有关刑罚执行变更程序，对原判确定的刑罚进行修正、调整或变通，如减刑、假释等。这种刑罚执行变更必须在刑罚适用的基础上发挥作用，必须在确认原裁判正确有效的基础上进行。③

## 二、监狱行刑理念

现代监狱行刑理念，是指导监狱制度设计和监狱行刑实际运作的理论基础和主导价值观，它蕴含着法律理性和社会正义的价值追求。现代监狱行刑理念是在对罪犯执行刑罚过程中形成的一种意识形态，并且它应当是最高的、根本的、宗旨性的意识形态，是主导监狱行刑发展的价值观。

（一）安全的理念

安全是监狱行刑工作的基础。监狱的任务之一就是维护社会的安全与秩序。随着时代的进步和社会的发展，监狱安全的内涵也在不断发展和深化。最初监狱安全主要指不发生罪犯脱逃、自杀及重特大案件，其后安全则包括整个监狱行刑发生事故的可能性。现代监狱行刑理念，既需要监狱保持运行秩序稳定，也需要降低刑满释放人员的重新犯罪率，也就是将降低社会风险纳入监狱安全的范围

① ［德］冯·李斯特：《论犯罪、刑罚与刑事政策》，徐久生译，北京大学出版社2016年版，第2页。

② ［德］冯·李斯特：《论犯罪、刑罚与刑事政策》，徐久生译，北京大学出版社2016年版，第3页。

③ 参见张文学主编：《刑罚执行变更理论与实务》，人民法院出版社2000年版，第56页。

内。监狱行刑必须以安全为基础，只有在安全的保障下，才能有效防范各类行刑风险，保证监狱运行的稳定有序，从而使行刑工作得以正常有效开展。

（二）矫正的理念

在我国，将罪犯矫正好是行刑的基本目的。陈兴良教授认为，“刑罚执行阶段，主要是指行刑过程。在这一阶段，行刑者应当根据犯罪人的人身危险性以及犯罪情节，采取有效的改造措施，消除其再犯可能”①。在实践中，“以改造人为宗旨”一直引领着我国行刑工作的方向。矫正的理念反映出行刑工作所追求的价值就是要最大限度地提高罪犯改造质量，减少和消灭社会中的不安定因子，维护社会稳定，保障人民的安全。在具体工作中，需要将传统教育与现代教育结合起来，将监狱矫正和社会帮教结合起来，需要不断发展和创新矫正技术和矫正手段，对罪犯进行全方位的教育和矫正，从而切实提高矫正的质量和水平。

（三）公正的理念

公正就是公平与正义。党的十八届四中全会，强调了“公正是法治的生命线”，将公正提到了一个很高的地位。监狱行刑作为国家执法工作的重要组成部分，必须坚持公正执法的理念，切实做到法律面前人人平等。一是无论是谁受到法律的惩处都要毫不例外地执行，确保法律的判决得到严格的实施。二是在执法过程中，平等地对待每名罪犯。无论罪犯因何犯罪、所犯何种罪行、受到何种惩处，其人格都是平等的，监狱必须平等地对待每名罪犯，不能加以任何形式的歧视，同样也不能因法律以外的原因给予特权。三是合理的区别对待。如果说“法律面前，人人平等”是形式上的公正，那么不同情形区别对待就是实质上的公正。四是行刑公正包含行刑公开。英国大法官丹宁勋爵曾说，“正义不仅要实现，而且要以看得见的方式实现”，只有以能感知的方式来展示行刑的过程，才能让人们打消疑虑，使其感受到法律的公平正义。

（四）人权的理念

“人权是人依据自身的本性所享有和应当享有的权利。”② 自人权运动开始被提出后，在“天赋人权”等理念的影响下，世界各国对于人权的概念有了新的认识。1948 年，联合国通过了《世界人权宣言》，该宣言第 1 条就提出“人人生而自由，在尊严上和权利上一律平等。他们赋有理性和良心，并应以兄弟关系的精神相对待”③。重视和保障人权已经成为全世界的共识，并成为社会现代化的重要标志。在我国，人权也越来越受到重视，2004 年“国家尊重和保障人权”

---

① 陈兴良：《刑罚目的的新论》，载《华东政法学院学报》2001 年第 3 期。

② 李步云主编：《人权法学》，高等教育出版社 2005 年版，第 1 页。

③《世界人权宣言》第 1 条。

被写入《宪法》更是我国人权发展道路上的里程碑。周永坤教授曾经说过，“公民与权利是密不可分的，没有权利就没有公民”①。罪犯作为国家公民的一部分，其人权毫无疑问应该受到保护。但在监狱的行刑过程中，罪犯的自由受到极大的限制，其实现自身未被剥夺的权利必须得到监狱的帮助，否则这部分权利难以得到实现，甚至受到侵害。所以，监狱行刑必须树立尊重和保障罪犯人权的基本理念，防止公权力对罪犯权利的侵害，禁止严酷的各类惩罚措施，保证刑罚的设定和使用都是文明的和规范的，对罪犯的管理、教育和矫正都必须控制在人的尊严所能承受的范围之内，使罪犯的权利得到保障，也有利于罪犯在真正意义上得到“重生”。

（五）科学的理念

科学不是一种信仰，而是一种态度。所谓科学，就是主观与客观的统一，而不是个人的主观想法或单纯的经验。可以说，整个现代文明就是建立在科学的基础之上的。科学不仅体现在物质文明的生产方面，而且对精神文明、社会文明也起着重要的作用。要做好行刑工作，必须要有科学的态度。行刑的科学至少有以下方面：一是科学地认识犯罪。犯罪作为一种社会现象，是不可避免的必然现象。二是科学地认识罪犯。罪犯应回归法律的概念，罪犯是违反了法律的公民，拥有未被法律剥夺的基本权利。三是科学地认识矫正。对于矫正功能的认识要理性客观，既不能过分夸大矫正的功能，认为矫正能够转化所有的罪犯；也不能消极被动，认为矫正无用，进而无所作为。要从社会的全局来看待矫正，了解罪犯结构，掌握矫正规律，善用教育技巧，充分发挥行刑的基本作用。

（六）法治的理念

法治理念是关于法治的思想观念、价值判断的总和，表现为人们在知识、感情、意志、信念等层面对于法治的理性化观念。法治理念与法治观念、法治意识、法治思想、法治思维、法治信念、法治信仰、法治理论、法治理想、法治原则、法治精神等，虽然都表现为主体对法治的主观认识，但法治理念与上述概念有明显的区别。法治理念是法治社会的基石，是各种法治现象背后不变的本质，具有客观性、指导性、发展性、开放性等特征，对于监狱法治发展发挥着表征、中介、预测、引导、进化等作用。现代监狱要求在法治理念的指导下进行规范的法治实践，从规范民警执法行为向由行为到程序、由内容到形式、由决策到执行一体化规范的转型升级。

（七）行刑一体化的理念

传统的监狱行刑理念带有一定的孤立、封闭的色彩，监狱同社会的交流较

① 周永坤：《公民权利》，人民出版社2010年版，第3页。

少，同时不大注重自身形象的宣传，使外界对之缺乏了解而产生一些误解和偏见，且监狱同其他司法机关之间缺少互动，对国家刑事立法的影响甚微，而现代刑事政策一体化的思想，要求动用各方面的力量采用各种方法共同来预防犯罪、改造罪犯，各个执法部门已不再是相互独立的部门，而是相互联系的整体。监狱行刑机关应积极参与行刑一体化的体制，尽力改变自己在刑事司法系统中消极、从属的地位，积极对刑事立法工作发表意见，从而同其他部门一起共同构筑一个动态平衡、良性运转的刑罚权运作机制。

## 三、监狱行刑目的

监狱行刑的目的是监狱通过行刑活动所希望达到的结果，是刑罚目的在行刑阶段的具体表现。监狱行刑的目的是监狱行刑的方针、政策、原则和指导思想的集中体现，是监狱行刑制度的出发点和最终归宿。《监狱法》第 1 条规定："为了正确执行刑罚，惩罚和改造罪犯，预防和减少犯罪，根据宪法，制定本法。"由此可以看出，监狱行刑的目的分为三个层次：惩罚犯罪、改造罪犯、预防犯罪。

### （一）惩罚犯罪

罪犯是犯罪的主体，对罪犯的惩罚，并不在于精神折磨和肉体摧残，更不是虐待，而在于对自由的剥夺、行为的约束、欲望的抑制。惩罚罪犯具体包括两层含义：一是实施惩罚，使罪犯承担因犯罪所要承担的刑事责任，感到失去自由的痛苦；二是惩罚体现刑罚的尊严，使罪犯产生畏惧，为开展具体的刑罚活动提供条件保障，有效维护行刑场所的秩序与安全。

### （二）改造罪犯

改造罪犯是监狱行刑核心的、非常复杂的工程。罪犯改造是指监狱行刑机关在刑罚执行过程中，使罪犯成为守法公民和自食其力劳动者所进行的系统的活动。简言之，罪犯改造是指监狱行刑机关在依法执行刑罚过程中，为使罪犯成为守法公民，对其实施具有法定性的、强制性的监管、劳动、教育等全部活动。具体内容是：在依法实施监管的前提下，对罪犯进行系统的思想教育、针对性的心理矫治，使之养成良好的行为习惯，培育健全的人格，使其具有适应社会生活的条件。从共性角度理解，罪犯具有犯罪人的属性，需要采取趋同的监管改造措施，接受刑罚，完成刑罚规定的活动内容。从个性角度理解，不同的罪犯，具有不同的生活经历、犯罪背景和原因、不同的人格和服刑态度、不同的服刑价值取向，所以，要采取不同的改造方法和措施。

### （三）预防犯罪

对于监狱行刑而言，预防犯罪的目的处于最高层次，也可以说是监狱行刑的终极目的。通俗地讲，就是通过一系列改造活动，取得罪犯不再犯罪的效果。罪犯不再犯罪可以从两方面来理解：第一，罪犯在服刑期间接受管理，不再犯罪；第二，罪犯刑满释放后，适应社会生活，自食其力，不再犯罪，成为守法公民。作为监狱行刑的终极目的，预防犯罪是改造目的的延续，是改造目的的社会性检验。

## 四、监狱行刑原则

监狱行刑原则是指监狱行刑过程中根据监狱行刑目的而确定的贯穿行刑始终的基本准则。其意义在于对监狱行刑活动进行指导和约束，进而实现监狱行刑目的。本书就行刑教育化原则、行刑个别化原则、行刑民主化原则、行刑人道化原则、行刑社会化原则、行刑效益化原则进行介绍。①

### （一）行刑教育化原则

行刑的教育化原则，“是指从教育改造罪犯出发，采用潜移默化或者善意劝导的方式，而不是单纯以强制压迫的方法，使犯人的思想和行为逐渐良性化。该原则主要包括思想教育、文化教育和技术教育这三项内容。思想教育是对罪犯进行法制、道德、形势、政策、前途等方面的教育。文化教育是对罪犯进行扫盲教育、初等教育以及中等教育。技术教育是根据监狱生产和罪犯释放后就业的需要，对罪犯进行的职业技术教育”②。行刑教育化原则源于教育刑主义，“教育刑论者指出，刑罚的目的不应只是报应犯罪，以给犯罪者造成痛苦来平衡犯罪，而应着重解决预防犯罪问题”③。在现代教育刑理论的指导下，世界各国监狱对罪犯的行刑处遇，诸如监禁控制、生活卫生、教育矫治、劳动等，都以教育矫治罪犯为本，借以达到使罪犯回归社会的目的，这是预防犯罪的根本措施。监狱行刑处遇的中心是教育，教育内容的重点为公民道德、社会生活的必要常识、正常社会生活所必需的技能等。正如有学者主张：“在行刑教育中，把坏人改造教育成为改恶从善的新人是最高的人道主义，是最好的社会政策，是一种有效的、彻底的保卫社会方法。”④“行刑教育思想主要包括以下两个观点：第一，刑罚执行过程即是教育罪犯的过程；第二，教育罪犯是监狱执行刑罚的重要内容。”⑤ 根据

---

① 以下介绍的行刑人道化原则、行刑社会化原则是依据杨春雷2008年在吉林大学的博士论文《中国行刑问题研究》中对二原则的论述整理而成的。

② 马克昌主编：《刑罚通论》，武汉大学出版社2002年版，第493－497页。

③ 张全仁主编：《监狱行刑学》，中国物价出版社2003年版，第75页。

④ 甘雨沛等主编、烟台大学法学研究所编：《犯罪与刑罚新论》，北京大学出版社1991年版，第700页。

⑤ 张全仁主编：《监狱行刑学》，中国物价出版社2003年版，第75页。

世界各国监狱立法的规定，监狱行刑教育化原则主要体现为以下几个方面：第一，对罪犯进行宗教教诲。第二，对罪犯进行道德规劝。道德是法律的先导，是做人的最基本要求，以道德为标准要求罪犯的所作所为应符合人的最基本的伦理要求，以消除罪犯的不良心态，从而树立社会公德观念。第三，对罪犯进行文化教育。文化教育主要是为了消除罪犯愚昧无知的智力状态，提高罪犯的识别判断能力。第四，对罪犯进行职业培训。职业培训主要是为了消除罪犯非法的社会生存技能，树立劳动勤勉观念与习惯，回归社会后能够自食其力而不致再次犯罪。

（二）行刑个别化原则

西方国家的监狱实务者与学者认为，罪犯的年龄、经历、思想、性格、所犯罪行的轻重、人格危险性程度等各不相同，因而要实现教育刑的目的，仅依据一般性理论或单纯依靠制度所实施的处遇，对于罪犯个人的再社会化（包括再教育与感化）并没有起到什么真正作用，而应该从罪犯的个人情况出发，实行个别处遇。监狱行刑的目的在于采用教育矫治方式施教，矫治罪犯的不良主观意识和客观危害行为，鉴于罪犯的个人情况各不相同，自然应采取不同的处遇方法因材施教、对症下药，实行行刑个别化原则。行刑的个别化原则，“是指在刑罚执行过程中应当根据犯罪人的人身危险性即再犯可能性的大小以及社会生活需要而给予个别处遇的制度，即刑罚的执行，必须依据犯罪人的年龄、性别、性格特征、生理状况、犯罪性质、犯罪严重程度、人身危险性等给予不同的处遇改造方式。该原则主要包括管理个别化、教育个别化、劳动个别化、奖惩个别化等”①。该原则不仅很好地兼顾了行刑的人性和人道思想，而且为今后各种合理化的行刑改良措施的探索提供了广泛的空间与可能。根据世界各国监狱立法的规定，监狱行刑个别化原则的贯彻，主要体现为以下几个方面：

第一，在法院审判阶段刑罚的种类与内容应因人而异，刑罚的种类及内容应与罪犯的犯罪原因、个性特征相对应，使刑罚方法具有针对性，即刑罚个别化。这是行刑个别化原则的法律前提，否则，行刑个别化就成了无源之水。

第二，在横向范围内普遍实行罪犯调查分类制度，从心理学、精神病学、犯罪学、教育学、人类学和管理学等角度，在对罪犯的体质、性格、宗教信仰、矫治可能性及其难易程度等方面进行调查的基础上，实行罪犯及监狱分类，以使监禁警戒与个人的情况相适应。这是行刑个别化原则的基础。

第三，在纵向范围内广泛实施累进处遇制度，把对罪犯的处遇分为若干级别，并保持相对的升降动态，使对罪犯的处遇与罪犯的服刑矫治情况相联系，刑期及行刑处遇随着罪犯的恶性消长而缩伸，针对性地引导罪犯自觉地走改造自新

① 袁登明：《行刑社会化研究》，中国人民公安大学出版社2005年版，第508－513页。

之路。这是行刑个别化原则的实质内容。

（三）行刑民主化原则

在西方国家的社会中，累犯、再犯现象较为突出严重，引起了社会各界的关注。社会要求介入监狱行刑工作，在监狱这个固有的机构基础上，设置各种刑务委员会，如假释委员会、分类委员会、减刑委员会、累进处遇委员会、监察委员会等，协助监狱当局管理一部分狱政事务，并对监狱管理工作进行监督，以达到矫治罪犯，使之回归社会、适应社会的目的。

根据世界各国的社会形势及监狱行刑实践情况，监狱行刑民主化原则出台的原因主要有两个：

第一，防止监狱当局的擅断和专横。监狱行刑过程中，监狱当局由于独断专行而随意侵犯罪犯权利的现象时有发生，为预防并纠正监狱行刑过程中的偏差错误，保证行刑的公正性，某些西方国家的学者把刑务委员会制度称为“行刑陪审制”。

第二，监狱的基本任务发生了根本变化。监狱不仅仅是施以惩罚之苦的机关，更重要的是担负起了教化善导罪犯再社会化的重任，而要完成这个任务，单靠监狱独木难支，于是协助监狱行刑的各种刑务委员会便应运而生。

（四）行刑人道化原则

行刑的人道化原则，“是指在刑罚执行过程中，要把罪犯当作人看待，尊重罪犯人格尊严，不体罚虐待罪犯，保证罪犯所享有的各种法定权利，切实关心罪犯的生活并给予相应的物质保证。它主要包括以下五个方面的内容：第一，把罪犯当人看待，尊重罪犯的人格尊严，严禁体罚虐待罪犯；第二，保障罪犯享有必要的物质生活和医疗保健待遇；第三，合理安排劳动时间，保证劳动负荷的合理化，不搞超体力劳动；第四，根据罪犯的不同情况，合理安排相应的劳动，进行不同的劳动管理；第五，保障罪犯能正当行使其法定权利，包括申诉权、控告权、建议权以及个人财产不受侵犯的权利等”①。该原则是人道主义思想在监狱行刑领域的鲜明体现。正如有学者强调：“人道主义思潮推动了欧美乃至世界各国监狱的改革和进步，使监狱摆脱几千年来笼罩着的残酷野蛮的黑暗阴影而走向文明和现代化。人道原则已经成为现代行刑活动的基本观念和现代世界各国监狱发展的趋势，并体现为惩罚目的的人道化、惩罚种类的人道化以及惩罚过程的人道化。”②“中国的行刑人道主义实践主要表现为两个方面：一是尊重罪犯的基本

① 马克昌主编：《刑罚通论》，武汉大学出版社2002年版，第504－508页。

② 袁登明：《行刑社会化研究》，中国人民公安大学出版社2005年版，第89－90页。

权利；二是尊重罪犯的基本价值。”①

（五）行刑社会化原则

行刑的社会化原则，“是指在刑罚执行的过程中，要调动监狱外的一切社会积极因素，合力改造犯罪人并保证和巩固刑罚执行的效果，确保行刑目的的实现。在我国，该原则主要表现在监内执行的社会化实践和监狱外执行的社会化实践这两个方面。监内执行的社会实践包括及时与罪犯家属联系，保障罪犯的通信自由，建立会见制度，建立准假制度，组织部分罪犯走出监狱到社会上进行参观，监狱与地方政府、社会相关部门或罪犯原单位签订帮教协议等。监狱外执行的社会化实践包括暂予监外执行、缓刑、管制等”②。

当下，行刑社会化不仅属于监狱行刑的基本原则和理念，而且还发展为指导监狱行刑实践的刑事政策。行刑社会化这一刑事政策已成为国际社会的共识，并被相关国际公约肯定。《联合国囚犯待遇最低限度标准规则》规定：“判处监禁或剥夺自由的类似措施的目的在于保护社会，避免其他公民受犯罪侵害。唯有利用监禁期间在可能范围内确保犯人重返社会时不仅愿意而且能够遵守法律，自食其力，才能达到这个目的。”“从囚犯判刑开始便应考虑他出狱后的前途，并应鼓励和协助他维系或建立同监所外个人或机构间的关系，以促进他家庭的最大利益和他自己恢复正常社会生活的最大利益。”③ 行刑社会化是为了克服传统的行刑封闭化和罪犯在刑释后难以融入正常社会生活的弊端而出现的崭新的行刑理念，它体现了人权与法治的时代精神。中国监狱的行刑社会化，主要体现在以下三个方面：一是在刑罚适用上，监禁刑与非监禁刑并重，慎用监禁刑。二是在制度建构上，设立了假释制度、分级处遇制度、离监探亲制度等。三是在执行过程中，对罪犯实行“开放式”教育，监狱和社会共同参与，多主体合作，采用多种方式，促进罪犯与社会的结合，增强罪犯的社会适应性，强化对罪犯的矫治功能，塑造罪犯健全的现代人格，使其能够顺利复归社会。在世界范围内，有些国家已经将监狱行刑社会化理念付诸司法实践，并取得了较为有效的行刑效果。如欧美各国早已在监狱行刑实践中大力适用假释、探索开放式监狱、推行开放式处遇、保持罪犯矫正的社会参与、推行释前帮助方法、扩大非监禁刑的适用范围等行刑措施。④

---

① 张全仁主编：《监狱行刑学》，中国物价出版社2003年版，第72页。

② 马克昌主编：《刑罚通论》，武汉大学出版社2002年版，第514－522页。

③ 转引自《联合国囚犯待遇最低限度标准》第58条、第80条规定。

④ 参见李豫黔、翟中东：《行刑社会化的国际现状与我国发展的历史趋势》，载《河南司法警官职业学院学报》2003年第2期。

（六）行刑效益化原则

行刑的效益化原则是指国家对行刑给以较小的投入获得较大的产出，即以较少的人力和物力投入实现教育改造罪犯的目标。行刑的效益原则中蕴含行刑的经济效益和社会效益两重含义，行刑不仅要以自由、正义、人道、人权为指向，而且要以效益为依归。可以说，行刑的效益原则实质上是利用权力和义务的分配方式，来规范资源的有效配置及利用行刑的有机作用促使行刑效果的出现。监狱实务者与学者认为，监狱行刑就在于教化善导罪犯使之回归社会，过正常的社会生活，所以，一旦罪犯有一定的改造效果就应给予相应的良好待遇，一旦罪犯改造效果良好，回归社会不至于犯罪就应释放出狱；否则，就是不人道的，而且会造成监狱人力、物力、财力的浪费和损失。监狱行刑效益化原则的贯彻，主要表现为以下几点：

第一，根据罪犯的悔改情况给予相应的处遇，只要罪犯认识到自己所犯罪行并有所悔改，就可获得优厚的待遇。

第二，根据罪犯的悔改给予减刑，只要罪犯真诚悔改并有一定的改造效果就应获得减刑，以避免对罪犯生活时间的浪费。

第三，根据罪犯的良好表现，只要罪犯不致再危害社会就可释放出狱，这避免了刑罚资源的浪费，而且尊重出狱人的生命价值，使监狱的人力、物力、财力发挥最大的效益。

## 第二节　监狱行刑管理

监狱行刑管理是指监狱对执行刑罚活动的过程管理，包括对罪犯的收监，减刑，假释，暂予监外执行，罪犯申诉、控告、检举的处理以及释放等管理活动。监狱行刑管理具有以下特征：

第一，监狱行刑管理的法定性。监狱行刑管理是由《刑法》《刑事诉讼法》《监狱法》规定的，无论是法院、检察院、公安机关，还是监狱，尤其是监狱机关，在处理刑罚执行有关事务时必须依法进行，严格按照法律规定的要求办理行刑有关事务，除法律标准之外，没有其他任何标准。

第二，监狱行刑管理的过程性。监狱行刑管理，从收监到释放，根据刑法规定的期限，贯穿罪犯服刑的整个过程，具有时间、空间、层次、发展方向等一般过程因素。监狱行刑管理实际上是使罪犯回归社会的过程。

第三，监狱行刑管理的有序性。监狱行刑管理在时间、过程上是唯一的、不可逆转的。所有需要在监狱里服刑的罪犯，都要经过监狱的收监程序；符合减刑条件的，要经历减刑程序；刑期届满，要经历监狱的释放程序，具体的行刑管理的顺序不能颠倒。

## 一、收监

收监是监狱依照人民法院已发生法律效力的刑事判决，接受罪犯入监服刑的活动。收监是刑罚执行的起始环节，标志着监狱对罪犯执行刑罚的开始。

### （一）收监对象

《监狱法》第15条规定：“人民法院对被判处死刑缓期二年执行、无期徒刑、有期徒刑的罪犯，应当将执行通知书、判决书送达羁押该罪犯的公安机关，公安机关应当自收到执行通知书、判决书之日起一个月内将该罪犯送交监狱执行刑罚。罪犯在被交付执行刑罚前，剩余刑期在三个月以下的，由看守所代为执行。”这一规定明确了监狱收监的对象，包括被判处死刑缓期二年执行、无期徒刑、有期徒刑的罪犯。

### （二）收监的条件

为了保证对罪犯执行刑罚的准确性，《监狱法》第16条、第17条规定了收监的条件。《监狱法》第16条规定：“罪犯被交付执行刑罚时，交付执行的人民法院应当将人民检察院的起诉书副本、人民法院的判决书、执行通知书、结案登记表同时送达监狱。监狱没有收到上述文件的，不得收监；上述文件不齐全或者记载有误的，作出生效判决的人民法院应当及时补充齐全或者作出更正；对其中可能导致错误收监的，不予收监。”《监狱法》第17条规定：“罪犯被交付执行刑罚，符合本法第十六条规定的，应当予以收监。罪犯收监后，监狱应当对其进行身体检查。经检查，对于具有暂予监外执行情形的，监狱可以提出书面意见，报省级以上监狱管理机关批准。”以上法律规定明确了监狱对罪犯收监的两个条件：一是法律依据的文件必须种类齐全，内容准确无误；二是有期徒刑犯如果具有法律规定的暂予监外执行情形，监狱将根据具体情况可以提出书面意见，报省级以上监狱管理机关批准。

### （三）收监的程序

罪犯依法交付监狱执行刑罚，要经过交付执行、送交罪犯和收监三个环节。根据刑事诉讼各个环节分工负责、相互配合、相互制约的原则，我国法律明确规定了人民法院、公安机关、监狱和人民检察院在这一衔接过程中各自的职责。

#### 1. 审查交付执行罪犯的法律文书

监狱在接收前应审查人民法院的刑事判决书是否已经发生法律效力，同时，应审查人民检察院的起诉书副本、人民法院的判决书、执行通知书、结案登记表是否齐备，记载是否有误。

第一，人民检察院的起诉书副本。起诉书是人民检察院制作的，对犯罪事实确实充分，认为犯罪人已构成犯罪并应追究刑事责任用以起诉犯罪人的司法文书。起诉书出现在诉讼程序中的公诉阶段，反映公诉阶段司法人员调查犯罪事实的状况和检察官对犯罪事实确实充分程度以及适用法律的态度和看法。

第二，人民法院的判决书。人民法院送达监狱的判决书必须是已经发生法律效力的法律文书，包括一审人民法院作出的，已过法定期限没有上诉或抗诉的判决书；二审人民法院作出的判决书，以及高级人民法院核准死刑缓期二年执行的判决书。

第三，执行通知书。执行通知书是交付执行的人民法院制作的法律文书。人民法院将执行通知书和判决书送达羁押罪犯的公安机关，然后由公安机关将执行通知书和判决书等随同交付执行的罪犯一道交送监狱。

第四，结案登记表。结案登记表是由人民法院在审判结束后填写的表格。其主要包括以下内容：服刑人员姓名、性别、年龄、民族、文化程度、捕前住址、捕前职业、政治面貌、逮捕机关、案件类别、刑期、是否剥夺政治权利、犯罪事实、认罪表现等。

根据法律文书对送押服刑罪犯的姓名、年龄、罪名、刑期等基本情况进行核实，收押对象与法律文书情况不符的，不得收监。监狱部门检验送押服刑罪犯法律文书是否齐全，对法律文书记载不齐全或记载有误的不予收监，并要求送押公安机关提请交付执行的法院予以补齐或更正。

2. 对送押服刑罪犯进行身体检查

监狱对送押服刑罪犯进行医学检查，确定是否患有严重疾病，女犯是否怀孕或正在哺乳自己的婴儿等。依据我国《刑事诉讼法》的规定，在身体检查中如果发现服刑罪犯患有严重疾病需要保外就医的、女性服刑罪犯怀孕或者正在哺乳自己婴儿的，可暂不予收监，而由交付执行的人民法院决定暂予监外执行。

3. 办理接收手续

经法律文书检验和身体健康检查，对符合法定收监条件的服刑罪犯，监狱与公安机关办理接收手续。

4. 人身和物品检查

在检查中，如发现违禁品或赃物，应当予以没收，送请相关部门处理；如果发现可供侦查、审判的材料，应及时送交主管的侦查、审判机关。非生活必需品由监狱代为保管或征得服刑罪犯同意后，退还其家属。

5. 办理接收手续

首先，被收监的服刑罪犯应填写罪犯入监登记表。其次，监狱向服刑罪犯家属发出通知书。服刑罪犯入监后，监狱应当及时通知其家属，须在收监后 5 日内发出通知书。对无家属的服刑罪犯，监狱可通知其所在单位、基层组织或原居住地的公安派出所。

## 二、减刑

减刑是减轻原判刑罚的一种刑罚执行制度，既包括由较重的刑种变更为较轻的刑种，也包括由较长的刑期变更为较短的刑期。减刑由刑罚执行机关提出减刑建议，由人民法院依法予以裁决。

### （一）减刑的种类

广义的减刑包括生命刑的减轻、自由刑的减轻、财产刑的减轻、资格刑的减轻等。这里所论及的减刑制度特指监狱在执行刑罚过程中对自由刑作减轻变更的刑事司法活动。根据在减刑时裁定机关是否具有自由裁量权，可以将我国的减刑分为“可以减刑”和“应当减刑”两种。“可以减刑”在法律条文中通常表述为：某类罪犯出现以下情形时，可以减刑……当“可以减刑”的情形出现时，有权机关既可以作出减刑的决定，也可以作出不予减刑的决定。“应当减刑”在法律条文中通常表述为：某类罪犯出现以下情形时，应当减刑……该种情形一旦出现，有权机关只有一种选择，那就是作出减刑决定，在是否减刑这一问题上没有自由裁量的余地，只是在减刑的幅度方面有一定的自由裁量空间。

### （二）减刑的条件

#### 1. 减刑的对象条件

减刑只适用于被判处管制、拘役、有期徒刑、无期徒刑、死刑缓刑二年执行的罪犯。这说明减刑的适用对象，只有刑罚种类的限制，而没有刑期长短和犯罪性质的限制。只要是被判处上述五种刑罚之一的犯罪分子，无论其犯罪行为是故意犯罪还是过失犯罪，是重罪还是轻罪，是危害国家安全罪还是其他刑事犯罪，只要具备了法定的减刑条件，都可能减刑。而对于监狱来说，只存在三种减刑对象：有期徒刑、无期徒刑和死刑缓期二年执行的服刑罪犯。

#### 2. 减刑的实质条件

减刑的实质条件是指服刑罪犯在刑罚执行过程中确有悔改或立功表现。将有悔改或立功表现作为减刑的实质条件，体现了刑法设立减刑制度的宗旨，即通过肯定服刑罪犯已有的改造成绩，激励其继续努力改造，逐步减少以至消除罪犯的人身危险性，使其不再危害社会。服刑罪犯的人身危险性是否减少以至消除，重要的标志是其在刑罚执行期间是否确有悔改或立功表现，这是我国刑法将其作为减刑实质条件的原因。根据我国刑法的规定，减刑分为可以减刑与应当减刑两种情况。

首先，可以减刑的条件。服刑罪犯认真遵守监规，接受教育改造，确有悔改或立功表现的，可以减刑。服刑罪犯在刑罚执行期间是否认真遵守监规，接受教育改造，要根据监狱考核的结果来确定。

“确有悔改表现”是指同时具备以下四个方面情形：

（1）认罪悔罪；

（2）认真遵守法律法规及监规，接受教育改造；

（3）积极参加思想、文化、职业技术教育；

（4）积极参加劳动，努力完成劳动任务。

对服刑罪犯在刑罚执行期间提出申诉的，要依法保护其申诉权利，对服刑罪犯的申诉不应不加分析地认为是不认罪悔罪。

服刑罪犯积极执行财产刑和履行附带民事赔偿义务的，可视为有认罪悔罪表现，在减刑、假释时可以从宽掌握；确有执行、履行能力而不执行、不履行的，在减刑、假释时应当从严掌握。

具有下列情形之一的，应当认定为有“立功表现”：

（1）阻止他人实施犯罪活动的；

（2）检举、揭发监狱内外犯罪活动，或者提供重要的破案线索，经查证属实的；

（3）协助司法机关抓捕其他犯罪嫌疑人（包括同案犯）的；

（4）在生产、科研中进行技术革新，成绩突出的；

（5）在抢险救灾或者排除重大事故中表现突出的；

（6）对国家和社会有其他贡献的。

其次，应当减刑的条件。服刑罪犯在服刑期间有“重大立功表现”的，应当减刑。具有下列情形之一的，应当认定为有“重大立功表现”：

（1）阻止他人实施重大犯罪活动的；

（2）检举监狱内外重大犯罪活动，经查证属实的；

（3）协助司法机关抓捕其他重大犯罪嫌疑人（包括同案犯）的；

（4）有发明创造或者重大技术革新的；

（5）在日常生产、生活中舍己救人的；

（6）在抗御自然灾害或者排除重大事故中，有突出表现的；

（7）对国家和社会有其他重大贡献的。

### （三）减刑的程序

《监狱法》第30条规定：“减刑建议由监狱向人民法院提出，人民法院应当自收到减刑建议书之日起一个月内予以审核裁定；案情复杂或者情况特殊的，可以延长一个月。减刑裁定的副本应当抄送人民检察院。”根据这一规定，人民法院是罪犯减刑的决定机关，作为刑罚执行机关的监狱拥有对罪犯的减刑建议权，检察机关行使减刑监督权。

## 三、假释

我国刑法规定的假释，是指对于被判处有期徒刑或者无期徒刑的犯罪分子，在执行一定的刑期之后，因其认真遵守监规，接受教育改造，确有悔改表现，不致再危害社会，而附条件地将其提前释放的制度。

简单地说，假释就是有条件地将罪犯提前释放，至于有什么条件，和缓刑一样，规定一定的考验期。暂时离开监狱、被裁定假释的犯罪分子，在考验期内，如果不再犯新罪，未被发现漏罪，也没有违反法律、行政法规或者国务院有关部门有关假释的监督管理规定，就认为原判刑罚已全部执行完毕。

假释在我国刑法中是一项重要的刑罚执行制度，正确地适用假释，把那些经过一定服刑期间，确有悔改表现、没有必要继续关押改造的罪犯放到社会上进行改造，可以有效地鼓励犯罪分子服从教育和改造，早日复归社会，这也有利于化消极因素为积极因素。

### （一）假释的适用条件

1. 对象条件

假释只适用于被判处有期徒刑或者无期徒刑的犯罪分子，并不是所有的罪犯都可以适用假释。根据我国刑法的规定，被判处有期徒刑的犯罪分子、被判处无期徒刑的犯罪分子可以适用假释。

2. 时间条件

假释只适用于已经执行了一定期限刑罚的犯罪分子。根据《刑法》第 81 条第 1 款的规定："被判处有期徒刑的犯罪分子，执行原判刑期二分之一以上，被判处无期徒刑的犯罪分子，实际执行十三年以上，如果认真遵守监规，接受教育改造，确有悔改表现，没有再次犯罪的危险的，可以假释。如果有特殊情况，经最高人民法院核准，可以不受上述执行刑期的限制。" 2017 年施行的《最高人民法院关于办理减刑、假释案件具体应用法律的规定》第 24 条规定："刑法第八十一条第一款规定的'特殊情况'，是指有国家政治、国防、外交等方面特殊需要的情况。"

3. 实质条件

假释只适用于认真遵守监规，接受教育改造，确有悔改表现，没有再次犯罪危险的犯罪分子，这是适用假释的关键性条件。2017 年施行的《最高人民法院关于办理减刑、假释案件具体应用法律的规定》第 22 条规定："办理假释案件，认定'没有再犯罪的危险'，除符合刑法第八十一条规定的情形外，还应当根据犯罪的具体情节、原判刑罚情况，在刑罚执行中的一贯表现，罪犯的年龄、身体状况、性格特征，假释后生活来源以及监管条件等因素综合考虑。”其第 26 条规定：“对下列罪犯适用假释时可以依法从宽掌握：（一）过失犯罪的罪犯、中止犯罪的罪犯、被胁迫参加犯罪的罪犯；（二）因防卫过当或者紧急避险过当而被判处有期徒刑以上刑罚的罪犯；（三）犯罪时未满十八周岁的罪犯；（四）基本丧失劳动能力、生活难以自理，假释后生活确有着落的老年罪犯、患严重疾病罪犯或者身体残疾罪犯；（五）服刑期间改造表现特别突出的罪犯；（六）具有其他可以从宽假释情形的罪犯。罪犯既符合法定减刑条件，又符合法定假释条件的，可以优先适用假释。”其第 31 条规定：“年满八十周岁、身患疾病或者生活难以自理、没有再犯罪危险的罪犯，既符合减刑条件，又符合假释条件的，优先适用假释；不符合假释条件的，参照本规定第二十条有关的规定从宽处理。”其第 20 条是关于病残罪犯减刑的规定，按照立法的实质精神，要求对患严重疾病罪犯或者身体残疾罪犯在假释时，应当主要考察其认罪悔罪的实际表现。对基本丧失劳动能力，生活难以自理的，假释幅度可以适当放宽，或者假释起始时间、间隔时间可以适当缩短，但放宽的幅度和缩短的时间不得超过本规定中相应幅度、时间的 1/3。

2021 年 12 月最高人民法院、最高人民检察院、公安部、司法部印发的《关于加强减刑、假释案件实质化审理的意见》要求对假释案件的实体条件进行实质化审理，包括：“严格审查罪犯服刑期间改造表现的考核材料。对于罪犯的计分考核材料，应当认真审查考核分数的来源及其合理性等，如果存在考核分数与考核期不对应、加扣分与奖惩不对应、奖惩缺少相应事实和依据等情况，应当要求刑罚执行机关在规定期限内作出说明或者补充。对于在规定期限内不能作出合理解释的考核材料，不作为认定罪犯确有悔改表现的依据。对于罪犯的认罪悔罪书、自我鉴定等自书材料，要结合罪犯的文化程度认真进行审查，对于无特殊原因非本人书写或者自书材料内容虚假的，不认定罪犯确有悔改表现。对于罪犯存在违反监规纪律行为的，应当根据行为性质、情节等具体情况，综合分析判断罪犯的改造表现。罪犯服刑期间因违反监规纪律被处以警告、记过或者禁闭处罚的，可以根据案件具体情况，认定罪犯是否确有悔改表现。”

4. 程序条件

法律对适用假释规定了严格的司法程序，非经法定程序不得假释。《刑法》第 82 条规定：“对于犯罪分子的假释，依照本法第七十九条规定的程序进行。非经法定程序不得假释。”《监狱法》第 32 条规定：“被判处无期徒刑、有期徒刑的罪犯，符合法律规定的假释条件的，由监狱根据考核结果向人民法院提出假释建议，人民法院应当自收到假释建议书之日起一个月内予以审核裁定；案情复杂或者情况特殊的，可以延长一个月。假释裁定的副本应当抄送人民检察院。”

《监狱法》第 33 条第 1 款规定："人民法院裁定假释的，监狱应当按期假释并发给假释证明书。"

5. 限制条件

我国刑法同时对假释的适用对象进行了限制性规定。根据《刑法》第 81 条第 2 款的规定，2017 年施行的《最高人民法院关于办理减刑、假释案件具体应用法律的规定》第 23 条、第 25 条、第 27 条、第 28 条、第 39 条的规定，2021 年 12 月最高人民法院、最高人民检察院、公安部、司法部印发的《关于加强减刑、假释案件实质化审理的意见》的规定，罪犯假释的限制条件包括：

（1）重大犯罪的罪犯不得假释。《刑法》第 81 条第 2 款规定，对累犯以及因故意杀人、强奸、抢劫、绑架、放火、爆炸、投放危险物质或者有组织的暴力性犯罪被判处 10 年以上有期徒刑、无期徒刑的犯罪分子，不得假释。《最高人民法院关于办理减刑、假释案件具体应用法律的规定》第 25 条规定："对累犯以及因故意杀人、强奸、抢劫、绑架、放火、爆炸、投放危险物质或者有组织的暴力性犯罪被判处十年以上有期徒刑、无期徒刑的罪犯，不得假释。因前款情形和犯罪被判处死刑缓期执行的罪犯，被减为无期徒刑、有期徒刑后，也不得假释。"

（2）重大犯罪的罪犯在假释时关于服刑时间的限制。《最高人民法院关于办理减刑、假释案件具体应用法律的规定》第 23 条第 2 款、第 3 款规定："被判处无期徒刑的罪犯假释时，刑法中关于实际执行刑期不得少于十三年的时间，应当从判决生效之日起计算。判决生效以前先行羁押的时间不予折抵。被判处死刑缓期执行的罪犯减为无期徒刑或者有期徒刑后，实际执行十五年以上，方可假释，该实际执行时间应当从死刑缓期执行期满之日起计算。死刑缓期执行期间不包括在内，判决确定以前先行羁押的时间不予折抵。"

（3）对服刑罪犯履行财产性判项的限制。《最高人民法院关于办理减刑、假释案件具体应用法律的规定》第 27 条规定："对于生效裁判中有财产性判项，罪犯确有履行能力而不履行或者不全部履行的，不予假释。"2021 年 12 月最高人民法院、最高人民检察院、公安部、司法部印发的《关于加强减刑、假释案件实质化审理的意见》要求对假释案件的财产性判项进行实质化审理，该意见规定："严格审查罪犯履行财产性判项的能力。罪犯未履行或者未全部履行财产性判项，具有下列情形之一的，不认定罪犯确有悔改表现：（1）拒不交代赃款、赃物去向；（2）隐瞒、藏匿、转移财产；（3）有可供履行的财产拒不履行。对于前款罪犯，无特殊原因狱内消费明显超出规定额度标准的，一般不认定罪犯确有悔改表现。"

（4）对服刑罪犯假释间隔时间的限制。《最高人民法院关于办理减刑、假释案件具体应用法律的规定》第 28 条规定：“罪犯减刑后又假释的，间隔时间不得少于一年；对一次减去一年以上有期徒刑后，决定假释的，间隔时间不得少于一年六个月。罪犯减刑后余刑不足二年，决定假释的，可以适当缩短间隔时间。”

（5）法定概念的界定与限制。《最高人民法院关于办理减刑、假释案件具体应用法律的规定》第 39 条规定：“本规定所称‘老年罪犯’，是指报请减刑、假释时年满六十五周岁的罪犯。本规定所称‘患严重疾病罪犯’，是指因患有重病，久治不愈，而不能正常生活、学习、劳动的罪犯。本规定所称‘身体残疾罪犯’，是指因身体有肢体或者器官残缺、功能不全或者丧失功能，而基本丧失生活、学习、劳动能力的罪犯，但是罪犯犯罪后自伤致残的除外……”

2021 年 12 月最高人民法院、最高人民检察院、公安部、司法部印发的《关于加强减刑、假释案件实质化审理的意见》对假释案件的特定概念进行进一步规定和限制：一是严格审查罪犯立功、重大立功的证据材料，准确把握认定条件。对于检举、揭发监狱内外犯罪活动，或者提供重要破案线索的，应当注重审查线索的来源。对于揭发线索来源存疑的，应当进一步核查，如果查明线索系通过贿买、暴力、威胁或者违反监规等非法手段获取的，不认定罪犯具有立功或者重大立功表现。二是对于技术革新、发明创造，应当注重审查罪犯是否具备该技术革新、发明创造的专业能力和条件，对于罪犯明显不具备相应专业能力及条件、不能说明技术革新或者发明创造原理及过程的，不认定罪犯具有立功或者重大立功表现。三是对于阻止他人实施犯罪活动，协助司法机关抓捕其他犯罪嫌疑人，在日常生产、生活中舍己救人，在抗御自然灾害或者排除重大事故中有积极或者突出表现的，除应当审查有关部门出具的证明材料外，还应当注重审查能够证明上述行为的其他证据材料，对于罪犯明显不具备实施上述行为能力和条件的，不认定罪犯具有立功或者重大立功表现。四是严格把握“较大贡献”或者“重大贡献”的认定条件。该“较大贡献”或者“重大贡献”，是指对国家、社会具有积极影响，而非仅对个别人员、单位有贡献和帮助。对于罪犯在警示教育活动中现身说法的，不认定罪犯具有立功或者重大立功表现。五是严格审查罪犯身份信息、患有严重疾病或者身体有残疾的证据材料。对于上述证据材料有疑问的，可以委托有关单位重新调查、诊断、鉴定。对原判适用《刑事诉讼法》第 160 条第 2 款规定判处刑罚的罪犯，在刑罚执行期间不真心悔罪，仍不讲真实姓名、住址，且无法调查核实清楚的，除具有重大立功表现等特殊情形外，一律不予减刑、假释。

### （二）假释的考验期限

我国《刑法》第 83 条规定：“有期徒刑的假释考验期限，为没有执行完毕的刑期；无期徒刑的假释考验期限为十年。假释考验期限，从假释之日起计算。”被假释的罪犯，除有特殊情况外，一般不得减刑，其假释考验期也不能缩短。确定罪犯被假释时，还应考虑下列因素：

（1）被判处有期徒刑的罪犯假释时，执行原判刑期 1/2 的时间，应当从判决执行之日起计算，判决执行以前先行羁押的，羁押 1 日折抵刑期 1 日。

（2）被判处无期徒刑的罪犯假释时，刑法中关于实际执行刑期不得少于 13 年的时间，应当从判决生效之日起计算。判决生效以前先行羁押的时间不予折抵。

（3）被判处死刑缓期执行的罪犯减为无期徒刑或者有期徒刑后，实际执行 15 年以上，方可假释，该实际执行时间应当从死刑缓期执行期满之日起计算。死刑缓期执行期间不包括在内，判决确定以前先行羁押的时间不予折抵。

## 四、暂予监外执行

暂予监外执行，是指对依照法律规定不适宜在监狱或者其他执行机关执行刑罚的罪犯，暂时采用不予关押的方式变通执行原判刑罚。《刑事诉讼法》第 265 条至第 269 条对暂予监外执行作了详细而系统的规定。根据我国《刑事诉讼法》的规定，暂予监外执行包括两种情形：一是在交付执行前，由人民法院决定暂予监外执行的；二是在交付执行后，由省级以上监狱管理机关或者设区的市一级以上公安机关批准暂予监外执行的。

暂予监外执行是一项重要的刑罚执行制度。这一制度的设立体现了中国惩罚罪犯与改造罪犯相结合和人道主义的刑事政策，有利于对罪犯的教育、感化、挽救。

### （一）暂予监外执行的适用对象

适用暂予监外执行的对象，是被判处有期徒刑或者拘役的罪犯。其中，“被判处有期徒刑”也包括罪犯从无期徒刑减刑为有期徒刑的情形。由于被判处无期徒刑的罪犯所犯罪行一般比被判处有期徒刑或拘役的罪犯更为严重，可能导致的社会危害性更大，因此，根据《刑事诉讼法》的规定，被判处无期徒刑的罪犯，只有怀孕或者正在哺乳自己婴儿的妇女，可以暂予监外执行，这一规定体现了人道主义的行刑原则。

### （二）暂予监外执行的适用条件

根据《刑事诉讼法》第 265 条的规定，被判处有期徒刑或者拘役的罪犯有下列情形之一的，被判处无期徒刑的罪犯有下列第二种情形的，可以暂予监外执行。

1. 有严重疾病需保外就医

对于罪犯确有严重疾病，必须保外就医的，由省级人民政府指定的医院诊断并开具证明文件，依照法律规定的程序审批。对于适用保外就医可能有社会危险性的罪犯，或者自伤自残的罪犯，不得保外就医。其中“严重疾病”是指按照医学界通行的标准所界定的病情严重、继续监禁服刑难以维系其生命或将对其身体健康带来不可逆转的重大损害的疾病。“省级人民政府指定的医院”是指省级人民政府事先指定对罪犯是否符合保外就医条件进行诊断并出具证明的医院，并非针对某一具体罪犯临时指定的医院。受指定的医院应当按照规定的诊断程序对受检罪犯进行检查，认为其患有符合需要保外就医的严重疾病的，应予开具相关证明。最高人民法院、最高人民检察院、公安部、司法部、原国家卫生和计划生育委员会印发的《暂予监外执行规定》（司发通〔2014〕112 号）第 5 条规定，“……患有属于本规定所附《保外就医严重疾病范围》的严重疾病，需要保外就医的……”其中提及的《保外就医严重疾病范围》从医学的角度对需要保外就医的严重疾病进行了严格的界定。

2. 怀孕或者正在哺乳自己婴儿的妇女

这一规定是对怀孕妇女和哺乳期婴儿的保护。我国立法以刑罚执行变更的方式来保障女犯罪人的健康权、女犯罪人的生育权和无辜婴儿的健康权，这既是人道主义的要求，也是刑法谦抑性的人文关怀。

依照最高人民法院、最高人民检察院、公安部、司法部、原国家卫生和计划生育委员会印发的《暂予监外执行规定》第 9 条第 1 款的规定，对罪犯妊娠检查，应当委托省级人民政府指定的医院进行。医院出具的检查证明文件，应当由两名具有副高以上专业技术职称的医师共同作出，经主管业务院长审核签名，加盖公章，并附化验单、影像学资料和病历等有关医疗文书复印件。

哺乳期限按婴儿出生后 1 年计算，即罪犯可以暂予监外执行，以哺乳自己出生后未满 1 周岁的婴儿。

3. 罪犯生活不能自理，适用暂予监外执行不致危害社会

《监狱法》第 25 条规定：“对于被判处无期徒刑、有期徒刑在监内服刑的罪犯，符合刑事诉讼法规定的监外执行条件的，可以暂予监外执行。”《暂予监外执行规定》第 9 条第 1 款、第 2 款规定，对罪犯的病情诊断，应当委托省级人民政府指定的医院进行。医院出具的病情诊断，应当由两名具有副高以上专业技术职称的医师共同作出，经主管业务院长审核签名，加盖公章，并附化验单、影像学资料和病历等有关医疗文书复印件。对罪犯生活不能自理情况的鉴别，由监狱、看守所组织有医疗专业人员参加的鉴别小组进行。鉴别意见由组织鉴别的监狱、看守所出具，参与鉴别的人员应当签名，监狱、看守所的负责人应当签名并加盖公章。

## 五、对罪犯申诉、控告、检举的处理

罪犯申诉是指罪犯在服刑过程中对生效的刑事判决、裁定不服，向相关部门提出重新审理、核查等方面的要求。罪犯控告是指罪犯对于监狱人民警察或者其他国家工作人员的违法行为，向有关机关进行揭发、控诉，并要求依法处理的活动。罪犯检举是指罪犯对监狱内外的违法犯罪活动向有关机关进行举报或者揭发的活动。

（一）罪犯申诉处理

第一，监狱及时登记、转递服刑罪犯的申诉。监狱对罪犯的申诉材料审查登记后应及时转递，不得扣压。

第二，监狱根据罪犯的申诉材料，认为判决可能有错误的，填写《对罪犯刑事判决提请处理意见书》，提请人民检察院或人民法院处理，并将寄发凭证留存备查。

（二）罪犯控告、检举处理

监狱对罪犯的控告、检举材料登记后，根据职责和管辖范围及时转递人民检察院、人民法院、公安机关等部门处理，不得扣压。

## 六、释放

释放是指监狱对刑期届满的服刑罪犯，依法解除监禁状态，恢复其人身自由的活动。释放是执行刑罚的最后环节，标志着对罪犯执行刑罚的终结，施加于罪犯的强制、监管、矫正等行刑措施停止运作，是罪犯重新步入社会，开始新生活的根本转折点，意味着罪犯适应社会生活环境的再度开始。

# 第十五章

# 监狱行刑模式

不同的监狱行刑模式，代表不同的理论观点，有不同的价值追求，同样，对罪犯所产生的矫正效果也有巨大差异。因此，研究监狱行刑模式，主要是揭示其内含的矫正教育思想，在当代刑罚制度下选择最优监狱行刑模式，追求最佳矫正教育效果，以实现罪犯矫正教育效益的最大化。

## 第一节　监狱行刑模式概述

### 一、模式

模式指的是某种事物的标准形式或可以照着做的标准样式，是对客观事物的内外部机制的直观而简洁的描述，可以向人们提供客观事物的整体内容。其隐藏了事物内部的规律，既可以使用图像、图案，也可以使用数字、抽象的关系来描述事物发展的模式，它强调的是形式上的规律。对于模式的研究，从不同的角度和基点出发，具有不同的内涵。下面是几种具有代表性的论述：

结构论认为，在结构功能主义理论中，结构往往被看成一种社会结构，“许多社会学家习以为常地使用‘社会结构’这个术语，来描述自己在观察中所发现的模式”。

秩序论认为，“归纳式的推理，或者说归纳，是从个别出发以达到一般性，从一系列特定的观察中，发现一种模式，在一定程度上代表所有给定事件的秩序”。

本质论认为，模式是不断变化问题的解决方案的共同的本质，并据此认为模式的过程就是把问题抽象化，在忽略不重要的细节后，找出反复出现的问题的一般性本质，并找到普遍使用的或可反复使用的解决方案的过程。

问题及答案论认为，模式是具有代表性的所描述的问题及问题的答案。

方案论认为，模式是解决反复出现问题的相对固定的解决方案。

方法论认为，模式是解决某类问题的方法的高度理论总结归纳。

由此看来，模式在社会各个领域被广泛使用，成为人们认识事物的一个重要的方法，具有解决问题的重要作用。对监狱矫正教育罪犯整个活动来说，研究其模式类型和形态，可以厘清监狱矫正教育罪犯的基本样态、理论基础、价值追求、构成要素以及发展趋势。

## 二、监狱行刑模式

监狱行刑模式，也称为监狱对罪犯的执行刑罚和矫正教育模式，是监狱执行刑罚和矫正教育罪犯的标准样式，是在刑罚哲学和矫正思想的指引下，应用一定的方式和内容，解决罪犯从犯罪人到社会正常公民这一问题的方案和标准的模式。监狱行刑模式是刑事法律和刑罚制度在具体行刑过程中的实践样式，直接关系刑罚制度的实际执行的形态、方法、路径和效能。

社会文明的进步，要求人们更加理性地对待犯罪，以宽容和怜悯之心对待罪犯，监狱在罪犯的行刑过程中寻求更有效的矫正策略、矫正方案、矫正技术和矫正项目。西方现代刑罚制度和行刑哲理的发展变化，使执行刑罚和矫正教育的理念成为执行刑罚和矫正教育罪犯的主导思想，虽然历经诸多波折、疑问和反思，但是在监狱行刑模式的价值追求上并未产生根本性的改变，相反，越来越多的专家学者以及社会实践者加入执行刑罚和矫正教育思想的实践之中，并对之进行不断的改良、完善和深化，使之趋于成熟和完善，在社会的进步中满足人类自身安全和保卫社会的需要。监狱改造或者矫正，从其本质要义上说就是教育刑思想在执行刑罚和矫正教育中的贯彻和应用，因而在现代西方发达国家，矫正教育成为监狱行刑的核心，一直贯穿监狱刑罚执行过程的始终，同时，在不同的历史时期，随着刑罚理念的变化，在不同监狱行刑模式的格局下，执行刑罚和罪犯矫正教育的形式与内容随之变化。

一般来说，监狱矫正教育模式和行刑模式密切相关，行刑模式的基本理念同时指导矫正教育的价值判断和选择。监狱矫正教育模式在不同的监狱学科语境下有不同的称呼，在罪犯教育学中，有人称之为教育模式或教育矫正模式；在狱政管理学或者监狱学基础理论中，有人称之为改造模式、管理模式；在监狱法学或刑罚学中，有人又称之为行刑模式；如此等等。本书认为，这些不同的概念，都有自身特定的背景含义，具有特定学科语境的指向性。在此，我们站在监狱学视角上，将其称为监狱行刑模式。

监狱行刑模式是在刑罚执行过程中，为了实现预防犯罪和使罪犯回归社会的目的，对罪犯所实施的教育转化、改造、矫正方式。其具有的典型意义表现在，它是在特定行刑目的的指导下，对特定行刑对象所采取的一种具有特定内容和方法的行刑方式。有学者认为，监狱行刑模式的概念有广义和狭义之分。广义的监狱行刑模式包括所有的监狱矫正教育模式，狭义的监狱行刑模式只包括自由刑的矫正教育模式。自由刑的矫正教育模式主要包括单纯报应的监禁矫正模式和复合报应的综合矫正模式。综合矫正模式除了包含报应，还复合预防、恢复等目的以及内容和功能元素。① 在此需要说明的是，我们在这里所论及的监狱行刑模式是指广义上的监狱矫正模式，在表现内容上，包括对罪犯矫正教育手段、措施、方法等具有典型意义样态的统称，还包括行刑、惩罚、教育、矫正、管理、劳动等模式；在表现形态上，包括监狱内的矫正模式和监狱外的矫正模式。

## 三、西方国家监狱行刑模式的演变

经济基础决定上层建筑。刑罚哲学决定监狱行刑理念和行刑模式的选择。中世纪以后的西方国家历经 200 多年的监狱体制改革，其在监狱发展和矫正方面已经探索了多种监狱行刑模式。

米歇尔·福柯认为，“监狱不是先有剥夺自由的功能，然后再增添了教养的技术功能。它（监狱）从一开始就是一种负有附加的教养任务的‘合法拘留’形式，或者说是一种在法律体系中剥夺自由以改造人的机构。总之，刑事监禁从 19 世纪初就包括剥夺自由和对人的改造”②。因此，我们可以断言，在对罪犯的矫正问题上，监狱经历了由野蛮的报复到人性化的矫正的逐步演变过程，这也是人类进步和社会文明的历史选择。“18 世纪以后，由于文艺复兴、宗教改革和产业革命的综合影响，在欧美大陆掀起了一场政治和思想革命的风暴，随着资产阶级自由、平等、天赋人权和人道主义思想的深入人心，封建刑罚以其极度残暴、专横的现状受到了来自社会民众的广泛抨击。资产阶级开始打着复兴罗马法精神的旗帜，以人权为基础，推动对传统刑罚的全面变革。”③ 其中，最具有标杆意义的莫过于贝卡里亚 1764 年所发表的《论犯罪与刑罚》，该书提出了罪刑法定、罪刑相适应和刑罚人道主义三大原则，这三大原则不仅揭开了刑罚的改革序幕，直接影响了狱制的改良，而且成为刑罚文明的标杆。1777 年，监狱改良的鼻祖

---

① 参见郭明主编：《监狱学基础理论》，中国政法大学出版社 2011 年版，第 154－155 页。

② ［法］米歇尔·福柯：《规训与惩罚：监狱的诞生》（第 3 版），刘北成、杨远婴译，生活·读书·新知三联书店 2007 年版，第 261 页。

③ 张苏军主编：《中国监狱发展战略研究》，法律出版社 2000 年版，第 60 页。

约翰·霍华德发表了《英格兰及威尔士的监狱状况》一书，这本著作是霍华德在对英国和欧洲其他国家监狱进行深入考察的基础上写成的，在书中他深刻揭露了监狱的弊端，提出了改善罪犯待遇，对罪犯进行教诲、纪律规范，组织罪犯参加劳动等一系列具有建设性的建议。可以说，以贝卡里亚和约翰·霍华德为代表的刑事古典学派的思想，助推了欧美国家之后延续200多年的监狱改革运动，该学派对监狱矫正罪犯的模式问题进行了全方位的探索和创新，为现代监狱制度的建立奠定了坚实基础。

1779年，在约翰·霍华德的努力下，他的监狱改良思想得到了社会公众的广泛支持，迫使英国通过了监狱改良的法案，这标志着西方进入了监狱改良时代。出乎预料的是，处于大洋彼岸的美国率先吸纳了欧洲的刑罚思想，把先进的刑罚思想付诸监狱的行刑实践，走在了监狱体制改革的前列，其中最具标志意义的是宾州制和奥本制的实践探索。在随后的200多年中各种监狱矫正制度和监狱行刑模式先后出现，具有影响意义的监狱矫正制度有独居制、沉默制、点数制、自治制、不定期刑制、监狱分类制、罪犯分类制、累进处遇制等；具有典型意义的监狱行刑模式有规训模式、自治模式、宗教教诲模式、教育模式、医疗康复模式、复归社会模式、公正模式、开放处遇模式、综合效益模式等，这些制度和模式呈现多元化的发展态势，也为社会公众认识监狱、了解监狱、领悟监狱、关注监狱提供了更为广阔的平台。我国监狱学家曾经论述：然而监狱一项，比诸立法司法，至关重要，则监狱之组织，早当尽善美，何以时至今日，狱制犹未臻圆满，推其原因，实由昔时法学家，不审本末，往往偏重立法司法，而于最关重要之监狱，反漠然置之。“1825年，荷兰政府将改订刑法，命法学家范登特克氏起草，范氏应之曰：政府之命本不敢辞，但欲改良刑法，非先改良监狱不可，狱制不良，虽刑法改良，也将无所适用。”① 由此可以看出，狱制改良在刑法改良中处于关键的地位。

在这一时期，西方国家的监狱改革实践，也促进了国际社会对监狱的高度关注，不仅出台了一系列的关于监狱管理和罪犯处遇的规范性文件，而且在罪犯的权利保护和矫正技术方面，也达成了诸多共识，促进了世界各国的罪犯改造与矫正工作。

“二战”后，由于社会经济模式的变化，新的科学技术被广泛应用，随之而生的是社会犯罪现象日益严重，监狱关押的罪犯增多，重新犯罪率居高不下，人们保卫社会的呼声越来越强烈。在这样的背景下，西方社会出于安全和保卫社会的需要，不断寻求新的刑事政策，试图通过适用最优的刑事政策或社会政策来控

① 王元增：《监狱学》，京师第一监狱1924年版，第5-6页。

制社会的犯罪问题。其中，在对重犯和累犯的认识上，西方国家日益关注罪犯矫正教育的主导地位，日益认识到矫正罪犯、使罪犯回归社会的重要性。为此，新的矫正理论、矫正思想和矫正技术被运用到监狱领域，罪犯矫正的个别化、技术化、科学化和社会化受到重视，在原有监狱行刑模式的基础上，对罪犯矫正和教育的教育刑成为行刑的中心。以德国李斯特为代表的教育刑论的支持者认为，犯罪既非犯罪人自由意志的结果，也非天生固有的，而是不良社会环境的产物，贫困、失业、亚文化的影响等决定了人必然犯罪。国家不应该惩罚作为社会环境之牺牲品的犯罪人，而应该用刑罚教育改善犯罪人。通过积极的教育矫治使犯罪人不再犯罪。刑罚的本质应该是教育而不是惩罚。因此，他们主张刑罚应以改造罪犯、保卫社会为出发点，不但应根据犯罪人的具体情况，对其进行教育改造，使其尽快复归社会，而且应根据犯罪者的社会危险性程度，适用相应的刑罚，使刑罚的轻重符合改造罪犯、保卫社会的需要。在矫正教育思想的主导下，西方社会把更多的目光投向对罪犯个体的矫正上，关于罪犯个案的矫正方法、矫正手段、矫正措施、矫正内容和矫正项目，被广泛应用到罪犯的分类、危险评估、矫正项目实施、心理辅导与治疗等方面，逐步形成了较为完备的监狱矫正罪犯的规则和标准，使监狱在罪犯矫正的运作和操作层面更加规范，可以说，这是西方在罪犯矫正上的质的发展。

在教育刑的主导下，西方国家的刑事法律也出现了明显的倾向性：一是在刑法谦抑思想的影响下，坚持立法上的非犯罪化；二是大量适用缓刑或教育性处分手段等替代措施，严格控制自由刑；三是广泛适用非监禁式方法，特别是社区矫正的使用，使社会公众等更加广泛的社会资源得以介入监狱领域，大大降低了监禁刑所带来的诸如“监狱化”现象等负面效应。

虽然美国等西方国家对建立现代监狱制度进行了大量的探索，但是，实用主义、功利主义始终困扰着现代行刑方式。行刑是为政治服务的，社会公众关于社会安全的诉求在一定意义上决定刑罚的发展方向。20 世纪 70 年代中期，西方国家的犯罪率、重新犯罪率、累犯率等居高不下，严重威胁公众安全，引起了社会公众的不满，罪犯矫正的有效性受到了质疑，打击犯罪、严惩罪犯的呼声成为主流舆论。在这种情况下，统治者不得不制定了更为严厉的惩治犯罪的法律。尤其是马丁森报告和欣克利事件，使惩罚模式在注重矫正和改造之后重新占据了主导地位。

最突出的表现为，随着犯罪浪潮的冲击，大多数西方国家又重新实施重刑打击犯罪的法案，监狱的隔离功能和监禁功能又被摆在首要地位。社会公众认为保卫社会的最好的方法仍然是惩罚和监禁，只有将罪犯关进监狱，剥夺他们的犯罪能力，才可以降低犯罪率，才能够保护社会公众的安全，才能够体现社会的公平正义。有些学者甚至直言，无论矫正意味着什么，无论矫正的方案赋予它的意味是什么，矫正都必须停止作为监狱行刑的一个目的，但这并不意味着需要放弃监狱内已经存在的各种治疗方案，相反，这些方案还需要被扩展。①

西方国家思想多元化，人们能够接受多重理论并存共生，任何一种理论都不可能成为绝对的真理而独霸社会视域。因此，监狱重监禁和重矫正思想并存于监狱的行刑实践中，在有的学者否定矫正的同时，有的学者也提出了刑罚取消论。刑罚取消论以意大利的菲利和美国的萨瑟兰为代表。菲利在其名著《犯罪社会学》中竭力否定犯罪是人的自由意志的产物，因为“实证心理学表明，虚伪的自由意志是一种纯粹的主观幻觉”。据此，菲利认为国家没有惩罚犯罪人的刑罚权。菲利主张“根据造成犯罪人不同人格的社会情形，用不同的救治方法”取代刑罚，使“刑罚正义变成保护社会以免遭传染病症的一种手段，铲除所有尚存于今日的未开化的遗迹，如复仇、憎恨及惩罚等”。

萨瑟兰认为，刑罚总的来说弊大于利，因而应该被取消，取而代之的应是以矫正为核心的监狱对罪犯处遇的操作，以便激励罪犯矫正目的的实现。这一理论的产生，使刑罚在相当长的一段时间内不再被称为刑罚，而被称为处遇。以处遇为中心建立的刑罚模式往往与医疗模式、康复模式相类似。在萨瑟兰的代表作《犯罪学原理》中，他历数了刑罚的七大弊端：（1）“刑罚往往使受惩罚的个人处于孤立状态，使他成为社会的顽敌，而他的影响又可能扩展到其他人”；（2）“刑罚使犯罪人产生谨慎”，从而在犯罪时想方设法逃避制裁；（3）“刑罚导致其他不良态度”，如使犯罪人丧失自尊心；（4）“刑罚有时给罪犯以地位”，使人钦佩罪犯的冒险之举；（5）“改造应该是构造人格的过程”，而刑罚却不能给犯罪人提供构造人格的素材；（6）“刑罚通常阻碍塑造人格的努力”；（7）“刑罚已不再像从前那样具有恢复犯罪所破坏的社会均衡感的作用”。基于对刑罚这些缺陷的认识，其主张抛弃刑罚，而代之以对犯罪的矫治方法。

然而，正如法国著名思想家米歇尔·福柯所言：“监狱一直是一个活跃的领域。在这里，方案、建议、实验、理论、亲历见证和调查层出不穷。监狱制度一直是人们关注和辩论的焦点。”② 我们必须清醒地认识到，在现代社会中，监狱是保卫社会的特定机构，是其他机构在一定的历史阶段中无法替代的；社会公众对监狱的关注和重视，是社会发展的必然。只要人类社会不断地发展和进步，监

① 参见［美］理查德·霍金斯、［美］杰弗里·P. 阿尔珀特：《美国监狱制度——刑罚与正义》，孙晓雳、林遐译，中国人民公安大学出版社 1991 年版，第 260 页。

② ［法］米歇尔·福柯：《规训与惩罚：监狱的诞生》，刘北成、杨远婴译，生活·读书·新知三联书店 2007 年版，第 264 页。

狱的法治、文明、人道和科学总是相伴而生，现代监狱在矫正与改造的牵引下，形成以教育刑为主导的行刑格局也就成为历史的必然选择。

## 四、中国监狱行刑模式的演变

中国的监狱行刑模式具有自身独特的发展路径。在漫长的封建社会，统治阶级出于巩固自身统治地位的需要，将报复和报应当作刑罚的行刑理念和行刑目的，此时的监狱行刑模式并不具有现代意义，其只是在行刑过程中包含了诸多矫正教育的思想。清末和民国时期，我国通过对监狱制度的改良，吸纳了一些监狱矫正制度和模式，有了最初的矫正模式。但是由于多年的战乱，这些矫正教育思想并未得到有效贯彻，现代意义上的矫正模式也并未形成。新中国成立后，出于政治的需要，我国模仿苏联的监狱制度，提出了“劳动改造”的概念，并以劳动改造替代了监狱的全部行刑活动，因而有人认为，劳动改造模式是新中国成立初期具有代表性的矫正模式。

中国的劳动改造模式认为，罪犯是可以被改造的，罪犯之所以犯罪，不是因为先天性原因，而是后天习得的，因此罪犯具有矫正的可能性，但罪犯矫正是有条件的。适用这一模式的监狱在行刑过程中，不仅坚持对罪犯的惩罚，而且更强调对罪犯的改造，其将罪犯改造为守法公民作为监狱工作的宗旨。为了实现这一宗旨，适用劳动改造模式的监狱将管理、教育、劳动等作为改造罪犯的基本手段，在坚持以思想改造为核心的同时，对罪犯进行文化知识和职业技术教育。新中国成立以来，我国的罪犯改造工作一直坚持这一原理。其主要理论依据就是列宁主义和毛泽东改造罪犯的思想。

改革开放以后，国外一些科学的刑罚思想、监狱管理制度和矫正教育模式，逐步为我国所借鉴、吸收和内化，这使人们在理论研究和罪犯改造的实践中，趋向于以务实的态度探索适合我国罪犯改造实践的多元化模式，尤其是在我国监狱体制改革的背景下，一些专家学者提出了对罪犯实行“人性化管理理论”等新的行刑思想，[①] 这也引发了对罪犯改造的价值定位问题的讨论。随后逐步形成了认为对罪犯改造代表着一定阶层或社会利益的“社会本位论”；认为罪犯改造源于文化，融于文化，本身又属于一种文化形态的“文化本位论”；认为罪犯矫正或改造应以罪犯为主体的“个人本位论”，该观点的主要内容为罪犯是矫正本体或主体，是我们要改造、培养、造就、塑造的对象。此外，还有“效益本位论”

① 该理论主要是江苏的监狱学专家张晶先生提出的，由此引发了监狱学界一场关于要不要“人性化管理”、什么是“人性化管理”和“人性化管理”是否和刑罚惩罚的本质属性相悖的大争论，更有温和派学者主张用“人文化管理”替代“人性化管理”。

“矫正本位论”“刑罚本位论”“人格改造论”“法律本位论”等观点。我们认为，在社会主义市场经济体制下，社会文化的发展和人们的价值追求呈现多样化样态，我们对罪犯矫正或改造所依据的思想体系和选择的模式也不应再拘泥于一种固定的框架，而应适应社会多样化的价值诉求和监狱体制改革的内在要求，理性地思考罪犯矫正或改造的价值取向，建立科学的多元化模式。

新中国成立以来，改造罪犯的历史带有典型的中国文化的特征，同时，其也被深深地打上了新中国发展的政治烙印，具有自己的发展轨迹。综合起来看，这一改造罪犯的历史可以被分为三个阶段：

第一个阶段主要适用以阶级斗争为行刑主导思想的政治改造模式。这一阶段从1949年开始到1978年结束。这期间基本是阶级斗争和政治教化主导罪犯改造的一切；矫正形式以政治改造模式为主，以劳动改造为辅；劳动改造是惩罚的手段和形式，是为政治改造罪犯服务的，突出体现为国家本位的监狱思想。

第二个阶段主要适用以生产劳动为标志的经济改造模式，该模式又被称为经济矫正模式。这一阶段从1978年开始到2003年结束。这一时期随着我国战略中心由阶级斗争转向经济建设，监狱的整个改造工作被边缘化。同时，我国经济体制由计划经济转向市场经济，社会环境发生了很大的变化，由于不适应新的经济体制，监狱既失去了计划经济体制下的优势，又没有被纳入国家财政，处在非常尴尬的地位，完全需要自给自足。为此，监狱为求生存不得不“以经济效益为中心”，经济效益也成为监狱的价值追求。在经济改造模式下，劳动改造仍是主要的行刑手段。同时，为体现我国劳动改造罪犯的实质内涵，我国监狱普遍建立了特殊学校，形成了这一时期特有的“特殊学校教育模式”。罪犯的权益保障是1994年《监狱法》的亮点之一。在1994年《监狱法》颁布以后，我国围绕罪犯权益保障对监狱的管理模式进行了大规模的调整，有人将改造后的监狱管理模式称为权益保障模式。这一时期监狱对罪犯的改造始终以政治和经济效益作为本位追求，忽略了罪犯自身作为人的价值和作为矫正教育主体的主导作用。

第三个阶段主要适用以监狱体制改革为标志的科学改造多元化模式。这一阶段从2003年开始至今。具有代表性的罪犯矫正模式有教育矫正模式、个案矫正模式、文化矫正模式、劳动改造模式、管理矫正模式、人文矫正模式、社会化矫正模式、心理矫正模式等，这些模式突出体现了法治、人文、科学、社会等多元化的监狱矫正思想。

## 五、监狱行刑模式的分类

一定社会时期的行刑理念和行刑目的，决定了与之相适应的监狱行刑模式。美国监狱学者克莱门斯·巴特勒斯根据对美国监狱制度的研究，在《矫正导论》

一书中，从“目的—内容—方法”的角度，把矫正模式分为康复模式、重新回归模式、新古典主义模式（又称惩罚模式）等三种颇具代表性的模式。[①] 国内学者刘强先生在《美国刑事执法的理论与实践》一书中将矫正模式归纳为五种模式：医疗模式、更新模式、社区模式、报应模式与公正模式。[②] 法国思想家米歇尔·福柯在《规训与惩罚：监狱的诞生》一书中，根据行刑对象的人性假设和行刑方法的运用特征，提出了“实行隔离和建立等级关系的政治—道德模式，把力量用于强制工作的经济模式，进行医疗和使人正常化（规范化）的技术—医学模式。这就是单人囚室、工厂和医院”[③]。这就是颇具影响力的政治—道德模式、经济模式和技术—医学模式。按照行刑目的划分，监狱行刑模式可分为报应刑矫正模式、预防刑矫正模式和恢复刑矫正模式。其中，报应刑矫正模式包括神意报应矫正模式、道义报应矫正模式、法律报应矫正模式等；预防刑矫正模式包括感化模式、规训模式、矫正教育模式、改造模式等；恢复刑矫正模式则包括刑事和解模式、损害援助模式等。按照监狱和社会的关系可以将监狱行刑模式分为封闭矫正模式、半开放矫正模式和开放矫正模式。按照罪犯的待遇可将监狱行刑模式分为罪犯权利模式、罪犯义务模式和罪犯处遇模式。按照管理方式，可将监狱行刑模式分为军事管理矫正模式、校园管理矫正模式、家庭管理模矫正式和工厂管理矫正模式。按照矫正内容可将监狱行刑模式分为政治矫正模式、经济矫正模式、文化矫正模式。按矫正方法可将监狱行刑模式分为劳动矫正模式、教育矫正模式、康复矫正模式。按照文化属性可将监狱行刑模式分为道德模式、法律模式、政治模式、宗教模式等。[④]

随着行刑理念和行刑目的的变化，监狱的模式先后进入了教育模式、康复模式、重新回归模式、改造模式、公正模式等多元模式时代，这些模式均围绕矫正和教育而展开。刑罚的品质由过去单一的惩罚性向惩罚、矫正和教育多项品质发展转化。在这里，惩罚是前提和条件，是刑罚得以执行的保障，这是由刑罚的本质属性决定的；而矫正和教育是刑罚的终极目的，是现代刑罚的内在要求，也是现代社会的客观需要。

---

① ［美］克莱门斯·巴特勒斯：《矫正导论》，孙晓雳等译，中国人民公安大学出版社 1991 年版，第 21 - 24 页。

② 参见刘强编著：《美国刑事执法的理论与实践》，法律出版社 2000 年版，第 91 页。

③ ［法］米歇尔·福柯：《规训与惩罚：监狱的诞生》（第 3 版），刘北成、杨远婴译，生活·读书·新知三联书店 2007 年版，第 277 页。

④ 参见郭明主编：《监狱学基础理论》，中国政法大学出版社 2011 年版，第 156 - 160 页。

## 第二节　教育刑模式

### 一、教育刑的基本理念

教育刑的立足点就是要关注具体犯罪行为人，强调个别正义，通过影响和改造具体行为人的思想来最终实现行为人个体的自主和自律。教育刑的内涵囊括了以下三个层面的内容：其一，教育刑视教育为刑罚的本质；其二，教育刑以教育作为刑罚的目的；其三，教育刑中的教育理念要贯穿和指导刑罚适用的全过程。据此，教育刑是指把教育定位于刑罚的本质与目的，并在此基础上以教育理念贯穿和指导刑罚适用（行刑）全过程的刑罚思想。“在刑事法学者眼中，教育尤其可贵之处在于，由于个人素养的提高，行为人既能提前预防潜在犯罪动机和排解外在因素的干扰，也能有意识地积极规避内在犯罪原因力的左右，自主消减主观恶性或强化规范意识的途径使自己的行为符合教育的内容。”① 监狱与学校在文化形态上有极大的相似性，这些内在牵连使得教育与刑罚有着内在的联系，教育刑同样可以取得常态教育已经取得的成果。雨果说：“多建一所学校，就少建一座监狱。”无独有偶，马克・吐温也说：“你每关闭一所学校，你就必须开设一座监狱。”两句话既说明了教育与学校的内在联系性，又说明了教育对于人类发展的重要性。

发展到今天，教育刑的基本理念在不断变化，在追求的目的上体现出多元化样态。“其初级目的对犯罪者所犯罪行本身进行否定性评价，使犯罪者意识到自己的行为违反了法律对自由所设定的界限，侵害了法律所保护的法益，因而应当受到刑罚的惩罚，也可以说是报应；中级目的是使犯罪者能够再社会化，使反社会人格得以矫正，消除犯罪的外在、内在原因，复归社会并得到社会的接纳；而其更深层的目的则是希望法律所保护的法益不但不再受到他们犯罪行为的侵害，也即达到消极保护的效果，同时还希望再社会化之后的这部分人能够对社会作出自己的贡献，做一个有益于社会的人，满足自身的精神需要，也即对法益的积极保护效果。”②

---

① 陈伟：《教育刑与刑罚的教育功能》，载《法学研究》2011 年第 6 期。

② 范丽娜：《和谐社会中的现代教育刑》，中国政法大学 2007 年硕士学位论文，第 15 页。

## 二、教育刑的主要观点

### （一）教育刑理论的犯罪观

教育刑理论认为，人是自然属性和社会属性的统一体，人们的行为既受自由意志支配，又受社会因素和个人内在因素制约。因此，人的犯罪行为并不是完全由行为人意志自由选择的结果，而是由多种因素共同决定的。犯罪人在生理、主观、社会等因素的支配下，形成了反社会的犯罪意识、犯罪心理、犯罪决意等病态人格，并实施了危害社会的犯罪行为。李斯特指出，“任何一个具体犯罪的产生均是由两个方面的因素共同使然，一个是犯罪者的个人因素，另一个是犯罪者的外界的、社会的，尤其是经济的因素。”① 菲利也认为，“当用现代实证研究方法武装起来的近代心理学否认了意志自由的存在，并证明人的行为系人格与人所处的环境相互作用的结果时，你还怎么相信自由意志的存在呢?”② 菲利还主张以罪犯的人身危险性为根据的社会责任论，其反对刑事古典学派的道义责任论，并认为应以社会防卫的概念取代刑罚的概念。因此，犯罪人对社会所实施的犯罪行为的危害性和其潜在的危险性成为刑罚惩罚的依据。

### （二）教育刑理论的刑罚观

对刑罚本质的认识，历经了奴隶制社会的“同态复仇”观念，封建制社会的“威吓主义”观念，自由资本主义时期的报应主义观念，以及之后的预防主义观念。教育是刑罚的本质，教育刑以矫正和教育为核心，否定刑罚本质存在内在的报应性，强调确立教育和矫正的思想，将监狱的所有行为均限定在矫正教育的总原则下，把教育和矫正的理念直接付诸行刑的实践。李斯特认为，“无论是对个人还是对社会，预防犯罪行为的发生要比处罚已经发生的犯罪行为更有价值，更重要”③。

在对刑罚目的认识上，李斯特认为，适用刑罚不能只是为了机械地报应，在报应之外，刑罚应该还有另外的目的，即通过教育改造犯罪人，消除其危险性，使之重返一般市民生活之中以预防犯罪。教育刑理论强调以教育作为刑罚的目的，认为适用刑罚的目的就是教育罪犯改恶从善，回归社会。“教育刑论，是在刑罚目的主义的基础上发展起来的，教育刑论认为行刑的目的不在于惩罚，而在

---

① ［德］李斯特著、［德］施密特修订：《德国刑法教科书》（修订译本），徐久生译，法律出版社2006年版，第12页。

② ［意］菲利：《实证派犯罪学》，郭建安译，中国政法大学出版社1987年版，第9页。

③ 参见［德］李斯特著、［德］施密特修订：《德国刑法教科书》（修订译本），徐久生译，法律出版社2006年版，第23页。

于对犯罪人的教育和改善。”[①] 因此，监狱的行刑活动应以罪犯的教育矫正为中心，针对不同罪犯制订个别化的矫正方案，实施个别化的处遇，采取针对性的措施，力争实现罪犯的再社会化，以达到使罪犯回归社会的目的。

（三）教育刑理论的矫正观

刑事实证学派的功绩就在于从刑罚的惩罚性走向刑罚的矫正性，由刑罚的一般预防转向刑罚的个别预防，把犯罪人而不是犯罪行为作为犯罪预防的重点，主张采取各种矫正措施使犯罪人不再犯罪，实现个别正义。因而研究犯罪原因，制定刑事政策，便成为刑事实证学派的重点。教育刑理论认为刑罚的根据是犯罪者的人身危险性，因此刑罚惩罚的是人，而不是行为。“国家应当根据行为人的主观恶性和所表现出来的具体的人身危险性对其实行个别化的刑罚措施（主要是教育改造）以达到预防犯罪目的。”[②] 也就是说，对罪犯进行惩罚应当以对未来犯罪的预防为主要目的，矫正教育和转化罪犯是刑罚的本质和目的，刑罚不以罪犯承受刑罚的痛苦为目的。应当实施各种矫正项目教育罪犯，使其最终得以转变。

（四）教育刑理论的刑罚层次论

李斯特主张刑罚是通过将剥夺犯罪人的法益作为保护法律秩序的手段达到保护法益的目的。李斯特在马堡改革方案中提出了社会防卫的三个层次：将刑罚分为改造、威慑、打击三种形式，针对不同的罪犯采取不同的方法。“通过对行为人的监禁来保护一般公众免受侵害。”“通过对行为人适用刑罚来威慑后来实施的犯罪行为，通过对行为人的矫正来防止再犯罪。”“根据行为人的种类对犯罪行为人进行区别对待：对既无法遏制又无法矫正的惯犯进行无害化处理，对单纯的偶犯加以威慑，对可以矫正的罪犯进行矫正。第三种形式即再社会化。”[③] 这就是说，对能够矫正教育的罪犯予以重新塑造；对不需要矫正教育的罪犯予以威慑，使其因畏惧刑罚的严厉而不敢犯罪；对不能改造或挽救者进行打击，采取终身监禁、流放荒岛等严厉措施，使之不危害社会。不能改造或挽救者是指惯犯中已经达到不可救药地步的人；能够矫正教育者是指惯犯中因遗传或后天的性格而堕落成罪犯，但还没有达到不可救药地步的人；不需要矫正教育者是指偶发犯罪的罪犯。教育刑理论认为，刑罚的目的在于改造、教育犯罪人，实行犯罪人的再

---

① 王耿心：《行刑学》，法律出版社 2004 年版，第 398 页。

② ［英］边沁：《立法理论——刑法典原理》，孙力等译，中国人民公安大学出版社 1993 年版，第 26 页。

③ ［德］克劳斯·罗克辛：《德国刑法学总论：犯罪原理的基础构造》，王世洲译，法律出版社 2005 年版，第 39 页。

教育化，使之重返一般市民生活当中。[①]

## 三、教育刑的康复矫正模式

在教育刑的理论架构中，传统的刑罚不仅在本质和目的上要进行质的转变，而且从刑罚的制定、裁量到行刑的方式，都要围绕教育和矫正这一核心，实施整体解构，重新构建迎合教育刑需要的教育体系，即依照教育规律，运用多种多样的教育手段，对罪犯实施个别化处遇，从罪犯的犯因性问题着手，矫正罪犯的不良行为，最终使其改恶从善，达到使罪犯回归社会的目的。在监狱实践模式中，教育刑主要有矫正院模式、不定期刑模式、重新回归模式、康复矫正模式等，在这里笔者主要介绍康复矫正模式。

20 世纪 30 年代开始，随着犯罪生物学、医学和犯罪心理学的发展，人们对犯罪是“自由意志的产物”的观点进行了反思，特别是刑事实证学派的研究成果为犯罪的根源问题找到了新的理论依据。犯罪者的出耳问题是犯罪的一个重要根源问题，犯罪者大都来自充满着恶习的破碎的家庭、恶劣的社会环境和堕落的社区，因此，道德脆弱的人生活在这样的环境之中，就会走向堕落。有人提出关于新的犯因性问题的论点：犯罪是一种道德疾病，“犯人只是病人，而非坏人，正是他们的疾病驱使其犯罪”[②]。为了使罪犯不再犯罪，监狱就要像医院一样，找出罪犯犯罪的病因，并针对这些病因进行治疗，使罪犯得以康复并回归社会，这一罪犯矫正模式被称为康复矫正模式，又称医疗矫正模式。

这一模式的基本理念是认为刑罚的主要功能应在于使罪犯得到矫治或改过自新，罪犯是病人，正是他们的疾病驱使其犯罪，监狱应是矫治罪犯的医院。根据实证学派的观点，犯罪往往是由外在力量或内在生理因素决定的，或因为犯罪人没有经历一个正常的社会化过程，所以其才会犯罪。因此，应通过改变罪犯原有的犯罪动机、价值观念及态度来预防其再犯罪，或对他们进行重新社会化。“将监狱转化为治疗罪犯疾病的医院。治疗者意在帮助犯人解决驱使其犯罪的内在冲突，使罪犯因此而得到康复。”[③] 监狱对罪犯的矫正即治疗，监狱即“康复中心”，重视服刑罪犯矫治的实证研究，将服刑罪犯视为患者，以医疗矫正模式

---

① 赵瑞罡、贾学胜：《李斯特的教育刑思想》，载北京法院网 2004 年 4 月 9 日，http：//bjgy. chinacourt. org/article/detail/2004/04/id/824581. shtml。

② ［美］克莱门斯·巴特勒斯：《矫正导论》，孙晓雳等译，中国人民公安大学出版社 1991 年版，第 21 页。

③ ［美］克莱门斯·巴特勒斯：《矫正导论》，孙晓雳等译，中国人民公安大学出版社 1991 年版，第 21 页。

（所谓“医疗刑”）来组织监狱活动。[1]

教育刑的目的是在尊重犯罪人人权的前提下，对导致犯罪人犯罪的内在冲突这一病因进行治疗，使犯罪人康复并回归社会。为了实现这一目的，采用康复矫正模式的监狱或社区对犯罪人采用了一些治疗方法，如生理疗法、心理疗法、行为疗法等。

康复矫正模式将对罪犯治疗的第一步放在分类制度上，认为分类是探查罪犯道德疾病的基础性工作。因此，社会调查、心理测验、医学病理检查、精神病学检查等都被作为治疗的手段应用到罪犯矫正中，采用康复矫正模式的监狱或社区依据初步探查的结果对罪犯进行分类，安排其参加相对应的矫正活动。

美国著名的内科医生拉什把“犯罪作为传播的疾病能够被医治”的观点进一步发扬光大。“他指出：疾病是一个错误行为的习惯所养成的，所有的有害倾向的习惯都是疾病。在这个疾病的模式下，犯罪最终能够被治愈。他认为：酗酒和手淫均能通过持续的体力劳动所治愈。对于精神病和不服从规范者，他设计了一个不能移动的，能帮助镇静的封闭装置。他坚持用这种单独禁锢的方法来促进犯人的认罪意识，并促使其自我控制得以内化。据说他也用这种方法对其有神经错乱的儿子实验。一些医生认为：他们的使命之一是通过对恶习的了解和治疗来矫正人类。”[2] 随着罪犯矫正观念的转变和科学方法的发展，医学、生物学、心理学、自然科学等的各种治疗方法得以进入监狱的大门，当时最为流行的是心理学的治疗方法，心理学的治疗方法包括交往分析法、现实疗法、行为矫正法、集体疗法等。

意大利著名的犯罪学家龙勃罗梭的犯罪实证研究和自然主义支持者的达尔文的进化论，使人们对于犯罪问题有了更进一步的认识——认为“罪犯阶层是低劣或堕落的群种”，“罪犯是天生的”，是“有一些人类群种进化缓慢的阶层”，“这类种群的外观特征（颚骨的形状、头的大小）可以证实犯罪行为的存在，并且这一群体的外观特征存在着家庭的隔代遗传，因此得出的结论是：犯罪是可以遗传的”。[3] 这种更进一步的认识把对犯罪问题的认识由道德疾病进一步拓展到了生理和精神等方面的疾病。甚至一些医生在没有弄清这种疾病病毒来源的情况下，毅然坚信“犯罪是一个可治愈的疾病”。他们把注射“疫苗”作为矫治恶习、越轨行为和犯罪的一剂强烈的药剂，把“禁锢装置”作为对不良行为的封

① 参见王泰：《现代监狱制度》，法律出版社2003年版，第43-44页。

② 刘强：《美国社区矫正演变史研究：以犯罪刑罚控制为视角》，法律出版社2009年版，第43页。

③ 刘强：《美国社区矫正演变史研究：以犯罪刑罚控制为视角》，法律出版社2009年版，第44页。

闭，并坚信监狱能战胜罪犯的疾病，能够重塑罪犯的正当行为和社会秩序。[①]

康复矫正模式作为罪犯矫正历史上的一种探索，是具有深刻的积极意义的，尤其是在个案治疗中，有不少案例产生了显著的治疗效果。然而，康复矫正模式在20世纪70年代走向了没落，越来越多的人对矫正机构的矫正效果提出了质疑。这一模式失败的原因可被归结为：一是康复矫正模式的理论基础是一个对人类本性的假设：道德主宰人的行为，尤其是犯罪行为。在错误的假设下，在缺乏对“道德”疾病生理机制研究的基础上，又过高地估计了医疗专家的能力。除心理学的技术之外，该模式认为一个强制的环境就可以使人的行为习惯得以改变，使罪犯的犯罪行为得到治疗，这种观点未免太过牵强。二是这一模式所指向的患病对象大多是生活在社会底层的穷人，该模式认为他们生活的环境以及所接受的教育使他们走向堕落，认为他们是不道德的病人。而这一群体恰恰是被类似强盗的“资本主义大老板”剥削的受害者，他们需要的不是道德上的谴责，而是解决生活中所存在的实际问题的方法。这样，治疗者和病人就出现了认识偏差和阻抗反应。三是罪犯即使是患了道德疾病的病人，对其疾病的治疗也需要医患双方在互信的基础上有效配合，而康复矫正模式是完全建立在强制与被强制的刑罚惩罚环境下的，这一产生背景使康复矫正模式失去了产生良好治疗效果的前提和基础，其失败也就成为必然。

## 四、教育刑的重新回归模式

20世纪60年代，标签理论的发展催生了监狱行刑的更生理念。标签理论的主要代表人物有美国犯罪学家莱默特（E. M. Lemert）和社会学家、符号互动论的代表人物之一霍华德·S. 贝克尔（Howard S. Becker）。霍华德·S. 贝克尔对标签理论作了系统的描述，他认为，社会群体将其制定的法规用在那些与该法规发生摩擦或相背离的具体人身上，并称他们为“局外人”。标签理论的代表人物莱默特更是一针见血地指出，犯罪是社会或旁观者所赋予之定义，是社会的反应导致了犯罪而不是犯罪导致对社会的反应。

标签理论从对行为的社会解释角度来认识犯罪，认为人的行为并不取决于事物的内在性质，而取决于社会解释方式——他们被称作什么以及由该名称所引起的含义。任何行为本身都不是有罪的，是社会把某些行为确定为有罪行为并给其贴上犯罪的标签。一个人之所以变成罪犯，最初是因为他们的父母、学校教师、警察机关、司法机关以及犯罪矫治机构，在处理违法行为时，给其贴上了坏的标

① 参见刘强：《美国社区矫正演变史研究：以犯罪刑罚控制为视角》，法律出版社2009年版，第43－44页。

签如“坏人”“犯罪者”等。

标签理论认为，贴标签是违法犯罪的催化剂。一个人在初次实施违法犯罪行为之后，如果被有权界定标签的人贴上不道德或犯罪人的标签，就有了一个污点，这使行为人受到这种污点的影响：在家庭中，为父母或其他家庭成员所讨厌；在学校中，被教师和同学歧视；在社会上，找不到理想的职业等。长此下去，被贴标签者便会认可这种标签，进而实施更加严重的违法犯罪行为，最终成为职业犯。①

标签理论认为，社会上存在的犯罪现象是社会互动的必然产物。当某个人一旦被有社会意义的他人贴上标签并被描述为偏差行为者或犯罪者时，他就会逐渐成为偏差行为者或犯罪者。对犯罪尤其是普通刑事行为的产生，社会控制机构应负有很重要的责任。负面的标签是使他人自我形象受到长期损害的重要原因。

要想克服“标签效应”，就要创造罪犯服刑所需要的与社会紧密结合的良好环境，只有这样才能最大限度地减少罪犯与社会的隔离，增强罪犯的社会技能，帮助罪犯发现自己在社会生活中的合法角色。1967 年美国法律执行和司法管理委员会认为，理想的矫正体系主要是加强社区公众的参与，使罪犯在社区公众的帮助之下重新融入社会结构之中，真正成为社区的一员。为此，矫正工作部的报告指出“矫正的任务包括在犯人和社区之间建立或重建牢固的联系，使罪犯归入或重归社会生活中去，恢复家庭关系，获得职业和教育。就广泛的意义而言，即在于为犯人在社会正常生活中获得一席之地提供帮助。这不仅要求必须努力改变每一名罪犯——这一点曾是康复模式的唯一标准，而且还需要发动和改造社会及其各类机构”②。这就是重新回归模式产生的背景。

这一模式有一个基本的理论观点：犯罪是因为犯罪者不适应社会的结果，刑罚矫正的目的在于促进罪犯重新社会化，帮助他们重新回归到社会生活中，罪犯矫正的核心应放在对社区的适应上。因此该模式又被称为重新结合模式。

重新结合模式在具体操作中，主要分为两种形式：

一是设施外矫正。这是被世界各国推崇的社区矫正形式。通过缓刑、假释、中途训练所等非监禁形式，罪犯能够生活在家庭中，不脱离社会生活环境，正常从事自己的工作，可以参加心理治疗，接受文化和职业教育等，并能够承担起其应承担的社会责任和家庭责任。社区矫正形式使社会公众能够广泛参与到矫正工

---

① 参见魏平雄、赵宝成、王顺安主编：《犯罪学教程》，中国政法大学出版社 1998 年版，第 69 页。

② ［美］克莱门斯·巴特勒斯：《矫正导论》，孙晓雳译，中国人民公安大学出版社 1991 年版，第 21 页。

作中来。这一形式不仅能够充分发挥社区的资源优势，还能够全方位地对罪犯的矫正施加影响。

二是设施内矫正。只有在罪犯不适宜在社区矫正的情况下才对其使用监狱监禁。即使在监狱监禁过程中，也要以罪犯回归社会为目的，精心安排监狱内的矫正和训练项目，如提前释放、工作释放、教育释放、离监探亲等。其中，主要有三种做法：第一，假释模式。若罪犯经过在监狱进行一定时间的矫正，已具备假释条件，则应对其予以假释并设定回归社会的考验期，以巩固矫正成果。第二，过渡训练模式。监狱模拟社会生活环境，将罪犯置于“开放”环境下，对罪犯进行系列的文化知识教育、社会生活指导、职业技能培训等训练活动。将这些活动作为罪犯走向社会的过渡训练，有利于罪犯回归后适应社会。第三，回归训练模式。将即将刑满释放的罪犯，集中在社会上专门开办的设施中，对其采取开放式处遇，组织专业人员和社会志愿者对罪犯进行回归前的社会适应训练。在国外，这种场所被称为中间监狱或中途训练所，训练的对象一般是距出狱还有 60～90 天的罪犯。

教育刑理论支配下的操作范式还要求建立罪犯分类体系，为个别化矫正提供依据；对罪犯进行学习和职业指导，使罪犯掌握一技之长，以有利于其将来回归社会；组织罪犯参加劳动，对罪犯的劳动给予劳动报酬等奖励，激发罪犯的劳动热情；对罪犯采用人道的惩戒方法；对表现良好、不具有人身危险性的罪犯予以假释等。

## 第三节　行刑公正模式

公正模式又被称为正义模式、法治模式、报应模式、刑罚模式、司法模式等，这种模式强调对犯罪者公平对待，以公正为重点。正如福柯所言：“监狱一直是一个活跃的领域。在这里，方案、建议、实验、理论、亲历见证和调查层出不穷。监狱制度一直是人们关注和辩论的焦点。”① 监狱教育刑的模式在复杂的环境下呈现多样化的发展态势，尤其是公平模式在本质上兼顾了对罪犯的惩罚与矫正，并在此基础上，建立了一整套的罪犯个案矫正的模式、体系、方案、项目、措施等，使对罪犯的矫正与惩罚工作更加深入。

① ［法］米歇尔·福柯：《规训与惩罚：监狱的诞生》，刘北成、杨远婴译，生活·读书·新知三联书店 2002 年版，第 264 页。

## 一、行刑公正模式的主要内容

行刑公正模式的主导矫正理念是报应，该模式是威慑论和报应刑论的充分体现，是古典惩罚主义的“复活”。因为其不是惩罚主义的简单再现，而是赋予了惩罚主义新的内涵，所以其又被称为新古典主义模式。主导这一行刑模式的理念是“公平惩罚”（justdeserts）。这一模式的理论基础是“人类至今为止还没有能够获得可以预测人行为的将来性，并基于这种预测进行人格治疗，从而改造人的确切的科学技术；至今为止，在‘复归社会’的美名下所进行的处遇活动及治疗方法只不过是一种‘艺术活动’……没有任何科学根据，没有任何实证性研究能证明它们是有效的”①。其内容主要有以下方面。

（一）强调刑罚的惩罚性，实现社会的公平正义

有学者认为，报应是基于公正观念而生的对刑罚的正当性要求，预防是基于效益观念而生的对刑罚的正当性要求；将报应作为限制功利的手段，能够使刑罚既因为是公正的而具有预防犯罪的手段的正确性，又因为具有正当的目的而是正确的。② 刑罚是对犯罪行为的惩罚，刑罚的本质属性中并不包含矫正，矫正是和刑罚共存的相对独立的社会领域。如果过多强调矫正教育前提下的刑罚惩罚，惩罚与矫正教育两种结构因素的潜在冲突，就可能导致刑罚本性与行刑功能的实际分裂。③

（1）应该对犯罪人判处他们应当承受的刑罚。

报应刑主义认为，法律的惩罚性是其本质属性，在对待犯罪的问题上，应依照罪刑一致的原则，在刑罚的判决上严格按照犯罪人的犯罪性质定罪量刑，以给予犯罪人犯罪行为的报应刑打击，运用法律的严厉性震慑犯罪人。法院“判决指导原则和定期判决的主要目标是针对判决的适当性和公正性”④，监狱的功能是保卫社会，对罪犯依法实施监禁和惩罚是刑罚本质属性在行刑中的体现。监狱对罪犯惩罚的过程应充分体现刑罚的惩罚性。通过监禁，依法剥夺和限制罪犯的人身自由，让罪犯感受到痛苦，这使刑罚的惩罚性足以对罪犯产生威慑力量，从而使罪犯由于惧怕而失去重新犯罪的心理动力。

（2）法官的量刑主要考虑犯罪的严重性，很少或者不考虑犯罪人本身的特点。

---

① 王云海：《监狱行刑的法理》，中国人民大学出版社 2010 年版，第 23 页。

② 参见邱兴隆：《关于惩罚的哲学——刑罚根据论》，法律出版社 2000 年版，第 299 页。

③ 参见王利荣：《行刑法律机能研究》，法律出版社 2001 年版，第 170 页。

④ 刘强：《美国社区矫正演变史研究——以犯罪刑罚控制为视角》，法律出版社 2009 年版，第 158－159 页。

对犯罪人的定罪量刑是审判活动，其核心是查明犯罪人的犯罪事实，以及由此给社会、国家或者他人所造成的危害。量刑不用顾忌犯罪人的其他因素，比如犯罪人产生犯罪的犯因性问题、家庭状况、个人的教育背景等。犯罪人本身的特点不能够成为影响判决的因素，特别是不能成为减轻或从轻判决的依据。犯罪人本身的特点只是行刑过程中制定矫正方案时所要关注的重点，是行刑个别化尤其是矫正个别化的内容。

（3）废除不定期刑，要求罪犯在监狱中执行完大部分刑期，在矫正系统中，不再强调对罪犯的改造和治疗活动。

不定期刑的核心是审判机关在判决时，对构成犯罪且需要监禁的犯罪人只宣告罪名，不宣告确定的刑期，由行刑机关根据犯人在服刑期间的具体悔罪表现决定对罪犯释放的日期。罪犯只有改过迁善，才能早日出狱。不定期刑试图通过监狱的有效运作，使决定刑期的关键掌握在罪犯手中，从而达到促进罪犯改过的效果。但是，在实际操作中遇到了诸多困难，罪犯刑期的长短要根据犯罪分子改造效果来确定，这样一来改造效果的标准很难确定，因此不定期刑与罪刑法定原则相悖。不定期刑反对刑罚的报应论，认为刑罚的轻重，应当由犯罪人对未来社会的危险性来衡量。不定期刑的弊端在于：刑期长短没有具体的标准，容易使罪刑不适应；容易诱发专断，造成刑罚权的滥用，导致侵犯人权；没有确定的刑期也容易使犯罪人丧失改造信心。这就使人们越来越认识到刑罚并非仅仅是个教育问题，不定期刑的理论设计和实际矫正效果之间相距太远。为此，西方国家在对罪犯的监管处遇和矫正方案上普遍放弃了不定期刑。为了社会公众的安全，西方国家加强了对罪犯的控制，在对罪犯的监管技术规范上实施强制性要求，对罪犯的监禁和管理方面，无论是硬件的投入还是软件的建设，都制定了强制性的行为规则，对于违反规则的罪犯，在处罚上较之以前更加严厉。许多国家，一改过去的自由选择性而实施强迫性，凡身体适合的罪犯必须参加劳动，之前所采用的医疗模式、教育模式、分类模式、自治模式、开放处遇模式、重返社会模式等，不仅失去了往日的风采而且还遭受冷遇。

（4）制定和实施所谓“严惩惯犯法律”，限制假释等。

20 世纪 60 年代，美国的犯罪活动日益猖獗，社会公众对社会的治安问题极为不满，打击犯罪成为社会公众的共同诉求。20 世纪 70 年代初，犯罪已成为美国社会的公害。犯罪统计报告显示，在犯罪人中，有相当大一部分是刑满回归社会人员，这就证明经过监狱矫正的回归社会人员的重新犯罪率相当高。这种现象引起了人们对监狱矫治工作有效性的怀疑。人们不禁要问：矫正有效吗？政府的大量投入并没有收到预期的效果。由此，人们强烈要求制定更严厉的法律，加大对犯罪的打击力度，尤其是加大对重新犯罪者的惩罚，以维护社会秩序。在社会公众的诉求和犯罪浪潮的冲击下，重刑打击犯罪的法案得以制定并实施，这使美国打击犯罪和矫正罪犯的情势发生了巨大变化。一是立法和司法的价值取向发生转向，“制定惯犯法规的目的是更严厉地惩罚各种类型的重罪犯。制定的惯犯法规对分类为习惯犯的判决提高其期限，同时，有选择地对某些犯罪给予比较严厉的强制制裁，主要是毒品犯罪和携带武器的犯罪，还扩大到入室盗窃、强奸、杀人和一些与这些犯罪结合的犯罪”①。二是限制假释，将更多的罪犯关在监狱中，以被动地保卫社会。1976 年至 1979 年，美国有 7 个州取消了所有的或大多数的假释自行处决权，有 18 个州限制假释的适用，另有 6 个州完全取消了假释；到 1990 年，先后又有 25 个州限制或者取消了假释的适用。② 随之，监狱里的押犯也急剧增多。三是实施了“第三次重罚”的法律，“对罪犯给予更为严厉的监狱判决，包括对于第三次犯重罪者终身监禁不得假释”③。四是建造了美国具有最高安全警戒性的监狱，强化了监狱的隔离和监禁功能，该法案的目的是通过严厉的惩罚来增加刑罚的威慑力，打击日益严重的犯罪。这些巨大的情势变化使报应主义思潮重新抬头。

在报应主义思想的支配下，罪犯在被判刑后被依据不同的标准，分成不同的类型，送进不同安全等级的监狱，给予不同的惩罚措施。犯罪性质严重、对社会造成重大危害的罪犯、惯犯、累犯等，被关押在戒备森严的最高警戒级的监狱，实施更加严厉的管理手段和措施，而犯轻微罪的罪犯则被关押在警戒等级相对较低的监狱，实施相对宽松的管理手段和措施。总之，犯罪者的罪行越严重，其被管理的手段和方式就越严格。

（二）突出罪犯矫正的自愿性，实现罪犯个人的公平正义

虽然教育矫正模式的诸多措施和项目暂时被忽略，但是，这并不意味着矫正教育理念的完全消失或被彻底否定，反之，随着人类社会的发展、文明的进步，监狱行刑的模式总是朝着文明、人道和科学的方向迈进。自从监狱进入矫正教育时代之后，虽然监狱的矫正效果受到了怀疑，但是，在矫正与改造的推动下，以教育刑为主导的行刑模式始终处于刑罚的中心，特别是刑罚哲学与矫正思想的指导，使教育刑模式呈现多样化的发展态势。在原有模式的基础上，注入新的要素，可使矫正教育的内容进一步变革与发展，使矫正的目标指向更加明确，罪犯

---

① 刘强：《美国社区矫正演变史研究——以犯罪刑罚控制为视角》，法律出版社 2009 年版，第 158 - 159 页。

② 参见刘强：《美国社区矫正演变史研究——以犯罪刑罚控制为视角》，法律出版社 2009 年版，第 158 页。

③ 刘强：《美国社区矫正演变史研究——以犯罪刑罚控制为视角》，法律出版社 2009 年版，第 160 页。

矫正教育的方式、形态、途径和内容更加丰富。行刑公正模式兼顾了监禁惩罚和矫正教育，具体表现在以下四个方面。

1. 行刑目标

在罪犯矫正目标上，在一定刑期内用人道的方法控制罪犯，强调保护罪犯的权利，并使一些矫正项目权力化。行刑公正模式在突出刑罚对罪犯惩罚的同时，强调对罪犯权利的保护。基于这样的刑罚理念，西方国家普遍对罪犯的权利以法律的形式详细地予以确定和明确，并以强有力的措施依法对罪犯给予充分的保护。

2. 行刑机构责任

在行刑机构的责任上，用法律的、人道的方法控制罪犯，如适当的治疗和监禁，以保护社会。在行刑公正模式下，罪犯是否接受矫正，接受的矫正项目、矫正内容以及适用什么样的矫正技术，是罪犯应享有的权利，罪犯可以自由选择。矫正机构的责任主要在于控制犯罪人，防止其危害社会。矫正和教育只是依据罪犯的意愿适当进行，由罪犯自由选择，不再采取强制措施。这样做无形中发挥了罪犯矫正的主动性，使罪犯选择自我认同的矫正项目和矫正内容，能够提高矫正效率。

3. 治疗和刑罚的作用

在治疗和刑罚的作用上，仅仅使用自愿治疗，认为刑罚和治疗是不同的，即刑罚对社会有利，治疗对罪犯有利。行刑公正模式的核心是在对罪犯的监禁中，要把维护公共秩序、社会安全和保护罪犯权利置于同等重要的位置加以重视，既不允许为了维护公共秩序和社会安全而践踏罪犯的个人正义，也不允许打着保护罪犯合法权益的旗号去牺牲公共利益、危害公共安全。行刑公正模式倡导罪犯同一般人一样享有社会基本人权保障。特别是当罪犯面对各种困难和问题时，应在征得罪犯同意的前提下，为其提供力所能及的援助，这有利于罪犯将来回归社会和被罪犯的犯罪行为所破坏的社会关系的恢复。“刑罚总是惩罚犯罪的方法，离开了刑罚的强制，片面强调教育，刑罚就很难发挥其应有的作用。”①

4. 罪犯劳动问题

强调对罪犯的劳动应实行市场化和尊重罪犯的自我决定权。认为罪犯参加劳动不应该作为刑罚惩罚的内容，应将罪犯参加狱内的劳动视为一种权利，这种劳动和一般人的劳动具有同等的性质。监狱内组织罪犯劳动的企业应享有和社会企业同等的待遇，应允许监狱企业参与市场竞争；监狱在安排罪犯参加劳动时，应

① 马克昌主编：《近代西方刑法学说史略》，中国检察出版社 2004 年版，第 219 页。

遵循罪犯的“自我决定”和“自我责任”原则，[1] 废除罪犯劳动的强制性，应将罪犯的劳动和社会成员的劳动同等对待，保证其享有相应的工资待遇。

## 二、行刑公正模式的正当性

通过上文可以看出，行刑公正模式肇始于20世纪70年代的西方国家，是基于对教育刑论或矫正主导监狱行刑的反思而产生的，是在矫正教育和复归社会思想基础上，对监狱行刑模式的进一步修正，其正当性可归结为四个方面。

### （一）在行刑指导思想上，强调刑罚所昭示的社会公平正义

公平正义是法治社会的核心要求，一个没有正义的社会，是一个危险的社会。善的行为，是正义的行为；恶的行为，是非正义的行为。“正义是社会制度的首要价值，正像真理是思想体系的首要价值一样。”[2] 黑格尔认为，犯罪人的犯罪是对自己权力的否定，刑罚便是对这种否定的否定，因而刑罚是对权力的肯定，是由犯罪人自己要求加于自身的。[3] 黑格尔认为，加于犯罪人的刑罚是自在正义的，因为这种刑罚同时是他自在地存在的意志……所以处罚他正是尊敬他是理性的存在。如果国家不对犯罪人处以刑罚，犯罪人就得不到这种尊重。因此，为了把犯罪人当作人来尊重，国家就必须动用刑罚对他加以惩处。[4] “正义为了自由而存在，有了正义自由才成为可能。”[5] 西方国家普遍认为，罪犯是犯了罪的人，应该对犯罪人判处他们应当承受的刑罚，这昭示了对罪犯实施刑罚的正当性和公正性，只有通过监狱的监禁和威慑，才能让罪犯感受到刑罚的痛苦，实现刑罚的报应功能和预防功能，达到刑罚保护社会公众、有效控制犯罪的目的。因此，行刑公正模式突出行刑的惩罚性，就是要追求社会的公平正义，即惩罚罪犯和剥夺、限制罪犯的自由都是正义的本质追求。

### （二）在监狱行刑内容上，对监狱的权力进行了限定

监狱作为行刑机关，其权力是有限的。不管是出于善意还是恶意的目的，监狱机关在行刑过程中都不能超越法定的权限，否则就是行刑权的肆意扩大或者滥用。“监狱所负责的只是判决的执行而已，而非受刑人的矫正改造，也无须对其复归社会负任何责任；以判处受刑人拘禁为内容的判决仅仅意味着对受刑人在社会内行动的自由予以剥夺。”[6] 监狱所实施的矫正，不得介入无法律规定的私人

---

① 参见王云海：《监狱行刑的法理》，中国人民大学出版社2010年版，第100－101页。
② ［美］约翰·罗尔斯：《正义论》，何怀宏等译，中国社会科学出版社1988年版，第1页。
③ 参见谢望原：《欧陆刑罚制度与刑罚价值原理》，中国检察出版社2004年版，第283页。
④ 参见［德］黑格尔：《法哲学原理》，范扬、张企泰译，商务印书馆1961年版，第103页。
⑤ 谢望原：《欧陆刑罚制度与刑罚价值原理》，中国检察出版社2004年版，第476页。
⑥ 王云海：《监狱行刑的法理》，中国人民大学出版社2010年版，第24页。

领域，尤其是在罪犯的矫正教育项目设定或者实施手段上，不得强制介入罪犯的人格、良心等本来不应该介入的领域。如果不对监狱的行刑权进行限定或控制的话，“由于实施‘复归社会’式行刑，行刑机关大量进行减刑或假释，这不仅赋予了行刑官员过大的裁量权，使他们可以肆意行使这些权利，而且，也因此造成了受刑人间的不平等，妨碍了刑罚的公正性；‘复归社会’是一个极为容易被恶用的理念，‘处遇’事实上随时都可成为单纯处罚或报复的口实”①。我国也有学者认为，罪犯可恨，监狱要惩罚他，但不能超越正义的尺度；改造罪犯同样不能背离正义的尺度。监狱的一切工作需要法律规范，需要按照法治的要求建构，尤其要体现正义的精髓。监狱制度要想保持稳定，必须达到三个方面的要求：安全、控制和正义。正义就是监狱在法治的前提下人道、公正地对待罪犯。监狱对罪犯执行刑罚的终极价值在于恢复社会正义，使所有受法律保护的公民都是平等的。监狱是实现正义的社会载体之一，因而，在监狱内保障罪犯“人人平等”的意义非同寻常。

（三）在罪犯权利保护上的法律绝对性

如果说西方国家前期的监狱改良是基于慈善主义的话，行刑思想所体现出的本质意义则是人道主义，而人道主义行刑思想突出人类社会的人文性、慈悲性、宽容性和合理性，其认为，“无论犯有罪行的受刑人如何残酷、如何没有人性，人类社会本身在对其进行惩罚行刑时应遵守或体现一定的人类文明标准”②。发展到今天，行刑公正模式更多追求的是人权主义的行刑价值，强调监狱行刑的“唯一和绝对根据是受刑人的人文性”③。首先把罪犯置于人的层面上，追求在现代社会作为人的权利和价值。无论是社会人还是关押在监狱接受矫正教育的罪犯，只要其权利未被法律依法剥夺或者限制，都具有法律上的绝对性。“除此之外的其他权利，即使受刑人在监狱内也应予以保障。”④“基于人权主义而对受刑人赋予的权利和待遇属于‘人文本性’或‘天赋人权’，是建立在‘受刑人仍是人’这一单纯事实之上的，因而，具有‘绝对’性质，只要受刑人仍活着，就别无选择地享有作为人的权利，这种权利不因其他因素的变化而变化，具有法律上的绝对性。”⑤ 监狱不能随便以安全的名义、以改造的名义、以管理的名义，甚至以正义的名义，损害正义、玷污正义、亵渎正义。

① 王云海：《监狱行刑的法理》，中国人民大学出版社 2010 年版，第 23 页。
② 王云海：《监狱行刑的法理》，中国人民大学出版社 2010 年版，第 18 – 19 页。
③ 王云海：《监狱行刑的法理》，中国人民大学出版社 2010 年版，第 19 页。
④ 王云海：《监狱行刑的法理》，中国人民大学出版社 2010 年版，第 24 页。
⑤ 王云海：《监狱行刑的法理》，中国人民大学出版社 2010 年版，第 19 页。

（四）罪犯对监狱的矫正教育项目具有自由意志选择权

"受刑人是有着处理事物的自由意志的存在，应被允许基于自己的意志去选择监狱内的各种处遇活动，只要受刑人不同意，国家在任何情况下都不能雇用他人对其进行强制改造矫正，强制使其复归社会。"[①] 如前所述，行刑公正模式是在对康复模式、医疗模式、教育刑模式等予以批判和反思的基础上提出的，认为矫正或处遇并未产生使罪犯的人格发生改变的效果，只不过是一种"高贵名声下的欺骗"而已，同时"过分增大了司法官员的权力和裁量范围，使国家能够以'复归社会'的名义介入诸如人格、良心等一些本来不应该介入的领域"。[②] 尊重罪犯的主观意志，赋予罪犯对监狱名目众多的矫正教育项目的选择权，是行刑公正模式不同于其他模式的价值取向。

应该说，西方国家在行刑公正模式下，拓展了对罪犯犯因性问题的解释，扩大了对罪犯的认识视域。行刑公正模式是人权主义行刑理论的进一步深化和发展，真正将罪犯置于人学的研究领域加以研究，加大了对罪犯法定权利的保护力度，强化了服刑罪犯主观意志的表达，引进了多学科领域的理论和技术，为罪犯提供了综合性的矫正帮助。因此，行刑公正模式受到世界各国的推崇。

## 三、对行刑公正模式的评价

行刑公正模式在西方国家受到推崇的原因是多方面的，但是有一点是肯定的，那就是它兼顾了报应、预防、人权和矫正的需求。由此对行刑公正模式可以作出如下评价：

第一，行刑公正模式吸纳了报应模式的一些特质，反对把更新作为刑罚执行的主要目标；反对对情况相同的罪犯处以不同的刑罚；认为那些经过理性的思考以后决定实施犯罪的人必须得到应有的法律制裁，国家应确保根据他们犯罪的严重性而给予其相应的惩罚。[③] 行刑公正模式的上述特质既满足了法律本身所追求的罪刑相适应的平等价值，也满足了社会公众为保卫社会安全而要求严厉打击犯罪的心理需求。

第二，行刑公正模式的发展趋势呈现科学灭罪的特征，即更加广泛地引进和应用自然科学的理论和技术。行刑公正模式广泛地应用自然科学技术的理论和方法，从不同的角度认识、矫正和评价罪犯，使矫正技术中的自然、人文、人性和社会化达到和谐统一；行刑公正模式在注重安全、分类、矫正和恢复性社会化有

① 王云海：《监狱行刑的法理》，中国人民大学出版社 2010 年版，第 24 页。

② 参见王云海：《监狱行刑的法理》，中国人民大学出版社 2010 年版，第 23 页。

③ 参见刘强：《美国矫正工作的五个基本模式》，载《上海警苑》2000 年第 9 期。

机统一的基础上，有效整合矫正技术，使矫正技术呈现技术的体系化、综合化特征。以人道、宽容和轻缓为基本原则的当代刑事法律，在权力与权利相对均衡的法治理念的要求下，使作为权力表征的刑罚的惩罚功能和矫正功能均衡发展，使刑罚及行刑方式多样化，由此使得作为权力的矫正技术呈现帮助、救助、救济、指导等特征，使监狱的权力受到限制并被制约在社会安全目的限度内。罪犯在服刑期间的合法权利得到有效保障，主观能动性得到充分发挥。

第三，行刑公正模式带有典型的“美国色彩”，“是基于对当时美国盛行的以行为科学和精神医学为内容的‘医学治疗式’处遇的效果评价而展开的理论”①。行刑公正模式反对将矫正技术强制应用到对罪犯的矫正中，没有医疗模式背景的国家在适用行刑公正模式时缺乏对比效应。同时，这一模式“基本上是运用实证方法进行论证，主要以处遇的直接效果来讨论问题和判断是非，没有能够成为严格的法律性理论”②。同时，完全从罪犯权利保护的角度来认识罪犯的矫正项目，过分强调了罪犯的“自我决定”和“自我责任”，忽略了罪犯自身所存在的“自我决定”和“自我责任”的缺陷，忽略了监狱环境、监狱矫正项目对罪犯的影响。截至目前，矫正仍是监狱防卫社会的重要选项，正如翟中东教授所言：“矫正之所以具有这么强大的生命力，在我看来，矫正除了体现刑罚预防犯罪的目的，还有一个重要原因是，由于矫正是对恶的行为的一种善的回应，是人的善良与理智的结合，所以它体现着行刑人道主义……完整的行刑人道主义不仅关注罪犯肉体的存在和需要，而且关注罪犯个人价值的复归、个人尊严的复归。”③

## 第四节　监管矫正模式

监管矫正模式，又被称为狱政管理模式、监管改造模式等，它是以监狱的安全、秩序和纪律为价值追求，通过对服刑罪犯的严格管理和控制，并按照固定的行为规范训练罪犯的行为方式，从而使罪犯得到改造的矫正范式。这种模式在国外有不同的表现形态，而在我国一直作为对罪犯管控的首要手段。社会公众对于监狱安全的诉求使其不断得到强化。

① 王云海：《监狱行刑的法理》，中国人民大学出版社2010年版，第24页。

② 王云海：《监狱行刑的法理》，中国人民大学出版社2010年版，第24页。

③ 翟中东：《法学层面上的刑罚执行依据》，载《中国监狱学刊》2002年第4期。

以美国监管矫正模式为例，在不同的历史时期，美国的监管矫正工作在一定程度上都反映出受某一种特别模式的影响，同时美国又是多种模式并存的国家，仅从现代监狱的发展来看，美国的监狱行刑模式就经历或并存着宗教教育模式、分类模式、自治模式、开放处遇模式、医疗模式、更新模式、社区模式、社会化模式、教育刑模式、报应模式、恢复性司法模式和公正模式等。下面从监管的角度介绍三种模式。①

## 一、控制模式

控制模式，又称得克萨斯控制模式，"是以强调囚犯必须服从劳动、教育等各项制度为基础而进行的管理模式"②。1963 年到 1983 年，是控制模式最为盛行的时期。其主要创始人是乔治·毕托博士，他于 1953 年进入得克萨斯州矫正局，从此开始了他的刑事司法生涯。他在 1962 年到 1972 年任得克萨斯州矫正局局长。他在担任局长期间，总是出其不意地巡视监狱，故被服刑罪犯称为"行动乔治"。同时他也是刑事司法专家、教育管理学博士，曾做过高校老师、路德教派的牧师等。

### （一）控制模式的基本理念

毕托受美国伊利诺伊州监狱长约瑟夫·雷根的影响，认为监狱管理哲学应当是"安全取向"，因此毕托所主导的得克萨斯州狱政体系不仅安全、有秩序，而且有助于各项处遇的推动，其后继任者依此理念，亦成功地拓展各项监狱作业、农业，使财力更加丰富。有学者认为，"实质上，控制式是'胡萝卜加大棒'——奖赏和惩罚的结合体。安心服刑，遵纪守法，会得到相应的奖赏；违法乱纪，要受到单独的监禁或附加劳动的惩罚"③。

### （二）控制模式的特征与要素

控制模式所追求的监狱的首要价值是安全，因而该模式在监狱要素特征上与监狱的价值追求相一致。第一，在监狱的外在形态或者监狱建筑上，表现为突出醒目的岗哨和高耸的围墙。第二，在服刑罪犯的服饰和行为要求上，服刑罪犯统一穿着白色囚衣，与管理人员接触时要态度和蔼，不得放肆，尊称管理人员为长官或主管。如果服刑罪犯对管理人员有不敬行为，则会受到处罚，其权利也会受到相应的限制。监狱管理人员穿着灰色制服，有着明显的等级标志，在工作理念

---

① 这三种模式依据江苏省司法警官高等职业学校的宋立军博士提供的资料整理而成，同时参见了王泰主编的《现代世界监狱》（中国人民公安大学出版社 1998 年版，第 144 - 148 页）一书中关于这三种模式的介绍。

② 王泰主编：《现代世界监狱》，中国人民公安大学出版社 1998 年版，第 144 页。

③ 王泰主编：《现代世界监狱》，中国人民公安大学出版社 1998 年版，第 144 页。

上强调具有高度使命感与团队精神。第三，在管理方式上，一是强调严明的纪律和高度的服从性，违规的服刑罪犯多半将受到惩罚。“监狱管理控制模式防止囚犯的越轨行为，基本上依靠两个方面：其一为告诫，先入为主，强化法纪观念；其二为规章制度，先礼后兵，严格照章行事。即使是最微不足道的事情也必须讲到做到。例如，偶尔几个囚犯在一起的现象不论出现在哪里都绝对禁止，一看到这种情形，矫正官就要马上制止。在监狱走廊里，囚犯必须在靠两边印着囚犯专行区的地板上行走，而不能在走廊中间随便活动，如果大声说话，也要受到惩罚。总之，控制模式严格的制度、措施有效地预防和制止了囚犯图谋越狱、预谋暴力、偷运禁品等越轨行为。”① 二是要求服刑罪犯安心服刑、莫管闲事。三是对监狱相关事务的处理赏罚分明、及时快捷。采取高压与奖赏并济的策略，成功地控制了服刑罪犯。四是提供许多善时制度（Good Time），协助服刑罪犯改过自新，使各项教育教化活动与监管工作几乎没有冲突。五是推行 BT（Build Tender）制，即招标制。监狱审慎地选出服刑罪犯中的领导者，以协助管理人员处理各项勤务。六是强化诚实服刑的原则。从罪犯入狱开始，在管理的各个方面都以这个原则为中心进行训导教化，并在《监狱规则指南》中对该原则详细进行了说明。“囚犯被押解到指定的监狱时，发给的许多资料、受到的训导就强化了诚实服刑的原则，在监狱里训导通常由看守长主持，当新囚犯到来时，六到十个组成一组，一个一个地进入位于监狱中心的看守长办公室，看守长发给每个囚犯一本《监狱规则指南》，并对他们说：‘你们现在处于得克萨斯州矫正机关的监禁之中，站好队！刚才发的书是你们在这个地方接受的最重要的东西，它汇集了所有的规章制度，你们有义务知道，如果你们不看，我就教人念给你们听，需要听几次就念几次……现在，如果你们需要教育，我们就在监狱里教。你们可以学到技术，获得愉快的优待，服刑的最好办法就是诚实服刑，诚实！其他任何人都代替不了你。如果听信其他囚犯的话，你肯定要招惹麻烦，但愿不出现此类案件，否则你就得和我在一起多待些日子，我说到做到。你的家庭、朋友正等着你，不要抛弃他们，不要抛弃自己，自己诚实服刑，是最好的选择。这本《监狱规则指南》是专门保护你们的。’”② 第四，在管理机制上，“每座监狱都是最高警戒监狱，管理活动也是一样的，严格的警戒线落实到最基层的矫正官员，从助理看守、看守延伸到看守长，矫正官员就是顺着这条线布置的。监狱的规定、官员的命令紧密地结合起来，严格执行。监狱的日常生活，从劳作、治疗到囚犯日常管

① 王志亮、赵文经、王俊莉：《美国监狱的囚犯管理模式》，载《中国监狱学刊》2003 年第 4 期。

② 王泰主编：《现代世界监狱》，中国人民公安大学出版社 1998 年版，第 145 页。

理：点名、记数、上锁、监视等，是繁忙、和谐、严格的”。“矫正人员有一种使命感，正常情况下，给罪犯提供劳动、治疗的机会并进行管理。一句话，监狱生活是安全、有人性、有教益、和谐、稳定的……”①

## 二、责任模式

因起源于密歇根州，所以责任模式又被称为密歇根安州责任模式，其主要创始人佩里·M. 约翰逊在1972年到1984年曾任密歇根州矫正局局长，他倡导运用责任模式管理监狱。责任模式主要是通过服刑罪犯分类制，使服刑罪犯进入最合适、限制较少的监禁环境，把监禁生活中的管理权缩小到最小，对服刑罪犯进行最低限度的规制。监狱的一位高级管理人员说：“监狱应该尽可能地不约束囚犯的行为，我赞成这个观点、做法。请不要误解，秩序是第一位的，必须保持管理控制，警戒只占0.1%的份额，但我们不必完全约束囚犯使一切都处于控制之下。应努力表明对囚犯的尊重，以换取他们对我们的尊重，那么，我们更愿意给他们自由及责任。我们努力尽可能地在最低限制程度的环境里安全地工作，我们赞成最低的限制。”约翰逊于1992年至1994年担任美国矫正协会主席，在担任主席期间他曾提出矫正机构要介入立法与审判，刑事司法活动要给服刑罪犯创造自我改善并服务社会的机会。② 在1994年他卸任该协会主席时，大会致辞对他给予高度评价：“他不赞同强硬的手段可以保证社会安全，相反只有整个社会都能人道地对待服刑人员及受害人，社会才会变得更美好。”③

### （一）责任模式的基本理念

责任模式是在使服刑罪犯最大限度地对自己的行为负责任的基础上进行的管理。

### （二）责任模式的特征与要素

在责任模式理念指导下建造的监狱建筑，外观类似政府或商业大楼，室内颇具现代感，墙上贴有清楚的引导指南。在服饰和行为要求上，服刑罪犯无固定囚衣，大都穿着时髦，与管理人员接触密切，经常对管理人员嬉笑等；管理人员大都穿着黑色裤子与绿色或白色飞行服，彼此间无明确的等级差别。在管理方式上，一是设有各类安全管理等级的监护，依调查分类结果，将服刑罪犯移送至最适切、干预与限制最少的监狱。二是依据缜密的安全等级分类，给予服刑罪犯最

---

① 王泰主编：《现代世界监狱》，中国人民公安大学出版社1998年版，第144－146页。

② See Perry M. Johnson, *Corrections Should Take the Lead in Changing Sentencing Practices*, Corrections Today, April, 1993.

③ Gondles, James A., *A tribute to Perry M. Johnson*, Corrections Today, Aug. 1, 1994.

大的自由，服刑罪犯必须对其行为负责，但并非每个违规行为都会被予以正式处理，常以口头训诫代替惩罚。三是允许服刑罪犯亲友经常地与罪犯会见或电话联络。四是与控制模式不同，责任模式倾向于培养服刑罪犯的良好团体。从总体上看，责任模式在监管工作上虽较易产生弊端，但却充满人情味。但不可否认的是，在这种氛围下管理人员的士气低落。

有学者认为，责任模式更符合罪犯回归社会的需要，有利于罪犯的成长和适应社会。“监狱管理责任模式努力给囚犯个人矫正发展提供机会，在监狱生活方面给予更多的选择。1981 年密歇根州矫正局颁布的政策规定：‘囚犯组织作为囚犯自我表现、自我发展的一种手段，应该被大力提倡。’根据这项政策，不需要大量的矫正官员监督囚犯的聚会活动，只需他们偶尔临场指导就够了。在监舍区里，从囚犯中选出品行较为优良者，由其负责该生活区的一些事务，调解囚犯之间的小争执，劝告囚犯保持该区的清洁卫生。在监狱管理责任模式下，不论处于哪级警戒分类中，囚犯都享有广泛的探视和其他诸如经常打电话的权利，这在得克萨斯州监狱管理控制模式下是绝对不可能的。监狱管理责任模式不太强调劝告或强迫囚犯‘自己诚实服刑’，不论是在接收指导中心，还是到了指定的监狱，都不鼓励囚犯之间实体上或心理上的隔离，因为，隔离不符合囚犯社会化的目的。”①

## 三、共识模式

这一模式又被称加利福尼亚州矫正协议模式。其创始人是雷蒙·普罗卡尼尔，他是 20 世纪后半叶美国矫正领域的重要人物之一。他于 1967 年至 1974 年担任加利福尼亚州矫正局主任。他认为，管理监狱只要把帮会控制好就可以了。② “服刑人员会有好的伙伴帮助他们，他们能变好。只要你们愿意帮助他们，一些人是本来不必送到监狱里来的。”③ 一方面加利福尼亚州矫正协议模式根据密歇根州责任模式的变形来管理监狱，建立了精细的罪犯分类制及罪犯发牢骚途径，让罪犯参加各种集体活动，并提供广泛的回归社会计划，不赞成设立限制过多的矫正环境；另一方面监狱管理者实行严格的准军事化管理，相当重视整洁仪表，但有关仪表的要求比得克萨斯州的宽松，监狱管理者可以较为随便地与囚犯

① 王志亮、赵文经、王俊莉：《美国监狱的囚犯管理模式》，载《中国监狱学刊》2003 年第 4 期。

② William Richard Wilkinson, John Chynoweth Burnham & Joseph F. Spillane, *Prison Work: a tale of thirty years in the California Department of Corrections*, Ohio State University Press, 2005, p. 62 – 63.

③ http://news.google.com/newspapers?nid=1350&dat=19841106&id=A1BPAAAAIBAJ&sjid=wQIEAAAAIBAJ&pg=6712，4074237，最后访问时间：2012 年 3 月 20 日。

接触，但加利福尼亚州比密歇根州更为强调命令约束和等级分类。加利福尼亚州的矫正官员以非常随便的方式管理囚犯，许多人以能与囚犯讲“黑话”而感到自豪。

（一）共识模式的基本理念

这一模式的基本理念表现在两个方面：一是强调控制的重要，没有控制就没有良好的处遇，许多服刑罪犯希望较为强悍的管理者管理监狱，而不期望其他服刑罪犯控制监狱。普罗卡尼尔认为，必须让服刑罪犯觉得管理人员最强悍却很公平。二是管理人员大都认为服刑罪犯随时有能力控制监狱，因此如何争取服刑罪犯合作成为共识模式的重要课题。

（二）共识模式的特征与要素

在共识模式理念指导下建造的监狱建筑，外形类似百货公司，高耸直立，外表新颖。在服饰和行为要求上，罪犯穿着牛仔裤及短袖上衣，略显散漫，放肆地直称管理人员为“先生”，经常对管理人员讽刺、抱怨；管理人员穿着黄褐色与绿色相间的制服。在管理方式上，一是在处理服刑罪犯帮会问题上，狱政管理部门必须经常借助掮客游说势力庞大的帮会，以谋求帮派服刑罪犯合作。二是管理监狱即意味着对监狱内帮会有效地掌握与控制，而掌控监狱内帮会的最佳方法是展示监管防护力并争取与服刑罪犯合作。三是允许服刑罪犯蓄留任何形式的发型，可以公开展现其文身。

共识模式是充分民主的体现，也是罪犯管理人性化的极端形式，曾经在罪犯矫正中产生过积极意义。加利福尼亚州一位高级官员讲了一段非常典型的话：“监狱曾经是孤岛，但现在成了我们社会的一部分。囚犯过去曾被完全抛弃，但现在被看作受监禁的公民。现实是这样的，我们的管理是经由他们同意的管理，为此，必须公平、诚实、爱护地对待他们，武器起不到我们所希望的作用。”一位监狱长说：“监狱里，由于相互生存的需要，矫正人员与囚犯之间总要有良好的平衡。囚犯结伙，并不是单纯的团伙现象，也是必需的生存功能。根据严酷的经验，我敢说，如果任何团体包括矫正人员和囚犯获得的权利太多，那么暴力就会增加，就出现偷运禁品等越轨行为。矫正人员严格的军事化管理，导致了更多的暴力事件，引起了工作人员与囚犯之间的紧张局势……我们当然不能把权利转让给囚犯团伙，但我们在整个监狱环境里建立‘咨询会’，让矫正人员与囚犯一道工作，促进囚犯的矫正。如果管理是和谐、安全的，如果组织成员没有被给予太多的权利，那么这个组织是非常有效的。”①

① 王志亮、赵文经、王俊莉：《美国监狱的囚犯管理模式》，载《中国监狱学刊》2003 年第 4 期。

# 第五节 循证矫正模式

循证矫正是循证医学的理念和思想在罪犯矫正领域的引申和拓展，是“循证运动”跨领域的横向蔓延，并非纵向的“血缘”遗传，为此，关于循证矫正的谱系渊源，一直为学界所争议。循证矫正模式借助“循证”的科学性和有效性的证据优势，为循证矫正的谱系渊源寻求最佳证据。

## 一、循证矫正的概念

循证矫正是中文翻译名词，也有人将循证译为“实证”“求证”等，要理解循证矫正，应看其原始的名称，其原始名称直接翻译成中文是“以证据为基础的矫正”。对循证矫正比较早的一个解释是指矫正工作者在矫正罪犯时，依据罪犯的具体情况，以获取的罪犯可以矫正的证据为基础，结合可能实施的方法和罪犯可能改变的情形，以获取最佳结果来实施矫正的矫正活动的总称。由此，循证矫正强调依据现有最好的证据做出科学的决策。其核心是以研究证据为基础进行矫正实践，保证罪犯矫正教育的科学性和有效性，从而把研究者的科研成果与矫正工作者的矫正实践结合起来，实现矫正实践的效益最大化。很明显，这是现代科学精神对罪犯矫正实践领域的渗透，为罪犯矫正教育工作带来了一场方法论革命。

## 二、循证矫正模式的基本构成

循证矫正模式建立在原有的罪犯矫正模式的基础上，其并不能与传统罪犯矫正领域彻底决裂，相反，其是对传统罪犯矫正模式的优秀特质的继承、发展和整合，更是区别于传统罪犯矫正模式的重新探索和华丽蜕变，把新的理念、实践框架、行为规则、思维模式与技术规范注入传统罪犯矫正模式，使之具有了新的活力因子，使整个矫正样态呈现出不同以往的文化特质，是对传统罪犯矫正模式的质的超越。

### （一）循证矫正模式是一种复合式的技术矫正

技术矫正是指从技术的层面来研究对罪犯的矫正程序、规则、技巧、技艺、设施等具体的规范和要求。在近几年的著作中，大都运用矫正技术一词，而矫正技术是自然、社会和思维技术构成的内在整体。在循证矫正中，技术矫正是具体的规范和要求，是技术应用，是“用技术来矫正”，是关于如何使用技术来矫正的概念；矫正技术是矫正形态，是“关于矫正的技术”，是关于在矫正中如何使用技术的概念。因此，循证矫正是“技术矫正”，是矫正技术的升华，其既强调循证理念和方法的应用，也强调矫正方案制定中循证方法使用上的制度化、常规化和规范化。

从广义上看，监狱所采取的用于罪犯矫正的方法、手段、措施等，都蕴含了丰富的矫正技术，如罪犯的分类、监狱的分类、罪犯的管理、罪犯的教育、罪犯的劳动、罪犯的技能培训、罪犯的职业生涯设计和指导、罪犯的心理健康教育、心理咨询、心理治疗、个案矫正、危险性评估等，都属于矫正技术涉及的范畴。同时，我国经过多年的探索，目前，监狱正在运用的、较为成熟的主要矫正技术有：罪犯劳动矫正技术、罪犯心理咨询技术、罪犯心理测验技术、监狱分类技术、罪犯分类技术、罪犯分类处遇技术、罪犯职业教育技术、罪犯心理治疗技术等。正在探索阶段的矫正技术主要有：罪犯个案矫正技术、罪犯刑期管理技术、罪犯权利保障技术、罪犯矫正信息化技术、罪犯改造质量评估技术、罪犯危险干预技术、罪犯危机管理技术等，这些都为循证矫正奠定了坚实的基础。从循证矫正的形态和性质上看，其对罪犯矫正技术具有高度依赖性，各种罪犯矫正技术都是循证矫正的“证据”来源，循证矫正实践应建立在这些证据的基础之上，根据最佳证据制定罪犯矫正方案。从罪犯矫正实践看，我们要针对不同的罪犯，运用不同的“技术”；即使对同一个罪犯，在不同的最佳证据支撑下，也要用不同的“技术”制定矫正方案；甚至对一个罪犯，即使在同一时间段，也要综合运用多种矫正“技术”。为此，循证矫正是一种复合式的技术矫正，我们有必要在遵循最佳证据的基础上，借鉴、吸收其他国家的矫正技术或其他学科的理论、知识和经验，以获取最佳的矫正效果，确保对罪犯刑罚执行和矫正教育目标的实现。

（二）循证矫正是一套操作的方法和步骤

在操作方法上，循证矫正要求以科学研究证据为基础，为此，循证矫正的核心是建立了一个证据体系，是多种研究证据的整合。循证矫正依据证据的效力高低，将随机抽样试验、元分析、生态效果研究、矫正过程研究、单一个案设计研究、质化研究和个案研究等研究所得出的证据，依次分为不同的层次：最高层是内部效度最佳的随机抽样试验、元分析所得结论；其次是生态效果研究所得结论，之后依次是矫正过程研究、单一个案设计研究、质化研究和个案研究所得结论；证据级别最低的是矫正者的经验、专家意见、各种理论知识、教科书等。

在操作步骤上，循证矫正要求在遵循科学证据基础上，追求严谨性、规范性和程序化，追求在罪犯矫正的实践框架内操作上的相对固定和技术化。比如有学者将循证矫正的操作步骤总结为“五个 A”。第一，提出问题（Ask），根据罪犯的情况和表现，全面收集信息，提出合适的问题，并将该问题进行循证医学文献检索格式（PICO）化，以适合检索的方式呈现出来；第二，获取证据（Access），查找是否已经有解决该问题的指南或手册，如果没有，则登录相关数据库，检索可以回答上述问题的所有研究证据；第三，评价证据（Appraisal），评价检索到的证据的正确性、有用性，从中找出最佳证据；第四，应用证据（Apply），决定最佳证据是否应用于罪犯矫正情境中，使用最佳证据制订矫正方案；第五，评估反馈（Assess），评估是为了检验最终的矫正效果是否达到了预设目的，反馈是为了有效解决矫正方案实施中的问题，及时调整和修正矫正方案，使矫正效果最佳化，并使该最佳矫正效果成为下一阶段制定循证矫正方案的最佳证据。① 由此可知，循证矫正是一个由诸多步骤构成的、环环相扣的一整套操作体系。

（三）循证矫正是一个矫正过程

从提出问题，到通过元分析、随机抽样试验、文献综述、系统评价等方法筛选最佳证据，再到罪犯矫正方案的制订和矫正实践，最后到对矫正效果的评估，整个循证矫正实践是由诸多环节构成的，每一环节都要基于一定的方法论基础，遵循操作程序和操作规范，只要完成了整个环节的要求，该过程就得以结束。但是，一个过程结束并不等于矫正实践的终结，其只是对矫正过程的整体评估和反馈。从该过程中得到的经验和研究数据，又成为下一矫正过程的最佳证据。如此反复，不断寻求矫正证据的最佳化和矫正方案的科学化。

## 三、循证矫正的基本要求和图式

循证矫正作为一种新型的矫正模式，内含了诸多相互依赖、相互作用和相互促进的因素，在其运行过程中具有规则或规范上的基本要求，主要包括以下方面。

（一）密切关注矫正实践的因果联系，及时对矫正方案进行修正和调整

虽然矫正方案是依照最佳的证据而制定，但是矫正工作者对方案的理解、理论偏好、执行的方式以及罪犯所处的情境等都是动态因素，这些因素都只是具有相对的稳定性，随着矫正环境的变化，这些因素会影响矫正实践的进程和矫正效果，因此，有必要在矫正实践中坚持适度干预原则，密切关注动态因素的变化，

① 参见杨文登：《循证心理健康教育视角下的心理健康教育》，载《中南林业科技大学学报（社会科学版）》2012 年第 3 期；杨文登、叶浩生：《循证心理治疗：心理治疗发展的新方向》，载《心理科学》2010 年第 2 期。这五个步骤最早使用于循证医学的实践中，后来逐步衍化到社会学领域，虽然在不同文献中，每一步骤的文字表述有所不同，但是没有实质意义的差异。笔者将其套用于循证矫正中，以说明循证矫正步骤的规范性和严谨性。

及时评估动态因素对矫正效果的影响，一旦发现矫正中的偏差，要及时地调整矫正思路，修正和调整矫正方案，甚至要对支撑矫正方案的最佳证据进行重新评估，以使矫正实践中的动态因素和矫正效果达到和谐的统一，提高矫正效率，保证矫正目标的实现。

（二）对影响理想矫正结果的可测因素或证据进行独立考察和评估

在对证据筛选的过程中，依照获得证据的方法和获取证据的严格程度，每一个证据都具有不同的等级和效力，即使是最佳证据，在矫正实践中所起作用的大小也有所不同，尤其是能够直接影响矫正效果的证据或者是具有动态性质的可测因素，要运用独立的方法和程序，对其进行专业的、独立的效度考查和严格的评估，以保证其在矫正方案制定和在矫正实践过程中的主导作用，否则，将会影响矫正效果，甚至影响矫正目的的实现。

（三）促进研究者和矫正工作者的最佳结合，创造循证决策和科研参与的文化氛围

传统罪犯矫正模式下，研究者和矫正工作者是相对独立的，无论是研究者所研究的理论成果、方法技术，还是所获得的最佳证据，往往很难直接应用于罪犯的矫正实践，而罪犯矫正工作者也往往难以和研究者直接结合，难以将研究成果和矫正工作挂钩，而且也难以将研究成果有效地应用于实践，这样就出现了研究者和矫正实践的严重分离，研究者所获得的研究成果成为“阳春白雪”被束之高阁，相反，一线的矫正工作者却极度缺乏研究成果的理论指导。

在循证矫正模式下，研究者和矫正工作者实现了最佳结合，这使研究成果能够及时地应用于矫正实践中。这一矫正框架体系的构建，无疑增强了矫正的科学性，促进了矫正目标的实现。在这里需要强调的是，研究者和矫正工作者仅在矫正工作的形式上进行合作是远远不够的，循证矫正追求的精神实质是要创造循证决策和科研参与的文化氛围，是要形成一种集科研与实践于一体的文化传统，是要成为一种具有文化特质的“学习与探询的心智模式”。

（四）强化监管者的职能，规范矫正方案的监管程序

循证矫正的科学性之一就在于强化管理者对矫正过程的管理。在这里，管理者的有效管控主要体现在时间管理、过程管理、程序管理、方法管理和效率管理等，其目的就是促进矫正方案的科学实施、矫正过程的规范有序、矫正时间上的循序渐进、矫正方法的正确运用，最大限度地避免矫正工作者在矫正实践中依据自己的理论偏好，或者是主观臆断滥用或误用矫正方法，或者是敷衍塞责，利用矫正方法不充分，损害矫正效益和效率。管理者的监管对整个矫正过程起着督导作用，对矫正实践起着过程管理和控制作用，可使矫正决策和矫正方案得以有效落实，其也是循证矫正取得成效的关键环节。

（五）建立决策支持系统，促进科学证据的广泛应用，同时探究罪犯矫正的方法与技巧

循证矫正是一个多方参与的系统工程，除需研究者、管理者、罪犯和矫正工作者的有效参与外，还需要监狱相关部门、社会志愿者、社会团体、科研机构、高等院校等人员的直接或间接的参与。只有上述各方人员参与循证矫正，循证矫正决策支持体系才能够得以建立。只有这样，才能促进研究者所获得的科学证据广泛地在矫正实践中应用，才能有效地将各个学科研究者的研究成果在循证矫正实践中得以尝试和验证，使之或成为获取最佳证据的方法，或直接成为最佳证据，或成为矫正罪犯的方法和技巧，助推罪犯矫正工作最佳证据的确立。也只有这样，才能使循证矫正成为一个开放的系统，最大限度地将社会资源整合到循证决策系统之中。

## 第六节　科学改造的多元化模式

科学改造论的突出特征是法治、科学和人文，具体表现为监狱本能的回归以及对监狱、罪犯在认识论和价值观上的改变，当然，随着对监狱、罪犯在认识论和价值观的改变，我国对罪犯矫正技术的应用与矫正手段正呈现多元化和科学化。

### 一、科学改造论提出的社会背景

科学改造论肇始于2003年，在社会主义法治理念的不断推进中，党中央提出了科学发展观这一重大科学命题，由此确立了对监狱工作科学化的指导思想。在科学发展观的指导下，司法部明确提出的监狱工作法治化、科学化和社会化，可以说是将科学发展观在监狱工作中的具体落实，将监狱的科学改造提到了一个新的高度和境界。此时，劳动改造的内涵已完全不同于单纯的报应刑的劳动改造，也完全不同于阶级改造时期的以改造意识形态为主体的罪犯改造以及经济建设时期的以劳动获取经济效益为主导的功利主义改造，而是开始升华为一种凸显以人为本的科学改造观。

直接导致中国监狱体制进行改革的导火索是2001年发生的湖南邵东监狱案件和2002年发生的辽宁大连监狱案件。这两起案件不仅惊动了党中央、国务院，而且也促使中国监狱体制进行了重大变革。2002年，时任中央政法委书记的罗干同志提出了“全额保障、监企分开、收支分开、规范运行”的改革思路。

2003 年 1 月，时任总理朱镕基签发了《关于监狱体制改革试点工作的指导意见的通知》，同年 3 月国务院下发了《国务院印发关于解决监狱企业困难实施方案的通知》。两个通知充分体现了党中央、国务院对监狱体制改革的高度重视，标志着监狱体制改革工作正式启动。2003 年，上海、江西、陕西、湖北、黑龙江、重庆等6 个省、市被确定为第一批监狱企业体制改革的试点。2004 年8 月，又增加辽宁、吉林、湖南、广西、宁夏、青海、甘肃、海南等8 个省、自治区为第二批监企分开改革试点。2006 年，第一批改革试点的工作基本结束，其他省、自治区、直辖市的监狱企业改革工作全面展开。“全额保障、监企分开、收支分开、规范运行”这一改革思路，从某种意义上可以说是监狱职能的回归和纯化，也是科学改造的起点。

学者陈光明认为，科学改造论的发端更早一些，在监狱内试行科学改造的萌芽应始于司法部1990 年颁布的《罪犯计分考核规定》和 1994 年《监狱法》对罪犯教育改造的有关规定。虽然这种改造的科学性还是粗放型的和潜意识的，但是，劳动改造还是被赋予了新的改造特色和内涵。尤其是颇有胆识的人性化理论，① 在价值观念上不仅冲破了阶级改造论所遗留下来的羁绊，还冲破了劳动改造论的理论误区。虽然人性化的理论受到了多方的质疑，但是其对如何矫正教育罪犯具有时代的意义，蕴含着怎样科学认识罪犯的因素。我们认为，在 2003 年以前所出现的有关科学改造的一些思想观念，甚至是具有科学性的一些具体措施和技术，都只是科学改造的“萌芽状态”，不足以成为科学改造的一个时代。

综上所述，科学改造论是指监狱以科学发展观为指导，在法律的框架内，建立起科学的监狱理论体系、监狱管理制度和罪犯矫正模式，以矫正教育为行刑理念和行刑目的，遵循改造规律，运用科学的改造手段，将罪犯矫正教育成守法的社会公民的理论和方法。

当前，在科学改造论主导下，罪犯矫正教育工作的方式方法正在发生重大变化。有学者认为，这种变化突出表现在四个方面：② 其一，矫正教育的内容由虚向实的变化。空对空的理想式说教越来越少，切合社会生活实际的朴实道理和实用型职业技能培训日益受到罪犯的欢迎。其二，矫正教育的形式由传统向现代的变化。多媒体运用、电化教学、网络互动的作用日益增强，特别是以人为本、人权保障等现代理念的普及正在实现对一些传统观念、做法的超越。其三，矫正教

① 参见张晶：《人性化：改造罪犯的全新维度》，载《河海大学学报（哲学社会科学版）》2004 年第 1 期。

② 参见张发昌：《理念发展与实践转型：兼论“首要标准”的重大意义与实现途径》，载《河南司法警官职业学院学报》2009 年第 3 期。

育的方法由经验向科学的变化。犯罪学、社会学、心理学、教育学、管理学、生理学、医学等学科理论在改造活动中的运用，使矫正教育工作的经验不断丰富，矫正教育工作的科学性越来越强，效果越来显著。其四，矫正教育的措施或手段由单一向综合的变化。管与教的结合、奖与惩的结合、解决思想问题与解决实际问题的结合、定性评估与定量考核的结合、理性论述与现实例证的结合、行为训练与心理矫治的结合、观念转变与情景考验的结合等方式多管齐下，既是多年来成功经验的继承和发展，又富有新世纪的时代特点。

在科学改造多元化背景下，用以支撑罪犯矫正的理论“百花齐放，百家争鸣”，逐步呈现出“八仙过海，各显神通”的景象，罪犯的矫正教育模式也日趋增多。目前我国监狱常见的矫正模式有心理矫正模式、劳动改造矫正模式、文化主义矫正模式、个案矫正模式、监管矫正模式、主体化矫正模式、权利保障模式、教育矫正模式、社会化矫正模式、职业培训矫正模式等。

## 二、基本理念

科学改造论的突出特点是行刑价值的多元化和行刑方法的专业技术化，这包括两层含义：一是理性地看待监狱，科学地认识监狱，回归监狱的职能和性质，彰显现代监狱的多元属性；二是遵循科学的规律，理性地看待罪犯，以更宽广的胸怀、更大的宽容性，包容不同的理论、观点、方法和技术，多侧面、多视角地矫正教育罪犯，实现改造罪犯的价值。

监狱是个法治的监狱。尽管科学改造来得比较艰难，可能还处于“启蒙”的阶段，是“走向前台的话题”,[①] 但不可否认的是，科学改造的理念与科学发展观的契合，必然使之贯彻监狱工作的全过程，贯彻对罪犯矫正的全过程，成为科学改造的重要内容，成为中国监狱最具本质的特色。实践证明，历经多年的发展，科学改造观已成为我国矫正教育罪犯的基本理念。

世界行刑发展的趋势逐步向非刑化、轻刑化、非监禁化和行刑的个别化方向发展，这本质上反映的是社会对犯罪现象的宽容，社会公众对罪犯的宽容，以及对人权的尊重，体现了对罪犯全面发展的具体、务实的关注。我国监狱改革借鉴了诸多国外经验，并将国外的理论观点进行了本土化应用。

### （一）积极行刑主义

积极行刑主义认为，累犯和重新犯罪逐步增多，人们对监狱行刑的有效性产生怀疑。在这样的情境下，监狱应充分地认识到，罪犯在监狱中不会自然地改

---

① 参见张晶：《启蒙：走向前台的话题——读陈兴良博士〈刑法的启蒙〉札记之一》，载《上海警苑》2007 年第 5 期。

善，必须主动采取措施——应当积极有效地利用罪犯服刑的时间与空间，广泛地应用社会资源，主动开展矫正教育工作，促使罪犯发生改变并成为社会所期望的守法公民，以此来满足社会公众对安全和秩序的需求。

（二）处遇矫正主义

改革开放，使国外的一些先进的理论和技术被引入罪犯矫正领域，特别是行为主义理论的发展，人们探索到了行为改变的规律性，随之差异理论、激励理论、竞争理论等被广泛应用。在西方被誉为“百年来最有生命力的制度”——累进处遇制在我国监狱矫正实践中成为新宠。累进处遇制将自由刑的执行分为若干阶段，按服刑罪犯的行刑成绩，渐次改进其待遇，以达到激励罪犯改过自新的目的。这种制度的特点是将犯人的整个行刑过程划分为若干阶段或等级，各个阶段或等级均有不同的处遇，体现了行刑个别化的思想。监狱通过对罪犯处遇的运作，以处遇的变化，来刺激、鼓励罪犯改过从善，从而实现矫正和教育罪犯的目的。

（三）矫正处遇一体化理论

矫正处遇一体化理论是一种张力比较大的主张，该理论认为保卫社会的安全和秩序是整个社会的责任。无论是预防犯罪，还是矫正教育罪犯，均需要政府、社会公众、监狱、专业矫正机构等共同担起责任，要扩大矫正的内涵和外延，将罪犯的矫正教育“向后延伸”，向社会延伸，更重要的是将康复阶段（更生保护、过犯康复等）与设施内矫正紧密结合，形成监狱和社会的“矫正共同体”，将设施内矫正与社区有机地结合起来，以弥补设施内矫正的不足。①

（四）单纯回归主义

单纯回归主义是相对消极一些的主张，其认为监狱对罪犯的矫正有自己的权力边界，罪犯的重新犯罪是多种因素共同作用的结果，同时，罪犯主观恶性的变化难以被测定，那么，监狱就不应该过多地关注矫正效果问题，尤其不应超越自己的权力边界将罪犯矫正延伸到宏观的社会对犯罪的综合治理范畴。监狱在罪犯服刑时不再考虑罪犯是否得到矫正的问题，应该以回归为中心开展工作。在罪犯刑满回归社会时，不管其身上的恶性消减了多少，伦理道德水平提高了多少，只要他能顺利回归社会，短期内（累犯的计算期内）不再犯罪，就已经证明监狱行刑对他是有效的，所以回归应当是监狱行刑的全部主题和基本内容。②

近年来，我国学者针对监狱改革进行了一系列的探索，这些探索主要包括监狱工作社会化、开放式处遇制度、罪犯分类管理制度、矫正技术制度、社区矫正

① 参见王泰：《现代监狱制度》，法律出版社2003年版，第58－59页。

② 参见王泰：《现代监狱制度》，法律出版社2003年版，第59页。

制度、出狱人保护制度、罪犯权利保护制度、恢复性司法制度等。这些制度的根本着眼点在于罪犯的权益保护和安全回归以及罪犯矫正教育的社会参与性，其终极目的是恢复被犯罪破坏的社会关系，保卫社会安全。

相对于将罪犯当作阶级敌人而言，将罪犯作为公民对待，不仅是法治社会和人权保障的需要，而且是科学、理性的结晶，更是公民社会走向成熟的标志。

## 三、心理矫正模式

心理矫正模式是以心理健康为核心的综合发展模式。在罪犯矫正教育的内容上，我们传统的模式是“政治—道德”教化模式。自从新中国成立以来，监狱就高度重视对罪犯的思想改造，基于这一时期的政治背景，我们始终围绕政治与道德内容来对罪犯实施改造，以政治与道德标准来判断罪犯改造质量。20 世纪 90 年代后，随着我国法制的不断完善，又增加了以法治的严厉惩罚为核心的规训模式。

对罪犯进行心理矫治的提出，是科学改造论的突出标志之一。因为在新中国成立后的一定时期内，出于政治的需要，心理学被作为伪科学而打入冷宫，罪犯在改造中的心理问题或变态行为，常常被作为不认罪服法的反改造行为。直到 20 世纪 80 年代，随着心理学的解禁，人们才开始研究罪犯心理。到了 20 世纪 90 年代中期，才提出运用心理学的原理、方法和技术，对罪犯实施心理影响，帮助其调节不良情绪，改变其不良认知方式，改善或消除其心理问题、心理障碍，治疗心理疾病，促进其心理健康发展，完善罪犯人格，增强其社会适应性。

心理矫正模式是在借鉴国际矫正领域诸如“医学模式”“回归社会模式”“教育刑模式”等先进理论，树立现代法治观念，遵循法治原则，建立法律制度和法律秩序等基础上构建起来的，它是一种以心理健康为核心，兼容其他模式的综合发展矫正模式。其是罪犯矫正的心理支持系统，是要求在罪犯管理、教育、生活、学习以及各项改造活动中，都要贯穿心理健康教育，逐步形成“心理健康教育—心理咨询—心理治疗”三个层次的心理矫正模式。罪犯的心理健康是其他改造工作的前提和保证。实践证明，罪犯走上犯罪道路，也与其心理问题紧密相关。在罪犯健康人格的塑造中，罪犯心理健康教育具有重要地位，这要求心理学知识的运用应贯穿在所有矫正教育活动中，延伸到管理、劳动、生活、学习、文化娱乐等方方面面。在监狱人民警察的工作层面上，心理矫正模式的核心是要求监狱人民警察自觉掌握心理学理论，研究罪犯矫正教育中的心理规律，充分发挥心理健康教育、心理疏导、心理咨询与治疗的作用，着力运用心理学知识提高矫正教育质量，以增强罪犯对矫正教育的认同性、参与性、积极性，有效转变犯罪心理结构，培养罪犯适应现代社会要求的健全人格，提高其抗压耐挫能力、人际和谐能力、社会适应能力，从而实现由相对空泛的“政治—道德”教化模式向以心理健康为主线的综合发展模式转变。进入 21 世纪以后罪犯心理矫治在全国的各个监狱全面展开，现在我国监狱已具有比较完善的罪犯心理矫治体系。

## 四、主体化矫正模式

传统的罪犯教育矫正方法，是以强制为特征的整齐划一的强制模式。强制性是刑罚惩罚的表现形式，是监狱行刑的固有特性，也是监狱矫正教育工作不可缺少的条件之一。但是，如果罪犯自始至终都处在完全的强制状态，尤其是在心理矫治、职业技能培训等活动中，依然压抑其本性的流露，将不利于其自身主观能动性的发挥。

有学者将罪犯主体将为罪犯本体，改革开放以来，随着监狱法治化建设的逐步完善，人们开始思考罪犯在改造活动中的地位问题。传统罪犯矫正教育模式政治因素的干扰和基础理论研究的缺陷，导致矫正教育基本概念混乱，罪犯在改造关系中定位模糊。导致上述问题出现的根本原因在于没有厘清矫正教育的定义和范畴。

监狱学专家张晶认为，主体和责任具有同步性。确认罪犯的主体地位，意味着罪犯必须对其犯罪负责，罪犯之所以被追究刑事责任，是因为具有正常的理性和情感；确认罪犯的主体地位，意味着矫正罪犯成为可能，只有这样才能从本质上体现“人是可以被改造的”思想，罪犯才有自我矫正的愿望和动力；确认罪犯的主体地位，意味着罪犯对自己的矫正负有重大责任；确认罪犯的主体地位，是对罪犯的人的理性和良知的恢复的基础，罪犯的犯罪在一定程度上是非理性的结果。

罪犯是矫正自己的主人，是监狱工作的主体。一切体制、机制及制度的设计必须遵从“以人为本”的思想，一切以矫正罪犯为中心，以构建社会主义和谐社会为目标。让罪犯参与到自己的改造中来，让他们自己实现自我革命。

“惩罚罪犯是正义，改造罪犯也是正义，是更高要求上的正义；剥夺、限制罪犯的自由是正义，尊重和保障罪犯的人权也是正义，是更深意义上的正义。”① 罪犯可恨，监狱要惩罚他，但不能超越正义的尺度；改造罪犯同样不能背离正义的尺度。

虽然罪犯被科以刑罚，但是其作为人的自然属性没有变更，这里变更的只是罪犯的身份，而不是其自然的属性。因此，监狱要将罪犯以自然人相待，这是监

① 张晶：《正义实验》，法律出版社 2005 年版，封底提示语。

狱以人为本的基本点；要将罪犯与社会自然人的自然属性相适度，保证与改善罪犯自然人所需的自然条件和生活所需的物质条件，即保证罪犯能吃得卫生、干净、健康，保证罪犯宿舍通风、清洁、整齐，保证罪犯有一定的活动空间，保证罪犯衣着文明、整洁、规范。

监狱刑罚执行的价值在于矫正罪犯的不良品行，重塑罪犯健全的人格。这是科学改造的立足点，也是罪犯自然属性与刑罚属性的必然结果。罪犯社会属性的发展与提升，重构罪犯健康的社会人格，这与科学改造论的改造目标具有一致性。发展和提升罪犯的社会属性主要通过以下行为：社会的价值行为、社会的公德行为、社会的交往行为、社会的技能行为、社会的生活行为和社会的发展行为。监狱要将罪犯改造成为守法之人，就应当在罪犯社会属性、健全人格和行为的重构上予以发展和提升。

随着社会的文明与进步，社会公众具有了宽容、正义、法治、权利、民主等现代理念，而这些理念也成为社会主义的核心价值。所以，社会公众对待犯罪的态度以及对待罪犯的态度是趋于理性、人道和人性的。因此，在人学理论中，任何人都是社会的主体，并且在社会发展和变迁中，都承担着重要的使命和职责。在法治社会、公民社会，监狱“应该在教育改造的原则下运行，并且应该将犯人看作公民而不是敌人”。从这个意义上看，罪犯在整个改造活动中居于主体性地位。

## 五、权利保障模式

随着改革开放的不断深入，我国社会形态发生了根本性变化，文化模式也由一元化转为多元化状态，西方国家先进的文化理念、法治理念、权利理念等也为我国所吸收，公民的权利保障意识日益强化。在这种时代背景下，1994 年 12 月 29 日我国颁布了《监狱法》，《监狱法》共 78 条，其中涉及罪犯权利保护的规定就有 33 条，对罪犯权利保护的范围包括人格尊严、人身安全、个人财产、申诉、控告、检举、会见、通信、教育、休息等。由此可见，我国对罪犯权利保障的重视程度。《监狱法》是我国关于罪犯权利保障的标志性法律。权利保障模式的主要内容有以下几方面。

### （一）在行刑理念上，罪犯权利保障突出“权利本位主义”

权利保障模式不再一味地强调监狱行刑的“国家本位”“社会本位”“个人本位”“经济本位”“教育本位”等，而是从罪犯的权利本位出发，开始关注罪犯的权利，理解、尊重、保障罪犯合法权利，不断改善监狱行刑关系。

### （二）罪犯是享有法定权利的自然人主体

权利保障模式把罪犯看作享有权利的人，法定的自然人应享有自然人的法定权利。罪犯作为人存在，就应享有人的生活、人的尊严，虽然在他们身上存有残暴等非人性的一面，但社会依然要尊重他，依然要保障其权利的实现，这也是对罪犯惩罚和改造的前提。

（三）保证罪犯正当行使其合法权利

第一，以宽容的心态对待罪犯，关注其合法权利的正当行使。对罪犯的包容、爱心、耐心，就是对人类自己的宽容和爱护。第二，立足于对罪犯的尊重、关怀，通过切实保障罪犯权利来维护监狱行刑法律关系，让罪犯在感受痛苦，切身体验犯罪所须付出的成本和代价的同时，感受自由等权利的宝贵。第三，允许罪犯在履行服刑义务前提下拥有多样化需求，让罪犯在希望中服刑，在竞争中改造，这是权利保障模式对罪犯现实和未来权利保障的开放做法。第四，制定关于罪犯权利保障的工作规范。在权利保障模式下，罪犯权利保障逐渐细化，我国制定了大量有利于罪犯权利保障的办法或规定，如《关于做好监狱卫生工作有关问题的通知》《关于加强犯人生活保障工作的紧急通知》《监狱系统在执行刑罚过程中实行“两公开一监督”的规定（试行）》《律师会见监狱在押罪犯规定》《监狱、劳教人民警察执法过错责任追究办法（试行）》等，这些规定表现了监狱行刑对罪犯权利保障规定的逐渐具体化，更具可操作性。1994 年 2 月中央社会治安综合治理委员会、公安部、司法部等六部委联合下发了《关于进一步加强对刑满释放、解除劳教人员安置和帮教工作的意见》，1999 年 2 月中央社会治安综合治理委员会、司法部、公安部等发布了《关于进一步做好服刑、在教人员刑满释放、解除劳教时衔接工作的意见》，2004 年 2 月中央社会治安综合治理委员会、司法部、公安部等八部委联合下发了《关于进一步做好刑满释放、解除劳教人员促进就业和社会保障工作的意见》，这些通知、意见、规定都是权利保障模式实践中的具体反映。①

权利保障模式体现了监狱行刑的“权利本位”思想，监狱把罪犯看作行刑法律关系中的权利、义务主体，罪犯不是“专政对象”，也不是“特殊学员”，而是权利义务的主体。权利保障模式进一步强化了监狱行刑的法律特征和监狱行刑的专业性要求，淡化了监狱行刑的政治色彩，开辟了监狱行刑观念模式的新篇章。权利保障模式具有主体性、法定性、规范性的特点，强调重新审视监狱行刑和罪犯服刑二者的关系，构建了社会、国家和罪犯三位一体的权利义务保障体系，确立了罪犯的多种权利救济途径。②

但是在罪犯改造的实践中，监狱法以及相关规定的过于原则化或者是缺失，导致操作起来困难重重。反过来，罪犯利用这种制度的缺陷，常常利用权利保障

① 参见毕洁印：《我国监狱行刑的观念模式研究》，山东大学 2008 年硕士学位论文。

② 参见毕洁印：《我国监狱行刑的观念模式研究》，山东大学 2008 年硕士学位论文。

的名义，无限扩张自己的权利，或者滥用自己的权利，并以此规避履行自己服刑中的法定义务，这严重影响了监狱的行刑活动。因此，把握对罪犯权利保护的“度”，寻求在罪犯权利保障和履行法定义务之间的平衡是需要我们思考并解决的问题。

# 第十六章

## 回归社会人员的保护

在我国，刑满释放的监狱服刑罪犯被称为劳改释放犯、刑满释放人员、安置回归社会人员等。在国外，有些国家将刑满释放的监狱服刑罪犯称为出狱人、回归人员、更生保护人员等。罪犯回归社会以后，已经是法定意义上的社会公民，对其所进行的教育和保护活动，从时间跨度来看，包括了出狱前的教育和出狱后的安置帮教；从空间上来看，包括了监狱和社会。因此，本章又将罪犯称为回归社会人员。

### 第一节　社会保护的法律规定和组织机构

我国回归社会人员的法律保护在《宪法》《刑法》《监狱法》《劳动法》《未成年人保护法》《预防未成年人犯罪法》《就业促进法》《法律援助法》《社会救助暂行办法》等法律法规和政策文件中，都有相应的规定。同时，为了使回归社会人员的法律保护适应社会发展的需要，2010 年中办、国办转发了《中央综治委关于进一步加强刑满释放解除劳教人员安置帮教工作的意见》（中办发〔2010〕5 号）；2015 年司法部等 13 部委下发了《关于加强刑满释放人员救助管理工作的意见》（司发〔2015〕8 号）；2016 年司法部、中央综治办、民政部、财政部联合制定印发了《关于社会组织参与帮教刑满释放人员工作的意见》等。因此，回归社会人员的法律保护是国家、社会和每个公民的共同责任。实践证明，回归社会人员的社会保护工作在预防、减少犯罪，维护社会稳定，保障社会主义现代化建设顺利进行等方面发挥了重要作用，回归社会人员的社会保护工作正被人们逐渐认识，也越来越受到党和政府的重视。

## 一、关于回归社会人员的国际规则和我国的法律规定

### （一）国际规则

回归社会人员的法律保护不仅是世界各国预防犯罪的重点，而且是联合国预防犯罪和罪犯处遇大会所关注的主要领域之一。1955 年在日内瓦举行的第一届联合国预防犯罪和罪犯处遇大会通过了《联合国囚犯待遇最低限度标准规则》，该规则第 64 条规定："社会的责任并不因囚犯出狱而终止，所以应有公私机构能向出狱囚犯提供有效的善后照顾，其目的在减少公众对他的偏见，便利地恢复正常社会生活。" 1960 年在英国伦敦召开的联合国预防犯罪和罪犯处遇大会做出了关于受刑人释放后保护的决议，该决议指出："更生保护之目的，乃在于使受刑人恢复自由社会之生活并给予道德及物质上的支持，首先应设法解决其实际需要之事项，如衣服、住宿、旅行、生计及证明文件等，至于情绪上的安慰及谋职的援助等也应一并考虑。"

### （二）我国的法律规定

（1）《监狱法》的规定。《监狱法》第 35 条规定："罪犯服刑期满，监狱应当按期释放并发给释放证明书。"《监狱法》第 36 条规定："罪犯释放后，公安机关凭释放证明书办理户籍登记。"《监狱法》第 37 条规定："对刑满释放人员，当地人民政府帮助其安置生活。刑满释放人员丧失劳动能力又无法定赡养人、扶养人和基本生活来源的，由当地人民政府予以救济。"《监狱法》第 38 条规定："刑满释放人员依法享有与其他公民平等的权利。"《监狱法》是保护回归社会人员的主要法律，其内容涉及回归社会人员的户籍登记、生活安置、政府救济、权利保障等方面。

（2）《反恐怖主义法》的规定。《反恐怖主义法》第 30 条规定："对恐怖活动罪犯和极端主义罪犯被判处徒刑以上刑罚的，监狱、看守所应当在刑满释放前根据其犯罪性质、情节和社会危害程度，服刑期间的表现，释放后对所居住社区的影响等进行社会危险性评估。进行社会危险性评估，应当听取有关基层组织和原办案机关的意见。经评估具有社会危险性的，监狱、看守所应当向罪犯服刑地的中级人民法院提出安置教育建议，并将建议书副本抄送同级人民检察院。罪犯服刑地的中级人民法院对于确有社会危险性的，应当在罪犯刑满释放前作出责令其在刑满释放后接受安置教育的决定。决定书副本应当抄送同级人民检察院。被决定安置教育的人员对决定不服的，可以向上一级人民法院申请复议。安置教育由省级人民政府组织实施。安置教育机构应当每年对被安置教育人员进行评估，对于确有悔改表现，不致再危害社会的，应当及时提出解除安置教育的意见，报决定安置教育的中级人民法院作出决定。被安置教育人员有权申请解除安置教

育。人民检察院对安置教育的决定和执行实行监督。”这是在法律层面对该类罪犯刑满释放后的安置帮教规定得最为详细的法条。

（3）《刑法》的有关规定。《刑法》第37条之一规定：“因利用职业便利实施犯罪，或者实施违背职业要求的特定义务的犯罪被判处刑罚的，人民法院可以根据犯罪情况和预防再犯罪的需要，禁止其自刑罚执行完毕之日或者假释之日起从事相关职业，期限为三年至五年。被禁止从事相关职业的人违反人民法院依照前款规定作出的决定的，由公安机关依法给予处罚；情节严重的，依照本法第三百一十三条的规定定罪处罚。其他法律、行政法规对其从事相关职业另有禁止或者限制性规定的，从其规定。”《刑法》第100条规定：“依法受过刑事处罚的人，在入伍、就业的时候，应当如实向有关单位报告自己曾受过刑事处罚，不得隐瞒。犯罪的时候不满十八周岁被判处五年有期徒刑以下刑罚的人，免除前款规定的报告义务。”

（4）《预防未成年人犯罪法》的有关规定。《预防未成年人犯罪法》第55条规定：“社区矫正机构应当告知未成年社区矫正对象安置帮教的有关规定，并配合安置帮教工作部门落实或者解决未成年社区矫正对象的就学、就业等问题。”《预防未成年人犯罪法》第56条规定：“对刑满释放的未成年人，未成年犯管教所应当提前通知其父母或者其他监护人按时接回，并协助落实安置帮教措施。没有父母或者其他监护人、无法查明其父母或者其他监护人的，未成年犯管教所应当提前通知未成年人原户籍所在地或者居住地的司法行政部门安排人员按时接回，由民政部门或者居民委员会、村民委员会依法对其进行监护。”《预防未成年人犯罪法》第57条规定：“未成年人的父母或者其他监护人和学校、居民委员会、村民委员会对接受社区矫正、刑满释放的未成年人，应当采取有效的帮教措施，协助司法机关以及有关部门做好安置帮教工作。居民委员会、村民委员会可以聘请思想品德优秀，作风正派，热心未成年人工作的离退休人员、志愿者或其他人员协助做好前款规定的安置帮教工作。”《预防未成年人犯罪法》第58条规定：“刑满释放和接受社区矫正的未成年人，在复学、升学、就业等方面依法享有与其他未成年人同等的权利，任何单位和个人不得歧视。”《预防未成年人犯罪法》第59条第1款规定：“未成年人的犯罪记录依法被封存的，公安机关、人民检察院、人民法院和司法行政部门不得向任何单位或者个人提供，但司法机关因办案需要或者有关单位根据国家有关规定进行查询的除外。依法进行查询的单位和个人应当对相关记录信息予以保密。”

（5）《社区矫正法》的有关规定。《社区矫正法》第44条规定：“社区矫正对象矫正期满或者被赦免的，社区矫正机构应当向社区矫正对象发放解除社区矫正证明书，并通知社区矫正决定机关、所在地的人民检察院、公安机关。”

## 二、回归社会人员社会保护工作的定位

1994 年，中央社会治安综合治理委员会、公安部、司法部、劳动部（已撤销）、民政部、国家工商行政管理局（已撤销）六部委在《关于进一步加强对刑满释放、解除劳教人员安置和帮教工作的意见》中指出，对回归社会人员的社会保护工作，是在党委、政府的统一领导下，依靠各有关部门和社会力量对回归社会人员进行的一种非强制性的引导、帮助、教育、管理活动。为了准确把握回归社会人员的社会保护工作的性质，我们必须注意以下几点。

### （一）各级党委、政府是社会保护工作的决策者和指挥者

各级党委、政府应当重视对回归社会人员的社会保护工作，把做好这项工作的成效列入社会治安综合治理的工作目标，作为落实社会治安综合治理领导责任的一项重要内容；把回归社会人员的重新违法犯罪率能否逐步下降，作为考核党政领导干部抓社会治安综合治理工作能力和实绩的一个重要指标。各级社会治安综合治理委员会要积极协助党委、政府，加强对这项工作的组织、协调、检查和监督。特别是乡镇（街道）党政基层组织，要承担起具体组织落实对回归社会人员的社会保护工作的责任。乡镇（街道）专抓社会治安综合治理的副职要把协助党委、政府做好这项工作作为自己的重要任务。

### （二）相关部门在回归社会人员的社会保护工作中具有义不容辞的责任

回归社会人员的社会保护工作是一项复杂的社会系统工程，不但涉及回归社会人员的原户籍所在地和现住地，而且涉及司法行政、公安、人力资源和社会保障、民政、工商行政管理、共青团、妇联等有关部门和群众组织。仅靠某一部门、某一单位是不可能做好安置帮教工作的，必须加强领导、协调配合、齐抓共管，从而形成合力，发挥整体优势，共同做好安置帮教工作。

### （三）回归社会人员的社会保护工作是一项需要社会力量广泛参与的基础性工作

坚持群众路线是我党的优良传统。做好社会保护工作也必须坚持和发扬专门机关与群众路线相结合的优良传统。只有坚持群众路线，充分发动群众，才能把社会保护工作的各项措施落实到基层。当前，对回归社会人员进行社会保护工作有一定的难度和阻力。因此，各地要大力宣传社会保护工作的重要意义和作用，宣传社会保护工作先进集体、先进个人的感人事迹和成功经验，宣传、教育活动能够引起社会各界对这项工作的重视，使他们认识到，做好这项工作既是维护自身生存环境的需要，也是维护社会稳定的需要，使广大干部群众理解、关心这项工作，积极参与这项工作，从而为回归社会人员融入社会创造良好的社会氛围，为社会保护工作创造良好的工作氛围。

### （四）社会保护工作是针对特殊群体的工作，具有特殊性

社会保护工作是一项政策性很强的工作，严格把握和区分工作对象不但关系到党的政策能否贯彻始终，而且关系到国家的法律能否得以正确实施。在工作实践中，这一特殊群体既不能任意扩大也不能随意缩小，要以法律法规为衡量标准，严格加以界定，不能笼统地把犯有一定错误或具有不良倾向的人都作为保护对象。社会保护工作的对象从普遍意义上说是所有回归社会人员，但主要是针对没有生活出路和有重新犯罪倾向的回归社会人员。没有生活出路的人员通常指无家可归、无业可就、无处可去的“三无”人员。有重新犯罪倾向的人员通常指没有改造好的人员，犯罪倾向明显、恶习较深、屡教不改的人员等。

### （五）社会保护工作是非强制性的引导、扶助、教育和管理活动

首先，应当准确理解非强制性的法律依据和法律特征。尽管回归社会人员因为犯罪对国家和社会曾带来不同程度的危害，在主观上具有不同程度的不良倾向，但社会保护工作既不是刑事处罚也不是行政处罚，与公安或司法机关的处罚方式有着本质的区别。社会保护工作中的思想教育，是以回归社会人员主动、愿意接受教育为工作的前提，是教育者和被教育者之间一种互动的活动，需要两者的积极配合才能进行。其次，社会保护工作是一项引导、扶助、教育和管理活动。在这一工作中，引导是指帮助回归社会人员迷途知返，寻找和走上正确的人生道路，这是社会保护工作的前提；扶助是指排难解困，营造一个与其他公民同等的生活环境，这是社会保护工作的保障；教育是指改恶从善，使思维定式和行为习惯融入正常社会生活轨道，这是社会保护工作的核心；管理是指监督防范，是社会对这一特殊群体的风险控制措施，这是社会保护工作的基础。引导、扶助、教育和管理彼此之间互动互联、缺一不可，它们之间的有机联系构成社会保护工作的整体框架。除此之外，还要对回归社会人员出现的家庭危机、人际关系危机等进行干预。

## 三、社会保护工作的组织机构

### （一）综治委内设安置帮教工作领导（协调）小组及办公室

自1995年7月中央综治委安置帮教工作领导（协调）小组宣告成立以来，全国绝大多数省、市、县三级综治委相继成立了由党委、政府主管领导牵头，司法行政、公安、人力资源和社会保障、民政、工商、财政、税务、工会、共青团、妇联等部门负责同志参加的安置帮教工作领导（协调）小组。领导（协调）小组下设办公室，在同级综治委和安置帮教工作领导（协调）小组的领导下开展工作，其成员由综治委、司法行政、公安、人力资源和社会保障、民政、工商等部门内职能相近的工作机构的负责人组成。办公室的日常工作由司法行政部门

承担。各级领导（协调）小组办公室建立了安置帮教工作联络员制度，联络员由相关部门职能处、科、室的负责人担任，定期召开工作例会，收到了比较好的效果。

（二）司法行政部门负责安置帮教工作的机构

1995年，司法部监狱管理局承担了中央综治委安置帮教工作领导（协调）小组办公室的日常工作。1997年10月21日，司法部下发了《关于部监狱管理局负责的刑释解教人员安置帮教工作移交部基层工作司的通知》，该通知不仅调整了司法部内部的工作职能，而且较明确地规定了安置帮教工作的职责。之后，各省、自治区、直辖市基本上沿用了这种模式。

（三）村（居）委会内设立帮教小组

根据实际工作的需要，村（居）委会建立由乡镇（街道）司法所牵头负责，村（居）委会干部、村（居）民小组组长和回归社会人员亲属参加的帮教小组，其工作受乡镇（街道）司法所指导。在帮教小组内，司法所、村（居）委会干部可以相对固定，村（居）民小组组长和回归社会人员亲属的人选则可因回归社会人员及居住地点的不同而有所改变。回归社会人员有工作单位的，帮教小组还可以吸收该单位的相关干部参加。实践中，有的企业也组建了帮教小组，以便于帮教本单位的回归社会人员。因为帮教小组成员贴近回归社会人员，他们对回归社会人员的思想、生活等情况较为清楚，因此，社会保护工作的针对性也较强，社会保护工作也往往最有效。从某种程度上来说，社会保护工作的成效直接依赖帮教小组作用的发挥。

（四）安置帮教基金会和安置帮教协会

各地在开展回归社会人员的社会保护工作中，注意挖掘和调动社会各方面的力量，并通过一定的形式，将他们有效地组织起来，加入社会保护工作的行列中来。目前，社会保护工作的民间形式主要是安置帮教基金会和安置帮教协会。安置帮教基金会的资金源于社会各界人士、机关、团体、企事业单位的捐赠，基金利息和增值所得。安置帮教基金会的任务是向有关部门、企事业单位、社会团体和其他组织以及个人募集资金和物资，并进行管理；组织有关部门对回归社会人员进行回归前和就业前的技能培训；开展社会保护工作理论探讨和经验交流；表彰、宣传社会保护工作中做出突出成绩的集体和个人。安置帮教协会属群众性社会团体，在社会治安综合治理委员会指导下开展工作，会员由热心于社会保护工作的各级组织、团体和人士组成。

（五）社会保护工作的社会组织参与

全国各地都在对社会保护工作进行积极探索，组建有社会力量参与的社会志愿者队伍。该队伍主要由热心于公益事业的社会人士组成，这些社会人士利用专业知识对回归社会人员进行帮教活动。在社会保护工作志愿者中，既有人大、政协、党委、政府的领导，又有全国劳动模范和离退休老同志，还有“浪子回头”的典型人物等。2016年10月，司法部、中央综治办、民政部、财政部等联合下发的《关于社会组织参与帮教刑满释放人员工作的意见》对鼓励、引导和支持社会组织参与帮教刑满释放人员工作主要作了以下规定：一是加强组织引导。司法行政部门要会同民政等部门，认真研究制订社会组织参与帮教工作规划，明确目标任务和参与帮教的方式、途径，依法有序引导社会组织参与帮教回归社会人员工作。优先在基础条件较好、帮教对象比较集中的地方，扶持一批具备资质、专业能力强、热心安置帮教工作的社会组织参与帮教工作，形成可复制的经验，逐步向其他地区推广。有条件的地区可依法建立从事安置帮教工作的社会团体，发挥平台作用，吸引社会组织参与帮教工作。倡导志愿者和社会热心人士，特别是具有法学、心理学、教育学、社会学、社会工作等专业背景的人士参与帮教工作，壮大帮教力量。二是加大政策支持。司法行政部门要积极协调有关部门，健全完善社会组织参与帮教回归社会人员工作的相关政策保障措施，提升社会组织帮教服务能力。要统筹利用现有的公共服务资源，在场地、设施、信息等方面为社会组织参与帮教工作提供便利，要引导社会组织配备和使用社会工作者等专业人才。加强对社会组织从业人员的业务指导，定期开展帮教政策、帮教技能、服务规范等方面的培训，提高从业人员的专业水平。财政部门要会同民政等相关部门，依据政府购买服务相关规定，将属于政府职责范围、适合以市场化方式提供、社会力量能够承担的回归社会人员帮教服务，纳入政府购买服务指导性目录。参与帮教工作的社会组织符合规定条件的，依法享受相应的税收、信贷等优惠政策。三是强化组织实施。司法行政部门要立足本地区安置帮教工作的实际需要，开发适宜社会组织参与帮教工作的项目和内容。通过政府购买服务等形式，公开择优确定参与帮教工作的社会力量。指导社会组织制定帮教工作实施方案，跟踪了解工作进展情况、工作成效等。建立绩效评价机制，细化帮教服务标准，推进第三方评价，对帮教服务质量和社会效果好的社会组织重点扶持，对不宜继续参与帮教工作的及时终止，确保帮教服务依法规范开展。

## 四、社会保护工作的地位

对回归社会人员的社会保护工作，是社会治安综合治理工作的重要内容之一，是预防和减少违法犯罪特别是重新违法犯罪的一项重要措施，是维护社会治安稳定的一项基础工作。

### （一）社会保护工作是维护人权、保障社会稳定的一项基本制度

我们党和国家历来重视对回归社会人员的社会保护工作，在与违法犯罪分子

作斗争的同时，始终坚持“给出路”政策，帮助回归社会人员安置就业，使他们有业可就，生活有保障。同时，根据整个国家社会和经济发展的客观要求，适时调整回归社会人员的就业安置政策。从新中国成立初期，原中央人民政府政务院颁发的《劳动改造罪犯刑满释放及安置就业暂行处理办法》（已失效），到1994年全国人大常委会通过的《监狱法》，我国为回归社会人员的社会保护工作颁布了大量的法律、法规，由于得到各级政府的重视和广大人民群众的支持、参与，针对回归社会人员的社会保护工作取得了十分显著的成绩。回归社会人员的重新犯罪率始终被控制在较低的水平，绝大多数回归社会人员回归社会后，能够遵守国家法律，做守法公民，他们中的许多人还成为社会主义建设的有用之才。做好回归社会人员的社会保护工作是我国民主法治建设的一个重要组成部分，是我国对公民人权保护的重要体现。

### （二）社会保护工作是加强基层政权和基层群众性自治组织建设的一项内容

城乡基层政权和基层群众性自治组织，是党和政府在城市和农村工作的基础，也是做好回归社会人员社会保护工作的重要基层组织保证。乡镇政府为农村基层的一级政权组织，承担着社会治安综合治理的责任。因此，乡镇政府应当把回归社会人员的社会保护工作，作为落实社会治安综合治理、维护农村基层稳定的一项重要任务，要加强对村级组织的指导。村委会是农村群众自我管理、自我教育、自我服务的基层群众性自治组织，是做好社会保护工作的基层组织。农村的回归社会人员能否得到妥善安置和帮助教育的关键在于村级组织是否健全、是否有战斗力。只有村委会建设加强了，工作有人抓，事情有人管，社会保护工作才能落到实处，才能形成良好的社会风气和群众基础。街道办事处和居委会是党和政府在城市基层工作的基础，是城市各项工作的落脚点。在做好城市回归社会人员的社会保护工作方面，居委会的作用不可低估，社会保护工作的大量具体工作要依托居委会完成。居委会要发挥自身的优势，充分利用其联系群众、植根社区的特长，主动配合有关部门做好社会保护工作。村（居）委会一方面要帮助他们联系工作岗位，使他们各得其所、自食其力；另一方面要注意他们的思想动态，稳定他们的情绪，化解矛盾纠纷。

### （三）社会保护工作是社会治安综合治理的重要组成部分

社会治安综合治理的基本任务是在各级党委和政府的统一领导下，各部门协调一致、齐抓共管，依靠广大人民群众的力量，运用政治、经济、行政、法律、文化、教育等多种手段，整治社会治安，打击犯罪和预防犯罪，保障社会稳定，为社会主义现代化建设创造良好的社会环境。社会治安综合治理的主要目标是社会稳定，重大恶性案件和多发性案件得到控制并逐步有所下降，社会丑恶现象大大减少，治安混乱地区和单位的面貌被彻底改变，使群众有安全感。当前回归社会人员重新违法犯罪问题仍然突出，特别是从近年来公安机关查破案件及打击处理违法犯罪嫌疑人的情况看，回归社会人员占有较大的比重。随着改革的不断深化，社会保护工作出现了许多新情况、新问题，如果社会保护工作措施跟不上，回归社会人员中的一部分人很可能重新违法犯罪，危害社会。严厉打击刑事犯罪和加强社会保护工作两者关系密切、相辅相成、缺一不可，打击和预防不可偏废。

## 五、社会保护工作的作用

### （一）做好社会保护工作可以促进社会政治稳定

当前，我国已进入新时代，正处在改革和发展的重要阶段，没有一个稳定的社会环境，社会主义现代化建设就无法顺利进行。由于改革的深入和整个社会环境日益动态化，各种社会矛盾增多，利益冲突加剧，社会稳定面临着严峻的考验。党中央多次强调，要保持稳定，稳定压倒一切。维护社会政治稳定是当前全党工作的大局，而社会保护工作的好坏事关稳定大局的成败。

### （二）做好社会保护工作可以预防和减少违法犯罪

目前，我国监狱和社区矫正机构每年释放几十万人，并且每年都有增加的趋势。这几十万人中的绝大多数有诚心悔过、做守法公民的决心和愿望，但这些人回归社会后如果不能得到妥善安置，没有生活出路，则其重新犯罪的可能性极大。社会保护工作措施落实是否到位，直接影响预防和打击重新违法犯罪活动的效果。特别是回归社会人员的犯罪一般具有能量大、恶性程度高的特点，如果失去对他们的控制，其违法犯罪行为对社会造成的危害和影响将十分严重。因此，一部分没有改造好的回归社会人员是社会最不稳定的因素之一。做好社会保护工作可以有效地预防、减少回归社会人员重新犯罪，是预防、减少犯罪的重要措施。

### （三）做好社会保护工作可以提高回归社会人员的改造质量

依照法律，我国监狱和社区矫正机关承担执行刑罚和刑事执行的任务。把回归社会人员改造成为遵纪守法的公民，减少他们重新违法犯罪的概率是我国刑事执行的主要目的。监狱和社区矫正机关矫正教育的好坏、改造质量的高低，直接关系回归社会人员回归社会后是否会重新违法犯罪的问题。做好罪犯的改造转化工作，不仅是监狱和社区矫正机关的任务，也是全社会的责任。一方面，监狱和社区矫正机关作为改造罪犯的主要部门，应努力改进工作，不断增强改造工作的实效性，努力提高改造质量，为回归社会人员回归社会奠定良好的基础；另一方面，社会各界也应帮助监狱和社区矫正机关做好罪犯的教育转化工作。

# 第二节　社会保护工作的任务、基本原则和职业限制

## 一、社会保护工作的任务

社会保护工作的任务是由社会保护工作的目标决定的，是目标的分解落实和措施保障。社会保护工作的目标，是指通过社会保护工作努力营造一个温暖、宽松的社会环境，使回归社会人员走向新生后增强改过自新的信心、勇气和能力，在上学、就业、社会救济等方面不受歧视，实现就业有门路、生活有着落，预防和减少重新犯罪，维护社会稳定和保障经济发展。这一工作目标决定了社会保护工作具有以下业务范围和工作任务。

### （一）社会保护工作的业务范围

根据1994年《中央社会治安综合治理委员会、公安部、司法部、劳动部、民政部和国家工商行政管理局关于进一步加强对刑满释放、解除劳教人员安置和帮教工作的意见》的规定，回归社会人员社会保护工作的范围包括：①

（1）对回归社会人员回归社会前的思想教育、就业技能培训。

（2）向回归社会人员户口所在地的公安机关、接收单位介绍情况，移交有关档案、材料。

（3）引导、扶助回归社会人员就业，或解决生活出路问题。

（4）对有重新违法犯罪倾向的回归社会人员进行帮助教育，落实预防重新违法犯罪的措施。

（5）对重新违法犯罪的回归社会人员依法从重惩处。

### （二）社会保护工作的任务

社会保护工作的任务是由各有关部门和社会各界共同完成的。社会保护工作涉及许多部门，如各级党委、政府是社会保护工作的组织领导者，承担组织领导的职责；公安、司法、民政、人力资源和社会保障、工商、税务、财政、金融、妇联、工会、共青团等有关部门，承担社会保护工作的主要任务。

基层司法行政机构和基层法律服务机构在社会保护工作中的任务是：

---

① 原文的表述有很多内容已不符合目前的法律规定，因此，作者在尊重原文内在精神的基础上进行了概括和归纳。

(1) 制订和组织实施社会保护工作计划和发展规划。

(2) 督促社会保护工作的落实，表彰、奖励社会保护工作中有突出贡献的集体和个人。

(3) 了解、掌握社会保护工作的情况，指导社会保护工作的开展。

(4) 努力提高和巩固回归社会人员的改造质量。

(5) 搞好回归社会人员回归社会的衔接工作。

(6) 组织社会力量和协调各有关部门共同开展社会保护工作。

## 二、社会保护工作的基本原则

社会保护工作是一项关系到党的安置帮教工作方针、政策能否得以正确贯彻，国家法律、法规能否得以正确实施的工作，因而这项工作具有很强的严肃性和政策性。确立和明确社会保护工作的基本原则并指导、融合于引导、扶助、教育和管理等社会保护工作的各个环节，才能高屋建瓴、统揽全局。根据安置帮教工作的性质，社会保护工作有以下几条基本的工作原则。

### (一) 坚持以政府为主导和社会为主体的原则

要按照社会主义市场经济发展的要求，不断调整思维方式，改进工作方法，既要坚持过去行之有效的好办法，又要积极探索社会保护工作的新路子，要运用行政、法律、经济等多种手段，制定工作目标，落实工作责任。政府各有关部门要制定优惠政策，引导、指导、鼓励对回归社会人员进行多形式、多渠道就业安置、社会救助、法律援助、危机干预、思想教育，以保障其基本的生活条件。对其家庭、婚姻等存在的实际困难以及各种思想问题，则主要靠广大人民群众、靠全社会方方面面力量的共同参与来解决。

### (二) 坚持突出重点的原则

近年来，每年都有大量的回归社会人员，但我们工作的重点对象应该是回归社会人员中的三种人：一是无家可归或没有生活出路的回归社会人员。这部分人思想不稳定，生存条件缺乏，自控能力较差，如果得不到妥善的帮助和安置，其基本的生活、生存问题不能解决，很有可能重蹈覆辙，重新走上违法犯罪的道路。二是有重新违法犯罪倾向的回归社会人员。应该说，经过监狱改造或社区矫正的强制性改造教育，大部分回归社会人员都能弃恶从善、脱胎换骨成为遵纪守法的公民，但也不排除有少数回归社会人员恶习难改，强制性教育改造并不能从根本上解决其世界观、人生观方面存在的问题。三是未成年的回归社会人员。他们的世界观、价值观尚未定型，自控能力差，极易自暴自弃。以上三种人是社会生活中的特殊群体，只有做好他们的工作，才能消除社会稳定的重大隐患，最大限度地降低重新违法犯罪率。

(三)坚持市场化就业服务的原则

这一原则主要是由当前的就业环境和社会主义市场经济的要求决定的。为此，我们在社会保护工作中必须坚持“就业领域多元化，就业方式多样化，就业机制市场化”的工作方针。就业领域多元化，就是除法律、法规有明文规定外，回归社会人员可以在所有的行业就业。他们既可以到国有企业、集体企业就业，也可到三资企业、私营企业就业。具备申办私营企业条件的，应积极鼓励他们申办私营企业。就业方式多样化，就是指针对不同的情况，灵活多样地进行安置就业。在城镇，对原来有工作单位的，要做细致的工作，力求原单位接收。对原来没有单位或原单位无能力接收的，应鼓励他们自谋职业，从事个体经营，或以其他适当的方式安置就业，以确保解决其基本的生活、生存问题。在农村，要落实口粮田、责任田，根据回归社会人员的特长，扶持发展家庭多种经营，以勤劳致富。对于无依无靠、无劳动能力又无生活来源的回归社会人员，要与普通公民一视同仁，落实有关的生活保障政策。对于未成年人回归社会的，要尽可能提供学习条件，以提高其道德、文化水平，使之以较好的素质融入社会。就业机制市场化，就是在社会主义市场经济条件下，把回归社会人员的安置就业推向市场，实行双向选择。与此同时，也要求全社会都要从“讲政治、讲大局”的高度，主动、自觉地承担起社会责任，尽最大努力为回归社会人员提供就业服务。

(四)坚持以人为本的原则

在社会保护工作中要讲究帮教内容的针对性、帮教组织的群众性、帮教形式的多样性，认真落实帮教管理措施，摸清回归社会人员的思想状况，有针对性地对回归社会人员进行爱国主义、社会主义、思想道德以及法治等方面的教育，帮助其对违法犯罪原因加深认识，重塑心灵，做一个对社会有益的公民。要加强群众性帮教组织建设，更广泛地发动和组织群众参与对回归社会人员的社会保护工作。社会保护工作要十分注意方法，既要从严从紧，又要尊重回归社会人员的人格；既要灵活多样，又要讲求实效。

(五)相互协调、密切配合的原则

在社会保护工作的运作上要抓好四个方面的工作。一是进一步提高监狱和社区矫正机构的矫正教育质量，采取有效措施，加强对罪犯的思想、道德、法律等方面的教育，对其进行劳动技能培训，为他们回归社会打下良好的基础。二是做好回归社会人员的衔接管理工作。各有关部门要严格执行有关回归社会人员社会保护工作的法律、法规，做好每一环节的工作，努力使回归社会人员不脱管、不失控。三是建立健全社会保护工作的各项制度，包括统计台账、档案管理、政治和业务学习、信息反馈、目标责任等制度。四是建立健全安置帮教工作检查考核制度，把回归社会人员的安置率、帮教率、重新犯罪率等指标纳入社会治安综合治理领导责任制。

## 三、回归社会人员职业禁止、职业限制及法律依据

对回归社会人员的法律保护是相对的。我国的相关规定明确了对回归社会人员的职业禁止或职业限制。对回归社会人员的职业禁止和职业限制主要有以下方面。

### （一）人民法院书记员和法官

《法官法》第13条规定："下列人员不得担任法官：（一）因犯罪受过刑事处罚的；（二）被开除公职的……"《人民法院书记员管理办法（试行）》第4条规定："下列人员不得担任书记员：（一）曾因犯罪受过刑事处罚的；（二）曾被开除公职的；（三）涉嫌违法违纪正在接受审查，尚未作出结论的。"

### （二）人民陪审员

《人民陪审员法》第7条规定："有下列情形之一的，不得担任人民陪审员：（一）受过刑事处罚的……"

### （三）人民检察院检察官

《检察官法》第13条规定："下列人员不得担任检察官：（一）因犯罪受过刑事处罚的；（二）被开除公职的……"

### （四）公务员

《公务员法》第26条规定："下列人员不得录用为公务员：（一）因犯罪受过刑事处罚的……（三）被开除公职的……（五）有法律规定不得录用为公务员的其他情形的。"《公务员录用的规定（试行）》第17条规定，曾因犯罪受过刑事处罚的人员不得报考公务员。

### （五）律师

《律师法》第7条规定："申请人有下列情形之一的，不予颁发律师执业证书：（一）无民事行为能力或者限制民事行为能力的；（二）受过刑事处罚的，但过失犯罪的除外；（三）被开除公职或者被吊销律师、公证员执业证书的。"《律师法》第49条第2款规定："律师因故意犯罪受到刑事处罚的，由省、自治区、直辖市人民政府司法行政部门吊销其律师执业证书。"

### （六）基层法律服务人员

《基层法律服务工作者管理办法》第8条规定："有下列情形之一的人员，不得参加本办法第六条第一款第二项规定的考试或者申请执业核准：（一）因故意犯罪受到刑事处罚的；（二）被开除公职的……"《司法部关于刑满释放人员不能从事基层法律服务工作的批复》规定："对于因故意犯罪受过刑事处罚的人员，已领取基层法律服务执业证件的，应当认定其《法律服务执照》无效，其

所在的法律服务所应当予以辞退，收回其《法律服务执照》，并报核发执照的司法行政机关办理注销手续。”

（七）司法鉴定人

《全国人民代表大会常务委员会关于司法鉴定管理问题的决定》第 4 条第 2 款规定：“因故意犯罪或者职务过失犯罪受过刑事处罚的，受过开除公职处分的，以及被撤销鉴定人登记的人员，不得从事司法鉴定业务。”《司法鉴定人登记管理办法》第 13 条规定，因故意犯罪或者职务过失犯罪受过刑事处罚的人员，不得申请从事司法鉴定业务。

（八）公证员

《公证法》第 20 条规定：“有下列情形之一的，不得担任公证员：（一）无民事行为能力或者限制民事行为能力的；（二）因故意犯罪或者职务过失犯罪受过刑事处罚的……”《公证员执业管理办法》第 9 条规定，因故意犯罪或者职务过失犯罪受过刑事处罚的人员，不得担任公证员。

（九）警察

《人民警察法》第 26 条规定，曾因犯罪受过刑事处罚的人员，不得担任人民警察。

（十）外交人员

《驻外外交人员法》第 7 条规定，曾因犯罪受过刑事处罚的人员，不得任用为驻外外交人员。

（十一）村委会成员

《村民委员会组织法》第 18 条规定：“村民委员会成员丧失行为能力或者被判处刑罚的，其职务自行终止。”

（十二）拍卖师

《拍卖法》第 15 条第 2 款规定：“被开除公职或者吊销拍卖师资格证书未满五年的，或者因故意犯罪受过刑事处罚的，不得担任拍卖师。”

（十三）国有公司董事、监事、经理

《公司法》第 146 条规定：“有下列情形之一的，不得担任公司的董事、监事、高级管理人员：……（二）因贪污、贿赂、侵占财产、挪用财产或者破坏社会主义市场经济秩序，被判处刑罚，执行期满未逾五年，或者因犯罪被剥夺政治权利，执行期满未逾五年……”

（十四）国有独资企业、国有独资公司、国有资本控股公司的董事、监事、高级管理人员

《企业国有资产法》第 73 条规定：“国有独资企业、国有独资公司、国有资

本控股公司的董事、监事、高级管理人员违反本法规定，造成国有资产重大损失，被免职的，自免职之日起五年内不得担任国有独资企业、国有独资公司、国有资本控股公司的董事、监事、高级管理人员；造成国有资产特别重大损失，或者因贪污、贿赂、侵占财产、挪用财产或者破坏社会主义市场经济秩序被判处刑罚的，终身不得担任国有独资企业、国有独资公司、国有资本控股公司的董事、监事、高级管理人员。”

（十五）商业银行的董事、高级管理人员

《商业银行法》第27条规定：“有下列情形之一的，不得担任商业银行的董事、高级管理人员：（一）因犯有贪污、贿赂、侵占财产、挪用财产罪或者破坏社会经济秩序罪，被判处刑罚，或者因犯罪被剥夺政治权利的……”

（十六）证券相关从业人员

《证券投资基金法》第15条规定：“有下列情形之一的，不得担任公开募集基金的基金管理人的董事、监事、高级管理人员和其他从业人员：（一）因犯有贪污贿赂、渎职、侵犯财产罪或者破坏社会主义市场经济秩序罪，被判处刑罚的……”

《证券法》第124条规定：“……有《中华人民共和国公司法》第一百四十六条规定的情形或者下列情形之一的，不得担任证券公司的董事、监事、高级管理人员……”该法第125条第2款规定：“因违法行为或者违纪行为被开除的证券交易场所、证券公司、证券登记结算机构、证券服务机构的从业人员和被开除的国家机关工作人员，不得招聘为证券公司的从业人员。”

（十七）保险公司的董事、监事、高级管理人员

《保险法》第82条规定：“有《中华人民共和国公司法》第一百四十六条规定的情形或者下列情形之一的，不得担任保险公司的董事、监事、高级管理人员：（一）因违法行为或者违纪行为被金融监督管理机构取消任职资格的金融机构的董事、监事、高级管理人员，自被取消任职资格之日起未逾五年的；（二）因违法行为或者违纪行为被吊销执业资格的律师、注册会计师或者资产评估机构、验证机构等机构的专业人员，自被吊销执业资格之日起未逾五年的。”

（十八）破产企业管理人

《企业破产法》第24条规定，因故意犯罪受过刑事处罚的人员，不得担任管理人。

（十九）种子企业的法定代表人、高级管理人员

《种子法》第74条第2款规定：“因生产经营假种子犯罪被判处有期徒刑以上刑罚的，种子企业或者其他单位的法定代表人、直接负责的主管人员自刑罚执行完毕之日起五年内不得担任种子企业的法定代表人、高级管理人员。”

（二十）生产经营单位的主要负责人

《安全生产法》第94条规定："生产经营单位的主要负责人未履行本法规定的安全生产管理职责的，责令限期改正，处二万元以上五万元以下的罚款；逾期未改正的，处五万元以上十万元以下的罚款，责令生产经营单位停产停业整顿。生产经营单位的主要负责人有前款违法行为，导致发生生产安全事故的，给予撤职处分；构成犯罪的，依照刑法有关规定追究刑事责任。生产经营单位的主要负责人依照前款规定受刑事处罚或者撤职处分的，自刑罚执行完毕或者受处分之日起，五年内不得担任任何生产经营单位的主要负责人；对重大、特别重大生产安全事故负有责任的，终身不得担任本行业生产经营单位的主要负责人。"

（二十一）食品安全管理人员

《食品安全法》第135条第2款规定："因食品安全犯罪被判处有期徒刑以上刑罚的，终身不得从事食品生产经营管理工作，也不得担任食品生产经营企业食品安全管理人员。"该法第138条第2款规定："违反本法规定，受到开除处分的食品检验机构人员，自处分决定作出之日起十年内不得从事食品检验工作；因食品安全违法行为受到刑事处罚或者因出具虚假检验报告导致发生重大食品安全事故受到开除处分的食品检验机构人员，终身不得从事食品检验工作。食品检验机构聘用不得从事食品检验工作的人员的，由授予其资质的主管部门或者机构撤销该食品检验机构的检验资质。"

（二十二）《刑法修正案（九）》的新规定

《刑法修正案（九）》规定，在《刑法》第37条后增加一条，作为第37条之一："因利用职业便利实施犯罪，或者实施违背职业要求的特定义务的犯罪被判处刑罚的，人民法院可以根据犯罪情况和预防再犯罪的需要，禁止其自刑罚执行完毕之日或者假释之日起从事相关职业，期限为三年至五年……"

（二十三）教师

《教师法》第14条规定："受到剥夺政治权利或者故意犯罪受到有期徒刑以上刑事处罚的，不能取得教师资格；已经取得教师资格的，丧失教师资格。"

（二十四）会计和注册会计师

《会计法》第40条规定，因有提供虚假财务会计报告，做假账，隐匿或者故意销毁会计凭证、会计账簿、财务会计报告，贪污，挪用公款，职务侵占等与会计职务有关的违法行为被依法追究刑事责任的人员，不得再从事会计工作。《注册会计师法》第10条规定："有下列情形之一的，受理申请的注册会计师协会不予注册：……（二）因受刑事处罚，自刑罚执行完毕之日起至申请注册之日止不满五年的……"

## 第三节 社会保护措施

从法律意义上讲，回归社会人员是自由公民，依法享有公民应该享有的权利。我国《监狱法》第38条规定："刑满释放人员依法享有与其他公民平等的权利。"同时，我国《未成年人保护法》《预防未成年人犯罪法》等均规定了回归社会的未成年人在复学、升学、就业等方面依法享有与其他未成年人同等的权利，任何单位和个人不得歧视回归社会的未成年人。但是，回归社会人员在社会实践中存在事实上的"劳改犯"标签化和"坏人"的污名化，极易受到社会的歧视，因此，强化回归社会人员的法律保护十分重要。

### 一、回归社会教育

对回归社会人员的教育，主要包括回归前的教育、回归后的社区教育、家庭教育和自我教育。①

（一）回归前的教育

回归前的教育是指监狱和社区矫正机构等对即将回归社会的罪犯所进行的系统教育。这是他们人生道路上的一大转折，是由监狱和社区矫正机构管理向自由社会过渡阶段的教育，对于罪犯恢复自由后重返社会，开始新的生活有着十分重要的意义；对于消除其不正常心理，巩固教育改造成果，帮助其进一步认识社会、了解社会、适应社会具有重要作用。

（二）回归后的社区教育

回归社会人员回归社会后，仍然需要社会有关部门和基层单位针对其心理、行为特征及现实表现继续进行教育，而且，应该将这部分人纳入社区教育的范围。

社区教育是指在一定区域内，通过政府统筹、社会参与，集合、协调各种教育因素，利用所有教育资源，实施以提高全员素质、促进本社区经济发展、促进社会进步为宗旨的各种教育活动。社区教育的特点表现为：社区教育具有整体性和系统性，虽然社区内有各级各类不同形式的教育，但以社区为依托，它们形成了一个整体、系统工程，各类教育在社区教育总体规划中都有一定的位置，并形成教育的网络。社区教育具有全员性和灵活性，社区内的每个成员既是社区教育

---

① 参见夏宗素主编：《矫正教育学》，法律出版社2002年版，第291－295页。

的对象，又是社区教育的主体。社区民众广泛参与此类教育活动，以满足社区民众的教育需求。受教育的形式千变万化、多种多样，具有极大的机动性和灵活性。社区教育对回归社会人员的再社会化和预防其再次违法犯罪具有重要作用。

（三）家庭教育

婚姻家庭关系是整个社会关系的重要组成部分，家庭的民主和睦，不仅关系一家人的生活、工作和学习，而且也是推动社会进步的重要因素。和睦良好的家庭环境对回归社会人员的保护、教育将起到极为重要的作用，这样的家庭不仅可以安排好回归社会人员的衣、食、住、行，帮助回归社会人员解决好婚恋、成家问题，而且还能给回归社会人员以安抚、教育、感化、鞭策、鼓励、督促和帮助，遏制回归社会人员不良的习性，培养其文明、健康的生活方式，促进其身心健康发展，顺利融入社会。

（四）自我教育

自我教育是指回归社会人员为了适应社会规范，预防再次违法犯罪，实现再社会化的目的而进行的自我监督、自我完善、自我约束的活动。

回归社会人员重返社会后不仅存在社会观念意识障碍，也面临着自身心理素质、思想观念的种种障碍，因此，要实现回归社会人员再社会化的进程，仅仅强调社会调适、社会教育、社会保护是远远不够的，也不可能取得良好的效果，关键还在于回归社会人员本身要具有自我保护意识，实施自我调适、自我监督、自我保护的行为。将社会教育与回归社会人员的自我教育紧密结合起来，才能产生最佳效果。

回归社会人员的自我教育、自我完善、自我约束主要包括以下几个方面：一是加强思想上的自我教育，重视政治理论、形势政策和法律法规的学习，接受违法犯罪的教训，培养法治观念，提高思想觉悟和认识水平，树立正确的人生观和道德观。二是树立正确的人生目标，加强社会学习，做到自律、自尊、自爱、自重、自立，在心理素质上不断自我完善，遵纪守法，慎独拒腐，约束、规范自己的行为。三是努力学习文化知识和科学技术，不断提高文化技术水平，为成为社会主义建设的有用之才打下基础。

## 二、回归社会指导

为了使回归社会人员尽快适应社会，加速再社会化的进程，有必要针对回归社会人员存在的心理障碍、意识障碍、客观环境障碍给予心理、生活及就业就学方面的指导。[①]

---

① 参见夏宗素主编：《矫正教育学》，法律出版社2002年版，第291－295页。

（一）心理指导

针对回归社会人员重返社会存在的紧张、自卑、认知紊乱、负荷沉重等心理状态，不能很快适应社会，处理不好家庭、邻居等社会关系的情况，需要从以下几个方面进行心理指导：

（1）指导回归社会人员建立社会适应机制。回归社会人员重返社会后，难以适应社会的根本原因是存在心理障碍。因此，首先要解决心理上的自我保护，要指导回归社会人员正确对待社会评价，正确设定期望值，积极转化消极态度，优化需要心理，培养挫折耐受力，建立应付机制和防御机制。

应付机制，又称对应策略，是指个体直接对付紧张情境的行为。紧张情境主要包括诱发情境、压力情境、挫折情境等。建立应付机制，就是要指导回归社会人员，一旦处于紧张情境中，就要采取相应的动作定向和内在心理上的努力，冷静地对待和应付。

防御机制，是指个人不能以合理的、正常的行为适应环境时，可以采取防御措施达到自我保护的目的。建立防御机制，就是指导回归社会人员通过压抑作用、移置作用、投射作用、反向作用、理智化作用和精神宣泄形式达到自我控制的目的；通过升华作用、替代作用达到社会规范相协调的目的；通过固着、倒退、合理化、文饰作用，达到克服挫折的目的。总之，指导回归社会人员在紧张情境中，充分发挥防御机制的积极作用，以便求得心理平衡，求得与社会的一致，从而尽快适应社会。

（2）指导回归社会人员建立家庭相容心理。家庭相容心理的建立对回归社会人员建立正常心理和尽快适应社会具有积极作用。家庭相容心理的建立需要家庭和回归社会人员共同的努力。一方面，家庭对回归社会人员的关怀爱护和诚恳的帮助，可以消除回归社会人员的心理适应障碍，有助于抑制其不良心理，甚至使回归社会人员看到前途和希望，增强生活的信心；另一方面，回归社会人员也需要理解、体贴和尊重家庭成员。因此，要指导回归社会人员理解家庭成员对自己“恨铁不成钢”的心情及希望自己重新做人的良好愿望；体贴家人的处境和困难，即由于其违法犯罪受惩，给家庭成员造成政治、经济上的损失，所带来社会地位的降低、生活的困难。在理解、体贴、关心和互相尊重中建立起相容、相知的良好心理。

（3）指导回归社会人员建立健康、稳定的心理机制。回归社会人员在社区矫正期间，最大的愿望是早日恢复自由，重返家庭和社会，但对社会现实缺乏必要的心理准备，一旦置身社会后，原先的一切梦想都被现实撞得粉碎，或者变得消极厌世、心无所求、随波逐流、无所作为，或者自暴自弃、自甘堕落、为非作歹。因此，对回归社会人员进行心理指导，帮助其建立健康、稳定的心理机制十分重要。这主要包括两个方面的内容：一是指导回归社会人员正确进行角色认识和角色期待。回归社会人员恢复了普通公民这一正常社会角色，并被赋予法定的权利能力，享有社会公民所应享有的权利，并履行其相应的义务。但个体角色的获得很大程度上取决于个体的技能及其努力程度，取决于他的个人品质、修养及对社会的责任。因此，必须指导回归社会人员正确认识自身的潜能，认真剖析自己与社会要求的差距，找准自己的位置坐标。期望值既不能过高也不能太低。二是指导回归社会人员培养挫折耐受力和社会调适力。回归社会人员脆弱的自尊心需要人们的理解、宽容、尊重和热情鼓励。但现实生活并不如愿，人情的冷淡、精神的刺激，加之失学、失业等生活的困境，使其感到除法律的惩罚外，心灵的创伤更重。如果没有良好的挫折耐受力，很容易做出不理智的行为。因此，需要通过沟通和教育劝导，促使其树立崇高的理想和坚定的生活信念，正确对待生活中的困难和挫折，勇敢地去经受各种巨浪的冲击，以磨炼自己的意志，提高挫折心理承受力。同时，指导回归社会人员对环境变化的应变能力、自我情绪控制和调节能力的训练，正确对待社会评价和社会舆论，尽力摆脱回归后的“家庭压力”“婚姻压力”“就业压力”等，从而以积极健康的人生态度适应社会的需要并不断发展自己。

（二）生活指导

回归社会人员重返社会后的生活指导主要包括对回归社会人员在处理婚姻、家庭及社会交往关系等方面的指导。

（1）指导回归社会人员正确处理婚姻问题。回归社会人员中，有些由于违法犯罪受惩后，夫妻离婚，家庭破裂，本人不能正确看待这些事情，产生怨恨情绪，甚至准备对前妻（或前夫）实行报复；有些急于解决婚姻问题，但因其身份特殊，婚恋困难，一次又一次被对方拒绝，也会产生怨恨情绪，报复对方，甚至报复社会。因此，对回归社会人员进行生活指导，必须要教育其树立正确的婚恋观。

（2）指导回归社会人员正确处理家庭关系。家庭关系，通常包括夫妻关系、与父母的关系、与子女的关系、与兄弟姐妹的关系等。回归社会人员重返社会后，必然会发生以上种种关系，处理得好既有利于家庭和睦，也有利于本人的再社会化；处理不好，就可能给家庭带来灾难，进而使本人不能过正常的生活。因此，教育回归社会人员处理好家庭各方面的关系十分重要。

（3）指导回归社会人员建立正常的社会交往关系。回归社会人员重返社会后，除了与家人、亲友交往，还需要与各种不同的社会单位、不同的人员交往，社会互动范围扩大，在这些互动交往中，一方面要消除社会对回归社会人员的歧视与偏见，提高社会宽容度，给回归社会人员以关心、理解，热情帮助回归社会人员，社会的宽容与接纳将促使回归社会人员心理的良性转化，促进其再社会化；另一方面也要防止回归社会人员与不良友伴的联系、交往所带来的负面影响。因此，要鼓励回归社会人员积极参与正常的交往活动，使自己融入社会群体之中，成为社会公众的一员；同时采取有效措施防止不良交往所产生的消极影响。

（三）就业就学指导

当前社会为回归社会人员的就业、就学提供了极为宽松的环境和广泛的机会，可以有多种途径就业、就学。但是，也要看到在同样的条件下，社会上还存在就业、就学问题上的激烈竞争。因此，对回归社会人员就业、就学的指导是非常必要的。

## 三、回归社会保护

（一）保护的内容

（1）回归社会人员合法权利的保护。权利是国家以宪法和法律等形式赋予公民以实现自己某些要求的合法手段与可能条件。公民都具有与其作为人的主体资格所不可分离的基本权利。同时人的权利还具有发展性，即随着社会经济的发展、物质的丰富和政治的民主和进步，其内容得以充实。我国《刑法》第2条规定，刑法的任务之一是保护公民的人身权利、民主权利和其他权利不受任何人、任何机关非法侵犯。这就为广大公民同侵犯自己合法权利和利益的行为作斗争提供了法律武器。作为中华人民共和国公民的回归社会人员自然也不例外。我国《宪法》规定了我国公民所享有的广泛的政治权利、经济权利、文化教育权利及人身自由权利等。这就为回归社会人员回归社会后参与社会生活提供了法律基础。但作为一个特殊群体，回归社会人员最关心，与之生产、生活关系最密切，也是影响其顺利回归而亟须加以特别保护的权利包括：非歧视权、财产权利、合法婚姻家庭权利、发展权等。

（2）对回归社会人员的物质帮助与救济。就大多数国家而言，其都把向回归社会人员提供一定的物质帮助与救济作为其慈善事业的重要组成部分。对回归社会人员的物质帮助与救济包括“收容保护”“观察保护”“一时保护”三种方式。这种物质帮助和救济的内容大致包括：提供住所、资助衣食、馈赠资金、职业培训、医疗保健等。就其性质而言，完全出于仁爱之心。在我国，依照《社会救助暂行办法》《法律援助法》的规定，对回归社会人员的物质帮助与救济多由民政福利部门等承担。除上述以外，还有的是属于民间自发或由基层组织发动的对回归社会人员在人力、物力或财力上的支持。另外，《宪法》第45条第1款规定：“中华人民共和国公民在年老、疾病或者丧失劳动能力的情况下，有从国家和社会获得物质帮助的权利。国家发展为公民享受这些权利所需要的社会保险、社会救济和医疗卫生事业。"《宪法》第41条第3款规定："由于国家机关和国家工作人员侵犯公民权利而受到损失的人，有依照法律规定取得赔偿的权利。"国家机关、企事业单位对本单位职工的工伤事故应给予必要的抚恤和补偿等。这些规定使发生在回归社会人员身上的因生产劳作而产生的工伤事故，如致伤、残废、死亡等均可依法求得相应的物质补偿和精神慰藉，并享受一定的工伤事故补贴。

（二）保护程序

（1）保护准备。对回归社会人员保护的准备主要是指对回归社会人员等进行保护的预先安排或筹划。

（2）保护的开始。一般来讲，回归社会人员的保护应从回归社会之日开始。释放标志着罪犯刑罚执行的完毕和回归社会的开始，对其保护也从此时开始。

（3）保护的期限和实施。回归社会人员的保护期限以5年为宜，期限届满即可终止保护。对回归社会人员实施有效的保护必须先对回归社会人员的情况有所了解，诸如需保护的具体事项等，然后"对症下药"，制定切实可行的保护方法、实用的保护措施、科学的保护内容、详细的实施规划和限制要求，建立健全保护组织、各项保护制度和监督反馈的信息系统，落实保护组织、保护工作人员及其有关部门和有关人员的保护责任、保护权限和利益，以保证回归社会人员保护工作切实有效地进行。在回归社会人员保护实施过程中，要加强检查监督，及时解决实施过程中的有关问题，及时纠正偏差错误，保证各项保护措施的贯彻落实，保证保护目的的实现。在保护实施中，还要采取有效方法，调动回归社会人员的积极性，使其积极配合各项保护工作，努力进行再社会化活动，早日成为适应社会需要、遵纪守法、自食其力的新人。

（4）保护终止。保护终止，是指在对回归社会人员实施保护的过程中，因出现了使保护不能或不必继续进行的某种特定原因，而结束正在进行的保护程序，并且将来也不再进行保护，即对回归社会人员解除受保护状态。

根据立法和司法实践，有下列情形之一的，可以对回归社会人员终止保护：①保护期限届满，保护理由确已消失，须作出决定，取消保护。②已达到保护目的。对回归社会人员的保护，就是从他们眼前所面临的现实困难着想，诸如物质上，精神上，生活上，就业、就学等方面一时陷入困难，而给予救济与扶助，以免其因衣食困难、生活无着、精神空虚、思想困惑而重新犯罪，危害社会，使其尽快地顺利回归社会。如果回归社会人员已完全适应社会生活，完成了回归适应社会进程，保护目的已经达到，再保护也就没有必要了，此时应终止保护程序。③经保护，回归社会人员已就业、就学或自谋职业。④通过技术培训，回归社会人员已能够自食其力。⑤在保护期间违反回归社会人员应尽义务，情节严重，或者违法犯罪，或者因重新犯罪被判刑入狱。⑥回归社会人员申请终结保护。⑦回归社会人员死亡。⑧回归社会人员不居住法定住（居）所，致使保护不能进行。⑨保护机构认为已无保护必要。除上述几种情形外，如果出现保护机构认为应当终结保护的其他情况，致使保护工作无必要或不可能进行，今后也不可能再恢复时也可终止保护。

（三）保护措施

（1）接茬帮教。接茬帮教就是社会有关部门对回归社会人员继续进行教育和挽救，使安置帮教与监狱和社区矫正机构的教育改造衔接起来。接茬帮教作为使回归社会人员由“强制再社会化”转为“自然社会化”必要的衔接手段，既是对改造质量强化的一种补充办法，也是促使他们顺利走向新生之路的引导措施，是我国对回归社会人员保护的措施之一，是继监狱和社区矫正机构强制教育后的继续教育，以预防回归社会人员回归社会后难以在短期内控制自己的行为而导致再犯罪。目前监狱和社区矫正机构实施的“向外延伸”，即动员社会各界力量帮助矫正、改造罪犯，实际上是社会提前介入对罪犯的教育，为回归社会人员重返社会后的接茬帮教打下基础，它是将安置帮教与监狱和社区矫正机构的教育改造衔接起来的“接力”工作，不给外界不良因素侵袭回归社会人员以时间和空间，同时在回归社会人员重返社会之初就给予适时的督导与帮助，使其渡过难关，过正常人的生活。实践证明，接茬帮教不仅是实施社会治安综合治理、预防和减少重新犯罪的重要措施，也是回归社会人员更生保护的重大举措。因此，在回归社会人员回归社会后，由各级政府部门和党团组织搞好“再送一程”活动，落实接茬帮教工作显得尤为重要。帮教工作的内容主要有：一是帮助回归社会人员解决一些实际困难，如恢复学籍，安排就业，解决住房、看病，关心婚恋等。二是教育他们遵守法纪，提高道德修养，加强社会责任感。三是帮助他们学习文化技术知识，掌握劳动本领，成为自食其力的新人。

（2）社会救济。社会救济即对回归社会人员提供一定的资金和物资，为解决回归社会人员就业前的困难以及参加必要的教育与培训，给予紧急而又特殊的资助；为防止他们重新走上犯罪道路提供必要的物质生活保证。例如，对丧失劳动能力、无生活来源的老、病、残回归社会人员，给予定向社会救济；对经济困难的回归社会人员，给予借款或贷款，帮助其开张或开业等。社会救济，应建立回归社会人员重返社会基金会，负责对回归社会人员进行必要的社会性服务工作，进行法律咨询、帮教或职业训练等经费的募捐与收集，与国家投资结合，发挥政府和民间两方面在社会救济中的积极性。社会救济由回归社会人员依法提起，由社会救济机构审核确定救济形式、数额和期限等。

## 四、回归社会安置

安置是指党和国家根据回归社会人员的不同情况，依照法律和有关政策，对回归社会人员给予继续回校上学、劳动就业、落实社会保障待遇或给予社会救济等妥善安置措施的总称。它主要包括以下三个方面的内容：（1）对未成年的回归社会人员，条件许可的尽量让其回到学校继续接受教育；（2）对在法定劳动年龄内、具有劳动能力的回归社会人员，给予其劳动技能培训和就业指导；（3）对超过法定劳动年龄、丧失劳动能力、无生活来源的回归社会人员，落实其社会保障待遇，给予其一定的社会救济，办理低保。其中，对大部分回归社会人员来说，就业安置是安置帮教的首要任务和基本的生活保障。

（一）安置就业的类型

回归社会人员的就业安置涉及面广、类型多。回归社会人员既有农业人口，又有非农业人口；既有未成年人，也有符合法定劳动年龄的人，还有超过法定劳动年龄并丧失劳动能力的人。显然，回归社会人员在就业安置对象和范围上要比社会劳动就业安置宽泛得多。

我国回归社会人员的就业，大体上分为两种类型：社会安置就业和自谋职业。

（1）社会安置就业。目前，我国对回归社会人员的回归社会保护措施，在就业安置办法上，主要以社会安置的形式解决他们的就业问题。社会安置采取多渠道、多形式进行：一是原单位安置。根据我国政策和有关规定，回归社会人员在服刑或社区矫正期间未被除名、开除公职的人员，回归社会后，原单位应予以安置。对已被原单位开除或除名，但犯罪较轻、改造表现好的人，监狱和社区矫正机构在其回归社会前，应向原单位提出重新安排工作的建议，原单位如有增人或补员指标，同意接受，经考核合格，报人力资源和社会保障部门批准，可以重新录用，他们经原单位重新录用后，可按重新就业对待。二是单位招聘。单位招聘即由国有企业、事业、社会团体、街道、乡村、个体经营管理部门等用人单位，对那些有技术专长的人，经考核合格，进行录用。三是政府部门就地安置。捕前无职业或不符合原单位安置条件的，回归社会后应和一般待业人员同样对待，由当地人力资源和社会保障部门或街道按现行就业政策予以安置。四是过渡性安置。暂时无业可就的，由社会力量开办以第三产业为主的经济实体，予以就业前的过渡性安置，并积极帮助其就业，防止流落社会重新犯罪。五是回农村，由乡（镇）、村安置。回归社会人员回农村的，应和村民同样对待。有劳动能力的，由所在乡（镇）政府或村委会安排参加农业生产承包活动；丧失劳动能力的，由其直系亲属或其他亲友扶养或赡养，确有困难时，申请当地政府予以适当补助。按国家政策规定，农村户口的回归社会人员回去后应划给责任田（山）和自留地（山）；责任田（山）已承包完的，可从机动田（山）中解决，或安排其他生产经营任务；当年已无机动田（山）或其他生产承包任务的，应在第二年内由乡（镇）政府或村委会调剂解决。

（2）自谋职业。根据国务院有关规定，有经营能力的回归社会人员可以申请个体工商户登记，经工商部门核准，发给营业执照，从事个体经营。

（二）安置就业的方针

（1）劳动就业的含义。劳动就业是指具有劳动能力的公民在法定劳动年龄内从事某种有一定报酬或经营收入的社会职业。它的特点包含以下三方面。①劳动者是具有劳动权利能力和劳动行为能力的公民。我国《监狱法》第38条规定："刑满释放人员依法享有与其他公民平等的权利。"这一规定同样适应于社区矫正对象。因此，回归社会人员回归社会后，就和其他的社会失业人员同样成为社会安置就业的主体。②劳动者必须从事法律允许的有益于国家和社会的某种社会职业。③劳动者所从事的社会了解社会有一定的劳动报酬或经营收入，用以维持劳动者本人及其赡养一定家庭人口的基本生活需要。

劳动就业的实质是劳动力与生产资料相结合。只有生产资料提供的工作岗位才能够基本吸纳社会劳动力，实现充分就业。

（2）安置就业方针。《就业促进法》是一部国家推进就业的重要法律。它确立了我国现阶段的就业方针，即保持劳动者自主择业、市场调节就业、政府促进就业。《就业促进法》为回归社会人员的就业提供了更加坚实的法律保障。

回归社会人员自主择业，是我国改革开放以来，特别是建立市场经济体制以来逐渐实现的。它有别于过去回归社会人员就业仅靠政府调配的办法。现在，回归社会人员可以根据自己的要求以及特长、爱好，自主选择就业的地区、行业、单位、工种，在不违背劳动法规的情况下自主决定自己在一个单位的去留。

市场调节就业，就是根据市场对劳动力的需求量调控劳动力流向和流量。一方面表现为用人单位对回归社会人员的需求和选择，回归社会人员对企业的喜好和选择；另一方面表现为建立了诸多为劳动力供求提供服务的机构，如各类劳动力交流市场、人才市场、就业培训机构、职业技能鉴定机构等，这些机构提供的各类服务，都是以促进就业为出发点的。

政府促进就业，就是说政府在整个就业工作中，不再采用以前那种行使行政手段的方法对回归社会人员进行分配和指派，而是依照法律法规，统筹规划城乡就业工作，制定和实施一些行政规章促进就业。一方面，大力发展经济，调整产业结构、规范人力资源市场、完善就业服务、加强职业教育和培训、提供就业援助等，创造就业条件，扩大就业。另一方面，规范劳动用工，规范人力资源市场交流秩序。此外，还通过劳动监察纠正和惩处违反劳动法规的行为，保护回归社会人员的合法权益。

（三）安置就业的原则

（1）国家促进就业原则。促进就业是指国家采取各种措施创造就业条件和扩大就业机会。《就业促进法》第12条规定："国家鼓励各类企业在法律、法规规定的范围内，通过兴办产业或者拓展经营，增加就业岗位。国家鼓励发展劳动密集型产业、服务业，扶持中小企业，多渠道、多方式增加就业岗位。国家鼓励、支持、引导非公有制经济发展，扩大就业，增加就业岗位。"第13条规定："国家发展国内外贸易和国际经济合作，拓宽就业渠道。"第14条规定："县级以上人民政府在安排政府投资和确定重大建设项目时，应当发挥投资和重大建设项目带动就业的作用，增加就业岗位。"由此，促进就业是国民经济和社会发展的一项主要指标。国家采取下列措施促进劳动就业：国家促进经济和社会发展，将劳动就业纳入国民经济和社会发展规划，制定促进就业法规和就业方针政策，建立就业发展基金，保证就业经费的投入，建立社会保障制度，提供失业保护，创造就业条件，扩大就业机会；国家鼓励企事业组织、社会团体在法律、行政法规规定的范围内兴办产业或者拓展经营，增加就业；国家支持回归社会人员自愿组织起来就业和从事个体经营实现就业；地方各级人民政府采取措施，发展多种类型的职业介绍机构，提供就业服务。

（2）平等就业原则。平等就业是指回归社会人员享有平等的就业权利和机会。《就业促进法》第25条规定："各级人民政府创造公平就业的环境，消除就业歧视，制定政策并采取措施对就业困难人员给予扶持和援助。"平等就业原则有两层含义：一是回归社会人员享有平等的就业权利。回归社会人员就业不因民族、种族、性别、宗教信仰不同而受歧视。二是回归社会人员享有平等的就业机会。回归社会人员就业机会均等，每一个回归社会人员都能平等地、公平地进入劳动力市场，自主择业，竞争就业。为回归社会人员提供平等的就业机会，保障回归社会人员行使平等就业权，是社会公平原则在劳动就业问题上的体现，反映了回归社会人员的愿望和要求。

（3）回归社会人员与用人单位双向选择原则。双向选择是指回归社会人员自由选择用人单位，用人单位自主择优录用回归社会人员。在人力资源市场中，回归社会人员和用人单位均具有市场主体资格。回归社会人员享有选择职业的权利，可以根据自身的素质、意愿和人力资源市场价格信息选择用人单位；用人单位享有用人自主权，可以根据生产经营的需要和工作岗位的特点，按照面向社会、公开招用、全面考核、择优录用的原则选择必要数量、相应质量的回归社会人员。

回归社会人员与用人单位在平等自愿、协商一致的基础上通过签订劳动合同实现回归社会人员就业和用人单位使用劳动力。

（4）照顾特殊群体就业原则。特殊群体是对谋求职业有困难或处境不利人员的统称，包括妇女、残疾人、少数民族人员、退出现役的军人等。国家除制定《劳动法》保护特殊群体的就业权利外，《就业促进法》第27条第1款规定了“国家保障妇女享有与男子平等的劳动权利”；第28条第1款规定了“各民族劳动者享有平等的劳动权利”；第29条第1款规定了“国家保障残疾人的劳动权利”。回归社会人员由于诸多原因，在劳动就业竞争中处于不利的处境。为了保障回归社会人员劳动就业权利的实现，国家制定了一些政策进行调控，便于妥善安置回归社会人员就业。国家照顾特殊群体人员就业，反映了党和国家对他们的关怀，体现了党和国家反对就业歧视的政策，对保障特殊群体人员就业具有重要意义。

（四）就学安排

人口文化素质的高低从某种程度上制约着人们的行为选择，青少年回归社会人员回归社会后，大多需要继续读书学习。回归社会人员享有宪法规定的公民受教育的权利，学校和其他组织应对他们不嫌弃、不歧视，热情帮助、支持和安排他们就学，从而更好地保护回归社会人员，控制和减少回归社会人员的重新犯罪。根据国务院有关规定，原系在校的学生，回归社会后，凡符合学校规定，现实表现好并经考试合格的，应当允许他们复学。对具有相当学历或同等学力的，可按规定申请报考高等院校、中等专业学校、各类职业学校或业余学校。凡现实表现好，体检合格，考试成绩又达到规定标准的，应当予以录取，不得歧视。

## 第四节　社会排斥教育

回归社会人员顺利融入社会、成为社会守法公民是我们教育改造罪犯的终极目标，为此，我们通过制定社会政策、社会帮扶、自我调整等方式，使回归社会人员能动地与社会个体和群体在经济、心理、文化、政治等方面进行社会互动，进而获得与其他社会成员一样的权利，并与社会公众和谐共生，实现融入社会的目的。但是，与社会融入相对应的是社会排斥。社会排斥的存在，是回归社会人员融入社会和实现自我发展的极大障碍。在回归社会人员的社会排斥关系中，包含了社会排斥主体和社会排斥客体。社会排斥主体是社会排斥的实施者，从表现形态来看，社会制度、社会体制、社会政策、社会结构、社会文化、社会经济、国家与政府、市场形势、社会网络、社会成员、社会群体等，都可以成为社会排斥的主体。社会排斥客体就是被社会排斥的对象，即被排斥者。被排斥者可以是回归社会人员的群体，也可以是回归社会人员个体。只有弄清了社会排斥的相关问题，才能更有针对性地进行教育。所以，回归社会人员的社会排斥教育是回归社会教育的重要内容。

## 一、社会排斥的定义

总体上来看，关于社会排斥的定义不同学者从不同的视角定义的内涵差异较大。归纳起来看，界定社会排斥的要素主要包括：社会保险体系保护的人，社会边缘的群体，社会纽带的破裂，缺乏与主流社会的多元互动，社会孤立，团体规则的违反，个体对团体贡献，群体的驱逐与隔离，单一结构层次或复合结构层次的团体接纳，社会团体的排斥、拒绝和贬低，个体与社会分离现象，自愿远离群体，社会歧视，精神类疾病，社会公众消极的社会态度等。通过这些要素可以看出，社会排斥既是一种社会关系，也是一种动态的社会互动过程，这种过程包括主观体验与客观现象，涵盖了个体不能被团体所接受的特征。所以，本书认为，社会排斥是由于个体自身的特质、团体需要、社会规则、社会属性等，所引起的社会排挤、社会歧视、社会拒绝、社会分离、社会孤立、社会贬低等阻碍个体建立或维持正常的人际关系和无法平等地参与集体活动和享受成员权利的社会现象。

## 二、社会排斥的特点

通过以上对社会排斥概念的理解，我们可以看出社会排斥具有以下特点。

### （一）层次性

层次性主要是指社会排斥对象的层次，既有个人，也有群体、组织、部门、行业、地区。对于回归社会人员个体的排斥一般是由自身的能力、行为、态度等造成的，这是社会承认差别的一个体现，而对于回归社会人员社会群体、组织、部门、行业、地区的排斥，则往往是结构性或制度性的原因所致。各个层次的排斥大都不是相互独立的，而是相互交织在一起，对某个群体、组织、部门、行业、地区的排斥必然包含了对其中的回归社会人员的排斥，而对回归社会人员个人的排斥则不一定伴随对其他层次的排斥。

### （二）综合性

社会排斥是一种社会现象，因此，社会排斥导致的社会问题是综合性的，它不是单独的一个问题或一个问题的单方面。在国外，英国政府所设立的“社会排斥办公室”，将社会排斥定义为“某些人或地区面对诸如失业、技能缺乏、收入低下、住房困难、罪案高发的环境、丧失健康以及家庭破裂等交织在一起的综合性问题时所发生的现象”，由此可以看出，“社会排斥表现为多种社会问题的共同出现”。在我国，对回归社会人员的社会排斥现象，也表现在行使政治权利、政治待遇、就业、就学、经济状况、社会评价等方面。

（三）连锁性或累积性

回归社会人员在某一个层面遭受排斥，往往会导致他在另一层面也遭受排斥。例如，回归社会人员因法律层面原因而导致他们在参与政策的制定时无法发出自己的声音，同样，因为政治上的无权而无法得到经济上、文化上、教育上的许多保障。经济弱势、政治弱势、文化弱势互相转化，层层强化，回归社会人员的生活就陷入了一种不良循环，对这种情况如果不加任何干涉的话，随着社会的发展进步，回归社会人员与强势群体或一般社会成员的差距就会越来越大，而且，社会发展越快，回归社会人员被社会抛得越远。

（四）过程性

社会排斥不仅仅是一种结果、状态，它在很大程度上更强调的是过程。对回归社会人员的社会排斥可以被描述为一种状态，其特殊的地方在于回归社会人员的社会生活过程。它既表现在经济上的贫穷和政治上的无形剥夺的情境，也表现在导致这种社会问题的社会体制和机制。所以说，社会排斥是一个过程，而不是一个静态的社会现象，在一定意义上，其是一个基本上不受人为控制的过程。

（五）传承性

对回归社会人员的社会排斥还具有很强的代际传承性。虽然当今社会是一个越来越趋于民主公平的社会，社会成员的流动在很大程度上取决于自身因素而不是先赋因素，但我们不得不承认，许多先赋因素在很大程度上决定着自身能力的获得。可以说，一个家庭的社会资本、经济资本、文化资本等方面都是决定一个人能否向上流动及向上流动程度的关键性因素。对于一个遭遇社会排斥的回归社会人员家庭来说，因其在各个方面或多或少都处于匮乏状态，其后代向上流动的资本严重缺乏，因而遭遇排斥的可能性大大地高于正常家庭后代。

（六）多样性

从社会排斥的定义、类型和众多对社会排斥概念的理解中，我们可以看到社会排斥还具有明显的多样性。比如，法定权利缺失、社会地位不平等、社会扶助关系匮乏、人力资源市场上的歧视、信贷市场上的拒绝、与性别相关的排斥、参与政治的不对称等。

## 三、社会排斥的理论

社会排斥是由欧盟委员会提出的一个社会政策概念，最初被应用于对贫困问题的研究，后来在世界各国学者的深入研究下，逐渐形成了一套社会排斥理论。1974 年法国学者勒内·勒努瓦（Rene Lenoir）首次提出了经济领域“社会排斥”的概念，主要是指个体与社会整体之间的断裂现象。目前，社会排斥概念的含义已经由经济领域扩展到社会的各个方面，被用来研究社会政策、失业、弱势群体等问题。欧盟委员会认为，“社会排斥涉及多元的、变化着的因素，这些因素把人从现代社会的正常交换、时间和权利中排斥出去”①。学者古学斌等认为，“社会排斥指的是某些社会群体因政治、经济、社会和文化等因素的影响被排斥于社会认可的一般生活状况之外，从而出现边缘和劣势的社会处境”②。因此，社会排斥理论研究的关注点集中在贫困、就业和社会整合之间的内在联系。

对回归社会人员的社会排斥是研究罪犯刑满释放后回归社会遭遇社会排斥的社会现象，它更注重对回归社会人员进行全面、综合的考察。

从回归社会人员个体与社会物质生活有关的社会政策，到回归社会人员在社会参与、社会交往、社会融入等方面被排斥的社会现象，都反映出回归社会人员面临着贫穷、失业、伤残、疾病等各种各样的困境，这些社会排斥阻碍了回归社会人员的回归之路，使其很难融入社会。所以，社会排斥理论为我们提供了一个研究回归社会人员问题的新视角，通过分析回归社会人员与社会排斥之间的内在联系，找出回归社会人员融入社会困难的原因，进而为解决回归社会人员的现实问题提供新方法。

在对回归社会人员的社会排斥进行归因方面，主要有以下几种观点。

（一）自我责任论

自我责任论认为，回归社会人员所面对的社会排斥是由于回归社会人员曾经的犯罪行为危害了国家、社会或他人利益，造成了社会公众的防范心理，因此，社会排斥是回归社会人员对自己犯罪行为应付出的代价和应承担的责任。

（二）社会结构生成论

社会结构生成论认为，回归社会人员所面对的社会排斥是社会结构的不平等造成的。回归社会人员进入社会之后所面对的困境并非他们自身不够努力、自暴自弃的结果，而是社会制度设计、社会政策、社会经济、社会文化等社会结构有意无意地将其排斥于正常的社会生活之外导致的。

（三）社会政策创造论

社会政策创造论认为，对回归社会人员的社会排斥是社会政策导致的，不同

① 徐君：《成人教育促进弱势群体社会融合研究：教育社会学视角》，浙江大学出版社 2015 年版，第 15－21 页。

② 古学斌、李明堃：《华人社会中的社会排斥与边缘性》，香港理工大学政策研究中心 2003 年版，第 17－23 页。

的社会政策，不仅向不同的社会群体提供不同的社会资源，而且对不同的社会群体设置不同的门槛，当社会政策系统化地拒绝向回归社会群体提供资源，使之不能完全参与一定范围的社会生活时，就会导致社会排斥，回归社会人员就无法融入社会生活。

（四）社会流动反映论

社会流动反映论认为，回归社会人员的社会流动，是指回归社会人员在人力资源市场就业选择中，社会歧视、职业限制、职业禁止、心理排斥等社会排斥，导致回归社会人员在同等条件下不能享有同等的待遇。一般情况下，社会流动率越低，群体之间的社会排斥程度就越大；社会流动率越高，群体之间的社会排斥程度就越小。社会流动率提供了社会排斥的一个测量指标，使得对社会排斥现象的量化研究成为可能。

## 四、社会排斥的分类

（一）功能性的社会排斥与结构性的社会排斥

从社会排斥成因方面来分析，可以将社会排斥分为功能性的社会排斥与结构性的社会排斥。借用功能主义的方法来对社会排斥进行分析，可以将被排斥对象当成一个系统，它们具有某些功能并总是处于一定的社会结构之中。这样一来，功能性的社会排斥就是指被排斥的个体、群体或组织因为自身功能上的欠缺而处于一种被排斥状态。这些被排斥者因其拥有的个人资源与社会资源不足以使他们进入正常的循环之中，因而需要外部施力对其提供帮助以使其重新被纳入主流社会。而结构性的社会排斥则是因为社会结构的不合理而造成的社会排斥。社会结构包括通过制度确定下来的社会等级构成以及社会发展过程中自发形成的结构与分层。制度性社会排斥是我国结构性的社会排斥的一个主要方面，这种社会排斥是国家或某些组织在制定制度的过程中造成的，是政策制定本身的导向所形成的，还有一些是无意识的政策失误或不正当的政策导向所引起的，而且这种排斥还受到国家政策、法律、社会习俗的认可。例如，中国的二元社会结构造成城乡回归社会人员不同的国民待遇。还有一种结构性的社会排斥是因为社会的转型所造成的，在我国急剧的社会转型过程中，有一些人因为社会结构的变化被排斥，表现最突出的就是企业中因为产业的国有性质而引起的回归社会人员被拒斥门外等。

（二）经济层面的社会排斥、政治层面的社会排斥和文化层面的社会排斥

从人类生活的不同领域出发，可以将社会排斥分为经济层面的社会排斥、政治层面的社会排斥以及文化层面的社会排斥三个方面。

经济层面的社会排斥是指回归社会人员在获取劳动生活资料的过程中所遭遇

的不公正对待，经济层面的社会排斥的一个最直接后果就是贫困。这一点可以用人力资源市场分割理论来进行说明。

政治层面的社会排斥是指回归社会人员参与政治时权利的不足或被剥夺，这种排斥在目前社会条件下仍然存在，它通过明确的法令制度规定回归社会人员与社区居民享有不同的政治权利。虽然在国家法律制度上确立了人人平等的基本原则，消除了政治层面的社会排斥的制度基础，但因为各种现实的原因，政治层面的社会排斥还是存在的。对于那些贫困、无家可归的回归社会人员，公民资格还不能完全得到保证，虽然并没有谁公开地剥夺他们的权利，但很明显，回归社会人员在政治上是遭到了排斥的。他们因为经济上、文化上的原因无法融入正常的社会生活，因而也就无法表达他们在政治上的诉求。

文化层面的社会排斥最明显的体现就是传统文化中心主义，即以自己的道德观念、价值判断和文化为标准来衡量回归社会人员，不一定是持不同文化观念的社会群体之间才存在这种排斥，同一社会群体中持有不同文化观念的群体也会排斥异于自己的群体。这种排斥大多是偏见造成的，加强了解与沟通就可以使其得到消减。

（三）客观的社会排斥与主观的社会排斥

在分析社会排斥问题时，我们会发现，虽然有一部分回归社会人员按照法律规定标准来看是处于一种被排斥的状态的，但由于某些因素的影响，他们自己并不感到被排斥，此即客观的社会排斥。例如，对于一些长期遭受社会排斥的回归社会人员，他们有可能已经在这种状态下形成了一种自己的社会认知、价值观念、生活方式、行为模式，质言之，他们已经形成了被排斥状态下的一种文化，这种文化内化于回归社会人员的内心深处，他们在这种文化的指导下从事社会活动，可能会认为生活本来就是这样的，这些被排斥的回归社会人员虽然处于一种受排斥状态，但对于他们自己来说，是感觉不到自己受排斥的。而主观的社会排斥是指某些回归社会人员根据自己的主观判断，认定自己处于被排斥状态。这种主观感受使这一部分回归社会人员常常有一种强烈的被剥夺的感觉，对于社会排斥的强烈社会认知，容易造成这一部分回归社会人员心理上的失衡，他们较那些对于排斥的无意识者更容易对社会产生消极、不满的想法，严重时甚至可能报复社会，产生犯罪行为，这是导致社会不稳定的一个因素。

（四）显性的社会排斥与隐性的社会排斥

显性的社会排斥是通过明确的制度、政策、法律、习俗的规定，将一部分回归社会人员排除于享受正常的社会权利之外，如法律法规和政策的规定、中国城乡回归社会人员的两种不同国民待遇等。隐性的排斥是在一些看似平等的游戏规则之下，因为文化上、偏见上、习惯上或游戏执行过程中裁判者的原因而造成实际的不公正。因为其司空见惯，回归社会人员就不假思索地将其合理化。例如，就业及政治生活中的回归社会人员，在一律平等的表面规定之下，往往会被他人以能力问题为借口而拒绝，在能力不足借口的掩盖下体现的是整个社会对于回归社会人员的歧视态度。

（五）被动的社会排斥与主动的社会排斥

被排斥的回归社会人员既有被迫接受社会排斥的，也有主动脱离主流社会的，他们的主动疏离使其处于一种被社会排斥状态。被动接受社会排斥的回归社会人员并不是出于自己的主观意愿，而是因为外在的原因或自身的先天性因素而处于一种边缘化的状态。一些主动脱离社会的回归社会人员，往往是在一种亚文化的引导下，因其不认同主流社会而主动脱离，如一些因为惯习、漠然、逃避而造成的被排斥状态等。

## 五、社会排斥的主要形式

法国刑法理论家卡斯东·斯特法尼指出："刑事政策极其严重的困难之一就是，我们尽力使犯罪人能够适应社会，其本人也恢复了信念，尽管如此，这些人却发现对他们的真正惩罚是在他们走出监狱之后才开始的，社会专门排斥他们，使他们的全部生活都被犯罪打上了烙印。"① 对回归社会人员的社会排斥是客观存在的，他们成为被排斥者主要是因为他们拥有的个人资源和社会资源不足，难以使他们进入正常的社会循环之中，因而需要外部施加力量对其提供帮助以使其重新融入主流社会。回归社会人员一旦受到社会排斥就会加大他们回归社会、融入社会的难度。所以，完成罪犯教育改造的要点，就是要减少甚至消除对回归社会人员的社会排斥，促进他们融入社会。回归社会人员受到的社会排斥主要包括以下类型。

（一）家庭排斥

家庭是社会构成的细胞，是社会组成的基本单元。家庭功能包括生产、消费、生育、教育、赡养、抚育和感情满足等。② 当家庭中的成员因犯罪被判刑成为罪犯时，家庭的常态功能就会受到冲击而发生改变。首先是家庭基本功能的弱化，主要表现在对孩子的教育和抚育功能、对家庭的生产功能、对老人的赡养功能、对配偶的感情满足功能等减弱、削弱或中断。家庭成员就会对罪犯产生态度与情感上的排斥。其次是社区和社会对罪犯的"污名化"和社会评价的负面化，

---

① ［法］卡斯东·斯特法尼等：《法国刑法总论精义》，罗结珍译，中国政法大学出版社 1998 年版，第 234 页。

② 参见杨善华编著：《家庭社会学》，高等教育出版社 2006 年版，第 7 页。

导致家庭成员的社会评价降低，社会舆论的压力致使家庭成员对罪犯产生怨恨，进而产生家庭排斥。这样，回归社会人员回归家庭时，家庭成员就会产生拒斥心理，难以从心理上予以接纳，表现在生活上不照顾他们，感情上不接纳他们，致使和家人发生矛盾冲突。例如，夫妻关系紧张，妻子和孩子对回归社会人员另眼相待，有的甚至与他们分离等。从回归社会人员的家庭关系类型来看，其主要有三种：支持型家庭、无所谓的家庭和歧视型家庭。家庭关怀对回归社会人员来说是极为重要的，回归社会人员希望得到家庭成员的接纳和关怀。但是，即使在亲密关系的家庭中，家庭成员在心理层面和关系层面会不自觉地给回归社会人员贴上“罪犯”的标签，并且用看待罪犯的眼光来看待回归社会人员。这些变化往往会给回归社会人员带来沉重的心理压力，不利于他们融入社会。如果回归社会人员得不到来自家庭成员的接纳与支持，他们是很难顺利回归社会的。

（二）教育排斥

教育既是一种稀缺资源，也是规范人们行为、提升人们道德素养的主要方式。在接受教育的过程中，遵守法律和社会道德规范是社会生活的主导性的价值追求和行为模式。罪犯由于有“劣迹”往往被社会公众做出否定性社会评价，不论是在社会行为方式上，还是在无形的心灵深处，都会人为设置“社会屏蔽系统”。因此，回归社会人员在回归社会后，由于过往的身份特性，难以获得社会的认可，不可避免地会遭遇教育排斥。

教育排斥主要是指回归社会人员因为其“罪犯”的身份带来上学难和职业技能培训难的问题。很多回归社会人员还是青少年，当他们回到社会后，还要继续完成自己的学业，或者需要进行某种职业技能培训，因此面临着再次寻找学校入读或参加职业培训的问题。由于回归社会人员的特殊身份，很多学校害怕带坏其他学生，很少有学校愿意接收他们，即使学校愿意接受，也会遭到其他学生家长的反对。因此，青少年回归社会人员在再次接受学校教育的时候通常会被拒之门外，这就是教育排斥的一种表现形式。

（三）就业排斥

就业排斥是指回归社会人员因为其“罪犯”身份导致他们在人力资源市场求职时遭到拒绝的现象。对回归社会人员的就业排斥，既包括在一般人力资源市场中被排斥，也包括在有安全保障的就业体制中被排斥。因为回归社会人员的犯罪行为损害了社会和他人的利益，所以大多数人认为，回归社会人员理所当然地要受到应有的惩罚。这种排斥性的社会情景使之对回归社会人员的社会认知“格式化”。埃德文·莱莫特（Edwin Lemert）认为越轨能与一个人的自我认同共存，或成为自我认同的核心。① 按照这种观点，回归社会人员会逐渐接受社会偏见，并把自己看成一个越轨行为者，从而形成一种角色期待，即按照社会赋予的角色去行动，在自己的潜意识中自我同化，打上罪犯的烙印，并被社会公众当作不值得信任的人，因此，参与社会的就业机会就会减少。因而，回归社会人员在就业的时候不可避免地会遭遇就业排斥。

很多用人单位认为回归社会人员是有潜在威胁的人，他们尽量不雇用回归社会人员，这就导致回归社会人员的基本生存难以维系，融入社会更是步履维艰。

（四）社区排斥

目前，我国仍然采用的是以监禁刑为主体的刑罚执行制度，就整体而言，社区成员对回归社会人员存在认识上的偏差，认为“罪犯”就意味着“犯罪”，就意味着潜在的危险，只有把罪犯关在监狱里才是最安全的，罪犯回归社会就意味着有重新犯罪的风险，为了社区的安全，就会产生对回归社会人员的社区排斥。社区排斥是指社区居民不接纳回归社会人员，表现为与其保持距离，甚至歧视回归社会人员。从回归社会人员的心理层面来看，在监狱服刑的时候，大家都是犯人，具有同质性和心理相容性，他们不会产生自卑感，可是一旦回到自己生活的熟人社区，每天和邻居街坊见面，他们就会产生自卑感，怕别人瞧不起自己，因此难以融入社会。在和社区成员产生矛盾冲突时，要么手足无措，要么自暴自弃。社区对回归社会人员的社会排斥和回归社会人员对社区的心理排斥，使回归社会人员表现出拘谨、自卑、冷漠、胆怯、绝望等。

（五）社会福利排斥

社会福利排斥是指回归社会人员在回归社会后，面临着生活居所、合法身份、工作与劳动保护、医疗保障、单位岗位等各种各样的困境，但由于社会制度设计和法律规定的缺陷，致使回归社会人员的合法权利得不到应有救济，从而受到社会排斥的现象。这种社会排斥现象也被称为“社会性失权”。回归社会人员的社会福利在现代社会中负有保障公民自由流动机会、满足基本物质需要和提供基本的社会安全环境的功能。“给每个人以所应得”是社会公正理念的核心追求和重点内容。回归社会人员也是社会的一分子，当他们遭遇生存风险并且难以维持生计，没有制度为他们提供保障的时候，他们会产生相对剥夺感，这种剥夺感又会把回归社会人员推向边缘化，这样很不利于他们融入社会。

① 参见［英］安东尼·吉登斯：《社会学》（第4版），赵旭东等译，北京大学出版社2003年版，第265页。

## 六、社会排斥的教育对策

对回归社会人员的社会排斥教育，可从以下四个维度着手：一是在政策层面，以政府为主导，制定更具有包容性的社会政策，增进社会公众对回归社会人员的认同感。二是在经济层面，以回归社会人员的社会生存为核心、以社会组织为基石开展职业教育，提升回归社会人员的就业能力，帮助其更快地找到工作。三是在心理层面，以身心健康教育为依托，提升回归社会人员对社会现实的心理认知，消除回归社会人员不良的心理倾向，转换生存视角，使其以积极向上的心理状态面对社会生活。四是在文化层面，以社区文化为单位，营造帮助回归社会人员的文化氛围，提升社区居民的宽容性和包容性，使回归社会人员与社区其他居民产生良性互动，成功地融入社会。

### （一）政府制定包容性社会政策

在现代法治社会管理中，包容性社会政策的核心理念是树立社会包容的观念、消除社会排斥、促进社会融合、增进社会团结，进而使社会稳定，使之能够良性运行。

包容性社会政策有其自身的特质：第一，在政策属性上，能够促进回归社会人员平等地参与市场经济活动，以此保障回归社会人员经济参与机会的平等性。第二，在政策机制上，以对回归社会人员的权利赋予为核心，以促进社会权利的均等性。第三，在政策目标上，以达到经济社会发展成果的共享性为目标，尤其是要增强回归社会人员的获得感。第四，在政策成效上，以消除社会排斥和增进社会团结为导向，注重维护回归社会人员的人格尊严，追求实现社会融合的结果。第五，在政策策略上，以提升回归社会人员的可行能力为核心，注重社会政策对回归社会人员潜能的开发。第六，在政策原则上，注重基本生活保障托底原则，主张通过实施社会救助，保障回归社会人员的基本生存。

从回归社会人员层面看，包容性社会政策真正树立了“以人为本”的政策理念，关注回归社会人员的社会权利、生活机会、人格尊严以及人生发展等与人类发展密切相关的重要内容。这一政策以对回归社会人员的权利赋予为核心，强调维护回归社会人员的人格尊严及相互尊重下的协商与沟通，主张提高回归社会人员的能力、机会、尊严和社会参与度，以维持回归社会人员的尊严和可行能力。从社会制度设计层面看，包容性社会政策以社会福利体系的完善为主要政策建构内容，为回归社会人员提供同等的现代社会保障体系。就业、住房、教育、医疗、养老等一系列社会问题与回归社会人员的生活联系最为现实，也最为紧密。从社会形态的变迁看，随着工业化、城市化、市场化的不断深入发展，回归社会人员在回归过程中面临的住房问题、教育问题、医疗问题、养老问题等一系列现代社会风险都在不断加大。政府应将回归社会人员完全纳入这一社会福利体系，使之与社区居民享有同等的权利和福利待遇，这是使回归社会人员融入社会的重要途径之一。

（二）提升回归社会人员的社会生存能力

第一，转变职业观念，拓宽就业空间。树立正确的职业选择观念，是开启回归社会人员职业生涯的首要因素。要求回归社会人员在回归社会之初，根据社会的现实情况进行准确的自我评价，认清自我的从业能力，从而确定可行的职业目标。安置帮教机构和相关社会力量作为衔接回归社会人员回归社会的主要力量，需及时帮助其收集就业信息，以做好就业前的充分准备工作。具体而言，安置帮教机构和相关社会力量在衔接回归社会人员回归社会时，要对其背景资料进行统计与汇总，整理出回归社会人员的受教育水平、技能水平、性格特征等基本信息，为其之后的就业指导规划打下基础。根据收集到的资料，针对回归社会人员不同的特征，开展适合回归社会人员的就业交流活动，使回归社会人员树立“先就业，后择业”的就业观念，帮助回归社会人员尽可能多地掌握就业信息，以便其顺利地找到适合自己的工作。

第二，强化职业技能培训，提升人力资本。回归社会人员在服刑期间，从事的都是单纯的体力劳动，接受的是较为简单的职业技能培训，回归社会之后，很难与社会就业需求无缝对接，加之自身能力的不足，多数回归社会人员难有一技之长。与此同时，回归社会人员的学历普遍不高，知识和技能的双重缺失导致了其人力资本的匮乏，无法满足社会对于劳动者综合素质的要求，在社会上只能从事技术性含量低、体力劳动强度大的劳动工种，在没有市场竞争力的情况下，回归社会人员或收入微薄，或不能自食其力，生活较为窘迫，很难融入社会。因此，根据回归社会人员个人的需求，不仅要对回归社会人员进行职业技能培训，还应帮助其考取相应的职业资格证书，全面提升人力资本，为就业奠定基础。安置帮教机构和相关社会力量要帮助回归社会人员找准市场的需求，有针对性地选择职业培训内容，制订培训方案，依据岗位需求，定向进行培养。

（三）强化身心健康教育，正确认知社会，准确自我定位

针对回归社会人员开展的身心健康教育，是为了让其拥有良好的心理素质和适应能力，从而融入社会。因此，要充分利用社会力量，动员社会组织参与回归社会人员的身心健康教育，营造出温暖友好的社会氛围，使回归社会人员在社会多方的帮助下，准确自我定位，正确认知社会，适应社会生活并融入其中。

第一，引导自我归因，正视社会现实。归因是指个体对某一事件或行为结果的原因知觉，美国心理学家韦纳（B. Weiner）认为，归因会影响个体期望的改

变和情感反应，而这种归因后果将影响后继行为，成为后继行为的动因。[①] 因此，个体对于自身问题的归因，会影响其未来的期望，进而改变其后继行为的走向。因此，要引导回归社会人员在面临生活中的困境时，正确归因，准确自我定位，使之正视社会现实，正确自我认知，逐步建立融入社会的自信心，帮助回归社会人员解开思想上的症结，释放心理压力，强化自我认同。

第二，开发心理资本，培育健康心态。心理资本作为积极心理状态的集合体，会对个体的认知态度、情感与行为产生积极的影响，其构成因素包括自我效能感、乐观、希望和韧性。通过充分发挥心理资本的作用，增强自我效能感，积累正确的认知经验，引导回归社会人员正确认识挫折、面对挫折，培养他们应对挫折的能力，有效调节他们其的主观感受，使他们适应社会规则，并改善自身行为以融入群体，从而呈现健康的心理状态。

### （四）营造宽容的社区文化氛围

社区是回归社会人员融入社会的基础生活平台，回归社会人员的归宿在社区。社区文化对回归社会人员的影响是潜移默化的，社区文化的性质直接影响回归社会人员的社会融入状况。在传统社区文化观念中，社区成员往往站在道德制高点去评判回归社会人员，原有的法律和道德污点使回归社会人员难以真正得谅解和宽容，社区成员对回归社会人员普遍存有不信任感和不安全感，并产生排斥心理。因此，要营造宽容的社区文化氛围，建立回归社会人员与社区居民交流沟通的渠道，换位思考，加深彼此间的了解。回归社会人员要敢于担当社会责任，消除社区居民对其的心理顾虑和歧视心理，从而建立起对话与合作的良好伙伴关系，有效拉近人际距离。回归社会人员需要重新熟悉新的社区交往环境，明确自身的生活目标，建立起自立、自尊、自强的公民意识。

---

① 参见张爱卿：《归因理论研究的新进展》，载《教育研究与实验》2003 年第 1 期。

# 第十七章

# 监狱治理现代化

党的十八届四中全会通过的《中共中央关于全面推进依法治国若干重大问题的决定》提出了“促进国家治理体系和治理能力现代化”。党的十九届四中全会又通过了《中共中央关于坚持和完善中国特色社会主义制度 推进国家治理体系和治理能力现代化若干重大问题的决定》，由此可以看出，推进国家治理体系和治理能力现代化是今后一段时期我党的重点工作，也是中国特色社会主义制度在新时代的内在要求。监狱作为国家的刑罚执行机关，也必然因应国家治理现代化的要求，进入监狱治理现代化的时期。

## 第一节 监狱治理现代化的基本问题

监狱治理现代化的实质是推进监狱工作协调有序实现现代化，与我国推进国家治理体系和治理能力现代化紧密相关。监狱治理现代化是国家治理体系和治理能力现代化的有机构成部分，其以国家治理体系和治理能力现代化为导向，以监狱治理的价值取向现代化为前提，以参与主体多元化培育为抓手，以矫正教育的实效为目的，全面提升监狱治理的能力和水平。

### 一、国家治理与国家治理现代化

#### （一）治理与“善治”

1. 治理

关于治理，学术界的不同学者从不同的角度出发，给出了诸多定义。比如，俞可平教授在研究了西方理论界和实务界对治理的定义后，认为“‘治理’一词的基本含义是指官方的或民间的公共管理组织在一个既定的范围内运用公共权威维持秩序，满足公众的需要。治理的目的是在各种不同的制度关系中运用权力去引导、控制和规范公民的各种活动，以最大限度地增进公共利益”①。由此可知，治理是一种公共管理活动和公共管理过程，它包括必要的公共权威、管理规则、治理机制和治理方式。

在关于治理的各种定义中，全球治理委员会的定义最具有代表性和权威性。全球治理委员会对“治理”的界定是：“治理是各种公共的或私人的个人和机构管理其共同事务的诸多方式的总和。它是使相互冲突的或不同的利益得以调和并且采取联合行动的持续的过程。这既包括有权迫使人们服从的正式制度和规则，也包括各种人们同意或以为符合其利益的非正式的制度安排。”② “治理指的是公共权威为实现公共利益而进行的管理活动和管理过程。”③ 由此，我们比较认同将治理界定为：治理是各种公共的或私人的个人和机构管理其共同事务的诸多方式的总和，其目标是实现公共利益，其是由一系列活动和过程体现的。

2. 善治

关于“善治”问题，我们认同俞可平教授的观点。俞可平教授在总结了国外善治研究成果的基础上，认为“善治就是使公共利益最大化的社会管理过程。善治的本质特征就在于它是政府与公民对公共生活的合作管理，是政治国家与公民社会的一种新颖关系，是两者的最佳状态”④。同时，俞可平教授还对善治的基本要素进行了研究，提出善治的基本要素包括：“合法性、法治、透明性、责任性、回应性、有效性、参与、稳定、廉洁、公正。”⑤

（二）国家治理与现代化

1. 国家治理

关于国家治理的概念，学界也有不同的观点。郭小聪认为，“所谓的国家治理，是指主权国家的执行者及其国家机关（包括立法、行政和司法等机关）为了实现社会发展目标，通过一定的体制设置和制度安排，协同经济组织、政治组织、社会团体和公民一起，共同管理社会公共事务、推动经济和社会其他领域发展的过程。它是多层管理主体共同管理社会事务、处理社会冲突、协调不同利益

① 俞可平主编：《治理与善治》，社会科学文献出版社2000年版，第5页。

② 俞可平：《治理和善治引论》，载《马克思主义与现实》1999年第5期。

③ 张小劲、李岩：《从语义图解到模式理解：〈关于全面深化改革若干重大问题的决定〉中关于治理问题的论述》，载《当代世界与社会主义》2014年第1期。

④ 俞可平：《治理和善治引论》，载《马克思主义与现实》1999年第5期。

⑤ 俞可平：《全球治理引论》，载《马克思主义与现实》2002年第1期。

的一系列制度、体制、规则、程序和方式的总和”①。王浦劬依照中国的国情，对国家治理表述为：“中国共产党提出的国家治理，在本质上既不同于中国传统的皇权统治者的治国理政，又不同于西方政治和管理理论中倾向于向政府分权，实现社会多中心治理和社会自治的治理概念，而是在中国特色社会主义道路的既定方向上，在中国特色社会主义理论的话语语境中，在中国特色社会主义制度的坚持和完善的改革意义上，中国共产党领导的科学、民主、依法和有效地治国理政。”②

我们认为，所谓国家治理，就是通过公共权力的配置和使用，对国家的各项公共事务进行管理和调控，实现公共利益最大化的活动与过程。

2. 现代化

现代化的概念是学界争议最多的概念之一。从语义学的角度来看，“现代化”既可表示一个“成为具有现代特点”的发展过程，也可表示在这个过程中发生的“最新积极变化”。1988 年，美国学者布莱克在《现代化的动力》里这样给“现代化”下定义：“现代化是人类的一大进步，它随着人类文明的发展而得以羽化飞升，它随着社会体制机制的变化而不断催生新的现代化。”“它是历史形成的各种体制对迅速变化的各种功能的一个适应过程，这些功能因科学革命以来人类控制环境的知识空前激增而处于迅速变化之中。”③ 塞缪尔·P. 亨廷顿曾将现代化的特征概括为：“现代化是一个革命的过程、复杂的过程、系统的过程、全球化的过程、长期的过程、阶段性的过程、同质化的过程、不可逆的过程、进步的过程。”④

陈柳钦认为，学界对“现代化”含义的表述主要有四种。“第一种：现代化是指非西方社会落后国家在西方资本主义崛起并占据世界中心，以及形成世界性的国际资本体系的格局下，通过科学技术革命，在经济上赶超世界先进水平的过程”；“第二种：现代化实质上就是工业化，是经济落后国家实现工业化的进程，是人类社会从传统的农业社会向现代工业社会转变的历史进程”；“第三种：现代化是指一种心理态度、价值观和生活方式改变的过程”；“第四种：现代化是指自 16 世纪和 17 世纪的科学革命以来传统社会向现代社会过渡的全方位急剧变动的过程的统称”。⑤

---

① 郭小聪：《财政改革：国家治理转型的重点》，载《人民论坛》2010 年第 5 期。

② 王浦劬：《科学把握“国家治理”的含义》，载《光明日报》2013 年 12 月 29 日，第 7 版。

③ ［美］C. E. 布莱克：《现代化的动力》，段小光译，四川人民出版社 1988 年版，第 11 页。

④ ［美］塞缪尔·P. 亨廷顿：《导致变化的变化：现代化、发展和政治》，王冠华等译，生活·读书·新知三联书店出版社 1989 年版。

⑤ 参见陈柳钦：《现代化的内涵及其理论演进》，载《经济研究参考》2011 年第 44 期。

胡鞍钢教授从中国的现代化实践出发，把“现代化”定义为：“全社会范围，一系列现代要素以及组织方式连续发生的由低级到高级的突破性的变化或变革的过程。现代化是一个历史的概念、发展的概念；是在全社会范围内的现代化；涉及土地、资源、能源、资本、劳动、教育、科学、技术、文化、信息、知识和制度、法律等现代要素，也涉及各种现代要素组合方式；是一个连续的积累的发展和建设过程；是全方位的变革过程。”①

可见，现代化所描述的是社会多层次、全方位发展转变的过程，是动态展开且持续深化的，它并不代表人类发展最高的阶段。现代化虽然呈现为全球化的发展趋势，表明该国家或地区的政治、经济、社会、文化等领域达到或接近世界先进水平的状态，但也并不是说现代化就是西方化，更不是资本主义化。现代化“可以是资本主义现代化，也可以是社会主义现代化，同时还可以是其他形式的现代化”②。“现代化”往往是指随着人类社会生产力的发展，社会发生了革命性的变化，这种变化标志着生产力水平的大幅度提高、经济的迅速发展、物质财富的剧增、社会结构的重组、价值观念的更新，“即在科学和技术革命的影响下，社会已经发生或者正在发生着的变化”③。

我们在研究监狱治理现代化时，认为它既是一个时空概念，又是一个特定的历史阶段，兼具过程和价值观念的双重属性，最终指向是“合理化”或者一种美好良善的状态。

### （三）国家治理现代化

习近平总书记曾经对“国家治理现代化”进行了如下阐述：国家治理体系是在党领导下管理国家的制度体系，包括经济、政治、文化、社会、生态文明和党的建设等各领域体制机制、法律法规安排……国家治理能力则是运用国家制度管理社会各方面事务的能力，包括改革发展稳定、内政外交国防、治党治国治军等各个方面。国家治理体系和治理能力是一个有机整体，相辅相成，有了好的国家治理体系才能提高治理能力，提高国家治理能力才能充分发挥国家治理体系的效能。④ 以此逻辑来推导，国家治理体系现代化是国家治理能力现代化的基础，而国家治理能力现代化则是国家治理体系现代化的目标和归宿。国家治理体系现代化与国家治理能力现代化是同一个过程的两个方面，国家治理现代化、国家治

---

① 胡鞍钢等：《中国国家治理现代化》，中国人民大学出版社 2014 年版，第 82 页。

② 陈柳钦：《现代化的内涵及其理论演进》，载《经济研究参考》2011 年第 44 期。

③ ［美］西里尔·E. 布莱克等：《日本和俄国的现代化——一份进行比较的研究报告》，周师铭等译，商务印书馆 1992 年版，第 18－19 页。

④ 参见习近平：《切实把思想统一到党的十八届三中全会精神上来》，载《人民日报》2014 年 1 月 1 日，第 2 版。

理体系现代化与国家治理能力现代化三者之间实际上是整体和部分的关系。国家治理体系和治理能力是一个国家制度建设和制度执行力的集中体现，两者的最优状态推涌出国家治理的最佳效果。

由此，我们可以看出，国家治理现代化由国家治理体系现代化和国家治理能力现代化两部分构成，所以，要界定国家治理现代化，首先需要界定国家治理体系现代化和国家治理能力现代化。某种程度上来讲，国家治理体系就是规范社会权力运行和维护公共秩序的一系列制度和程序。① 所以，国家治理体系现代化就是指国家治理体系的制度化、科学化、规范化以及程序化，是对国家现有的制度设计和具体安排进行优化的过程。国家治理能力是指在制度的有效规范下，国家治国理政所需的一系列手段和方式。国家治理能力现代化是一个系统性工程，包含思想观念的现代化、体制机制的合理化、方式与手段的科学化等内容。②

综合上述分析，我们认为，国家治理现代化是以现代化作为国家治理新的价值维度，通过优化治理体系与提升治理能力，科学配置和使用公共权力和资源，对国家的各项公共事务实现优质且高效的管理和调控。

（四）国家治理现代化的标准

俞可平教授认为，国家治理的理想状态是善治，即公共利益最大化的治理过程的本质特征是国家与社会处于最佳状态，是政府与公民对社会公共事务的协同治理。③ 在他看来，衡量一个国家的治理体系是否现代化，至少有五个标准：一是公共权力运行的制度化和规范化，它要求政府治理、企业治理和社会治理有完善的制度安排和规范的公共秩序；二是民主化，即公共治理和制度安排都必须保障主权在民或人民当家作主，所有的公共政策要从根本上体现人民的意志和人民的主体地位；三是法治，即宪法和法律成为公共治理的最高权威，在法律面前人人平等，不允许任何组织和个人有超越法律的权力；四是效率，即国家治理体系应当有效维护社会稳定和社会秩序，有利于提高行政效率和经济效益；五是协调，现代国家治理体系是一个有机的制度系统，从中央到地方各个层级，从政府治理到社会治理，各种制度安排作为一个统一的整体相互协调、密不可分。④ 何增科教授也提出了四个界定标准：一是国家治理的民主化；二是国家治理的合法化；三是国家治理的文明化；四是国家治理的科学化。“文明化”是指国家治理中更少强制，更多同意；以服务换服从；增加对话协商，更少独断专行；更少的

---

① 参见俞可平：《推进国家治理体系和治理能力现代化》，载《前线》2014 年第 1 期。

② 参见郑慧、何君安：《试论国家治理体系和国家治理能力现代化》，载《新视野》2014 年第 3 期。

③ 参见俞可平：《推进国家治理体系和治理能力现代化》，载《前线》2014 年第 1 期。

④ 参见俞可平：《国家治理体系的内涵本质》，载《理论导报》2014 年第 4 期。

他治，更多的自治。“科学化”是指各类主体更加职业化和专业化；执政党和政府协调能力不断增强，规划能力不断提高。①

## 二、监狱治理现代化的理论基础

### （一）治理理论

关于治理理论的表述有很多，但如果高度归纳的话，治理理论的共性主张主要有以下几种：第一，“国家的主权地位和中央政府在公共行政中的核心地位被动动摇，向地方分权、向社会分权，甚至将权力让渡于跨国家的组织成为一种趋势”②。第二，治理多元主体之间的关系不再是政府占绝对的主导地位，政府之外的主体参与共治、社会展开自治成为常态。第三，尽管治理的实践需要借助市场机制，但治理理论反对新自由主义对市场调节作用的过分崇信。第四，治理强调多种治理工具、多种治理方式的并存使用。总之，国家的能力体现在整合、动员、把控和管制方面，公民及社会组织也是公共事务的决策参与者、管理者和执行者。

治理理论对监狱治理现代化建设的启示是：实现监狱治理的现代化，必须高度关注多元参与主体的培育，高度关注不同主体之间权责边界的界定，高度关注协商共治机制的建立。如何协调好核心主体与多元主体的关系、行刑主导者与服务提供者的关系、社会公众与监狱的关系、志愿服务与有偿服务的关系，形成共同参与、协商共治、共建共享的多元合作监狱治理结构体系，将成为我们在监狱治理中运用治理理论的实践能力的考验。

### （二）社会资本理论

社会资本理论是近年来的新兴理论，在监狱治理中经常用来“说明社区资本对于解决社区公共事务、达至社区公共利益的重要作用”③。

“资本”，从其词源意义上看，经历了物质资本—人力资本—社会资本的演化过程。古典经济学认为，“资本指的是以交换媒介为体现形式的价值凝结物，拥有清晰的物质形态”④。20 世纪 60 年代舒尔茨、贝克尔提出了人力资本的概念，⑤ 而当代的社会资本概念，则源于非经济的人们之间的各种联系和互动，这种联系和互动能带来有价值的效益，同样具有直接的价值增值功能。

---

① 参见何增科：《理解国家治理及其现代化》，载《马克思主义与现实》2014 年第 1 期。

② 王诗宗：《治理理论及其中国适用性》，浙江大学出版社 2009 年版，第 41 页。

③ 邱梦华等编著：《城市社区治理》，清华大学出版社 2013 年版，第 41 页。

④ 肖星：《社会资本视角下的城市社区建设》，上海大学 2007 年博士学位论文。

⑤ See Becker，GS1993，*Human capital：a theoretical and empirical analysis，with special reference to education*，The University of Chicago Press，1993.

汉尼凡（Hanifan）研究了满足个人的社会需要，指出：善意、友谊、同情心以及构成社会纽带的个人和家庭之间的社会互动，可以产生人们在日常生活中有价值的东西，如不动产、个人财产、现金。布迪厄、科尔曼、帕特南的相关理论，依次从微观、中观、宏观三个层次对社会资本概念作出表述：① 布迪厄1980年发表的《社会资本随笔》一文，最早在社会学研究领域引入社会资本概念，指出了社会资本所具有的"增效器"作用。② 科尔曼理解的社会资本的功能，和其他形式的资本一样也是生产性的，能够使某些目的的实现成为可能。③ 可见，社会资本不仅能够增加个人利益，而且有利于集体行动的达成。帕特南在1993年出版的《使民主运转起来》的专著中，将社会资本定义为"社会组织的特征，例如信任、规范和网络，它们可以通过促进合作行动而提高社会效率"④。帕特南还以意大利南方和北方地区的比较以及对美国经济政治的影响为例进行研究，发展了一种关于社会资本如何促进民主治理和经济繁荣的理论，指出大力发展社会资本能使民主运转，是解决行动困境的一条捷径。

在中国的社会资本研究中，赵孟营、王思斌的《走向善治与重建社会资本——中国城市社区建设目标模式的理论分析》提出了城市社区建设"善治"和"重建社会资本"的双重目标。⑤ 孙立平的《社区、社会资本和社区发育》对"社区建设和社区发育两个概念进行了区分，认为社区发育真正内涵即社会资本的创造，需要在社区认同、社会交往与社会关系、社区组织这三个社区的社会性特征上着力"⑥。隋广军、盖翊中在《城市社区社会资本及其测量》中提出，"城市社区社会资本是城市社区内部的个人和组织在长期的内外互动中形成的，在互惠规则规范下的互利关系"⑦。

社会资本理论对监狱治理现代化建设的启示是：监狱治理现代化建设能使我们对社会行动、社会关系和社会结构的理解和认识进一步深化。将监狱治理的复

---

① 参见［美］托马斯·福特·布朗、木子西：《社会资本理论综述》，载《马克思主义与现实》2000年第2期。

② See Bourdieu, P., Poupeau, F., Discepolo, T. & Bourdieu, P., *Political Interventions: Social Science and Political Action*, Verso, 2008.

③ See Crudeli, L., *Social Capital and Economic Opportunities*, Journal of Socio－Economics, 35913－927. doi: 10.1016/j.socec.2005.11.055.

④ Putnam, R. D., Leonardi, R. & Nanetti, R. Y., *Making Democracy Work: Civic Traditions in Modern Ltaly. Princeton*, Princeton University Press, 1993.

⑤ 参见赵孟营、王思斌：《走向善治与重建社会资本——中国城市社区建设目标模式的理论分析》，载《江苏社会科学》2001年第4期。

⑥ 孙立平：《社区、社会资本与社区发育》，载《学海》2001年第4期。

⑦ 隋广军、盖翊中：《城市社区社会资本及其测量》，载《学术研究》2002年第7期。

合体场域性质，放在社会资本理论范畴内分析，更具理论生机和实践意义。在监狱治理现代化中增强“社区社会资本”的理念，规范社区居民共同行为的激励机制，提高社区居民相互作用的频度，达成不同利益居民之间的合作，用社会资本要素促成居民个人利益和社区共同利益的共赢，不断积累社区的社会资本，逐步达至监狱治理的“善治”目标。

（三）社会风险与控制理论

德国学者乌尔里希·贝克（Ulrich Beck）于1986年首次提出“风险社会”的概念，认为工业社会发生的危机与人类重大决策紧密相关，主要表现在高度现代化状态下的经济体系运行紊乱、生态风险、核风险、技术风险、金融风险等。与此同时，国内学者也对“社会风险”这一概念提出了诸多观点。如李萍将其定义为“既有的人为秩序、规则、结构在社会层面出现的局部不适或较轻程度的异常，即社会风险并非重大的、根本性的颠覆，但若持续且频繁发生，也会产生难以估量的严重后果”。通过比较可以看出，前者突出的是社会现代性导致的高风险化与复杂化特征，后者更多关注的是社会层面出现的局部不稳定因素。由此，群体性突发事件能够体现出“社会风险”的本质特征，因而可以将其视为社会风险的一种具体表现。①

关于对风险的控制问题，现代控制论被纳入研究范围。现代控制论兴起于20世纪40年代，美国科学家维纳在其著作《控制论》中，将动物与机器的控制机理进行类比，详细阐述了系统信息变换的规律。维纳提出的“控制”，是指在获取、加工以及使用信息的基础上，施控主体为了实现预定目的，从具有多种可能的影响因素中选择出关键因素并施加积极主动的干预措施。近年来，控制论学说成为社会科学研究中的重要分析工具，特别是其中的“系统控制论”思想和工具被广泛应用于经济、社会管理等领域。从控制论的视角来看，社会管理相当于通过信息交换和处理、发出指令、反馈信息等环节对社会系统进行调节与控制的过程。②

社会风险理论对监狱治理现代化建设的启示是：监狱治理风险的解决是对现有监狱制度的反思和变革，以避免风险发生后付出更大的经济成本与社会代价，而不是对现有监狱制度的消除和推翻。目前，中国已进入“高风险社会”，监狱治理现代化是解决社会问题和化解社会矛盾的途径之一。从这个角度来看，社会风险理论可以为监狱治理现代化提供社会风险管理与公共危机治理的理论基础和

① 参见李萍：《从国家—社会关系看社会风险控制》，载《理论探讨》2014年第6期。

② 参见周勇：《系统控制论视域下的社会调控创新论析》，载《湖南农业大学学报（社会科学版）》2015年第6期。

依据。

控制论对监狱治理现代化建设的启示有以下两方面：一是在控制论中占据核心地位的是反馈控制。从监狱治理中社会风险的角度来定义，反馈控制是指针对监狱治理风险因素所引发的危机或问题来制定和实施控制决策。它是一种典型的“问题—应对”型控制方法。这种方法的特点是具有明显的针对性和确定性，但是，从问题出现到控制之间会有一段时滞影响控制的效果，这就使反馈控制具有较大的被动性和“时间滞差性”。[①] 二是有利于避免或降低反馈过程的延迟所带来损失的是前馈控制。如果将监狱治理视为一个运行系统，前馈控制的过程就可以概括为：观察那些作用于系统的各种可测输入量和主要扰动量，分析它们对系统输出的影响与相互关系；预测输出结果与预期结果之间的偏差；在系统输出结果受到影响之前就采取控制措施来纠正偏差。当然，前馈控制的预测是建立在预测或预警的基础上的，有出现误判的可能。但对于那些具有较长潜伏期或累积效应的社会风险来说，由于前馈控制比反馈控制更能及时发现问题，能事先制定监狱治理纠偏措施，化解问题于萌芽时期，从而避免事态严重化和扩大化，所以其具有很强的现实应用意义。

## 三、监狱治理现代化的考量要素

### （一）监狱现代化

监狱现代化建设是一项复杂的制度运动，属于监狱建构型制度化的范畴。首先，监狱现代化是现代社会治理创新行为，具有中国特色社会主义制度的治理含义和治理价值，必须和整个社会治理创新协调一致。其次，监狱现代化建设更多地体现为一种关于社会治理平台和监狱的机制，具有典型的组织建设特征，监狱现代化的制度建设也必须遵守组织行为学的制度化客观规律的生成逻辑。我们认为，监狱现代化主要是指监狱的各项体制和机制都要适应时代的要求和特征，通过监狱实践的改革创新、理论研究的自我完善，使监狱工作具有制度化、科学化、规范化、程序化、信息化等特质。监狱现代化包含三层含义：一是监狱现代化是对监狱工作的“体系化”管理。监狱现代化建设重在体现整体性、系统性、协同性原则，监狱现代化建设需要把监狱的现代理念贯穿到立法、执法、行政管理等各个环节和过程，并应用到监狱的实践工作中，使监狱的体制机制更加科学和完善。二是监狱现代化是一个整体系统，要在系统论的理论指导下开展建设工作。该工作的关键在于打造有利于监狱现代化建设的广阔空间，大力倡导通过上

---

① 参见阎耀军、薛岩松：《风险社会中的管理时滞与前馈控制——试论基于前馈控制的公共危机管理创新》，载《天津大学学报（社会科学版）》2009 年第 4 期。

下互动、多元协调，全面推进监狱现代化。特别是在参与主体方面，要以持续、开放、平等、包容的心态，超越利益局限和经济理性的束缚，构建多元主体共同参与的格局。三是监狱现代化是动态发展的，是监狱适应现代社会的动态发展状态，而不是静态结构。

总的来看，监狱现代化建设以监狱价值取向现代化为前提，引导监狱治理体系和治理能力现代化，以监狱治理结构体系、功能体系、制度体系、运行体系的现代化为核心，以监狱治理能力现代化为保障，推动监狱现代化。

### （二）考量要素

监狱工作制度性建设的程度高低，是考量监狱工作现代化水平的重要依据。监狱工作制度是“国家公益性产品”，它包含两层含义：一是监狱制度在制度设计和构建体系上的科学性和合理性；二是在监狱制度贯彻执行中需要必要的权威性和约束力。根据监狱工作发展进步的内在逻辑，监狱治理的构成要素主要有价值取向、监狱治理主体、监狱治理目标、监狱治理特征、监狱治理内容、监狱制度、监狱治理方式、监狱治理评价等，监狱治理现代化也应围绕这些要素展开。

#### 1. 监狱的价值取向

监狱治理现代化的核心要求是培育价值取向、调和价值冲突、达成价值共识。监狱治理所体现的现代化价值取向必须是基于社会结构和社会形态而创设的制度体系，是以“良策善治”为表征，充分体现出民主、科学和法治的精神实质。第一，监狱治理作为我国社会治理体系创新的探索，具有深厚的价值内涵，监狱治理的动力之源是价值之维的考量。第二，监狱治理的目标预设、运行方式、基本过程、体系架构、制度创建、模式选择、方法进路等无不涉及价值取向问题。第三，价值引导是监狱治理的关键。价值引导主要是指监狱治理中通过解决价值冲突，达成价值共识，从而引导监狱治理多元参与主体的共同工作目标，激发其参与监狱治理的主动性。

#### 2. 监狱治理主体

监狱治理主体是指在监狱治理过程中直接或间接地参与监狱治理的运行、管理、控制和引导的相关力量。从监狱治理制度设计的本意来看，监狱治理主体包括政府、社会与市场三个层面。监狱治理主体是监狱治理现代化的依靠力量，与此密切相关的一个概念是“治理能力”，这是监狱治理主体能否实现监狱治理目标的关键因素。有学者将治理能力表述为：“决策能力的民主科学化”“执行能力的公开法治化”“调控能力的协调统筹化”“协同能力的互动合作化”“改革能力的综合配套化”等几个方面。① 监狱治理现代化的内在形态和外部表征均体现在这几个方面上。

3. 监狱治理目标

监狱治理所体现出的现代化目标，主要是提高中国特色社会主义制度下的社会治理效益，或者说是提高在控制社会危险成员犯罪、降低行刑成本、为社会提供安全与秩序等方面的整体效益。具体来说主要包括以下几个方面：一是建构安定有序的监狱治理系统，包括维护监狱的基本运行秩序和维护有利于社会安全秩序的良好环境；制定有利于监狱治理的一系列法律法规并加以实施等。二是积极依靠科技创新提高监狱对罪犯的危险管控水平，提高监狱治理的质量和水平等。三是通过政府购买完善优化社会服务，包括通过增加投入、完善政策、细化任务目标的指标体系、强化管理和绩效考评等途径，促进对罪犯的文化知识教育、职业技能培训、社会适应辅导、法治规范教育等，提高罪犯的社会适应和社会融入的能力。四是使社会力量自主有为，包括促进各类社会力量在国家法律法规框架内积极参与监狱治理的有关事务，合理表达诉求等。

4. 监狱治理特征

监狱治理所体现的现代化特征主要表现在以下几个方面：一是监狱工作具有开放性，表现为参与主体的多元化、内部结构的分权化、参与方式的制度化和工作样态的法治化。二是监狱治理具有鲜明的政治属性和法律属性。监狱治理的政治属性是指基于政治需要而对社会中危险成员的特定政治管理行为；而法律属性是指以法律规定的监狱的刑事执行性质为基础，按照法定的程序和要求开展活动。三是监狱治理具有国家治理体系和治理能力现代化的时代特质，是世界行刑趋势社会化、非刑化、非罪化、非监禁化等特质的重要体现。四是监狱治理具有民主性，关注以“民主协商”为标志的高度的开放诉求。民主协商主要是指参与监狱治理的各参与主体，在司法行政机关的主导下，以沟通协商的方式，确立监狱治理目标和价值立场，实现共治、法治、善治等治理目标。五是监狱治理具有整体性和系统性。监狱治理是一项系统工程，由各个子系统或要素共同构成一个整体。从监狱治理内在结构来看，监狱治理包括监狱治理主体、监狱治理目标、监狱治理过程、监狱治理制度、监狱治理方式、监狱治理评价等要素，每一要素又是一个相对独立的子系统，不同要素之间既相互交织、相互联结，又相互制约、相互钳制，成为一个不可分割的整体。

5. 监狱治理内容

“国家治理体系由经济治理、政治治理、文化治理、社会治理、生态治理五

---

① 参见陶希东：《治理能力现代化的衡量标准》，载《学习时报》2014 年 12 月 8 日，A6 版。

大体系构成"①，监狱治理作为国家治理体系的一部分，其治理内容的现代化建设也应包括这五大领域的现代化。监狱治理的现代化主要通过监狱人民警察队伍建设职业化、制度建设法治化、监督管理规范化、矫正教育专业化、现代技术应用信息化等体现出来。

6. 监狱制度

制度是组织监狱治理的行为规范和约束罪犯行为的一系列规则。② 一套较为完整的制度应该包括明确的"准入规则""游戏规则""奖惩规则"③。确立相应的规则，建立适合的制度，并使之成为监狱治理有效运转的重要保障，是监狱治理现代化的关键环节。一般来说，监狱制度主要包括法律制度、行刑制度、狱政管理制度、矫正教育制度、劳动制度、释放制度、激励制度和协调制度等。这些制度的现代化程度，直接决定着监狱治理的现代化水平。

7. 监狱治理方式

监狱治理所体现的现代化治理方式，是指参与监狱治理的各主体在开展监狱治理活动中所采取的方式方法、措施手段等的总和，这些手段包括法律约束、行政干预、经济调控、价值预设、民主协商、自我认知、道德规范、教育引导、行为规训、心灵修炼等。其中，法治是监狱治理的基石，是国家文明进步的标志，推进依法治国是实现治理现代化的基本方略。强化法律权威，依法开展监狱治理工作和控制罪犯的犯罪行为，是确保社会安全和秩序的重要手段。要不断推动制度体系更新换代，不断推动法律法规体系的不断完善，其中最为主要的是监狱制度的延续和监狱体制的不断改革。

8. 监狱治理评价

监狱治理评价是以一定的方式对监狱治理成效进行评价，是不断优化和改进监狱治理的重要途径，也是监狱治理的内在要求。根据目的的不同进行划分，监狱治理评价可以分为："风险评价、需要评价、能力评价与效果评价。"④ 监狱治理风险评价是指监狱治理机构运用科学的方法，对罪犯人格上存在的实施犯罪行为以及其他严重违法和社会越轨行为的危险倾向的有无及大小所作的评价和预测。监狱治理需要评价，又称改造动力评价，是指根据监狱安全、监管改造、矫正教育、生产管理等目标，对罪犯存在的影响监狱治理目标实现的内外因素所进行的评价。监狱治理能力评价是指对监狱及监狱人民警察，利用自身的资源，以

---

① 陶希东：《国家治理体系应包括五大基本内容》，载《学习时报》2013年12月30日。

② 参见季卫兵：《国家治理的价值取向及其培育研究》，南京理工大学2016年博士学位论文。

③ 参见燕继荣：《现代国家治理与制度建设》，载《中国行政管理》2014年第5期。

④ 狄小华：《社区矫正评估研究》，载《政法学刊》2007年第6期。

及组织、动员社会资源，对罪犯进行管理、矫正教育，以控制、降低罪犯人身风险，并促进罪犯适应正常社会生活能力进行的评价。监狱治理效果评价，又称监狱治理质量评价，是指根据监狱治理需要评价，对罪犯采取的监管改造、矫正教育等措施产生的实际效果所作的评价。按评估时间的不同，监狱治理评价可以分为：诊断性评价、阶段性评价和总结性评价。诊断性评价是指在罪犯入狱之初，对罪犯的人格特征、成长经历、家庭背景、社会关系、犯罪行为等状况进行的评价和预测。阶段性评价是指罪犯服刑改造之后至出狱之前，对监狱治理的相关因素进行的评估。总结性评价是指罪犯刑满出狱之前，对监狱治理的相关因素进行的评价和预测。

## 第二节　监狱治理现代化的理论分析

监狱治理现代化包含监狱治理体系和监狱治理能力的现代化。其中，监狱治理体系现代化在监狱治理中具有根本性的地位和作用。在充分考虑时代性和实效性的前提下，对监狱治理体系现代化的多维分析研究，有利于推动监狱现代化的时代性、现实性和科学性。

### 一、价值维度

价值维度主要是对监狱治理现代化价值判断的学理性探讨。

监狱治理现代化是理论性和实践性相结合的新领域。监狱治理现代化在社会安全和秩序、社会犯罪治理等方面具有独特的作用和价值。监狱治理现代化要求监狱治理现代化理论的创新、制度的创新和方法的创新，以及监狱治理功能的适时调整与转换。因此，监狱治理现代化必须依据世界行刑发展趋势和历史转换逻辑，将自身放在国家治理体系和治理能力现代化的发展与创新中，构建符合中国特色现代化要求的监狱治理现代化体系。

第一，在研究视角上，坚持以监狱治理的独特性和传承性为切入点，对监狱治理相关概念和含义进行阐释和界定。基于西方监狱治理体系、理论架构、客观认知等横向角度，来考察中国的监狱治理。中国监狱治理现代化以国家治理体系与治理能力现代化为框架，引导监狱治理现代化的观念、方法、规律、研究范式、保障体系等系统创新与发展。

第二，在研究的主导思路上，从中国历史的纵向角度来考察我国的监狱治理。主要把中国监狱治理的理论和实践方法作为重点，总结中国监狱治理的经验、特点，以及目前监狱治理中所存在的问题，揭示我国传统监狱治理在核心价值文化体系方面存在的矛盾，关注的重点在于提出具体的可行性方案，寻求推进我国监狱治理现代化的路径。

第三，在对监狱治理的定性分析上，通过对相关资料的对比分析，认识监狱治理的本质特点，寻求中国监狱治理发展的内在规律。从监狱治理顶层制度设计的层面，寻求中国监狱治理中最本质、最核心的特质。其目的在于，通过推动监狱治理现代化，完善监狱治理现代化的顶层制度设计、微观工作机制和工作方法，尊重监狱治理的人文特质，全面提升监狱治理工作品质。

第四，从历史维度上看，监狱治理现代化是批判地继承基础上的创新。首先，厘清监狱治理工作的演变脉络、总结监狱治理的发展逻辑，是监狱治理现代化的基础。监狱治理现代化是在原有监狱治理基础上的批判与继承，意味着既不是全盘否定，也不是全盘肯定，而是以是否符合国家治理体系现代化建设、是否有利于维护社会的安全与秩序、是否有利于罪犯的矫正教育和回归社会、是否有利于监狱治理参与主体素质的提高和培育等为标准，对监狱治理传统模式的相关要素进行原则性、针对性的取舍和转化。长期以来，我国监狱治理工作所创立的工作模式、工作方法和工作技巧，所积累的工作经验和工作原则，大多具有现代化特质，对监狱治理现代化具有积极意义，这是监狱治理现代化需要继承和完善的。因此，监狱治理现代化不仅要对传统要素进行批判和继承，而且要将现代化的新元素融入其中。在这些新元素中，既可以是原有监狱治理元素的完善，也可以是现代新元素的介入，还可以是新旧元素组合后的再生，核心问题是这些元素是否具有现代化的特质和价值。通过对中国监狱治理的资料收集和历史材料的分析，找出中国监狱治理发展变化的特点，总结监狱治理中的经验和教训，设计未来中国监狱治理现代化的路径。其次，在监狱治理现代化的路径上，既有现代化建设所要求的普遍性要件，又有监狱治理现代化自身的现代性和阶段性的差异特质。在这里需要明确的是，在监狱治理传统模式与现代要素的矛盾冲突中，监狱治理现代化的实质在于立足传统性与现代性的比较、选择与摒弃，推进监狱治理工作在批判基础上的创新。

总之，我国推进国家治理体系和治理能力现代化为监狱治理现代化提供了新的分析维度，赋予其法治思维方式。监狱治理现代化的核心价值体系的基本内容应包括监狱治理的法治化、规范化、制度化、科学化、专业化等方面，这样才能既充分体现监狱治理现代化的本质特征，也体现其发展的价值追求。其中，法治化是监狱治理的前提，规范化是监狱治理的追求，制度化是监狱治理的规制，科学化是监狱治理的根本，专业化是监狱治理的途径。监狱治理现代化的核心价值体系是现代监狱制度的内在精神和生命之魂，是监狱治理现代化的基本遵循与范畴界定。

## 二、制度维度

制度维度主要是对监狱治理现代化制度优化的质化规范，其核心是中国特色现代化监狱制度的构建。

监狱制度的现代化是监狱治理现代化的核心内容。以监狱治理为研究对象，以监狱治理现代化为研究目标，通过对监狱特定制度的变迁进行分析和描述，总结其特点和价值取向，探讨中国监狱治理现代化的发展规律，构建我国监狱治理现代化的基本框架。

监狱治理现代化包括了监狱基础设施的现代化和以监狱制度为征象的“制度性”的现代化。监狱制度性的现代化是监狱作为国家刑罚执行机关的“公益性产品”所具有的现代化特质，主要体现为监狱制度体系的科学性和合理性程度，以及监狱在维护社会安全和秩序中的权威性和约束力。这就要求监狱制度体系要不断地更新和创新，始终处在科学和合理的状态，推动法律法规、规章制度体系的不断完善。

监狱治理现代化的制度优化强调，“制度是由符号性要素、社会活动和物质资源构成的持久性社会结构”①。W. 理查德·斯科特的制度理论认为：“制度包括为社会提供稳定性和意义的规制性、规范性和文化—认知性要素，以及相关活动和资源。”② 监狱制度的规制性要素包括：遵守的基础是权益性应对；秩序基础是规制性规则；扩散机制是强制；逻辑类型是工具性；考量系列指标是规则、法律、奖惩；合法性基础是法律制裁；人们的情感反应是内疚或清白。监狱制度的规范性要素包括：遵守的基础是社会责任；秩序基础是约束性期待；扩散机制是规范；逻辑类型是适当性；考量系列指标是合格证明、资格承认；合法性基础是道德支配；人们的情感反应是羞耻或荣誉。监狱制度的文化—认知性要素包括：遵守的基础是视若当然、共同理解；秩序基础是建构性图式；扩散机制是模仿；逻辑类型是正统性；考量系列指标是共同信念、共同行动逻辑、同行；合法性基础是可理解、可认可的文化支持；人们的情感反应是确定或惶恐。③ 制度三要素理论对研究监狱治理制度现代化的启示是：第一，监狱制度所具有的以国家

---

① 郁建兴、秦上人：《制度化：内涵、类型学、生成机制与评价》，载《学术月刊》2015 年第 3 期。

② ［美］W. 理查德·斯科特：《制度与组织——思想观念与物质利益》（第 3 版），姚伟、王黎芳译，中国人民大学出版社 2010 年版，第 56 – 57 页。

③ 参见［美］W. 理查德·斯科特：《制度与组织——思想观念与物质利益》（第 3 版），姚伟、王黎芳译，中国人民大学出版社 2010 年版，第 59 页。

强制力为后盾的规制性，是维护监狱安全和秩序的基础，监狱制度的惩罚性是必要的、无奈的“恶”，是监狱制度的本质属性。第二，监狱制度中罪犯矫正教育和行为矫正的规范性，需要被赋予现代意义，特别是关于道德教化、道德伦理规范，应以人文化为基础，以社会需求的健全人格为目标，这是中国特色社会主义制度在监狱制度优化中的本质体现。第三，在现代化监狱制度建设中，法治化应居于核心地位，必须突出监狱制度的规制性，在法律规制的基础上，充分发挥监狱制度的文化—认知性要素无形的、内在的、潜移默化的功能。文化—认知性要素是我国监狱制度现代化软实力的象征。

## 三、功能维度

功能维度主要是对监狱治理现代化功能发挥的定性分析。

监狱治理现代化具有特殊性的社会功能。“治理本来既是一种政治事业，也是一种道德的事业。”① 因此，在监狱治理过程中，应注重监狱内部系统性治理与外部创新性治理两方面。监狱内部系统性治理规定着监狱功能的调适与转换，所以，监狱治理现代化应转变传统经验性、分散性治理思路，全面规划监狱治理基础理论与应用理论的协调发展，稳步推进监狱治理目标、治理内容、治理方法、治理规律等结构要素的优化升级，系统保障治理参与主体、刑罚执行对象、治理介体等的有机整合，科学借鉴教育学、伦理学、社会学、心理学、管理学、法学等相关学科的理论成果与研究方法，完善监狱治理理论体系建设思维与结构。这种思维转化与结构调整对监狱治理功能提出转换诉求，要求其根据监狱治理现代化内部要素结构及关系的变化适时调整表达形式，提高监狱治理现代化的科学性、系统性与发展性。

从监狱外部创新性治理来说，监狱治理现代化功能研究转变传统封闭性、保守性的做法，从社会宏观治理的视角审视和把握相关功能问题，高度关注与积极思考监狱治理现代化过程中所出现的新问题、新情况与新矛盾，不断地总结新经验，填充新内容，形成新理论，为中国国家治理体系和治理能力现代化提供新方法、新动力与新保障。监狱治理现代化功能研究寓于中国监狱治理现代化的发展实践，又反作用于监狱治理现代化的实践过程。

从监狱治理现代化的实效性来看，全面探讨监狱治理现代化功能的本质、遵循原则、发展向度、实现路径等问题，设计监狱治理现代化在国家治理体系和治理能力现代化中的“应然”状态，引导监狱治理工作进行结构调整与资源整合，

① ［美］乔治·费雷德里克森：《公共行政的精神》，张成福等译，中国人民大学出版社 2003 年版，第 83－84 页。

建构监狱治理现代化的功能体系，发挥监狱治理在惩罚与改造罪犯中“规范社会行为，化解社会矛盾，解决社会问题，协调社会关系，应对社会风险，促进社会公平正义，保持社会稳定”① 的导向、保证、凝聚、控制与激励功能。

总之，从监狱治理现代化的功能维度考量，监狱治理现代化的本质，不是对几十年来监狱治理工作经验的否定，而是在反思、选择、继承的基础上进行创新；不是对监狱治理中各个要素关系的线性调整，而是对监狱治理工作整体结构关系的系统性现代化构建、转型、升级和提质；不是对监狱治理工作本身存在的缺陷的简单完善，而是基于监狱治理工作客体性服务价值的有效实现。

### 四、理论维度

理论维度主要是对监狱治理现代化理论建构的逻辑预设。

监狱治理是社会治理的种概念，但监狱治理具有自身独特的体系和结构。因此，社会治理体系与监狱治理体系并不是简单的整体与部分的关系，而是一个现代化建设系统和相对独立的“治理单元”的关系。从理论维度研究监狱治理现代化有助于推动相关学术的发展和在理论与实践层面尽早解决相关问题。

监狱治理现代化理论建构的基本思路是监狱工作从传统的“经验性”向现代的“科学性”的蜕变。我国传统监狱治理是以经验性认知、经验性总结为主要特征的，监狱治理现代化需要从经验性转向科学性。科学性是判断监狱治理现代化是否符合客观实际的标准，也是推动监狱治理现代化健康持续发展的保证。一是从监狱治理的基本理论上，要完成从“无论”到“有论”的突破，即构建以监狱治理现代化为核心的科学理论，将之作为监狱治理的科学指导。二是从监狱治理理论体系上，要实现从“分散性”到“系统性”概括和总结，即从缘起于我国20世纪90年代的现代化文明监狱建设中，把探索、积累的监狱治理的、具有“现代性”的“分散性”理论，进行系统梳理，形成理论体系。三是从监狱治理的具体方法上，要实现从“机械”到“灵活”，由“粗放”到“精细”，由简单到专业，由“杂乱”到“规范”的升华、转型和提质。只有这样，才能形成较为完备的监狱治理体系。

首先，监狱治理现代化的分析框架包括生成逻辑、参与要素、相互关系、运行过程、生成特性、内在特质和发展状况等。监狱治理体系现代化包括制度框架、治理目标、治理结构组织体系、规则规范、体制机制、策略方法等。监狱治理能力现代化包括监狱制度体系的组织实施；监狱治理推进落实的能力包括监狱

① 杜奉瑛：《思想政治教育社会管理功能发挥过程及规律论析》，载《思想理论教育》2012年第7期。

管理能力、刑罚执行能力、对罪犯的矫正教育能力、监狱治理的协调能力、监狱劳动的组织能力、社会帮扶的组织能力等。监狱治理现代化的发展水平包括监狱治理现代化的基本理念、现代监狱政治取向、现代监狱法律规范、现代监狱管理制度、现代监狱教育制度、现代监狱劳动制度、现代监狱文化、现代监狱结构体系、社会力量参与监狱治理的水平等。

其次，监狱治理现代化单纯理论体系包括基本概念、基本范畴、基本原理、研究对象、理论体系、理论定性等基础理论研究。监狱治理现代化的研究本体包括研究对象、专业知识和基本范畴。其中，基本范畴又包括监狱治理现代化的研究方法体系、话语体系、规范命题体系等；话语体系又包括前位话语体系、本位话语体系和后续话语体系等。

## 五、实践维度

实践维度主要是对监狱治理现代化实践理性的现实考量。

监狱治理是现实性很强的实践活动，需要在具体实践中体现出来。“理论研究并非仅仅研究理论，而是首先分析实践，应用研究是理论研究的基础。”① 监狱治理是针对监狱现代化过程中所存在的问题而提出的改革措施和深化监狱体制改革的实践。随着中国经济的发展、社会形态和社会结构的转型，我国进入了中国特色社会主义新时代，社会主要矛盾发生了重大变化，监狱罪犯的构成也出现了新的样态，为监狱治理带来了很多困难，监狱体制的深化改革面临很多挑战。从实践维度分析，这些问题和挑战可归因于新时代的监狱治理制度和监狱治理体制的不完善。

实践理性是监狱治理体系现代化的基础。实践理性关注三个方面，“概括为三个原则，即‘向善’‘有效’‘正当’”②。在这里，监狱治理体系现代化的“向善”原则，“反映的是在人类活动中主体与客体需求与被需求的关系，揭示的是人的实践活动的动机和目的”③，是监狱在改造罪犯中的一个“求善”的过程，所追求的是社会的“公共利益最大化”。监狱对罪犯的刑罚惩罚是一个不得已的“求恶”的过程，是维护社会安全和秩序的现实需求。监狱治理现代化的“有效”原则，是衡量监狱治理现代化的标准，倡导的是社会公平正义和个别正义的复合体，监狱既要发挥维护社会安全与秩序的功能，也要承担起塑造现代

---

① 曲一琳：《光明日报记》，载《光明日报》2015年6月25日，第16版。

② 杨国荣：《实践理性：基于广义视域的考察》，载《学术月刊》2012年第3期。

③ 张文显主编：《法理学》（第3版），高等教育出版社、北京大学出版社2007年版，第293页。

"健全人"和社会公民的重任。监狱能否成为预防和减少犯罪的工具，罪犯经过监狱的惩罚和改造能否成为一个守法公民、能否在回归社会后融入社会，是监狱治理现代化有效性的重要内容。

监狱治理现代化的"正当"原则更为复杂，也是更为重要的一个原则。监狱治理的正当性源于追求公平正义的价值观念，其是以监狱法治为根基的。这就昭示着监狱治理离不开法律所赋予的"权力"，更离不开"权威"。监狱作为国家的刑罚执行机关离不开"权威"的震慑作用，否则，就失去了监狱的实质意义。"权威与权力的共同特征是使人服从，但权威是对方的自愿服从，自愿服从是权威的本质属性。"[①] 监狱治理现代化必然涉及参与的各个主体，尤其是监狱和罪犯，监狱的存在是以国家强制力作为后盾的，对罪犯的刑罚执行和矫正教育，是需要树立以"自愿服从"为要旨的"权威"的。在传统意义上，监狱治理的权威是通过刑罚执行的强制性体现出来的，而监狱治理现代化的权威则是建立在法律和法律授权基础上的理性型权威，即"法理性权威"，这是一种基于人之理性的价值判断，建立在教育改造罪犯的法治框架内，是人之态度转变的"服从"的权威形态。监狱治理现代化的各方参与主体都建构于监狱法治之中，"凝聚公意的宪法和法律高于任何个人、政党和社会团体的意志，有至上的效力和权威"[②]。

监狱治理现代化的实践理性，还要求处理"向善""有效""正当"三个原则之间的关系。"向善"原则是监狱治理现代化的基本理念和价值追求，"有效"原则是监狱治理现代化的目标，"正当"原则是监狱治理现代化的前提和保障。三个原则之间是递进关系、相互联结关系和互为逻辑关系。为此，监狱治理现代化实践要处理好以下关系：

第一，执行刑罚与保障罪犯人权之间的关系。监狱治理现代性的特质之一是执行刑罚与保障罪犯人权并行不悖，在监狱法治的框架下，既要正确执行刑罚，保障社会的公平正义，彰显违法犯罪的后果，又要在法律规定的范围内保障罪犯的合法权益，这不仅是监狱法治化的要求，更是现代监狱维护法律尊严的体现。

第二，保障监狱安全与监狱改造罪犯之间的关系。保障监狱安全是监狱赖以生存的正当性依据和基本特征，也是社会安全和秩序的组成部分。但是，不能为了监狱安全而无视监狱所具有的对罪犯的改造功能。依照《监狱法》的规定，监狱要惩罚和改造罪犯，以改造人为宗旨，惩罚罪犯的法定形式是剥夺或限制罪犯的自由，只有这样，才能保障社会的安全和秩序，但是，在剥夺或限制罪犯自

① 俞可平：《权力与权威：新的解释》，载《中国人民大学学报》2016 年第 3 期。

② 张文显：《法哲学通论》，辽宁人民出版社 2009 年版，第 372 页。

由的前提下，还要彰显“改造人”的宗旨，二者是相辅相成、不可偏废的，忽略了任何一方面，都不能充分体现现代监狱的特有属性。

第三，监狱制度稳定性与与时俱进的适应性之间的关系。现代化是一个动态的概念，现代化的表现要素和外在形态也处在变化之中。监狱治理的现代化也必然承接现代化动态的特质，在不同的历史阶段具有不同的表现要素和外在形态。因此，一方面，监狱治理的现代化所构建的监狱制度必须保证相对的稳定性，促进监狱治理的有序发展；另一方面，监狱治理的现代化必须与时俱进，适应国际行刑现代发展的趋势和我国政治、经济等形势的变化，适应我国犯罪结构、犯罪形态、罪犯构成等因素的变化，顺应社会安全与社会治理的需要，及时调整监狱治理现代化的要素、标准和目标，使我国的监狱制度始终居于现代化的前沿。

第四，监狱工作模式的本土特色与国际行刑趋势现代特质之间的关系。我国监狱工作模式的本土特色是监狱治理现代化的个性特征，是新中国成立以来长期监狱行刑实践中总结出来的经验结晶，是我国监狱治理现代化的本土元素，这是我国监狱治理现代化的根基，是必须要继承和发扬的。国际行刑的现代特质具有普世价值，特别是先进的现代监狱管理经验、管理制度和矫正教育罪犯的模式等，为我国的监狱治理提供了理论支撑和实践基础，为此，监狱治理现代化应广泛吸纳国际行刑的现代元素，把监狱治理现代化和国际行刑发展趋势有机结合、互融互通，真正使我国的社会主义现代监狱制度建设具有国际视野，将国际监狱制度建设的现代特质融入我国的监狱制度，提出现代化监狱制度建设的中国方案。

第五，监狱治理现代化的微观独立性与国家治理现代化的宏观协调性的关系。监狱治理现代化是国家治理现代化的有机组成部分。国家治理现代化是宏观的，而监狱治理现代化是微观的。但是，监狱治理现代化又是特别领域治理的“独立治理单元”，这就要求监狱治理现代化既要保持“独立治理单元”的微观独立性，又要和国家治理现代化相协调、相一致，具体包括价值取向的独立性与协调性、结构要素的独立性与协调性、治理目标的独立性与协调性、法律法规的独立性与协调性等。

第六，监狱治理专业化与社会力量参与共治的关系。监狱治理是特定领域的治理活动，既具有治理的共性，又具有治理的独特性，因此，监狱治理现代化要求治理的专业化。专业化是现代化的构成要素，只有实现监狱治理的专业化，才能为监狱治理现代化奠定基础。另外，治理现代化在参与主体上要求多元化，强调共建共治共享的理念，监狱治理同样要求社会力量的广泛参与。在这样的架构下，监狱必须是监狱治理现代化的主导者，社会力量的广泛参与是监狱治理现代化的协作力量，只有二者有效协作，才能真正建构监狱治理现代化的共建共治共享体系。

## 第三节 监狱治理现代化的要素与机制

监狱治理现代化涉及相关构成要素的考量和机制的构建。监狱治理现代化的整体架构是由若干核心要素构成的，核心要素是监狱治理现代化机制建构的基础，直接决定着监狱治理现代化机制的特征、性质和价值取向，决定着监狱治理现代化建设的发展方向。机制的内在品质和机制建构的水平，直接关系监狱治理现代化建设的质量。因此，机制构建必须充分考虑监狱治理现代化的核心要素，二者是紧密联结的一个整体的两个部分。

### 一、监狱治理现代化的核心要素转换

监狱治理现代化包括监狱治理体系和治理能力现代化两个层面。关于监狱治理现代化应包含哪些要素问题，专家学者提出了诸多见解。有学者认为，监狱治理体系现代化有四个衡量要素：安全保障、法治特质、科学精神、文明品格。[①] 有学者从国家治理现代化的要素推论出监狱治理的五大要素，即治理主体、治理客体、治理目标、治理方式、治理手段。也有学者单从治理的角度提出："一个完整的治理体系，必须包括治理的理念、目标、环境、主体、客体、结构、资源、方式、技术等基本要素。"[②] 笔者结合监狱治理现代化的自身特性，认为监狱治理现代化的共有特征主要是治理主体的多元化、治理结构的分权化、治理范式的制度化和法治化。同时，监狱治理现代化是社会治理创新和制度创新，具有政治性、组织性和社会性等特性，既面临现代技术的创新应用，也面临现代监狱制度法治化问题。为此，依据监狱治理现代化的现实要求，笔者从监狱治理现代化的诸多要素中提炼出价值取向、治理主体、治理客体、治理目标、治理方式和治理技术等六大核心要素，认为六大核心要素应在传统监狱治理基础上适应监狱治理现代化的要求，在内在结构、功能发挥、要素性质和外在形式上实现"现代化"的转换。

#### （一）价值取向由一元转向多维

价值之维是监狱治理体系现代化的重要组成部分，具有深厚的、鲜明的价值取向色彩。监狱运行的基本方式、目标预设、基本过程、体系架构、制度模式、

① 参见张晶：《现代监狱的基本命题》，载《中国司法》2015 年第 6 期。

② 张润君：《治理现代化要素论》，载《西北师大学报（社会科学版）》2014 年第 6 期。

方法进路等，无不涉及价值问题，具有价值性特征。

传统监狱治理在不同的时代，有不同的行刑理念和行刑目的，昭示着不同的价值取向。奴隶制社会监狱刑罚执行的价值取向以“同态复仇”为标志；封建制社会监狱刑罚执行的价值取向以“威吓”为旨趣；自由资本主义时期监狱刑罚执行的价值取向以“报应”为目的。近代社会以来，国际行刑制度进行了诸多改革，监狱行刑的价值取向经历了反复变更和取舍，逐步将矫正教育作为行刑理念和行刑目的，从总体上表现出监狱治理的“一元”特质。

我国经历了几十年的改革开放，监狱的价值取向也由过去的“惩罚与改造”逐步转向从不同视角追求不同的价值，并衍生出预防和减少犯罪、回归并融入社会、塑造健全人格等价值理念，这就为监狱治理的价值选择奠定了基础。关于监狱治理现代化建设的价值选择，笔者主张监狱治理要引入不同的思想体系、价值观念、运行模式，共同构成监狱治理体系现代化的逻辑进路。这就要求在监狱治理过程中，要培育监狱多元的价值目的，处理现实的价值冲突，协商达成价值共识，可以说这是监狱治理现代化的核心要素。同时，监狱治理现代化的实践价值则主要体现在“良法”“善治”上，具体包括民主、公平、法治和科学。

### （二）治理主体由单一转向多元

传统的监狱治理主体是单一的，即代表国家执行刑罚的监狱，监狱治理是依赖政府的单一治理模式。现代治理理论倡导监狱治理的多元参与模式，力求变单一主体为多元主体，变单一管理为多元管理。在监狱治理现代化视域中，监狱治理的宏观特征表现在治理主体的多元化、治理空间的扩大化、治理对象的个别化等方面。在监狱治理的主体结构和主体的性质上，监狱治理的主体可分为内在主体、关联主体和外在参与主体三大类。内在主体包括监狱管理机关、监狱和罪犯；关联主体包括人民法院、人民检察院、公安机关、社区矫正机构等；外在参与主体包括村（居）民委员会、各种社会组织、社会团体、党政机关事业单位、非政府组织、党群社团、非营利机构、企业等。所有这些机构都可以依照法律法规的规定成为监狱治理的主体，但是，监狱治理主体由于性质不同而享有不同的权力，具有不同的职责。从宏观上看，参与主体在总体上呈现多元化的特征。

### （三）治理客体由单向、被动转向立体、主客体

传统意义上的监狱治理一直是以罪犯为治理客体，立论的基础是基于监狱和罪犯之间的惩罚与被惩罚的关系、强制与被强制的关系、改造与被改造的关系、治理与被治理的关系等，推论出罪犯是治理的客体，进一步推论出治理罪犯的过程就是改造罪犯的过程。

监狱治理现代化要突出“现代化”的特质，在治理的客体上要具有立体化形态。首先，监狱治理的客体是监狱的整体活动。在现代治理理论框架内，罪犯

只是监狱治理的对象，而不是单一的治理客体。监狱治理的客体包含监狱的各个要素和监狱运行的各个层面，既包含监狱运作的内在结构，也包含监狱与社会的外部联结。其次，监狱治理对象由单向治理转向立体治理。监狱治理对象不仅是国家对于监狱服刑罪犯的治理，而且是全方位的治理。治理的对象除罪犯之外，还应包括监狱的法律法规和规章制度、监狱的内部环境、监狱的设施、监狱的文化建设、监狱的工作作风、监狱的精神面貌、监狱的队伍建设、监狱外在关系、监狱外部环境等，不仅包括有形的监狱内外形态，还包括无形的精神世界和虚拟的网络世界。最后，监狱治理的形式，由被动治理转向主客体共治。2019 年 1 月中央政法工作会议提出了“完善党委领导、政府负责、社会协同、公众参与、法治保障的社会治理体制，打造共建共治共享的社会治理格局”。这就表明在监狱治理现代化过程中，罪犯不再是被动治理的对象，所有参与治理的主体、客体都成为监狱“共建共治共享”的共同体。

（四）治理目标由安全为本转向改造的综合性

传统监狱治理主要是追求监狱的安全。新中国成立以来，我国监狱治理目标先后经历了三个阶段：一是以惩罚为核心，追求安全、秩序与惩罚泛化阶段；二是以法治建设为核心，追求安全、秩序与法制“异化”阶段；三是以法治建设为核心，监狱治理追求常态化阶段。① 第三阶段的监狱治理就是以监狱治理现代化为背景而展开的，是针对近十几年来监狱治理目标的“异化”采取的纠错措施。近十几年来，为了追求监狱安全，提出了一些违背科学规律的监狱治理口号，过分强调监狱安全的唯一性，以“安全大于天”“安全无小事”“安全永远在路上”“安全无终点”等作为监狱工作的一切，以安全取代了监狱工作。监狱治理现代化就是要打破监狱的“唯安全论”，把监狱工作的重心由以“事”为中心转移到以“人”为中心，即由关注对罪犯犯罪行为的惩罚转变到对罪犯的教育转化上，围绕罪犯做文章。监狱治理现代化就是要完善监狱治理制度，提高治理效益，降低治理成本，保证监狱治理体系的长效机制，彰显安全与秩序、行刑与改造、矫正与教育、回归与融合的多元监狱治理综合目标。监狱治理现代化的目标是：赋予监狱治理工作现代精神和特质，强化监狱治理现代化在矫正教育罪犯和风险管控上的综合功能，彰显和推进国家治理体系和治理能力现代化的核心价值观念，提升监狱治理现代化的时代价值，实现监狱工作法治化、制度化、科学化、规范化、专业化、程序化和信息化等。

---

① 参见连春亮：《第三代囚犯研究——现代监狱矫正教育囚犯的基本策略》，群众出版社、中国人民公安大学出版社 2019 年版，第 121 – 123 页。

（五）治理方式由人治转向法治

人治是我国监狱治理的传统形式，表现出来的是主观、专断、恣意、多变和神秘化，由此曾给监狱治理带来诸多弊端。监狱治理现代化的关键在于监狱制度的延续和监狱体制的深化改革，使监狱治理由“人治”走向“法治”，这就需要在监狱治理方式上勇于创新：

第一，监狱治理方式由“政策化”转向“法律化”，我们不能否认，在一定意义上，监狱治理工作是政策性非常强的一项工作，但是，政策的制定是以法律为前提的，政策不能超越法律，更不能凌驾于法律之上。传统监狱治理过程中，常常出现“黑头不如红头”的政策代替法律的现象，久而久之，形成了法律政策化的痼习。为此，监狱治理现代化的法律化，要求树立遵守法律、崇尚法律、法律之上的理念。

第二，对监狱治理变管制为综合治理。从刚性的治理方式向柔性转变，刚性治理是一种简单、固化的治理方式，过于强调监狱的安全、秩序和规则的硬性规范，缺乏差异性的个性治理，极易导致治理主体和治理对象之间的关系紧张。而柔性治理则从治理对象的现实问题和发展规律出发，是一种非强制性的治理方式。

第三，变命令为协商，从命令式的治理方式转变为沟通式的治理方式。新中国监狱自设立之日起，即强调监狱管理的半军事化管理特性、下级服从上级指挥形式，“命令”是传统监狱的最主要的治理风格，长此以往，就产生了“黑头不如红头，红头不如笔头，笔头不如口头”的弊端。在监狱治理现代化的语境中，监狱治理方式要求沟通与协商。通过沟通与协商，广泛听取参与治理的各方主体的意见，求同存异，达成共识，这样既可以增进政策的合法性，也可以减少监狱治理的难度。

第四，变单一治理为共建共治共享，使监狱垄断式或独断式治理方式转变为合作共赢式治理方式。独断式治理方式仅仅是监狱的内在意志体现，而共建共治共享则是参与治理的各方主体与治理对象之间的协商、沟通和共识。对于监狱而言，可以将参与主体的各方利益协调在一起，为实现监狱治理的目标而合作共进。

在这里，需要强调的是，监狱治理现代化的核心是法治。法治是规则之治，是“良法”“善治”，是法治精神在监狱治理现代化中的贯彻执行。张文显教授认为：“法治是一个内涵民主、自由、平等、人权、理性、秩序、正义、效益与合法性等诸多社会价值的综合观念。”[①] 监狱治理现代化的法治化是通过设定监

① 张文显：《法哲学通论》，辽宁人民出版社 2009 年版，第 370 页。

狱法律法规的框架和禁区而规范监狱工作的权力运行，让监狱工作按照法律规定、法律原则和制度规则运行。法治的前提是“良法”，“良法”才能达到“善治”的效果。监狱法治的“良法”“善治”不仅是监狱治理现代化的目标状态，而且要求监狱治理的参与主体更加多元和理性，监狱治理方式更加程序化、专业化、规范化，要求监狱实务除法律规定要求保密的外，必须公开透明，参与治理的各方均有公正参与的权利，监狱必须依照法律制度的规定公开、公正、公平地行使自己的权力。俞可平教授认为“善治”的标准有十个基本考量要素：合法性、法治、透明性、责任性、回应性、有效性、参与性、稳定性、廉洁性和公正性。① 这一论述为监狱治理现代化的治理方式是否达到“良法”“善治”提供了参照体系。

（六）治理技术由传统经验型转向现代科学技术型

自新中国成立以来，监狱治理是按照监狱治理过程中所总结归纳的治理经验，以“师徒传授式”的方法，一代一代相传承的。虽然这些治理经验来自监狱工作实践，具有应用性、操作性强的特点，但是，这些治理经验是建立在价值判断基础上的，具有主观臆断的特质，一经产生，就存在固有的缺陷，往往容易产生谬误，或者以讹传讹。监狱治理现代化是与现代科学技术的应用密切相关的，因此，监狱治理现代化必然要求现代科学技术在监狱治理中广泛应用。比如监狱安全治理中网格化技术、全要素标识和感知技术、智能视频分析技术的应用；监狱后勤保障中物联网技术的应用；罪犯管理中云计算技术、人工智能技术的应用；智慧监狱建设中大数据技术、信息情报决策技术的应用等。除此之外，在罪犯矫正教育中，循证矫正技术、心理治疗技术、个案矫正技术等，都使现代科学技术融入监狱的治理之中。

## 二、机制构建的原则

在监狱治理现代化核心要素基础上构建监狱治理现代化的机制，需坚持两项基本原则：科学性原则和系统性原则。科学性原则主要体现在以下两点：一是科学布局。科学布局具体体现在监狱治理现代化的发展理念、功能定位、战略布局、制度设计、程序规范、运行结构、内部协调、理论支撑等在宏观层面的整体体现，以及监狱治理现代化系统内部各个参与主体、各个构成要素之间，在功能发挥上依据正确的原则和规律的排列与组合。二是以科学理论为指导，探寻监狱治理现代化的规律性。从历史的角度看，监狱治理的发展变化有其内在的规律

① 参见俞可平：《论国家治理现代化》（修订版），社会科学文献出版社·社会政法分社2015年版，第29－32页。

性；从我国惩罚和改造罪犯的成功经验看，罪犯的矫正教育也有规律可循。这些都是在科学理论指导下对实践经验的总结。监狱治理现代化同样也离不开科学理论的指导。因此，监狱治理现代化机制的构建，要明确监狱治理现代化在国家治理体系和治理能力现代化中的功能定位，构建具有现代化特质的监狱治理现代化工作结构体系、制度体系、矫正教育方法体系、功能体系、运行体系和监督体系。以国家治理体系和治理能力现代化的基本精神和制度安排规范其运行程序，推动其功能重组与创新；以国家治理需求和治理能力需求为导向，强化监狱治理的引导功能、康复功能、育人功能等，服务于国家社会治理。

系统性原则是监狱治理现代化机制建设的现代性思维方式。按照系统论原理的要求，监狱治理现代化机制是一个相互联结的整体系统，系统内部由各个子系统或子要素构成，每个子系统或子要素各自发挥着自己的功能，系统之间相互协作最终产生的功能大于每个子系统或子要素单个功能相加之和的功能，并产生新的功能。因此，立足监狱治理现代化机制建设的系统性，科学设计监狱治理现代化机制中各个参与主体功能的发挥，关注各个参与主体的目标预设、运行规律、属性特征、功能定位等，挖掘机制系统结构之间的关联性、交叉性、互补性与契合性，赋予系统结构内各机制新功能、新内涵、新思路，深化各参与主体的深层次融合、有机联动，追求各个子系统或子要素之间的合作实效，强化其整体功能与综合效应；转变传统监狱治理机制只是依令而行，只关注眼前事件与紧急任务，只注重安全与秩序以及具体问题解决的工作模式，坚持宏观与微观、长期与短期相结合的原则，使监狱治理机制真正做到宏观控制和引导，战略规划和设计等，全面融入现代化元素和工作模式。

## 三、监狱治理现代化的机制

监狱治理现代化是一种有目的、系统的治理活动，必须科学地、严密地、有序地组织实施。因此，设置和完善监狱治理现代化机制就显得尤为重要。只有建立起科学的监狱治理现代化机制，才能有效发挥机制的功能，才能使监狱治理现代化达到预期的效果。

监狱治理现代化机制作为一个治理系统、一个治理体系，无论对监狱运行机制的现代化治理，还是对传统监狱治理体系的变革，都必须紧紧围绕监狱治理现代化战略，对监狱治理的基本目标、机构设置、人员配置、组织管理、业务分工、职权划分、职责设定、运作过程、运作方式等作出明确的规定。

实质上，监狱治理现代化机制建设是要打破“监狱治理一元化”格局，在多元共治基础上，构建监狱治理的新体系。监狱是治理的核心，即在监狱治理过程中坚持以监狱为主导的核心地位；罪犯是监狱治理的主体，即在监狱治理上要坚持将罪犯置于治理的主体地位；倡导和强化“多元参与”，即要坚持治理参与主体、参与渠道等方面的多元化和监狱制度形式的多样化。总之，监狱治理现代化是要构建“党委领导、政府（监狱）主导、社会多元参与协作”的合作共建共治共享的新格局。

（一）监狱治理的主导机制

随着现代治理理论的发展，社会力量的日益发育成熟，社会力量参与社会治理的领域越来越广泛，已成为社会治理领域一支不可或缺的主导力量。在监狱治理现代化建设中，由于监狱治理介于国家与社会的区限范围内，关于由谁主导的问题，就出现了政府主导论、社会力量主导论、政府和社会力量互动论等主张。

在监狱治理现代化建设中，政府和社会力量的“二分”，是强调政府和社会力量作为相对独立的参与主体主导监狱治理现代化工作，在监狱治理现代化中发挥不同的作用。政府主导论主张，监狱是国家的刑罚执行机关，是政府治理的专门机关。政府不仅是监狱治理现代化的规则制定者和行政资源的提供者，而且对监狱信息有控制权和相对垄断权，同时承担着监狱治理现代化的政治责任。现代治理理论虽然强调社会力量在社会治理中具有诸多优势，社会力量介入的领域越来越广泛，发挥的功能作用越来越大，但是，社会力量的介入是有严格边界的，尤其是涉及国计民生或者国家安全与秩序的领域，应成为社会力量介入的“禁区”，所以，在监狱治理过程中政府介入优于或先于社会力量介入，政府应居于主导地位，运用政府所拥有的资源，推动监狱治理现代化的发展，有学者将这称为政府优先范式。社会力量主导论主张，社会力量已经成为社会治理的生力军，发挥了自己独特的作用，监狱治理现代化也应充分发挥社会力量的主导作用，由社会力量自主推动，自下而上地建构监狱治理现代化的内在组织关系及制度规范，这是我国公民社会发育成熟的标志，也是新时代中国特色社会主义的内在要求和本质特征。政府和社会力量互动论强调，在监狱治理现代化建设中政府和社会力量应各自发挥自己的长处，互相影响、相互协作和相互形塑，突出政府和社会力量的优势互补，将二者都作为监狱治理现代化建设的主导力量。

监狱作为国家的刑罚执行机关，一经产生就是国家的暴力机器，是人民民主专政的工具，具有国家专属性，必须由政府权力来主导，只有政府依据法律的规定和授权行使刑罚执行权和行政管理权，才具有合法性和正当性，才能有效维护社会安全和秩序，才能建构自上而下的监狱治理现代化体制机制。政府吸纳社会力量参与监狱治理现代化建设并发挥自己的专业优势，只是体现了社会的协作力量，社会力量只能适度参与，而不能成为主导力量，政府必须通过法律的规制、政策的限制、功能替代等方式，抑制社会力量的无限扩张和不当介入，这是由监狱治理的性质决定的。

在我国单一制国家结构模式下，监狱治理的主导机制首先是党对监狱治理工作的绝对领导，这是坚定不移的政治要求。政府是监狱治理工作的主导者，拥有法律赋予的刑罚执行权、监狱管理权、法律和政策制定权等，这是政府的专有权能。监狱是政府组成部分，监狱治理是国家治理的一个独特的“治理单元”，监狱既是监狱治理的主导者，也是监狱治理的主要承担者和治理内容的提供者，在监狱治理现代化建设中处于主导地位。在这里需要说明的是，我们倡导监狱治理的多元参与和协作，但这些参与主体在整个监狱治理活动中是有主有次的，所承担的任务和所具有的功能是不同的。监狱治理多元化并不是追求治理的无中心化，监狱多元治理并不等于无中心治理。多元化的监狱治理仍然是以监狱为中心的治理，监狱在整个治理活动中始终处于中心和主导地位。

（二）监狱治理的协同机制

监狱治理的协同机制是以制度化的方式对监狱治理各个参与主体的地位、作用和参与的形式、权利、义务、职责等进行规定和确认，目的是规范和协调各个参与主体的行为，使各个参与主体地位明确、职责清晰、规范有序，各方行动协调、稳定、常态；使治理活动程序化、制度化。监狱治理的协同机制包括监狱刑罚执行权力的运作机制，社会组织和社会公众的有序参与机制，社会公众—罪犯利益表达、协商（调）与保护机制。其核心是社会力量对监狱矫正教育和管理体系的参与和监督机制。

监狱治理现代化的协同机制应注重做好以下工作：一是培育社会服务类社会组织，完善社会服务供给体系，这是监狱治理现代化协同机制构建的基础，没有发育成熟的社会组织和完善的社会服务供给体系，就失去了可以依托的协同对象。我国社会服务类社会组织还存在数量不足、专业化程度不够、服务不精细、政府支持力度薄弱等问题，社会服务类社会组织的发育水平和增长动力基本上处于“相对弱质的状态”。监狱治理现代化的协同机制需要以社会服务类社会组织的培育和发展为突破口，激发社会力量的活力，调动社会力量参与监狱治理现代化的积极性，帮助社会服务类社会组织培养专业化人才队伍，提高服务的专业化和精细化，拓宽社会服务类社会组织参与监狱治理的渠道。二是建立完善的社会购买服务体系和购买制度。适合购买的公共服务由社会力量生产和提供；将适合转让的公共服务交由有能力、公益性的社会服务类社会组织承担，实现监狱治理多元化和公共服务的多样化。三是建构监狱治理功能体系，包括社会动员、组织协调、监督管理、服务沟通、资源配置等要素。四是建构监狱治理方法体系，包括法律强制、行政规制、经济调控、道德规范、教育疏导、协商合作等六大方法。五是建构监狱治理运行体系，包括从上到下、从下到上和横向互动三部分内容。

总之，要拓展监狱治理的空间，打造监狱治理上下互动、多元参与、全面推进的格局，特别是在参与主体上，要以持续、开放、平等、包容的心态，超越利益局限和经济理性的束缚，构建监狱治理的协同机制。

（三）监狱治理的约束机制

监狱治理的约束机制主要体现在监狱治理的手段和方式、监狱法律保障体系、道德价值体系的建设上。传统的监狱治理，从国家层面来看，是以法治为根本、以德治为辅助；从社会层面来看，是以德治为主、以法治为辅。监狱治理现代化的约束机制主要有以下几方面的建设：

第一，法律约束机制。法律是理性的结晶，人是感性的动物，没有法律的约束，必然产生违法行为。所以，监狱治理现代化要紧紧围绕党的十九届四中全会关于“坚持法治国家、法治政府、法治社会一体化建设”的精神，在法律赋予的权力范围内行事，把法律法规和规章规则作为监狱治理的准绳，把监狱的一切执法活动规范在法律框架内；在行使权力过程中，严格恪守“法无授权不可为”的准则，树立法治思维，培育法治意识，运用法治方式，坚持依法治理，实现监狱治理的法治化。

第二，监狱制度约束机制。监狱制度对监狱治理行为产生约束的基础是监狱制度的科学化和规范化。一是应适应监狱治理现代化的要求，科学设置监狱制度，使监狱制度充分彰显科学化特质。二是监狱治理行为必须规范运行，符合法定的程序。保障程序公正，对于违规行为坚决予以制止、纠正，只有这样才能把“权力装进制度的笼子里”，使监狱治理行为不越权、不越位、不越轨。

第三，监督约束机制。监督约束机制主要包括检察监督、纪检监督、上级机关监督、人大监督、社会舆论监督、公民监督等。

第四，自我约束机制。一是通过培育监狱人民警察的法律素养和法律精神，使监狱人民警察在监狱治理活动中，对法律充满敬畏，坚持原则，不越底线。二是通过社会道德体系的建构和道德伦理教育来强化对监狱人民警察的道德约束，使之主动遵循监狱治理的规则。